Ina Grau · Hans-Werner Bierhoff (Hrsg.)

Sozialpsychologie der Partnerschaft

Springer

Berlin
Heidelberg
New York
Barcelona
London
Mailand
Paris
Tokio

Ina Grau · Hans-Werner Bierhoff (Hrsg.)

# Sozialpsychologie der Partnerschaft

 Springer

PD Dr. Ina Grau
Fakultät für Soziologie, Universität Bielefeld
Postfach 100131, 33501 Bielefeld, Deutschland

Prof. Dr. Hans-Werner Bierhoff
Fakultät für Psychologie, Universität Bochum
GAFO 04/918, 44780 Bochum, Deutschland

Mit 35 Abbildungen und 19 Tabellen

ISBN 3-540-42928-x  Springer-Verlag Berlin  Heidelberg  New York

Bibliografische Information Der Deutschen Bibliothek
Die Deutsche Bibliothek verzeichnet diese Publikation in der Deutschen
Nationalbibliografie; detaillierte bibliografische Daten sind im Internet über
<http://dnb.ddb.de> abrufbar.

Springer-Verlag Berlin Heidelberg New York
ist ein Unternehmen der Bertelsmann Springer Science+Business Media GmbH

http://www.springer.de

© Springer-Verlag Berlin Heidelberg 2003
Printed in Germany

Einbandgestaltung und Gestaltungskonzept: deblik, Berlin
Satz: Goldener Schnitt, Sinzheim

Gedruckt auf säurefreiem Papier     26/3130     5 4 3 2 1 0

# Vorwort

Dieses Buch behandelt Partnerschaften aus vorwiegend sozial-psychologischer Perspektive, wenngleich auch Elemente aus der Entwicklungspsychologie, der klinischen Psychologie und der differenziellen Psychologie, die zum Verständnis von Partnerschaften beitragen, berücksichtigt werden. Wir haben im Titel den Begriff »Partnerschaften« anstelle von »Ehen« oder »engen Beziehungen« gewählt, da er weiter als ersterer und enger als letzterer gefasst ist.[1] Damit trifft er genau die Ebene, auf der romantische Beziehungen betrachtet werden: Im Mittelpunkt steht das Paar, das entweder verheiratet oder unverheiratet ist, das entweder zusammen oder getrennt wohnt und das entweder Kinder hat oder nicht. Gemeinsam ist diesen Paaren, dass sie ihre Beziehung subjektiv als feste Partnerschaft wahrnehmen. In den hier berichteten Studien stehen heterosexuelle Paare im Vordergrund. Das Thema der homosexuellen Partnerschaften bedarf einer eigenen ausführlichen Analyse, die Gemeinsamkeiten und Unterschiede zwischen heterosexuellen und homosexuellen Partnerschaften erkennen lässt.

Ziel dieses Buches ist eine Darstellung der aktuellen sozialpsychologischen Forschungsschwerpunkte zum Thema Partnerschaft. Dabei zeigt sich, dass – im Gegensatz zu den anfänglichen Forschungsbemühungen auf diesem Gebiet in den 1970er Jahren – zunehmend von der Forschung im Labor Abstand genommen wurde, in der beispielsweise Determinanten der Attraktion anhand von Experimenten mit Zufallspaaren untersucht wurden. Die aktuelle Forschung beschäftigt sich vielmehr mit Paaren in fortdauernden Beziehungen und ist vorwiegend nichtexperimentell. Zudem lässt sich eine Entwicklung hin zu Prozessmodellen konstatieren, in denen Entwicklungen von Partnerschaften über längere Zeiträume im Vordergrund der Betrachtung stehen. Diese Entwicklungen können entweder günstig oder destruktiv verlaufen und in der Auflösung der Beziehung enden. Somit enthält dieses Buch zum einen Kapitel, die den erfolgreichen Verlauf von Beziehungen thematisieren, zum anderen Kapitel, die sich mit Determinanten und Folgen des Scheiterns von Partnerschaften auseinandersetzen.

Fragt man Personen nach ihren wichtigsten Lebenszielen, steht eine glückliche und erfolgreich verlaufende Partnerschaft an erster Stelle. Partnerschaften sind mehr als andere Beziehungen dazu geeignet, menschliche Grundbedürfnisse zu befriedigen.

---

[1] Sofern nicht anders angegeben, werden die Begriffe Ehe und Partnerschaft in diesem Buch synonym gebraucht. Zur besseren Lesbarkeit verwenden wir nur die männliche Form, selbstverständlich sind beide Geschlechter gemeint.

Andererseits können destruktive Prozesse, unbewältigte Probleme und Konflikte dazu führen, dass die Partnerschaft zu einer ernsthaften Leidensquelle wird. Aufgrund der hohen persönlichen und gesellschaftlichen Bedeutung von partnerschaftsrelevanten Prozessen, die sich nicht zuletzt in Diskussionen über die Ursachen und die Bedeutung steigender Scheidungsquoten feststellen lässt, ist die Partnerschaftsforschung ein aktuelles und lebendiges Feld der Sozialpsychologie, wie wir mit diesem Buch zeigen können. Dies äußert sich in der Entwicklung neuer Forschungsmethoden ebenso wie in der theoretischen Weiterentwicklung und in der wachsenden Zahl empirischer Befunde, die über Determinanten und Konsequenzen verschiedener Beziehungserfahrungen Auskunft geben.

In vorliegendem Buch erfährt der Leser/die Leserin, welche Fragestellungen z. Z. untersucht werden, welche Forschungs- und Interpretationsprobleme existieren, wie versucht wird, diesen zu begegnen, und welche Fragen in der künftigen Forschung beantwortet werden sollten. Zusätzlich ergeben sich Hinweise zur praktischen Anwendung der Ergebnisse, insbesondere im Hinblick auf die Paarberatung und Paartherapie. Da wir uns schwerpunktmäßig als Grundlagenforscher verstehen, haben wir keinen eigenständigen anwendungsorientierten bzw. therapeutischen Abschnitt in dieses Buch aufgenommen. Entsprechende Verweise können aber dem Kapitel von Hahlweg und Bodenmann über die Prävention von Beziehungsstörungen entnommen werden.

Wir haben in diesem Buch eine Vielzahl von Facetten gesammelt, die Partnerschaften kennzeichnen. Dazu zählen Fragen, die man sich immer schon gestellt hat: Wie ist der Zusammenhang zwischen Persönlichkeit und Partnerschaft? Wie kann man emotionale Nähe erleben? Welche Prozesse werden ausgelöst, wenn es zu Konflikten in Partnerschaften kommt? Wie steht es mit dem leidigen Thema von Schuldzuweisungen? Was sind überhaupt die wichtigsten Determinanten der Ehequalität? Wie kommt es zu Belastungen der Beziehung, und wie wirkt sich der partnerschaftliche Stress aus? Genauso interessant wird es für den Leser oder die Leserin sein, über die transgenerationale Perspektive informiert zu werden oder Ergebnisse kennen zu lernen, die Gemeinsamkeiten und Unterschiede zwischen Singles und Paaren beleuchten.

Wir gehen davon aus, dass wir mit diesem Buch die wichtigsten Strömungen der Partnerschaftsforschung aufgezeigt haben, wenngleich wir keinen Anspruch auf Vollständigkeit erheben können. Bei der Darstellung haben wir – bei aller wissenschaftlichen Genauigkeit – Wert auf eine möglichst allgemein verständliche Darstellung gelegt und hoffen somit, neben wissenschaftlich interessierten Leserinnen und Lesern auch andere Zielgruppen ansprechen zu können, die sich in der Praxis mit dem Thema Partnerschaften befassen.

An dieser Stelle möchten wir allen Autorinnen und Autoren, die ein Kapitel zu diesem Buch beigetragen haben, ganz herzlich danken. Wir waren vom Engagement der Autorinnen und Autoren sowie von der Qualität der Beiträge sehr angetan – und auch von der Kooperativität aller Beteiligten, die sich darauf bezog, Termine und Vorgaben hinsichtlich des Umfangs, der Anzahl der Literaturangaben etc. einzuhalten.

Abschließend möchten wir uns bei unseren Ansprechpartnerinnen beim Springer-Verlag herzlich für ihre freundliche und geduldige Unterstützung bedanken, insbesondere bei Frau Scheddin, ohne deren Engagement dieses Buchprojekt nicht hätte verwirklicht werden können.

Ina Grau · Hans-Werner Bierhoff
Bielefeld und Bochum, im Sommer 2002

# Inhaltsverzeichnis

**V     Ausblick**

# Autorenverzeichnis

Banse, Rainer, PD Dr., Institut für Psychologie, HU Berlin,
Oranienburger Str. 18, 10178 Berlin

Beelmann, Wolfgang, Prof. Dr., Fachhochschule Bielefeld,
Fachbereich Sozialwesen, Kurt-Schumacher-Str. 6, 33615 Bielefeld

Bender, Doris, Dr., Institut für Psychologie,
Universität Erlangen-Nürnberg, Bismarckstr. 1, 91054 Erlangen

Bierhoff, Hans-Werner, Prof. Dr., Ruhr-Universität Bochum,
Arbeitseinheit Sozialpsychologie, Fakultät für Psychologie, 44780 Bochum

Bodenmann, Guy, Prof. Dr., Institut für Familienforschung und
-beratung, Universität Fribourg, Av. de la Gare 1, CH-1700 Fribourg

Döring, Nicola, Dr., TU Ilmenau, Institut für Medien- und
Kommunikationswissenschaft (IfMK), Am Eichicht 1, 98684 Ilmenau

Felser, Georg, Prof. Dr., Hochschule-Harz, Hochschule für Angewandte
Wissenschaften (FH), FB Wirtschaftswissenschaften, Friedrichstr. 57-59,
38855 Wernigerode

Grau, Ina, PD Dr., Universität Bielefeld, Fakultät für Soziologie,
Postfach 100131, 33501 Bielefeld

Hahlweg, Kurt, Prof. Dr., Psychologisches Institut, TU Braunschweig,
Spielmannsstr. 12A, 38106 Braunschweig

Hoge, Lasse, Differentielle Psychologie und Diagnostik, TU Chemnitz,
Wilhelm-Raabe-Str. 43, 09107 Chemnitz

Kaiser, Peter, Prof. Dr., Dieselstr. 25, 26160 Bad Zwischenahn

Kalicki, Bernhard, Dr., Staatsinstitut für Frühpädagogik,
Prinzregentenstr. 24, 80538 München

Kersting, Jens, Wilhelmstr. 60, 32257 Bünde

Küpper, Beate, Dr., Wiesbadener Str. 14, 45145 Essen

Lösel, Friedrich, Prof. Dr., Institut für Psychologie,
Universität Erlangen-Nürnberg, Bismarckstr. 1, 91054 Erlangen

Neyer, Franz J., PD Dr., Institut für Psychologie, HU Berlin,
Oranienburger Str. 18, 10178 Berlin

Rohmann, Elke, Dr., Arbeitseinheit Sozialpsychologie,
Fakultät für Psychologie, Ruhr-Universität Bochum, 44780 Bochum

Schmidt-Denter, Ulrich, Prof. Dr., Psychologisches Institut,
Universität Köln, Bernhard-Feilchenfeld-Str. 11, 50969 Köln

Schneewind, Klaus, Prof. Dr., Institut für Psychologie,
Universität München, Leopoldstr. 13, 80802 München

Schütz, Astrid, Prof. Dr., Differentielle Psychologie und Diagnostik,
TU Chemnitz, Wilhelm-Raabe-Str. 43, 09107 Chemnitz

Stöcker, Kerstin, Universität Regensburg, Institut für Psychologie IV,
Universitätsstr. 31, 93040 Regensburg

Strasser, Karin, Universität Regensburg, Institut für Psychologie IV,
Universitätsstr. 31, 93040 Regensburg

Winter, Monika, Arnleithen 3, 91278 Pottenstein

Wunderer, Eva, Institut für Psychologie, Universität München,
Leopoldstr. 13, 80802 München

# Einführung

Hans-Werner Bierhoff und Ina Grau

Wie das vorliegende Buch zeigt, existiert eine Vielzahl von Paartheorien, in denen unterschiedliche Aspekte der Paarbeziehung im Vordergrund stehen. Einige Theorien konzentrieren sich auf die Partnerwahl, andere auf Prozesse in bestehenden Beziehungen und wiederum andere auf die Determinanten der Beziehungsqualität und -stabilität. An dieser Stelle ist ergänzend auf zwei allgemeinere theoretische Perspektiven zu verweisen, die in der Partnerschaftsforschung eingenommen werden. Das ist einerseits die evolutionspsychologische Perspektive, die sich u. a. mit Geschlechtsunterschieden in den Partnerpräferenzen und mit der Eifersucht in Abhängigkeit von der elterlichen Investition beschäftigt. Andererseits ist das die kulturelle Perspektive, die sich auf soziale Determinanten der Partnerwahl und des Partnerschaftsverlaufs konzentriert. An dieser Stelle kann zwar nicht ein vollständiger Überblick über diese beiden Perspektiven gegeben werden; wir wollen aber versuchen, einige wichtige Erkenntnisse aus beiden Theoriebereichen zusammenzufassen und das Charakteristische der Zugangsweise zu verdeutlichen.

Die evolutionspsychologische Perspektive besteht darin, dass das Verhalten bei der Partnerwahl und während der Partnerschaft durch evolutionäre Anpassungen auf bestimmte Probleme der Reproduktion gekennzeichnet ist. Da diese Probleme der Reproduktion für Männer und Frauen unterschiedlich sind – z. B. investierten Frauen mehr in die Nachkommen als Männer – ergibt sich die Vorhersage, dass die Problembewältigung bei Männern und Frauen unterschiedlich ausfällt.

Diese Unterschiede lassen sich in verschiedenen Bereichen unter Beweis stellen. Ein Beispiel dafür ist das Thema der Eifersucht. Eifersucht lässt sich als ein Bewältigungsmechanismus auffassen, der zwar auf einer »blinden Leidenschaft« beruht, in dem aber eine biologische Ursache enthalten ist und die insofern als eine emotionale Weisheit gekennzeichnet werden kann (Buss, 2000). Allerdings weist diese emotionale Weisheit eine dunkle Seite auf, die damit zusammenhängt, dass extreme Formen von Eifersucht zu Gewalt führen können.

Eine grundlegende Hypothese der Evolutionspsychologie besteht darin, dass Frauen Partner suchen, die ehrgeizig, intelligent und dominant sind, sodass insgesamt von einer statusbezogenen Partnerwahl gesprochen werden kann, während Männer bei der Partnerwahl die Jugendlichkeit, Gesundheit und das physische Aussehen ihrer Partnerin betonen, sodass von einem Partnerwahlverhalten gesprochen werden kann, das sich an der äußeren Erscheinung und insbesondere an der physischen Attraktivität orientiert (Buunk & Dijkstra, 1998). Verschiedene Untersuchungsergebnisse zeigen, dass Frauen, die die Wahl haben, solche Männer bevorzugen, die einen hohen Status haben, auch wenn alternative Angebote zur Verfügung stehen, die durch hohe physische Attraktivität (aber niedrigen sozialen Status) gekennzeichnet sind. Umgekehrt bevorzugen Männer eher physische Attraktivität und tendieren dazu, den sozialen Status der Partnerin zu vernachlässigen.

Daraus ergibt sich die Annahme, dass Eifersucht bei Männern und Frauen durch unterschiedliche Merkmale aktiviert wird. Während Männer besonders auf die soziale Dominanz der Rivalen achten sollten, wird von Frauen angenommen, dass sie die physische Attraktivität der Rivalinnen besonders aufmerksam wahrnehmen. In Übereinstimmung mit diesen Überlegungen wurde in einer Szenario-Studie festgestellt, dass Männer über mehr Eifersucht berichteten, wenn sie mit einem hoch dominanten Rivalen konfrontiert wurden. Frauen berichteten hingegen mehr Eifersucht, wenn die Rivalin hoch attraktiv war (Buunk & Dijkstra, 1998). Diese Daten wurden in den Niederlanden erhoben, in denen bekannterweise ein hohes Ausmaß der Angleichung in den Einstellungen von Männern und Frauen bezogen auf Partnerschaften erreicht ist und Geschlechtsrollenstereotype eine eher geringe Rolle spielen. Dennoch beachteten Frauen mehr die physische Attraktivität der Rivalin, während Männer stärker die Dominanz des Rivalen in Betracht zogen.

Die Ableitungen aus der Evolutionspsychologie sind nicht auf das Phänomen der Partnerwahl bzw. der Eifersucht beschränkt. Vielmehr ergeben sich eine Reihe anderer Annahmen, die ebenfalls damit zusammenhängen, dass Männer weniger in die Nachkommen investieren als Frauen. Daher sollten Frauen wählerischer sein als Männer. Außerdem ergibt sich die Annahme, dass Männer mehr Promiskuität bevorzugen sollten als Frauen, da Frauen im Sinne des Reproduktionserfolgs wenig davon haben, in ein Kind zu investieren, nachdem sie vorher mit vielen anderen Männern Sex gehabt haben (Buss, 2000). Für Männer erscheint es evolutionsbiologisch hingegen als lohnend, mit vielen Partnerinnen Sex zu haben, da sie dadurch ihrem Reproduktionserfolg steigern können.

Die Überlegungen der Evolutionsbiologie sind komplexer als es bislang deutlich geworden ist. Die gerade genannten Annahmen lassen z. B. vermuten, dass es wenig weibliche Untreue und damit wenig männliche Eifersucht geben sollte. Tatsächlich gibt es aber männliche Eifersucht, die dafür spricht, dass die Untreue von Frauen ein Problem darstellt, dass schon in unserer Vorgeschichte von allgemeiner Relevanz war. In diesem Zusammenhang werden verschiedenen Annahmen formuliert, warum Frauen Untreue zeigen (Buss, 2000): Ein Grund ist die Erreichung von zusätzlichen Belohnungen, die von den Partnern in Affären erhalten werden können. Ein zweiter Grund ist die Erreichbarkeit besserer Gene, die durch zusätzliche Partner gewonnen werden können. Ein dritter Grund ist eine Versicherung gegen den Verlust des eigentlichen Partners, der leichter ersetzt werden kann, wenn sich alternative Beziehungen anbahnen. Belege für diese Annahmen finden sich z. B. darin, dass sexuelles Interesse von Frauen mit ihrem Fruchtbarkeitszyklus zusammenhängt und dass sie besonders dann Sex mit Affärenpartnern haben, wenn sie fruchtbar sind.

Aus evolutionspsychologischer Sicht wird Eifersucht auf ein Signal-detection-Problem zurückgeführt. Dabei geht es um die Frage, wie Untreue zu erkennen ist, auf die mit Eifersucht reagiert wird. In der Evolution hat sich herauskristallisiert, dass ein falscher Alarm – also unterstellte Untreue, die unzutreffend ist – weniger Kosten im Sinne des Reproduktionserfolgs verursacht als ein Fall von nicht identifizierter Untreue. Diese Ideen werden in der Fehler-Management-Theorie (Haselton & Buss, 2000) dargestellt. Der Grundgedanke besteht darin, dass sich die Kosten unterschiedlicher Fehler deutlich unterscheiden. Wenn man z. B. durch den Wald geht und eine Schlange wahrnimmt, die keine ist, sind die Kosten des Fehlers – ein überflüssiges Ausweichmanöver ausgeführt zu haben – gering. Wenn man jedoch eine giftige Schlange übersieht, obwohl sie da ist, sind die Kosten hoch.

Wer dem ersten Fehlertyp verstärkt unterliegt, tendiert dazu zu überleben, während derjenige, der den zweiten Fehlertyp macht, Gefahr läuft, auf der Strecke zu bleiben. Die natürliche Selektion bevorzugt den ersten Fehlertyp, der adaptiv ist. Der Selektionsdruck wird in der Regel dazu führen, dass in Entscheidungssituationen der beschriebenen Art der weniger kostspielige Fehler häufiger gemacht wird als der schwerwiegende Fehler. Der Fehler, Untreue zu vermuten, wenn keine gegeben ist, erweist sich im Allgemeinen als wesentlich weniger kostenträchtig als der Fehler, Treue zu vermuten, wenn Untreue vorliegt. Es zahlt sich also im Hinblick auf den Reproduktionserfolg aus, sich gelegentlich in die vorsichtige Richtung zu täuschen und eine niedrige Auslösungsschwelle für das Auffinden von Untreue zu entwickeln.

Diese Überlegungen können veranschaulichen, wie die Evolutionspsychologie eine Vielzahl von Phänomen des sozialen Verhaltens, aber auch von Phobien erklären kann. Schlangenphobien scheinen genauso wie Eifersucht als ein Ergebnis von Selektionsdruck und biologischer Auslese entstanden zu sein. Dieser Vergleich zeigt, dass die Evolutionspsychologie auf viele Bereiche menschlichen Verhaltens und Erlebens angewendet werden kann. Ein primäres Anwendungsgebiet besteht aber in der Partnerschaftsforschung, weil über den Reproduktionserfolg an erster Stelle in Partnerschaften entschieden wird.

Während die Evolutionspsychologie auf biologische Prinzipien setzt, die durch die Notwendigkeit des Reproduktionserfolgs bestimmt werden, nimmt die sozialwissenschaftliche Analyse von Partnerschaften ihren Ausgangspunkt in den gesellschaftlichen Bedingungen und den historischen Wandlungen von Partnerschaft und Familie. Zwar kann die Evolutionspsychologie in überzeugender Weise die Funktionen bestimmter Verhaltensmuster in Partnerschaften aufzeigen, sie bleibt aber die Antwort auf die Frage schuldig, warum sich große kulturelle Unterschiede bzw. historisch ablesbare Veränderungen im Partnerschaftsverhalten zeigen. Tatsächlich sind gerade die letzten zwei bis drei Jahrzehnte in Deutschland durch einen dramatischen Umbruch in dem Verständnis von Familie und Ehe gekennzeichnet (Peuckert, 1996). Dieser Veränderungsprozess lässt sich durch eine Verminderung der normativen Verbindlichkeit der klassischen Familie, die aus den Eltern und ihren Kindern besteht, beschreiben.

Diese Kernfamilie wurde nach dem Zweiten Weltkrieg zum Muster für den allgemein verbindlichen Standard des Zusammenlebens in Partnerschaften. Diese Standardisierung hatte keineswegs in dem Jahrhundert zuvor Gültigkeit besessen und besteht auch inzwischen nicht mehr. Lange Zeit hatte die Familie als Produktionsstätte gedient, in der primär ökonomische Zwänge herrschten, die z. B. die Partnerwahl bestimmten. Die Rolle der Kinder war nicht vergleichbar mit der Rolle, die sie in modernen Familien haben, da weder die Zeit noch die Gelegenheit bestand, sich ausführlich und »kindgerecht« mit den Kindern zu beschäftigen. Sie wurden vielmehr als zukünftige Arbeitskräfte angesehen, die zum Wohlstand des »Unternehmens Familie« beitragen konnten, wobei die Beziehung zu den Kindern durch ein geringes Ausmaß von Emotionen gekennzeichnet war. Die emotional-intime Funktion der Familie wurde erst langsam in der bürgerlichen Familie entwickelt, und es dauerte ein bis zwei Jahrhunderte, bis sie sich durchsetzte.

Erst die wirtschaftliche Prosperität der Nachkriegszeit führte dazu, dass sich die auf Intimität und Liebe gegründete monogame Ehe als lebenslange Gemeinschaft durchsetzte. Dieses Ideal wurde für ein bis zwei Jahrzehnte zum allgemeinen Muster der Sozialisation. In den 6oer Jahren waren nahezu alle jungen Leute bereit, zu heiraten und Kinder zu haben, und tatsächlich wurde diese Planung auch von der großen Mehrheit der Bevölkerung realisiert. Dieses Bild der Normalfamilie wurde in der Familiensoziologie zur Grundlage genommen, um ein allgemeines Leitbild zu postulieren. Tatsächlich hat es nur wenige Jahre gedauert, bis es zu einer faktischen Destabilisierung der Normalfamilie gekommen ist (Peuckert, 1996).

Diese Veränderungen lassen sich an verschiedenen Indikatoren ablesen: Im letzten Viertel des 20. Jahrhunderts ergab sich eine dramatische Verringerung der Eheschließungen und ein ebenso dramatischer Geburtenrückgang. Die Folgen sind bekannt: In der Bundesrepublik Deutschland werden deutlich weniger Kinder geboren, als es zum Erhalt der Bevölkerungszahl erforderlich wäre, sodass die Gesamtbevölkerung schrumpft. Gleichzeitig sind die Scheidungszahlen in die Höhe gegangen. Diese Entwicklung wird unter dem Begriff der Pluralisierung und Individualisierung der Familienformen beschrieben (Peuckert, 1996).

Das umfasst eine Reihe von Phänomenen, von denen einige auch in diesem Buch behandelt werden: Die Ausbreitung von Singles und Einpersonenhaushalten, die Zunahme von kinderlosen Ehen, die Zunahme von Stief- und Adoptivfamilien, die Zunahme von Scheidung und Wiederverheiratung, das Auftreten von Ehen, in denen eine Doppelkarriere angestrebt wird, z. T. auch als Commuter-Ehe mit weit auseinander liegenden Wohnungen der Ehepartner, die dem Ziel dienen, ihre jeweils individuellen Karrierenpläne zu realisieren. Viele der genannten Phänomene sind aus der Berichterstattung in den Medien bekannt. Dazu zählt die Zunahme von nicht ehelichen Lebensgemeinschaften. Außerdem ist eine vermehrte Tendenz zu einer »Singularisierung der Lebensform« zu beobachten, wie sie in Einpersonenhaushalten zum Ausdruck kommt. Auch die zunehmende Bedeutung von Ein-Eltern-Familien ist in diesem Zusammenhang zu nennen.

Diese Entwicklungen zeigen, dass sich die Grundlagen von Partnerschaften im letzten Viertel des vorigen Jahrhunderts in der Bundesrepublik Deutschland erheblich verändert haben, eine Veränderung, die vermutlich immer noch weiter geht. An die Stelle von lebenslangen Ehen sind vielfach »Patchwork«-Biographien getreten, die sich durch komplexe Verläufe und eine größere Reversibilität der Entscheidungen auszeichnen. Damit einher geht ein Verlust der kulturellen Legitimität, bezogen auf die Normalfamilie, wie sie in den 50er und 60er Jahren des vorigen Jahrhunderts propagiert und realisiert worden war (Peuckert, 1996).

Diese Veränderungen bleiben für Partnerschaften nicht ohne Auswirkungen. Ein Beispiel dafür ist der Beitrag von Küpper in diesem Buch, der sich mit Singles im Kontrast zu Paaren beschäftigt. Der kulturelle Wandel, der eingetreten ist, betrifft aber interessanterweise den Aspekt, der in der Evolutionspsychologie in den Vordergrund gerückt wird, nämlich den Reproduktionserfolg. Dieser scheint insgesamt gesunken zu sein, wie die sinkenden Geburtenzahlen signalisieren. Dieses interessante Phänomen verdeutlicht, dass auch in Bereichen, die an erster Stelle mit biologischen Prinzipien in Verbindung gebracht werden, kulturelle Einflüsse viel bewirken können. Die resultierenden Veränderungen sind in ihrem Ausmaß kaum zu überschätzen und in ihren Wirkungen bisher nur unzureichend erforscht. Es ist aber deutlich, dass ein Verständnis von Partnerschaft ohne die kulturelle Perspektive nicht auskommt.

Ein Vergleich der beiden Ansätze, die auf biologische und sozialwissenschaftliche Perspektiven zurückgehen, ergibt, dass sie nicht notwendigerweise im Widerspruch stehen, obwohl sich sowohl Unterschiede als auch Gemeinsamkeiten zwischen biologischer und sozialwissenschaftlicher Sichtweise feststellen lassen. Es wäre aber verwunderlich, wenn die kulturellen Faktoren nicht mit den biologischen Gegebenheiten in Interaktion treten würden, da die Kultur selbst ein Ergebnis der natürlichen Selektion darstellt. Die Evolution setzt gewissermaßen nur die Grenzen, innerhalb derer sich kulturelle Variationen durchsetzen können. Allerdings ist vorstellbar, dass sich Kultur verselbständigt, wie das in der dramatischen Technikentwicklung der letzten Jahrzehnte angedeutet und durch die IT-Revolution versinnbildlicht wird.

Kulturelle Variation und biologischer Einfluss stehen miteinander in Koexistenz. Wie schon angedeutet, wird die kulturelle Variation durch die natürliche Selektion begrenzt. Andererseits werden biologische Neigungen durch die Sozialisation in eine bestimmte Richtung gelenkt. Wie die Erfahrung der letzten Jahrzehnte zeigt, entwickelt das kulturelle System eine enorme Dynamik, die dazu tendiert, die biologischen Vorgaben weitestgehend auszuschöpfen.

Diese beiden genannten Ansätze zählen zu den grundlegenden Perspektiven, die in der Partnerschaftsforschung eingenommen werden können. Es handelt sich um »Theorien großer Reichweite«, die einen hohen Allgemeinheitsgrad aufweisen und eine Vielzahl von Phänomenen erklären wollen. Daneben existieren »Theorien mittlerer Reichweite«, von denen einige in den folgenden Kapiteln dargestellt werden. Diese Theorien konzentrieren sich auf spezifischere Phänomene in Partnerschaften, z. B. auf das Bindungsverhalten, die Fairness oder die Regulierung von Nähe. Theorien mittlerer Reichweite stützen sich aber häufig auf die basalen Paradigmen. Das Phänomen der Bindung zwischen Mutter und Kind beispielsweise hat eine biologische Grundlage, da die Bindung für das Überleben des Kindes notwendig ist. In den Kapiteln über die Determinanten der Trennung, die Besonderheiten von Singles und die Einflüsse neuer Medien steht dagegen eine kulturelle Perspektive im Vordergrund.

Das vorliegende Buch gliedert sich in fünf Abschnitte: Nach einer Darstellung theoretischer und methodischer Grundlagen sowie Faktoren, die Partnerschaften beeinflussen, werden Inhalte und Prozesse beschrieben, die in bestehenden Partnerschaften ablaufen. Anschließend wenden wir uns Fragestellungen zu, die sich mit Konflikten und Trennungen befassen und schließen mit einem Ausblick, in dem künftige Trends der Partnerschaft und der Partnerschaftsforschung aufgezeigt werden.

Methoden der Partnerschaftsdiagnostik sind das Thema von Banse, der einen Überblick über Erhebungsverfahren gibt und deren Stärken und Schwächen diskutiert. Nicht nur Fragebögen werden thematisiert, die den Großteil der Verfahren ausmachen, sondern auch Verhaltensbeobachtungen und implizite Verfahren, die sich auf Interviews und reaktionszeitgestützte Techniken beziehen. Einen Überblick über die wichtigsten Theorien der Paarbeziehung geben Lösel und Bender. Sie behandeln u. a. soziobiologische, bindungstheoretische und strukturell-funktionale Ansätze, außerdem Lern- und Austauschtheorien sowie die Ähnlichkeits- und Komplementaritätsthese. Am Schluss des Kapitels wird ein integratives Modell vorgeschlagen.

Der zweite Abschnitt beginnt mit der Frage, inwieweit sich Personen, die in einer Partnerschaft leben, von Personen ohne Partnerschaft (Singles) unterscheiden. Küpper untersucht Unterschiede dieser beiden Personengruppen im Hinblick auf die Zufriedenheit, die Beziehungsgeschichte, die Persönlichkeit und Einstellungen zur Partnerschaft. In den weiteren Kapiteln werden Faktoren untersucht, die Partnerschaften – über die partnerschaftliche Interaktion hinaus – beeinflussen. Hierbei ist vor allem die Herkunftsfamilie relevant, die den späteren Partnern nicht nur genetische Anlagen vererbt, sondern auch ein soziales und materielles Erbe weitergibt. Diese Einflüsse der Herkunftsfamilie sind Thema des Kapitels von Kaiser, der darüber hinaus Einflüsse der Familienform und der Funktionstüchtigkeit der Familie auf die späteren Partnerschaften der jüngeren Generation untersucht. Die Bindungstheorie, die die Auswirkungen früherer Bindungserfahrungen mit den Eltern auf spätere Partnerschaften zum Gegenstand hat, wird von Stöcker, Strasser und Winter dargestellt. Die Autorinnen stellen Studien vor, in denen der Zusammenhang des Bindungsstils zu verschiedenen Zeitpunkten im Kindes- und Jugendalter mit der späteren Bindungsrepräsentation im Erwachsenenalter ermittelt wird.

Eine weitere wichtige Determinante des Partnerschaftsverlaufs stellen die überdauernden Persönlichkeitseigenschaften beider Partner dar, die bisher in der Sozialpsychologie der Paarbeziehungen unzureichend berücksichtigt wurden. Neyer geht der Frage nach, ob und wie sich Persönlichkeitsmerkmale und Merkmale der Partnerschaft gegenseitig beeinflussen. Schließlich können sich Präventionsmaßnahmen günstig auf den Verlauf von Beziehungen auswirken. Das Kapitel von Hahlweg und Bodenmann begründet die Notwendigkeit präventiver Maßnahmen, die Beziehungsstörungen vorbeugen. Die Autoren stellen verschiedene Interventionsansätze und deren Wirksamkeit dar.

Der dritte Abschnitt befasst sich mit Inhalten und Prozessen in bestehenden Partnerschaften. Schneewind und Wunderer geben einen Überblick über die wichtigsten Prozessmodelle, die die langfristige positive oder negative Entwicklung von Partnerschaften beschreiben. Diese Modelle basieren auf verschiedenen theoretischen Annahmen, z. B. den sozialen Lerntheorien, den Austauschtheorien und der Bindungstheorie. Sodann gehen sie auf umfassende kontextualistisch-systemische Modelle ein, insbesondere auf ein integratives Rahmenmodell der Partnerschaftsentwicklung. Die Grunddimensionen enger Beziehungen, die mit den »Big 5« in der Persönlichkeitspsychologie vergleichbar sind, werden von Bierhoff dargestellt. Dieses Kapitel trägt zur Klärung der Frage bei, welche Beziehungsmerkmale aus verschiedenen Theorien und inzwischen unübersichtlich vielen Messinstrumenten voneinander unabhängig sind und welche sich zusammenfassen lassen. Als wesentliche Dimensionen ergeben sich Konflikt, Liebe, Altruismus, Investitionen und Sicherheit, die anschließend in ihren Zusammenhängen zu Rahmenbedingungen der Partnerschaft und zur Beziehungsqualität untersucht werden. Ein weiterer zentraler Inhalt von Partnerschaften ist emotionale Nähe, die ein menschliches Grundbedürfnis zu sein scheint, wobei Probleme in der Partnerschaft im Falle der Nichterfüllung vorprogrammiert sind. Grau untersucht aus konsistenz- und attributionstheoretischer Sicht konstruktive und destruktive Verhaltensstrategien, die zur Regulierung von Nähe und Distanz eingesetzt werden können. Aus austauschtheoretischer Perspektive neigen Partner dazu, Ausgewogenheit der Nutzen und Kosten in Relation zu den Beiträgen beider Partner herzustellen. Rohmann stellt die Equity-Theorie dar und untersucht den Zusammenhang zwischen Ausgewogenheit und verschiedenen Merkmalen der Beziehungsqualität. Besondere Beachtung erfährt die Frage nach der Ausgewogenheit, mit der Partner die Hausarbeit aufteilen.

Die beiden letzten Kapitel dieses Abschnittes befassen sich mit Wahrnehmung und Attribution in Partnerschaften. Felser geht der Frage nach, ob eine möglichst positive oder eine möglichst realistische Beurteilung des Partners adaptiv ist, geht anschließend auf verschiedene Determinanten der richtigen Vorhersage der Gedanken des Partners ein und zeigt, welche Bedeutung Vorstellungen über die ideale Partnerschaft haben. In dem Kapitel von Kalicki wird untersucht, wie Personen im Allgemeinen und speziell in Partnerschaften Urteile über Ursachen von Ereignissen und Verhaltensweisen des Partners abgeben und welche Folgen diese Attributionen haben. Dabei geht er auch der Frage nach, ob glückliche Partner dazu neigen, andere Attributionen zu äußern als unglückliche.

Der vierte Abschnitt befasst sich mit konfliktreichen Beziehungen und solchen, die aufgelöst werden. Dabei stellt sich zunächst die Frage, was erfolgreiche und scheiternde Partnerschaften voneinander unterscheidet. Diese Frage lässt sich zum einen durch Studien beantworten, in denen Determinanten des Beziehungserfolgs untersucht werden, zum anderen durch Studien zu den Determinanten von Trennungen. Bender und Lösel befassen sich mit den Determinanten einer erfolgreichen Beziehung unter besonderer Berücksichtigung von Persönlichkeitsmerkmalen. Sie stellen eine Studie vor, in der gezeigt wird, dass Kohärenzsinn, Kontrollüberzeugung und emotionale Stabilität geeignet sind, erhebliche Varianzanteile der Ehequalität zu erklären. Kersting und Grau stellen Forschungsergebnisse prospektiver und retrospektiver Studien zur Trennungsvorhersage dar und unterscheiden anschließend zwischen Konflikturachen und Variablen, die den Zusammenhang zwischen Konflikten und Trennung moderieren, wie z. B. die Konfliktlösefähigkeiten der Partner. In den verschiedenen Kapiteln dieses Abschnitts wird von einer grundlegenden Annahme der Trennungsforschung ausgegangen, nach der nicht jeder Konflikt zu einer Trennung führt, sondern die Auflösung der Beziehung dann wahrscheinlich ist, wenn (unvermeidliche) Konflikte nicht bewältigt werden oder destruktiv mit ihnen umgegangen wird. Ein Beispiel für destruktive Konfliktverläufe sind Schuldzuschreibungen, die von Schütz und Hoge thematisiert werden. In diesem Kapitel wird dargestellt, wie es zu Schuldvorwürfen an den Partner kommt und welche Auswirkungen diese auf den weiteren Beziehungsverlauf haben. Ebenso werden positive und negative Auswirkungen von Schuldgefühlen sowie Unterschiede zwischen den Partnern in der Beurteilung der Schuld diskutiert.

Stress ist ein Phänomen, das an mehreren Stellen in den Konflikt- und Trennungsprozess einwirken kann. Wie Bodenmann zeigt, lässt sich Stress zum einen als Konfliktursache auffassen, zum anderen als Faktor, unter dem Konfliktlösefertigkeiten zusammenbrechen. Der Autor untersucht zudem verschiedene Formen der Stressbewältigung in ihren Folgen für den weiteren Verlauf der Partnerschaft, insbesondere deren Stabilität. Welche Auswirkungen die vollzogene Scheidung einer Ehe hat, ist das Thema von Beelmann und Schmidt-Denter. Die Autoren untersuchen den Einfluss dieses wichtigen Lebensereignisses auf den weiteren Kontakt zwischen den ehemaligen Partnern, auf die Beziehungen zu den Kindern und zu Freunden sowie auf alltägliche Aufgaben, finanzielle Möglichkeiten und das psychische Wohlbefinden. Schließlich wird der Einfluss unterschiedlicher Gestaltungen der nachehelichen Paarbeziehung auf die Entwicklung der Kinder aufgezeigt.

Den Abschluss des Buches bildet ein Ausblick, in dem Wechselwirkungen zwischen Telekommunikation und Partnerschaften thematisiert werden. Anhand des Beispiels der neuen Medien zeigt Döring, wie sich bestehende Partnerschaften durch die Verbreitung von Kurzmitteilungen auf Handys, E-mail-Botschaften und die Nutzung von Anrufbeantwortern verändern. Diese Medien verändern nicht nur Prinzipien der Partnerwahl und Prozesse der Beziehungsentwicklung, sondern bringen auch völlig neue, bis vor kurzem unbekannte Formen von Beziehungen hervor, die noch weitgehend unerforscht sind. Diese Entwicklungen stellen eine Herausforderung für die künftige Partnerschaftsforschung dar, die nicht nur neue Inhalte zu bewältigen hat, sondern der auch eben durch diese Medien neue Forschungsmethoden zur Verfügung gestellt werden (Beispiel Online-Erhebungen). Somit ist zu erwarten, dass die genannten Medien nicht nur das partnerschaftliche Erleben, sondern auch die Partnerschaftsforschung nachhaltig beeinflussen werden.

## Literatur

Buunk, B.P. & Dijkstra, P. (1998). Jealousy as a function of rival characteristics: An evolutionary perspective. Pesonality and Social Psychology Bulletin, 24, 1158-1166.

Buss, D.M. (2000). The dangerous passion. Why jealousy is as necessary as love and sex. New York: Free Press.

Haselton, M.G. & Buss, D.M. (2000). Error management theory: A new perspective on biases in cross-sex mind reading. Journal of Personality and Social Psychology, 78, 81-91.

Peuckert, R. (1996). Familienformen im sozialen Wandel. Opladen: Leske & Budrich. 2. Auflage.

# Theoretische und methodische Grundlagen

# Partnerschaftsdiagnostik

Rainer Banse

**I**n der Partnerschaftsforschung wurde eine große Vielfalt von standardisierten Verfahren zur Erfassung von Partnerschaftsmerkmalen entwickelt. Der überwiegende Anteil stützt sich auf den expliziten Selbstbericht per Fragebogen. Es gibt aber auch alternative diagnostische Zugänge wie experimentelle oder auf Interviews gestützte implizite Messverfahren sowie Systeme zur Kodierung partnerschaftlichen Interaktionsverhaltens. Die Schwächen und Stärken dieser methodischen Zugänge werden diskutiert und typische Verfahren beispielhaft dargestellt. Als Fazit lässt sich festhalten, dass es keinen idealen Zugang zur Diagnose von Partnerschaftsmerkmalen gibt. Ein tief greifendes Verständnis des vielschichtigen Phänomens Partnerschaft erscheint nur möglich, wenn die spezifischen Vorteile der verschiedenen Verfahren kombiniert werden und so methodische Einseitigkeiten und Verzerrungen überwunden werden.

## 1.1    Diagnostische Zugänge

Die Beziehungsforschung hat eine beinahe unübersehbare Fülle von Verfahren zur Diagnose von Beziehungsmerkmalen in Partnerschaften hervorgebracht. Im Rahmen dieses Kapitels kann daher schon aus Platzgründen nur eine sehr selektive Übersicht gegeben werden. Im Bereich der Beziehungsforschung scheint es eine besonders ausgeprägte Neigung zu geben, nur solche Erhebungsinstrumente zu berücksichtigen, die theoretisch und methodisch dem Kontext des eigenen Spezialgebietes nahe stehen. So gibt es wenig Querverbindungen zwischen einer eher klinisch, sozial-, oder entwicklungspsychologisch orientierten Partnerschaftsforschung, obwohl es für viele Fragestellungen durchaus fruchtbar sein könnte, auch Erhebungsverfahren einzusetzen, die in einem anderen theoretischen Kontext entwickelt wurden. Dieses Kapitel soll daher ein breites Spektrum methodischer Zugänge und einige Beispiele für typische diagnostische Verfahren präsentieren und so Anregungen für die Auswahl und Verwendung spezifischer partnerschaftsdiagnostischer Instrumente geben.

### 1.1.1    Was ist eine Beziehung?

Bevor wir auf konkrete Verfahren und Methoden eingehen, soll zunächst die Frage geklärt werden, wie überhaupt Informationen über die Qualität von Partnerschaften gewonnen werden können. Im Gegensatz zu der überwältigenden Mehrheit aller psychologischen Konstrukte sind die »Merkmalsträger« von Partnerschaften nicht Individuen, sondern Dyaden. Um Merkmale von Partnerschaften zu erfassen, gibt es daher prinzipiell die Möglichkeit, die beiden beteiligten Partner als Informanten zu nutzen oder das Verhalten der Dyade »von außen« zu betrachten. Welcher Zugang ist angemessen? Nach Asendorpf und Banse (2000) sind alle persönlichen Beziehungen und damit auch Partnerschaften dadurch gekennzeichnet, dass sie *stabile* und *dyadentypische* Interaktionsmuster aufweisen. Solche Interaktionsmuster können z. B. darin bestehen, dass sich ein Paar in Konfliktsituationen lange, inhaltlich und emotional negativ eskalierende Wortwechsel liefert, während ein anderes Paar den Konflikt zwar thematisiert, aber nach wenigen Wortwechseln die Auseinandersetzung durch neutrale oder versöhnliche Äußerungen beendet.

> **Die »Merkmalsträger« von Partnerschaften sind nicht Individuen, sondern Dyaden.**

Neben solchen von außen beobachtbaren Verhaltensmustern sind persönliche Beziehungen wie Partnerschaften aber wesentlich dadurch bestimmt, wie die Partnerschaft von beiden Beziehungspartnern mental repräsentiert wird. Nach Baldwin (1992) lassen sich Beziehungsrepräsentationen als Beziehungsschemata beschreiben, die aus drei Elementen bestehen:
– dem Bild vom Partner in der Beziehung,
– dem Bild der eigenen Person in der Beziehung und
– dem Bild von der Interaktion zwischen beiden Beziehungspartnern.

Die Beziehungsschemata beider Partner bilden das eigentliche Substrat persönlicher Beziehungen; ihr Vorhandensein unterscheidet z. B. persönliche Beziehungen von Rollenbeziehungen, für die kein beziehungsspezifisches Wissen vorliegt. Aufgrund der im Beziehungsschema gespeicherten Informationen kann die vermutete Reaktion des Beziehungspartners auf eine eigene Aktion in der Vorstellung »simuliert« werden. Aufgrund dieser Eigenschaft wird das Beziehungsschema in der Bindungstheorie als internes Arbeitsmodell bezeichnet (Bowlby, 1969). Von den im Beziehungsschema kumulierten Beziehungserfahrungen hängt es ab, ob der Partner als verlässlich, einfühlsam und unterstützend oder als unzuverlässig, kühl und abweisend empfunden wird und in der Konsequenz, wie die Beziehung insgesamt bewertet wird.

> **Neben den von außen beobachtbaren Verhaltensmustern sind persönliche Beziehungen wie Partnerschaften wesentlich dadurch bestimmt, wie die Partnerschaft von beiden Beziehungspartnern mental repräsentiert wird.**

Durch die zentralen Konzepte *Verhaltensmuster* und *Beziehungsschema* lassen sich sowohl der Gegenstand der Partnerschaftsdiagnostik als auch die ihr zur Verfügung stehenden diagnostischen Methoden näher bestimmen. Zum einen können verschiedene Aspekte der Beziehungsschemata beider Partner erfasst werden, um auf entsprechende Beziehungsqualitäten und deren affektive Bewertung zu schließen. Dabei können die Partner

> **Die Konzepte Verhaltensmuster und Beziehungsschema verweisen sowohl auf den Gegenstand der Partnerschaftsdiagnostik als auch auf die ihr zur Verfügung stehenden diagnostischen Methoden.**

direkt zu ihrer Beziehung befragt werden, oder es können indirekte oder implizite Verfahren benutzt werden, die Rückschlüsse auf die Beziehungsschemata erlauben, ohne dass die Partner direkt danach gefragt werden müssen. Zum anderen kann sich die Erfassung von Partnerschaftsmerkmalen auf charakteristische Verhaltensmuster von Paaren stützen, sei es durch eine unmittelbare Beobachtung des Interaktionsverhaltens im Labor, durch Bekannte des Paares oder durch die Partner selbst (z. B. mittels geeigneter Tagebuchverfahren).

### 1.1.2 Ziele der Partnerschaftsdiagnostik

Die Partnerschaftsforschung ist wie die gesamte Beziehungsforschung ein interdisziplinäres Gebiet. Trotzdem haben sich in den verschiedenen psychologischen Teildisziplinen unterschiedliche diagnostische Traditionen entwickelt, weil in ihnen unterschiedliche diagnostische Ziele verfolgt und daher unterschiedliche Anforderungen an diagnostische Instrumente gestellt wurden. So ist es in der klinischen Forschung gängige Praxis, Individuen oder Paare in Klassen wie z. B. zufriedene und unzufriedene einzuteilen. Da die Entscheidung, ab welchem Punktwert einer Skala der Partnerschaftszufriedenheit ein Paar als »unzufrieden« einzustufen ist, eher beliebig ist, muss man auf Skalen zurückgreifen, die allgemein anerkannte kritische Werte für die Einteilung von Gruppen bereitstellen. Aus diesem Grund wird in der klinischen Forschung häufig älteren, aber etablierten und bewährten Instrumenten der Vorzug gegeben, auch wenn neuere und möglicherweise konzeptuell überlegene Verfahren vorhanden sind, für die aber keine allgemein anerkannten kritischen Werte vorliegen. Die eher sozialpsychologisch orientierte Partnerschaftsforschung ist mit einigen Ausnahmen (z. B. in der Bindungsforschung) weniger an der Einteilung von Personen in Gruppen interessiert, sondern nutzt meist die in Stichproben vorgefundene Variabilität in verschiedenen Merkmalen für korrelative Analysen. Aber auch in dieser Forschungstradition spielen eher sachfremde Auswahlkriterien wie z. B. die internationale Gebräuchlichkeit von Messverfahren eine wichtige Rolle. Insgesamt erhöht diese Praxis die Vergleichbarkeit von Forschungsergebnissen über Studien und Länder hinweg und erleichtert damit einen kumulativen Wissensfortschritt. Kritisch ist jedoch anzumerken, dass in den USA entwickelte Instrumente eine wesentlich größere Chance haben, sich international durchzusetzen. Ob Übersetzungen amerikanischer Fragebögen ins Deutsche (oder andere Sprachen) tatsächlich dieselben Konstrukte in vergleichbarer Weise erfassen wie die

> **In der klinischen Forschung wird häufig älteren, aber bewährten Instrumenten der Vorzug gegeben, da für neuere, möglicherweise konzeptuell überlegene Verfahren keine allgemein anerkannten kritischen Werte vorliegen.**

Originalversionen, müsste eigentlich zunächst empirisch geprüft werden, was jedoch nicht immer ausreichend geschieht.

Ein weiterer wichtiger Unterschied zwischen verschiedenen Traditionen der Partnerschaftsdiagnostik besteht in einer vor allem idiographischen Zielsetzung der klinischen gegenüber der nomothetischen Zielsetzung der sozialpsychologischen Partnerschaftsdiagnostik. Im Rahmen einer klinischen Anamnese muss es primär darum gehen, die funktionalen Ursachen der Probleme eines Paares zu identifizieren. Um dieses Ziel zu erreichen, müssen möglichst viele potenzielle Problemfelder diagnostisch abgeklärt werden. Die Zuverlässigkeit der einzelnen Testergebnisse ist hier weniger kritisch, da die Vorgabe von Tests häufig als Einstieg in einen längeren diagnostischen Prozess aufgefasst wird, in dessen Verlauf auffällige oder unstimmige Ergebnisse weiter abgeklärt werden können. Statt den individuellen Besonderheiten von Paaren möglichst gerecht zu werden, zielt dagegen die sozial- oder entwicklungspsychologisch orientierte Paarforschung vor allem darauf ab, allgemeine Gesetzmäßigkeiten des Funktionierens oder Scheiterns von Partnerschaften zu erkennen. Die Erfassung von Beziehungsmerkmalen erfolgt hier für alle Probanden einer Stichprobe in gleicher Weise, daher es ist weder möglich noch sinnvoll, individuellen Besonderheiten in einem iterativen diagnostischen Prozess nachzugehen. Bei der Abwägung zwischen Qualität und Quantität muss daher der Reliabilität der Messung Vorrang vor einer möglichst großen Anzahl von Konstrukten eingeräumt werden.

> **Die sozial- oder entwicklungspsychologisch orientierte Paarforschung zielt darauf ab, allgemeine Gesetzmäßigkeiten des Funktionierens oder Scheiterns von Partnerschaften zu erkennen.**

### 1.1.3 Methoden und Konstrukte

Neben nicht standardisierten klinischen Interviews sind Fragebogenverfahren die am häufigsten benutzte Methode der Partnerschaftsdiagnostik. Daneben existieren jedoch eine ganze Reihe anderer methodischer Zugänge wie z. B. Partnerbeurteilungen, Tagebuchverfahren, Interviewverfahren, auf Reaktionszeitmessungen beruhende experimentelle Verfahren sowie Verfahren zur Verhaltensbeobachtung und -beurteilung. Wie in anderen Bereichen der Diagnostik ist die allgemeine Bevorzugung von verbalen Selbstberichtsverfahren vor allem auf die wesentlich größere Durchführungsökonomie im Vergleich zu anderen Methoden zurückzuführen. Denn obwohl sich Fragebögen und andere explizite Diagnoseverfahren insgesamt sehr gut bewährt haben, ist ihre Validität durch zwei grundsätzliche Probleme eingeschränkt: Der verbale Selbstbericht kann nur Inhalte erfassen, die Probanden verbalisieren *können* und die sie in der diagnostischen Situation auch verbalisieren *wollen*. Einige wichtige Aspekte von Paarbeziehungen (wie z. B. traumatische Beziehungserfahrungen) sind möglicherweise nicht voll bewusstseinsfähig, nicht verbali-

> **Einige Aspekte von Paarbeziehungen sind nicht voll bewusstseinsfähig, nicht verbalisierbar, oder ihre Erfassung wird durch Selbstdarstellungstendenzen verzerrt.**

sierbar, oder ihre Erfassung wird durch Selbstdarstellungstendenzen verzerrt. Diese Probleme des expliziten Selbstberichtes können mit relativ aufwändigen, aber für diesen Zweck geeigneten alternativen diagnostischen Methoden überwunden werden.

So nutzen z. B. Interviewverfahren in der Tradition des Adult-Attachment-Interviews (George et al., 1985) nicht nur den verbalen Inhalt, sondern das Zusammenspiel von Inhalt, Affekt und formalen Charakteristika des Selbstberichtes (s. Kap. 5). Ähnlich wie in der forensischen Glaubwürdigkeitsdiagnostik können auf diese Weise implizite Aspekte von Beziehungsschemata erfasst werden, die mit expliziten Verfahren (wie den meisten Fragebögen) grundsätzlich nicht erfasst werden können. Weitere Beispiele für eine implizite Erfassung von Merkmalen sind projektive Tests oder auch reaktionszeitgestützte Verfahren (Banse, 2002).

> Maße der Partnerschaftsqualität (oder anderer Konstrukte) sind explizit, wenn die Testperson intentional über das zu messende Merkmal Auskunft gibt; sie sind implizit, wenn das zur Diagnose genutzte Verhalten von der untersuchten Person entweder nicht als Ausdruck des zu messenden Konstruktes wahrgenommen wird oder das Verhalten nicht willentlich kontrolliert werden kann.

Trotz identischer Terminologie (z. B. »sichere versus unsichere Bindung«) erfassen implizite und explizite Verfahren häufig unterschiedliche Konstrukte, wie in den niedrigen

> **Trotz identischer Terminologie erfassen implizite und explizite Verfahren häufig unterschiedliche Konstrukte.**

konvergenten Validitäten zwischen Interview- und Fragebogenverfahren deutlich wird (Crowell et al., 1999; von Sydow, 2000). In diesen Fällen wäre die Wahl eines expliziten Fragebogenverfahrens anstelle eines impliziten Interviewverfahrens aus rein pragmatischen Gründen etwa ebenso sinnvoll wie das Suchen eines verlorenen Schlüssels unter einer Straßenlaterne, nur weil es dort hell ist.

## 1.2    Fragebogenverfahren

In der Literatur finden sich hunderte von Fragebogenverfahren zur Erfassung der verschiedensten Aspekte von Paarbeziehungen (für eine aktuelle und umfassende Übersicht englischsprachiger Instrumente s. Touliatos et al., 2001). Viele der amerikanische Originalskalen wurden ins Deutsche übersetzt und validiert. Häufig wurden jedoch nur die allgemeinen Ergebnisse solcher Validierungsstudien publiziert, nicht aber die deutschsprachigen

Items. Da solche Instrumente für potenzielle Anwender nicht ohne weiteres zugänglich sind, werden im Sinne einer problemlosen Anwendbarkeit in der folgenden exemplarischen Darstellung vor allem aktuelle und auf Deutsch publizierte Fragebogenverfahren berücksichtigt. Eine Sammlung von deutschsprachigen Verfahren zur Partnerschaftsdiagnostik findet sich in Klann et al. (2002).

### 1.2.1 Partnerschaftserfolg

Der Erfolg von Partnerschaften wird mit den Konstrukten *Partnerschaftszufriedenheit* und *Partnerschaftsstabilität* erfasst. Die Diagnostik dieser Konstrukte sollte mit besonderer Sorgfalt erfolgen, wenn sie bei der empirischen Prüfung von Partnerschaftstheorien und bei der Evaluation von paartherapeutischen Interventionen als Prüfkriterien genutzt werden. Eine unzureichende psychometrische Qualität von Tests stellt in diesem Bereich zwar eher die Ausnahme dar, würde aber die Chancen mindern, bestehende Zusammenhänge auf der Konstruktebene auch empirisch nachzuweisen. Das gravierendere Problem im Bereich der Beziehungsforschung besteht eher darin, dass Verfahren zur Messung von Prädiktorvariablen mit den Kriteriumsvariablen für »Beziehungserfolg« inhaltlich überlappen, was zu einer Überschätzung von Zusammenhängen auf der Konstruktebene führt (Fincham & Bradbury, 1987).

> **Der Erfolg von Partnerschaften wird mit den Konstrukten Partnerschaftszufriedenheit und Partnerschaftsstabilität erfasst.**

#### Partnerschaftsstabilität

Auf den ersten Blick scheint sich die Erfassung der Partnerschaftsstabilität in der binären Unterscheidung zusammen – getrennt zu erschöpfen. Die Trennung einer Beziehung lässt sich jedoch als ein Prozess mit mehreren Zwischenstadien auffassen, der sich differenziert erfassen lässt. Das Marital Status Inventory (MSI) von Weiss und Cerreto (1980; in Deutsch von Scholz [1983]) stellt den Versuch dar, ein Kontinuum der Trennung mit einer Guttman-Skala zu erfassen. Die 14 Items reichen von gelegentlichen Trennungsgedanken über konkrete Überlegungen zur Durchführung einer Trennung, das Unternehmen konkreter Schritte zur Trennung (z. B. kontaktieren eines Anwaltes), bis hin zum Vollzug der Trennung.

Dieses differenzierte Instrument zur Erfassung der Partnerschaftsstabilität kann Vorteile gegenüber einer binären Erfassung des Beziehungsstatus bieten. In Längsschnittstudien mit anfallenden Stichproben ist die Trennungsquote selbst über mehrere Jahre hinweg relativ gering. So berichtet z. B. Gottman (1994) für eine Längsschnittstudie mit Ehepaaren eine schon sehr hohe Trennungsrate von 25% nach vier Jahren. Beinahe doppelt so viele Ehepartner (49%) hatten je-

> **Differenzierte Instrumente zur Erfassung der Partnerschaftsstabilität können Vorteile gegenüber einer binären Erfassung des Beziehungsstatus bieten.**

doch eine Trennung ernstlich erwogen. Aufgrund der besseren Verteilungscharakteristik der differenzierten Skala erscheint es daher leichter, Zusammenhänge mit vermuteten Ursachen von Trennungsabsichten empirisch nachzuweisen. Es muss dabei jedoch berücksichtigt werden, dass der Zusammenhang zwischen Trennungsgedanken und tatsächlicher späterer Trennung nicht sehr eng ist. Viele Partner erwägen ernsthaft eine Trennung, setzen sie jedoch nicht in die Tat um, während andere sich aufgrund punktueller Ereignisse (wie z. B. Untreue des Partners) trennen, ohne eine Trennung vorher ernsthaft erwogen zu haben.

Eine differenzierte Skala zur Messung von Trennungsabsichten könnte auch zur Evaluation paartherapeutischer Interventionen verwendet werden. Allerdings müssen die Items so formuliert sein, dass die erfragten Trennungsabsichten klar auf den Zeitraum nach Ende der Paartherapie bezogen sind. Unproblematischer ist für diesen Zweck die Erfassung der aktuellen Bereitschaft zur Fortsetzung der Beziehung oder des *Commitment* (Grau et al., 2001).

### Partnerschaftszufriedenheit und Partnerschaftsqualität

Unter den vielen verschiedenen Aspekten der Partnerschaftsqualität ist die Partnerschaftszufriedenheit besonders hervorzuheben, weil sie in der Partnerschaftsforschung neben der Partnerschaftsstabilität als zweite Kriteriumsvariable für den Erfolg von Paarbeziehungen fungiert. Verschiedene Fragebögen unterscheiden sich zunächst darin, ob sie eindimensional die »generische« Partnerschaftszufriedenheit, mehrdimensional die Zufriedenheit mit verschiedenen Aspekten der Beziehung oder verschiedene Qualitäten der Beziehung erfassen. Alle heute üblichen Verfahren sind so formuliert, dass sie für verheiratete und unverheiratete Paare gleichermaßen geeignet sind.

Ein älteres, aber immer noch sehr verbreitetes Instrument ist die Dyadic Adjustment Scale (DAS) von Spanier (1976; in Deutsch von Klann et al. [2002]), mit der neben einem Gesamtindex der Beziehungsqualität die vier Dimensionen dyadische Übereinstimmung, Ausdruck von Gefühlen, Erfüllung in der Partnerschaft und partnerschaftlicher Zusammenhalt erfasst werden können. Der Partnerschaftsfragebogen (PFB) von Hahlweg (1996) weist die drei Subskalen Streitverhalten, Zärtlichkeit und Gemeinsamkeit/Kommunikation auf, die auch zu einem Gesamtwert zusammengefasst werden können. Beide Instrumente haben gute psychometrische Eigenschaften und haben sich in der Forschung und klinischen Praxis bewährt.

**Mehrdimensionale Instrumente implizieren theoretische Annahmen über das Funktionieren von Paarbeziehungen.**

Bei der Verwendung dieser mehrdimensionalen Instrumente muss jedoch bedacht werden, dass sie theoretische Annahmen über das Funktionieren von Paarbeziehungen implizieren. So wird im DAS angenommen, dass hohe Beziehungsqualität durch Einigkeit in vielen Belangen (vom gemeinsamen

Umgang mit Geld bis hin zu weltanschaulichen und religiösen Fragen) gekennzeichnet ist und im PFB, dass bestimmte Formen des Streites (wie Sarkasmus und Anschreien) mit einer niedrigen Beziehungsqualität einhergehen.

Obwohl diese Annahmen theoretisch plausibel und auch empirisch belegt sind, kann grundsätzlich nicht ausgeschlossen werden, dass sich die angenommen Symptome einer niedrigen Beziehungsqualität insgesamt oder für bestimmte Subgruppen als unangemessen erweisen. So beschreibt z. B. Gottman (1994) einen Typ von *konflikt-vermeidenden* Ehepaaren, die Auseinandersetzungen möglichst aus dem Wege gehen, während ein *lebhaft-impulsiver* Typ kaum eine Gelegenheit zum Streit auslässt. Beide Interaktionsmuster unterscheiden sich deutlich von dem von vielen Ehetherapeuten favorisierten *konstruktiven* Partnerschaftstyp, der durch ein mittleres Niveau von Problemkonfrontation und Affekt gekennzeichnet ist. Die drei funktionalen Paartypen weisen nach Gottman zwar in einem Konfliktgespräch eine stark unterschiedliche Häufigkeit von positiven und negativen Interaktionen auf, die positiven Interaktionen überwiegen jedoch bei allen drei Typen deutlich (im Verhältnis von 5:1). Nicht die Häufigkeit von positiven und negativen Verhaltensweisen an sich, sondern deren Verhältnis unterscheidet sie von den zwei von Gottman beschriebenen nicht funktionalen Ehetypen *feindselig* und *feindselig-distanziert*, die positive und negative Verhaltensweisen etwa im Verhältnis 1:1 zeigen.

> **Nicht die Häufigkeit, sondern das Verhältnis von positiven und negativen Interaktionen unterscheidet funktionale von dysfunktionalen Ehetypen.**

Falls Gottmans Partnerschaftstypologie sich als valide erweisen sollte (was bisher nicht überzeugend belegt ist), wäre es verfehlt, allein die Häufigkeit von Auseinandersetzungen als Indiz für eine niedrige Ehequalität im Sinne einer niedrigen Funktionalität zu interpretieren. Bestimmte Interaktionsmuster wie das Austragen von Konflikten wären dann für manche Paare erwünscht und funktional, während andere diese Verhaltensweisen als unangenehm und belastend empfänden. Idealer Weise sollten dimensionale Instrumente der Ehequalität nur solche Aspekte der Partnerschaftsqualität einbeziehen, die für alle Paare gleichermaßen funktional oder dysfunktional sind. Theoretisch weitreichende Annahmen dieser Art können jedoch vermieden werden, wenn Maße der Beziehungszufriedenheit benutzt werden, in denen »theoriefrei« ausschließlich nach der Bewertung der Beziehung durch die Partner gefragt wird. Typische Items solcher so genannten generischen Beziehungszufriedenheitsskalen lauten:

– *»Wie zufrieden sind sie insgesamt mit Ihrer Beziehung?«* oder
– *»Wie oft wünschen Sie sich, diese Beziehung nicht eingegangen zu sein?«*

Ein international etabliertes, psychometrisch gutes und mit sieben Items sehr ökonomisches Instrument dieser Art ist die Rela-

**Tabelle 1.1.**   Fragebogeninstrumente zur Erfassung von Beziehungszufriedenheit und -stabilität

| Instrument | Skalen (Anzahl der Items) |
|---|---|
| Dyadic Adjustment Scale (DAS, Spanier, 1976)[a] | Gesamtscore und 4 Unterskalen: |
| | Dyadische Übereinstimmung (13) |
| | Ausdruck von Gefühlen (4) |
| | Erfüllung in der Partnerschaft (10) |
| | Partnerschaftlicher Zusammenhalt (5) |
| Partnerschaftsfragebogen (PFB, Hahlweg, 1996)[a] | Gesamtscore und 3 Unterskalen: |
| | Streitverhalten (10) |
| | Zärtlichkeit (10) |
| | Gemeinsamkeit/Kommunikation (10) |
| RAS: Relationship Assessment Scale von Hendrick (1988; in Deutsch von Hassebrauck [1991] und Sander & Boecker [1993]) | Gesamtscore Partnerschaftszufriedenheit (7) |
| Marital Status Inventory (MSI; Weiss & Cerreto, 1980; in Deutsch von Scholz [1983])[a] | Gesamtscore Trennungsabsichten (14) |

[a] In Klann et al. (2002)

> **Idealer Weise sollten dimensionale Instrumente der Ehequalität nur solche Aspekte der Partnerschaftsqualität einbeziehen, die für alle Paare gleichermaßen funktional oder dysfunktional sind.**

tionship Assessment Scale (RAS; Hendrick, 1988), die sowohl von Hassebrauck (1991) als auch von Sander und Böcker (1993) ins Deutsche übersetzt wurde (Tabelle 1.1). Generische Maße der Partnerschaftszufriedenheit müssen nicht eindimensional sein. So erfasst z. B. das Marital Satisfaction Inventory (Snyder, 1981) neben mehreren inhaltlichen Bereichen (z. B. affektive Kommunikation, Problemlösung, Finanzplanung) die Zufriedenheit mit verschiedenen Aspekten der Partnerschaft (globale Zufriedenheit, sexuelle Zufriedenheit, elterliche Zufriedenheit).

Bei der Auswahl einer Skala zur Erfassung der Beziehungsqualität sollte daher bedacht werden, ob die differenzierte Information, die durch Skalen wie die DAS oder den PFB gewonnen werden können, bei einer gegebenen Fragestellung wirklich nützlich sind und ob die darin implizierten Annahmen über die Beziehungsqualität vom Anwender geteilt werden. Wird mindestens eine dieser Fragen verneint, sollte einer ökonomischen generischen Partnerschaftszufriedenheitsskala wie der RAS der Vorzug gegeben werden.

Im Rahmen der Grundlagenforschung stellt die Vermeidung von inhaltlichen Überlappungen ein wichtiges Auswahlkriterium für Maße der Partnerschaftsqualität dar. Für die Untersuchung von Determinanten der Partnerschaftsqualität (wie z. B. Streitverhalten, Kommunikationskompetenz, oder dyadisches Coping) muss gesichert sein, dass unabhängige und abhängige Variablen keinerlei inhaltliche Überschneidungen (z. B. durch gleiche oder ähnliche Fragebogenitems) aufweisen, da diese zu trivialen Zusammenhängen führen würden. Der Einfluss häufigen Streitens auf die Partnerschaftsqualität kann nur sinnvoll untersucht werden, wenn die Kriteriumsvariable Partnerschaftsqualität ohne Bezug zum Streitverhalten erfasst wird (Fincham & Bradbury, 1987).

## 1.2.2 Spezifische Konstrukte

### Partnerbindung

Mit ihrem Vorschlag, romantische Liebe als einen Bindungsprozess aufzufassen, begründeten Hazan und Shaver (1987) eine neue und sehr produktive Forschungstradition der Partnerschaftsforschung. Ausgehend von Ainsworths Typologie der Bindungsstile (Ainsworth et al., 1978) von Kleinkindern an die Mutter (sicher, ängstlich-ambivalent und vermeidend) entwickelten Hazan und Shaver (1987) drei prototypische Beschreibungen von Bindungsstilen für Erwachsene. Zur Diagnose des Bindungsstiles wählen Probanden diejenige Beschreibung aus, die ihre Beziehung am besten beschreibt. Diese methodische Neuerung führte zu einem »Schisma« in der Bindungsforschung. Neben der traditionell entwicklungspsychologisch orientieren Bindungsforschung, die Bindungsstile durch Verhaltensbeobachtung und spezielle Interviews erhob, etablierte sich nun ein sozialpsychologisch orientierter Zweig, der sich zur Diagnose auf den verbalen Selbstbericht stützte. Daraufhin wurden in schneller Folge verschiedene Fragebogenverfahren entwickelt. Unter Rückgriff auf Bowlbys Konzept des internen Arbeitsmodells schlugen Bartholomew und Horowitz (1991; in Deutsch von Doll et al. [1995]) vier Bindungsprototypen vor (sicher, besitzergreifend, ängstlich-vermeidend, gleichgültig-vermeidend). Die Alles-oder-nichts-Selbstzuordnung wurden in der Folge durch abgestufte Zustimmungsskalen ersetzt. Da die Reliabilität dieser Einzelitems problematisch war, wurden bald Multi-Item-Skalen entwickelt (in Deutsch von Asendorpf et al. [1997] und Grau [1999]).

Bei der Verwendung von Bindungsfragebögen sollten einige kritische Punkte beachtet werden. Häufig werden Bindungsskalen lediglich zur Klassifikation der Probanden in verschiedene Bindungstypen genutzt, was regelmäßig das methodische Problem geringer Fallzahlen bei den unsicheren Bindungstypen nach sich zieht. Da

> **Eine dimensionale Auswertung von Bindungsstilen ist in vielen Fällen einer kategorialen vorzuziehen.**

es kaum empirische Belege für kategoriale Bindungsstile gibt, erscheint eine dimensionale Auswertung in vielen Fällen methodisch günstiger und auch theoretisch angemessen.

Ein weiteres Problem betrifft die Formulierung der Items. In der klassischen Bindungsforschung wurden Bindungsstile nicht als Beziehungsmerkmale konzipiert, sondern als stabile und globale

> In der klassischen Bindungsforschung wurden Bindungsstile nicht als Beziehungsmerkmale konzipiert, sondern als stabile und globale Persönlichkeitseigenschaften.

Persönlichkeitseigenschaften. Es ist jedoch inzwischen gut belegt, dass Personen in verschiedenen persönlichen Beziehungen durchaus verschiedene Bindungsstile aufweisen (z. B. Baldwin et al., 1996). Die Konsistenz von Bindungsstilen über Beziehungen ist mit etwa 0,30 moderat (z. B. Asendorpf et al., 1997). Bei der Erfassung muss daher entschieden werden, ob der Bindungsstil global oder beziehungsspezifisch erfasst werden soll. Die Skala von Asendorpf et al. (1997) ist als beziehungsspezifisches Instrument konzipiert und lässt sich nicht nur für die Partnerbeziehung, sondern auch für Peers und Eltern verwenden. Aber auch die globalen Prototypenbeschreibungen von Hazan und Shaver (1987) oder Bartholomew und Horowitz (1991) lassen sich problemlos in beziehungsspezifische Varianten umformulieren.

Die ursprünglichen Prototypenskalen wurden inzwischen weitgehend durch mehrdimensionale Multi-Item-Skalen verdrängt (Crowell et al., 1999). Möglicherweise wird die Validität der Prototypenskalen jedoch unterschätzt. So benutzte z. B. Banse (2001) beziehungsspezifische Formulierungen der vier Prototypenitems von Bartholomew mit einer Zustimmungsskala. Die individuelle Ausprägung der jeweiligen Bindungsstile wurde als kontinuierliches Merkmal behandelt und dimensional ausgewertet. Das Reliabilitätsproblem der Einzelitems wurde dadurch gelöst, dass die Items im Rahmen einer Längsschnittstudie im Abstand von einigen Wochen zweimal vorgegeben wurden. Durch Aggregation über beide Messzeitpunkte wurden befriedigende interne Konsistenzen um 0,80 erreicht. Die Prototypenskalen wiesen querschnittlich leicht höhere Korrelationen mit Maßen des Interaktionsverhaltens und der Beziehungszufriedenheit auf als die beziehungsspezifischen Bindungsskalen (Asendorpf et al., 1997). Auch längsschnittlich zeigte sich eine leichte aber konsistente Überlegenheit der Prototypenskalen bei der Vorhersage der Beziehungszufriedenheit und -stabilität über drei Jahre. Insbesondere der besitzergreifende Bindungsstil, der mit den dimensionalen Skalen nicht erfasst werden konnte, erwies sich bei Männern als ein klarer Risikofaktor für den Verlauf der Beziehung (Banse, 2001).

> Insbesondere der besitzergreifende Bindungsstil erwies sich bei Männern als ein klarer Risikofaktor für den Verlauf der Beziehung.

Obwohl Faktorenanalysen darauf hindeuten, dass die beiden Faktoren Sicherheit und Vermeidung einen wesentlichen Teil der Varianz verschiedener Bindungsskalen erklären (Brennan et al., 1998), ist damit noch nicht gezeigt, dass entsprechende zweidimensionale Bindungsfragebögen auch die höchste prädiktive Validität bei Verwendung »harter« Außenkriterien wie beobachtetes Verhalten oder späterer Trennung aufweisen. Zumindest für Studien, in denen die Partnerbindung die zentrale Prädiktorvariable ist, erscheint es daher bis auf weiteres ratsam, konzeptuell unterschiedliche Maße der Partnerbindung zu verwenden und deren prädiktive Validität empirisch zu untersuchen.

### Andere partnerschaftsspezifische Konstrukte

Da die meisten wichtigen Partnerschaftskonstrukte in den anderen Kapiteln dieses Buches eingehend behandelt werden, soll hier nur eine exemplarische Übersicht über partnerschaftsspezifische Fragebogenverfahren gegeben werden (Tabelle 1.2). Die hier dargestellten Verfahren weisen mindestens akzeptable, meist aber sehr gute psychometrische Eigenschaften auf. Es sei darauf hingewiesen, dass viele persönlichkeitspsychologische, klinische und familiendiagnostische Verfahren für die Partnerschaftsdiagnostik relevante und bewährte Subskalen enthalten, die in dieser Übersicht gar nicht berücksichtigt werden konnten.

**Tabelle 1.2.** Fragebogeninstrumente zur Erfassung spezifischer Partnerschaftskonstrukte

| Instrument | Skalen (Anzahl der Items) |
| --- | --- |
| **Partnerbindung** | |
| Adult Attachment Styles (Hazan & Shaver, 1987; in Deutsch in von Sydow [2000]) | 3 Prototypenbeschreibungen: secure, avoidant, ambivalent |
| Four Category Attachment Measure (Bartholomew & Horowitz, 1991; in Deutsch von Doll et al. [1995]) | 4 Prototypenbeschreibungen: secure, preoccupied, fearful, dismissing |
| Beziehungsspezifische Bindungsskalen (Asendorpf et al., 1997) | 2 Skalen: sicher-ängstlich (6), abhängig-unabhängig (8) |
| Bindungs-Fragebogen (Grau, 1999) | 2 Skalen: Angst (10), Vermeidung (10) |
| **Liebe und Liebesstile** | |
| Marburger Einstellungsinventar für Liebesstile (MEIL; Bierhoff & Grau, 1993) | 6 Skalen mit jeweils 10 Items: romantische Liebe, spielerische Liebe, leidenschaftliche Liebe, pragmatische Liebe, altruistische Liebe, freundschaftliche Liebe |
| Love Scale and Liking Scale (Rubin; in Deutsch von Amelang [1991]) | 2 Skalen: mögen (13), lieben (13) |
| Love Items (Sternberg; in Deutsch von Amelang [1991]) | 3 Skalen: Intimität (14), Leidenschaft (15), Entscheidung/ Bindung (15) |
| **Vertrauen in die Partnerschaft** | |
| Dyadic Trust Scale (Larzelere & Huston, 1980)a | Gesamtscore: Vertrauen in der Partnerschaft (8) |
| **Problembereiche** | |
| Problemliste (Hahlweg et al., 1982)a | Konfliktstärke und Änderungswünsche für 17 potenzielle Problembereiche |
| **Austausch und Fairness** | |
| Skalen zum Investitionsmodell von Rusbult (Grau et al., 2001) | 4 Skalen: Zufriedenheit (10), Alternativen (10), Investitionen (10) und Commitment (7) |

**Tabelle 1.2.** Fortsetzung

| Instrument | Skalen (Anzahl der Items) |
| --- | --- |
| **Kommunikation und Konfliktverhalten** | |
| Kommunikation in der Partnerschaft (Bienvenu, 1971)[a] | Gesamtscore und 4 Subskalen: Wertschätzung/Empathie (12), gegenseitige Beachtung (17), aggressives Verhalten (9), Diskussion (8) |
| Fragebogen zur Erfassung partnerschaftlicher Kommunikationsmuster (Kröger et al., 2000)[a] | 5 Skalen: gegenseitige konstruktive Kommunikation (7), Mann Forderung/Frau Rückzug (7), Frau Forderung/Mann Rückzug (7), Gesamtwert für Forderung-Rückzug (14), gegenseitige Vermeidung und Starrheit (6) |
| **Dyadische Stressbewältigung** | |
| Fragebogen zur Erfassung des dyadischen Copings in der generellen Tendenz (Bodenmann, 2000) | Gesamtscore und 13 Subskalen; für Selbst und Partner: problembezogenes supportives dyadisches Coping (3), emotionsbezogenes supportives dyadisches Coping (11/10), delegiertes dyadisches Coping (2), hostiles dyadisches Coping (5/4); 1 Skala zur eigenen Stresskommunikation (5); 4 Skalen zum gemeinsamen Coping: problembezogenes gemeinsames dyadisches Coping (4), emotionsbezogenes gemeinsames dyadisches Coping (7), Zufriedenheit mit dem dyadischen Coping (3), Wirksamkeit des dyadischen Copings (3) |
| **Sexualität** | |
| Ressourcen in Sexualität und Partnerschaft (Klingler & Loewit, 1996) | Gesamtscore und 5 Unterskalen mit jeweils 5 Items: Körpergefühl, Zärtlichkeit, Lust, Liebe, Kommunikation |
| **Attributionsstile** | |
| Fragebogen zur Attribution in Partnerschaften (Kalicki, 2002) | Gesamtscore Partner belastende Attribution, 2 Indexvariablen Kausalattribution, Verantwortlichkeitsattribution und 6 Unterskalen in Kurz- und Langform mit 4 bzw. 8 Items): Kausalattributionen: internal-partnergerichtete Lokalisation, Stabilität, Globalität Verantwortlichkeitsattributionen: Intentionalität, egoistische Motivation, Schuldvorwurf Indexvariablen |
| **Einstellungen zur Partnerschaft** | |
| Relationship Belief Inventory (Eidelson & Epstein, 1982)[a] | 5 Unterskalen mit jeweils 8 Items zu unrealistischen Einstellungen zur Partnerschaft |
| **Selbst- und Partnerbild** | |
| Gießen-Test (Brähler & Brähler, 1993) | 5 Skalen (Selbst- und Partnerbild beider Partner und deren Differenzen). mit jeweils 6 Items: soziale Resonanz, Dominanz, Kontrolle, Grundstimmung, Durchlässigkeit |
| **Emotionen** | |
| Eifersucht (Schmitt et al., 1995) | 3 Skalen: Eifersucht auf RivalInnen (10), Eifersucht auf Beruf/Hobbies (8), Eifersucht auf Familie/Freunde (8) |

[a] In Klann et al. (2002)

## 1.2.3 Umfassende Systeme der Partnerschaftsqualität

Obwohl einige der schon beschriebenen Verfahren zur Erfassung der Partnerschaftsqualität mehrdimensional sind, erheben sie nicht den Anspruch, alle wichtigen Dimensionen der Partnerschaftsqualität zu erfassen. In der neueren Literatur zeichnet sich jedoch ein klarer Trend ab, die nebeneinander existierenden Konstrukte der Partnerschaftsqualität aufeinander zu beziehen und zu einem umfassenden System aller wichtigen Partnerschaftsmerkmale zu integrieren. Der Nutzen eines solchen Systems ist offensichtlich: Gäbe es eine relativ kleine Anzahl grundlegender Dimensionen der Partnerschaftsqualität, könnten diese als ein Bezugssystem für die unübersichtliche Fülle mehr oder minder spezifischer Konstrukte der Beziehungsqualität dienen. Ein solcher Ansatz hat sich in der Persönlichkeitspsychologie in Gestalt des Fünf-Faktoren-Modells der Persönlichkeit als außerordentlich nützlich und erfolgreich erwiesen.

Dimensionale Systeme der Partnerschaftsqualität wurden von Bierhoff und Grau (1997; s. auch Kap. 9), Fletcher et al. (2000) sowie Hassebrauck und Fehr (2002) vorgeschlagen. Ein kritischer Punkt bei der Erstellung möglichst vollständiger dimensionaler Systeme besteht darin, wie die ursprüngliche Grundmenge aller Items generiert wird. Bierhoff und Grau nutzten verschiedene etablierte Skalen der Beziehungsqualität, die dann einer gemeinsamen Faktorenanalyse unterzogen wurden. Fletcher et al. gingen von einer Reihe wichtiger Konstrukte der Beziehungspsychologie aus, die jeweils durch drei Items operationalisiert wurden. Beide Ansätze lassen sich als theoriegeleitet oder top-down beschreiben. Im Gegensatz dazu wählte Hassebrauck einen Bottom-up-Ansatz. Zunächst wurde eine Stichprobe von Personen nach Merkmalen einer »guten« Partnerschaft gefragt. Aus diesen Nennungen wurde dann eine Liste unterschiedlicher Beziehungsmerkmale gebildet. Tabelle 1.3 zeigt, dass diese unterschiedlichen methodischen Ansätze zu sehr unterschiedlichen »grundlegenden« Dimensionen der Partnerschaftsqualität führten. Trotz der geringen Konvergenz

> **Ein kritischer Punkt bei der Erstellung möglichst vollständiger dimensionaler Systeme besteht darin, wie die ursprüngliche Grundmenge aller Items generiert wird.**

**Tabelle 1.3.** Grundlegende Dimensionen der Partnerschaftsqualität

| Bierhoff & Grau (1997) | Fletcher et al. (2000) | Hassebrauck & Fehr (2002) |
| --- | --- | --- |
| Konflikt | Zufriedenheit | Übereinstimmung |
| Altruismus | Commitment | Intimität |
| Investment | Intimität | Unabhängigkeit |
| Sicherheit | Vertrauen | Sexualität |
| Liebe | Leidenschaft | |
| | Liebe | |

dieser ersten Ergebnisse erscheint es unbedingt geboten, auch in der Psychologie der Partnerschaft ein Referenzsystem zu entwickeln, mit dessen Hilfe die Vielfalt der partnerschaftsbezogenen Konstrukte geordnet werden kann.

## 1.3 Verhaltensbeobachtungsverfahren

Seit einem Allzeit-Hoch in den 1980er Jahren ist die Konjunktur der Verhaltensbeobachtung in der Partnerschaftsforschung eher rückläufig. Zumindest in der Grundlagenforschung ist dieser Umstand eher dem Zwang zu möglichst effizienter Publikationstätigkeit oder anderen sachfremden Gründen geschuldet als der mangelnden Bewährung der Verhaltensbeobachtung als Forschungsmethode. Im Gegenteil, gerade in der Partnerschaftsforschung hat die Verhaltensbeobachtung wesentliche Erkenntnisse über funktionale und dysfunktionale Interaktionsprozesse bei Paaren überhaupt erst ermöglicht. Neben der Entdeckung von einzelnen Verhaltensweisen und Verhaltensmustern, die die Partnerschaft günstig oder ungünstig beeinflussen, besteht das wesentliche Verdienst der Verhaltensbeobachtung darin, sowohl alltagspsychologische Überzeugungen als auch wissenschaftliche Theorien einem harten Test zu unterziehen. Es ist zwar sehr schwierig, falsche Theorien empirisch zu widerlegen (Gawronski, 2000), aber zumindest verlieren Theorien über fundamentale Wirkungszusammenhänge sehr an Plausibilität, wenn sich im konkreten Verhalten von Paaren gar kein Hinweis auf den angeblichen Zusammenhang finden lässt.

So waren z. B. viele Beziehungsforscher und Paartherapeuten unter dem Eindruck einer Forschergruppe aus Palo Alto (z. B. Watzlawick et al., 1969) davon überzeugt, dass die Metakommunikation (Kommunikation über Kommunikation) wichtig für eine funktionierende Paarbeziehung sei. Bei einer empirischen Überprüfung dieser Hypothese mittels Fragebögen ist nicht auszuschließen, dass glückliche Paare häufiger als unglückliche Paare über ihre Metakommunikation berichten, vor allem wenn sie durch die Medien über eine positive Wirkung dieser speziellen Form der Kommunikation informiert wurden. Beobachtet man aber Paare in einem realen Konfliktgespräch im Labor, findet man sehr wenig Evidenz für dieses Verhalten und erst recht keinen Zusammenhang mit dem Partnerschaftserfolg (z. B. Hahlweg, 1986). Die Methode der Verhaltensbeobachtung kann also gerade bei der Überprüfung populärer Theorien als Korrektiv wirken, da sie nicht darauf zurückgreift, was Personen über ihre Beziehung wissen (oder zu wissen glauben), sondern darauf, was sie tatsächlich tun.

> **In einem realen Konfliktgespräch im Labor findet man sehr wenig Evidenz für Metakommunikation von Paaren und erst recht keinen Zusammenhang mit dem Partnerschaftserfolg.**

### 1.3.1   Methodische Probleme der Verhaltensbeobachtung

Häufig wird kritisch gegen die Methode der Verhaltensbeobachtung eingewandt, dass das im Labor beobachtete Verhalten durch die Beobachtungssituation im Sinne sozialer Erwünschtheit beeinflusst wird und daher keine Schlüsse auf das »normale« Verhalten von Paaren erlaubt. Dieses Argument ist plausibel, leider ist es aber sehr schwierig, diese Frage empirisch zu klären, da man das beobachtete Verhalten eben nicht ohne weiteres mit dem unbeobachteten Verhalten vergleichen kann. Die Erfahrung zeigt jedoch, dass sich Paare schon nach wenigen Minuten im Videolabor zunehmend an das Beobachtetwerden gewöhnen und den Kameras immer weniger Aufmerksamkeit schenken. Vor allem in absorbierenden leistungsthematischen oder konflikthaften Interaktionen wird zudem von vielen Paaren auch Verhalten gezeigt, dass sozial eher nicht erwünscht ist. Solche bisweilen erstaunlich »ungeschminkten« Interaktionen lassen sich dadurch erklären, dass in Partnerschaften sehr stabile und eingeschliffene Verhaltensmuster ausgebildet werden, die in der Beobachtungssituation nicht einfach durch ganz andere Verhaltensweisen ersetzt werden können. Das reine »Vorspielen« sozial erwünschten Verhaltens, das gar nicht zum eigenen Verhaltensrepertoire gehört, erfordert kognitive Ressourcen, die in einer beanspruchenden Situation nur begrenzt vorhanden sind. Dazu kommt, dass die Interaktion mit dem Partner eine eigene Dynamik entwickelt, die das Verhalten stärker auf gewohnte Bahnen bringt als in bewertenden Situationen ohne Partner (z. B. in einem Vorstellungsgespräch). Es ist daher zu vermuten, dass sozial unerwünschtes Verhalten im Labor möglicherweise nur in abgeschwächter Form beobachtet werden kann, dass aber stabile, dyadentypische Verhaltensmuster trotzdem sichtbar werden.

> **Vermutlich kann sozial unerwünschtes Verhalten im Labor nur in abgeschwächter Form beobachtet werden; stabile, dyadentypische Verhaltensmuster werden aber trotzdem sichtbar.**

Wenn die Verhaltensbeobachtung zur Identifikation günstiger oder ungünstiger Verhaltensweisen genutzt wird, oder wenn Fragebogeninstrumente anhand von Beobachtungsdaten validiert werden sollen, muss berücksichtigt werden, dass das im Labor beobachtete Verhalten in einer Situation an einem Tag nur eine sehr kleine Stichprobe des tatsächlich relevanten Interaktionsverhaltens eines Paares darstellt, während der Selbstbericht zu Konstrukten wie z. B. dyadisches Coping oder Kommunikationsverhalten auf die Erinnerung an viele Interaktionen zugreift. Selbst wenn sowohl das Beobachtungssystem als auch der Fragebogen valide sind, mindern sowohl die mangelnde Repräsentativität der Verhaltensstichprobe als auch Verzerrungen der Erinnerung sowie Antworttendenzen wie z. B. soziale Erwünschtheit den Zusammenhang. In empirischen Untersuchungen kann daher selbst bei gegebener Validität der Messinstrumente nur mit moderaten

Korrelationen zwischen Beobachtungsdaten und Fragebogendaten gerechnet werden (z. B. Hahlweg et al., 2000). Aus genau diesem Grund stellen aber selbst moderate Zusammenhänge zwischen fremdbeobachtetem Verhalten und Selbstbericht einen viel stärkeren und überzeugenderen Validitäsbeleg dar als numerisch höhere Korrelationen zwischen reinen Selbstberichtsdaten.

## 1.3.2 Kodierung des Interaktionsverhaltens in einem Konfliktgespräch

In der Tradition der Eheinteraktionsfoschung wurden mehrere Kodiersysteme entwickelt, die funktionale und dysfunktionale Verhaltensweisen in einem partnerschaftlichen Konfliktgespräch erfassen. Exemplarisch für diesen Ansatz seien hier das Rapid Couples Interaction Scoring System (RCISS von Krokoff et al., 1989) und das Kategoriensystem für partnerschaftliche Interaktion (KPI von Hahlweg, 1986, s. Abb. 1.1) vorgestellt. In beiden Kodiersystemen wird das Konfliktgespräch in einzelne Sinneinheiten jedes Sprechers geteilt und beide Systeme sehen Kategorien für das verbale und nonverbale Verhalten vor. Während das KPI ein *Kategoriensystem* darstellt (jedes zu kodierende Verhalten wird einer und nur einer Kategorie zugeordnet), ist das RCISS ein *Zeichensystem* (Doppelkodierungen sind zulässig). Im RCISS werden positive und negative, im KPI dagegen positive, neutrale und negative Verhaltenweisen kodiert. Ein wesentlicher Unterschied zwischen beiden Verfahren besteht darin, dass für das RCISS ein vollständiges Transskript erstellt werden muss, während die Kodierung mit dem KPI direkt vom Video erfolgt. Für die eigentliche Kodierung einer Stunde Videoaufzeichnung sind nach Angaben der Autoren beim RCISS etwa 4 Stunden und beim KPI etwa 9 Stunden zu veranschlagen.

Für beide Kodiersysteme konnten systematische Zusammenhänge zwischen dem beobachteten Verhalten von Paaren und der aktuellen Beziehungszufriedenheit gezeigt werden. Für das RCISS liegen auch mehrere Längsschnittstudien vor, in denen Zusammenhänge zwischen Verhaltenskategorien und dem Beziehungserfolg über vier und acht Jahre nachgewiesen wurden (Gottman, 1994). Bei näherer Betrachtung dieser Ergebnisse zeigt sich allerdings, dass Zusammenhänge zwischen bestimmten Verhaltensweisen und dem Beziehungserfolg einige Jahre später nicht überzeugend repliziert werden konnten (King, 2001). Dieser Umstand ist vermutlich zum Teil darauf zurückzuführen, dass in Beobachtungsstudien häufig mit zu kleinen Stichproben gearbeitet wird, um wirklich robuste und replizierbare Effekte zu finden.

> Es bestehen systematische Zusammenhänge zwischen dem beobachteten Verhalten von Paaren und der aktuellen Beziehungszufriedenheit. Unglückliche Paare zeigen insgesamt mehr negative und weniger positive Verhaltensweisen und mehr negative Eskalationen als glückliche Paare.

Für die Analyse von Beobachtungsdaten können verschiedene Ebenen betrachtet werden. Der einfachste Zugang besteht darin,

Zusammenhänge zwischen der Häufigkeit von Verhaltensweisen und Kriteriumsvariablen wie den Beziehungserfolg zu untersuchen. Wie zu erwarten, zeigen unglückliche Paare insgesamt mehr negative und weniger positive Verhaltensweisen als glückliche Paare. Weniger trivial sind Befunde zu spezifischen Interaktionsmustern und dem Beziehungserfolg. So sind z. B. lange Sequenzen von negativen Aktionen und Reaktionen typisch für unglückliche Paare, während zufriedene Paare negative Eskalationen vermei-

---

**Rapid Couples Interaction Scoring System (RCISS; Krokoff, Gottman & Hass, 1989)**

| Negativ | Positiv |
|---|---|
| **Problembezogene Beiträge** | |
| Sich beschweren | neutrale oder positive Problembeschreibung |
| Kritisieren | Aufgabenorientierte Problembeschreibung |
| Negative Bemerkung über beziehungsbezogenes Problem | Zustimmung |
| Ja-aber | |
| Defensiv (zum Schutz des Selbst) | |
| **Emotions- und beziehungsbezogene Beiträge** | |
| Abwertung des Partners | Humor/Lachen |
| Eskalation negativen Affekts | Andere positiv |
| Andere negativ | |
| **Reaktionen des Zuhörers** | |
| Keine Rückmeldung geben | Rückmeldung geben |
| Keine Bewegung im Gesicht | Bewegung im Gesicht |
| Negativer Ausdruck beim Zuhören | Positiver Ausdruck beim Zuhören |
| Wegblicken/Blick senken | Langsam wechselnde Blickbewegungsmuster mit vielen Blicken zum Partner |
| | Gesprächstypische Gesichtsbewegungen (z. B. Heben der Augenbrauen) |

**Kategoriensystem Partnerschaftlicher Interaktion (KPI; Hahlweg, 1986)**

| Negativ | Neutral | Positiv |
|---|---|---|
| **Verbale Kodierung** | | |
| Kritik | Problembeschreibung | Selbstöffnung |
| Negative Lösung | Metakommunikation | Positive Lösung |
| Rechtfertigung | Restkategorie (nicht relevant/ nicht kodierbar) | Akzeptanz |
| Nicht-Übereinstimmung | | Zustimmung |
| **Nonverbale Kodierung** | | |
| Negativ | Neutral | Positiv |

**Abb. 1.1.** Kodiersysteme für partnerschaftliches Interaktionsverhalten in einem Konfliktgespräch

den (Hahlweg, 1986). Ein dritter Analyseansatz besteht darin, das Verhältnis positiver und negativer Verhaltensweisen im Zeitverlauf zu untersuchen. Dazu wird für jeden Sprechakt ein Punktwert berechnet (Summe der positiven minus Summe der negativen Kodes) und für beide Partner als kumulativer Punktgraph abgetragen. Wenn ein Partner kontinuierlich überwiegend positive Verhaltensweisen zeigt, weist der resultierende Punktgraph eine positive Steigung auf, bei überwiegend negativen Verhaltensweisen zeigt der Punktgraph nach unten. Mehrere Autoren haben nun Paartypologien aufgrund dieser Punktgraphenverläufe vorgeschlagen. Gottman (1994) unterschied regulierte und nichtregulierte Paare anhand steigender und fallender Verläufe, Schaap (1982) differenzierte sechs Typen aufgrund der Steigung der Graphen und Johnson und Bradbury (1999) nutzen komplexere topographische Merkmale (z. B. früher versus später Abfall) für die Prädiktion des Beziehungserfolges.

### 1.3.3   Verhaltensbeobachtung als Validierungsmethode

In der Eheinteraktionsforschung dient die Verhaltensbeobachtung als primäre Methode zur Untersuchung problematischer und günstiger Verhaltensweisen. Die Verhaltensbeobachtung kann aber auch eingesetzt werden, um zu prüfen, ob per Fragebogen erfasste Partnerschaftskonstrukte die theoretisch erwarteten Korrelate im offenen Verhalten tatsächlich aufweisen. So konnten z. B. Hahlweg et al. (2000) in einer Beobachtungsstudie zeigen, dass die Subskala *Konstruktive Kommunikation* und drei der vier Subskalen *Forderung-Rückzug* des Communication Patterns Questionnaire (Christensen & Sullaway, 1984) substanzielle Korrelationen (etwa 0,20-0,40) mit den verbalen und nonverbalen Kategorien des KPI aufwiesen. Wenn berücksichtigt wird, dass die Verhaltensbeobachtung nur in einer Situation stattfand, während der Fragebogen situationsübergreifend Kommunikationsmuster in der Partnerschaft erfragt, kann kaum mit höheren Korrelationen gerechnet werden. Daher stellt dieser Befund einen starken Beleg für die Validität des Fragebogens dar.

Zur Untersuchung des Konstruktes *Dyadisches Coping* und zur Validierung eines Fragebogens entwickelte Bodenmann (2000) ein Beobachtungssystem zur Erfassung des dyadischen Copings (SEDC). Die Korrelationen zwischen selbstberichteten und beobachteten Stressausdrucks- und Copingverhaltensweisen waren eher niedrig, insbesondere für nonverbale Verhaltensweisen. Dieser Befund kann aber darauf hindeuten, dass gerade nonverbale Verhaltensweisen kaum bewusst repräsentiert sind und daher nicht durch Selbstberichtsverfahren erfasst werden können. Die Bedeutsamkeit des dyadischen Copings als Prädiktor der Partnerschaftsentwicklung wird je-

**Die Bedeutsamkeit des dyadischen Copings als Prädiktor der Partnerschaftsentwicklung wird auch durch Beobachtungsdaten gestützt.**

denfalls auch durch Beobachtungsdaten gestützt. So konnte in mehreren Untersuchungen gezeigt werden, dass insbesondere das Ausmaß des in Laborstudien beobachteten emotionsbezogenen supportiven dyadischen Copings positiv mit der eigenen Beziehungszufriedenheit und der Beziehungszufriedenheit des Partners zusammenhing (Bodenmann, 2000, S. 191). Diese Befunde sind ein besonders starker Beleg für die Validität des Konstruktes, da Korrelationen zwischen Beobachtungsdaten und verbalem Selbstbericht keine Methodenvarianz teilen.

Obwohl Korrelationen zwischen Verhaltens- und Fragebogenmaßen desselben Konstruktes im Prinzip auch durch die Wirkung individueller Unterschiede in positiver Selbstdarstellung überschätzt werden können, ist damit nur dann zu rechnen, wenn die beobachteten Verhaltensweisen kontrollierbar sind, Probanden mit stark ausgeprägten Selbstdarstellungstendenzen tatsächlich versuchen, ihr Verhalten gezielt zu kontrollieren und wenn sie dabei Erfolg haben. Je weniger kontrollierbar das erfasste Verhalten, je weniger offensichtlich der Zusammenhang zwischen Verhalten und untersuchtem Konstrukt und je höher die situativen Anforderungen an die Probanden, desto unwahrscheinlicher ist ein Einfluss sozialer Erwünschtheit.

Ein weiteres wichtiges Anwendungsfeld für die Verhaltensbeobachtung ist die Validierung von Selbstberichtsskalen zur Partnerbindung. Im Gegensatz zur »klassischen« Bindungsforschung zur Eltern-Kind-Beziehung wurde im Bereich der Partnerbindung die Verhaltensbeobachtung stark vernachlässigt, die empirische Forschung stützt sich fast ausschließlich auf korrelative Studien reiner Selbstberichtsdaten. Im Lichte der Ergebnisse von Verhaltensbeobachtungen in Labor und Feld erwiesen sich die zum Teil sehr farbigen Schilderungen vom Verhalten von Bindungsprototypen (z. B. Bartholomew, 1990) als stark übertrieben, zu undifferenziert oder schlicht als unhaltbar (z. B. Banse, 2001; Tucker & Anders, 1998). Die erwarteten Zusammenhänge zwischen Bindungsstilen und Verhalten konnten nur teilweise bestätigt werden. Zudem zeigte sich, dass die Zusammenhänge durch das Geschlecht der Probanden, affektive Zustände und situative Randbedingungen moderiert werden. Einige Vorhersagen bestätigten sich nicht. Zum Beispiel konnte in keiner Untersuchung gezeigt werden, dass besitzergreifend oder ängstlich gebundene Personen übertriebenen Emotionsausdruck oder »klettenhaftes« Verhalten zeigten, das genau gegenteilige Verhalten wurde aber zumindest in einer Studie beobachtet (Tucker & Anders, 1998). Vermeidend gebundene Personen verhielten sich tatsächlich in bestimmten Situationen (Partner zeigt starke Angst) kühler, distanzierter und vermeidender als sicher gebundene Personen. In einer anderen Situation (Partner zeigt wenig Angst) zeigte sich aber auch hier ein gegenteiliger Zusammenhang.

> **Zusammenhänge zwischen Bindungsstilen und Verhalten konnten nur teilweise bestätigt werden.**

Wie in der Eheinteraktionsforschung wird auch in der stark theorielastigen Partnerbindungsforschung deutlich, dass der Methode der Verhaltensbeobachtung eine wichtige Korrektivfunktion zukommt, da sich übertriebene und allzu schematische theoretische Vorstellungen auf der Verhaltensebene nicht bestätigen ließen. Darüber hinaus bietet die Verhaltensbeobachtung aber auch die Möglichkeit, gänzlich unerwartete oder indirekte (z. B. über den Partner vermittelte) Zusammenhänge zwischen Partnermerkmalen, Verhalten und der Beziehungsqualität aufzudecken, die mit anderen diagnostischen Methoden kaum zugänglich sind.

> **Die Verhaltensbeobachtung bietet im Gegensatz zu anderen diagnostischen Methoden die Möglichkeit, gänzlich unerwartete oder indirekte Zusammenhänge zwischen Partnermerkmalen, Verhalten und der Beziehungsqualität aufzudecken.**

## 1.4 Implizite Verfahren

Wie weiter oben definiert werden Maße der Partnerschaftsqualität implizit genannt, wenn das zur Diagnose genutzte Verhalten von den Probanden nicht als Ausdruck des zu messenden Konstruktes wahrgenommen wird oder wenn das diagnostisch relevante Verhalten nicht willentlich kontrolliert werden kann. Obwohl der Begriff unpräzise ist, hat sich für verschiedene Methoden zur impliziten Erfassung von Konstrukten die verkürzte Bezeichnung implizite Verfahren durchgesetzt. Die Klasse der so definierten Verfahren ist sehr breit und reicht von bestimmten Fragebogenverfahren (wie z. B. »Lügenskalen«) über Interviews, die nicht nur den direkt geäußerten Inhalt, sondern auch formale oder nonverbale Inhalte berücksichtigen, bis hin zu einigen experimentellen Paradigmen und physiologischen Messverfahren. Implizite Verfahren sind gerade in der Partnerschaftsforschung aus zwei Gründen interessant:
- erstens erlauben sie möglicherweise die Erfassung von Konstrukten, die mit expliziten Verfahren nicht zugänglich sind;
- zweitens sind implizite Verfahren per definitionem nichtreaktiv, d. h., implizite Messungen sind nicht durch Selbstdarstellungstendenzen verzerrt.

Frühere Hoffnungen in den Erklärungswert peripher-physiologischer Messverfahren haben sich nicht erfüllt, in der Partnerschaftsforschung steht der große apparative Aufwand physiologischer Methoden in keinem Verhältnis zum diagnostischen Ertrag. Darum werden in diesem Abschnitt nur zwei implizite Zugänge dargestellt, die sich in der Partnerschaftsdiagnostik schon bewährt haben oder zumindest viel versprechend sind: Interviews zur Partnerschaft und zur Partnerschaftsgeschichte sowie reaktionszeitgestützte, experimentelle Verfahren.

> **Interviews zur Partnerschaft und Partnerschaftsgeschichte sowie reaktionszeitgestützte, experimentelle Verfahren haben sich in der Partnerschaftsdiagnostik als geeignete implizite Zugänge erwiesen.**

## 1.4.1 Interviewverfahren

Genau wie andere kognitive Schemata bewirkt das Beziehungs-schema, dass die Wahrnehmung, Speicherung, Erinnerung und Wiedergabe von partnerschaftsrelevanter Information in schema-konsistenter Weise verzerrt werden kann. Ausgehend von der Ver-mutung, dass die Repräsentation der Geschichte der Beziehung auch deren Zukunft vorhersagen könnte (Gottman, 1994, S. 359), entwickelten Gottman und Kollegen das halbstrukturierte Oral History Interview (OHI; in Deutsch von Sassmann [2000]). Das Interview enthält 9 Fragen zur Geschichte der Beziehung (z. B. ers-tes Kennlernen, erste Eindrücke vom Partner, gute und schlechte Zeiten in der Ehe) und zwei Fragen zur »Ehephilosophie« des Paa-res. Zur Auswertung des Interviews werden einige Dimensionen für beide Partner getrennt beurteilt (Zuneigung/Zärtlichkeit, Negativität, Expansivität, Wir-Gefühl, Enttäuschung), andere für das Paar (Geschlechtsstereotypie, Lebhaftigkeit, Chaos, Glorifizie-rung).

Die Validität des Oral History Interviews konnte durch beein-druckende Außenkorrelationen belegt werden. So korrelierten vor allem die Skalen Negativität (Mann), Wir-Gefühl, Chaos und Ent-täuschung substanziell (0,30-0,50) und konsistent mit den Verhal-tenskodierungen aus dem Konfliktgespräch. Außerdem fanden sich noch höhere Korrelationen (0,30-0,70) zwischen allen OHI-Skalen und dem Beziehungsstatus zwei Jahre später. Diese unge-wöhnlich starken Zusammenhänge beruhen allerdings auf einer Stichprobe von nur 47 Paaren und bedürfen der Replikation. Ne-ben diesen viel versprechenden Ergebnissen gibt es noch einen eher praktischen Grund, der das OHI attraktiv macht. Das Inter-view wird von den meisten Paaren als angenehm empfunden, daher kann es im Rahmen der Eingangsdiagnostik helfen, schnell einen guten Rapport zu den Klienten herzustellen. In einem For-schungskontext kann mit Hilfe des OHI eine affektiv positive Situation zum Ausklang einer belastenden Laboruntersuchung geschaffen werden.

Im Gegensatz zu standardisierten Fragebogenverfahren können bei geeigneten Interview- und Auswertungstechniken auch for-male Aspekte des geäußerten verbalen Inhalts (z. B. Kohärenz, Detailreichtum, Widersprüche, logische Fehler), sprachbegleitende nonverbale Inhalte, so-wie die Stimmigkeit von Inhalt und Affekt zur Diag-nose genutzt werden. Dieser Ansatz wurde von George et al. (1985) für die Entwicklung eines Adult-Attachment-Interviews (AAI) genutzt, mit dem die Repräsentation der Beziehung von Erwachsenen zu ihren Eltern erfasst wird. Wenn z. B. Probanden glo-bal eine positive Beziehung zu ihren Eltern schildern, aber nicht in der Lage sind, konkrete Beispiele für positive Erlebnisse zu geben,

> **Bei Interview- und Auswertungs-techniken können auch formale Aspekte des geäußerten verbalen Inhalts, sprachbegleitende nonver-bale Inhalte sowie die Stimmigkeit von Inhalt und Affekt zur Diagnose genutzt werden.**

wird bei diesem Verfahren auf eine unsichere Bindung geschlossen. Die Durchführung und vor allem die Transkription und Auswertung des AAI ist zwar sehr aufwändig (ca. 8 Stunden pro Proband), es gibt aber sehr starke Belege für die Validität des Verfahrens (Gloger-Tippelt, 2000). So konnte in mehreren Studien gezeigt werden, dass die AAI-Klassifikation von Müttern stark mit dem beobachteten Bindungsstil ihrer Kinder zusammenhingen, selbst wenn das AAI vor der Geburt der Kinder durchgeführt wurde und daher nicht von deren Verhalten beeinflusst sein konnte.

Angeregt durch das AAI wurden von mehreren Autoren analoge Interviewverfahren zur Erfassung der *Partnerbindung* entwickelt (Bartholomew & Horowitz, 1991; Crowell & Owens, 1998; s. auch Kap. 5 in diesem Buch). Auch diese Verfahren orientieren sich an den im Abschnitt 1.2.2 dargestellten Bindungstypologien.

**Interviews zur Repräsentation der Bezigehung Erwachsener zu ihren Eltern erlauben Schlüsse auf die Repräsentation traumatischer und emotional unzureichend verarbeiteter Beziehungserfahrungen, die mit expliziten Verfahren nicht zugänglich sind.**

Die geringen Korrelationen zwischen Interview- und Fragebogenklassifikationen weisen darauf hin, dass beide methodische Ansätze unterschiedliche Konstrukte erfassen. Bisher gibt es aber kaum empirische Belege für die diskriminante Validität der Partnerbindungsklassifikation durch Interviews. Aufgrund der Befunde zur Elternbindung ist aber zu erwarten, dass AAI-analoge Interviews zur Repräsentation der Partnerschaft geeignet sein könnten, die Repräsentation traumatischer und emotional unzureichend verarbeiteter Beziehungserfahrungen zu erfassen, die mit expliziten Verfahren nicht zugänglich sind.

## 1.4.2 Reaktionszeitgestützte Verfahren

Der Einsatz experimenteller Verfahren wie z. B. das subliminale Priming hat in der Beziehungsforschung eine lange Tradition (für eine Übersicht siehe Banse, 2002), aber diese Ansätze beschränkten sich bisher darauf, Effekte einer Aktivierung von Beziehungsschemata experimentell zu demonstrieren. Erst in letzter Zeit wurde versucht, reaktionszeitgestützte Verfahren zur Erfassung individueller Unterschiede in Beziehungschemata zu entwickeln. Dabei zeigte sich, dass verschiedene Varianten des affektiven Primings zwar geeignet sind, gezielt Partnerschemata zu aktivieren (Banse, 2001, 2002), aber dies gelang nur auf der Ebene von Gruppenmittelwerten. Aufgrund der geringen Effektstärken erwies sich die Reliabilität von Priming-Indizes als unzureichend für die Erfassung individueller Unterschiede.

Dieses Problem wird durch den Impliziten Assziationstests (IAT; Greenwald et al., 1998) zumindest teilweise gelöst. Tatsächliche handelt es sich bei diesem Verfahren eher um ein experimentelles Paradigma als um einen »Test«. Der IAT besteht im Kern aus einer doppelten Diskriminationsaufgabe, mit der individuelle

Unterschiede der Assoziationsstärke zwischen einer Objekt-dimension (z. B. Partner – Unbekannter) und einer Attributdi-mension (z. B. gut – schlecht) erfasst werden sollen. In den kriti-schen Phasen des IAT werden den Probanden alternierend Stimuli der Ziel- und der Bewertungsdimension vorgegeben. In der ersten kritischen Phase werden z. B. die Antwortkategorien Partner/gut der linken und Unbekannter/schlecht der rechten Antworttaste zugeordnet. Dann wird die Zuordnung der Zieldimension geän-dert. In der zweiten kritischen Phase werden nun die Kategorien Partner/schlecht der linken und Unbekannter/gut der rechten Antworttaste zugeordnet. Der IAT-Score wird aus der Differenz der mittleren Reaktionszeiten beider Phasen berechnet und wie folgt interpretiert: Je kürzer die Reaktionszeiten bei der Tasten-belegung Partner/gut + Unbekannter/schlecht relativ zur der Tas-tenbelegung Unbekannter/gut + Partner/schlecht, desto stärker die Assoziation der Konzepte Partner und gut (relativ zu Unbe-kannter und gut) und desto positiver die implizite Einstellung zum Partner.

Bisherige Ergebnisse zur psychometrischen Qualität des IAT be-legen regelmäßig befriedigende interne Konsistenzen ($\alpha > 0{,}80$), aber nur mäßige Retest-Reliabilitäten ($0{,}40$-$0{,}60$). Die Validität des Verfahrens wird zz. kontrovers diskutiert, es gibt aber eine stetig wachsende Zahl von Untersuchungen, die für die Konstruktvali-dität des IAT als Methode zur Erfassung individueller Unterschiede sprechen (für eine Übersicht s. Greenwald & Nosek, 2001).

Auch erste Anwendungen des IAT zur Erfassung impliziter Ein-stellungen zum Partner sprechen für die konvergente und diskri-minante Validität des Verfahrens. So fanden Zayas und Shoda (2002), dass der Partner-IAT signifikant und beziehungsspezifisch mit expliziten Maßen der Beziehungsqualität und des Bindungs-stils korrelierten. Banse (2001) konnte zeigen, dass misshandelte Frauen deutlich negativere implizite und explizite Einstellungen zu ihren Ex-Partnern aufwiesen als Frauen in stabilen Beziehun-gen. In weiteren Studien mit verschiedenen Varianten des Partner-IAT (Banse et al., in Vorbereitung) wurde näher untersucht, ob sich ein Einfluss individueller Unterschiede des impliziten und expli-ziten Partnerschemas auf die Verarbeitung beziehungsrelevanter Information nachweisen lässt. Dazu wurden Probandinnen nach dem Hören einer längeren fiktiven Urlaubsgeschichte überra-schend gebeten, Ereignisse aus der Geschichte von neuen Distrak-toritems zu unterscheiden. Es zeigte sich, dass der Partner-IAT und die explizit erfasste Bindungssicherheit, nicht aber die expli-zite Einstellung zum Partner, eine schemakongruente Verzerrung der Wiedererkennung partnerschaftsrelevanter Ereignisse vor-hersagte.

Offenbar erfassten also sowohl der Partner-IAT als auch die ex-plizite Partnerbindung Aspekte des Beziehungsschemas. Eine multiple Regression zeigte darüber hinaus, dass beide Maße un-

> Es gibt erste Hinweise, dass reaktionszeitgestützte implizite Maße Aspekte von Beziehungsschemata erfassen, die verhaltensrelevant sind, aber nicht durch gängige Fragebogenverfahren erfasst werden können.

abhängige Varianzanteile dieses Schemaeffektes aufklärten. Diese Ergebnisse können als erster Hinweis darauf interpretiert werden, dass reaktionszeitgestützte implizite Maße auf individueller Ebene Aspekte von Beziehungsschemata erfassen können, die verhaltensrelevant sind, aber nicht durch gängige explizite Fragebogenverfahren erfasst werden können.

## Partnerschaftsdiagnostik im Rahmen der Ehetherapie

Nach Empfehlung von Floyd et al. (1997, S. 357) sollten im Rahmen einer Paartherapie die folgenden Bereiche diagnostisch abgeklärt werden:

1. Partnerschaftszufriedenheit und Funktionieren der Partnerschaft in verschiedenen Bereichen
2. Negative Verhaltensweisen, die evtl. Probleme verursachen, und positive Verhaltensweisen, die evtl. nicht ausreichend gezeigt werden
3. Das Kommunikationsverhalten des Paares
4. Die Partnerschaftsgeschichte
5. Sexuelle Probleme und physische Gewaltanwendung
6. Kognitive Faktoren wie unrealistische Beziehungseinstellungen

## Zusammenfassung

In diesem Kapitel war es nur ansatzweise möglich, die Stärken und Schwächen der dargestellten methodischen Zugänge und einzelner Verfahren zu diskutieren. Trotz des eher exemplarischen Charakters der gegebenen Übersicht wurde jedoch deutlich, dass für die Partnerschaftsdiagnostik sehr viel mehr Fragebogenverfahren zur Verfügung stehen als Verfahren, die sich auf andere methodische Zugänge stützen wie z. B. die Verhaltensbeobachtung, Interviews oder reaktionszeitgestützte experimentelle Paradigmen. Neben der rein zahlenmäßigen Überlegenheit erscheinen Fragebogenverfahren insgesamt ausgereifter und vor allem im Vergleich zu den noch relativ neuen impliziten Verfahren auch psychometrisch überlegen. Aufmerksamen Lesern dürfte dennoch nicht entgangen sein, dass ich einer allzu einseitig auf Fragebögen beruhenden Partnerschaftsdiagnostik skeptisch gegenüber stehe. Trotz der unstrittigen empirischen Bewährung von Fragebogenverfahren sollte nicht vergessen werden, dass eine Diagnostik durch den verbalen Selbstbericht prinzipiell Grenzen gesetzt sind. Mit dieser Methode können nicht alle Partnerschaftskonstrukte erfasst werden und Selbstberichte können durch Schemaeffekte, sozial erwünschte Antworten und andere Antworttendenzen verzerrt werden. Gerade bei stark sozial bewerteten Gegenständen wie Beziehungsqualitäten kann daher nicht ausgeschlossen werden, dass ein Teil der in der Literatur gut bestätigten Zusammenhänge zwischen Partnerschaftskonstrukten auf Artefakte zurückzuführen ist.

Da es keinen Königsweg zur Diagnose von Partnerschaftsmerkmalen gibt, liegt es nahe, mehrere methodische Zugänge zu kombinieren, um deren jeweilige Stärken zu nutzen und methodischen Einseitigkeiten entgegenzuwirken. Das gilt nicht nur für die Grundlagenforschung, sondern auch für die klinische Praxis. So empfehlen Floyd et al. (1997) im Rahmen der Paartherapie neben einer Reihe von Fragebogenverfahren auch ein abgekürztes Konfliktgespräch einzusetzen, um Erkenntnisse über Interaktionsmuster und Kommunikationsdefizite des Paares auf der Verhaltensebene zu gewinnen. (siehe Kasten, S. 38)

## Literatur

Ainsworth, M. D. S., Blehar, M. C., Waters, E. & Wall, S. (1978). Patterns of attachment. Hillsdale: L. Erlbaum Associates.

Amelang, M. (1991). Einstellungen zu Liebe und Partnerschaft: Konzepte, Skalen und Korrelate. In: Amelang, M., Ahrens, H. J., & Bierhoff, H. W. (Hrsg.). Attraktion und Liebe. Göttingen: Hogrefe, S 153-196.

Asendorpf, J. B., & Banse, R. (2000). Psychologie der Beziehung. Bern: Hans Huber.

Asendorpf, J. B., Banse, R., Wilpers, S. & Neyer, F.-J. (1997). Beziehungsspezifische Bindungsskalen für Erwachsene und ihre Validierung durch Netzwerk- und Tagebuchverfahren. Diagnostica, 43, 289-313.

Baldwin, M. W. (1992). Relational schemas and the processing of social information. Psychological Bulletin, 112, 461-484.

Baldwin, M. W., Keelan, J. P. R., Fehr, B., Enns, V. & Koh-Rangarajoo, E. (1996). Social-cognitive conceptualization of attachment working models: Availability and accessibility effects. Journal of Personality and Social Psychology, 71, 94-109.

Bartholomew, K. (1990). Avoidance of intimacy: An attachment perspective. Journal of Social and Personal Relationships, 7, 147-178.

Bartholomew, K. & Horowitz, L. M. (1991). Attachment styles among young adults: A test of a four-category model. Journal of Personality and Social Psychology, 61, 226-244.

Banse, R. (2001). Implicit and explicit relational schemata: Experimental approaches in the adult attachment, cognitive, and evolutionary psychology paradigms. Habilitationsschrift, Humboldt-Universität zu Berlin.

Banse, R. (2002). Beyond verbal self-report: Priming methods in relationship research. In: Musch, J. & Klauer, K. C. (eds.). The Psychology of Evaluation: Affective Processes in Cognition and Emotion. Mahwah, NJ: Lawrence Erlbaum, (in Druck).

Bienvenu, M. J. (1971). Measurement of marital communication inventory. The Journal of Communication, 21, 381-388.

Bierhoff, H. W. & Grau, I. (1993). Marburger Einstellungs-Inventar für Liebesstile. Göttingen: Hogrefe.

Bierhoff, H. W. & Grau, I. (1997). Dimensionen enger Beziehungen: Entwicklung von globalen Skalen zur Einschätzung von Beziehungseinstellungen. Diagnostica, 43, 210-229.

Bodenmann, G. (2000). Stress und Coping bei Paaren. Göttingen: Hogrefe.

Bowlby, J. (1969). Attachment and loss: Vol. 1 Attachment. New York: Basic Books.

Brähler, E. & Brähler, C. (Hrsg.). (1993). Paardiagnostik mit dem Gießen-Test. Bern: Huber.

Brennan, K. A., Clark, C. L. & Shaver, P. R. (1998). Self-report measurement of adult attachment: An integrative overview. In: Simpson, J. A. & Rholes, W. S. (eds.). Attachment theory and close relationships. New York: Guilford Press, S. 46-76.

Christensen, A. & Sullaway, M. (1984). Communication patterns questionnaire. Unpublished manuscript, University of California, Los Angeles.

Crowell, J. A. & Owens, G. (1998). Current relationship interview and scoring system. CRI manual 4.0. State University of New York at Stony Brook.

Crowell, J. A., Fraley, R. C. & Shaver, P. R. (1999). Measurement of individual differences in adolescent and adult attachment. In: Cassidy, J. & Shaver, P. R. (eds.). Handbook of attachment: Theory, research, and clinical applications. New York, London: Guilford Press, S. 434-465.

Doll, J., Mentz, M. & Witte, E. H. (1995). Zur Theorie der vier Bindungsstile: Meßprobleme und Korrelate dreier integrierter Verhaltenssysteme. Zeitschrift für Sozialpsychologie, 26, 148-159.

Eidelson, R. J. & Epstein, N. (1982). Cognition and relationship maladjustment: Development of a measure of dysfunctional relationship beliefs. Journal of Consulting and Clinical Psychology, 50, 715-720.

Fincham, F. D. & Bradbury, T. N. (1987). The assessment of marital quality: A reevaluation. Journal of Marriage and the Family, 49, 797-809.

Fletcher, G. J. O., Simpson, J. A. & Thomas, G. (2000). The measurement of perceived relationship quality components: A confirmatory factor analytic approach. Personality and Social Psychology Bulletin, 26, 340-354.

Floyd, F. J., Haynes, S. N. & Kelly, S. (1997). Marital assessment: A dynamic functional-analytic approach. In: Halford K & Markmann HJ, Clinical Handbook of marriage and couple interventions. New York: Wiley, S. 349-377.

Gawronski, B. (2000). Falsifikationismus und Holismus in der experimentellen Psychologie: Logische Grundlagen und methodologische Konsequenzen. Zeitschrift für Sozialpsychologie, 31, 3-17.

George, C., Kaplan, N. & Main, M. (1985). The Adult Attachment Interview. Unpublished manuscript, University of California, Berkeley.

Gloger-Tippelt, G. (Hrsg.). (2000). Bindung im Erwachsenenalter. Bern: Huber.

Gottman, J. M. (1994). What predicts divorce? Hillsdale, NJ: Lawrence Erlbaum.

Grau, I. (1999). Skalen zur Erfassung von Bindungsrepräsentationen in Paarbeziehungen. Zeitschrift für Differentielle und Diagnostische Psychologie, 20, 142-152.

Grau, I., Mikula, G. & Engel, S. (2001). Skalen zum Investitionsmodell von Rusbult. Zeitschrift für Sozialpsychologie, 32, 29-44.

Greenwald, A. G. & Nosek, B. A. (2001). Health of the Implicit Association Test at age 3. Zeitschrift für Experimentelle Psychologie, 48, 85-93.

Greenwald, A. G., McGhee, D. E. & Schwartz, J. L. K. (1998). Measuring individual differences in implicit cognition: The Implicit Association Test. Journal of Personality and Social Psychology, 74, 1464-1480.

Hahlweg, K. (1986). Partnerschaftliche Interaktion. München: Gerhard Röttger.

Hahlweg, K. (1996). Fragebogen zur Partnerschaftsdiagnostik. Göttingen: Hogrefe.

Hahlweg, K., Schindler, L. & Revenstorf, D. (1982). Partnerschaftsprobleme: Diagnose und Therapie. Handbuch für den Therapeuten. Heidelberg: Springer-Verlag.

Hahlweg, K., Reisner, L., Kohli, G., Vollmer, M., Schindler, L. & Revenstorf, D. (1984). Development and validity of a new system to analyse interpersonal communication (KPI). In: Hahlweg, K. & Jacobson, N. S. (eds.). Marital interaction: analysis and modification. New York: Guilford, S 182-198

Hahlweg, K., Kaiser, A., Christensen, A., Fehm-Wolfsdorf, G. & Groth, T. (2000). Self-report and observational assessment of couples' conflict: The concordance between the communication patterns questionnaire and the KPI observation system. Journal of Marriage and the Family, 62, 61-67.

Hassebrauck, M. (1991). ZIP – Ein Instrumentarium zur Erfassung der Zufriedenheit in Paarbeziehungen. Zeitschrift für Sozialpsychologie, 22, 256-259.

Hassebrauck, M. & Fehr, B. (2002). Dimensions of relationship quality. Personal Relationships, (in Druck).

Hazan, C. & Shaver, P. R. (1987). Romantic love conceptualized as an attachment process. Journal of Personality and Social Psychology, 52, 511-524.

Hendrick, S. S. (1988). A generic measure of relationship satisfaction. Journal of Marriage and the Family, 50, 93-98.

Johnson, M. D. & Bradbury, T. N. (1999). Marital satisfaction and topographical assessment of marital interaction: A longitudinal analysis of newlywed couples. Personal Relationship, 6, 19-40.

Kalicki, B. (2002). Entwicklung und Erprobung des Fragebogens zu Attributionen in Partnerschaften (FAP). Diagnostica, (in Druck).

King, K. (2001). A critique of nonverbal behavioral observational coding systems of couples' interaction: CISS and RCISS. Journal of Social and Clinical Psychology, 20, 1-23.

Klann, N., Hahlweg, K. & Heinrichs, N. (2002). Diagnostische Verfahren für Berater. Materialien zur Diagnostik und Therapie in Ehe-, Familien- und Lebensberatung. Göttingen: Hogrefe, (in Druck).

Klingler, O. J., Loewit, K. K. (1996). Der Fragebogen »Ressourcen in Sexualität und Partnerschaft« (RSP) - Konzeption und erste Ergebnisse zur Validität. Zeitschrift für Differentielle und Diagnostische Psychologie, 17 (4), 268-275.

Kröger, C., Hahlweg, K., Braukhaus, C., Fehm-Wolfsdorf, G., Groth, T. & Christensen, A. (2000). Fragebogen zur Erfassung partnerschaftlicher Kommunikationsmuster, (FPK): Reliablität und Validität. Diagnostica, 46, 189-198.

Krokoff, L. J., Gottman, J. M. & Hass, S. D. (1989). Validation of a global rapid couples interaction scoring system. Behavioral Assessment, 11, 65-79.

Larzelere, R. E. & Huston, T. L. (1980). The dyadic trust scale: Toward understanding interpersonal trust in close relationships. Journal of Marriage and the Family, 42, 595-604.

Rubin, Z. (1970). Measurement of romantic love. Journal of Personality and Social Psychology, 51, 649-660.

Sander, J. & Böcker, S. (1993). Die Deutsche Form der Relationship Assesment Scale (RAS): Eine kurze Skala zur Messung der Zufriedenheit in einer Partnerschaft. Diagnostica, 39, 55-62.

Sassmann, H. (2000). Diagnostik in der Paarberatung durch ein Interview zur Beziehungsgeschichte (PIB). Beratung Aktuell, 1, 155-172.

Schaap, C. (1982). Communication and adjustment in marriage. Lisse: Swets & Zeitlinger.

Schmitt, J., Falkenau, K. & Montada, L. (1995). Zur Messung von Eifersucht über stellvertretende Emotionsbegriffe und zur Bereichsspezifität der Eifersuchtsneigung. Diagnostica, 41, 131-149.

Scholz, O. B. (1983). Zur Diagnostik gestörter ehelicher Beziehungen. Partnerberatung, 4, 166-175.

Snyder, D. K. (1981). Multidimensional assessment of marital satisfaction. Journal of Marriage and the Family, 41, 813-823.

Spanier, G. B. (1976). Measuring dyadic adjustment: New scales for assessing the quality of marriage and similar dyads. Journal of Marriage and the Family, 38, 15-28.

Sydow, K. v. (2000). Forschungsmethoden zur Erhebung von Partnerschaftsbindung In: Gloger-Tippelt, G. (Hrsg.). Bindung im Erwachsenenalter, Bern: Huber, S. 275-294.

Touliatos, J., Perlmutter, B. F., Strauss, M. A. & Holden, G. W. (eds.). (2001). Handbook of family measurement techniques. Thousand Oaks: Sage Publications.

Tucker, J. S. & Anders, S. L. (1998). Adult attachment style and nonverbal closeness in dating couples. Journal of Nonverbal Behavior, 22, 109-124.

Watzlawick, P., Beavin, J. H. & Jackson, D. D. (1969). Menschliche Kommunikation Bern: Huber.

Weiss, R. L. & Cerreto, M. C. (1980). The marital status inventory: Development of a measure of dissolution potential. The American Journal of Family Therapy, 8, 80-85.

Zayas, V. & Shoda, Y. (2002). Automatic evaluative reactions toward mother and romantic partner: Testing attachment theory's predictions. Manuscript submitted for publication.

# Theorien und Modelle der Paarbeziehung*

Friedrich Lösel und Doris Bender

* aus dem Projekt „Protektive Faktoren der Ehestabilität", gefördert durch das Bundesfamilienministerium.

- Warum gehen die meisten Menschen Ehen oder andere Formen einer engen Paarbeziehung ein?
- Warum wählen sie dabei bestimmte Partner und nicht andere?
- Warum sind viele Paare mit ihrer Beziehung relativ zufrieden und halten oft lebenslang an ihr fest?
- Warum trennen sich andere Paare nach mehr oder weniger langer Zeit wieder?
- Warum lassen sich die meisten Menschen nach dem Scheitern einer Beziehung auf eine neue ein?
- Warum gehört eine befriedigende Ehe nach wie vor zu den zentralen Lebenszielen der meisten Menschen?

**Derartige Fragen werden in Theorien und Modellen der Paarbeziehung beantwortet.**

Wenn wir in unserem Institut in- und ausländische Gäste zu Besuch haben, so schließt sich nicht selten eine kurze Stadtführung durch Nürnberg an. Neben den mittelalterlichen Sehenswürdigkeiten ruft dabei regelmäßig ein moderner Brunnen besonderes Interesse hervor. Dabei handelt es sich um den 1984 von dem Bildhauer Jürgen Weber geschaffenen Hans-Sachs-Brunnen, der auch als Ehekarussell bezeichnet wird. Er veranschaulicht in sechs Wagen mit markanten Figuren die Entwicklung einer Paarbeziehung von der jungen Liebe über die Elternschaft bis zum Kampf der Geschlechter, dem nicht einmal der Tod ein Ende setzen kann. Thema der Plastik ist ein Gedicht des Nürnberger Schuhmachers und Poeten Hans Sachs (1494-1576), der durch Richard Wagners Meistersinger weltberühmt wurde. In Knittelversen beschreibt der Dichter »Das bittersüße ehlich Leben«. Darin wird nach 22 Jahren Ehe die Beziehung zu seiner Frau sehr ambivalent geschildert. So heißt es auszugsweise:

*Sie ist ein Himmel meiner Seel,*
*Sie ist auch oft mein Pein und Hell.*
*Sie ist mein Engel auserkoren,*
*Ist oft mein Fegeteufel worden, ...*
*Sie ist mein Mai und Rosenhag,*
*Ist oft mein Blitz und Donnerschlag, ...*
*Sie ist mein Freiheit und mein Wahl,*
*Ist oft mein Gfengnis und Notstall, ...*
*Sie ist mein Tugend und mein Laster,*
*Sie ist mein Wund und auch mein Pflaster,*
*Sie ist mein Herzens Aufenthalt,*
*Und machet mich doch grau und alt.*

Nicht nur Ehe- und Familienforscher finden, dass in diesem Gedicht die zeitlose Vielschichtigkeit von engen Paarbeziehungen, wie sie natürlich auch aus weiblicher Sicht beschrieben werden könnte, treffend wiedergegeben ist. Wir wissen nicht, ob Hans Sachs jemals an eine Trennung gedacht hat. In Anbetracht der damals religiös und standesmäßig geprägten Ehe ist es unwahrscheinlich. In Zeiten stark gestiegener Scheidungsraten stellen sich jedoch die Fragen, die dieses Gedicht nahe legt, noch deutlicher. Einige von ihnen haben wir eingangs formuliert.

Wer zu ihrer Beantwortung einen ersten Blick auf die theoretischen Grundlagen der Paarbeziehung wirft, ist leicht ein wenig verwirrt. Denn der Leser sieht sich einer Fülle von Theorien, Modellen und Hypothesen gegenüber, die durch einzelne Schlagworte und Autorennamen voneinander unterschieden werden. Dies mag man als ein Zeichen dafür sehen, dass in den Sozial- und Verhaltenswissenschaften die Erkenntnisse weniger einheitlich und gesichert sind als in den Naturwissenschaften, wo sich in Lehrbüchern mehr Fakten als Namen finden. Bei genauerer Betrachtung ist die Vielfalt der Paartheorien jedoch plausibel. Denn sie sind überwiegend nicht alternative Erklärungen, sondern thematisieren unterschiedliche Aspekte der komplexen Beziehungsthematik. Manche beschäftigen sich stärker damit, warum Individuen bestimmte Partner wählen, andere beziehen sich mehr darauf, warum Beziehungen aufrechterhalten und intensiviert werden. In manchen Ansätzen stehen sehr konflikthafte Beziehungen und die Risiken des Scheiterns im Vordergrund. Andere befassen sich mehr mit protektiven Prozessen in stabilen Ehen. Unter zeitlicher Perspektive geht es zum Teil um kurzzeitige Beziehungen, zum Teil um langfristige Entwicklungen in Ehe und Familie. Auch bei den bevorzugten Erklärungskonstrukten bestehen unterschiedliche Schwerpunkte, z.B. in biologischen, gesellschaftlichen, kognitiven, emotionalen oder verhaltensmäßigen Prozessen.

> **Eine Fülle von Modellen, Hypothesen und Schlagwörtern kennzeichnen die Paartheorien. Bei genauerer Betrachtung ist diese Vielfalt plausibel.**

Aber nicht nur aufseiten der unabhängigen Variablen sind die Konstrukte und Operationalisierungen sehr unterschiedlich, sondern auch bei den abhängigen Variablen (s. Kap. 1 in diesem Buch). Teilweise geht es um die Partnerschaftsqualität, die u.a. Aspekte der dyadischen Anpassung, Zufriedenheit, Liebe, Anziehung und Bindung umfasst (Bierhoff, 1991). Davon zu unterscheiden ist die Partnerschaftsstabilität, die wiederum verschiedene formelle und informelle Indikatoren haben kann.

Im vorliegenden Beitrag soll einerseits diese Vielfalt veranschaulicht werden. Andererseits bestehen zwischen den Paartheorien Ähnlichkeiten, Überlappungen und integrative Entwicklungen. Auch dies soll der Beitrag aufzeigen. Selbstverständlich kann im gegebenen Rahmen keine umfassende Beschreibung und Diskussion der zahlreichen Theorien erfolgen. Es werden jedoch in exemplarischer Form typische Ansätze skizziert und vergleichend kommentiert. Darauf aufbauend entwickeln wir einen konzeptuellen Rahmen, der zumindest einen Teil der vorliegenden Hypothesen und Befunde integriert. Der Schwerpunkt unserer Betrachtung liegt auf heterosexuellen und längerfristigen Paarbeziehungen in den modernen Industrieländern. Manche Theorien und Hypothesen sind aber auch auf andere Beziehungen und Kulturkreise übertragbar.

## 2.1    Soziobiologische Ansätze

Im Lauf der Menschheitsgeschichte sind die meisten naturhaften Verhaltensmuster kulturell geformt worden. Gleichwohl bestehen biologisch festgelegte Verhaltensprogramme, die sich bis heute auf unsere Sozialbeziehungen auswirken (Eibl-Eibesfeldt, 1995). Aus der Sicht der Soziobiologie und Humanethologie gilt dies auch für die Paarbeziehung, Ehe und Familie (Buss & Schmitt, 1993; Daly & Wilson, 1983). Derartige Erklärungsansätze wurden zeitweise in der psychologischen und soziologischen Familienforschung kaum rezipiert, doch zeichnet sich in letzter Zeit eine größere disziplinäre Offenheit ab. Im Sinne biologischer Rahmenbedingungen für soziale Differenzierungen stellen wir deshalb soziobiologische Überlegungen an den Anfang.

Die Vergrößerung des Großhirns, der aufrechte Gang und die Sprachentwicklung gelten als wesentliche Bedingungen für die erfolgreiche Evolution des Homo sapiens (Kopp, 1992). Die Erweiterung des Neokortex erforderte allerdings eine längere Aufzuchtzeit der Nachkommen. Sowohl die lange Pflegebedürftigkeit der Kinder als auch die durch Bipedalität geförderte Kommunikations-, Werkzeug- und Mobilitätsentwicklung setzten frühe Formen der intra- und interfamilialen Kooperation und Arbeitsteilung voraus. Denn verlängerte Schwangerschaften, überwiegende Einzel- statt Mehrlingsgeburten und längere Perioden zwischen den Geburten glichen die reproduktiven Nachteile der langen Pflegezeit nur teilweise aus. Erst Intelligenz, enge soziale Bindungen und intensive elterliche Pflege ermöglichten es, bei geringer Zahl von Nachkommen einen Selektionsvorteil dadurch zu wahren, dass möglichst viele von ihnen überlebten. Diese Art der Reproduktion erforderte längerfristige, überwiegend monogame Paarbeziehungen und eine geschlechtliche Arbeitsteilung. Begleitende evolutionäre Strategien bestanden darin, dass die menschliche Art relativ kontinuierlich sexuell empfänglich ist und keine offensichtlichen Zeichen der Ovulation bestehen. Dies erhält die sexuelle Vigilanz und stellt – ebenso wie die Orgasmusfähigkeit bei beiden Geschlechtern – das menschliche Kopulationsverhalten in den Dienst der sozialen Bindung zwischen den Partnern.

Enge Paarbeziehungen, Heirat und die Familie werden somit als eine zentrale Voraussetzung der Menschheitsentwicklung ge-

> **Sowohl die lange Pflegebedürftigkeit der Kinder als auch die durch Bipedalität geförderte Kommunikations-, Werkzeug- und Mobilitätsentwicklung setzten frühe Formen der intra- und interfamilialen Kooperation und Arbeitsteilung voraus.**

sehen. Kulturübergreifend handelt es sich dabei um förmliche, reproduktive Verbindungen, die folgende Merkmale aufweisen: Eine wechselseitige Verpflichtung der Partner, sexuelle Zugänglichkeit, Erwartungen der Dauerhaftigkeit während Schwangerschaft und Aufzucht des Nachwuchses sowie legitimer Status der Kinder. Es scheint sich insofern um eine menschliche Universalie zu handeln, als kaum Kulturen bekannt sind, in denen es keine eheliche Dauerpartnerschaft gibt (Eibl-Eibesfeldt, 1995). Dabei handelt es sich überwiegend um Paarbeziehungen bzw. Ehen zwischen Mann und Frau. Über alle Gesellschaften hinweg haben etwa 90 Prozent der Erwachsenen irgendwann in ihrem Leben eine solche Beziehung. Zwar gestatten nach Murdock (1967) von 849 Gesellschaften 83 Prozent Polygynie (so genannte »Vielweiberei«), doch sind auch in polygynen Gesellschaften die Männer zumeist nur gelegentlich polygyn und nur mit einer Frau bzw. selten mit mehr als zwei Frauen verheiratet. Kulturen, in denen eine Frau mit mehreren Männern verheiratet ist (Polyandrie), sind extrem selten.

Buss und Schmitt (1993) haben die soziobiologische Perspektive differenziert und dabei zahlreiche Paarungsphänomene integriert. Sie gehen davon aus, dass die menschliche Paarbildung auf kontextabhängigen Strategien beruht, mit denen der Mensch spezifische Adaptionsprobleme im Laufe der Evolution gelöst hat. Diese sind unter dem Selektionsdruck der Fortpflanzung entstanden, der Erfolg im innergeschlechtlichen Wettbewerb und in der zwischengeschlechtlichen Attraktion voraussetzt. Die Autoren betonen, dass die Strategien zwar zielgerichtet und problemlösend sind, aber nicht bewusst oder geplant. Sie beschränken sich auch ausdrücklich nicht nur auf Langzeitbeziehungen, weil je nach Gesellschaft, Kontext, Zeitpunkt und Geschlecht kurzzeitige Paarbeziehungen ebenfalls weit verbreitet sind (z. B. durch Scheidung, Trennung, vor- und außereheliche Beziehungen).

Die »*Sexual Strategies Theory*« von Buss und Schmitt (1993) enthält folgende Hypothesen:
In der menschlichen Evolution sind unter bestimmten Bedingungen beide Geschlechter sowohl kurzzeitige als auch langfristige Paarbeziehungen eingegangen. In diesen müssen jeweils unterschiedliche adaptive Probleme gelöst werden. Da Frauen in der Regel deutlich größere elterliche Investitionen leisten (Schwangerschaft, Stillzeit, Kinderaufzucht), widmen sie einen geringeren Anteil ihrer Paarungen kurzzeitigen Beziehungen als dies bei Männern der Fall ist. Weil die Gelegenheiten und Beschränkungen für die Fortpflanzung in beiden Kontexten bei Mann und Frau verschieden sind, unterscheiden sich auch die jeweiligen evolutionären Strategien.

Historisch war die Fortpflanzung des Mannes vor allem durch die Zahl geeigneter und bereiter Frauen beschränkt. Um sich bei *kurzzeitigen* Paarungen erfolgreich fortzupflanzen, musste der Mann 4 Probleme lösen:

1. eine möglichst große Zahl an Partnerinnen gewinnen,
2. sexuell zugängliche Frauen identifizieren,
3. fruchtbare Frauen auswählen und
4. Investitionen und Verpflichtungen minimieren.

Um durch eine *langfristige* Paarungsstrategie die eigenen Gene erfolgreich fortzupflanzen, mussten dagegen andere Probleme gelöst werden. Diese bestanden in der Identifizierung und Gewinnung von Frauen, die

a) zu einer langfristigen Beziehung bereit und geeignet waren,
b) fruchtbar waren,
c) bei deren Kindern die eigene Vaterschaft sicher war, und die
d) gute elterliche Fähigkeiten besaßen.

Bei der Frau war die Fortpflanzung nicht durch die Zahl verfügbarer Männer begrenzt, sondern vor allem durch die Qualität und Quantität von Ressourcen, die diese für sie selbst und die sichere Aufzucht ihrer Kinder zur Verfügung stellen konnten. Um bei *kurzzeitigen* Paarungen effektiv zu sein, hatten die Frauen 2 Probleme zu lösen. Sie mussten

1. unmittelbare Ressourcen aus der Beziehung gewinnen und
2. die Eignung des Partners für eine Langzeitbeziehung einschätzen.

Bei *langfristigen* Paarungen mussten die Frauen Männer identifizieren und gewinnen, die

a) zur langfristigen Investition von Ressourcen in sie und ihren Nachwuchs in der Lage waren,
b) hierzu auch bereit waren,
c) gute elterliche Qualitäten besaßen,
d) bereit und willens waren, die Verpflichtungen einer langfristigen Beziehung einzugehen und
e) physischen Schutz boten.

Bei beiden Geschlechtern war die genetische Qualität der Partner ein weiteres Problem von Langzeitbeziehungen.

Um die genannten adaptiven Probleme zu lösen, haben Frauen und Männer spezifische psychologische Mechanismen und Verhaltensweisen entwickelt, die sich bis heute im Paarverhalten niederschlagen. Es können hier nur einige empirische Belege genannt werden: Männer wünschen sich eine größere Zahl kurzzeitiger Partner, haben häufiger sexuelle Motive bei der Initiierung von Beziehungen, sind schneller zum Sexualverkehr bereit und haben (außer bei der körper- lichen Attraktivität) geringere Ansprüche an Partnermerkmale als Frauen (Bleske-Rechek & Buss, 2001). Sie lassen sich auch de facto häufiger auf kurzzeitige sexuelle Abenteuer ein. Männer werten Hinweisreize auf Promiskuität der Partnerin und deren körperliche Signale lediglich bei Kurzzeitbeziehungen positiver. Bei Befragungen zu Langzeitpartnern werden jedoch – ähnlich wie bei den Frauen – auf familiale Investitionen zielende Qualitäten betont (Buss & Schmitt, 1993). Frauen bewerten physischen Schutz als wichtiger für die Aufnahme einer Beziehung und diesbezügliche Defizite als einen Grund für deren Beendingung (Bleske-Rechek & Buss, 2001). Sie prüfen besonders die Bereitschaft der Partner, emotional, zeitlich und finanziell in die Beziehung zu investieren (Greenlees & McGrew, 1994). Sie zeigen auch eine stärkere Präferenz für eine große Bandbreite sozial wünschenswerter Persönlichkeitsmerkmale des Partners (Botwin et al., 1997). Männer wünschen sich jüngere und Frauen ältere Partner als sie selbst sind, was sich weltweit im Heiratsalter widerspiegelt. Der berufliche Status des Mannes korreliert mit der physischen Attraktivität der Frau und unter den Scheidungsgründen sind die Untreue der Frau und Ressourcendefizite beim Mann häufiger als dies umgekehrt der Fall ist.

> **Im Lauf der Menschheitsgeschichte haben Frauen und Männer spezifische psychologische Mechanismen und Verhaltensweisen entwickelt, die sich bis heute im Paarverhalten niederschlagen.**

Selbstverständlich haben etliche der soziobiologischen Hypothesen nach wie vor einen spekulativen Charakter, da nur Analogschlüsse aus aktuellen Daten möglich sind. Es müssen auch jeweils soziologische und sozialpsychologische Alternativerklärungen in Betracht gezogen werden. So hat man z. B. manche Paarungsmuster nur als Ausdruck geschlechtlicher Machtverhältnisse interpretiert. Dies wird jedoch von Buss und Schmitt (1993) teilweise widerlegt. Kulturübergreifende Invarianzen des heterosexuellen Werbens, Kontaktverhaltens und der Scham sprechen ebenfalls für grundlegende biologische Regulationsmechanismen in Paarbeziehungen (Eibl-Eibesfeldt, 1995). Allerdings darf auch die erhebliche interindividuelle Variation zwischen Angehörigen desselben Geschlechts, verschiedenen gesellschaftlichen Gruppen, historischen Zeitabschnitten und Kulturen nicht übersehen werden. So zeigt sich z. B., dass in den letzten Jahrzehnten beide Geschlechter die physische Attraktivität des Partners stärker betonen, auch Männer mehr Gewicht auf die ökonomischen Ressourcen der Frau legen und deren häusliche Fertigkeiten als weniger wichtig einschätzen (Buss et al., 2001). Beide Geschlechter halten die wechselseitige Anziehung und Liebe für zunehmend wichtiger und nähern sich in den gewünschten Partnermerkmalen an. Dies sind deutliche Hinweise auf die kulturelle Formung und Kontextabhängigkeit menschlicher Paarungsstrategien.

> **Zwischen Angehörigen desselben Geschlechts, verschiedenen gesellschaftlichen Gruppen, historischen Zeitabschnitten und Kulturen bestehen erhebliche interindividuelle Unterschiede.**

## 2.2    Strukturell-funktionale Theorien

Ähnlich wie die Soziobiologie betrachten auch klassische soziologische Familientheorien die enge Paarbeziehung unter übergeordneten funktionalen Gesichtspunkten. Hierbei wird jedoch nicht nach der reproduktiven Fitness gefragt, sondern nach der Funktion für das soziale Gesamtsystem bzw. die Gesellschaft (Parsons & Bales, 1955). Auch im Strukturfunktionalismus wird von transkulturellen Universalien ausgegangen, insbesondere der Kernfamilie und dem Inzesttabu. Darüber hinaus werden verschiedene allgemeine Funktionen der Familie betont, z. B. Reproduktion, Sozialisation, soziale Statuszuweisung, Haushalts- und Freizeitfunktion und emotionale Spannungsregulation (Neidhardt, 1975). Die Familie und Verwandtschaft verbinden die vier allgemeinen Subsysteme Persönlichkeit, Kultur, Sozialsystem und Verhaltensorganismus. Ihr großer historischer und interkultureller Variantenreichtum wird aus den aktuellen Bedürfnissen der Gesellschaft erklärt. Je nach gesellschaftlicher Entwicklung sind familiale Anpassungsprozesse erforderlich, z. B. in Folge der Industrialisierung, Rationalisierung, Demokratisierung, sozialen Differenzierung und Mobilität. Die jeweiligen Veränderungen wie Schrumpfung der Kernfamilie oder steigende Scheidungsraten diskutiert man vor allem unter dem Gesichtspunkt der Desorganisation (vgl. Hill & Kopp, 1995). Insgesamt werden dabei ein Strukturwandel und Funktionsverlust der Familie konstatiert, z. B. im Zusammenhang mit den gestiegenen Scheidungsraten, der außerhäuslichen Erwerbstätigkeit der Frau, der Sexualbeziehungen außerhalb von Ehen, der Pluralität von Normen und Weltanschauungen oder Einflüssen der Massenmedien. Die jeweiligen funktionalen Bewertungen können allerdings uneinheitlich ausfallen. So betonen manche Autoren bei der Scheidung die negativen Folgen für die Kinder (Popenoe, 1993), während andere auch positive Effekte darin sehen, dass langfristig konflikthafte und emotional erkaltete Sozialisationskontexte aufgelöst werden (vgl. Nave-Herz, 1994).

> **Der große historische und interkulturelle Variantenreichtum von Familie und Verwandtschaft wird aus den aktuellen Bedürfnissen der Gesellschaft erklärt.**

Der Strukturfunktionalismus hat wesentlich zur Entwicklung der empirischen Familiensoziologie beigetragen. Nach wie vor liefert er einen Rahmen für die Verknüpfung von makrosozialen Entwicklungen und mikrosozialen Prozessen in Ehen und Paarbeziehungen. Er ist damit auch familienpolitisch bedeutsam. Problematisch ist jedoch die grundsätzliche funktionale Sicht, die gleichsam von einem Primat der Gesellschaft ausgeht. Tatsächlich müssen Wechselwirkungen angenommen werden, indem verbreitete familiale Beziehungs- und Handlungsmuster auch das soziale Makrosystem beeinflussen (Hill & Kopp, 1995). Der Schwerpunkt des Strukturfunktionalismus liegt zudem auf allgemeinen Entwicklungen in den Paar- und Familienbeziehungen. Die große Variation selbst innerhalb einer Gesellschaft thematisiert man weniger.

## 2.3 Austausch- und Investitionstheorien

Austauschtheoretische Konzepte gehören zu den wichtigsten Theorien über Paarbeziehungen. In ihnen wird die Partnerschaft ähnlich wie in einem ökonomischen Verhaltensmodell gesehen, in dem die Partner ihre Interaktionen fortlaufend nach Kosten und Nutzen bewerten (Mikula, 1992). Die Partnerwahl und das Ausmaß der Zufriedenheit mit der Beziehung hängen davon ab, inwieweit ein Partner die wichtigsten Bedürfnisse des anderen befriedigt (Thibaut & Kelley, 1959). Zum Beispiel liebt ein Mann seine Partnerin u. a. deshalb, weil sie seine Bedürfnisse nach Intimität, Sexualität und sozialer Unterstützung erfüllt. Das Gefühl der Zufriedenheit in der Beziehung entwickelt sich dadurch, dass jeweils beide Partner durch das Verhalten des anderen belohnt werden. Belohnungen sind die Freuden, Befriedigungen und Annehmlichkeiten, die sich aus der Beziehung ergeben. Daneben gibt es in der Beziehung aber auch Kosten. Diese entstehen durch den mentalen oder körperlichen Aufwand der Interaktionen sowie den damit verbundenen Ängsten, Erschwernissen oder Konflikten mit anderen Absichten (Thibaut & Kelley, 1959). Die Belohnungen und Kosten werden gegeneinander aufgerechnet und ergeben den jeweiligen Ertrag. Je mehr die Belohnungen überwiegen, desto zufriedener sind die Partner mit der Beziehung.

> **Austauschtheorie: Partner bewerten ihre Interaktionen fortlaufend nach Kosten und Nutzen.**

Nach der verwandten *Equity-Theorie* (Walster et al., 1978; s. Kap. 11) kommt es nicht nur auf die individuellen Netto-Erträge der Partner an, sondern auf deren erlebte Ausgewogenheit in der Beziehung. Dies erklärt die häufig zu beobachtende Ähnlichkeit von Paaren in physischen, psychischen und sozialen Merkmalen, auf die wir in Abschnitt 2.5 näher eingehen. Nehmen die Partner das Verhältnis von Kosten und Belohnungen als fair oder gerecht wahr, so sind sie mit der Beziehung zufrieden. Ist dies nicht der Fall, ergeben sich negative Spannungszustände. Diese können auch bei dem Partner auftreten, der bei Unausgewogenheit im Vorteil ist. Werden die Spannungen als zu unangenehm erlebt, versucht man sie zu lösen. Dies kann durch veränderte Interaktionen, kognitive Umstrukturierungen oder Abbruch der Beziehung geschehen.

Die Zufriedenheit mit einer Beziehung hängt aber nicht nur von den Belohnungen und Kosten der Interaktionen, sondern von einem zugrunde liegenden Bewertungsmaßstab ab (Comparison Level). Gegenüber diesem Standard vergleicht das Individuum, inwieweit die Beziehung attraktiv und befriedigend ist. Der Maßstab prägt die Erwartung an eine Beziehung, die das Individuum durch eigene Erfahrung oder symbolische Repräsentationen gebildet hat. Dabei genügt es nicht, dass die Bewertung der Beziehung den Standard erreicht oder übertrifft.

> **Die Zufriedenheit mit einer Beziehung hängt auch vom Bewertungsmaßstab ab, den die Partner zugrunde legen.**

Denn neben der Zufriedenheit ist in der Austauschtheorie auch der Grad der Abhängigkeit vom Partner bedeutsam. Dieser zeigt an, inwieweit ein Partner die Beziehung braucht, weil seine Bedürfnisse anderweitig nicht erfüllt werden können. Dementsprechend betonen Thibaut und Kelley (1959) das Vergleichsniveau für Alternativen. Dieses wirkt sich in der Beziehung so aus, dass Partner darüber nachdenken, was die besten Alternativen außerhalb der bestehenden Beziehung wären. Dabei handelt es sich z.B. um eine reale andere Person, eine vorgestellte Beziehung, eine frühere Erfahrung oder auch um ein Leben ohne intimen Partner. Fällt die Bilanz der bestehenden Partnerschaft unter das Vergleichsniveau der Alternativen, ist die Wahrscheinlichkeit groß, dass die Beziehung aufgegeben wird. Das heißt, die Bewertung einer Beziehung hängt auch von dem wahrgenommenen Partnermarkt und den darin erwarteten eigenen Chancen ab. Wird der Ertrag der bestehenden Partnerschaft als größer eingeschätzt als der aller möglichen Alternativen, so wird die Partnerschaft aufrechterhalten. Dabei können auch Hindernisse der Auflösung als Kosten eine Rolle spielen (vgl. Attridge, 1994).

Eine wesentliche Folgerung aus dem Vergleichsniveau für Alternativen besteht darin, dass die Zufriedenheit mit einer Beziehung keineswegs mit deren Stabilität zusammenhängen muss. Lewis und Spanier (1979) betrachten sogar beide Dimensionen als unabhängig, das heißt es können sich zufrieden-stabile, unzufrieden-stabile, zufrieden-instabile und unzufrieden-instabile Beziehungen ergeben. Bei unzufrieden-stabilen Beziehungen werden hohe dyadische Kosten und starke interne oder externe Barrieren gegen eine Auflösung angenommen.

Da für die Aufrechterhaltung der Beziehung nicht nur die Zufriedenheit und die Qualität von Alternativen bedeutsam sind, hat Rusbult (1980) den austauschtheoretischen Ansatz durch ein *Investitionsmodell* erweitert. Das Investitionsmodell betont die Bindung oder Verpflichtung (Commitment Level), welche die Partner im Lauf der Beziehung entwickelt haben. Erst durch diese werden Beziehungen nicht einfach aufgegeben, sobald sich Unzufriedenheit und attraktive Alternativen abzeichnen. Der Bindungsgrad hängt neben der Zufriedenheit und der Qualität von Alternativen vom Ausmaß der Investitionen in die Beziehung ab. Es handelt sich um Ressourcen, die eng mit der Beziehung verbunden sind und bei deren Auflösung zumindest partiell wegfallen können. Dazu gehören z. B. die investierte Zeit, die Intimität, das Leben mit den Kindern, der Freundeskreis, ein lieb gewonnenes Haus oder andere gemeinsam geschaffene materielle Werte. Solche intrinsischen und extrinsischen Faktoren beeinflussen das Commitment Level und wirken sich so auf die Entscheidung aus, in der Beziehung zu verbleiben. Darüber hinaus kommt es bei hohem Commitment auch

> **Der Bindungsgrad hängt neben der Zufriedenheit und der Qualität von Alternativen vom Ausmaß der Investitionen in die Beziehung ab.**

zu aktiven oder passiven Prozessen, um die Beziehung aufrecht-zuerhalten (Rusbult et al., 1994).

Bei unbefriedigenden Ereignissen in der Beziehung kann es einerseits zu destruktiven *Anpassungsprozessen* kommen (z. B. Drohen, Anschreien, Kritisieren, Ignorieren des Partners, Verlassen der gemeinsamen Wohnung, Einleitung der Trennung oder Scheidung). Demgegenüber stehen konstruktive Mechanismen, durch welche man die Beziehung wieder verbessern will. Zum Beispiel bespricht man die Probleme mit dem Partner, versucht das eigene Verhalten und das des Partners zu verändern, sucht Rat und Unterstützung bei Freunden, bemüht sich um professionelle Hilfe oder wartet mehr oder weniger passiv auf positive Veränderungsprozesse. Aber auch wenn eine Beziehung relativ positiv verläuft, kann es zu realistischen und attraktiven Alternativen kommen. Bei hohem Commitment entstehen dann Mechanismen, welche die Kosten der Alternative in den Vordergrund treten lassen. Dies geschieht z. B. durch Schuldgefühle bei einem Seitensprung, Eifersucht, seelische Konflikte oder die Abwertung der Alternative nach Art einer Saure-Trauben-Reaktion. Weitere kognitive Mechanismen zur Aufrechterhaltung können darin bestehen, eigene Interessen um der Beziehung willen zu opfern oder die bestehende Beziehung subjektiv aufzuwerten. Im ersten Fall kommt es zu stabilisierenden Sinngebungsprozessen. Im zweiten spielen soziale Vergleichsprozesse eine Rolle, die häufig so ablaufen, dass die eigene Beziehung relativ zu anderen positiv überschätzt wird.

Durch die sukzessive Ausdifferenzierung hat sich der austausch- und investitionstheoretische Ansatz empirisch relativ gut bewährt (vgl. Rusbult et al., 1999). Er ist auch in der Lage, die im Strukturfunktionalismus betonten makrosozialen Veränderungen wie den Anstieg der Scheidungsraten in den modernen Industriegesellschaften zu erklären. Die Absenkung von Trennungsbarrieren und Aufwertung von Alternativen spielen hierbei eine wesentliche Rolle. Diese sind u. a. bedingt durch die gestiegene Erwerbstätigkeit und finanzielle Unabhängigkeit der Frau, die rechtliche Erleichterung der Scheidung, den Wertewandel und die Lockerung religiöser Normbindungen, die sinkenden Geburtenraten und zunehmende Kinderlosigkeit, die soziale Akzeptanz von Scheidung und Alleinleben sowie die gestiegenen Möglichkeiten außerehelicher Kontakte durch die Berufstätigkeit und Mobilität (vgl. Nave-Herz, 1994).

Gleichwohl enthält der austauschtheoretische Ansatz auch Probleme. So erscheint es als fraglich, ob die Kosten-Nutzen-Bilanzen tatsächlich fortlaufend die Interaktionen des Paares begleiten oder mehr diskontinuierlich bei besonderen Vorkommnissen in der Beziehung gezogen werden. Relativ offen bleibt die Frage, wie sich die grundlegenden Bewertungsstandards und Vergleichsmaßstäbe im Lauf des Lebens entwickeln. Zudem wird wenig darüber ausgesagt, welche Belohnungen und Kosten wichtiger als andere sind und warum sich die Menschen in dieser Hinsicht unterscheiden. Auch hinsichtlich der bevorzugten Anpassungsprozesse oder kognitiven Umstrukturierungen kommt die differenzielle Perspektive zu kurz.

## 2.4 Familienökonomische Konzepte

Ähnlich wie die Austauschtheorie nehmen familienökonomische Ansätze an, dass Personen eine enge Paarbeziehung oder Ehe eingehen, um ihren subjektiven Nutzen zu maximieren. Eine besondere Rolle spielen dabei Güter (Commodities), die nur innerhalb der Beziehung produziert und konsumiert werden können (Becker, 1976). Zu solchen Commodities gehören z. B. Zuwendung, Anerkennung, Liebe, Gesundheit, Sinnesfreuden, Erholung und Sozialkontakt. Ihre spezifische Qualität unterscheidet sich insofern von sonstigen Marktgütern, als sie nicht beliebig über den Markt vermittelt werden können, sondern überwiegend erst im Rahmen einer stabilen Partnerschaft entstehen. Ehen sind in diesem Sinn langfristige Verträge, in denen hochbewertete Güter wie Zuwendung und Liebe auf eine sichere Basis gestellt werden sollen. Der Ehegewinn ist familienökonomisch weiter gefasst als in der Austauschtheorie. Ähnlich wie im Investitionsmodell geht er über die aus den Interaktionen gewonnene Zufriedenheit hinaus. Diese ist nur ein Aspekt im gesamten Nutzenstrom (Hill & Kopp, 1995).

> **Familienökonomischer Ansatz: Der subjektive Nutzen der Partner wird durch Güter maximiert (Commodities), die nur innerhalb der Beziehung produziert und konsumiert werden können.**

Analog zur Austauschtheorie gehen Individuen dann eine Ehe ein und erhalten sie aufrecht, wenn die Beziehung ihren Nutzen maximiert. Vergleichsmaßstab ist hierbei die Lage als Alleinstehende. Entscheidungskriterien für die Wahl der jeweiligen Partner sind deren Eigenschaften. Dabei handelt es sich nach Becker (1976) überwiegend um Ähnlichkeiten, das heißt es bestehen positive Korrelationen zwischen Merkmalen der Partner (z. B. Aussehen, Bildung, Intelligenz; siehe Abschnitt 2.5). Es kann aber auch zu Substituten kommen, indem gerade Merkmale gesucht werden, die man selbst weniger aufweist. Dies ist insbesondere hinsichtlich des Einkommenserwerbs der Fall.

Eine weitere Übereinstimmung mit der Austauschtheorie betrifft Anpassungsprozesse und Trennungsbarrieren. So wird versucht, bei defizitären Nutzenströmen durch die Umverteilung von Commodities Ausgleichszahlungen zwischen den Partnern zu erzielen. Dies ist z. B. dann der Fall, wenn bei berufstätigen Ehepaaren die häuslichen Pflichten stärker geteilt werden. Investitionen sind deshalb wesentliche Barrieren, weil der mit ihnen verbundene Beziehungsgewinn nach einer Trennung weitgehend verloren gehen kann (z. B. der alltägliche Kontakt mit den Kindern).

> **Bei defizitären Nutzenströmen können durch Umverteilung von Gütern Ausgleichszahlungen zwischen den Partnern erzielt werden.**

Trotz der Ähnlichkeiten mit der Austauschtheorie enthält der ökonomische Ansatz etwas andere Akzentsetzungen. Zum Beispiel werden die mit dem Partnermarkt verbundenen Ambivalenzen und Entscheidungsprobleme stärker betont. So ist die Annahme, dass zu Beginn der Partnerschaft ein subjektiv optimaler Partner gewählt wird, nur dann realistisch, wenn ein vollkommener Markt existiert. Dies ist aber nicht der Fall. Der Heiratsmarkt ist oftmals unübersichtlich und erfordert hohe Suchkosten. Um diese zu reduzieren, werden auch suboptimale Beziehungen eingegangen, wenn man mit keinem wesentlich besseren Angebot mehr rechnet. Darüber hinaus enthalten die Partnerentscheidungen viel Unsicherheit, da nur unvollständige Informationen über die Eigenschaften der Partner und die eigenen Präferenzen vorliegen. Beide können sich im Laufe der Partnerschaft auch erheblich wandeln. Die hierbei relevanten psychischen Prozesse werden – entsprechend dem rational-ökonomischen Grundansatz – allerdings wenig detailliert.

## 2.5 Ähnlichkeits- und Komplementaritätsthese

Eine zentrale These der Paarforschung lautet, dass sich Personen stärker zu solchen Partnern hingezogen fühlen, die ihnen in physischen, psychischen und sozialen Aspekten ähnlich sind (Mikula & Stroebe, 1991). Dabei handelt es sich insofern nicht um eine eigene Paartheorie, da die Ähnlichkeitsthese in unterschiedliche theoretische Ansätze integriert werden kann. So entspricht z. B. die Ähnlichkeit von Partnern austauschtheoretischen Hypothesen, indem ein Gleichgewicht zwischen den Paaren als angemessen und fair erlebt wird. Ökonomische Überlegungen zur Rivalität auf dem Partnermarkt können erklären, warum Personen keine Partner gewinnen, die deutlich positivere Merkmale aufweisen als sie selbst (und sich aus Angst vor Gesichtsverlust und Enttäuschung auch nicht an solche »heranwagen«). Ökologische und sozialstrukturelle Hypothesen gehen davon aus, dass sich Menschen bei begrenzter sozialer und räumlicher Mobilität primär innerhalb der eigenen Schicht und im Nahraum paaren. Lerntheoretische Ansätze interpretieren die psychische und verhaltensmäßige Ähnlichkeit von Partnern im Sinne von wechselseitigen Belohnungen (insbesondere bei positiven Merkmalen). Mit soziobiologischen Ansätzen ist es vereinbar, wenn bei Merkmalen der eigenen reproduktiven Fitness zumindest eine ähnliche Partnerqualität bevorzugt wird.

Diese Beispiele zeigen, dass die These der Partnerähnlichkeit in gewisser Weise theorienübergreifend ist. Wir betrachten sie hier auch deshalb gesondert, weil der Botschaft »Gleich und Gleich gesellt sich gern« Paartheorien gegenüberstehen, die dem Motto folgen »Gegensätze ziehen sich an« (These der Komplementarität oder Substitution). So postuliert z. B.

> Der These »Gleich und Gleich gesellt sich gern« steht die These »Gegensätze ziehen sich an« gegenüber (Komplementarität versus Substitution).

Winch (1958), dass bei der Partnerwahl zwar mehr die Übereinstimmung von Interessen und Werten im Vordergrund steht, später aber die wechselseitige Ergänzung und Befriedigung von Bedürfnissen eine wichtigere Rolle spielt (z. B. umsorgen – umsorgt werden). Murstein (1976) nimmt drei Stadien der Partnerwahl und Partnerschaft an. Während anfänglich mehr äußere Merkmale wie Status oder physische Attraktivität bedeutsam sind, tritt später die Übereinstimmung in Werten und schließlich die Komplementarität der Partnerrollen in den Vordergrund. Bei letzterer können sowohl Aspekte der gegenseitigen Ähnlichkeit als auch der Ergänzung enthalten sein.

Auch tiefenpsychologische Paartheorien betonen in Anlehnung an Freud, Jung und Adler teilweise Komplementarität. Zum Beispiel nimmt Willi (1975) in seinem Kollusionsmodell an, dass die Paarbeziehung so gewählt und im Verhalten gestaltet wird, wie es den Kindheitserfahrungen mit dem andersgeschlechtlichen Elternteil und der Elternbeziehung entspricht. In befriedigenden Partnerschaften ergänzen sich die individuellen Positionen auf den psychosexuellen Entwicklungsstufen. Objektiver nachprüfbar ist die Theorie der Familienkonstellationen von Toman (1987). Aufbauend auf Adler nimmt er an, dass spätere Paarbeziehungen umso besser gelingen, je mehr sich die Partner hinsichtlich Rang- und Geschlechtsfolge in ihren Geschwisterpositionen aus der Herkunftsfamilie ergänzen. Zum Beispiel liegt volle Komplementarität vor, wenn der ältere Bruder einer jüngeren Schwester die jüngere Schwester eines älteren Bruders heiratet.

Während zur Geschwisterkonstellation einige positive Korrelationen mit niedrigen Effektstärken existieren (Toman, 1987), ist die Komplementaritätsthese insgesamt zu wenig bestätigt. Bei der Ähnlichkeitsthese ist dies anders. Bei kurzzeitigen Liebespaaren und insbesondere Ehepaaren korrelieren die physische Attraktivität, Gesichtsmerkmale, das Alter, der Bildungsgrad, die Intelligenz, Temperaments- und andere Persönlichkeitsmerkmale, das Selbstkonzept, politische und religiöse Überzeugungen, Bindungsmuster und Kohärenzerleben, Einstellungen zur Liebe und Partnerschaft sowie Lebensstile bis hin zum Alkohol- und Zigarettenkonsum von Frau und Mann signifikant positiv miteinander (z.B. Botwin et al., 1997; Burleson & Denton, 1992; Grau & Bierhoff, 1998; Kap. 14 in diesem Buch). Die Ähnlichkeit der Partner hängt zugleich mit der Zufriedenheit in den jeweiligen Beziehungen zusammen. Zwar bestehen zum Teil Unterschiede zwischen der wahrgenommenen und tatsächlichen Ähnlichkeit sowie im Erwünschtheitsgrad der Partnermerkmale, doch ist insgesamt davon auszugehen, dass »assortive mating« eher die Regel ist.

Solche grundsätzlichen Tendenzen in Paarbeziehungen sollten allerdings nicht unangemessen pauschaliert werden. Denn zum einen können trotz signifikanter Korrelation teilweise deutliche

> **Die Komplementaritätsthese ist insgesamt zu wenig bestätigt. Bei der Ähnlichkeitsthese ist dies anders.**

Geschlechtsunterschiede in den Mittelwerten auftreten (Kap. 14). Zum Zweiten gibt es auch Persönlichkeitsdimensionen, bei denen die Ähnlichkeitskoeffizienten zwischen den Partnern gering oder nicht signifikant ausfallen (Botwin et al., 1997). Und zum Dritten kommt es auf die jeweiligen Merkmale an, ob die Ähnlichkeit für die Paarbeziehung günstig oder ungünstig ist. Sind z. B. Mann und Frau sehr umgänglich, so ist von dieser Ähnlichkeit eine günstigere Auswirkung auf die Beziehung zu erwarten, als wenn beide emotional sehr instabil sind. Es müssen deshalb auch Passungsverhältnisse in Betracht gezogen werden, die über eine pauschale Komplementaritätsthese hinausführen. So hängt z.B. nach Brandtstädter und Felser (1999) die Ehequalität u. a. davon ab, inwieweit durch die Partner wichtige Verhaltensbereiche und Zieldimensionen der persönlichen Entwicklung unterstützt oder behindert werden. Dabei kann es sowohl zu übereinstimmenden als auch komplementären Funktionen kommen. Komplementäre Muster sind nicht zuletzt dort zu erwarten, wo sie dem jeweiligen interpersonalen Stil der Partner entsprechen (z. B. bei dominanten und submissivem Verhalten; Dryer & Horowitz, 1997). Manchmal entsprechen sie vielleicht sogar soziobiologischen Strategien, z. B. wenn sich arme junge Frauen mit älteren, wohlhabenden Männern paaren.

> **Komplementäre Muster sind nicht zuletzt dort zu erwarten, wo sie dem jeweiligen interpersonalen Stil der Partner entsprechen.**

## 2.6   Lern- und verhaltenstheoretische Ansätze

Die lern- und verhaltenstheoretischen Ansätze sind derzeit die empirisch am besten fundierten Paartheorien. Modelle der *sozialen Lerntheorie* beziehen sich auf die beobachtbare Kommunikation und Interaktion der Partner, wobei *kognitiv-behaviorale Ansätze* zusätzlich Wahrnehmungen, Interpretationen und Attributionen berücksichtigen. Zentrale Annahme dieser Modelle ist, dass der tägliche Umgang der Partner miteinander und v. a. das Verhalten in Konflikt- und Krisensituationen die Beziehungsqualität und Stabilität bestimmen. Dementsprechend existieren mehr oder weniger funktionale, die Beziehung fördernde und dysfunktionale, die Beziehung belastende Kommunikations- und Interaktionsmuster. Störungen im Alltag können z. B. auftreten, wenn der Partner in manchen Aspekten nicht dem vorgestellten Ideal entspricht (vgl. Botwin et al., 1997) und Versuche unternommen werden, ihn in die gewünschte Richtung zu verändern. Eine langfristig dysfunktionale Strategie besteht darin, den Partner durch aversives Verhalten in Form von Nörgeln, Kritik, Schreien, Liebesentzug etc. zur Veränderung zu zwingen. Die eventuelle Verstärkung dieser Strategie durch kurzfristige Verhaltensanpassung des Partners wird nämlich zur Folge haben, dass negatives Verhalten künftig auch in an-

> **Zentrale Annahme dieser Modelle ist, dass die Kommunikation der Partner miteinander und v. a. das Verhalten in Konflikt- und Krisensituationen die Beziehungsqualität und Stabilität bestimmen.**

deren Problemsituationen zur Zielerreichung eingesetzt wird. Gleichzeitig kann nach der sozialen Lerntheorie eine dauerhafte Unterdrückung von unerwünschten Verhaltensweisen nur durch ständige und wegen der Habituierung durch immer intensivere Bestrafungsmaßnahmen erzielt werden. Zu einer schier endlosen Spirale von negativen Interaktionen und den von Patterson und Reid (1970) beschriebenen Zwangsprozessen kommt es, wenn entsprechend den Prinzipien des Modelllernens und der reziproken Interaktion der bestrafte Partner ebenfalls zu Bestrafungsmaßnahmen greift, um seine Wünsche durchzusetzen. Da parallel zur negativen Reziprozität der positive Austausch reduziert wird, findet eine ständige Beziehungsverschlechterung statt.

Gottman (1994) hat diesen Prozess intensiv erforscht und Kommunikationsmuster von Paaren identifiziert, die sich prospektiv als Risikofaktoren für die Beziehungsqualität und die Aufrechterhaltung der Partnerschaft bestätigt haben. Entsprechend seinem *Kaskadenmodell* durchlaufen Paare in einer sich verschlechternden Beziehung eine bestimmte Abfolge von Stufen, auf welchen sie charakteristische Verhaltensmuster zeigen. Sie werden als die »vier apokalyptischen Reiter« auf dem Weg zu Scheidung und Trennung bezeichnet (Gottman, 1994). Diese sind

- *Kritik* (Vorwürfe, Anklagen, ständiges Nörgeln, sich Beklagen),
- *Verachtung/Herabwürdigung* (Beleidigungen, abwertende, zynische und sarkastische Bemerkungen),
- *Abwehr/Verteidigung* (Rechtfertigungen, Gegenvorwürfe, Schuldabweisungen) und
- *Mauern/Abblocken* (Kommunikation verweigern, nicht Zuhören, den anderen ignorieren).

Gottman et al. (1998) haben einen »fünften apokalyptischen Reiter« hinzugefügt, der als *provokative Machtdemonstration* (»belligerence«) bezeichnet wird (z. B. du kannst tun, was du willst, ich werde heute Abend trotzdem ausgehen).

Inwieweit sich negative Kommunikationsmuster verfestigen, kumulieren und letztendlich zur Trennung beitragen, wird u. a. durch den Anteil an positiven, beziehungsstabilisierenden Verhaltensweisen der Partner bestimmt (Gottman, 1993a). Hierzu zählen z. B. eine offene Kommunikation, Zuhören, positive Beziehungserfahrungen im Alltag, positiver Gefühlsausdruck, gemeinsame Aktivitäten, soziale Unterstützung (auch durch Freunde und Verwandte), Humor und positive Lebenseinstellung. Es handelt sich hierbei zum Teil um Merkmale, die die Auswirkungen von Stressoren moderieren können und sich auch ansonsten als protektive Faktoren in der Entwicklung bestätigt haben (z. B. Lösel & Bender, 2002). Sie stärken das Bindungserleben zwischen den Partnern und können auf diese Weise zu einem konstruktiveren Umgang mit Problemen beitragen. In einer

> **Gottman-Konstante: Das Verhältnis von positiver zu negativer Kommunikation muss mindestens 5:1 betragen.**

stabilen und als befriedigend erlebten Beziehung muss nach Gottman (1993a) das Verhältnis von positiver zu negativer Kommunikation mindestens 5:1 betragen (sog. Gottman-Konstante). Unglückliche und instabile Partnerschaften unterschreiten diesen
Quotienten deutlich. In prospektiven Längsschnittstudien fand
Gottman (1993b) drei Typen von Paaren, die Zufriedenheit und
Stabilität auf unterschiedliche Weise realisieren. Die *lebhaft-im-
pulsiven* Paare zeigen sowohl viele negative als auch positive Kom-
munikationen, verhalten sich sehr emotional und leidenschaftlich
und sehen sich in der Ehe als gleichberechtigt. Die *konstruktiven*
Paare weisen ein mittleres Maß an positivem und negativem Verhalten auf, tragen ihre Konflikte eher sachlich aus und betonen das
Gemeinsame in der Beziehung. Sie sind eher an traditionellen Ge-
schlechts- und Partnerrollen orientiert. Die *konflikt-vermeidenden* Paare spielen ihre Probleme herunter, betonen Unabhängigkeit und Autonomie und zeigen wenig wechselseitigen Austausch.
Daneben unterscheidet Gottman noch zwei unglückliche, instabile Partnerschaftstypen. Die *feindselig-verstrickten* Paare zeigen
vielfältige Konflikte, offene Kritik und gegenseitige Abwertung,
die *feindselig-losgelösten* Paare verhalten sich unbeteiligt und
voneinander isoliert und tragen keine Konflikte mehr aus.

Nach Gottman (1993a, b) finden parallel zu den genannten behavioralen Äußerungen auch Veränderungen auf der Wahrneh-
mungsebene und in physiologischen Prozessen statt. Die drei Ebenen stehen miteinander in Wechselwirkung und beeinflussen sich
gegenseitig. Auf physiologischer Ebene sind negative Interaktionen von Erregungsprozessen begleitet, die sich in Blutdruck-
erhöhung, verstärkter Muskelspannung, Ausschüttung von Stress-
hormonen (z. B. Kortisol) und erhöhter subjektiver Erregung
äußern können. Die Art und das Ausmaß der physiologischen
Prozesse scheint durch das Geschlecht, die Negativität und Dauer
der Konfliktdiskussionen bestimmt zu werden. Das kardiovas-
kuläre System des Mannes reagiert anscheinend stärker als das
der Frau (z. B. deutlichere Blutdruckanstiege), weswegen Männer
bei intensiveren Auseinandersetzungen aufgrund subjektiver
Übererregung eher mit Rückzug reagieren (Turgeon et al., 1998).

Bei Paaren mit besonders negativer Kommunikation findet mit der Zeit eine Habituierung in dem
Sinne statt, dass bei ihnen die hormonelle Stress-
achse nicht mehr aktiviert wird (»Nonresponder«
im Kortisol; Fehm-Wolfsdorf et al., 1998). Da die
Funktion des Kortisols darin besteht, die primäre
Stressreaktion zu beenden und ein Überschießen
zu verhindern, könnte die fehlende Kortisolausschüttung den Anstieg autonomer Erregung nicht verhindern, die sich z. B. in Blut-
druckerhöhungen abbildet (Fehm-Wolfsdorf et al., 1998). Dies
wäre eine Erklärung für das von Gottman (1993a) beschriebene
Phänomen der Überflutung (flooding), wie es bei unglücklichen

> **Bei Paaren mit besonders negati-
> ver Kommunikation findet mit der
> Zeit eine Habituierung in dem
> Sinne statt, dass bei ihnen die
> hormonelle Stressachse nicht mehr
> aktiviert wird.**

Paaren nach Konfliktsituationen beobachtet wird. Auch in anderen Studien fand man in Partnerschaften mit negativen Kommunikationsmustern eine lang anhaltende Blutdrucksteigerung (Kiecolt-Glaser et al., 1996).

Physiologische Erregungsprozesse beeinflussen darüber hinaus die kognitive Informationsverarbeitung. Dies ist insofern von Bedeutung, als dann selektive Wahrnehmungs-, Attribuierungs- und Interpretationsprozesse stattfinden und die rationale Verhaltenssteuerung herabgesetzt wird (Gottman, 1993a). Mit fortschreitender Negativität in der Kommunikation richtet sich die Wahrnehmung der Partner verstärkt auf negative Reize. Unglückliche Paare übertreiben negative Aspekte des Partnerverhaltens und unterschätzen dessen positive Anteile. Sie attribuieren das negative Verhalten des Partners zunehmend als intendiert und hinsichtlich der Ursachen mehr stabil, global und internal. Positive Verhaltensweisen werden dagegen spezifischer und variabler, teilweise auch als weniger intendiert interpretiert (Bradbury & Fincham, 1990). Mit diesem Attributionsmuster schreibt man dem Partner die Schuld für das unerwünschte Verhalten und für die Probleme in der Ehe zu. Solche negativen Interpretationen verstärken wiederum das feindselige und zurückweisende Verhalten gegenüber dem Partner. Sie sind als Reaktionen auf die negativen Erfahrungen in der Partnerschaft zu verstehen (Karney & Bradbury, 2000). Demgegenüber fanden Fincham und Bradbury (1993) differenzielle Zusammenhänge zur Beziehungsqualität. Es zeigte sich für Männer, dass Attributionsmuster und Ehezufriedenheit sich auch dann wechselseitig vorhersagten, wenn jeweils der andere Faktor zum ersten Zeitpunkt kontrolliert wurde. Bei den Frauen deutete sich dagegen eher ein Einfluss der Attributionen auf die Zufriedenheit an.

Nach Gottman (1994) kommt es aufgrund der Negativität von Kommunikation und Attribution sowie der Wahrnehmung und Interpretation der physiologischen Erregung zu einer Kaskade von Reaktionsmustern, in denen sich die Partner jeweils von den negativen Affekten des anderen überwältigt fühlen, sich isolieren und distanzieren, alleine nach Lösungen suchen, die Probleme als immer schwerwiegender erleben und sich schließlich einsam fühlen. Am Ende dieses Prozesses gelangen die Partner zu einer völlig veränderten Sicht der gesamten Beziehungsgeschichte. Es werden schließlich nur noch vorwiegend negative Erlebnisse und kaum mehr positive Aspekte erinnert. Ähnlich wie am Anfang einer Liebesbeziehung alles durch eine »rosa-rote Brille« wahrgenommen wird, erscheint am Ende alles rabenschwarz.

Insgesamt zeichnet sich die lern- und verhaltenstheoretische Perspektive der Beziehungsforschung dadurch aus, dass relativ klare Operationalisierun-

> **Unglückliche Paare übertreiben negative Aspekte des Partnerverhaltens und unterschätzen dessen positive Anteile.**

> **Ähnlich, wie am Anfang einer Liebesbeziehung alles durch eine »rosa-rote Brille« wahrgenommen wird, erscheint am Ende alles rabenschwarz.**

gen und prospektive Überprüfungen vorliegen. Auf ihrer Basis sind Paartherapien und Trainingskurse entwickelt worden, die signifikant positive Effekte zeigen (z. B. Hahlweg et al., 1998). Obwohl das Kommunikationsverhalten relativ proximal zur Störung und Auflösung von Beziehungen ist, sind die Effektstärken bei der Prognose von Trennungen und die der Interventionen allerdings moderat. Selbst bei diesen relativ gut bewährten Erklärungsansätzen bleibt somit ein erheblicher Spielraum für zusätzliche Varianzaufklärungen. Diese können zum Teil durch die sukzessiven, sozial-kognitiven Erweiterungen der behavioralen Perspektive erwartet werden. Sie enthalten mit der interpersonalen Wahrnehmung, den Attributionen und physiologische/affektiven Prozessen vermehrt Konstrukte, die auch in anderen Paartheorien bedeutsam sind (z. B. in den Bindungs- und Copingtheorien). Noch relativ wenig thematisiert man die sozialen und persönlichkeitspsychologischen Bedingungen, unter denen sich bestimmte Interaktions- und Kommunikationsmuster langfristig entwickeln.

## 2.7   Bindungstheoretische Ansätze

Wenngleich die austausch-, investitions- und ökonomischen Modelle der Paarbeziehung bewusste und rationale Bewertungsprozesse in den Vordergrund stellen, sind diese Kognitionen eng mit positiven und negativen Emotionen verbunden. In den alltäglichen Interaktionen der Partner haben die Emotionen wahrscheinlich sogar eine Marker-Funktion, die sie mehr oder weniger automatisch auf das Verhalten des anderen reagieren lassen (Damasio, 1994). Die emotionalen Aspekte der Beziehung werden u. a. in den bindungstheoretischen Ansätzen betont.

Nach Bowlby (1975) hat der menschliche Säugling die angeborene Neigung, die Nähe einer vertrauten Person zu suchen. Je nachdem wie feinfühlig die frühe Bezugsperson auf Bindungssignale des Kindes wie Lächeln, Schreien, Nachfolgen oder Anklammern eingeht, entwickelt sich eine spezifische Bindungsqualität. Diese fungiert als inneres Arbeitsmodell für spätere zwischenmenschliche Beziehungen. In den ursprünglichen Messungen mit dem Fremde-Situationen-Test wurden drei Bindungsqualitäten unterschieden (Ainsworth et al., 1978): Die sicher gebundenen, unsicher-vermeidend gebundenen und unsicher-ambivalent gebundenen Kinder. Spätere Studien fanden auch andere Muster wie z. B. den desorganisiert-desorientierten Bindungsstil.

In der bindungstheoretischen Partnerschaftsforschung wird nun davon ausgegangen, dass der in der Kindheit entwickelte Bindungsstil ein zentrales Bezugssystem für die Gestaltung späterer Paarbeziehungen darstellt (s. Kap. 5). Mit Hilfe von Interviews und Prototypen-Beschreibungen hat man im

> **Der in der Kindheit entwickelte Bindungsstil stellt ein zentrales Bezugssystem für die Gestaltung späterer Paarbeziehungen dar.**

Erwachsenenalter ähnliche Bindungsstile gefunden wie in der Kindheit (Hazan & Shaver, 1987). Teilweise hat man auch neben dem sicheren drei unsichere Bindungsstile beschrieben (Gloger-Tippelt & Hofmann, 1997). Von Bartholomew und Horowitz (1991) stammt ein Modell, das auf den beiden orthogonalen Dimensionen positive/negative Selbsteinschätzung und positive/negative Fremdeinschätzung in Beziehungen basiert. Daraus werden die vier Bindungstypen sicher, ängstlich, besitzergreifend und abweisend abgeleitet. Andere Studien sprechen jedoch gegen die Unabhängigkeit der Dimensionen. Zum Beispiel fanden Asendorpf et al. (1997) mittels Fragebogen die zwei Dimensionen abhängig-unabhängig und sicher-ängstlich, aus denen sich die vier Bindungsstile sicherabhängig, sicher-unabhängig, ängstlich-abhängig und ängstlichunabhängig ableiten lassen. In ähnlicher Weise unterscheiden Bierhoff und Grau (1999) vier Bindungsstile in Paarbeziehungen: sicher, ängstlich, vermeidend und ängstlich-vermeidend.

Auch wenn (teilweise methodenabhängig) unterschiedliche Typen von Bindungsstilen thematisiert werden, zeichnet sich doch relativ einheitlich ab, dass es eine günstige Voraussetzung für eine befriedigende und stabile Beziehung ist, wenn beide Partner sicher gebunden sind. Gegenüber ängstlich oder vermeidend gebundenen Partnern erleben sie nicht nur die Beziehung als glücklicher, sondern sie haben miteinander auch weniger Konflikte, verhalten sich bei eventuellen Problemen konstruktiver und haben mehr beziehungserhaltende Strategien (z. B. Bierhoff & Grau, 1999; Gaines et al., 1997). Dies hängt wahrscheinlich damit zusammen, dass sie gelassener mit Nähe und Distanz in der Beziehung umgehen können, während unsicher gebundene Paare in dieser Hinsicht wesentlich mehr Forderungen und unerfüllte Erwartungen an den anderen erleben. Die Bindungsqualität ist auch insofern wesentlich, als sie eine Bewertungsgrundlage für die in anderen theoretischen Ansätzen thematisierten Interaktionen, Bekräftigungen, Kosten und Investitionen darstellt. Zum Beispiel werden die Verhaltensweisen des Partners in einer als sicher erlebten Bindung anders aufgefasst als in einer unsicheren. Reid und Collins (1992) illustrieren dies anschaulich an den Vermutungen, wenn ein Partner verspätet nach Hause kommt. Mehr als in anderen Ansätzen wird die Partnerschaft in einen langfristigen Entwicklungskontext gestellt, indem frühere Eltern-Kind-Erfahrungen und andere Sozialbeziehungen durch das Bindungskonstrukt verknüpft werden.

Genau an dieser Stelle ergeben sich jedoch auch Probleme der bindungstheoretischen Perspektive. Wenngleich die kindlichen Bindungsstile teilweise relativ stabil zu sein scheinen, handelt es sich um keine invarianten Eigenschaften (z. B. Fagot & Pears, 1996). Es ist auch fraglich, inwieweit ein in Mutter-Kind- bzw. Erwachsenen-Kind-Beziehungen erworbenes internes Arbeitsmodell auf die Beziehungen zwischen erwachsenen Intimpartnern übertragen werden kann, in denen andere Verhaltenssysteme bedeutsam sind (Asendorpf et al., 1997). Hier besteht doch eine erhebliche Variabilität, wobei die Art der Beziehung auf das Bindungserleben zurückwirken kann (z. B. Reiss & Patrick, 1996). Unter diesen Gesichtspunkten ist eine stärkere Verknüpfung der bindungstheoretischen Paarforschung mit anderen Ansätzen wünschenswert. Insbesondere erscheint es sinnvoll, nicht nur die Beziehung zu kindlichen Bindungserfahrungen zu betonen, sondern auch die soziobiologischen und investitionstheoretischen Aspekte des Bindungskonzepts zu integrieren.

## 2.8   Belastungs-Bewältigungs-Modelle

In letzter Zeit haben Modelle stark an Bedeutung gewonnen, die das Verhalten in Paarbeziehungen unter dem Paradigma von Vulnerabilität, Stress und Coping thematisieren. Dieses Konzept hat sich in der klinischen Psychologie und Gesundheitspsychologie sehr bewährt, wird dort allerdings primär auf individuelle Problemverarbeitungen angewandt. Die Grundgedanken lassen sich jedoch auf die Paarebene übertragen (vgl. Bodenmann, 1995; Lösel & Bender, 1998; Schneewind, 1992). In dieser paartheoretischen Perspektive werden nicht nur individuelle und dyadische Aspekte der Beziehung thematisiert, sondern auch Belastungen und andere Einflüsse, die aus dem engeren und weiteren sozialen Kontext stammen. Letzteres ist insofern besonders bedeutsam, als die Paarbeziehung – wie beim Strukturfunktionalismus erwähnt – ein Kristallisationspunkt gesellschaftlicher Veränderungen ist.

> **In den paartheoretischen Perspektiven der Belastungs-Bewältigungs-Modelle werden nicht nur individuelle und dyadische Aspekte der Beziehung thematisiert, sondern auch Belastungen und andere Einflüsse, die aus dem engeren und weiteren sozialen Kontext stammen.**

Hill (1949) hat ein Rahmenmodell für familiäre Belastungen und Bewältigungsprozesse entwickelt. In diesem ABCX-Modell führen Stressoren (A) nur in Abhängigkeit von verfügbaren Bewältigungsressourcen (B) und Bewertungen der belastenden Ereignisse (C) zu mehr oder weniger krisenhaften Verläufen (X). Aufseiten der Stressoren können sowohl einzelne gravierende Ereignisse (z. B. Verarmung) als auch Kumulationen verschiedener Belastungen (z. B. Gesundheitsprobleme, Geburt eines Kindes) zu einer hohen Intensität führen. Das Ausmaß der Belastungen zeigt sich daran, wie sehr aufseiten der Familie Veränderungen durch Anpassungsleistungen erforderlich sind. Dabei spielt es auch eine Rolle, inwieweit z. B. kritische Lebensereignisse vorhersehbar und normativ sind. Zur Krise und einer erzwungenen Neuorientierung kommt es, wenn die Belastungen innerhalb der Beziehung als Bedrohung erlebt werden und keine ausreichenden Bewältigungsressourcen vorhanden sind. Für die Bewältigung der Belastungen sind zahlreiche interne und externe Faktoren bedeutsam, z. B. wie die Familie strukturiert und organisiert ist, ob gute emotionale Beziehungen bestehen, wie zufrieden die Partner mit der

Beziehung sind, wie man miteinander kommuniziert und Entscheidungen trifft, welche Wertvorstellungen vorherrschen, wie und wem man die Stressoren kausal zuschreibt, welche Erfahrungen man mit früheren Belastungen und Krisen in der Beziehung gemacht hat, ob ein stützendes soziales Netzwerk zur Verfügung steht und inwieweit die kulturellen und ökonomischen Rahmenbedingungen günstig sind. Ähnlich wie in individuellen Modellen von Stress und Coping werden typische Phasen der Anpassung beschrieben: Desorganisation, Wiedererlangung eines (neuen) Gleichgewichts und Reorganisation.

In späteren Arbeiten ist das Modell von Hill in verschiedener Hinsicht differenziert worden. So hat z. B. Burr (1973) integrative Konzepte der familiären Vulnerabilität und der Regenerationsfähigkeit entwickelt. Die Vulnerabilität ergibt sich aus der Bewertung des Belastungsgrades und den präventiven Mechanismen gegen Stressoren. Die regenerative Kraft umfasst alle Fähigkeiten und Ressourcen, die bei krisenhaften Verläufen ein neues Gleichgewicht ermöglichen. In einer stärker systemtheoretischen Betrachtung werden auch verschiedene Ebenen und Strategien der Belastungsbewältigung unterschieden:
- kognitive Strategien
  (z. B. Umwertung, Informationssuche),
- emotionale Strategien
  (z. B. Verdeutlichung von Zuneigung, Ärgerkontrolle),
- kommunikative Strategien
  (z. B. Zuhören, Offenheit),
- beziehungsorientierte Strategien
  (z. B. Vertrauen, Kooperation),
- spirituelle Strategien
  (z. B. Glaubenszuversicht, religiöse Aktivitäten),
- Strategien der individuellen Entwicklung
  (z. B. Autonomie, Freizeitaktivitäten),
- Strategien der sozialen Unterstützung
  (z. B. Freunde, Verwandte).

Dysfunktional für die Erlangung eines neuen Gleichgewichts und die Aufrechterhaltung der Beziehung ist es, wenn die Partner z. B. Probleme verleugnen, feindselig interagieren, unaufrichtig kommunizieren, vermehrt Alkohol konsumieren oder aus dem Feld gehen.

Auch die Arbeitsgruppe um McCubbin hat den Ansatz von Hill weiterentwickelt (McCubbin & Patterson, 1983; McCubbin, 1988). In diesem »doppelten ABCX-Modell« wird einerseits die prozesshaft-zeitliche Dimension der Belastung und Bewältigung stärker betont, indem in den vier Konstrukten die Veränderungen nach einem ersten Stadium berücksichtigt werden. So wird z. B. bei den Bewertungen in Anlehnung an Lazarus und Folkman (1984) zwischen den Stadien des primary appraisal, secondary appraisal und reappraisal unterschieden. Differenzierter werden auch die jeweiligen Ressourcen beschrieben. Dies geschieht für individuelle Ressourcen der Beteiligten (z. B. Selbstwerterleben, Temperament, soziale und kognitive Kompetenzen, Gesundheit, Bildung, Finanzen, Humor), intrafamiliale Ressourcen (z. B. Organisation, Rollenverteilung, Flexibilität, gemeinsame Ziele, wechselseitige Unterstützung, positive Kommunkation) und über die Familie hinausreichende, erweiterte Ressourcen (emotionale, materielle, informative und evaluative Unterstützung durch Verwandte, Freunde, Nachbarn, gemeindliche und kirchliche Institutionen, Selbsthilfegruppen und professionelle Hilfe). Als ein vereinfachtes Resultat der differenzierten Prozessanalysen hat McCubbin (1988) schließlich Familientypen beschrieben, die sich

a) in der familialen Hardiness und Kohärenz,
b) der Flexibilität und Bindung sowie
c) den routinehaften Abläufen und der intendierten Routine unterscheiden.

Mit Konstrukten wie Hardiness, Kohärenzerleben und Resilienz werden dabei individualpsychologische Konstrukte auf die Beziehungsebene übertragen (s. Kap. 14).

Auf der Basis ihrer Metaanalyse von Prädiktoren der Ehezufriedenheit und Ehestabilität kommen Karney und Bradbury (1995) ebenfalls zu einem Modell der Vulnerabilität, Belastung und Bewältigung in Paarbeziehungen. Dieses enthält fünf Konstrukte: überdauernde Vulnerabilitäten, belastende Ereignisse, Bewältigungsprozesse, Beziehungsqualität und Beziehungsstabilität. Danach unterliegt die Paarbeziehung einem ständigen Adaptationsprozess, dessen Entwicklung primär lern- und verhaltenstheoretisch erklärt wird. Im Modell von Karney und Bradbury (1995) werden die einzelnen Konstrukte nicht detailliert beschrieben, sondern nur exemplarisch illustriert. Dies ist dadurch begründet, dass die Autoren vor allem eine integrative Perspektive für die empirischen Befunde herausarbeiten wollen. Ähnliches gilt für ein Modell von Schneewind (1992), das in verschiedener Hinsicht über Karney und Bradbury (1995) hinausführt. Zum Beispiel werden die Belastungen nach unterschiedlichen sozialen, zeitlichen und normativen Aspekten differenziert. Es geht auch nicht nur um die Paarbeziehung, sondern komplexere familiale Adaptationsprozesse (s. dazu Kap. 8).

Insgesamt erweist sich das Belastungs-Bewältigungs-Paradigma in der Paar- und Familienforschung als fruchtbar. Dies gilt insbesondere dann, wenn die Paare als aktive Gestalter ihrer eigenen Entwicklung und nicht nur passive Objekte von Belastungen gesehen werden. Wie z. B. die Analyse dyadischer Copingprozesse zeigt (Bodenmann, 1995; s. Kap. 17 in diesem Buch), führt die Betrachtung auf Paarebene tatsächlich über individuelle Bewältigungsprozesse hinaus. Es bestehen

> **Das Belastungs-Bewältigungs-Paradigma sieht die Paare als aktive Gestalter ihrer eigenen Entwicklung und nicht nur als passive Objekte von Belastungen.**

auch deutliche Anknüpfungspunkte und Überschneidungen mit anderen theoretischen Ansätzen (z. B. Austausch- und Investitionstheorie, Lern- und Verhaltenstheorie, Bindungstheorie). Die jeweiligen Merkmale werden jedoch stärker hinsichtlich ihres funktionalen Werts für Problembewältigungen und Anpassungsprozesse betrachtet. Dabei sind die beschriebenen Bedingungsmuster allerdings so komplex, dass kaum eine integrative empirische Prüfung des Gesamtansatzes möglich ist. Dies gilt auch deshalb, weil gerade die vermittelnden psychischen Prozesse detaillierte Analysen erfordern, die nicht in großen Reihenumfragen erfassbar sind. Die Befunde zu typischen Mustern der Vulnerabilität, Belastung, Bewertung und Bewältigung basieren dadurch oft auf kleinen Stichproben.

## 2.9    Versuch einer Integration

Es hat sich gezeigt, dass Prozesse in Paarbeziehungen unter recht unterschiedlichen theoretischen Perspektiven thematisiert werden. Jeder Ansatz hat seine spezifischen Schwerpunkte sowie Stärken und Schwächen. Alleine wird keiner dem komplexen Phänomen der menschlichen Paarbeziehung hinreichend gerecht. In den Skizzen der verschiedenen Konzepte ist aber auch deutlich geworden, dass

> **Jeder paartheoretische Ansatz hat seine spezifischen Schwerpunkte sowie Stärken und Schwächen.**

sich die einzelnen Modelle sukzessive erweitern und dabei teilweise ähnliche Konstrukte berücksichtigen. Zwar sind wir von einer integrativen Mehrebenen-Theorie der Paarbeziehung und Familie noch weit entfernt, doch zeichnen sich u. E. zunehmend jene Merkmalsbereiche ab, die hierbei zu berücksichtigen sind. Auf der Basis der dargestellten theoretischen Konzepte und Befunde versuchen wir deshalb im Folgenden eine vorläufige Integration. Diese soll einerseits hinreichend allgemein gehalten sein, andererseits genügend Differenzierungsmöglichkeiten enthalten, um auch auf konkrete Fälle anwendbar zu sein. Sie folgt im Wesentlichen einem Resilienz-Modell der Partnerschaft und Ehe, das wir an anderer Stelle ausführlich beschrieben haben (vgl. Lösel & Bender, 1998). Das Konzept der Resilienz scheint uns für eine Integration insofern besonders geeignet zu sein, weil es flexible Anpassungsprozesse thematisiert, wie sie auf biologischer, psychischer, interpersonaler und gesellschaftlicher Ebene angesprochen worden sind. Abbildung 2.1 zeigt das Modell im Überblick.

### Vulnerabilitäten und Belastungen

Die linke Seite des Modells (Abb. 2.1.) enthält verschiedene Arten von Risiken, denen die Paarbeziehung lang- oder kurzfristig ausgesetzt sein kann. Dazu gehören zum einen spezifische oder unspezifische Vulnerabilitäten wie z. B. eine unglückliche Kindheit, Scheidungserfahrungen oder physische Defizite. Hinzu kommen langdauernde Stressoren (z. B. Armut, chronische Krankheit, ent-

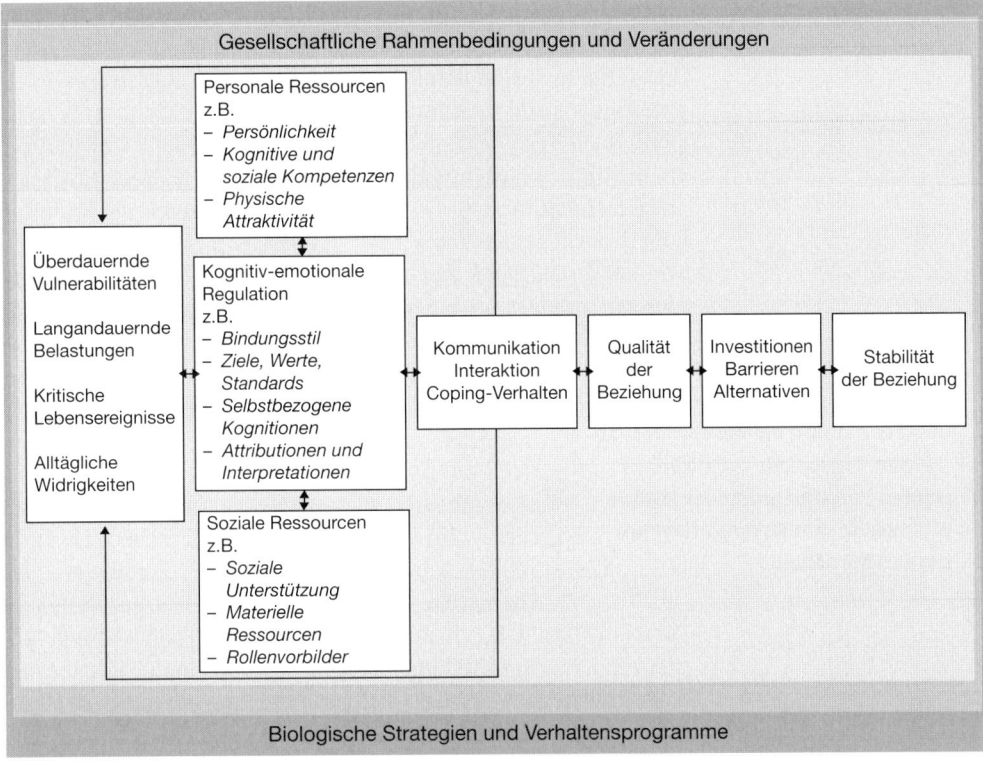

**Abb. 2.1.** Resilienz-Modell der Paarbeziehung. (Nach Lösel & Bender, 1998)

täuschte Lebenserwartungen), kritische Lebensereignisse (z. B. Arbeitslosigkeit, Geburt oder Auszug von Kindern, erlebte Untreue, Tod nahe stehender Menschen) und alltägliche Widrigkeiten (z.B. Konflikte im Beruf, Probleme mit den Kindern, Zeitdruck). Dass sich solche faktischen oder antizipierten Belastungen auf die Interaktion und Zufriedenheit in Beziehungen ungünstig auswirken, ist empirisch bestätigt (vgl. Laux & Schütz, 1996). Teilweise ergeben sich die Stressoren gerade aus der Paarbeziehung selbst. Sie sind allerdings nicht generell negativ zu sehen. Wie die Belastungs-Bewältigungs-Modelle gezeigt haben, können sich daraus auch Stabilisierungen und neue Gleichgewichte in der Beziehung ergeben. Dabei kommt es sehr auf die subjektive Wahrnehmung, Bewertung und andere vermittelnde Prozesse an.

> **Stressoren sind nicht generell negativ zu sehen.**

### Moderierende Faktoren und Prozesse

Die vermittelnden Prozesse werden im mittleren Teil der Abb. 2.1 thematisiert. Das obere und untere Feld enthält exemplarisch personale und soziale Ressourcen, die sich sowohl direkt auf die Interaktion und das Bewältigungsverhalten als auch indirekt über die kognitiv-emotionale Handlungsregulation auswirken können. Die oben diskutierten Erklärungsansätze legen u. a. folgende Einflussbereiche nahe:

Unvermeidliche Belastungen und Diskordanzen in Paarbeziehungen können dadurch abgepuffert sein, dass eine *sichere Bindung* erlebt wird. Indem unsichere Bindung zu negativeren Interpretationen und Attributionen des Partnerverhaltens beiträgt (Reid & Collins, 1992), stellt sie zugleich eine Quelle von zusätzlichem Stress und eventuellen Konflikten dar (z. B. durch Misstrauen, Eifersucht, Angst vor Ablehnung). Eine protektive Funktion haben auch gemeinsame bzw. wechselseitig unterstützte *Ziele, Werte, Einstellungen und andere Standards*. Solche Übereinstimmungen erleichtern bei externen Belastungen eine dyadische Bewältigung und verringern die Gefahr von Dissonanzen. Die Wahrnehmung, vom Partner in wesentlichen Lebensbereichen unterstützt und nicht behindert zu werden, entspricht der stabilisierenden Funktion positiver Netto-Bilanzen in den austauschtheoretischen Modellen. Sie ist aber entwicklungs- und kontextbezogen zu sehen (Brandtstädter & Felser, 1999). Wesentlich sind die von den Partnern entwickelten Standards in Bezug auf die Partnerschaft, z. B. hinsichtlich der Beziehungsgestaltung, Abgrenzung, Machtverteilung etc. (Baucom et al., 1996). Solche Standards tragen dazu bei, dass sich Paarbeziehungen in der Art ihrer Interaktion und Problemlösung stark unterscheiden, aber gleichwohl ähnlich zufrieden und stabil entwickeln (Wallerstein & Blakeslee, 1995). Dabei können auch übergeordnete Werthaltungen eine Rolle spielen, z. B. ein gemeinsamer Glaube.

Sowohl der Bindungsstil als auch die erlebte Unterstützung sind eng mit *selbstbezogenen Kognitionen* verbunden. Dies gilt insbesondere für das Selbstkonzept (Bartholomew & Horowitz, 1991). Positive selbstbezogene Kognitionen werden überwiegend als eine Folge gelungener Paarbeziehungen gesehen (z. B. Kayser, 1993). Sie können aber auch umgekehrt eine Bedingung dafür darstellen (Fincham, 1994). Ähnliches gilt für den Überzeugungen der Selbstwirksamkeit oder den Kohärenzsinn (vgl. Kap. 14). Die mehr überdauernden kognitiv-emotionalen Faktoren hängen mit interaktionsbezogenen zusammen. Hierbei handelt es sich vor allem um die in den Kommunikations,- Bindungs- und Copingansätzen beschriebenen *Attributionen und Interpretationen* des Partnerverhaltens. Auch bei diesen Kognitionen ist teilweise eine Wechselwirkung mit der Beziehungsqualität anzunehmen (Fincham & Bradbury, 1993).

Die kognitiven, emotionalen und verhaltensmäßigen Aspekte in der Beziehung hängen des Weiteren von den *personalen Ressourcen* der Partner ab. Im Sinne von Mischel (1984) lassen sie sich als Handlungskonstruktionskompetenzen auffassen. Dazu gehören einerseits die oben beschriebenen Ähnlichkeiten in positiven Merkmalen wie emotio-

> Die Wahrnehmung, vom Partner in wesentlichen Lebensbereichen unterstützt und nicht behindert zu werden, entspricht der stabilisierenden Funktion positiver Netto-Bilanzen in den austauschtheoretischen Modellen.

> Personale Ressourcen sind z.B. emotionale Stabilität, Umgänglichkeit, Attraktivität, sozialer Status, Bildung, kognitive und soziale Kompetenz.

nale Stabilität, Umgänglichkeit, Attraktivität, sozialer Status, Bildung, kognitive und soziale Kompetenzen. Andererseits können solche Merkmale auch bei einzelnen Partnern eine Schutzfunktion haben. Durch sie lassen sich z. B. eskalierende Interaktionen und negative Bewertungen leichter vermeiden, aber auch evtl. erfolgreiche Strategien im Sinne der Soziobiologie realisieren. Bei den sozialen Kompetenzen handelt es sich allerdings um einen unscharfen Merkmalsbereich. Dazu gehören u. a. Fähigkeiten der Empathie, der Vorhersage des Partnerverhaltens, des Ausdrucks von Gefühlen, der Perspektivenübernahme, des Zuhörens, des Humors und der kognitiven Komplexität (Markman et al., 1994). Diese Ressourcen werden aber nur bei entsprechender Motivation genutzt, bei unzufriedenen Paaren können sie auch als »Waffen« in der Auseinandersetzung dienen (Burleson & Denton, 1997).

Belastungen der Beziehung werden auch durch soziale Ressourcen moderiert. Hierzu zählen z. B. materielle Ressourcen und die faktische oder wahrgenommene soziale Unterstützung. Das soziale Netzwerk ist in zweierlei Hinsicht bedeutsam:
– zum einen kann es zur Reduktion alltäglicher Belastungen beitragen,
– zum andern kann es die Paarbeziehung stärken.

Wesentlich ist, inwieweit die faktische oder erlebte Unterstützung des Umfelds tatsächlich funktional für die Beziehung ist. Dies gilt auch für Rollenvorbilder und Verhaltensmodelle des sozialen Umfelds. Sie können als Leitbilder dienen und in die Standards für die Beziehungsgestaltung einfließen (Baucom et al., 1996).

## Kommunikation, Bewältigungsverhalten, Beziehungsqualität und Stabilität

Auf der rechten Seite der Abb. 2.1 finden sich die Output-Variablen des Modells. Hier handelt es sich zuerst um die Kommunikations-, Interaktions- und Bewältigungsmuster, wie sie vor allem die lerntheoretische, aber auch die austauschtheoretische und die Copingperspektive betonen. Sie haben sich nicht nur als relativ valide Prädiktoren der Beziehungsqualität erwiesen (Karney & Bradbury, 1995), sondern können als indirekte Anzeichen für deren Störung aufgefasst werden. Im Einzelfall ist schwer feststellbar, ob sich eine Beziehung verschlechtert, weil die Partner negativ miteinander umgehen oder ob sich die Interaktion verschlechtert, weil die Partner mit der Beziehung unzufrieden sind. Nach Homans (1950) liegt eher ein reziproker Zusammenhang nahe.

> **Kommunikations-, Interaktions- und Bewältigungsmuster haben sich nicht nur als relativ valide Prädiktoren der Beziehungsqualität erwiesen, sondern können als Anzeichen für deren Störung aufgefasst werden.**

Beim Zusammenhang zwischen *Qualität und Stabilität* der Beziehung geht der hauptsächliche Effekt in Abb. 2.1 von links nach rechts. Es ist aber insofern auch hier ein Doppelpfeil angezeigt, als sich mit der Beziehungsdauer die Zufriedenheit verändern kann.

Dabei dürften komplexe qualitative Veränderungen in der Beziehung eine Rolle spielen, wie sie in typologischen Analysen von Langzeitehen aufscheinen (z. B. die leidenschaftliche, kameradschaftliche, traditionelle und Zuflucht-Ehe; Wallerstein & Blakeslee, 1995). Auch die verschiedenen Liebesstile wie Agape, Eros, Ludus, Storge, Mania und Pragma sind hier zu nennen (vgl. Bierhoff & Grau, 1995; Lee, 1976). Solche Typen legen nahe, dass je nach Stadium und Entwicklungsaufgaben einer Partnerschaft nicht eindimensionale Aspekte der Zufriedenheit, sondern komplexere Beziehungsqualitäten zu berücksichtigen sind.

Entsprechend den Bewertungsstandards variiert die Toleranz für Unzufriedenheit. Dabei spielen die in der Austauschtheorie und Familienökonomie beschriebenen *Investitionen, Barrieren und Alternativen* eine wesentliche Rolle. Dazu gehören die intrinsischen und extrinsischen Investitionen, die psychischen, sozialen und materiellen Kosten einer eventuellen Trennung, die Verfügbarkeit und Bewertung eventueller Alternativen auf dem Partnermarkt sowie die Überzeugung, auch weiterhin ausreichend Kontrolle über sein Leben zu haben. Noch wenig wissen wir darüber, inwieweit beim »Überspringen« von Trennungsbarrieren Vorbildwirkungen im sozialen Umfeld oder in den Massenmedien eine Wirkung haben.

### Biologische und makrosoziale Rahmenbedingungen

Die bislang beschriebenen Prozesse betreffen primär die psychische und mikrosoziale Ebene. Wie die soziobiologische Perspektive nahe legt, ist jedoch in vielen Bereichen des Modells davon auszugehen, dass die Erlebens- und Verhaltensprozesse in Paarbeziehungen durch *biologische Verhaltensprogramme und evolutionäre Anpassungsstrategien* mitbeeinflusst werden. Auch wenn die betreffenden psychologischen und verhaltensmäßigen Mechanismen noch näherer Klärung bedürfen, haben wir sie im Modell zumindest als Rahmenbedingung formuliert. Analoges gilt für den *Einfluss gesellschaftlicher Faktoren und Entwicklungen*, wie ihn die strukturell-funktionale Perspektive unterstreicht. Indem gesellschaftliche Veränderungen wahrscheinlich biologisch formierte Adaptionsstrategien kontextabhängig verändern (vgl. Buss et al., 2001), wird deutlich, dass die tradierten disziplinären Revierkämpfe zwischen verschiedenen theoretischen Sichtweisen der Paarbeziehung den Blick verengen. Wir hoffen, dass unser Artikel dem entgegenwirkt.

## Zusammenfassung

Es werden die wichtigsten Theorien zu Paarbeziehungen kurz dargestellt und vergleichend gewürdigt: soziobiologische Ansätze, strukturell-funktionale Theorie, Austausch- und Investitionstheorie, Familienökonomie, Ähnlichkeits- und Komplementaritätsthese, Lern- und Verhaltenstheorie, Bindungstheorie und Belastungs-Bewältigungs-Theorie. Die verschiedenen Erklärungen werden abschließend in einem Resilienz-Modell der Paarbeziehung integriert.

## Literatur

Ainsworth, M. D., Blehar, M. C., Waters, E. & Wall, S. (1978). Patterns of attachment: A psychological study of the strange situation. Hillsdale, NJ: Erlbaum.

Asendorpf, J. B., Banse, R., Wilpers, S. & Neyer, F. J. (1997). Beziehungsspezifische Bindungsskalen für Erwachsene und ihre Validierung durch Netzwerk- und Tagebuchverfahren. Diagnostika, 43, 289-313.

Attridge, M. (1994). Barriers to dissolution of romantic relationships. In: Canary, D. J. & Stafford L. (eds.). Communication and relational maintenance. San Diego: Academic Press, pp. 141-164.

Bartholomew, K. & Horowitz, L. M. (1991). Attachment styles among young adults: A test of a four-category-model. Journal of Personality and Social Psychology, 61, 226-244.

Baucom, D. H., Epstein, N., Rankin, L. A. & Burnett, C. K. (1996). Assessing relationship standards: The Inventory of Specific Relationship Standards. Journal of Family Psychology, 10, 72-88.

Becker, G. S. (1976). The economic approach to human behavior. Chicago: University of Chicago Press.

Bierhoff, H. W. (1991). Twenty years of research on love: Theory, results and prospects for the future. German Journal of Psychology, 15, 95-117.

Bierhoff, H. W. & Grau, I. (1995). Dimensionen der Liebesbeziehungen. Gruppendynamik, 26, 413-428.

Bierhoff, H. W. & Grau, I. (1999). Romantische Beziehungen. Bindung, Liebe, Partnerschaft. Bern: Huber.

Bleske-Rechek, A. L. & Buss, D. M. (2001). Opposite-sex friendship: Sex differences and similarities in initiation, selection, and dissolution. Personality and Social Psychology Bulletin, 27, 1310-1323.

Bodenmann, G. (1995). Bewältigung von Stress in Partnerschaften: Der Einfluss von Belastungen auf die Qualität und Stabilität von Paarbeziehungen. Bern: Huber.

Botwin, M. D., Buss, D. M. & Shackelford, T. K. (1997). Personality and mate preferences: Five factors in mate selection and marital satisfaction. Journal of Personality, 65, 107-136.

Bowlby, J. (1975). Bindungen. München: Kindler.

Bradbury, T. N. & Fincham, F. D. (1990). Attributions in marriage: Review and critique. Psychological Bulletin, 107, 3-33.

Brandtstädter, J. & Felser, G. (1999). Entwicklung und Stabilität in Partnerschaften. Projektbericht. Trier: Universität Trier, Fachbereich I – Psychologie.

Burleson, B. R. & Denton, W. H. (1992). A new look at similarity and attraction in marriage: Similarities in social-cognitive and communication skills as predictors of attraction and satisfaction. Communication Monographs, 59, 268-287.

Burleson, B. R. & Denton, W. H. (1997). The relationship between communication skills and marital satisfaction: Some moderating effects. Journal of Marriage and the Family, 59, 884-902.

Burr, W. R. (1973). Theory construction and the sociology of the family. New York: Wiley.

Buss, D. M. (1989). Sex differences in human mate preferences: Evolutionary hypotheses tested in 37 cultures. Behavioral and Brain Sciences, 12, 1-49.

Buss, D. M. & Schmitt, D. P. (1993). Sexual strategies theory: An evolutionary perspective on human mating. Psychological Review, 100, 204-232.

Buss, D. M., Shackelford, T. K., Kirkpatrick, L. A. & Larsen, R. J. (2001). A half century of mate preferences: The cultural evolution of values. Journal of Marriage and the Family, 63, 491-503.

Daly, M. & Wilson, M. (1983). Sex, evolution and behavior. Boston: Willard Grant Press.

Damasio, A. R. (1994). Descartes' error. Emotion, reason, and the human brain. New York: G. P. Putnam's Son.

Dryer, D. C. & Horowitz, L. M. (1997). When do opposites attract? Interpersonal complementarity versus similarity. Journal of Personality and Social Psychology, 72, 592-603.

Eibl-Eibesfeldt, I. (1995). Die Biologie des menschlichen Verhaltens. (3. überarb. Aufl). München: Piper.

Fagot, B. I. & Pears, K. C. (1996). Changes in attachment during the third year: Consequences and predictions. Development and Psychopathology, 8, 325-344.

Fehm-Wolfsdorf, G., Groth, T., Kaiser, A. & Hahlweg, K. (1998). Partnerschaft und Gesundheit. In: Hahlweg, K., Baucom, D. H., Bastine, R. & Markman H. J. (Hrsg.). Prävention von Trennung und Scheidung – Internationale Ansätze zur Prädiktion und Prävention von Beziehungsstörungen. Stuttgart: Kohlhammer, S. 261-272.

Fincham, F. D. (1994). Cognition in marriage: Current status and future challenges. Applied and Preventive Psychology, 3, 185-198.

Fincham, F. D. & Bradbury, T. N. (1993). Marital satisfaction, depression, and attributions: A longitudinal analysis. Journal of Personality and Social Psychology, 64, 442-452.

Gaines, S. O., Reis, H. T., Summers, S., Rusbult, C.E., Cox, C.L., Wexler, M.O., Marelich, W.D. & Kurland, G.J. (1997). Impact of attachment style on reactions to accomodative dilemmas in close relationships. Personal Relationships, 4, 93-113.

Gloger-Tippelt, G. & Hofmann, K. (1997). Das Adult Attachment Interview: Konzeption, Methode und Erfahrungen im deutschen Sprachraum. Kindheit und Entwicklung, 6, 161-172.

Gottman, J. M. (1993a). The roles of conflict engagement, escalation, and avoidance in marital interaction: A longitudinal view of five types of couples. Journal of Consulting and Clinical Psychology, 61, 6-15.

Gottman, J. M. (1993b). A theory of marital dissolution and stability. Journal of Family Psychology, 7, 57-75.

Gottman, J. M. (1994). What predicts divorce? The relationship between marital processes and marital outcomes. Hillsdale, NJ: Lawrence Erlbaum Associates.

Gottman, J. M., Coan, J., Carrere, S. & Swanson, C. (1998). Predicting marital happiness and stability from newlywed interactions. Journal of Marriage and the Family, 60, 5-22.

Grau, I. & Bierhoff, H. W. (1998). Tatsächliche und wahrgenommene Einstellungsähnlichkeit als Prädiktoren für die Beziehungsqualität. Zeitschrift für Sozialpsychologie, 29, 38-50.

Greenlees, I. A. & McGrew, W. C. (1994). Sex and age differences in preferences and tactics of mate attraction: Analysis of published advertisements. Ethology and Sociobiology, 15, 59-72.

Hahlweg, K., Thurmaier, F., Engel, J., Eckert, V. & Markman, H. (1998). Prävention von Beziehungsstörungen in der Bundesrepublik Deutschland. In: Hahlweg, K., Baucom, D. H., Bastine, R. & Markman H. J. (Hrsg.). Prävention von Trennung und Scheidung – Internationale Ansätze zur Prädiktion und Prävention von Beziehungsstörungen. Stuttgart: Kohlhammer, S.191-216.

Hazan, C. & Shaver, P. R. (1987). Romantic love conceptualized as an attachment process. Journal of Personality and Social Psychology, 52, 511-524.

Hill, R. (1949). Families under stress. New York: Harper.

Hill, P. B. & Kopp, J. (1995). Familiensoziologie. Stuttgart: Teubner.

Homans, G. C. (1950). The human group. New York: Harcourt, Brace.

Karney, B. R. & Bradbury, T. N. (1995). The longitudinal course of marital quality and stability: A review of theory, method and research. Psychological Bulletin, 118, 3-34.

Karney, B. R. & Bradbury, T. N. (2000). Attributions in marriage: State or trait? A growth curve analysis. Journal of Personality and Social Psychology, 78, 295-309.

Kayser, K. (1993). When love dies. New York: Guilford.

Kiecolt-Glaser, J., Newton, T., Cacioppo, J. T., MacCallum, R. C., Glaser, R. & Malarkey, W. B. (1996). Marital conflict and endocrine function: Are men really more physiologically affected than women? Journal of Consulting and Clinical Psychology, 64, 324-332.

Kopp, J. (1992). Soziobiologie und Familiensoziologie. Kölner Zeitschrift für Soziologie und Sozialpsychologie, 44, 489-502.

Laux, L. & Schütz, A. (1996). Stressbewältigung und Wohlbefinden in der Familie. Stuttgart: Kohlhammer.

Lazarus, R. S. & Folkman, S. (1984). Stress, appraisal, and coping. New York: Springer.

Lee, J. A. (1976). The colors of love. Englewood Cliffs, NJ: Prentice-Hall.

Lewis, R. A. & Spanier, G. B. (1979). Theorizing about the quality and stability of marriage. In: Burr, W. R., Hill, R., Nye, F. I. & Reiss I. L. (eds.). Contemporary theories about the family: Research-based theories. New York: Free Press, pp. 268-294.

Lösel, F. & Bender, D. (1998). Risiko- und Schutzfaktoren in der Entwicklung zufriedener und stabiler Ehen: eine integrative Perspektive. In: Hahlweg, K., Baucom, D. H., Bastine, R. & Markman H. J. (Hrsg.). Prävention von Trennung und Scheidung – Internationale Ansätze zur Prädiktion und Prävention von Beziehungsstörungen. Stuttgart: Kohlhammer, S. 27-66.

Lösel, F. & Bender, D. (2002). Protective factors and resilience. In: Farrington, D. P. & Coid J. (eds.). Prevention of adult antisocial behaviour. Cambridge: Cambridge University Press, (in press).

Markman, H., Stanley, S. & Blumberg, S. L. (1994). Fighting for your marriage. San Francisco: Jossey-Bass.

McCubbin, M. A. (1988). Family stress, resources, and family types: Chronic illness in children. Family Relations, 37, 203-210.

McCubbin, H. I. & Patterson, J. M. (1983). The family stress process: The double AB-CX model of adjustment and adaptation. Marriage and Family Review, 6, 7-37.

Mikula, G. (1992). Austausch und Gerechtigkeit in Freundschaft, Partnerschaft und Ehe: Ein Überblick über den aktuellen Forschungsstand. Psychologische Rundschau, 43, 69-82.

Mikula, G. & Stroebe, W. (1991). Theorien und Determinanten der zwischenmenschlichen Anziehung. In: Amelang, M., Ahrens, H. J. & Bierhoff H. W. (Hrsg.). Attraktion und Liebe. Göttingen: Hogrefe, S. 61-104.

Mischel, W. (1984). Convergences and challenges in the search for consistency. American Psychologist, 39, 351-364.

Murdock, P. M. (1967). Ethnographic atlas. Pittsburgh: University of Pittsburgh Press.

Murstein, B. I. (1976). Who will marry whom? Heidelberg: Springer.

Nave-Herz, R. (1994). Familie heute: Wandel der Familienstrukturen und Folgen für die Erziehung. Darmstadt: Wissenschaftliche Buchgesellschaft.

Neidhardt, F. (1975). Die Familie in Deutschland. Gesellschaftliche Stellung, Struktur und Funktion. Opladen: Leske+Budrich.

Parsons, T. & Bales, R. F. (1955). Family, socialization, and interaction process. New York: Free Press.

Patterson, G. R. & Reid, J. B. (1970). Reciprocity and coercion: Two facets of social systems. In: Neuringer, C. & Michael J. L. (eds.). Behavior modification in clinical psychology. New York: Appleton-Century-Crofts, pp. 133-177.

Popenoe, D. (1993). American family decline, 1960-1990: A review and appraisal. Journal of Marriage and the Family, 55, 527-542.

Read, S. J. & Collins, N. L. (1992). Accounting for relationships: A knowledge structure approach. In: Harvey, J. H., Orbuck, T. L. & Weber, A. L. (eds.). Attributions, accounts, and close relationships. New York: Springer, pp. 116-143.

Reiss, H. T. & Patrick, B. (1996). Attachment and intimacy: Component process. In: Kruglanski, A. & Higgins, I. T. (eds.), Social psychology: Handbook of basic principles. New York: Guilford, pp. 523-563.

Richter, H. E. (1970). Patient Familie: Entstehung, Struktur und Therapie von Konflikten in Ehe und Familie. Reinbek: Rowohlt.

Rusbult, C. E. (1980). Commitment and satisfaction in romantic associations: A test of the investment model. Journal of Experimental Social Psychology, 16, 172-186.

Rusbult, C. E., Drigotas, S. M. & Verette, J. (1994). The investment model: An interdependence analysis of commitment processes and relationship maintenance phenomena. In: Canary, D. J. & Stafford, L. (eds.). Communication and relational maintenance. San Diego: Academic Press, pp. 115-139.

Rusbult, C. E., Wieselquist, J., Foster, C. A. & Witcher, B. S. (1999). Commitment and trust in close relationships: An interdependence analysis. In: Adams, J. M. & Jones, W. H. (eds.). Handbook of interperonal commitment and relationship stability. Perspecitves on individual differences. New York: Kluwer/Plenum, pp. 427-449.

Schneewind, K. A. (1992). Familien zwischen Rhetorik und Realität: Eine familienpsychologische Perspektive. In: Schneewind, K. A. & Rosenstiel, L. v. (Hrsg.). Wandel der Familie. Göttingen: Hogrefe, S. 10-35.

Thibaut, J. W. & Kelley, H. H. (1959). The social psychology of groups. New York: Wiley.

Toman, W. (1987). Familienkonstellation (4. Aufl.). München: Beck.

Turgeon, L., Julien, D. & Dion, E. (1998). Temporal linkages between wives' pursuit and husbands' withdrawal during marital conflict. Family Process, 37, 323-334.

Wallerstein, J. S. & Blakeslee, S. (1995). The good marriage. Boston: Houghton Mifflin Company.

Walster, E., Walster, G. W. & Berscheid, E. (1978). Equity: theory and research. Boston: Allyn & Bacon Inc.

Willi, J. (1975). Die Zweierbeziehung. Reinbeck: Rowohlt.

Winch, R. F. (1958). Mate selection: A study of complementary needs. New York: Harper.

# Einflussfaktoren auf Partnerschaften

# Was unterscheidet Singles und Paare?

Beate Küpper

**S**ingles – wir begegnen ihnen beinahe täglich im Fernsehen, in Frauenzeitschriften und Zeitgeistmagazinen. Dort können wir sehen und lesen, wie sie leben, wie sie sich fühlen, was sie bewegt (z. B. bei Herzblatt, in der AMICA oder der Fit for fun). Gut sehen sie aus, lebenslustig scheinen sie zu sein, hoppen von Party zu Party, modisch gestylt arbeiten sie vornehmlich in der Werbebranche oder der new economy, machen abenteuerliche Urlaubstrips rund um den Globus, haben jede Menge oberflächliche Bekanntschaften und One-Night-Stands und sind dabei wohl etwas bindungsgestört, narzisstisch und egoistisch.

## 3.1     Das Konstrukt »Single«

Lange wurden die Singles geradezu als Symbol einer hedonistischen Lebensart gehandelt, als »Lustprinzip Single«, wie der Focus (46/98) schrieb, als »Hätschelkind der Konsumgesellschaft«, wie der Freizeitforscher Horst Opaschowski (1994) die Singles bezeichnete. Doch langsam beginnen sich – Hand in Hand mit Klagen über den Besorgnis erregenden Geburtenrückgang, den Zerfall der Familie, den immer neuen Scheidungsrekorden – andere Töne einzuschleichen. »Der Single: zwischen Freiheit und Einsamkeit« titelte der SPIEGEL (10/2000) unlängst. Das Bild vom

**Das Image des Singles wandelt sich.**

Single bekommt graue Streifen. Mit dem ausgerufenen Trend »zurück zur Familie« gerät der Single nun plötzlich in die Defensive. Besserverdienen zu Lasten der Familie und Verantwortungslosigkeit werden ihm vorgeworfen, er sieht sich (erneut) an den Rand einer familiendominierten Gesellschaft gerückt (zur Norm der familialen *Lebensform* siehe z. B. Beck-Gernsheim, 1994.)

Allgemein lassen sich *Lebensformen* als »relativ stabile Beziehungsgefüge, die Menschen mit Menschen verbinden, mit denen sie unmittelbar zusammenleben« definieren (z. B. Familien, Alleinerziehende, nichtverheiratete Paare). In die Lebensform Singles mischen sich häufig auch Hinweise auf die *Lebensweise*, d. h. eine »innere Haltung und/oder äußere kenntliche Verhaltensweisen, die typisch für den Alltag von Menschen sind« (zit. nach Hradil, 1995, S. 5); der *Lebensstil* spezifiziert die typische Art, den Alltag zu gestalten; gemeint sind damit in erster Linie immer wiederkehrende Verhaltensweisen, die von entsprechenden Einstellungen bestimmt sind, die also damit auch als mehr oder weniger willentlich gestaltet gelten können.

Ob bewundert oder verteufelt, Singles sind dabei immer auch Gegenstand, vielleicht in erster Linie sogar Konstrukt, der Medien. Singles wie Nicht-Singles können sich darin spiegeln und daran reiben, um sich der eigenen Lebensform zu vergewissern (dazu Müller, 1994). Im öffentlichen Bewusstsein steht dem flexiblen, unsteten Single der traditionelle Entwurf von Ehe und Sexualität innerhalb einer festen Beziehung gegenüber. Von der bequemen Couch aus lassen sich zur besten Familiensendezeit Singles beobachten und verhandeln, durch ihre zur Schau getragene Lockerheit und gleichzeitige Partnersuche liegt Sex in der Luft, aber auch Bedürftigkeit – die eigene Lebensweise als Paar lässt sich hervorragend diskursiv an ihnen bestätigen. Gleichzeitig sieht sich auch der Single selbst verhandelt, so dass für ihn das mediale Bild immer mehr zur eigenen Norm zu werden droht.

> **Im öffentlichen Bewusstsein steht dem flexiblen, unsteten Single der traditionelle Entwurf von Ehe und Sexualität innerhalb einer festen Beziehung gegenüber.**

Aber wie sind *Singles* eigentlich wirklich? Unterscheiden sie sich überhaupt von *Paaren*, und wenn ja, worin liegt das Besondere dieser Lebensform? Gibt es Unterschiede außer der Tatsache, dass die einen eine feste Beziehung führen, die anderen nicht? Doch so intensiv vor allem von Seiten der Soziologie über Familien, von Seiten der Beziehungsforschung über Partnerschaften geforscht wird, so dünn sind bisher die Befunde über diejenigen, die als Single leben. Erst wenige, vor allem sozialwissenschaftliche und soziologische Beiträge haben die Singles explizit untersucht (Bachmann, 1992), vorzugsweise mit Hilfe von Fallstudien (Meyer & Schulz, 1992; Kern, 1998). Der vorliegende Beitrag will aus sozialpsychologischer Perspektive zusammentragen, was bisher über den Single – das unbekannte Wesen – jenseits der üblichen Klischees bekannt ist und worin er sich von Nicht-Singles unter-

> **Bisher liegen nur wenige Befunde über diejenigen vor, die als Single leben.**

> *Singles* sollen aus Sicht der Beziehungsforschung und dem Alltagsverständnis folgend als Partnerlose im mittleren Erwachsenenalter, dem klassischen Familienalter, definiert werden; ob sie geschieden oder verwitwet sind (also ihr Familienstand), in einer WG leben (also ihre Haushaltsform) oder ob sie Kinder haben (also möglicherweise allein erziehend sind) spielt eine untergeordnete Rolle. Als *Paare* bzw. Paarperson sollen solche Menschen gelten, die eine feste Beziehung führen, unabhängig davon, ob sie mit ihrem Partner zusammenleben oder verheiratet sind. Zur Operationalisierung der Singles als auch der Paare bietet sich die Selbstdefinition an (Kern, 1998), da in jedem Fall das Gefühl, zu einem anderen Menschen eine Beziehung gleichermaßen wie eine Nichtbeziehung zu haben, eine höchst subjektive Angelegenheit ist.

scheidet. Vorab wird erläutert, wie verbreitet diese Lebensformen sind und welche Aussagen die These von der Individualisierung und Pluralisierung dazu machen. Am Ende des Kapitels wird diskutiert, inwieweit insbesondere die Lebensform der Singles, aber auch der Paare besser als Lebensphase aufgefasst werden sollte.

---

**Das Stereotyp vom Single (Hassebrauck & Küpper, 1999)**

Als Sinn- und Klischeebild der postmodernen Gesellschaft ist der Single Zielscheibe und Projektionsfläche von stereotypen Zuweisungen. Wir wollten genauer wissen, welches stereotype Bild vom Single existiert.

Zunächst baten wir eine heterogene Stichprobe von über 60 Personen, drei Minuten spontan alle Merkmale aufzuschreiben, die sie mit den Begriffen »weiblicher Single« bzw. »männlicher Single« assoziieren. Daraus erstellten wir eine Liste von 50 Merkmalen, die wir in einer zweiten Untersuchung 95 Versuchspersonen im Alter von 16-71 (M=35) Jahren mit der Bitte vorlegten, sie auf einer 7-stufigen Ratingskala danach zu beurteilen, wie typisch sie ihrer Meinung nach für einen » männlichen Single« bzw. einen »weiblichen Single« sind (1=sehr untypisch/7=sehr typisch). Faktorenanalytisch ließen sich die Merkmale zu zwei sinnvollen Dimensionen zusammenfassen: Der erste Faktor bündelt eher negative Eigenschaften, wie bindungsängstlich, egozentrisch, eigensinnig, angeberisch und chaotisch – dieser Faktor entwirft ein Bild vom Single als »eigensinniger, problematischer Typ«. Auf dem zweiten Faktor laden eher positive Merkmale wie eigenständig, selbstbewusst, lebensfroh, kontaktfreudig, gesellig, flirtet gern, unternehmungslustig und aktiv. Hier spiegelt sich das Bild vom Singles als »lebenslustiger, geselliger Typ«.

Wie die varianzanalytische Auswertung zeigt, werden männliche und weibliche Singles ganz unterschiedlich beurteilt. Männliche Singles werden eher mit dem eigensinnigen, problematischen Typ assoziiert als weibliche Singles. Darüber hinaus zeigt sich auch eine Interaktion des Geschlechts des zu beurteilenden Singles mit dem des Beurteilers, die sich bei der Einschätzung als lebenslustiger Typ manifestiert. Frauen finden positive Attribute besonders typisch für weibliche Singles, Männer für männliche Singles. Es gibt also einen Bias bei der Bewertung zugunsten des eigenen Geschlechts. Bei den positiven Merkmalen kommt es offensichtlich darauf an, wer wen beurteilt, bei den negativen Merkmalen sind sich Männer und Frauen einig, dass sie eher für den männlichen Single typisch sind (s. Abb. 3.1).

Interessanterweise deutet sich jedoch auch ein Unterschied im Bild vom Single an, je nachdem, ob ein Beurteiler selbst Single oder Teil eines Paares ist. Bei der Beurteilung des männlichen Singles sind sich alle ziemlich einig – weder Männer und Frauen, noch Personen mit und ohne feste Partnerschaft unterscheiden sich hier. Doch wenn es darum geht, einen weiblichen Single zu beurteilen, scheiden sich bei den Beurteilern, die selbst Single sind, hinsichtlich der problematischen Eigenschaften die Geister: Männliche Singles finden für den weiblichen Single problematische Eigenschaften durchaus typisch, weibliche Singles hingegen überhaupt nicht. Das heißt, Single-Männer finden Single-Frauen schwierig, sie selbst sich aber nicht. Diese letzten Befunde scheinen zwar aufschlussreich, können aber aufgrund der recht schwachen Zellenbesetzungen in der vorliegenden Untersuchung nur mit Vorsicht genossen werden.

### 3.1.1 Zur Häufigkeit von Singles und Paaren

»Die Zahl der Singles steigt« – so lassen sich die meisten Schlagzeilen zu diesem Thema zusammenfassen. Doch ist leider die Zahl der Partnerlosen nur schwer zu ermitteln, wird sie doch bis heute von vielen Sozialstatistiken schlichtweg nicht erfasst. Dies gilt umso mehr für die Vergangenheit, die erst einmal genau analysiert werden müsste, um einen solchen Trend registrieren zu können; je nach gewähltem Bezugszeitpunkt dürfte der Vergleich von Häufigkeiten verschiedener Lebensformen anders ausfallen (zur Geschichte der Lebens- und Familienformen s. Mitterauer, 1990). So wird die Anzahl der Singles, aber auch die der Paare heute wie in der Vergangenheit nicht zuletzt von rechtlichen, ökonomischen und moralischen Standards bestimmt. Zu Zeiten strenger Ehegesetzgebung und gleichzeitig strenger Sexualmoral dürfte die Zahl derjenigen, die ohne feste Partnerschaft leben mussten, sicherlich besonders hoch gewesen sein, die Zahl der Paare entsprechend gering (zur Schätzung der Zahl der Singles in der Vergangenheit s. Küpper, 2000).

> **Die Zahl der Partnerlosen ist nur schwer zu ermitteln, sie wird bis heute von vielen Sozialstatistiken nicht erfasst.**

Der Zahl der Singles kann sich daher nur über den Umweg über die Häufigkeit nichtehelicher Partnerschaften und Alleinerziehender, der wachsenden Anzahl von Einpersonenhaushalten sowie der ebenfalls steigenden Scheidungszahl bei gleichzeitig sinkender Ledigenquote angenähert werden. Dem aktuellen Datenreport (2000) zufolge ist die Hälfte der erwachsenen Bevölkerung verheiratet, und die meisten leben immer noch in einer Familie mit zwei Elternteilen und Kindern. In »wilder Ehe« leben knapp 30% der 25-30-Jährigen (insgesamt 2 Mio.), von denen die meisten über kurz oder lang aber doch heiraten, besonders wenn sich Kinder ankündigen

> **Zu den Singles – ohne feste Partnerschaft lebend, im Alter zwischen 20 und 50 Jahren, freiwillig oder nicht freiwillig – zählen ca. 16% der deutschen Bevölkerung.**

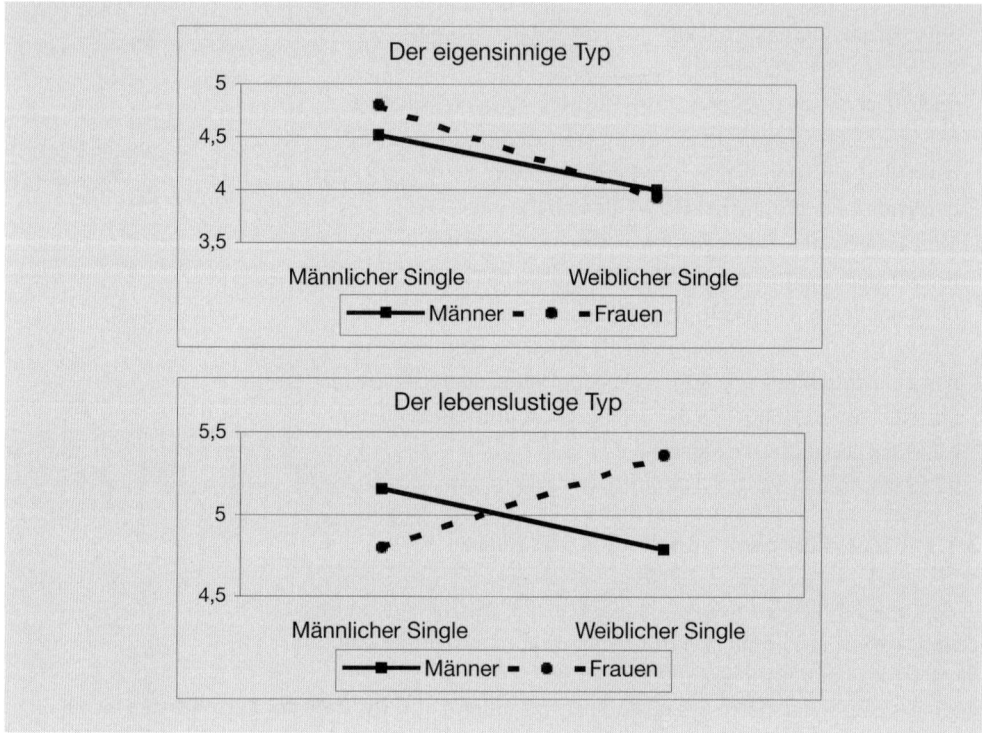

**Abb. 3.1.** Das Stereotyp vom Single aus männlicher und weiblicher Sicht

oder schon da sind. Zählt man alle zusammen, die im Alter zwischen 20 und 50 Jahren egal, ob freiwillig oder nicht freiwillig, ohne feste Partnerschaft leben, so kommt man auf ca. 16% der deutschen Bevölkerung. Nur 3% leben dabei freiwillig und dauerhaft ohne Lebenspartner, sind zugleich ledig und wohnen allein (Hradil, 1995).

### 3.1.2    Individualisierung und Pluralisierung

Mit den Ausrufen über die steigende Zahl von Singles werden zumeist auch mögliche gesellschaftspolitische Gründe dafür mitgeliefert. »Der Wertewandel«, »Modernisierungsprozesse«, »Emanzipationsbestrebungen« und »zunehmende Wahlfreiheit« werden genannt. Vereinfacht gesagt, fließen diese möglichen Gründe in der »*Individualisierungsthese*« von Ulrich Beck, der zz. wohl populärsten Gesellschaftsanalyse, zusammen (Beck, 1986). Angenommen wird, dass die zunehmende Individualisierung der Gesellschaft mit einer Differenzierung und Pluralisierung verschiedener Lebens- (und Familien-)formen einhergeht. Der Single gilt je nach Lesart als die konsequenteste Grundfigur bzw. Endpunkt eines Trends der »Versingelung« oder als ein Element von vielen einer »Versäulung« der Gesellschaft (Hradil, 1995).

Nach der *Individualisierungsthese* leben immer mehr Menschen ihr Leben nach individuellen Gesichtspunkten; sie haben sich aus vorgegebenen Sozialformen und -bindungen gelöst, dabei gleichzeitig aber auch an Sicherheit durch Traditionen und überkommene Normen, wie sie ihr Leben zu leben haben, verloren, integrieren sich aber zunehmend in neue Gemeinschaften und Subkulturen. Angenommen wird, dass dieser Trend auch und gerade in den privaten Bereich hinein wirkt (Beck & Beck-Gernsheim, 1994).

Zentral bei der These von der Individualisierung der Gesellschaft ist die Wahlfreiheit, die, Elisabeth Beck-Gernsheim (1994) zufolge, insbesondere für Frauen einen tief greifenden Wandel bedeutet. Konkret können sich Frauen heute für ein Leben als Hausfrau und Mutter oder dagegen entscheiden. Gleichzeitig ist diese Wahlfreiheit aber auch ein Wahlzwang, sich für eine Form des Lebens zu entscheiden (und wie man an den Scheidungszahlen ablesen kann, entscheiden sich auch etliche wieder um), wobei eben keine verbindlichen Vorbilder mehr richtungsleitend wirken. Und wo Wahlfreiheit besteht, steigt auch die Zuschreibung von Selbstverantwortung und Selbstreflexion für die eigene Biographie. Keinen Partner zu haben kann auch als Ergebnis freier Entscheidung betrachtet werden. Entweder jemand entschließt sich ganz unmittelbar und bewusst ohne Partner zu leben oder gewissermaßen durch den Umweg seiner frei gewählten Lebensumstände. Wer beispielsweise keinen Partner finden kann, weil er sich für einen zeitintensiven Beruf in einer fremden Stadt entschieden hat oder keine Lust hat, seine unerfüllbaren Ansprüche an einen Partnern herunterzuschrauben, trägt für seine Partnerlosigkeit aus dieser Sicht selbst die Verantwortung. Entsprechend gelten Wahlfreiheit, Entscheidungszwang und Selbstverantwortung auch bei der Entscheidung, in einer (spezifischen) festen Beziehung zu leben.

> **Wo Wahlfreiheit besteht, steigt auch die Zuschreibung von Selbstverantwortung und Selbstreflexion für die eigene Biographie.**

Die Thesen von der Individualisierung und Pluralisierung der Gesellschaft sind nicht ohne Kritik geblieben, und es ist schwierig, einen solchen Prozess an Zahlen zu belegen, schließt er doch Widersprüchliches, Graduelles und Subjektives mit ein (Hradil, 1995). Nichtsdestotrotz scheint es lohnenswert, einzelne Merkmale herauszugreifen und zu überprüfen, inwieweit sie in einigen Lebensformen verbreiteter oder ausgeprägter sind als in anderen. Die Singles scheinen für eine solche konkrete Überprüfung besonders geeignet, sollten sie sich doch als »Trendsetter« von anderen besonders deutlich abheben.

## 3.2    Zum Unterschied von Singles und Paaren

Unterscheiden sich also Singles in ganz konkreten Merkmalen von Nicht-Singles?

Die Suche nach Unterschieden zwischen Singles und Paaren ist geleitet von der Frage, ob Singles grundsätzlich eine andere »Sorte« Mensch sind. Denkbar ist, dass Singles aufgrund anderer Einstellungen ihre Lebensform gewählt haben, aber auch, dass sie aufgrund ihrer Persönlichkeit ein Leben allein führen wollen oder müssen. Vorstellbar ist auch, dass sie einfach zu hohe Ansprüche an einen Partner haben und sich deshalb für keinen Partner entschieden haben. Unterschiede zwischen Singles und Paaren können dabei sowohl Ausdruck grundlegender, systematischer Differenzen sein oder lediglich Konsequenz der jeweiligen Lebensform. Finden sich keine grundlegenden, systematischen Unterschiede, liegt der Schluss nahe, dass es eher Zufall ist, wer als Single, wer als Paar lebt.

**Unterschiede zwischen Singles und Paaren können dabei sowohl Ausdruck grundlegender, systematischer Differenzen sein oder lediglich Konsequenz der jeweiligen Lebensform.**

Zur Beantwortung der Frage nach dem Unterschied von Personen mit und ohne feste Partnerschaft bietet sich ein Blick in die Beziehungs- und Geschlechterforschung an, die aus sozialpsychologischer Perspektive etliche konkrete Merkmale herausgearbeitet hat, die wichtig für das Eingehen und den Erhalt von Partnerschaften sind. Explizit auf diese Merkmale hin untersucht und mit anderen verglichen wurden die Singles bislang jedoch kaum. Daher werden im Folgenden vor allem Ergebnisse eigener Studien zum Vergleich von Singles und Paaren herangezogen und soweit möglich, durch andere Befunde ergänzt. In Tabelle 3.1 sind die Studien beschrieben, auf denen die eigenen Befunde zum Unterschied von Singles und Paaren beruhen.

In Studie a und b wurden die Singles und Paare noch einmal differenzierter betrachtet. Die Paare wurden in verheiratete und unverheiratete unterteilt. Die Singles gefragt, ob sie sich eher als freiwilliger oder unfreiwilliger Single bezeichnen würden. Die Selbstklassifikation anhand der Freiwilligkeit korrespondiert u. a. mit der Stärke des Partnerwunsches, der Suche nach einem Partner und dem vermuteten Zugewinn an Glück, bei einer möglichen Partnerschaft sowie der angestrebten Dauer des Single-Seins, nicht jedoch mit der Dauerhaftigkeit, mit der die Singles schon ohne Partner sind, der bisherigen Anzahl fester Beziehungen oder deren Länge, auch nicht mit der Häufigkeit mit der sie sich bereits verliebt haben oder zz. verliebt und auch nicht mit der Häufigkeit von Verehrern bzw. Verehrerinnen, d. h. Personen, die sich für sie als Partner interessieren und mit denen sie eine Beziehung eingehen könnten.

**Tabelle 3.1.** Veröffentlichte und neue Daten aus eigenen Untersuchungen

| Studie | Autoren | Stichprobe | Alter [Jahren] | Bildung | Beziehungsstatus-Dauer [Monaten] |
|---|---|---|---|---|---|
| a) | Küpper, 2000a | 94 Singles (44 M/50 F) | 29 (19-47) | 37 Studium<br>43 Abitur<br>8 Sonstiges | 20 (1-120) |
| b) | Küpper, 2000b | 89 Singles (44 M/45 F)<br>78 Paarpersonen<br>(35 M/43 F) | 31 (21-49) | 51 Studium<br>60 Abitur<br>14 Fachabitur<br>34 Mittlere Reife<br>8 Hauptschule | S: 29 (1-154)<br>P: 70 (1-261) |
| c) | Rohmann,<br>Küpper<br>& Schmohr,<br>1999 | 33 Singles (7 M/26 F)<br>88 Paarpersonen<br>(21 M/67 F) | 26 (19-51) | StudentInnen<br>der Psychologie | S: 9 (1-36)<br>P: 67 (1-345) |
| d) | Küpper &<br>Hassebrauck,<br>2001 | 28 Singles (14 M/14 F)<br>47 Paarpersonen<br>(10 M/37 F) | 28 (19-65) | StudentInnen<br>der Psychologie<br>und Sozialwissen-<br>schaften | S: 12 (1-48)<br>P: 74 (2 -480) |
| e) | Amtsberg,<br>Küpper &<br>Hassebrauck,<br>2001 | 26 Singles (13 M/13 F)<br>41 Paarpersonen<br>(12 M/29 F) | 26 (18-43) | 60 Abitur<br>7 Real- oder<br>Hauptschule | S: 8 (1-36)<br>P: 40 (1-249) |

*M* Männer, *F* Frauen, *S* Singles, *P* Paarpersonen

## 3.2.1 Sind Singles genauso glücklich wie Paare?

Nach wie vor ist für die meisten Menschen eine glückliche Beziehung der Schlüssel zum Glück, nur übertroffen vom Wunsch nach Gesundheit (Datenreport, 2000). Und in der Tat determiniert eine stabile Partnerschaft als wichtigster Bedingungsfaktor das Wohlbefinden, wobei sich eine Ehe bei Frauen vor allem auf das psychische Wohlbefinden, bei Männer auf das physische Wohlbefinden auswirkt. Von allen am zufriedensten sind Personen mit einer festen Beziehung, die jedoch keine Kinder haben, wirken sich doch insbesondere kleine Kinder auf das Wohlbefinden von nichtberufstätigen Frauen eher negativ aus (Stroebe & Stroebe, 1994). Partnerlose (Geschiedene oder getrennt Lebende) sind am wenigsten zufrieden mit ihrem derzeitigen Leben und fühlen sich am einsamsten von allen, wobei besonders die geschiedenen Männer unter Einsamkeit leiden (Bachmann, 1992).

> Eine stabile Partnerschaft gilt als wichtigster Bedingungsfaktor für das Wohlbefinden: Die Ehe wirkt sich bei Frauen vor allem auf das psychische Wohlbefinden, bei Männer auf das physische Wohlbefinden aus.

Bestätigung für diese Befunde finden sich auch in den eigenen Daten. Das Wohlbefinden wurde durch das Glücklichsein, die Lebenszufriedenheit (positiv), die Einsamkeit und das Gefühl der Isolation (negativ) erfasst. Im Wohlbefinden liegt der deutlichste Unterschied zwischen Singles und Paaren überhaupt (Studie b). Singles sind insgesamt mit ihrem Leben weniger zufrieden als Paare. Die unfreiwilligen, aber auch die freiwilligen Singles fühlen sich häufiger einsam, und besonders die unfreiwilligen Single-Männer fühlen sich von anderen Menschen isoliert. Sie sind im Vergleich zu allen anderen im Durchschnitt am unglücklichsten, während die verheirateten Männer am glücklichsten sind.

Gleichzeitig wird deutlich, dass das Gefühl der Einsamkeit und Isolation bzw. der geringeren Lebenszufriedenheit der Singles nicht an einem Mangel an Gesellschaft liegt. Sie haben ebenso viele Freunde und Bekannte wie Paare und treffen sie auch genauso häufig. Dies wird durch die Einbeziehung der Wohnsituation in die Analyse des Wohlbefindens bestärkt. Es wird hier eine Wechselwirkung von Beziehungsstatus und Wohnsituation deutlich. Das Wohlbefinden der Singles wird nicht davon beeinflusst, ob sie allein oder mit anderen zusammenwohnen. Ganz anders bei den Paaren – wohnen sie mit ihrem Partner zusammen, fühlen sie sich mit Abstand am besten. Die Wohnsituation hat also auf die Befindlichkeit der Singles keine Auswirkungen, wohl aber auf die der Paare. Offenbar hängt das Wohlbefinden also weniger von sozialen Beziehungen an sich, als vielmehr vom Vorhandensein eines festen Liebespartners ab.

### 3.2.2  Haben Singles und Paare eine andere Beziehungsgeschichte?

Ist das Beziehungsleben von Singles bisher in wesentlichen Punkten anders verlaufen als das von Paaren? Bestimmen vielleicht die Beziehungserfahrungen in der Vergangenheit, ob jemand heute mit oder ohne Partner lebt? Daten aus Längsschnittuntersuchungen stehen dazu bisher nicht zur Verfügung, sodass zunächst nur Ergebnisse einer logistischen Regressionsanalyse über Merkmale der Beziehungskarriere von Singles und Paaren Hinweise liefern können (Studie b).

65% der befragten Frauen und 71% der befragten Männer werden durch die Merkmale ihres bisherigen Beziehungslebens richtig als Single oder als Paarperson klassifiziert. Als signifikante Prädiktoren erweisen sich bei den Frauen die Häufigkeit, mit der sich die Befragten schon so richtig verliebt haben (Single-Frauen taten dies seltener als Paar-Frauen) und marginal die Dauer der bisher längsten Beziehung (die Beziehungen der Single-Frauen waren kürzer) sowie tendenziell auch negative Er-

> Als Prädiktoren für das Single-Dasein erweisen sich bei den Frauen die Häufigkeit, mit der sich die Befragten bislang verliebt haben, die Dauer der bisher längsten Beziehung und tendenziell auch negative Erfahrungen mit Beziehungen. Bei den Männern trägt allein die Beziehungsdauer signifikant zur Klassifikation bei.

fahrungen mit Beziehungen (mehr Single- als Paar-Frauen bezeichnen sich als »gebranntes Kind«). Bei den Männern trägt allein die Beziehungsdauer signifikant zur Klassifikation bei (die Single-Männer hatten kürzere Beziehungen). Die Anzahl fester Partnerschaften (von mindestens 6 Monaten Dauer) leistet hingegen weder bei Frauen noch bei Männern einen nennenswerten Betrag. Die Paare leben im Durchschnitt in ihrer 3. längeren Beziehung, die offenbar auch ihre bisher längste ist, die Singles haben im Durchschnitt ebenfalls bereits 2-3 feste Beziehungen hinter sich.

Initiieren Singles möglicherweise eine Trennung eher als Personen, die eine Beziehung führen? Auf die Frage, von wem die letzte Trennung ausgegangen ist, antworteten ebenso viele Singles wie Paare »von mir«, »vom Partner« oder »von beiden«. Nichtsdestotrotz könnten Singles mit Konflikten in der Beziehung anders umgehen als Paare, was als Folge eine Trennung nach sich gezogen hat. Denn wie Bierhoff und Grau (1998) festgestellt haben, führt nicht jedes Streiten zur Trennung, jedoch besonders destruktive Arten des Streitens.

Um herauszufinden, ob Singles destruktiver auf Konflikte reagieren, wurden 75 StudentInnen der Psychologie und der Sozialwissenschaften (Grundstudium) mit und ohne feste Beziehung nach ihrer Reaktionsweise auf Konflikte in der Beziehung gefragt (Studie d). Vier Konfliktstile wurden nach Rusbult (1987) unterschieden:

- Verlassen (Exit), d. h. bei Konflikten daran zu denken oder anzudrohen, die Beziehung zu beenden,
- Mitsprache (Voice), d. h. die eigene Unzufriedenheit mit dem Ziel, die Verhältnisse zu verbessern, anzusprechen,
- Loyalität (Loyality), d. h. einfach abzuwarten und zu hoffen, dass sich die Dinge von allein bessern und
- Vernachlässigen (Neglect), d. h. nichts zu tun und zuzulassen, dass die Beziehung langsam zerrüttet.

In der Tat unterscheiden sich Singles und Paare, wenn auch multivariat nur marginal signifikant, im Verhalten bei Konflikt. Singles neigen bei Streit eher dazu, an das Verlassen der Beziehung zu denken (was besonders auf die weiblichen Singles zutrifft), und sie reagieren auch stärker mit stillschweigendem Rückzug. In der Tendenz der Mittelwerte, wenngleich nicht signifikant, reagieren sie weniger mit den konstruktiven Verhaltensweisen der Mitsprache und der Loyalität. Singles verhalten sich also sowohl aktiv als auch passiv destruktiver, wenn es Konflikte in der Beziehung gibt. Und es sieht so aus, als wären die Singles, anders als die Paare, ihrer Neigung, sich bei Konflikten zu trennen auch tatsächlich nachgegangen. Diejenigen Singles, die sagen, ihre letzte Trennung sei von ihnen ausgegangen,

> **Singles und Paare unterscheiden sich im Verhalten bei Konflikt. Singles neigen bei Streit eher dazu, an das Verlassen der Beziehung zu denken.**

neigen tendenziell signifikant stärker zur destruktiven und aktiven Reaktion des Verlassens als die Singles, deren letzte Trennung vom Partner ausgegangen ist.

### 3.2.3   Unterscheiden sich Singles und Paare in ihrer Persönlichkeit?

Die Frage, ob sich Singles und Paare unterscheiden, umfasst auch fundamentale Differenzen in der Persönlichkeit. Bestimmt vielleicht auch die eigene Persönlichkeit die – auf den ersten Blick so freie – Wahl einer Lebensform? Sind Singles vielleicht von ihrer Persönlichkeit her eher dazu prädestiniert, ohne Partner zu leben oder leben zu müssen und gehen umgekehrt Paare aufgrund ihrer Persönlichkeitseigenschaften leichter eine Beziehung ein? Hinweise auf grundsätzliche Unterschiede in der Persönlichkeit kann der Vergleich des partnerschaftlichen Bindungsstils von Singles und Paaren, der Big Five sowie der geschlechtsstereotypen Eigenschaften Instrumentalität (Maskulinität) und Expressivität (Feminität) liefern.

**Die Big Five der Persönlichkeit**
Könnte es ganz allgemein etwas mit ihrer Persönlichkeit zu tun haben, dass Singles keinen Partner haben? Wie Neyer (1999; s. auch Kap. 6) in einer Längsschnittstudie gezeigt hat, unterscheiden sich Personen, die in unterschiedlichen Beziehungszusammenhängen leben, in der Tat in ihrer Persönlichkeit. Gerade solche Singles, die wenig Erfahrung mit Beziehungen haben, scheinen besonders schüchtern zu sein und ein geringeres Selbstwertgefühl zu haben. Personen mit einem geringeren Selbstwertgefühl leben dabei oft in der Angst, ein Partner könnte sie verlassen und fragen sich, ob ihr Partner sie genauso liebt, wie sie ihn (McCarthy, 1999).

> Personen, die in unterschiedlichen Beziehungszusammenhängen leben, unterscheiden sich in ihrer Persönlichkeit.

Daten einer eigenen Untersuchung (Studie c) bestätigen den Befund zur größeren Unsicherheit von Singles nicht. Doch zeigt sich ein marginaler Unterschied zwischen partnerlosen Singles und Paaren in den Big Five der Persönlichkeit. Singles haben signifikant höhere Werte auf der Skala Neurotizismus und geringere in der Verträglichkeit. Dass bedeutet: Singles sind im Vergleich zu Paaren ganz allgemein gefühlsmäßig labiler und geraten leichter aus dem inneren Gleichgewicht. Sie wirken auf ihre Mitmenschen manchmal wenig liebenswürdig, da mit ihnen nicht immer »gut Kirschen essen« ist und sie sich nicht unbedingt so verhalten, wie es von ihnen erwartet wird. Singles scheinen also weniger nach Harmonie und Kooperation mit anderen zu streben, sie sind egozentrischer und lassen sich schneller aus der Ruhe bringen. Wie eine zweite Untersuchung (Studie a) zeigt, sind freiwillige und unfreiwillige Singles gleichermaßen unverträglich und ihre Verträglichkeit hängt nicht damit zusammen, wie sehr sie sich einen Partner wünschen, ob sie überhaupt schon feste Beziehungen hatten, wie lange sie schon Single sind und wie lange sie Single bleiben möchten.

Wir erfassten die Persönlichkeit zusätzlich mit einem recht neuen Persönlichkeitsinventar, das einzelne Aspekte der Persönlichkeit differenziert abbildet (Studie c). Die multivariate Varianzanalyse offenbart hier einen deutlichen Unterschied zwischen Singles und Paaren. Singles sind eigenwilliger, zurückhaltender, weniger optimistisch, kritischer, spontaner und stiller als Paare. Dies verweist darauf, dass Singles eher schwierigere Menschen zu sein scheinen, mit extremerer Ausprägung gerade solcher Persönlichkeitseigenschaften, die eine eher problematische Art in sozialen Beziehungen vermuten lassen.

Dennoch bleibt offen, ob schüchterne oder schwierige Personen eher Single sind, weil sie Probleme haben, eine Partner zu finden bzw. diesen zu halten oder umkehrt, Singles eigensinniger und weniger selbstbewusst sind, weil sie keine Bestätigung von einem Partner erhalten und dieser nicht als »Korrektiv« auf die eigene Persönlichkeit wirkt (der sie z. B. darauf aufmerksam macht, wenn sie »komisch« sind).

### Bindungsangst und Bindungsvermeidung

Der Bindungstheorie zufolge sollte das kognitive Modell vom Selbst und vom Anderen (Bowlby, 1969/1975) Erwartungen an soziale Interaktionen prägen. Anzunehmen ist, dass sich Probanden in Abhängigkeit ihres Bindungsstils auch in anderen Persönlichkeitseigenschaften sowie in ihrem Selbstbewusstsein unterscheiden könnten. So könnten es die selben Bedingungen der sozialen Umwelt sein, die zu einem unsicheren Bindungsstil und einer problematischen Persönlichkeit führen (Brennan & Shaver, 1998). Dies könnte dazu führen, dass diese Personen mit größerer Wahrscheinlichkeit Singles sind. Denkbar ist auch, dass die Lebensform hier als Mediator zwischen der als weitgehend stabil konzipierten Persönlichkeit und dem möglicherweise partnerschaftsabhängigen Bindungsstil fungiert. In jedem Fall hat sich der partnerbezogene Bindungsstil als bedeutsame Determinante für die Beziehungszufriedenheit und -stabilität erwiesen (Hazan & Shaver, 1987), darüber hinaus wurden Zusammenhänge mit Kognitionen, Emotionen und Persönlichkeitseigenschaften in zahlreichen Untersuchungen nachgewiesen (zusammenfassend s. Bierhoff & Grau, 1998).

> **Ein partnerbezogener Bindungsstil hat sich als bedeutsame Determinante für die Beziehungszufriedenheit und -stabilität erwiesen.**

In einer eigenen Untersuchung (Studie b) wurden Singles und Paare hinsichtlich ihres Bindungsstils verglichen. Wie vermutet, unterscheiden sich Singles und Paare hoch signifikant sowohl in der Bindungsangst als auch in der Bindungsvermeidung. Bei näherer Betrachtung wird deutlich, dass freiwillige Singles bin-

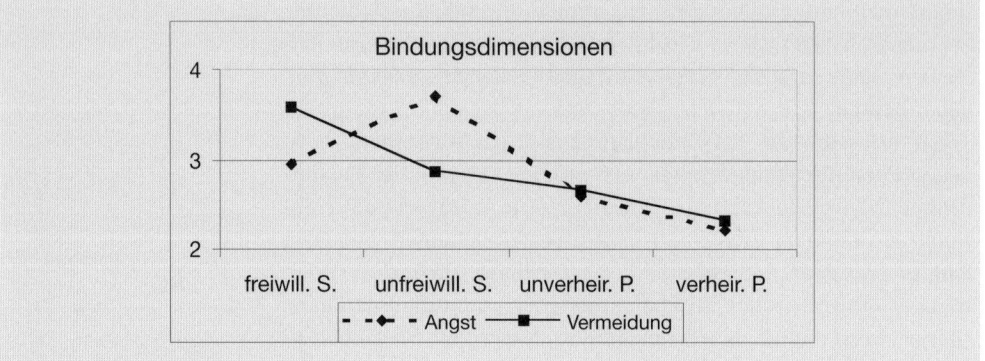

**Abb. 3.2.** Bindungsangst und Bindungsvermeidung bei freiwilligen und unfreiwilligen Singles, verheirateten und unverheirateten Paaren

dungsvermeidender, unfreiwillige Singles bindungsängstlicher als andere sind (s. Abb. 3.2).

> **Die Dauer des Single-Seins steht bei den Singles in keinem Zusammenhang mit Bindungsangst und Bindungsvermeidung. Singles, die bindungsvermeidender sind, wollen jedoch noch für längere Zeit Single bleiben.**

Die Dauer des Single-Seins steht bei den Singles in keinem Zusammenhang mit Bindungsangst und Bindungsvermeidung, doch wollen diejenigen Singles, die bindungsvermeidender sind, noch für längere Zeit Single bleiben. Diese Befunde lassen den Schluss zu, dass Bindungsunsichere von vornherein davor zurückscheuen, eine feste Bindung einzugehen, also erst gar keine Partnerschaft eingehen. Es deutet sich aber auch an, dass Bindungsunsichere größere Probleme innerhalb von Beziehungen haben. Es hat sich gezeigt, dass Personen in Abhängigkeit ihres Bindungsstils unterschiedlich auf stressende Ereignisse reagieren. Nach der Diskussion und dem Lösungsversuch von mehr oder weniger bedeutsamen Probleme reagierten ängstlich-ambivalente Frauen mit eindeutig größerem Stress und Ängstlichkeit und verhielten sich in negativerer Weise; vermeidend gebundene Männer wurden als weniger warm und unterstützend bei der Diskussion bedeutsamer Probleme eingeschätzt (Simpson et al., 1996). Der Schluss liegt nahe, dass Singles aufgrund ihres Bindungsstils und ihres destruktiveren Konfliktlösestils in der Tat mehr Schwierigkeiten innerhalb ihrer früheren Partnerschaften gehabt haben könnten und dass ihre Beziehungen deshalb gescheitert sind. Dies würde bedeuten, dass Bindungsunsichere leichter zum Single werden.

Andererseits haben sich auch Hinweise darauf ergeben, dass, anders als ihre theoretische Konzeption entlang John Bowlbys Bindungstheorie zunächst hatte vermuten lassen, die Bindungsstile nicht in jedem Fall übergreifend, stabil und unveränderlich sind. In Abhängigkeit von verschiedenen Lebensphasen mit einschneidenden Erlebnissen wie Heirat oder Trennung scheinen sie zumindest bei einem Drittel der Personen veränderbar zu sein, wie eine 4-jährige Längsschnittstudie von Davila et al. (1997)

offenbart. Das bedeutet also, dass Personen nach dem Scheitern einer Beziehung bindungsunsicherer werden bzw. umgekehrt, nach dem Eingehen einer Beziehung bindungssicherer werden. Für Letzteres spricht, dass das aktuelle »Sichverlieben« das Selbst-Konzept zu verändern und das Selbstbewusstseins zu erhöhen scheint (Aron et al., 1995).

Eine dritte Alternative, den Unterschied zwischen Singles (sofern sie nicht verliebt sind) und Paaren (sofern sie verliebt sind) zu erklären, bietet sich damit an: Singles werden erst durch das Scheitern ihrer Beziehung bindungsunsicherer als Paare; gehen sie eine neue Beziehung ein, ändert sich auch ihr Bindungsstil (wieder).

Ungeachtet der möglichen Wirkungsrichtung, spiegelt sich der Bindungsstil von Singles und Paaren auch in ganz konkreten Verhaltensplänen wider: Singles und Paare wurden gefragt, was sie tun würden, wenn an einem Samstagabend, an dem sie eigentlich geplant hatten, auszugehen (ins Kino oder die Kneipe), ihr Partner nun plötzlich keine Lust hat, sie zu begleiten (vorgestellt, sie hätten eine Beziehung). Immerhin ein Drittel der freiwilligen Singles entscheiden sich in diesem Fall dafür, allein zu gehen. Diese Singles haben (mit einer Ausnahme) alle einen eher gleichgültig- bzw. ängstlich-vermeidenden Bindungsstil, verfügen also über ein negatives Fremdbild. Die unfreiwilligen Singles würden genauso wie die Verheirateten zu einem hohen Prozentsatz bei ihrem Partner bleiben. Dies sind vor allem Singles mit einem ängstlich-ambivalenten Bindungsstil, also einem negativen Selbstbild. Zu diesen Prognosen über das eigene Verhalten passt, dass Verheiratete deutlich romantischer sind als andere, freiwillige Singles besonders unromantisch (Studie b). Das Konstrukt Romantizismus umfasst, wie sehr jemand an die Liebe auf den ersten Blick glaubt, der Überzeugung ist, die Liebe bahne sich ihren Weg durch alle Hindernisse, und meint, der idealisierte Partner sei sein Ein und Alles.

> **Verheiratete sind deutlich romantischer als andere, freiwillige Singles besonders unromantisch.**

Lieben Singles vielleicht auf eine andere Art und Weise als Paare dies tun? Sehen sie die Liebe weniger aus pragmatischer, dafür mehr aus spielerischer Sicht? Um dies zu beantworten, wurde auch der Liebesstil, orientiert an den sechs Farben der Liebe von Lee (1976), von Singles und Paare erfasst. Doch anders als vermutet, unterscheiden sich Singles und Paare zunächst nicht in der Ausprägung der sechs Liebesstile. Die differenzierte Analyse offenbart allerdings, dass die freiwilligen Singles, und hier insbesondere die weiblichen, eine auffallend geringe Ausprägung von Mania aufweisen, also wenig besitzergreifend in der Liebe sind. Ganz im Gegensatz übrigens zu den verheirateten Frauen, die zusammen mit den unfreiwilligen Single-Männer die besitzergreifendsten von allen sind. Es deutet sich an, dass die männlichen Singles einen weniger freundschaftlichen Liebesstil als Paar-Männer pflegen. In der Tendenz der Mittelwerte (jedoch nicht signifikant) zeichnen sich die Verheirateten durch ein hohes Maß an Pragma aus (übrigens auch, wenn man nur die Kinderlosen betrachtet), die verheirateten Männer durch leidenschaftliche Liebe und die freiwilligen Single-Männer durch hohe Werte bei Ludus, der spielerischen Liebe. Auch wenn dies zunächst nur als Hinweis gelten kann, so scheint sich abzuzeichnen, dass Singles in der Tat andere Schwerpunkte in der Liebe setzen, wobei auch hier wieder die Wirkungsrichtung offen bleiben muss.

> **Singles setzen andere Schwerpunkte in der Liebe, die Wirkungsrichtung bleibt hier allerdings offen.**

### Soziosexuelle Orientierung

Frei und ungebunden zu sein – damit wird oft nicht nur das Fehlen einer festen Partnerschaft, sondern gleichzeitig auch ein abwechslungsreiches Sexualleben assoziiert. Und so rückten die Partnerlosen unter dem Begriff der »Swinging Singles« in den 70er Jahren das erste Mal ins öffentliche Bewusstsein. Gemeint waren junge Leute, die in jeglicher Hinsicht unstet und ungebunden lebten, auch was ihre wechselnden Liebschaften betraf. Was ist an dem Klischee vom sexuell freizügigen Single tatsächlich dran? Hängen für sie Sex und Liebe wirklich weniger zusammen als für Paare, und haben sie wirklich mehr Sexualpartner?

Simpson und Gangestad (1991) haben für die interindividuellen Differenzen in der Einstellung und im Verhalten in Bezug auf Sexualität das Konstrukt der »soziosexuellen Orientierung« vorgeschlagen. Die soziosexuelle Orientierung lässt sich als bipolare Dimension von restriktiv bis promiskuitiv verstehen. Für sexuell restriktive Personen gehören Sex und Liebe zusammen, sie können Sex nur mit jemandem, mit dem sie sich eng verbunden fühlen, genießen, und können sich nicht vorstellen, sich wohl dabei zu fühlen, gelegentlichen Sex mit wechselnden Partnern zu haben. Entsprechend gering ist die Zahl ihrer One-Night-Stands. Anders sieht es bei den sexuell Freizügigen aus. Sie finden Sex ohne Liebe durchaus o.k. und hatten dementsprechend viele Partner. Dabei hat die soziosexuelle Orientierung nichts damit zu tun, wie häufig jemand Sex hat. Befunde offenbaren Unterschiede zwischen sexuell Restriktiven und Freizügigen in wesentlichen Beziehungsmerkmalen. Restriktive investieren emotional mehr in ihre Beziehungen und zeigen mehr commitment, Freizügige haben eher einen vermeidenden Bindungsstil. Darüber hinaus sind Frauen restriktiver als Männer (Simpson & Gangestad, 1991). Dies deutet einerseits darauf hin, dass Singles nicht nur dem Klischee nach freizügiger als Paare sein könnten, dass aber andererseits auch das Geschlecht eine wichtige Rolle spielen könnte.

Singles erweisen sich tatsächlich als freizügiger, vergleicht man sie mit Paaren – allerdings nur auf den ersten Blick (Studie b). Bei näherem Hinsehen wird deutlich, dass lediglich die freiwilligen Singles freizügiger sind als Paare, unfreiwillige Singles hingegen ebenso restriktiv wie Personen mit festen Beziehungen sind. Männer sind – egal ob sie eine feste Beziehung haben oder nicht – freizügiger eingestellt als ihre jeweiligen weiblichen Pendants. Beim Verhalten offenbart sich jedoch eine klare Wechselwirkung des Beziehungsstatus mit dem Geschlecht. Lediglich die freiwilligen Single-Männer verhalten

> **Während die freiwilligen Singles freizügiger sind als Paare, sind unfreiwillige Singles ebenso restriktiv wie Personen mit festen Beziehungen.**

sich ihrer Einstellung gemäß auch freizügig. Das Verhalten der Frauen unterscheidet sich nicht in Abhängigkeit vom Beziehungsstatus. Die freiwilligen Single-Frauen sind lediglich freizügiger eingestellt, im Verhalten aber ebenso restriktiv wie alle anderen (Studie b).

Mit dem soziosexuellen Verhalten korrespondiert auch die Anzahl bisheriger Sexualpartner. Mit durchschnittlich fast 22 unterschiedlichen Partnerinnen hatten die freiwilligen Single-Männer mit Abstand die meisten Sexualpartnerinnen, mit durchschnittlich nur 3 Partnerinnen bilden die verheirateten Männer das Schlusslicht. Bei den Frauen ist der Unterschied zwischen denen mit und ohne Beziehung weniger ausgeprägt; hier geben die unfreiwilligen Single-Frauen durchschnittlich die wenigsten Partner an. Dabei hegen alle – egal ob Single oder Paar, Mann oder Frau – den Verdacht, weniger Sexualpartner gehabt zu haben, als vergleichbare andere Personen des eigenen Geschlechts. Angemerkt sei, dass die Anzahl von Sexualpartnern in keiner Weise mit der sexuellen Zufriedenheit zusammenhängt; die verheirateten Männer geben ihrem derzeitigen Sexualleben die besten Noten (eine glatte 2), die freiwilligen Single-Männer vergeben trotz der vielen Partnerinnen ihrem Sexualleben nur die Note 4+, die unfreiwilligen Singles beiderlei Geschlechts finden ihr Leben in Bezug auf Sex zz. noch nicht mal ausreichend (Studie b).

Das Muster der Ergebnisse wird auch durch die Ergebnisse eines Experiments zur fiktiven Partnerwahl bestätigt (Studie e). Wir baten Versuchspersonen mit und ohne feste Beziehung sich vorzustellen, sie wären auf einer Single-Party, auf der man über ein Handy andere Gäste (zu sehen auf Fotos) zu einem Drink an der Bar einladen kann, ähnlich wie im berühmten Berliner Kaffee Käse. Männer wählten deutlich mehr Frauen für das kurze Date aus als umgekehrt Frauen Männer. Allerdings offenbart sich hierbei eine – wenngleich schwache – Interaktion von Geschlecht und Beziehungsstatus: Single-Männer versuchten bei mehr Frauen ihr Glück als Paar-Männer, die Single-Frauen erweisen sich hingegen als besonders zurückhaltend. Das soziosexuell freizügigere Verhalten der Single-Männer spiegelt sich also auch in ihren häufigeren Versuchen eine Frau kennen zu lernen wider.

> **Das soziosexuell freizügigere Verhalten der Single-Männer spiegelt sich auch in ihren häufigeren Versuchen eine Frau kennen zu lernen wider.**

Singles und Paare unterscheiden sich im Übrigen nicht signifikant im Fremdgehen oder im Betrogen worden sein. In der Tendenz sind jedoch mehr Single-Männer fremdgegangen als Paar-Männer, und Letztere glauben auch weniger, schon einmal selbst betrogen worden zu sein. Nur ein Drittel der Paar-Frauen glauben, schon mal betrogen worden zu sein, bei den Singles sind es hingegen mehr als die Hälfte, im Fremdgehen zeigt sich kein Unterschied in Abhängigkeit von der Lebensform (Studie d). Diese Frauen könnten die »gebrannten Kinder« der Studie b sein, die aufgrund schlechter Erfahrungen vor einer neuen Beziehung zurückschrecken. Singles sind zwar nicht generell eifersüchtiger. In der Tendenz der Mittelwerte sind wenn, dann die Single-Frauen etwas eifersüchtiger als die Paar-Frauen (Studie d) – offenbar aus gutem Grund.

### Geschlechtsstereotype Persönlichkeitseigenschaften

Ein besonderer Aspekt der Persönlichkeit wird durch die Konstrukte Instrumentalität und Expressivität erfasst, nämlich solche Eigenschaften, die als »typisch männlich« bzw. »typisch weiblich« gelten. Umstritten ist, inwieweit diese Eigenschaften mit dem biologischen Geschlecht und der Einstellung zur Geschlechtsrolle einhergehen.

Wie Ickes (1993) aus Sicht des soziobiologischen Interaktionismus argumentiert, sollten Männer und Frauen mit jeweils geschlechtsstereotyper Ausprägung von Instrumentalität und Expressivität attraktiver auf das jeweils andere Geschlecht wirken. Zwar erweisen sich auf längere Sicht diejenigen Paare als zufriedener, bei denen beide Partner androgyne Eigenschaften, also sowohl typisch maskuline als auch typisch feminine, besitzen, nichtsdestotrotz scheinen geschlechtsstereotype Eigenschaften die erste Attraktion zu fördern (Zanmichieli et al., 1988). Grundsätzlich wirkt sich offenbar Instrumentalität günstig auf die Berufstätigkeit, Expressivität auf eine Partnerschaft aus (zusammenfassend s. Sieverding & Bierhoff-Alfermann, 1992).

> **Geschlechtsstereotype Eigenschaften scheinen die erste Attraktion zu fördern.**

Dies lässt darauf schließen, dass Singles – wie ihnen das Klischee unterstellt – androgyner sind als Paare und daher auf den ersten Blick als Partner weniger attraktiv wirken. Dies sollte dann umso mehr auf die unfreiwilligen Singles zutreffen, die eigentlich gerne einen Partner hätten, nur keinen passenden finden können. Bei den freiwilligen Singles hingegen ist eher zu vermuten, dass sie mehr zur Instrumentalität neigen und weniger kommunale Eigenschaften aufweisen, und daher ganz einfach weniger an Beziehungen interessiert sein könnten.

Singles und Paare wurden hinsichtlich ihrer Ausprägung instrumenteller und expressiver Eigenschaften verglichen (Studie b). Es ergibt sich ein komplexes Muster je nach Freiwilligkeit des Single-Seins bzw. des Verheiratetseins der Paarpersonen und in Abhängigkeit vom Geschlecht (s. Abb. 3.3). Die Interaktion von Beziehungsstatus und Geschlecht prägt sich sowohl bei der Instrumentalität als auch der Expressivität (hier nur marginal) signifikant aus. Die unverheirateten Paar-Männer erweisen sich als ausgesprochen maskulin, die unfreiwilligen Single-Männer als auffallend wenig maskulin. Letztere sind übrigens deutlich weniger maskulin als alle Frauen, die sich ihrerseits im Ausmaß ihrer maskulinen Eigenschaften voneinander nicht unterscheiden, egal ob sie eine Beziehung haben oder nicht. Umgekehrt verfügen unverheiratete Paar-Männer über deutlich weniger feminine Eigenschaften, verheiratete Paar-Männer hingegen über auffallend viel Expressivität (dieser Trend bleibt auch dann noch bestehen, wenn nur die Personen ohne Kinder in die Berechnung einbezogen werden). In der Tendenz der Mittelwerte (aber nicht signifikant) haben unverheiratete Paar-Frauen am meisten feminine Eigenschaften, freiwillige Single-Frauen am wenigsten.

Es stellt sich also heraus, dass, anders als vermutet, besonders die freiwilligen Singles – Männer und noch deutlicher Frauen – über androgyne Eigenschaften verfügen. Sie sind durchsetzungsfähig und können leicht Entscheidungen fällen, sind aber zugleich gefühlsbetont und können sich gut in andere hineinversetzen; dies trifft darüber hinaus auch auf die verheirateten Männer und die unverheirateten Paar-Frauen zu. Gleichzeitig zeichnen sich die freiwilligen Single-Frauen, aber auch die unverheirateten Paar-Männer durch ausgeprägte instru-

> **Besonders die freiwilligen Singles – Männer und noch deutlicher Frauen – verfügen über androgyne Eigenschaften.**

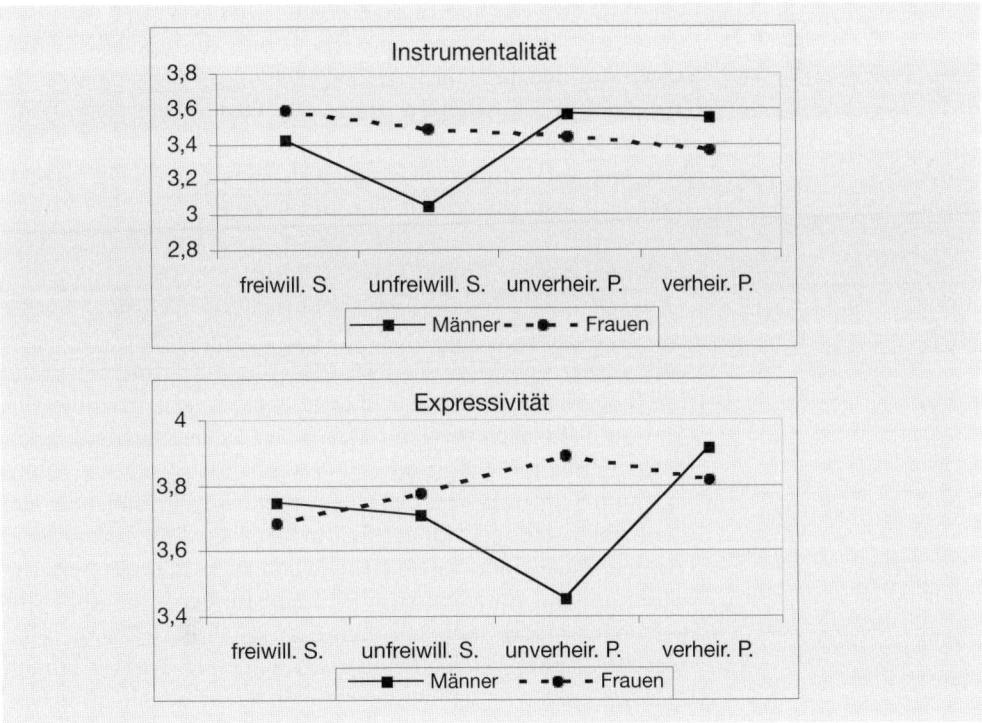

**Abb. 3.3.** Instrumentelle und expressive Persönlichkeitseigenschaften bei männlichen und weiblichen Singles und Paaren

mentelle Eigenschaften aus; sie setzen auf Wettbewerb und sind eher dominant. Damit passen die Single-Frauen noch am ehesten in das Klischee der taffen Karrierefrau, die den Beruf sehr wichtig nimmt und viele instrumentelle Eigenschaften wie Unabhängigkeit, Durchsetzungsfähigkeit und Entscheidungsfreudigkeit in sich vereint. Vor allem der unfreiwillige Single-Mann, der ja eigentlich gerne eine Partnerin hätte, scheint da wenig entgegenzusetzen zu haben. Hier lässt sich in der Tat spekulieren, dass er auf die Single-Frau wenig attraktiv wirkt, zumal er insgesamt deutlich konservativer eingestellt ist als sie (vgl. den Punkt Geschlechtsrollenorientierung).

> **Personen mit instrumentellen Eigenschaften – egal ob mit oder ohne feste Beziehung – finden eine Partnerschaft für sich weniger wichtig.**

Weder bei männlichen noch bei weiblichen Singles hängt im Übrigen die Dauer des Single-Seins mit ihren geschlechtsbezogenen Persönlichkeitseigenschaften zusammen. Es deutet sich an, dass grundsätzlich Personen mit instrumentellen Eigenschaften – egal ob mit oder ohne feste Beziehung – eine Partnerschaft für sich weniger wichtig finden.

### 3.2.4    Haben Singles weniger traditionelle Einstellungen als Paare?

Singles leben eine nichtkonventionelle Lebensform jenseits der traditionellen Ehe und Familie. Wie die Diskussion um den »Wertewandel« (Klages, 1992) nahe legt, könnte die gewählte Lebensform von den jeweiligen Wertvorstellungen, insbesondere von spezifischen Einstellungen zu Ehe und Familie und zum Zusammenleben von Mann und Frau, determiniert sein. Sind Singles also weniger traditionell eingestellt, haben sie einen anderen Lebensentwurf jenseits von Ehe und Familie?

#### Lebensplanung – Kinder, Ehe und Beruf
»Kinderfeindlichkeit« und »Karrieredrang« werden Singles populistisch unterstellt, insbesondere wenn sie weiblichen Geschlechts sind. Meyer und Schulze (1992) fanden in einer Interviewstudie mit Singles, dass etliche der Frauen lange ein ganz traditionelles Ehe- und Familienleben mit klassischer Rollenverteilung gelebt hatten, dann aber aufgrund von Partnerschaftsproblemen plötzlich zum Single wurden. Zunächst notgedrungen, fanden sie sich dann aber nach recht kurzer Zeit in ihr neues Leben ohne festen Partner ein. Sie entdeckten neue Seiten an sich, neues Selbstbewusstsein und vor allem auch Erfüllung im Beruf. Sie wollen auf keinen Fall ihre gewonnenen Freiheiten mit ihrem früheren Leben tauschen, lieber verzichten sie ganz auf einen Partner. Andere befragte Frauen hatten ihre ursprünglich traditionellen Wertvorstellungen bereits innerhalb noch bestehender Partnerschaften verändert und sich aus eigenem Antrieb von einem gegen Än-

derungen resistenten Ehemann getrennt. Viele geschiedene Männer, die nun zwangsläufig als Single leben, wünschen sich hingegen nichts sehnlicher, als so bald wie möglich in den alten, gewohnten Zustand des Ehelebens zurückzukehren.

Offenbar können weniger traditionelle Einstellungen zur Entscheidung, als Single zu leben, führen, aber auch umgekehrt können sich durch ein Leben als Single traditionelle Wertvorstellungen in Bezug auf Ehe, Familie und Beruf wandeln. Das Geschlecht spielt hier offenbar eine wesentliche Rolle. Denn wie Tölke (1998) nachgewiesen hat, profitieren Männer von einer herkömmlichen Ehe stärker als Frauen. Für Männer sind Ehe und Familie durchaus karrierefördernd, für Frauen sind insbesondere Kinder, aber auch eine nichtinstitutionalisierte Partnerschaft eher karrierehindernd.

> **Weniger traditionelle Einstellungen können zur Entscheidung, als Single zu leben, führen, aber umgekehrt können sich auch traditionelle Wertvorstellungen in Bezug auf Ehe, Familie und Beruf durch ein Leben als Single wandeln.**

Die Analyse der eigenen Daten (Studie b) macht deutlich, dass sich Singles zwar nicht in ihrem Kinderwunsch, wohl aber in ihrem Wunsch zu heiraten von den bisher kinderlosen, unverheirateten Paaren unterscheiden. Dies wird umso deutlicher, fragt man genauer nach dem Wert von Ehe, Elternschaft und Beruf und wie intensiv jemand seine Rolle in diesen Lebensbereichen einzunehmen gedenkt, d. h. wie viel Zeit, Geld und Energie er dafür später einmal aufwenden will. McCutcheon (1998) fand, dass Ledige, und besonders ledige Frauen, ihre Rolle im Beruf höher, ihre Rolle als zukünftige Eltern niedriger bewerteten. Bei näherer Betrachtung offenbart sich aber, dass es lediglich die freiwilligen Singles sind, die ebenso wie die unverheirateten Paare mehr als andere auf den Beruf setzen (Studie b). Die Ehe nimmt im Lebensplan der freiwilligen Singles einen besonders geringen Stellenwert ein. Ganz im Gegensatz dazu finden Verheiratete die Ehe und auch die Elternschaft wichtiger als die Singles, wobei auch die unverheirateten Paare weniger Wert auf eine elterliche Rolle legen. Bei den Singles korreliert die Bedeutung von Ehe und Elternschaft im Übrigen nur schwach zu r=0,24, bei den Paaren immerhin im mittleren Bereich zu r=0,46.

Letztlich sind aber weder Single-Männer noch Single-Frauen grundsätzlich gegen Ehe und Kinder eingestellt. Von insgesamt 159 befragten bisher kinderlosen und unverheirateten Singles um die 30 Jahre lehnen nur 28, also nur jeder 6. den Entwurf von Heiraten und Kindern für sich ab. (Anders als die sprichwörtliche »Torschlusspanik« und die »tickende Uhr« vermuten lassen,

> **Weder Single-Männer noch Single-Frauen sind grundsätzlich gegen Ehe und Kinder eingestellt.**

möchten übrigens die kinderlosen Single-Frauen über 30 Jahre im Vergleich zu den gleichaltrigen Single-Männern nicht häufiger heiraten und wünschen sich sogar signifikant seltener Kinder.) Von den kinderlosen und unverheirateten Paarpersonen will weniger als jeder 10. weder heiraten noch Kinder bekommen (zusammengefasst Studie a und b). Das heißt, nur die wenigsten Singles und noch weniger Paare lehnen den traditionellen Entwurf von Heiraten und Kindern definitiv für sich ab. Anders als verheiratete Frauen scheinen aber insbesondere die Single-Frauen Ehe und Kinder weniger zu idealisieren (Hejj, 1997). Bachmann (1992) kommt zu dem Schluss, dass Singles den Entwurf von Ehe und Familie zwar nicht rundherum ablehnen, aber die weiblichen Singles Schwierigkeiten bei ihrer Verwirklichung sehen, gilt ihnen doch ein egalitäres Geschlechterverhältnis als Grundvoraussetzung.

### Einstellungen zur Gesellschafts- und Geschlechterordnung

Anders als vermutet, vertreten Singles nicht insgesamt eine weniger traditionelle Haltung. Weder bei der Verteilung der Geschlechtsrollen noch in Fragen der sozialen Dominanz vertreten sie eine stärker egalitäre Haltung als Paare. Die soziale Dominanz-Orientierung drückt aus, ob man grundsätzlich eher Hierarchien oder Gleichheit in und zwischen Gesellschaften befürwortet, was als Maß für Konservativismus, aber auch Rassismus und Sexismus gelten kann (Sidanius et al., 1991). Die unverheirateten Paar-Frauen haben von allen die am wenigsten traditionelle Einstellung zur Geschlechtsrolle. Gesellschaftlich befürworten die unfreiwilligen Single-Männer und die verheirateten Frauen am ehesten noch eine hierarchische Ordnung, vertreten also konservative Wertvorstellungen.

> **Singles vertreten nicht insgesamt eine weniger traditionelle Haltung.**

### 3.2.5  Bieten und suchen Singles und Paare anderes auf dem Partnermarkt?

Die Wahl eines Partners hängt nicht nur davon ab, was man sucht, sondern auch, was man selbst zu bieten hat. Das Ausmaß, in dem jemand die begehrten Merkmale trägt, kann als sein oder ihr »Marktwert« bezeichnet werden (Buss & Barnes, 1986). Nichtsdestotrotz wünscht sich jeder einen attraktiven Partner, ganz gleich, ob er oder sie selbst attraktiv ist (Shanteau & Nagy, 1979). Männer legen dabei noch größeren Wert auf das Aussehen einer Partnerin; je höher ihr sozialer Status, desto wichtiger finden sie es, eine attraktive Partnerin zu haben (Townsend, 1993). Frauen legen hingegen anders als Männer auch Wert auf Status und Finanzkraft eines Partners (Buss und Barnes, 1986). Zu vermuten ist also, dass statushohe Männer und attraktive Frauen sich einen besonders hohen Anspruch an einen Partner leisten können. Aber gilt dies für Singles genauso wie für Paare? Oder orientieren sich Singles bei der Partnerwahl noch weniger an dem, was sie selbst zu bieten haben und finden womöglich deshalb keinen Partner?

Über 21 mögliche Partnermerkmale hinweg unterscheiden sich Singles und Paare zwar nicht in der absoluten Höhe ihres Anspruchs, wohl aber in der Qualität der Merkmale, die sie bei einem möglichen Partner besonders wichtig finden. Dieser Effekt geht allerdings allein auf die Verheirateten zurück. Verheiratete legen weniger Wert auf solche Merkmale, die auf den Partner als amüsante, unterhaltsame Person verweisen, mit der man gerne seine Zeit verbringt, ohne sich zu langweilen. Dazu zählt das Aussehen und der Sexappeal, aber auch Geselligkeit und Sinn für Humor (Studie b).

Im Vergleich zu Paaren haben Singles auf dem Partnermarkt ähnlich viel bzw. nach eigener Einschätzung sogar mehr zu bieten (Studie b). Finden sich Frauen ohnehin attraktiver als Männer, und zwar egal, ob sie freiwillig oder unfreiwillig Single sind oder eine Beziehung führen, halten sich die freiwilligen Single-Frauen in der Tendenz sogar für besonders attraktiv. Bei den Männern finden sich die freiwilligen Singles und unverheiratet als Paar Lebenden attraktiver als die unfreiwilligen Singles und die Verheirateten (Mittelwertstendenzen). In dem, was sie an Ressourcenpotenzial, also an Einkommen und Bildung zu bieten haben, unterscheiden sich Single-Frauen und -Männer ebenfalls nicht sehr deutlich von den Paaren, obgleich sie in der Tendenz eher ressourcenschwächer zu sein scheinen (allerdings nur im Gegensatz zu unverheirateten, nicht aber zu verheirateten Paaren).

Auch wenn sich generell Singles und Paare weder in dem, was sie zu bieten haben noch in dem, was sie suchen auf dem Partnermarkt sonderlich unterscheiden, so findet sich dennoch ein Indiz dafür, warum Singles und Paare sind, was sie sind. Es sieht so aus, als nähmen die Singles bei der Partnerwahl weniger Rücksicht auf ihren eigenen Marktwert. Weibliche Singles haben nämlich auch dann noch einen hohen Anspruch an einen Partner, wenn sie sich selbst nicht als sonderlich attraktiv bezeichnen. Frauen mit einer festen Beziehung orientieren sich mit ihren Ansprüchen mehr an ihrer Attraktivität. Das Gleiche gilt für die Single-Männer in puncto Ressourcenpotenzial. Bei den Single-Männern haben Ressourcenstarke wie Ressourcenschwache dieselben Ansprüche, bei den Paaren legen die Ressourcenschwachen auch entsprechend geringere Maßstäbe an eine Partnerin an (s. Abb. 3.4). Findet sich bei den Männern überhaupt kein Effekt des Beziehungsstatus in Abhängigkeit ihrer Attraktivität, deutet sich bei den Frauen eine Wechselwirkung von Beziehungsstatus und Ressourcenpotenzial an: Ressourcenstarke Single-Frauen erheben sehr hohe Ansprüche an einen Partner, während die ressourcenstarken Paar-Frauen auffallend bescheiden sind. Im Übrigen senken die Singles ihren Anspruch auch dann nicht, wenn sie sich sehr einen Partner wünschen *und* bzw. *oder* schon lange Singles sind (alle Ergebnisse Studie b).

> **Auf dem Partnermarkt unterscheiden sich Singles und Paare weder in dem, was sie bieten noch in dem, was sie suchen. Aber Singles nehmen bei der Partnerwahl weniger Rücksicht auf ihren eigenen Marktwert.**

Interessant ist an dieser Stelle auch der Einfluss des eigenen Marktwertes auf die soziosexuelle Orientierung. Salopp gesagt: Nicht alle können, wie sie wollen, weil sie auf dem Partnermarkt einfach zu schlechte Karten haben. Es deutet sich beim soziosexuellen Verhalten eine Dreifach-Interaktion von Beziehungsstatus, Geschlecht und Attraktivität an. Fühlen sich Männer wenig attraktiv, verhalten sie sich als Single und als Paar gleichermaßen restriktiv. Fühlen sich Männer hingegen attraktiv, verhalten sie sich zwar als Paar nach wie vor restriktiv, als Single jedoch freizügig. Bei Frauen ist das Muster noch deutlicher: Fühlen sie sich wenig attraktiv, sind Single-Frauen restriktiv, Paar-Frauen tendenziell freizügiger. Fühlen sie sich hingegen attraktiv, sind Singles freizügig, Paar-Frauen besonders restriktiv (Studie b).

> **Männer und Frauen, die sich attraktiv fühlen, verhalten sich zwar als Paar restriktiv, als Single jedoch freizügig.**

Nun stellt sich hier die Frage nach der Wirkungsrichtung: Ermöglicht den Singles ihre Attraktivität ihre größere Freizügigkeit, d.h. können sie sich freizügig verhalten, weil sie tatsächlich attraktiver sind, also mehr Chancen auf dem Partnermarkt haben oder macht umgekehrt der Erfolg beim anderen Geschlecht, dass sie sich attraktiver fühlen? Es zeigt sich, dass generell diejenigen, die finden, dass sie besser aussehen, mehr kurze Beziehungen hatten, egal ob sie Single oder Paar sind. Allerdings korreliert die selbst eingeschätzte Attraktivität in keiner Weise mit der fremd

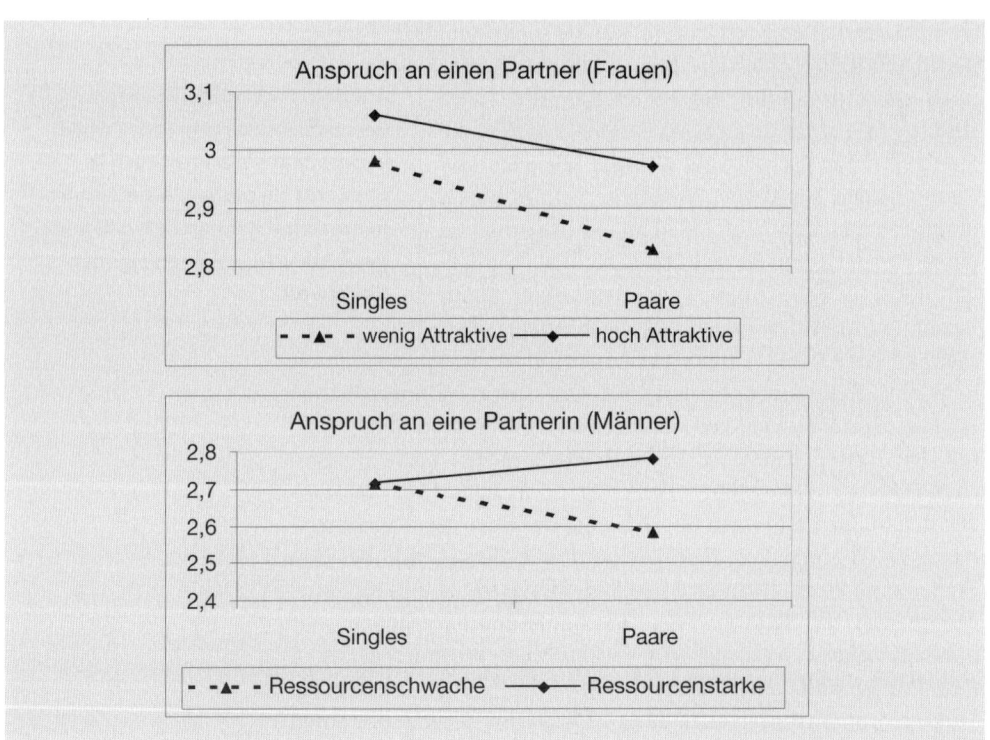

**Abb. 3.4.** Der Anspruch bei der Partnerwahl in Abhängigkeit vom eigenen Marktwert bei männlichen und weiblichen Singles und Paaren

eingeschätzten Attraktivität. So spielt die »objektive« Attraktivität, erfasst über die Fremdeinschätzung, auch keine Rolle für die Anzahl kurzer Beziehungen, ebenso wenig zeigt sich eine Wechselwirkung mit dem Beziehungsstatus. Gerade die Single-Männer scheinen sich in Bezug auf ihre Attraktivität zu überschätzen. Bei ihnen findet sich eine deutliche Diskrepanz von Selbst- und Fremdeinschätzung der Attraktivität. Die Single-Männer halten sich für attraktiver als andere sie sehen (Studie e). Das bedeutet, zumindest bei den Single-Männern könnte in der Überschätzung des eigenen Marktwertes gekoppelt mit einer ohnehin geringen Orientierung selbst am überschätzten Marktwert eine Ursache für ihr Single-Dasein gefunden sein. Gemessen an dem, was sie zu bieten haben, suchen sie eine zu attraktive Partnerin – offenbar vergebens.

> **Eine Ursache für das Single-Dasein könnte bei Single-Männern in der Überschätzung des eigenen Marktwertes und der ohnehin geringen Orientierung selbst am überschätzten Marktwert liegen.**

---

**Die Bewertung von Beziehungsqualitäten in Abhängigkeit vom Beziehungsstatus (Küpper & Hassebrauck, 2001)**

Wie schon erwähnt steht eine gute Beziehung oder Ehe nach wie vor nahezu an der Spitze von Werten, die sich Menschen für ein glückliches Leben wünschen (Datenreport, 2000). Aber was bedeutet genau eine »gute Beziehung«, und verstehen alle Menschen das Gleiche darunter? Hassebrauck (1997) hat Probanden dazu befragt und festgestellt, dass sich die genannten Merkmale faktorenanalytisch zu vier Dimensionen zusammenfassen lassen:

– Intimität (u.a. Vertrauen, Geborgenheit), bei der es um Nähe und Vertrautheit geht,
– Übereinstimmung (u.a. gleiche Freunde, gemeinsame Aktivitäten), bei der es um die Ähnlichkeit geht,
– Unabhängigkeit (u.a. eigene Freunde und Interessen zu haben, seine Individualität zu bewahren) und
– Sexualität (sexuelle Zufriedenheit, Körperkontakt).

Je unzufriedener Personen mit ihrer Beziehung sind, desto mehr wird ihre allgemeine Zufriedenheit mit ihrer Beziehung vom Vorhandensein dieser Merkmale bestimmt, d.h., desto systematischer denken sie über ihre Beziehung nach (Hassebrauck & Fehr, 2002).

Nun wollten wir wissen, ob die Bedeutsamkeit bestimmter Merkmale einer guten Beziehung mit der Lebensform variiert. Um dies herauszufinden, ließen wir über 300 Probanden in unterschiedlichen Lebensformen (Singles, unverheiratete Paare, die nicht zusammen wohnten, unverheiratete Paare, die zusammen wohnten, und verheiratete Paare) insgesamt 64 Merkmale nach ihrer Wichtigkeit für eine gute Beziehung einschätzen, unabhängig davon, ob sie in ihrer aktuellen Beziehung – sofern sie eine haben – vorhanden sind oder nicht (1=gar nicht wichtig; 7=sehr wichtig).

Die Ergebnisse zeigen, dass mit zunehmender Verbindlichkeit der Beziehung Merkmale der Übereinstimmung, z. B. gleiche Interessen, immer wichtiger werden. Singles, insbesondere die männlichen, finden Übereinstimmung mit dem Partner ziemlich unwichtig, Verheiratete halten hingegen diese für besonders wichtig. Umgekehrtes gilt für Intimität und Unabhängigkeit: Finden Singles Intimität und Unabhängigkeit (noch?) sehr wichtig, finden dies Verheiratete, insbesondere die verheirateten Männer, nicht (mehr?). In der Bewertung von Sexualität unterscheiden sich nur die Verheirateten von allen anderen – sie finden Sexualität am unwichtigsten von allen. Über die üblichen Geschlechtseffekte hinaus, zeigt sich keinerlei Wechselwirkung von Geschlecht und Beziehungsstatus.

In einer zweiten Untersuchung haben wir die Singles noch einmal genauer betrachtet, und freiwillige (33) und unfreiwillige (56) Singles miteinander verglichen. Freiwillige Singles finden Unabhängigkeit wichtiger, unfreiwillige Singles Übereinstimmung. In der Bewertung von Intimität und Sexualität unterscheiden sich beide Gruppen nicht. Die Dauer des Single-Seins hat interessanterweise keinen Einfluss auf die Bewertung der Merkmale einer guten Beziehung.

Wie vermutet, beeinflusst also in der Tat die Verbindlichkeit des Beziehungsstatus und darüber hinaus auch die Überzeugtheit vom eigenen Status als Single die Bewertung von Beziehungsqualitäten.

## 3.3    Single- und Paar-Sein als Lebensphase

Es zeigen sich Unterschiede zwischen Singles und Paaren in einigen wichtigen Konstrukten der Beziehungs- und Geschlechterforschung. Allerdings spielen bei vielen Merkmalen auch das Geschlecht und die Überzeugtheit vom eigenen Beziehungsstatus eine wichtige Rolle.

Es schließt sich die Frage an, als wie fundamental die gefundenen Unterschiede zwischen Singles und Paaren interpretiert werden sollten. Dies hängt nicht zuletzt davon ab, wie stabil der Untersuchungsgegenstand selbst ist, d. h., wie stabil das jeweilige Beziehungsgefüge ist, über das die Lebensform definiert wird. Sind Singles und Paare dauerhafte, stabile Lebensformen oder lässt sich nicht vielmehr jede Lebensform auch als Lebensphase auffassen?

Shostak (1987) schlug ein Kategorisierung der Singles in 4 Typen vor, die sich in Freiwilligkeit und Dauerhaftigkeit ihres Single-Daseins unterscheiden sollten (wobei er hierunter jedoch Ledige zählte). Die »Ambivalenten« sind danach zwar zz. freiwillig Single, aber durchaus offen für eine neue Beziehung, ganz im Gegensatz zu den »Überzeugten«, die nach Shostak freiwillig Single sind und dies auch bleiben möchten. Die »Hoffnungsvollen« sind unfreiwillig Single und suchen – wenngleich bisher erfolglos – nach einem neuen Partner, wohingegen die »Resignierten« frustriert aufgegeben haben, überhaupt nach einer Beziehung zu suchen und sich desillusioniert ihrem vermeintlichen Schicksal ergeben haben.

> **Eine Typologie klassifiziert Singles als »ambivalent«, »überzeugt«, »hoffnungsvoll« oder »resigniert«.**

Nicht alle diese Single-Typen lassen sich jedoch auch empirisch nachweisen. Von insgesamt fast 200 befragten Singles (Studie a und b) gibt ca. ein Drittel an, zz. freiwillig ein Single zu sein, aber durchaus mehr oder weniger intensiv nach einem Partner zu suchen, kann damit also zum ambivalenten Typ gezählt werden. Dabei spielte es aber keine Rolle, wie lange jemand schon Single ist, d. h., diejenigen, die schon lange allein sind, suchen nicht dringlicher einen Partner. Nur 15 Singles sagen, gar nicht auf der Suche nach einem Partner zu sein, wobei kein Single sagte, sich »nie« einen Partner zu wünschen. Keiner der Singles, auch nicht der freiwilligen, will für immer Single bleiben. Damit entpuppen sich auch die freiwilligen Singles höchstens als begrenzt überzeugte Singles auf Zeit. Nur 2 der unfreiwilligen Singles gehörten zum resignierten Typ, haben also die Suche nach einem Partner aufgegeben. Die überwiegende Zahl der befragten Singles gehören damit zum »hoffenden Typ«.

Nur 15 Befragte hatten noch nie eine feste Partnerschaft, die länger als 6 Monate gedauert hat. Die allermeisten waren im Durchschnitt weniger als 2 Jahre Single und wollten es, wenn sie es sich frei aussuchen könnten, im Durchschnitt nur noch 8 Monate bleiben (Studie a). Nur ein einziger Single sagte, es wäre ihm »gar nicht wichtig«, eine Partnerschaft zu haben. Das heißt, das Single-Dasein wird von nahezu allen nicht nur als Durchgangsstadium betrachtet, sondern auch als solches gelebt. Den überzeugten, freiwilligen Single auf Dauer scheint es so gut wie nicht zu geben. Wie Jutta Kern (1998) festgestellt hat, bildet sich eine Identität als Single nicht prospektiv, sondern an »Bruchstellen« des Lebens heraus, wenn also »falsche Zeitpunkte« und »falsche Zusammenhänge« den Single single haben bleiben lassen (Kern, 1998, S. 263).

Die Gründe, die die Singles in den Studien a und b dafür angaben, zz. keinen Partner zu haben, waren vielfältig. Viele sagten, sie hätten den oder die Richtige einfach noch nicht gefunden, seien zu wählerisch oder zu schüchtern oder hätten zu wenig Gelegenheit, jemanden kennen zu lernen. Manche der freiwilligen Singles sagten aber auch, recht glücklich mit ihrem Single-Dasein zu sein, weil »ich nun tun und lassen kann, was ich will«. Interessanterweise scheinen diejenigen, die sich eigentlich sehr einen Partner wünschten, keine aktiveren Strategien bei der Partnersuche zu verwenden. Nur jeder 10. unfreiwillige Single gab an, schon einmal selbst eine Kontaktanzeige aufgegeben bzw. auf eine geantwortet zu haben. Sie verlassen sich vor allem auf den Zufall und warten einfach ab, sprechen aber nicht von sich aus aktiv Männer oder Frauen, die ihnen gefallen, an (Studie b). Mit Burkhart (1997) lässt sich also feststellen, dass offenbar nur die wenigsten Personen niemals in ihrem Leben eine Phase in einer nichtkonventionellen Lebensformen verbringen. Es erscheint angemessen, auch die Lebensform des Single eher als Lebensphase zu begreifen, durch die fast jeder einmal geht.

> **Die Lebensform des Single ist als Lebensphase zu begreifen, durch die fast jeder einmal geht.**

Auch die Lebensform der Paare erweist sich, auf längere Sicht betrachtet, eher als Lebensphase. Wie das späte Heiratsalter von Frauen und Männern und die hohen Scheidungszahlen nahe legen, leben die meisten eine Phase in ihrem (Erwachsenen-)Leben außerhalb der Ehe (auf jeden Fall vor, aber zunehmend auch nach einer Ehe oder zwischen zwei Ehen). Zieht man die Angaben von insgesamt 161 befragten Paaren (Studie b, c und e) zwischen 18 und 51 Jahren hinzu, hatte die überwiegende Zahl bereits andere feste Beziehungen vor ihrer aktuellen Partnerschaft. Das bedeutet, dass die meisten Personen im mittleren Erwachsenenalter nicht nur eine Phase außerhalb der Ehe, sondern auch ganz ohne feste Partnerschaft, also als Single verbracht haben oder verbringen werden (es sei denn, man geht von einem »fliegenden Wechsel« zwischen 2 Beziehungen aus, was zu überprüfen bleibt).

Ist das Single- oder Paar-Sein nun Ursache oder Folge bestimmter Merkmalsausprägungen? Für beide Annahmen lassen sich Hinweise finden. Betrachtet man noch einmal genauer die Merkmale, in denen sich Singles und Paare unterscheiden, fällt auf, dass etliche dieser Merkmale eng mit dem jeweiligen Beziehungsstatus verbunden sind. Singles sind weniger glücklich, fühlen sich häufiger einsam, sind weniger verträglich und bindungsängstlicher bzw. bindungsvermeidender, be-

> **Viele Merkmale, in denen sich Singles und Paare unterscheiden, sind eng mit dem jeweiligen Beziehungsstatus verbunden.**

zeichnen sich etwas häufiger als gebranntes Kind (nur die weiblichen Singles), sind weniger romantisch als Verheiratete, finden sowohl Intimität als auch Unabhängigkeit besonders wichtig, verhalten sich sexuell freizügiger (nur die freiwilligen Single-Männer), sind gleichzeitig aber weniger zufrieden mit ihrem derzeitigen Sexualleben. Dies alles können Unterschiede sein, die erst durch das Single- bzw. Paar-Sein hervorgerufen werden. Dafür spricht auch, dass sich zwischen verheirateten und nichtverheirateten Paaren in einigen Merkmalen deutliche Unterschiede finden, die z. T. die Unterschiede zwischen Singles und Paaren überlagern. Für die untersuchten Konstrukte, die wie der Bindungsstil, die Persönlichkeitseigenschaft Verträglichkeit und die soziosexuelle Orientierung als recht stabil und übergreifend konzipiert sind, würde diese Variabilität mit der Lebensform bedeuten, dass sie weniger Trait-Charakter haben, als ihre theoretische Konstruktion vermuten lässt.

Gleichzeitig gibt es aber auch Indizien, die darauf verweisen, dass Singles und Paare aufgrund ihrer Eigenschaften sind, was sie sind. Nimmt man an, dass die Konstrukte der Persönlichkeit, wie der Bindungsstil, die Big Five und die soziosexuelle Orientierung tatsächlich recht stabile Eigenschaften sind, kann man sie als Ursache für den jeweiligen Beziehungsstatus interpretieren. Und es lassen sich auch weitere Hinweise für einen ursächlichen Zusammenhang finden. So neigen Singles bei Konflikten in der Beziehung nach eigener Aussage etwas stärker zu destruktiven Verhaltensweisen, ihre Beziehungen waren kürzer, und sie haben sich bisher weniger häufig so richtig verliebt, wollen nicht auf jeden Fall später einmal heiraten, zeigen in der Tendenz einen weniger besitzergreifenden Liebesstil (nur die freiwilligen Single-Frauen), weniger freundschaftlichen Liebesstil (nur die Single-Männer) und einen weniger pragmatischen Liebesstil als Verheiratete, sind als männlicher Single weniger maskulin, als weiblicher Single besonders instrumentell, sind soziosexuell freizügiger eingestellt, legen weniger Wert auf solche Merkmale eines Partner, die auf seine guten Qualitäten als Ehepartner verweisen als Verheiratete dies tun und scheinen sich bei der Partnerwahl weniger von ihrem Marktwert oder der Dringlichkeit ihres Partnerwunsches leiten zu lassen. Diese Unterschiede könnten auch als ursächlich für den Beziehungsstatus interpretiert werden und zwar zum einen dahingehend, dass Singles sich schneller aus bestehenden Beziehungen lösen, zum anderen auch, dass sie weniger leicht eine Beziehung eingehen, weil sie keinen Partner finden, der sie will, und den sie wollen.

> **Konstrukte der Persönlichkeit, wie der Bindungsstil, die Big Five und die soziosexuelle Orientierung sind recht stabile Eigenschaften und können auch als Ursache für den jeweiligen Beziehungsstatus interpretiert werden.**

## Zusammenfassung

Singles werden in der Öffentlichkeit viel diskutiert und mit etlichen Klischees behaftet, die sie von Nicht-Singles unterscheiden sollen. Auch die Thesen von der Individualisierung und Pluralisierung stellen das Single-Sein als besondere, von anderen verschiedene Lebensform heraus. Es stellt sich die Frage, ob bzw. inwieweit sich Singles, definiert als Partnerlose im mittleren Erwachsenenalter, tatsächlich in konkreten Merkmalen von Paaren unterscheiden.

Es wird deutlich, dass Singles nicht pauschal andere, weniger traditionelle Einstellungen z.B. zur Geschlechtsrolle oder zu Kindern und Beruf haben. Hier ist eine differenziertere Betrachtung je nach Freiwilligkeit des Single-Seins, bzw. des Verheiratet-Seins der Paare unter Hinzuziehung des Geschlechts angeraten. Wenn, dann unterscheiden sich Singles von Paaren vor allem in solchen Merkmalen, die eng mit dem jeweiligen Beziehungsstatus verknüpft sind wie einem weniger sicheren Bindungsstil, einem destruktiveren Konfliktlösestil und einem geringeren Wohlbefinden. Zudem wären ihnen in Beziehungen andere Aspekte wichtig als denen, die zz. in einer Partnerschaft leben. Darüber hinaus haben sie eher solche Persönlichkeitseigenschaften, die sich in engen Beziehungen als schwierig erweisen könnten.

Diese Unterschiede können sowohl als Ursache als auch als Folge der jeweiligen Lebensform als Paar oder Single interpretiert werden. Es deutet sich aber zumindest auch eine mögliche ursächliche Erklärung der jeweiligen Lebensform an: Singles scheinen ihren Anspruch an einen Partner weniger an ihrem Marktwert und ihrem Partnerwunsch zu orientieren.

Insgesamt erweist sich das Single-Sein, aber auch das Paar-Sein eher als Lebensphase. Auch die Singles hatten bereits feste Partnerschaften und wünschen sich für ihre Zukunft wieder einen Partner. Selbst diejenigen, die sich zz. als freiwillige Singles bezeichnen, wollen nicht für immer Single bleiben. Diese Feststellung hat Implikationen sowohl für das Verständnis von Lebensformen als Lebensphasen als auch für die Berücksichtigung von Lebensformen bei der Untersuchung und Konzeption von Konstrukten der Beziehungsforschung.

## Literatur

Amtsberg, A., Küpper, B. & Hassebrauck M. (2001). Wollen, können, wählen. Die Partnerwahl in Abhängigkeit von Anschlussmotiv und eigenem Marktwert. Unveröffentlichte Daten, Bergische Universität Wuppertal.

Aron, A., Aron, E.N. & Paris, M. (1995). Falling in love – prospective studies of self-concept change. Journal of Personality and Social Psychology, 69, 1102-1112.

Bachmann, R. (1992). Singles. Frankfurt a. M.: PeterLang.

Beck, U. (1986). Risikogesellschaft. Auf dem Weg in eine andere Moderne. Frankfurt: Suhrkamp.

Beck-Gernsheim, E. (1994). Auf dem Weg in die postfamiliare Familie – Von der Notgemeinschaft zur Wahlverwandtschaft. In: U. Beck & E. Beck-Gernsheim (Hrgs.). Riskante Freiheiten (S. 115-138). Frankfurt: Suhrkamp.

Bertram, H. (1995). Das Individuum und seine Familie. Opladen: Leske+Budrich.

Bierhoff, H. W. & Grau, I. (1999). Romantische Beziehungen. Bern: Huber.

Bowlby, J. (1969/1975). Bindung. Frankfurt: Fischer.

Brennan, K.A. & Shaver, P.R. (1998). Attachment styles and personality disorders: Their connections to each other and to parental divorce, parental death, and perceptions of parental caregiving. Journal of Personality, 835-878.

Burkart, G. (1997). Lebensphasen – Liebesphasen: Vom Paar zu Ehe, zum Single und zurück? Opladen: Leske+Budrich.

Buss, D. M. & Barnes, M. (1986). Preferences in human mate selection. Journal of Personality and Social Psychology, 50, 559-570.

Datenreport (2000). Statistisches Bundesamt. Bundeszentrale für politische Bildung.

Davila, J., Burge, D. & Hammen C. (1997). Why does attachment style change? Journal of Personality and Social Psychology, 73, 826-838.

Der Spiegel (10/2000). Singles- zwischen Freiheit und Einsamkeit.

Focus (46/98) ...und plötzlich wieder Single.

Hassebrauck (1997). Cognitions of relationship quality: A prototype analysis of their structure and consequences. Personal Relationships, 4, 163-185.

Hassebrauck, M. & Fehr, B. (2002). Dimensions of relationships quality. Journal of Personal Relationships, 9, 253-270.

Hassebrauck, M. & Küpper, B. (1999). Das Stereotyp vom Single. Unveröffentlichte Untersuchung, Gustav-Mercator-Universität Duisburg.

Hazan, C. & Shaver, P. (1987). Romantic love conceptualized as an attachment process. Journal of Personality and Social Psychology, 52, 511-524.

Hejj, A. (1997). Jung, ledig sucht? Die Welt der Singles. Zeitschrift für Familienforschung, 9, 26-47.

Hradil, S. (1995). Die »Single-Gesellschaft«. Schriftenreihe des Bundeskanzleramtes, Bd. 17. München: Beck.

Ickes, W. (1993). Traditional gender roles: Do they make, and then break, our relationships? Journal of Social Issues, 49, 71-85.

Kern, J. (1998). Singles. Biographische Konstruktionen abseits der Intim-Dyade. Opladen: Westdeutscher Verlag.

Klages, H. (1992). Die gegenwärtige Situation der Wert- und Wertwandelforschung – Probleme und Perspektiven. In: H. Klages, H.-J. Hippler & W. Herbert (Hrsg.). Werte und Wandel, S. 5-39, New York: Campus .

Küpper, B. (2000a, b). Sind Singles anders als die anderen? Ein Vergleich von Singles und Paaren. Dissertation an der Ruhr-Universität Bochum.

Küpper, B. (2001). Sind Singles weniger restriktiv? Die Soziosexuelle Orientierung in Abhängigkeit von Beziehungsstatus und Attraktivität. Vortrag auf der 8. Tagung der Fachgruppe Sozialpsychologie in Würzburg.

Küpper, B. & Hassebrauck (2001). What's important for a good relationship? The influence of relationship status on evaluations of relationship quality. Poster präsentiert auf der International Conference on Personal Relationships 2001 in Prescott, AZ, USA.

Lee, J. A. (1976). The colours of love. Englewood Cliffs, NJ: Prentice-Hall.

McCarthy, G. (1999). Attachment style and adult love relationships and friendships: A study of a group of women at risk of experiencing relationship difficulties. British journal of medical psychology, 72, 305-321.

McCutcheon, L. E. (1998). Life Role Salience Scales: Additional evidence for construct validation. Psychological Reports, 83, 1307-1314.

Meyer, S. & Schulze, E. (1992). Balancen des Glücks. Neue Lebensformen: Paare ohne Trauschein, Alleinerziehende und Singles. München: Beck.

Mitterauer, M. (1990). Historisch-Anthropologische Familienforschung. Wien: Böhlau.

Müller, E. (1994). Zu Paaren getrieben – Die neuen Liebesspiele im Fernsehen. In: G. Grötzinger (Hrsg.), Das Single. Gesellschaftliche Folgen eines Trends (S. 149-167). Opladen: Leske+Budrich.

Neyer, F. J. (1999). Die Persönlichkeit junger Erwachsener in verschiedenen Lebensformen. Kölner Zeitschrift für Soziologie und Sozialpsychologie, 491-508.

Opaschowski, H. W. (1994). Singles: die Hätschelkinder der Konsumgesellschaft. In: G. Grötzinger (Hrsg.), Das Single. Gesellschaftliche Folgen eines Trends, S. 25-39, Opladen: Leske+Budrich.

Rohmann, E., Küpper, B. & Schmohr, M. (1999). Unveröffentlichte Daten. Ruhr-Universtität Bochum.

Rusbult, C. E. (1987). Responses to dissatisfaction in close relationships. The exit-voice-loyality-neglect model. In: D. Perlman & S. Duck (Hrsg), Intimate relationships (S. 209-237). Newbury Park, CA: Sage.

Shanteau, J. & Nagy, G.F. (1979). Probability of acceptance in dating choice. Journal of Personality and Social Psychology, 37, 522-533.

Shostak, A. B (1987). Singlehood. In: Sussman, M. B. & Steinmetz, S. K. (Hrsg.). Handbook of Marriage and the Family (S. 355-367). New York: Plenum Press.

Sidanius, J., Cling, B.J. & Pratto, F. (1991). Ranking and linking als a function of sex and gender role attitudes. Journal of Social Issues, 47, (3), 131-149.

Sieverding, M. & Alfermann, D. (1992). Instrumentelles (maskulines) und expressives (feminines) Selbstkonzept: ihre Bedeutung für die Geschlechtsrollenforschung. Zeitschrift für Sozialpsychologie, 23, 6-15.

Simpson, J. A. & Gangestad, S. W. (1991). Individual differences in sociosexuality: Evidence for convergent and discriminant validity. Journal of Personality and Social Psychology, 60, 870-883.

Simpson, J.A., Rholes, W.S. & Phillips, D. (1996). Conflict in close relationships: An attachment perspective. Journal of Personality and Social Psychology, 71, 899-914.

Stroebe, W. & Stroebe, M. (1994). Partnerschaft, Familie und Wohlbefinden. In: A. Abele & P. Becker (Hrsg.). Wohlbefinden (S. 155-174). Weinheim: Juventa.

Tölke, A. (1998). Beruflich erfolgreich durch Ehe und Familie? Zum Zusammenhang von Lebensform und Berufskarriere. In: M. Oechsle & B. Geissler (Hrsg.). Die ungleiche Gleichheit. Junge Frauen und der Wandel im Geschlechterverhältnis. Opladen: Leske+Budrich, S. 131-150.

Townsend, J. M. (1993). Sexuality and partner selection – sex differences among college-students. Ethology and Sociobiology, 14, 305-329.

Zanmichieli, M. E., Gilroy, F. D. & Sherman, M. F. (1988). Relation between sex-role orientation and marital satisfaction. Personality and Social Psychology Bulletin, 14, 747-754.

# 4

# Transgenerationale Interaktionen und Partnerschaft

Peter Kaiser

**P**aarbeziehungen und Herkunftsfamilien der Partner beeinflussen einander weit stärker als allgemein angenommen. Ideologien vom freien Willen und romantischer Liebe autonomer Individuen machen leicht vergessen, dass Partner und Herkunftsfamilien in vielfältiger Wechselwirkung miteinander stehen. Dies beginnt mit der Systemerweiterung der Elterndyade, die durch die Geburt von Kindern zur Familie wird. Kinder bleiben *lebenslang* Mitglieder der Familie, auch wenn sie selbst eine Partnerschaft eingehen und eine eigene Familie gründen. Damit erweitern sich die Herkunftsfamilien der Partner lediglich um ein neues Subsystem und wachsen als Schwiegerfamilien zu einem neuen Gesamtsystem zusammen. Herkunftsfamilien sind für Partnerwahl und Partnerschaft bedeutsam, weil sie

1. partnerschaftsrelevantes Erbgut weitergeben,
2. wesentliche *Entwicklungs*- und *Sozialisationsinstanzen* mit Beispiel- und Vorbildcharakter auch für Partnerwahl und Paarbeziehung darstellen,
3. meist lebenslang in engem Kontakt mit dem Paar stehen und als Quelle und Empfänger *sozialer Unterstützung* einen wesentlichen Systemkontext für dieses darstellen,
4. auch post mortem über Vermächtnisse, Verfügungen und ihren Nachlass nicht selten erheblicher Vermögenswerte, aber auch psychologische Bindungen für ihre Nachkommen Bedeutung haben können.

> Kinder bleiben *lebenslang* Mitglieder der Familie, auch wenn sie selbst eine Partnerschaft eingehen und eine eigene Familie gründen.

Wollen wir verstehen, wie diese transgenerationalen Interaktionen funktionieren und was sie bewirken können, scheint es nützlich, nicht nur genauer zu klären, wie es in den Herkunftsfamilien zugeht, welchen Mechanismen diese unterliegen und was Kinder und Jugendliche in ihren Herkunftsfamilien für ihre eigenen späteren Partnerschaften mitbekommen. Wir haben auch zu untersuchen, wie sich die über die Lebensspanne und darüber hinaus reichenden Interaktionen der Generationen gestalten und wie sich dies auf die Partnerschaftsentwicklung auswirkt. Die elementaren Aktivitäten des täglichen Lebens wie Ernährung und Regeneration, Erotik und emotionale Anerkennung, Gesundheitshandeln und Krisenbewältigung finden zumeist im Rahmen des Familienverbandes statt und werden in ihrer Ausformung dort an die Kinder weitervermittelt (vgl. BMFS, 1994).

Da mit *zwei* Partnern auch *zwei* Herkunftsfamilien miteinander in Kontakt kommen, erhöht sich mit der Gründung einer Paardyade die Komplexität des neuen Gesamtsystems beträchtlich. Dies gilt umso mehr, als die Herkunftsfamilien ja prinzipiell jeweils ein ganzes Verwandtschaftssystem unterschiedlicher Generationen umfassen. Die Interaktionen beider Verwandten-systeme mit dem Paar und die Auswirkungen von deren Familiengeschichte auf die Entwicklung der Partnerschaft sind empirisch noch wenig systematisch erforscht. Auch die Interaktion familialer mit historischen und zeitgeschichtlichen Kontextbedingungen wurde in der psychologischen Partnerschaftsforschung bislang vernachlässigt. Diesbezügliche Ansätze gibt es zwar aus dem Bereich der Mehr-Generationen-Familientherapie, diese haben aber aus methodologischen Gründen eher heuristischen Charakter. Der folgende Beitrag ist daher dem Versuch gewidmet, vorliegende Skizzen, Ansätze und Ergebnisse – ohne diese im Einzelnen nennen und behandeln zu können – zu sichten und in einen Diskussionszusammenhang zu bringen (vgl. Kaiser, 2000, 2002). Hierzu seien zunächst einige methodologische Überlegungen gestattet.

> **Die Interaktionen der Verwandten-systeme mit dem Paar und die Auswirkungen der Familiengeschichte auf die Entwicklung der Partnerschaft sind empirisch noch wenig systematisch erforscht.**

## 4.1 Methodologische Überlegungen

Versucht man die *lebenslangen* Interaktionen zwischen Paaren und ihren Herkunftsfamilien in ihrer Bedeutung für die Paarbeziehung zu erfassen, stellen sich Fragen nach Mechanismen, Inhalten und Ausmaß sowie Zeitraum bzw. Dauer der Interaktion. Daher wird es nur gelingen, Parallelen und Unterschiede im Umgang mit ähnlichen Herausforderungen im Familienzyklus bzw. Lebenslauf festzustellen (z. B. Krisenmanagement, Übergang zur Elternschaft), wenn man deren Partnerschaftsverläufe im Systemkontext der Mehrgenerationenfamilie über die Lebensspanne hinweg untersucht. Je länger eine Partnerschaft währt, und die durchschnittliche Dauer steigt ja mit zunehmender Lebenserwartung weiter an, umso vielfältiger sind die Möglichkeiten, dass sich genetische wie psychosoziale Einflüsse manifestieren (Bertram, 1997). Cicchetti (1999) fordert daher die Analyse des transgenerationalen Entwicklungsverlaufs und der Zusammenhänge zwischen Schutz- und Risikofaktoren. Psychologische Moderatorvariablen können jeweils Emotionen, Kognitionen, vegetative, zentralnervöse, neuroendokrine u. a. Variabalen miteinander verbinden.

> **Je länger eine Partnerschaft währt, umso vielfältiger sind die Möglichkeiten, dass sich genetische wie psychosoziale Einflüsse manifestieren.**

Zur Untersuchung transgenerationaler Entwicklungsverläufe eignen sich natürlich besonders prospektive *Längsschnittstudien*. Sollen genetische Einflüsse überprüft werden, sind dabei Erhebungen von Diskordanzen eineiiger Zwillinge am aussagekräftigsten (Schepank, 1987; Cicchetti, 1999; Rowe & Jacobson, 2000). Solche *Anlage-Umwelt-Studien* vergleichen in Zwillings- oder wenigstens Geschwisteruntersuchungen unterschiedliche Familienkontexte bezüglich genetischer oder psychosozialer Merkmale. Wegen der langen Zeiträume (mindestens zwei Generationen) und der Schwierigkeit, genügend geeignete Zwillingspaare bzw. Geschwister zu finden, ist es indes schwierig, solche Studien zu realisieren. Gerade bei so langen Zeiträumen drohen zugleich Probleme von Testzeit- und Kohorteneffekten. *Genotyp* und *Phänotyp* lassen sich in ihren Effekten nur schwer unterscheiden: Aussagen über Sozialisationseffekte, die *nicht* mittels Zwillings- oder Adoptionsstudien gewonnen sind, müssen aus methodischen Gründen kritisch beurteilt werden, weil mehrere Wirkfaktoren konfundiert sind. Auch Sozialisationsbedingungen sind kaum zu vergleichen, weil selbst in derselben Familie jede Schwangerschaft und Geburt anders bewertet werden und verlaufen, die Geburtsreihenfolge sowie die Entwicklungsbedingungen unterschiedlich ausfallen (Kaiser, 2000). Zuverlässig auf einen genetischen Einfluss weist nur hin, wenn in getrennten Familien aufgewachsene eineiige Zwillinge bestimmte Ähnlichkeiten haben; bei »gleichen« Umweltbedingungen weist größere Ähnlichkeit eineiiger gegenüber zweieiigen Zwillingen ebenfalls auf höheren genetischen Einfluss hin. Dabei ist zu berücksichtigen, dass auch Kinder, die in der selben Familie aufwachsen, durchaus unterschiedliche Entwicklungsbedingungen haben können, wenn sie z. B. *unerwünscht* waren, besondere *Merkmale* besitzen oder eine bestimmte *Position* im Familiensystem einnehmen (Rowe & Jacobson, 2000; Kaiser, 1989, 2000).

> **Ähnlichkeiten zwischen eineiigen Zwillingen, die in getrennten Familien aufgewachsen sind, weisen auf einen genetischen Einfluss hin.**

Eine praktikablere Möglichkeit zur Untersuchung transgenerationaler Entwicklung bieten *Follow-back-Studien*: Hier werden zu einem festgelegten Zeitpunkt solche Paare untersucht, über die Informationen aus früheren Entwicklungsphasen im Rahmen ihrer Herkunftsfamilie verfügbar sind. Diese Informationen lassen sich mit den aktuellen in Beziehung setzen, um so Kontinuitäts- und Veränderungsmuster festzustellen. Hierzu müssen indes die verfügbaren Informationen hinreichend einheitlich und konsistent und die Lebensumstände und Merkmale der Herkunftsfamilie klassifizierbar sein (z. B. Geburts-, Sterbe- oder Krankheitsdaten). Schwieriger wird es mit lebensweltlichen (Re-)Konstruktionen über die Vergangenheit einer Familie. Diese wären dann durch Befragen von Zeitzeugen oder den Abgleich mit anderen Informationen zu überprüfen. Mit *Follow-back-Studien* lassen sich interessante Erkenntnisse gewinnen, die mit anderen Verfahren nicht zu erlangen wären. Ein v. a. für die transgenerationale Familienforschung interessantes qualitatives und quantitatives Verfahren ist die *genographische Mehrebenenanalyse* mittels Genogramm (s. Abb. 4.1). Hier werden zunächst anhand meist gut dokumentierter

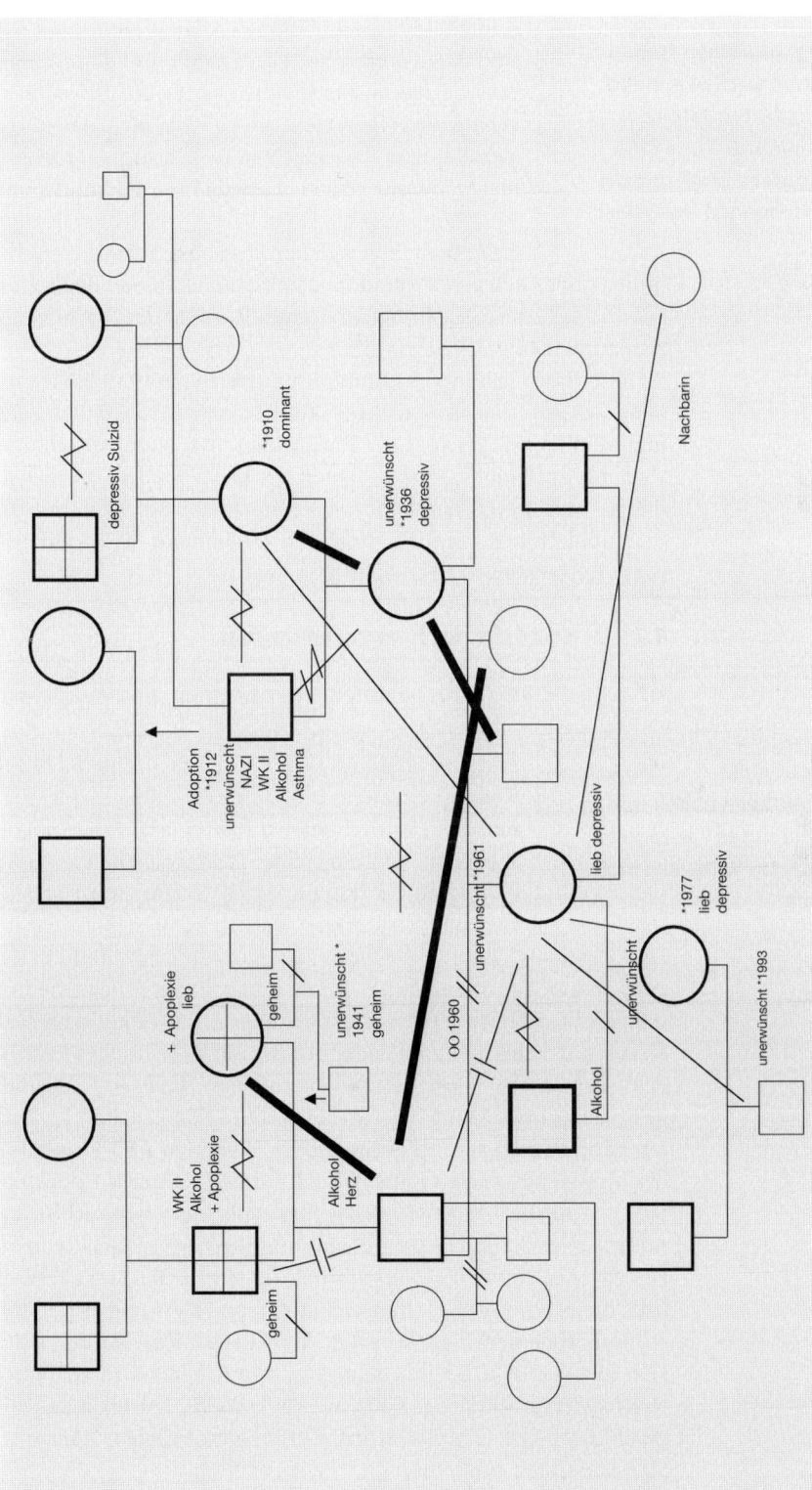

**Abb. 4.1.** Ausschnitt eines komlexen Genogramms. Das Genogramm der Familie Wolf zeigt eine Familie über 5 Generationen. Die Zuschreibungen stammen von den Angehörigen. Über 4 Generationen gibt es strittige Paarbeziehungen (Blitzsymbol), in 4 Generationen Depressionen (4 Personen), in 4 Generationen gibt es insgesamt 6 unerwünschte Kinder, 2 davon werden von minderjährigen Müttern geboren, in 2 Generationen kommt es zu Adoptionen, in 3 Generationen haben insgesamt 4 Männer Alkoholprobleme; 2 davon waren Kriegsteilnehmer mit schweren Kriegs-/NS-Erlebnissen; 4-mal kommen verstrickt-gestörte (Balkensymbol) Eltern-Kind-Beziehungen bei gleichzeitigen Partnerproblemen (Blitzsymbol), 5-mal Trennungen bzw. Scheidungen vor (einfacher bzw. doppelter Schrägstrich)

> In der genographischen Mehr-ebenenanalyse werden anhand gut dokumentierter Daten der Familienstammbaum und eine Familienzeittafel erstellt und die Familienbeziehungen analysiert.

und überprüfbarer Daten der *Familienstammbaum* und eine *Familienzeittafel* erstellt und dann ermittelt, wie die Umstände von Zeugung und Schwangerschaft, von Geburten und Todesfällen sowie die Beziehungen der einzelnen Angehörigen untereinander waren, welche Entwicklung Personen und Beziehungen genommen haben, welche Krisen und Krankheiten in welcher Phase des Lebens- und Familienzyklus aufgetreten sind, welche zeithistorischen Bedingungen für die familialen Ereignisse relevant waren usw. (s. Abb. 4.1; zusammenfassend Kaiser, 1989, 2000).

Diese Daten lassen sich quantitativ auswerten und mittels familiendiagnostischer Instrumente konkretisieren, um spezifische Fragestellungen genauer zu überprüfen. Wichtige Aufschlüsse sind mit Studien an *Risikogruppen* wie z. B. Personen aus Scheidungs- oder Gewaltfamilien zu erzielen, die mit solchen aus Normalpopulationen verglichen werden (Diekmann & Engelhardt, 1995). Betrachten wir nun die Befundlage.

## 4.2    Das Erbe der Herkunftsfamilien

Herkunftsfamilien geben ihr genetisches und kulturelles Kapital an die nächste Generation weiter. Dabei ist zu bedenken, dass

> Genetische Anlagen haben nur selten eineindeutige Konsequenzen für konkretes Verhalten in der Partnerschaft.

auch *genetische* Anlagen nur selten eineindeutige Konsequenzen für konkretes Verhalten in der Partnerschaft und anderswo haben (vgl. Rowe, 1997). Weiterhin ist zu beachten, dass manche genetisch bedingten Merkmale durch Erfahrungen stimuliert oder modifiziert werden können, bzw. erst im Lauf der Entwicklung oder unter bestimmten Umwelteinflüssen zum Tragen kommen. Zudem können bestimmte Umweltbedingungen bestimmte genetisch determinierte Entwicklungen auslösen (z. B. Schizophrenie) oder (durch ein gedeihliches Familienklima) deren Manifestation vermeiden und so zu einer gesunden Entwicklung beitragen. Ererbte Verhaltensbereitschaften können also zu unterschiedlichen Verläufen und Resultaten der biopsychosozialen Entwicklung führen (Hamer & Copeland, 1998). Trotz ihres hohen Erblichkeitsanteils werden manche Charaktereigenschaften *nicht* auf die unmittelbaren Nachkommen vererbt: Bei einer *Neukonfiguration* der elterlichen Gene entstehen neue (*emergente*) Eigenschaften, die zwar genetisch bestimmt, aber den Eigenschaften der Eltern nicht ähnlich sind. Hierzu zählen v. a. berufliche und geistige Interessen und Talente, Kreativität, Stärke des Einflusses auf andere, Optimismus, Aufgeschlossenheit (Extraversion), Gefühl persönlicher Kontrolle, Stressresistenz, Aussehen.

Auch *prä- und perinatale* Einflüsse auf die biologische Entwicklung werden durch die Herkunftsfamilien (mit-)beeinflusst: Hierzu gehören Schädigungen des Fötus durch Stoffwechselstörungen oder Unfälle während der Schwangerschaft. Durch Komplikationen vor und während der Geburt kann es zu Verletzungen oder Unterbrechung der Sauerstoffzufuhr kommen, die das Kind schädigen, u. U. zu Missbildungen führen können.

Ist die Schwangere familialen oder anderen Belastungen ausgesetzt, erhöhen sich die Risiken für Fehlentwicklungen des fötalen Gehirngewebes sowie für Frühgeburten, Schwangerschafts- und Geburtskomplikationen, die im Weiteren zu Befindens- und Entwicklungsstörungen oder sogar Behinderungen beitragen können (zusammenfassend Rauh et al., 1995; Cicchetti, 1999). Eine *zu frühe* Geburt (vor der 30. Schwangerschaftswoche) überfordert den für das Leben in einer viel zu komplexen Umgebung noch unreifen Säugling. Auch in der nachfolgenden frühen Kindheit scheinen psychische Traumen und emotionale Mangelzustände die Entwicklung der *Gehirnstrukturen* über Fehlentwicklungen der Neuronenverbindungen irreversibel zu beeinträchtigen. Traumata wie Personenverluste erhöhen jegliche Morbidität und sogar die Mortalität (z. B. Schepank, 1987).

In späteren Jahren beeinflusst die familiale Situation die *physiologische Erregungsbereitschaft*, die sich auf partnerschaftliches Interaktionsverhalten auswirken kann (Gottman & Silver, 2000): Aufgrund belastender Lebensumstände gezeigtes *submissives* Verhalten führt (unabhängig vom Geschlecht) auch zur Minderproduktion von Androgenen, während selbstsicheres Verhalten die Androgenproduktion anregt. Weniger Androgene scheinen zu geringerer Pheromonproduktion und zu geringerer erotischer Aktivität und »Ausstrahlung« zu führen. Wer sich aufgrund seiner familialen Situation hilflos-depressiv fühlt, entwickelt und präsentiert sich auch körperlich anders (z. B. Haltung, Physiognomie, Gestik, Outfit). Dies beeinflusst anscheinend den erotischen »Marktwert« und die Erfüllung eigener Erwartungen im Rahmen von Partnerwahl und Partnerschaft.

Das familiale Erbe besteht weiter aus *materiellem, psychosozialem* und *kulturellem Kapital* sowie dem zugehörigen Habitus (Bourdieu, 1983). Als Kapital lassen sich alle Ressourcen verstehen, die das (Zusammen-)Leben beeinflussen. *Habitus* wird in der Sozialisation vermittelt als eine in der Familiengeschichte angelegte Struktur, die Wahrnehmung, Denken und Handeln bestimmt. Auf diese Weise verbinden sich Vergangenheit und Gegenwart miteinander. Elterliche Lebensstile werden in Form kultureller Kompetenzen weitergegeben. Diese befähigen zu einem entsprechenden Habitus.

> **Elterliche Lebensstile werden in Form kultureller Kompetenzen weitergegeben.**

Solche Sozialisationsprozesse vollziehen sich in familiengeschichtlich und historisch bestimmten Systemkontexten. Hier werden im Rahmen familialer/transgenerationaler Diskurse und Handlungsmuster gemeinsame Wissensbestände, Modellvorstellungen, Bedeutungen und Leitmotive konstruiert, die individuelle Lebenskonzepte und Handlungsmuster prägen (s. unten). Modellvorstellungen über Partnerschaft und Familie werden so von einer Generation an die nächste vermittelt. Dies geschieht offenbar eher beiläufig und für die Angehörigen selbstverständlich: Familiale Diskurse müssen nicht notwendig sprachlicher Art sein; sie können auch über die sehr subtile Art und Weise, wie und worüber (*nicht*) geredet wird, mehr oder weniger bewusst und explizit verlaufen. Prozesse *operanten Lernens* über Belohnung, negative Verstärkung, Extinktion und Bestrafung sind hier offenbar ebenso im Spiel wie *klassische Konditionierung* z. B. im Rahmen von *Stimmungsansteckung* oder *Modelllernen*.

> **Im familialen Miteinander, in Ritualen, Geschichten und Symbolen werden Werte und Modellvorstellungen konstruiert, gelebt und vermittelt.**

Im familialen Miteinander, in Ritualen, Geschichten und Symbolen werden Werte und Modellvorstellungen konstruiert, gelebt und vermittelt. Familiendynamische Probleme und andere Familienthemen finden auf diesem Wege ebenso Eingang in individuelles Denken wie je aktuelle soziale Diskurse. Solche transgenerationalen Interaktionsprozesse sorgen bei aller Veränderung in der Zeit zugleich für jene Kontinuität, die für *Familienkultur* charakteristisch ist.

In dynamischen Interaktionsprozessen innerhalb der Familie und deren Systemkontexten entwickelt das Individuum auch sein *Selbstkonzept*. Dieses kann als soziales Produkt verstanden werden, das die Verbundenheit mit der Familie und ihren Angehörigen repräsentiert. Diese Verbundenheit geht anscheinend so weit, dass Modellvorstellungen über Familie und familiales Erbe als sehr identitätsnah erlebt werden; sie scheinen zu hohem *Commitment*, einer Kombination aus Identifikation, Loyalität und aktivem Engagement gegenüber der Herkunftsfamilie, zu führen.

Vorläufig können wir feststellen, dass Herkunftsfamilien nicht nur genetische Anlagen vererben, sondern ihrem Nachwuchs ein Milieu bieten und ein soziales und materielles Erbe weitergeben,

> **Herkunftsfamilien geben ein soziales und materielles Erbe weiter, das die gesamte biopsychosoziale Entwicklung in bestimmte Richtungen lenkt.**

das die gesamte biopsychosoziale Entwicklung in bestimmte Richtungen lenkt. Durch die Ergebnisse dieser komplexen öko-bio-psycho-sozialen Interaktionen werden offensichtlich auch Partnerwahl und Paarbeziehungen beeinflusst. Kommen wir nun zur Interaktion einzelner Merkmale der Herkunftsfamilien mit den Paarbeziehungen ihrer Nachkommen.

### 4.2.1   Zum Stellenwert der Familienform

Um die mannigfachen *sozialisatorischen* Einflüsse der Herkunftsfamilien auf Paarbeziehungen der Folgegeneration zu verstehen, scheint es nützlich, sich zu vergegenwärtigen, dass Familie im wissenschaftlichen Sinne lediglich als Oberbegriff für eine Vielzahl von Systemtypen (vgl. Kaiser, 2001) steht (Abb.  4.2).

Alle Familientypen nehmen ihren Ausgang vom *Grundtyp* der *Mehrgenerationenfamilie*: Ohne eine wie auch immer geartete Herkunftsfamilie gibt es kein Leben; selbst Personen, die ihre Eltern nicht kennen, sind gleichwohl durch *Gene, Schwangerschaft* und *Geburt* sowie *Vorstellungen* über ihre Eltern lebenslang mit diesen verbunden. Bei transgenerationalen Familienbeziehungen gibt es freilich eine große Variationsbreite bezüglich Ausprägungsformen und Interaktionsdichte der Generationen, die sich auf die Sozialisation auswirken. Bertram (1997) fand in einer repräsentativen Stichprobe von 16.000 Probanden, dass die *trans-*

---

\*\*\*\*\*\*\*\*\*\*\*\*\*\*\*\*\*\*\*\*\*\*\*\*\*\*\*\*\*\*\*\*\*\*\*\*\*\*

**Mehrgenerationsfamilie/**
**Verwandtschaftsverband**
- *multilokal: Teilfamilien/Angehörige leben*
  *verstreut in unterschiedlichen Lebens-*
  *formen und Familientypen*
- *unilokal:*
- *Generationen leben in unterschiedlichen*
  *Lebensformen und Familientypen unter*
  *einem Dach / räumlich zusammen z.B.*
- *Erwachsene Kinder bei den (Ur-/Groß-)*
  *Eltern*
- *(Ur-/Groß-) Eltern bei den Kindern oder*
  *Enkeln*


\*\*\*\*\*\*\*\*\*\*\*\*\*\*\*\*\*\*\*\*\*\*\*\*\*\*\*\*\*\*\*\*\*\*\*\*\*\*

**Nichteheliche Lebensgemeinschaft**
- *mit homosexuellen Partnern*
- *mit heterosexuellen Partnern*

- *ohne Kinder*
- *mit Kindern (erwünscht / unerwünscht;*
  *Geschlecht erwünscht / unerwünscht)*

**Ehepaar ohne Kinder**
- *freiwillig kinderlos (Gründe?)*
- *unfreiwillig kinderlos (Gründe?)*

**Kernfamilie**
*Paar mit eigenen Kindern (erwünscht /*
*unerwünscht; Geschlecht erwünscht /*
*unerwünscht)*

**Pflege- / Adoptivfamilie**
- *mit homosexuellen Partnern*
- *mit heterosexuellen Partnern*

- *mit leiblichen Kindern (erwünscht /*
  *unerwünscht; Geschlecht erwünscht /*
  *unerwünscht)*
- *ohne leibliche Kinder (Unfruchtbarkeit?)*
- *mit Kindern aus Vorbeziehungen*
  *(erwünscht / unerwünscht; Geschlecht*
  *erwünscht / unerwünscht)*

**Einelternfamilien**
- *durch Verwitwung*
- *durch Trennung / Scheidung*

- *Mutterfamilien*
- *Vaterfamilien*

**Einfache / zusammengesetzte**
**Stieffamilie**
- *mit heterosexuellen Partnern*
- *mit homosexuellen Partnern*

- *durch Verwitwung*
- *durch Trennung / Scheidung*

- *mit Kindern aus Vorbeziehungen*
  *(erwünscht / unerwünscht; Geschlecht*
  *erwünscht / unerwünscht)*
- *mit eigenen Kindern (erwünscht /*
  *unerwünscht; Geschlecht erwünscht /*
  *unerwünscht)*
- *mit Kindern aufgrund künstlicher*
  *Befruchtung mit fremdem Spendersamen*

**Lebensgemeinschaft von Verwandten**
- *einer Generation*
- *verschiedener Generationen*

**Erweiterter Familienverband unter**
**Einschluß Nichtverwandter**

**Polygame Lebensgemeinschaft**
- *Polygynie (ein Mann mit mehreren Frauen)*
- *Polyandrie (eine Frau mit mehreren Männern)*

**Kommune, Gruppenehe** *ohne fest*
*zugeordnete Partner*

**Abb.  4.2.** Paar- und Familientypen (Überschneidungen und Wechsel im Zeitverlauf möglich; vgl. Kaiser, 2002)

*generationalen* Beziehungen in auf- und absteigender Linie (vertikal) *lebenslang am engsten* verlaufen. Aufgrund der weiter steigenden Lebenserwartung gibt es in immer mehr Familien Großeltern und Urgroßeltern, z. T. sogar Ururgroßeltern. Aufgrund der sinkenden Geburtenzahlen haben in Deutschland Eltern durchschnittlich 1,3 Kinder. Dies hat zur Folge, dass die Bedeutung transgenerationaler *vertikaler* Beziehungen zunimmt, *horizontale* Beziehungen mangels Geschwistern dagegen an Bedeutung verlieren. Das Modell der Haushalts-/Kernfamilie ist allenfalls noch eine *Phase* im Familienzyklus der immer üblicher werdenden multilokalen Mehrgenerationenfamilie mit lebenslangen Beziehungen. Die Unterscheidung von Kleinfamilie/Kernfamilie und Mehrgenerationenfamilie scheint folglich nur dann sinnvoll, wenn erstere, wie alle anderen Familientypen, als *Subsystem* und unmittelbarer Lebenszusammenhang im Kontext der Generationenfolge innerhalb des Familienverbandes betrachtet wird.

> **Die Bedeutung transgenerationaler vertikaler Beziehungen nimmt zu, während horizontale Beziehungen mangels Geschwistern an Bedeutung verlieren.**

An *Familientypen* sind neben der Kernfamilie v. a. *einfache* sowie aus Kindern verschiedener Herkunft *zusammengesetzte Stief-, Pflege-* und *Adoptivfamilien* mit und ohne Trauschein, *polygame* und *homosexuelle* Familien zu nennen. Jeder dieser *Familientypen* zeichnet sich durch spezifische Eigenarten der Struktur, Geschichte und Dynamik aus, die Einfluss auf die Modellvorstellungen der hier aufwachsenden Kinder haben (können). Ich möchte dies am Beispiel der *Einelternfamilie* und deren Folgeform, der *Stieffamilie*, verdeutlichen:

> **Neben der Kernfamilie bilden Stief-, Pflege- und Adoptivfamilien mit und ohne Trauschein, polygame und homosexuelle Familien unterschiedliche Familientypen.**

---

### Einfluss einer Scheidung auf das Partner-Modell heranwachsender Kinder

Der Stress durch materielle Not, Doppelbelastung durch Beruf und Kinder sowie verringerte soziale Unterstützung belastet die systemische Funktionsfähigkeit der Einelternfamilie. Heiraten *geschiedene* Mütter erneut, finden sie eher Partner, die ebenfalls geschieden sind und eher selbst bereits aus Scheidungsfamilien stammen. Kinder aus geschiedenen Ehen halten weniger enge Beziehungen zu ihren Eltern, fühlen sich insgesamt weniger wohl und in ihrem partnerschaftlichen Verhalten beeinträchtigt (Amato, 2001). Solche Jugendlichen gaben noch Jahre nach der elterlichen Trennung an, sie fürchteten, *bindungsunfähig* zu sein und später in ihren eigenen Partnerschaften die selben Fehler zu machen wie ihre Eltern. Töchter aus Scheidungsfamilien haben ein negativeres *Frauen- wie Männerbild*, was Konsequenzen für das persönliche weibliche

Selbstkonzept hat (Fthenakis, 2000). Hullen (1998) fand im Rahmen der deutschen *Family and Fertility Study*, dass die Paarbeziehungen der 1121 Scheidungskinder umso früher endeten, *je jünger* sie bei der elterlichen Scheidung waren. Das Trennungsrisiko westdeutscher Scheidungskinder lag um 118%, das ostdeutscher um 73% höher als bei Nichtscheidungskindern. Hullen führt für diese Zusammenhänge 3 Erklärungen an:

1. Je jünger die Kinder, desto jünger sind wahrscheinlich die Eltern bei der Scheidung. Jüngere Mütter aber meistern die Scheidungsfolgen möglicherweise weniger gut als erfahrenere Frauen, sodass die Kinder stärker beeinträchtigt werden.
2. Je jünger das Kind bei der Trennung war, desto kürzer dauerte die Ehe und das Kind hatte weniger Gelegenheit, eine positive Paarbeziehung der Eltern mitzuerleben. Seine Modellvorstellungen von Paarbeziehungen sind eher von krisenhaften Interaktionen geprägt.
3. Kinder, die früh eine elterliche Trennung miterlebten, halten Trennung für eine mögliche und legitime Form der Konfliktösung.

Hullen sieht mit seinen Ergebnissen die These, dass v. a. materielle Not (Deprivation) das Trennungsrisiko erhöhe, für *Deutschland* widerlegt, weil dann auch andere biographische Ereignisse davon beeinflusst sein müssten. Die trennungsbedingte Traumatisierung von Scheidungskindern scheint zu einem generellen Misstrauen gegenüber Paarbeziehungen und entsprechenden Belastungen für die Partnerschaft zu führen. Hierbei könnte eine Rolle spielen wie die Eltern ihren Kindern seinerzeit die Trennung erklärt und versucht haben, die Auswirkungen der Trennung auf die Kinder zu minimieren.

> **Die trennungsbedingte Traumatisierung von Scheidungskindern führt zu einem generellen Misstrauen gegenüber Paarbeziehungen und entsprechenden Belastungen für die Partnerschaft.**

   Weitere Erklärungsmöglichkeiten liegen im (unbewussten) Modellernen von Partnerverhalten durch die Scheidungskinder. Haben Scheidungskinder lediglich ein dysfunktionales Partnerschaftsmodell erworben, scheint der gute Wille, es in der eigenen Paarbeziehung besser zu machen als die Eltern, wenig erfolgreich zu sein. Andere Autoren sehen in den Erfahrungen mit getrennten Herkunftsfamilien auch kognitiv-emotionale *Anreize*, sich konsequenter als die Eltern mit einer unbefriedigenden Partnerschaft auseinanderzusetzen und sich eher zur Trennung zu entschließen. Kinder, deren Eltern sich *gut* verstanden, könnten es folglich möglicherweise *schwerer* haben, sich aus einer unbefriedigenden Paarbeziehung zu lösen. Sie haben Trennung als mögliche *Problemlösung* noch nicht kennen gelernt.

All diese Familientypen mit ihren jeweiligen Besonderheiten sind als Lebensmittelpunkt und für Gesundheit und Befinden ihrer Angehörigen und für die Folgegeneration hochbedeutsam. Ihre systemische Funktionsfähigkeit hängt von je spezifischen Voraussetzungen ab, die nun zu erörtern sind.

*Gemeinsam* haben Familien der unterschiedlichen Typen folgende Merkmale:

- Familie ist als *autopoietisches System* mit ausgeprägter Interdependenz und sozialer Verflechtung der Angehörigen aufzufassen.
- Jede Familie begründet *ihre* Lebenswelt, wobei die Lebenswelten der Angehörigen nicht unbedingt deckungsgleich sind.
- Familienleben hat stets Prozesscharakter; Beziehungen zwischen den Angehörigen sind im Prinzip lebenslang; die Familie verändert sich dabei im *Lebenslauf* der Mitglieder, im *Verlauf der Paarbeziehungen* und im *Familienzyklus über Generationen* selbstständig, hat sich mit wandelnden Umwelten auseinanderzusetzen oder wechselt diese. Dabei gestalten sich der Familienzyklus und die Reaktionen auf die resultierenden Entwicklungsaufgaben je nach *Familienform* unterschiedlich.
- *Beziehungen* zwischen den Angehörigen stehen im Vordergrund und sind durch *Rollen* und *Aufgaben* ebenso wie durch *Personvariablen* und *Emotionen* geprägt. Hier kommt es darauf an, wie gut die familiale Funktionsfähigkeit (s. unten) und wie befriedigend die emotionalen Beziehungen für die Kinder sind. Die Qualität der Alltagsbewältigung und Lebensgestaltung (in) der Familie beeinflusst die Sozialisation der Kinder.

> Je höher die Komplexität des Familiensystems, umso eher ergeben sich zusätzliche Ressourcen und Anfälligkeiten und damit zusätzlicher Regelungsbedarf.

Je höher die Komplexität des Familiensystems, umso eher ergeben sich zusätzliche Ressourcen und Anfälligkeiten, die wiederum zusätzlichen Regelungsbedarf zur Aufrechterhaltung der familialen Funktionsfähigkeit erfordern.

### 4.2.2 Familiale Funktionsfähigkeit und ihre transgenerationalen Effekte

Um das Verständnis transgenerationaler Transmissionsprozesse zu erleichtern, scheint es nützlich, die *Funktionsweisen* familialer Systeme genauer zu beleuchten. Da bislang keine empirisch fundierte Theorie familialer Funktionsfähigkeit existiert, scheint es lohnend, die Vielzahl von Ansätzen und Ergebnissen zu einzelnen Aspekten familialer Funktionsfähigkeit zu sichten und zu einem hypothetischen Arbeitsmodell zu verdichten.

Wie gut eine Herkunftsfamilie bestimmten Typs die folgende Generation auf das Leben in Paarbeziehungen vorbereitet und mit diesen aktuell interagiert, hängt von verschiedenen Voraussetzungen ab. Hierzu gehören neben den Kompetenzen der Familie äußere *Lebensbedingungen*.

## Äußere Lebensbedingungen und Stress

Um ihre Funktionen zu erfüllen brauchen familiale Systeme externale Ressourcen wie Wohnung, Nahrung, Bildung usw. sowie ein gewisses Maß an Belastungsfreiheit. Äußere Beeinträchtigungen führen zwar nicht zwangsläufig zu Stress. Dafür ist entscheidend, wie kompetent die einzelne Familie und ihre Angehörigen mit belastenden Verhältnissen umzugehen wissen bzw. inwieweit sie die Belastungen aufgrund mangelnder Kompetenzen vielleicht sogar (mit-)verursacht, nicht rechtzeitig zu vermeiden oder abzupuffern verstanden haben. Stress ist aus heutiger Sicht als *Interaktionsergebnis* und nicht einseitig als Umweltereignis aufzufassen (Kaiser, 2000; s. auch Kap. 17). Erst wenn äußere Ereignisse die individuellen und familialen Kompetenzen *überfordern*, stellt sich Stress ein (s. unten). Dies zeigt sich nicht zuletzt am Stellenwert der materiellen Lage: Lassen sich Eltern z. B. scheiden, verschlechtert sich die sozioökonomische Situation der sodann in 90% der Fälle allein erziehenden Mütter zumeist beträchtlich. Eltern ohne Arbeit, mit materiellen Sorgen und mangelndem sozialem Unterstützungssystem verhalten sich weniger unterstützend, förderlich und einfühlsam. Sie leiden selbst unter ihrer Stigmatisierung und können ihren Kindern weniger Lebenschancen vermitteln.

> **Erst wenn äußere Ereignisse die individuellen und familialen Kompetenzen überfordern, stellt sich Stress ein.**

Äußere Lebensbedingungen sollten aus Gründen der Übersichtlichkeit und Handhabbarkeit nach *Aggregatebenen* differenziert werden: Der *Makroebene* wären z. B. globale Verhältnisse wie Kriege oder nationale Rechtsordnungen zuzurechnen (s. oben), der *Mesoebene* z. B. Systemstrukturen von Schule oder Betrieb und der *Mikroebene* z. B. Finanzlage, Wohnbedingungen oder Konflikte am Arbeitsplatz.

Makroereignisse, wie die beiden Weltkriege und der Nationalsozialismus, haben viele Familien belastet: Aufgrund der hohen kriegsbedingten Todesrate bei den heiratsfähigen Männerjahrgängen (bis zu 90%) z. B. mussten sich viele Frauen mit Partnern abfinden, die für sie alters-, status-, attraktivitätsmäßig oder sonst wie inadäquat waren. So kamen viele unter anderen politisch-historischen Verhältnissen undenkbare Paarbeziehungen zustande. Auch die Verstrickungen in die Verbrechen des Nationalsozialismus mit ihrer nur selten aufgearbeiteten Schuldhypothek belasten viele betroffene Familien bis heute. Andere litten unter den Auswirkungen von Verfolgung, KZ-Lagerhaft oder Vertreibung, unter Verlusten ihrer Angehörigen oder ihrer gesamten Habe usw. (vgl. Kaiser, 1989). Das folgende Fallbeispiel mag die transgenerationalen Auswirkungen solcher Schicksale verdeutlichen.

**FALLBEISPIEL**

Frau Hansen, eine Generalstochter hatte ihren Mann gegen Endes des Krieges kennen gelernt und bei seinem letzten Heimaturlaub Anfang 1945 geheiratet. Herr Hansen war 1939 zur Waffen-SS eingezogen und wegen seiner Beteiligung an Massakern an der russischen Zivilbevölkerung bis 1955 in Sibirien in einem Lager inhaftiert gewesen. Dort wurde er schwer misshandelt. Seither war er ständig krank und litt an schweren Depressionen und Alpträumen. Er hatte, v. a. unter Alkoholeinfluss, oft unkontrolliert Wutausbrüche, in deren Folge er Frau und Kinder prügelte. Er starb Mitte der Sechziger Jahre an den Folgen der Gefangenschaft. Der älteste Sohn wurde Ende 1945, die anderen drei Kinder nach der Rückkehr des Vaters Ende der Fünfziger Jahre geboren. Die Ehe war sehr spannungsreich. Der älteste Sohn war der »Vertraute« der Mutter. Er nahm sich nach mehreren Trennungen und beruflichem Scheitern das Leben, die anderen Geschwister sind alle geschieden.

Die Entwicklung der Scheidungszahlen nach dem II. Weltkrieg und zahlreiche Befunde deuten darauf hin, dass viele der unter diesen Kautelen geschlossenen Ehen unglücklich waren. So waren deren Kinder von vornherein benachteiligt (z. B. Bertram, 1997; Kaiser, 1989; 2002). Sie lernten Partnerschaft und Familie als wenig funktionsfähige Systeme kennen und wurden allzu oft in die Konflikte ihrer Eltern einbezogen.

### Familiale Funktionsfähigkeit als Systemeigenschaft

Um ihre Kinder gut auf das Leben in Paarbeziehungen vorzubereiten, ist es nach allem, was wir wissen, von Vorteil, wenn Herkunftsfamilien, ihre Subsysteme und Angehörigen genügend *funktionsfähig/kompetent* sind, um in den relevanten Lebensbereichen angemessen handeln zu können. Dies impliziert neben lebensweltlichen auch Kriterien aus dem jeweiligen Systemkontext, in dem die Familie lebt (L'Abate, 1990; Gottman & Silver, 2000; Kaiser, 1989, 2000, 2002).

> Um ihre Kinder gut auf das Leben in Paarbeziehungen vorzubereiten, müssen Herkunftsfamilien genügend kompetent sein, um in den relevanten Lebensbereichen angemessen handeln zu können.

Personen mit ungünstigen Erfahrungen in ihren Herkunftsfamilien gehen weniger akzeptierend und empathisch mit ihren Partnern und Kindern um. Werden Kinder *abgelehnt*, weil sie *unerwünscht* waren oder *unerwünschte Merkmale* haben (Geschlecht, Aussehen etc.) können sich daraus Risiken für Entwicklung, Befinden und die spätere Paarbeziehung ergeben: Abgelehnte Kinder sind anfälliger für Selbstablehnung und ein weniger positives Selbstwertgefühl. Nicht selten ergeben sich aus derlei biographischen Belastungen später *kompensatorische Aufträge* an den Partner (Schepank, 1987; Kaiser, 1989, 2002). Mangelnde familiale Funktionsfähigkeit und Stress in der Herkunftsfamilie erwies sich auch als Auslöser für voreilige partnerschaftliche Bindungen Jugendlicher. In einer Studie mit 794 Kindern und Jugendlichen aus unterschiedlichen Familientypen fand man, dass elterliche Konflikte vermehrt zu Selbstwertproblemen, Depressivität, körperlichen Beschwerden, Aggressivität und Kontaktschwierigkeiten beitrugen. Die Mannheimer Risikokinder-Längsschnittstudie hat gezeigt, wie sehr gerade bei *Frühgeborenen* oder Kindern *depressiver* Mütter das Gelingen der weiteren Entwicklung von der Qualität der *frühen Mutter-Kind-Bindung* abhängt (Esser et al., 2001; Schepank, 1987; L'Abate, 1990).

Zur familialen Funktionstüchtigkeit braucht es vorliegenden Befunden zufolge u.a.:

## 1. Zuträgliche Werte, Normen und Regeln

*Werte*, *Normen* und *Regeln*, sollten untereinander kompatibel und von allen Angehörigen anerkannt sein: Als grundlegendes Steuerungsinstrument des zielorientierten, sich selbst regulierenden Familiensystems umfasst die Wertordnung, als Spezialfall von Kulturkapital, Bestimmungen unterschiedlicher Allgemeinheitsgrade. Dabei spielen *gesetzliche* Bestimmungen, gesellschaftliche Normen sowie die materielle und soziale Interessenlage der Familie eine besondere Rolle. *Regeln* enthalten mehr oder minder explizite Vorschriften, was in welcher Weise zu tun oder zu unterlassen ist, Bestimmungen über Einschränkungen und Ausnahmen sowie über Sanktionen bei Regelverletzung und lassen sich auch als *Qualitätskriterien* zur Beurteilung von Verhalten und Zusammenleben verstehen. Felduntersuchungen haben immer wieder gezeigt, dass über 80% der Deutschen Familie und Partnerschaft neben dem Beruf höchste Priorität als Quellen *für Sinn und Lebenszufriedenheit* zumessen. Für den Erfolg von Paarbeziehungen spielt nicht zuletzt der Stellenwert eine Rolle, den Paarbeziehungen und Elternschaft im Wertgefüge der Familie haben und den die Partner selbst ihrer Beziehung beimessen. Werden, wie so oft, *andere* Angehörige oder Aktivitäten dem Partner dauerhaft vorgezogen, wird dies meist übel genommen und führt zu Problemen, die das Trennungsrisiko erhöhen (Kaiser, 1989, 2002; Bertram, 1997; Gottman & Silver, 2000; Amato, 2001). Wesentlich für die systemische Funktionsfähigkeit sind ausgewogene Relationen des Gebens und Nehmens und des Tauschwertes von Handlungen, was anhand lebensweltlicher *Gerechtigkeitskriterien* entschieden wird. Hieran wird die *Loyalität* der Angehörigen bemessen, deren Einhaltung anhand oft penibel praktizierter »*Kontoführung*« überprüft wird (Boszormenyi-Nagy, 1986; Kaiser 1989, 2002). Kinder können kaum je wieder gutmachen, was die Eltern für sie getan haben. Sie können allenfalls lebenslang Solidarität üben, v. a. wenn die Eltern hilfs- oder pflegebedürftig werden, und eigenen

> **Für den Erfolg von Paarbeziehungen spielt nicht zuletzt der Stellenwert eine Rolle, den Paarbeziehungen und Elternschaft im Wertgefüge der Familie haben und den die Partner selbst ihrer Beziehung beimessen.**

Kindern weitergeben, was ihnen selbst widerfahren ist. Die Bedeutung transgenerationaler Bindungen und Loyalitäten hat sich durch die infolge höherer Lebenserwartung steigende Zahl noch lebender Eltern, Großeltern und Urgroßeltern sowie die abnehmende Kinderzahl in den letzten Jahren weiter verstärkt (Bertram, 1997; Kaiser, 2002).

Familie fungiert vielfach als religiöse und moralische Anstalt: Angehörige orientieren sich und bewerten einander anhand einer gemeinsamen Familienmoral; Eltern vermitteln ihren Kindern moralisches Urteilsvermögen und die »richtigen« Maßstäbe (Kaiser, 1989; zusammenfassend Montada, 1995). Zugleich ist die Familie Ort religiöser Erziehung. Im Rahmen einer Befragung konfessionsverschiedener Partner zeigte sich, dass z. B. Mütter mit katholischen Männern und katholischem Kind trotz anderer Konfession religiöse Kompetenzen (Beten, Bibellesen, religiöse Gespräche, Kirchgang) an die Kinder weitervermittelten und sie in ihrer Kirchlichkeit bestärkten. Evangelische Mütter taten sich – v. a. beim Kirchgang – mit dem konfessionsverschiedenen Kind erheblich leichter, als katholische mit evangelischen Kindern, was der familialen Funktionsfähigkeit zugute kam.

> **Familie fungiert auch als religiöse und moralische Anstalt: Angehörige orientieren sich und bewerten einander anhand einer gemeinsamen Familienmoral.**

Bei mangelnder Anschlussfähigkeit der familialen an die Wert- und Rechtsordnung der Gesellschaft und ihrer Systemkontexte kommt es leicht zu Normenkonflikten und Integrationsproblemen der Angehörigen im gesellschaftlichen Umfeld. Dies zeigt sich am Beispiel von Familien aus anderen Kulturkreisen mit anderen Auffassungen über die Rolle der Frau oder die familiale Hierarchie. Solche Normenkonflikte können sich so weit zuspitzen, dass sie in Schamreaktionen oder gar pathologische Entwicklungen wie z. B. *Essstörungen* bei Jugendlichen einmünden.

## 2. Familienwissen

Zusammenleben fällt leichter, wenn die Angehörigen sich genügend gut kennen und genügend Informationen über Bedürfnisse, Befinden und Erleben ihrer Angehörigen sowie wichtige Vorkommnisse in der Familie haben. Dies gilt für alle wesentlichen Fakten und Zusammenhänge sowohl auf individueller wie familialer Ebene. Werden diese Kenntnisse stets auf dem neuesten Stand gehalten, können die Angehörigen sich leichter aufeinander einstellen. Eltern oder Partner dagegen, die zu wenig voneinander wissen (wollen), können ihre Rollenfunktionen zu Lasten von Beziehungen und familialer Funktionsfähigkeit schwerer erfüllen. Daher scheinen reger Austausch und einfühlsame akkurate Kommunikation sinnvoll. Weiterhin braucht es durch *Bildung* zu erwerbende Kenntnisse z. B. über Mechanismen, Funktionen und Wirkungsweisen von Kommunikation (s. un-

> **Wird das Familienwissen stets auf dem neuesten Stand gehalten, können die Angehörigen sich leichter aufeinander einstellen.**

ten). Familiale Rollen erfordern auch Wissen über aufgabenrelevante *Inhalte* wie Schutz, Förderung und Wiederherstellung der Gesundheit und Ernährung, Entwicklung und Kindererziehung, Partnerschaft und Sexualität etc. (BMfS, 1994).

### 3. Rollen-, Ressort- und Aufgabenverteilung

Die Rollen-, Ressort- und Aufgabenverteilung kann nur funktional sein, wenn sie sinnvoll und klar umrissen sowie auf die An- und Herausforderungen, die sich innerhalb und außerhalb der Familie stellen, zugeschnitten ist. Dies bedeutet auch, dass die mit einer Rolle verbundenen Anforderungsprofile den Rollenträger nicht überfordern dürfen, d. h. auf dessen Kompetenzprofil und Entwicklungsstand Rücksicht nehmen. Wird etwa ein Sohn zum Ersatzpartner seiner Mutter, werden der Ehemann als Partner und Vater, ggf. auch die Partnerin des Sohnes, abgewertet. In solchen *Problemtriaden* entstehen leicht Konkurrenzverhältnisse z. B. zwischen Vater und Sohn (Schneewind, 1999; Kaiser, 1989, 2002).

> **Die Rollen-, Ressort- und Aufgabenverteilung muss auf die An- und Herausforderungen, die sich innerhalb und außerhalb der Familie stellen, zugeschnitten sein.**

### 4. Grenzen

Zur optimalen Funktionsfähigkeit eines Systems braucht es klare Grenzen nach außen und zwischen den Subsystemen, die flexibel und reflektiert gehandhabt werden; Paare, die mit ihrer Beziehung zufrieden und auf ihre Zweisamkeit bedacht sind, neigen stärker dazu, ihre dyadische Intimsphäre abzugrenzen. Sie verbringen mehr Zeit miteinander, legen mehr Wert darauf, ungestört beieinander sein zu können, mehr gemeinsam als getrennt zu unternehmen. Je weniger befriedigend die Beziehung ist, desto näher liegt es, die Paar- und Generationengrenzen zugunsten von Kindern, Eltern oder anderen Angehörigen zu relativieren. Andererseits behindern meist bestehende enge Bindungen v. a. an die Eltern die Abgrenzung und damit den Aufbau einer abgegrenzten Paarbeziehung (mangelnde Ablösung/Individuation). Dies führt zu triadischen Loyalitäts- und Abstimmungsproblemen, Eifersucht und Rivalitäten. Viele Autoren betonen daher die Notwendigkeit einer »bezogenen Individuation« Kindern und Eltern auch als Voraussetzung gelingender Paarbeziehungen. Die Grenzen der elterlichen Paarbeziehungen und zwischen den Generationen sind in den Herkunftsfamilien Getrenntlebender/Geschiedener eher *schwach*. Andere Angehörige werden hier dem Partner vorgezogen, der Partner ausgegrenzt. *Zu starke* Abgrenzung der Eltern gegenüber ihren Kindern und Vernachlässigung gefährden die soziale Entwicklung der Kinder und damit auch deren spätere Partnerschaft. Bertram (1997) fand in einer Stichprobe von 16.000 Probanden, dass auch für Verheiratete zumeist Kinder oder Eltern lebenslang

> **Zur optimalen Funktionsfähigkeit eines Systems braucht es klare Grenzen nach außen und zwischen den Subsystemen, die flexibel und reflektiert gehandhabt werden.**

als Hauptbezugspersonen fungieren. Der Partner rangiert erst an *zweiter* Stelle, die eheliche Paarbeziehung ist wenig abgegrenzt. *Ledige* behalten ohnehin die eigenen Eltern lebenslang als Hauptbezugspersonen – auch wenn sie nicht mit diesen zusammenwohnen. Partner und Freunde sind auch für sie nachrangig (Bertram, 1997; L'Abate, 1990; Kaiser, 1989, 2002). Die hohe *Kontaktdichte* mit Eltern und Großeltern lässt auf schwache Generationengrenzen, dafür auf deutliche *Familiengrenzen* schließen.

### 5. Konstruktive Kommunikations-, Entscheidungs- und Steuerungsstrukturen

Erst konstruktive Kommunikations-, Entscheidungs- und Steuerungsstrukturen ermöglichen einen lebendigen, sensiblen und kreativen Umgang der Angehörigen miteinander. Kommunikation übermittelt inhaltliche/explizite und implizite/nonverbale Informationen und ist umso förderlicher, je vollständiger, verständlicher und korrekter die Informationsübermittlung ausfällt und je günstiger der Zeitpunkt hierfür ist. Form und Inhalt müssen kongruent sein usw. Dabei spielen Vermögen *und* Bereitschaft zu akkurater *Empathie, Wertschätzung* und *Authentizität* eine besondere Rolle. Wesentlich scheint, dass familiale Kommunikation in einer *Haltung* von Liebe und familialer Solidarität erfolgt, die stets mitkommuniziert wird, die familiale Dialogkultur vom Leitbild der *Ich-Du-Beziehung* im Sinne Bubers getragen sein (1979; vgl. auch Levinas, 1983; Gottman & Silver, 2000). Dabei scheint wesentlich, die spezifischen Perspektiven *aller* beteiligten Personen und Subsysteme zu berücksichtigen. Die individuellen und die kollektiven *Abwehrmechanismen* und (*Gegen-*)*Übertragungen* der anderen Angehörigen/Subsysteme sind bei der Analyse solcher Interaktionsgefüge nicht zu übersehen (vgl. Buchholz, 1995).

> **Familiale Kommunikation sollte in einer Haltung von Liebe und familialer Solidarität erfolgen, die stets mitkommuniziert wird.**

*Entscheidungen* im System haben den Befunden der Problemlöseforschung zufolge die besten Erfolgsaussichten, wenn die eingesetzten Problemlöseprozeduren die Abfolge von *Situationsanalyse – Sammeln möglicher Vorgehensweisen – Reflexion zu erwartender Handlungs(neben)wirkungen – Prozesskontrolle* berücksichtigen. Dabei sind die Systemstrukturen mit ihren Rollenressorts und der familialen Hierarchie zu beachten. Extrafamiliale Situationsaspekte der *Mikro-, Meso- oder Makroebene* sind in ihrer *kurz-, mittel- und langfristigen* Bedeutung zu unterscheiden.

Zur Steuerung des Familienlebens sind die Vorteile gemeinsamer *Lebenskonzepte/Modellvorstellungen* (s. unten) und der Verständigung über *Regeln, Symbole/Signale* sowie *Traditionen* und *Rituale* unübersehbar (s. oben). Diese müssen indes von Zeit zu Zeit dialogisch-intellektuell überprüft und aktualisiert werden. Unterbleibt dies und wird, v. a.

> **Zur Steuerung des Familienlebens sind die Vorteile gemeinsamer Lebenskonzepte/Modellvorstellungen unübersehbar.**

in neuartigen Situationen, zu stark auf Steuerung über Regeln und Traditionen vertraut, ist das System schnell überfordert; Probleme werden dann eher totgeschwiegen/verheimlicht, kritische Lebenssituationen, Krankheit und Verluste können kaum konstruktiv bewältigt werden (vgl. Kaiser, 1989, 1998).

Ein positiver Kommunikationsstil wirkt sich nicht nur günstig als Modell für die Kinder, sondern auch auf die Beziehungen der Generationen im Erwachsenenalter aus. In *überforderten* Familien dagegen werden Probleme häufig destruktiv, mitunter sogar *gewaltsam* ausgetragen. In einer Auswertung vorliegender Untersuchungen ergab sich, dass in ca. 30% der untersuchten *gewalttätigen* Familien bereits in der Vorgeneration entsprechende Interaktionsmuster existierten; demgegenüber war dies nur in 4% der unauffälligen Familien der Fall.

## 6. Konstruktive Beziehungen und verlässliche Bindungen

Beziehung entsteht aus gemeinsamer Erfahrung miteinander, die zu beziehungsbezogenen *Modellvorstellungen* und Erwartungen an künftige Interaktionen führen. Je konstruktiver und verlässlicher die *Beziehungen* und *Bindungen* zwischen den Angehörigen, umso leichter kann das Familiensystem funktionieren; beruhen die familialen Beziehungen auf *Gegenseitigkeit* (Reziprozität) und vermitteln sie *Geborgenheit*, profitieren die Angehörigen am meisten. Wird familiale Macht durch Rollenbefugnisse legitimiert und – unter Beachtung von Wertordnung und Grenzen – verantwortungsvoll eingesetzt, ist Fehlentwicklungen am ehesten vorzubeugen. Fehlt es an altersentsprechender *sozialer Unterstützung* und halten die Angehörigen zu wenig zusammen, werden v.a. Kinder und Jugendliche leicht verunsichert (Rauh et al., 1995; Gerris, 2000; s. oben).

Bei den meisten deutschen Familien scheinen *enge Generationenbeziehungen* (sogar zunehmend) vorzuherrschen: Wie Szydlik (1995) in einer Studie des sozioökonomischen Panels mit 7000 Eltern-Kind-Beziehungen und 11.000 Kind-Eltern-Beziehungen feststellen konnte, nannten 92% der Mütter die Beziehung zu ihrer erwachsenen Tochter und 83% der Väter die Beziehung zu ihrem Sohn eng.

> **Bei den meisten deutschen Familien herrschen enge Generationenbeziehungen vor.**

Umgekehrt charakterisieren Erwachsene die Beziehungen zu ihren Eltern als etwas weniger eng, um ihre Eigenständigkeit zu betonen. Ähnlich hohe Werte werden über Großeltern-Enkel-Beziehungen berichtet. Demgegenüber fallen auch hier die Beziehungen zu anderen Angehörigen, wie Geschwistern, stark ab. Am engsten waren die Beziehungen zwischen Müttern und Töchtern, danach folgen die Beziehung zwischen Müttern und Söhnen, danach zwischen Vätern und Töchtern. Am »lockersten« sind die Beziehungen zwischen Vätern und Söhnen. Die Bindungen sind allgemein enger, wenn die Generationen *räumlich* nahe beieinander wohnen und *konfessionell* gebunden sind. Zu ähnlichen Ergebnissen kam Bertram (1997; s. oben). So spricht auch der 5. Familienbericht (BMFS, 1994) von einem Übergang *horizontaler* zu *vertikalen* Verwandtschaftsstrukturen. Damit erhöht sich die Gefahr einer *Konkurrenz* vertikaler Bindungen gegenüber der Paarbeziehung zumal der Partnerschaft für die Sozialisation der Kinder eine Schlüsselrolle zukommt. Die systemische Funktionsfähigkeit der *elterlichen Paarbeziehung* korreliert mit höherer Selbstkontrolle, Kompetenz sowie Belastbarkeit der Kinder (Schneewind, 1999; Montada, 1995; Gerris et al., 2000). Konflikte auf der Elternebene können zugleich die Paarbeziehung stören, was Eltern-Kind-Koalitionen begünstigt und wiederum die Paarbeziehung gefährdet. Ist die Paarbeziehung der Eltern in den *frühen* Phasen, kindlicher Entwicklung intakt, erleichtert dies den Aufbau von Selbstwertgefühl und Bindungsfähigkeit und damit die Möglichkeit des Kindes, später selbst intakte Paarbeziehungen zu pflegen. Die frühen *Bindungserfahrungen* in den Herkunftsfamilien scheinen den späteren Bindungsstil gegenüber dem Partner zu beeinflussen (s. Kap. 5). Elder et al. (1984) stellten im Rahmen einer *vier Generationen* umfassenden Längsschnittstudie fest, dass bevorzugt solche Erwachsene zu belasteten Paarbeziehungen, emotionaler Labilität und Problemen am Arbeitsplatz neigten, die als Kinder in ihren Herkunftsfamilien wenig sensibel und eher feindselig-kontrollierend behandelt worden waren. Sie waren auch zu ihren eigenen Kindern weniger einfühlsam. Auch diese Kinder hatten wiederum mehr Eheprobleme und Verhaltensauffälligkeiten und waren zu ihren eigenen Kindern weniger einfühlsam. Zu ähnlichen Befunden kamen auch andere Autoren. Gab es dagegen kompensatorische Einflüsse durch weitere Bezugspersonen oder Peers, schwächten sich die transgenerationalen Effekte ab.

Auch *Geschwisterposition und -beziehungen* können Partner lebenslang beeinflussen. Hier handelt es sich um blutsverwandt-

> **Auch Geschwisterposition und -beziehungen können Partner lebenslang beeinflussen.**

schaftliche Beziehungen eines besonderen Typs, die lebenslang, unaufkündbar und annähernd egalitär sind. Kommen neue Geschwister in die Familie, beeinflusst dies die Beziehung der Eltern, zwischen Eltern und Kindern sowie zwischen den bereits vorhandenen Geschwistern. Unter dem Einfluss eines Geschwisterrang- oder Geschlechterkonflikts unterliegen Partnerbeziehungen einem erhöhten Konflikt- und Trennungsrisiko. Über die formale Geschwisterposition hinaus ist v. a. deren psychologischer Stellenwert und Systemkontext zu berücksichtigen und die Geschwisterposition als *strukturelle Disposition* in einem größeren Zusammenhang sowie unter Entwicklungsperspektiven zu sehen (Kaiser, 1989, 2000; Schneewind, 1999; Hullen, 1998; s. unten). Geschwisterbeziehungen verändern sich ja im Lebens- und Familienzyklus: Zu enge (erotisierte) Geschwisterbindungen verletzen die Paargrenze und können Paarbeziehungen nachhaltig stören.

Besonders schwerwiegend können Geschwisterkonflikte in *Erbschaftsangelegenheiten* werden, die zur oft dauerhaften Spaltung der Familie führen und das Leben der Partner überschatten (Kaiser, 1989; Hullen, 1998).

### 7. Kompetente Subsysteme und Angehörige

Eine Familie funktioniert am besten mit kompetenten Subsystemen und gesunden Angehörigen, die ihre familialen Rollen kompetent ausfüllen können. *Defizite* oder *Störungen* der systemischen Funktionsfähigkeit eines Subsystems oder einschlägiger Kompetenzen der Beteiligten vergrößern die Störanfälligkeit des Systems. Je besser z. B. die Paarbeziehungen der Eltern funktionieren, umso sicherer ist den Kindern optimale elterliche Zuwendung. Je besser die Angehörigen miteinander auskommen, desto besser kann ihr Zusammenhalt und damit die soziale Unterstützung für den Einzelnen sein. Psychische Störungen, chronische Krankheit oder Behinderung können ebenso wie kritische Lebenssituationen zu *Störungen* im familialen System mit transgenerationalen Effekten führen. Amato (2001) fand z. B. im Rahmen einer Longitudinalstudie, dass weniger erfolgreiche Paare mehr Probleme durch Untreue, Kommunikationsprobleme, Unverträglichkeit, törichtes Geldausgeben, Suchtverhalten, Eifersucht, Übellaunigkeit, schlechte Angewohnheiten, häufige Abwesenheit und Konflikte ums Geld zeigten, die das Entwicklungsrisiko für die Folgegeneration erhöhten. Störungen der systemischen Funktionsfähigkeit von Paarbeziehung und Familie korrelieren auch anderen Studien zufolge mit geringerer Selbstkontrolle und Belastbarkeit sowie Verhaltensstörungen der Kinder (zusammenfassend Schneewind, 1999). In einer Studie mit 1150 Jugendlichen aus Problemstadtteilen erwies sich das erlebte Familienklima als guter Prädiktor für Gewaltbereitschaft. Je besser Familienklima, Kommunikation und soziale Unterstützung waren, desto günstiger war die Entwicklungsperspektive der Jugendlichen. Umgekehrt waren Jugendliche, deren Eltern kompetent kooperierten, zufriedener mit ihrer Familie und hatten weniger Konflikte mit ihren Eltern.

> **Störungen der systemischen Funktionsfähigkeit von Paarbeziehung und Familie korrelieren empirischen Studien zufolge mit geringerer Selbstkontrolle und Belastbarkeit sowie Verhaltensstörungen der Kinder.**

Die Erziehung der Kinder ist abhängig von der *Partnerschaftsqualität* und den *Persönlichkeitseigenschaften* der Eltern. Erhöhter Neurotizismus von Eltern geht einher mit starker mütterlicher Behütung und geringerer Sorge um positive Anregungen für das Kind, geringe Verträglichkeit mit negativen Emotionen und Disziplinierungsmaßnahmen; diese lässt Kinder zu unsicherer Bindung, Trotz und Wut neigen. Gute elterliche Verträglichkeit, Extraversion und Selbstbeherrschung begünstigen dagegen sichere Bindung. Erhöhter Neurotizismus ist zugleich ein Risikofaktor für spätere Scheidung oder eine *stabil-unglückliche* Paarbeziehung (Bradbury & Karney, 1998). Im Rahmen einer repräsentativen Studie in den Niederlanden fanden Gerris et al. (2000) hohe Extraversionswerte am häufigsten bei solchen Jugendlichen, deren Eltern ebenfalls hohe Werte aufwiesen. Konstruktives demokratisches Erziehungsverhalten und bessere Partnerschaftsqualität zeigten v. a. solche Eltern, die günstige Werte bei den fünf wichtigen Persönlichkeitsmerkmalen *Extraversion, Verträglichkeit, Gewissenhaftigkeit, Neurotizismus (emotionale Instabilität), Ressourcenreichtum/Offenheit für neue Erfahrungen* aufwiesen. Elterliche Paarprobleme und Scheidung haben Einfluss auf die Ehequalität in der Folgegeneration. Auch *stabil-unglückliche* Ehen der Eltern, die *nicht* geschieden werden, korrelieren mit belasteten familialen und ehelichen Beziehungen der erwachsenen Kinder.

### 8. Konsensfähige reflektierte Modellvorstellungen

*Modellvorstellungen* sind mentale Repräsentationen, die je nach Anwendungszusammenhang und theoretischem Kontext *Lebenskonzepte, operative Abbildysteme, innere (Arbeits-) Modelle oder Skripts* genannt werden. Modellvorstellungen als Bestandteile eines Lebenskonzepts, die konkretes Handeln oder Erleben steuern, werden auch als »*Pläne*« bezeichnet (Kelly, 1963; Kaiser, 1989; L'Abate, 1990; Bretherton, 2001). Modellvorstellungen beziehen sich auf das *Leben als Ganzes*, auf einzelne *Gegenstandsbereiche, Lebensabschnitte, Lebensbereiche* oder *Ausschnitte* daraus. Gegenstandsbereiche können auch die eigene Familie (Familienselbstbild), die Partnerschaft oder das Selbstbild einer Person sein. Auch familiale Rollenauffassungen und Rollenerwartungen fußen auf derartigen Modellvorstellungen. Diese enthalten ein Set *lebensweltlicher* Positionen zu

> **Jeder Mensch hat Modellvorstellungen, die sich auf die eigene Familie und die Partnerschaft beziehen.**

– einer allgemeinen *Alltags-und Lebensphilosophie* (z. B. die Welt insgesamt, Religion, Werte und Normen) mit allgemeinen und bereichsbezogenen Lebenskonzepten,
– einer *Anthropologie* mit Annahmen und Utopien über Wesen und Leitbilder menschlichen Lebens,
– Wesen, Strukturen und lebensweltlichen Leitbildern von Partnerschaft und Familie sowie familialen Rollen,
– Merkmalen und Kriterien systemischer Funktionsfähigkeit der eigenen Familie/Paarbeziehung (familiales Kompetenzbewusstsein/Selbstwirksamkeit),
– Merkmalen und Kompetenzen (Kompetenzbewusstsein/Selbstwirksamkeit) sowie einem Idealbild der eigenen Person jedes Angehörigen.

Modellvorstellungen sind handlungs- und erlebensregulierende »psychische Gebilde«. Diese vermögen alle psychischen Funktionen (Gefühle, kognitive Prozesse etc.) der Angehörigen zu steuern. Die Bedeutung von Modellvorstellungen besteht darin, dass sie die

Grundlage jeglicher Beurteilungskriterien und Qualität des an ihnen orientierten Handelns und Erlebens bilden. Von ihrer *Realitätsnähe*, *Widerspruchsfreiheit* und *Konsensfähigkeit* hängen Erfolg und Wohlbefinden wesentlich ab. Art und Qualität vieler Lebenskonzepte und anderer Modellvorstellungen werden wesentlich von der Herkunftsfamilie beeinflusst. Negative Einflüsse der Herkunftsfamilie auf die Modellvorstellungen eines Kindes von sich selbst (Selbstbild) beginnen mit dessen *Ablehnung* aufgrund unerwünschter und daher oft belasteter Schwangerschaft und Geburt; »Mussheiraten« haben v. a. in früheren Zeiten oft zu Zwängen in der Lebensplanung geführt. Weitere Gründe für die Ablehnung eines Kindes sind unerwünschte Merkmale wie Geschlecht (wenn z.B. ein »Stammhalter« gewünscht war), Aussehen, Persönlichkeitsmerkmale des Kindes. *Kritische Lebenssituationen* wie z. B. Todesfälle in der Familie können die Geburt eines Kindes völlig überschatten und zur Belastung werden lassen (Kaiser, 1989; Amendt & Schwarz, 1990).

Die in einer Familie praktizierten Modellvorstellungen scheinen auch die *Partnerwahl* zu beeinflussen, indem Partnerwahlkriterien weitergegeben werden: Homogamieregeln sorgen dafür, auf die Ähnlichkeit des psychosozialen und materiellen Erbes der Herkunftsfamilien zu achten, (unbewusste) Aufträge an den Partner, bestimmte transgenerationalen Familienstrukturen mitzutragen (Kaiser, 1989, 2002). So finden z. B. Angehörige aus Alkoholiker- oder Gewaltfamilien oft »intuitiv« zusammen.

> **Die in einer Familie praktizierten Modellvorstellungen beeinflussen die Partnerwahl, indem Partnerwahlkriterien weitergegeben werden.**

---

### Zusammenfassung

Die vorliegenden Ansätze und Ergebnisse zeigen deutlich die prinzipielle lebenslange Verbundenheit der Generationen: Man kann nicht *nicht* mit seiner Herkunftsfamilie verbunden sein. Die Mehrgenerationenperspektive und die Mehrgenerationenfamilie als familialer Grundtyp sollten daher ihrer Bedeutung entsprechend in Forschung und Praxis stärker berücksichtigt werden.

Da Herkunftsfamilien in den Partnern über ihr genetisches und soziales Erbe z. T. unbewusst fortwirken und deren Biographie, Persönlichkeit und Lebenskonzepte beeinflussen, kommt den Ressourcen und Anfälligkeiten der Herkunftsfamilien auch für die präventive und therapeutische *Praxis* erhöhte Bedeutung zu. Es ist daher darauf hinzuwirken,

- angesichts genetischer und traditionsbedingter Störanfälligkeiten die *systemische Funktionsfähigkeit* der gesamten Mehrgenerationenfamilie und der Paarbeziehungen zu verbessern;
- das Bewusstsein für die Bedeutung *transgenerationaler Muster* zu fördern und Strategien zur Klärung von Ressourcen und Anfälligkeiten zu vermitteln;

– entwicklungshinderliche Familienstrukturen, z.B. unbewusste *Modellvorstellungen* und *Traditionen*, aufzuspüren und dialogisch zu optimieren;
– kritischen Lebenssituationen oder Entwicklungen vorzubeugen bzw. deren Effekte für die Beteiligten abzumildern (z. B. bei Trennungen, Nachscheidungskonflikten oder Krankheit);
– Kindern und Jugendlichen frühzeitig partnerschafts- und familienrelevante Kompetenzen zu vermitteln und ihr Bewusstsein für die langfristige Bedeutung und Komplexität von Partnerwahl und Beziehungsgestaltung zu schärfen.

Zur Klärung transgenerationaler Zusammenhänge empfiehlt sich zunächst die genographische Mehrebenenanalyse als komplexes und zugleich ökonomisches Verfahren (s. oben).

Auch wenn transgenerationale Einflüsse und Interaktionen in den letzten Jahren verstärkt beachtet und untersucht werden, ist doch die Forschungslage insgesamt noch immer unbefriedigend. Die Phänomene sind z.T. weder genügend erfasst, konzeptualisiert und operationalisiert noch in ein zusamenhängendes theoretisches Modell integriert. Diagnostische Strategien und Instrumente sind einzelnen Entwürfen verhaftet, die der Komplexität der Thematik nicht gerecht werden (vgl. auch Schneewind, 1999; Kaiser, 1989, 2000;). Zu wünschen wäre eine intensivere Beschäftigung v. a. mit
– den Einflüssen transgenerationaler Interaktionen auf die *Partnerwahl*, die ja eine Schlüsselfunktion für die nachfolgenden Verläufe besitzt,
– Inhalten, Modalitäten und Moderatorvariablen transgenerationaler Transmission partnerschaftlicher Muster,
– den Interaktionen zwischen systemtypspezifischen Merkmalen der Herkunftsfamilie und systemtypspezifischen Merkmalen der Folgegeneration,
– Einflüssen der Herkunftsfamilie auf den Partnerschaftsverlauf,
– Entwicklungsverläufen von Loyalitätsbindungen zwischen Herkunftsfamilie und Partnerschaft,
– den Interaktionen zwischen Merkmalen und Verhalten von Angehörigen der Herkunftsfamilien/Schwiegerfamilien (nicht nur der Schwiegereltern) mit der Paarbeziehung.

Die Komplexität transgenerationaler Familiensysteme, die Langfristigkeit familialer Zyklen und der Pluralismus von Familientypen, Lebensauffassungen und Modellvorstellungen stellen die Forschung weiter vor vielerlei theoretische wie methodologische Probleme. So müssen wir uns wohl vorläufig mit der Erfassung relativ globaler Parameter begnügen, da die autopoietischen Einzelprozesse transgenerationaler Entwicklungen sich dem operationalisierenden und quantifizierenden Zugriff leicht entziehen.

# Literatur

Ader, R., Felten, D. & Cohen, N. (eds.). (1991). Psychoneuroimmunology. San Diego: Academic Press

Amato, P. R. (2001). Divorce and remarriage: A longitudinal perspective. Beitrag zur 2. Münchner Tagung für Familienpsychologie vom 16. –17.2.2001 in München. In: Schneewind, K.A., Graf, J., Kruse, J,. Schmidt, M., Walper, S. & Weiß, J. (Hrsg.). Abstractband zur 2. Münchner Tagung für Familienpsychologie vom 16.-17.o2.2001, München.

Amendt, G. & Schwarz, M. (1990). Das Leben unerwünschter Kinder. Forschungsergebnisse und Erfahrungenaus drei Jahrzehnten. Bremen: Universität Bremen.

Bertram, H. (1997). Familienwandel und Generationsbeziehungen. München: Deutsches Jugendinstitut (DJI).

Birbaumer, N. & Schmidt, R. F. (1996). Biologische Psychologie. Berlin: Springer.

Boszormenyi-Nagy, I. (1986). Transgenerational solidarity: The expanding context of therapy and prevention. American Journal of Family Therapy, 14, 3, 195-212.

Bourdieu, P. (1983). Ökonomisches Kapital, kulturelles Kapital, soziales Kapital. In: Kreckel, R. (Hrsg.). Soziale Welt. Göttingen: Otto Schwartz, S. 183-198.

Bradbury, T. N. & Karney, B. R. (1998). Längsschnittuntersuchungen zum Verlauf partnerschaftlicher Beziehungen. In: Hahlweg, K., Baucom, D. H., Markman H. J. & Bastine R. (Hrsg.). Prävention von Trennung und Scheidung. Internationale Ansätze zur Prädiktion und Prävention von Beziehungsstörungen.. Stuttgart: Kohlhammer.

Bretherton, I. (2001). Zur Konzeption innerer Arbeitsmodelle in der Bindungstheorie. In: Gloger-Tippelt, G. (Hrsg.). Bindung im Erwachsenenalter. Bern: Huber, S. 52-74.

Buber, M. (1979a). Das dialogische Prinzip. Heidelberg: Lambert Schneider.

Buchholz, M.B. (1995). Die unbewußte Familie. Lehrbuch der psychoanalytischen Familientherapie. München: Pfeiffer.

Bundesministerium für Familie und Senioren (BMFS) (Hrsg.). (1994). Fünfter Familien-Bericht: Familien und Familienpolitik im geeinten Deutschland – Zukunft des Humanvermögens. Bonn.

Cicchetti, D. (1999). Entwicklungspsychopathologie: Historische Grundlagen, konzeptuelle und methodische Fragen, Implikationen für Prävention und Intervention. In: Oerter, R., Hagen, C. v., Röper, G. & Noam, G. (Hrsg.). Klinische Entwicklungspsychologie. (S. 11-44). Weinheim: Beltz.

Diekmann, A. & Engelhardt, H. (1995). Die soziale Vererbung des Scheidungsrisikos. Zeitschrift für Soziologie, 24, 3, 215-228.

Elder, G. H. jr., Liker, J. K. & Cross, E. (1984). Parent-child behavior in the Great Depression: Life course and intergenerational differences. In: Baltes, P. B. & Brim. O. G. jr. (eds.). Life-span development and behavior (Vol. 6). New York: Academic Press, S. 109-158.

Esser, G. Laucht; Schmidt, M. H. (2001). Risiko- und Schutzfaktoren in der Entwicklung von Kindern. Beitrag zur 2. Münchner Tagung für Familienpsychologie vom 16.-17.02.2001, München. In: Schneewind, K.A., Graf, J., Kruse, J., Schmidt, M., Walper, S. & Weiß, J. (Hrsg.). Abstractband zur 2. Münchner Tagung für Familienpsychologie vom 16.-17.02.2001, München

Fthenakis, W. E. (2000). Entwicklung von Trennungs- und Scheidungsfamilien. In: Schneewind K. A. (Hrsg.). Familienpsychologie im Aufwind. (S. 222-231). Göttingen: Hogrefe.

Gergen, K. (1990). Die Konstruktion des Selbst im Zeitalter der Postmoderne. Psychologische Rundschau, 41, 191-199.

Gerris, R. M., Semon Dubas, J., Jannsens, J. M. A. M., Vermulst, A. A. (2000). Dynamische Beziehungen zwischen der Persönlichkeit von Eltern und Jugendlichen und ihren Familiensubsystemen. In: Schneewind, K.A. (Hrsg.). Familienpsychologie im Aufwind. (S. 151-176). Göttingen: Hogrefe.

Gottman, J.M. & Silver, N. (2000). Die 7 Geheimnisse der glücklichen Ehe. München: Schröder.

Hahlweg, K. (1998). Beziehungs- und Interaktionsstörungen. In: Reinecker, H. (Hrsg.). Lehrbuch der Klinischen Psychologie. (S. 489-517). Göttingen: Hogrefe.

Hamer, D. & Copeland, P. (1998). Das unausweichliche Erbe. München: Scherz.

Hullen, G. (1998). Scheidungskinder – oder: Die Transmission des Scheidungsrisikos. Zeitschrift für Bevölkerungswissenschaft, 23, 1, 19-38.

Kaiser, P. (1989). Familienerinnerungen. Zur Psychologie der Mehrgenerationenfamilie. Heidelberg: Asanger.

Kaiser, P. (Hrsg.) (2000). Partnerschaft und Paartherapie. Göttingen: Hogrefe.

Kaiser, P. (2001/2002). Einführung in die Paar- und Familienpsychologie. In: Heekerens, H.-P. (Hrsg.). Verhalten und Familie. München: CIP-Medien

Kelly, G. A. (1963). A theory of personality. The psychology of personal constructs. New York: Norton.

L'Abate, L. (1990). Building Family Competence. Primary and secondary prevention strategies. New York: Sage.

Levinas, E. (1983): Die Spur des Anderen. München: Hanser.

Montada, L. (1995). Moralische Entwicklung und moralische Sozialisation. In: Oerter, R. & Montada, L. (Hrsg.). Entwicklungspsychologie. (S. 862-994). Weinheim: Psychologie Verlags-Union.

Rauh, H., Dillmann, S., Müller, B. & Ziegenhain, U. (1995). Anfänge der Persönlichkeitsentwicklung in der frühen Kindheit. In: Kruse, A. & Schmitz-Scherzer, R. (Hrsg.). Psychologie des Lebenslaufs. Festschrift für Hans Thomae zum 80. Geburtstag. Darmstadt: Steinkopff.

Rowe, D. (1997). Genetik und Sozialisation. Weinheim: PVU

Rowe, D. C. & Jacobson, K. C. (2000). Familieneinflüsse: Anlage und Umwelt. In: Schneewind K. A. (Hrsg.). Familienpsychologie im Aufwind. (S. 32-48). Göttingen: Hogrefe.

Schepank, H. (1987). Psychogene Erkrankungen der Stadtbevölkerung. Berlin: Springer.

Schneewind, K. A. (1999). Familienpsychologie. Stuttgart. Kohlhammer.

Szydlik, M. (1995). Die Enge der Beziehungen zwischen erwachsenen Kindern und ihren Eltern – und umgekehrt. Zeitschrift für Soziologie, 2, 13-27.

Titze, K., Koch, S., Lehmkuhl, U., Treuter, S., Steinhausen, H.-Ch. & Rauh, H. (1997). Perinatale und soziofamliäre Risiken für die mentale Entwicklung von adoleszenten Kindern epilepsiekranker Mütter. Ergebnisse einer Längsschnittstudie. Beitrag zur 13. Tagung Entwicklungspsychologie vom 21.-24.9.1997, Wien.

# 5

# Bindung und Partnerschaftsrepräsentation

Kerstin Stöcker, Karin Strasser und Monika Winter

**B**indungsbeziehungen sind für den Menschen lebenslang von Bedeutung, und die Interaktionen mit den Bindungspersonen beeinflussen von der Geburt an dessen Entwicklung. Besonders die feinfühlige Beantwortung kindlicher Gefühlsäußerungen und Bedürfnisse seitens der Eltern bestimmen maßgeblich seine Vorstellung von Beziehungen. Der Säugling lernt durch die wiederkehrenden Interaktionsmuster, ob er Bedürfnisse mitteilen darf und ob er es wert ist, darin unterstützt und geliebt zu werden. Diese Erfahrungen, die später unbewusst durch ihre Speicherung im internalen Arbeitsmodell wirken, sind entscheidend daran beteiligt, mit welchen Erwartungen die Person neuen Situationen und Beziehungen begegnet, d. h. wie sie diese wahrnimmt und interpretiert, wodurch ihr resultierendes Verhalten gesteuert wird. Die hier vorgestellten Ausschnitte zweier Langzeitstudien zeigen die Zusammenhänge zwischen den bindungsrelevanten Erfahrungen, die junge Erwachsene über ihren Lebenslauf mit ihren Fürsorgepersonen gemacht haben, und deren mentalen Repräsentation von Partnerschaft. Die ausgesuchten Ergebnisse dokumentieren den Einfluss früher Erfahrungen mit Bindungspersonen auf spätere Partnerbeziehungen und insbesondere auf den Umgang mit Gefühlen.

## 5.1    Bindungsverhalten und Bindungsrepäsentation

Begründer der Bindungstheorie ist der britische Psychoanalytiker und Kinderpsychiater John Bowlby. Im Mittelpunkt seiner Theorie steht die Eltern-Kind-Bindung unter Berücksichtigung systemtheoretischer, kognitiver, psychoanalytischer und ethologischer Schwerpunkte. Mit Hilfe der Bindungstheorie wollte Bowlby ein durch Verhaltensbeobachtung gut operationalisierbares und empirisch überprüfbares klinisches System entwickeln. Damit sollte ein Diagnosesystem geschaffen werden, das sich auch für die Therapie von emotional gestörten Patienten und Familien eignet (Bowlby, 1995).

> Mit Hilfe der Bindungstheorie entwickelte Bowlby ein durch Verhaltensbeobachtung gut operationalisierbares und empirisch überprüfbares klinisches System.

Maßgeblich für die Entwicklung der Theorie war das Wissen um die grundlegenden Verhaltenssysteme, die in der Interaktion zwischen dem Kind und seinen Bezugspersonen zum Tragen kommen. Auf der Seite der Kinder sind das Bindungs- und das Explorationsverhaltenssystem von Bedeutung. Das Kind sichert sich Schutz und Nähe der Bindungsperson durch das Bindungsverhalten. Dies erfolgt nur dann, wenn das Bindungsverhaltenssystem aktiviert ist, also der Säugling sich bedroht oder unwohl fühlt, etwa bei Angst, Kummer oder Krankheit. Ein aktiviertes Bindungssystem äußert sich z. B. durch Weinen, Schreien, Anklammern, später durch Rufen oder Nachlaufen. Ist das Bindungssystem deaktiviert, kommt das Explorationsverhaltenssystem zum Tragen, das das Bedürfnis nach Erkundung der Umwelt befriedigen soll. Es ist ebenfalls ein zum Überleben des Kindes notwendiges Verhaltenssystem, das ihm ermöglicht, sich in seiner Umgebung zurecht zu finden. Das zum Bindungssystem komplementäre Verhaltenssystem auf der Seite der Bezugsperson ist das Pflegeverhaltenssystem, das die evolutionsbiologische Funktion der Sicherung des Überlebens der Nachkommen erfüllen und somit die Verbreitung der Gene gewährleisten soll (Bowlby, 1969, 1976). Die Qualität dieses Pflegeverhaltens lässt sich nach Ainsworth und Mitarbeitern (1978) durch die Feinfühligkeit der Bezugsperson bestimmen. Vier Kriterien sind entscheidend dafür, in welchem Ausmaß Feinfühligkeit gegenüber dem Kind gezeigt und somit eine »gesunde« Entwicklung gefördert werden kann:

– Die bereits oben beschriebenen Signale des Kindes sollten schnell, d. h. ohne Verzögerung, wahrgenommen und
– durch die Bezugsperson aus der Sicht des Kindes richtig gedeutet werden.
– Die Reaktion auf diese Signale muss prompt erfolgen, damit das Kind zwischen seinem eigenem Verhalten und der Antwort der Bindungsperson einen direkten Zusammenhang herstellen kann.
– Zudem sollte die Bezugsperson angemessen reagieren, d. h. das Ausmaß der fürsorglichen Reaktion soll sich am Kind orientieren und nicht größer oder kleiner sein als dieses tatsächlich braucht.

Das Ausmaß an Feinfühligkeit prägt die Interaktion zwischen der Bindungsperson und dem Kind ab dem Zeitpunkt der Geburt und bestimmt die Interaktionsmuster, die spezifisch für diese Dyade sind.

▶ *Bindung*: evolutionär angelegte Neigung, stark emotional geprägte und überdauernde Beziehungen zu aus- gewählten und nicht austauschbaren Personen zu entwickeln, d. h. ein gefühlsgetragenes Band, das Personen über Raum und Zeit hinweg miteinander verbindet.

▶ *Bindungsverhalten*: eine Klasse kybernetisch organisierter austauschbarer Verhaltensweisen, die dazu dienen sollen, die Nähe zur Bindungsperson aufzusuchen, aufrechtzuerhalten und wiederherzustellen.

▶ *Explorationsverhalten*: zum Bindungsverhalten komplementäres Verhaltenssystem zur Erkundung der Umwelt und zum Erwerb von Kompetenzen.

Die Bindungstheorie geht davon aus, dass Kinder diese Interaktionsmuster in internalen Arbeitsmodellen von der Welt repräsentieren, insbesondere von ihren Bezugspersonen und sich selbst. Diese Modelle stellen eine Art im Gedächtnis gespeicherte Datenbasis aus spezifischen und generalisierten Erfahrungen mit den Bindungspersonen dar. Bereits frühe Interaktionsmuster wirken auf die internalen Arbeitsmodelle ein, so dass diese durch stetes Wiederholen und Lernen im Lauf der Zeit abstrahiert und generalisiert werden. Sie dienen dazu, Verhaltensweisen auszuwählen, durch die Nähe und Erreichbarkeit der Bindungsfigur für das Kind am wahrscheinlichsten aufrechterhalten und wiederhergestellt werden kann. Zudem schließen diese Gedächtnisinhalte Erwartungen über das Verhalten der Bindungsperson vor allem in Situationen mit ein, in denen das Bindungsverhaltenssystem aktiviert ist. Internale Arbeitsmodelle erfüllen nach Bowlby (1969, 1976) Steuerungsfunktion, sie dienen der Simulation oder Vorwegnahme der Ereignisse der realen Welt, um so das Individuum in die Lage zu versetzen, sein Verhalten vorausschauend zu planen. Die Simulation der Realität befähigt das Individuum, sich an die Umwelt durch Wahrnehmungsfokussierung, Interpretation und Antizipation anzupassen. Internale Arbeitsmodelle haben verschiedene Aufgabenbereiche je nachdem ob sie die Beziehung zur jeweiligen Bezugsperson (model of other) repräsentieren oder ein Arbeitsmodell von sich selbst als Person (model of self) darstellen. Das »model of other« schließt Schemata ein, die Emotions-, Aufmerksamkeits- und Verhaltensregulation im Bindungskontext steuern (etwa ob bzw. wie bindungsrelevante Information kommuniziert werden darf). Das »model of self« beinhaltet zwei Aspekte: die Vorstellung von sich selbst als liebenswert und akzeptabel oder nicht (»worthy of help«) und die Erwartungen eigener Effektivität im Auslösen erwünschter Reaktionen bei anderen (»able to cope«). Durch den Einfluss des »model of self« auf die Informationsverarbeitung wird der Zugang zu den eigenen Gedanken, Erinnerungen und Gefühlen über Bindungspersonen ermöglicht, eingeschränkt oder verhindert (Fremmer-Bombik, 1995).

In der Kindheit wird die Qualität internaler Arbeitsmodelle auf der Verhaltensebene erfasst, operationalisiert über das Ausmaß der Suche des Kindes nach Nähe und die dadurch erreichte emotionale Sicherheit.

Im Alter von 12 bzw. 18 Monaten wird in der »Fremden Situation«, eine standardisierte Testsituation zur Erfassung von Bindungsqualität (Ainsworth et al., 1978), das Verhalten des Kindes nach zwei kurzen Trennungen von der Bindungsperson beobachtet. Auf dieser Grundlage wird die Bindungsqualität zur Bindungsperson entweder als sicher, vermeidend, ambivalent oder desorganisiert/desorientiert klassifiziert. Dieser Klassifikation liegt die Einschätzung des kindlichen Verhaltens in den Wiedervereinigungssituationen auf vier Skalen zugrunde. Das Ausmaß, in dem das Kind aktiv versucht, die Nähe zur Bezugsperson wieder zu erlangen, wird mit der Skala »Nähe suchen« erfasst, während die Skala »Kontakt erhalten« beschreibt, wie sehr das Kind sich bemüht, die wiedererlangte Nähe aufrechtzuerhalten. Die Verhaltensweisen, mit denen das Kind Nähe zur Bindungsperson vermeidet, werden durch die Skala »Nähe vermeiden« beschrieben und abwehrendes Verhalten des Kindes im Körperkontakt zur Bezugsperson durch die Skala »Kontaktwiderstand«. Sicher gebundene Kinder zeigen ihre Betroffenheit durch die Trennung offen durch Bindungsverhalten wie Weinen und Suchen. Bei der Rückkehr der Bindungsperson wenden sie sich ihr zu, lassen sich leicht von ihr trösten und widmen sich danach wieder der Exploration ihrer Umwelt. Unsicher-vermeidend gebundene Kinder hingegen geben sich von der Trennung unberührt, meiden die Bezugsperson nach deren Rückkehr und zeigen stattdessen exzessives, aber oberflächliches Explorationsverhalten. Kinder mit einer unsicher-ambivalenten Bindung wirken durch die Trennung besonders beunruhigt und suchen die Nähe der Bindungsperson, können sie aber dennoch nicht als sichere Basis nutzen, sondern reagieren bei gleichzeitigem Kontakterhalt aggressiv oder ablehnend. Kinder, die als desorganisiert klassifiziert werden, zeigen neben Verhaltensmustern einer Hauptklassifikation (sicher, unsicher-vermeidend oder unsicher-ambivalent) Anzeichen von Zusammenbrüchen geordneter und zielführender Verhaltensstrategien wie bizarres oder stereotypes Verhalten und/ oder sie wirken verstört und deprimiert.

> **Die »Fremde Situation« ist eine standardisierte Testsituation zur Erfassung der Bindungsqualität zur Bindungsperson. Die Bindungsqualität wird entweder als sicher, vermeidend, ambivalent oder desorganisiert/desorientiert klassifiziert.**

Hintergrund der gezeigten Verhaltensunterschiede sind die Interaktionserfahrungen zwischen dem jeweiligen Kind und seiner Bindungsperson. Beeinflusst werden diese Erfahrungen von der Feinfühligkeit der Eltern im Umgang mit emotionalen Signalen des Kindes und moderiert von kindlichen Verhaltensparametern wie dem Temperament oder der Irritierbarkeit. Dass ein Zusammenhang zwischen der mütterlicher Feinfühligkeit und der späteren Klassifikation der Kinder in der »Fremden Situation« vorliegt, konnte in verschiedenen Untersuchungen gezeigt werden (s. z. B. Spangler et al., 2000). Ein hohes Maß an feinfühligem Verhalten der Mutter nach der Geburt erhöht die Wahrscheinlichkeit für eine sichere Bindungsqualität des Kindes im ersten Lebensjahr.

Auch zu Beginn des Schulalters mit 6 Jahren, wenn sich das soziale Umfeld der Kinder in der Regel nicht mehr nur auf die Familie beschränkt, kann durch eine jetzt einstündige Trennung noch das Bindungsverhaltenssystem aktiviert werden (Main et al., 1985). Die Analyse der Wiedervereinigungssituationen ergab altersgemäße Entsprechungen zum Verhalten in der »Fremden

> **Mit 6 Jahren beschränkt sich das soziale Umfeld der Kinder in der Regel nicht mehr nur auf die Familie. Durch eine einstündige Trennung kann noch das Bindungsverhaltenssystem aktiviert werden.**

Situation«: selbstverständlich-freundliche Begrüßung und natürliche flüssige Dialoge bei den sicheren Dyaden, Ignorieren der Mutter und stockende, verkrampfte Kommunikation bei vermeidenden Kindern und unreifes, theatralisches und kommunikativ inkompetentes Verhalten bei ambivalenten Kindern. In der Bielefelder Längsschnittstudie blieben diese Verhaltensmuster über 5 Jahre bemerkenswert stabil (Zimmermann et al., 2000).

Es wird davon ausgegangen, dass unterschiedliche Verhaltensweisen in den oben genannten Erfassungssituationen aufgrund qualitativer Unterschiede der internalen Arbeitsmodelle entstehen. Kinder mit sicherem internalen Arbeitsmodell haben Zugang zu negativen Gefühlen und können sie in eine insgesamt positive Erwartungshaltung umsetzen. Auf der Verhaltensebene bedeutet das: Trost suchen (durch offene Kommunikation negativer Befindlichkeit) und negative Gefühle annehmen können. In der »Fremden Situation« äußert sich Bindungssicherheit durch die Balance zwischen Bindungs- und Explorationssystem, die Bindungsperson wird als Quelle emotionaler Stabilität aufgesucht und wirksam genutzt. Kinder mit unsicherer Bindungsqualität hingegen wenden sich entweder nicht an die Bindungsperson als sichere Basis oder sind nicht fähig, sich so weit trösten zu lassen, dass Erkundung und Spiel wieder aufgenommen werden können. Mit 6 Jahren ist es sicher gebundenen Kindern in der Wiedervereinigungssituation möglich, in entspannter Stimmung einen flüssigen, freien Dialog mit ihren Müttern zu führen und ihnen freundlich zugewandt zu sein, wobei ihr Aktionsradius nicht eingeschränkt ist (Main & Cassidy, 1988). Eine unsichere Bindungsqualität äußert sich dadurch, dass Wahrnehmung, Interpretation, Erwartung und Regulierung von Gefühlen, Handlungen und Kommunikation in emotional bedeutsamen Situationen nicht angemessen sind.

Mit zunehmenden Alter der Kinder erweitern sich die Erfassungsmöglichkeiten der emotionalen Organisation auf die Narration über bindungsrelevante Themen, da der Erwerb sprachlicher und kognitiver Kompetenzen ansteigt. Diese verbalen Konstruktionen von Verhaltenstendenzen, Bewertungen und Interpretationen existieren dann auf der Basis der vorher nicht verbalen Arbeitsmodelle. Die Narration stellt auf der Grundlage aller bisheriger Erfahrungen, die im Gedächtnis gespeichert wurden, einen aktiven Abstraktions- und Konstruktionsprozess dar. Im Sinne Daniel Sterns (1992) werden diese Konstrukte als Geschichten über das internale Arbeitsmodell aufgefasst. Auf die Qualität des internalen Arbeitsmodells wird deshalb durch Wahrnehmungsverzerrungen im Sinne fehlender Aspekte, die Art der sprachlichen Darstellung von Sachverhalten etc. rückgeschlossen. Nach Petzold (1995) sind Narrative strukturgebende Handlungsfolien, die Verhaltenstendenzen nicht determinieren, jedoch anstoßen können. Da die Lebensgestaltung in der Gegenwart den Entwurf von Handlungsstrategien erfordert, wird ein Rückgriff auf Archive nötig. Die Funktion des Gedächtnisses und der damit verknüpften mentalen Repräsentation stellt sich nach Petzold (1995) als ein Zugriff zu den bewussten, mitbewussten und unbewussten Wissenseinheiten dar. Neue Informationen müssen dabei mit aufgenommen werden, um alte zu verändern, zu ergänzen oder außer Kraft zu setzen. Gerade der funktionale Umgang mit negativen Gefühlen – sowohl mit denen anderer Personen, die nach dem Gewähren von Nähe und Hilfe verlangen, als auch mit denen der eigenen Person, die Nähe und Hilfe anderer erfordern – ist in dieser Prozessfolge aus bindungstheoretischer Sicht entscheidend.

> **Der funktionale Umgang mit negativen Gefühlen – sowohl mit denen anderer Personen als auch mit denen der eigenen Person, die Nähe und Hilfe anderer erfordern – ist aus bindungstheoretischer Sicht entscheidend.**

Ab dem Jugendalter kann aufgrund der erlangten kognitiven Kompetenzen auf die Repräsentationsebene von internalen Arbeitsmodellen zugegriffen werden, wofür das Adult Attachment Interview herangezogen wird (George et al., 1996). Dieses halbstrukturierte Interview erfragt zuerst die Beziehung zu nahe stehenden Bezugspersonen in der Kindheit und auch zum aktuellen Zeitpunkt und erfasst dann die Integration dieser Erfahrungen und ihren vermittelten Einfluss auf die eigene Persönlichkeit. Ziel dabei ist es, den Zugang zu bindungsrelevanten Gedanken und Gefühlen und deren Organisation zu erheben. Hierfür relevante Kriterien der Interviews sind zum einen Erfahrungen des Probanden mit seinen Eltern in der Kindheit, z. B. ob die Eltern liebevoll, abweisend, vernachlässigend waren, ob sie Leistungsdruck ausübten oder ob eine Umkehr der Rollen stattfand. Zum anderen wird aufgrund der Annahme der Bindungstheorie, dass internale Arbeitsmodelle den Zugang zu eigenen Gefühlen, Erinnerungen und Gedanken über Bindungspersonen regeln, die gegenwärtige Organisation der informationsverarbeitenden Gedächtnisstrukturen in Bezug auf bindungsrelevante Informationen beurteilt.

Das Adult Attachment Interview (George et al., 1996) wurde gezielt dafür entwickelt, mental repräsentierte Unterschiede hinsichtlich Bindungserfahrungen und deren Bewertung von Müttern zu erfassen, deren Kinder bereits in der »Fremden Situation« beobachtet wurden. Dabei konnte eine Entsprechung festgestellt werden zwischen den Bindungsqualitäten im Kindesalter und Unterschieden in der Bindungsrepräsentation im Erwachsenenalter. Personen, deren Interviews als sicher klassifiziert werden (sicher bzw. secure/free to evaluate/autonomous), können bindungsrelevante Erinnerungen und Gefühle leicht im Gedächtnis abrufen und positive wie negative Erfahrungen mit den Eltern berichten. Sie drücken ihre Wertschätzung von Bindung und ihr Anerkennen des Bedürfnisses nach Nähe und Unterstützung durch andere aus und betrachten ihre Bindungserfahrungen als relevant für ihre Persönlichkeitsentwicklung. Die berichteten konkreten Erfahrungen können objektiv bewertet und integriert werden. Mütter mit sicherer Bindungsrepräsentation hatten in der Studie von Main et al. (1985) überzufällig häufig Kinder mit sicherer Bindungsqualität.

Interviews, die als unsicher eingeschätzt werden, lassen den flexiblen Zugang zu bindungsrelevanten Informationen vermissen, entweder durch Vermeidung der Auseinandersetzung mit der Bindungsthematik insbesondere emotional relevanter Erinnerungen (vermeidend bzw. dismissing of attachment) oder durch die Unfähigkeit, Erlebnisse in kohärenter und klarer Weise zu berichten (verwickelt bzw. enmeshed/ preoccupied). Klassifikationskriterien für dismissing of attachment sind unter anderem Nichterinnern bindungsrelevanter Erfahrungen sowie Idealisierung der Elternbeziehung bei gleichzeitiger Unfähigkeit, global positive Bewertungen mit konkreten Beispielen zu belegen. In der Studie von Main et. al (1985) hatten unsicher-vermeidende Kinder meist auch Mütter mit vermeidender Bindungsrepräsentation. Eine verwickelte Bindungsrepräsentation zeichnet sich zusätzlich aus durch distanzlose Verstrickung in vergangene bindungsrelevante Erlebnisse, verbunden mit Ärger und/oder Passivität bei deren Bewertung. Verwicklung der Mütter im AAI korrespondierte bei Main et. al (1985) mit unsicher-ambivalent gebundenen Kindern in der Fremden Situation.

> **Internale Arbeitsmodelle von Bindung:** Generalisierte Gedächtnisrepräsentationen der eigenen Selbstwirksamkeit in Bindungsbeziehungen (»model of self«) und der Verfügbarkeit der Umwelt bei emotionaler Belastung (»model of others«) auf der Basis von Bindungserfahrungen, die Emotions-, Aufmerksamkeits- und Verhaltensregulation im Bindungskontext steuern.

Diese im Erwachsenenalter erfassten mentalen Repräsentationen internaler Arbeitsmodelle sind nicht die unveränderte Fortführung früherer Schemata. Thompson (1999) spricht hinsichtlich der Entwicklung internaler Arbeitsmodelle von einem kontinuierlichen Prozess im Sinne eines Netzwerks von aufeinander aufbauenden Repräsentationssystemen. Bezüglich der Attribute potenzieller Bezugspersonen bilden sich zunächst am Ende des 1. Lebensjahrs grundlegende soziale Erwartungen aus, die im Verlauf der Entwicklung weiter elaboriert werden. In Verbindung mit der Reifung des Langzeitgedächtnisses ent-

> Die im Erwachsenenalter erfassten mentalen Repräsentationen internaler Arbeitsmodelle sind nicht lediglich die unveränderte Fortführung früherer Schemata, in einem fortlaufenden Prozessen entwickeln sich diese Arbeitsmodelle weiter.

wickeln sich mit dem 3. Lebensjahr Ereignisrepräsentationen, die spezifische und generalisierte Erinnerungen von bindungsbezogenen Ereignissen enthalten. In einem fortlaufenden Narrativ werden spezifische Ereignisse konzeptuell verknüpft und mit zunehmendem Selbstverständnis daraus eine eigene Lebensgeschichte (»Autobiographie«) geformt. Gleichzeitig wird zunehmend ein Verständnis von anderen und ihren psychologischen Charakteristika als Repräsentation von Gedanken, Motiven und Intentionen der Beziehungspartner entwickelt. Grundlagen der Ausbildung dieser vier miteinander verbundenen Systeme beim Kind sind nach Thompson direkte Erfahrungen mit seiner Umwelt und seine indirekten Repräsentationen von Ereignissen durch die Interpretation der eigenen Erlebnisse im Diskurs mit anderen sowie seine sich entwickelnden konzeptuellen Fähigkeiten.

Demnach stellen frühere undifferenzierte Arbeitsmodelle des Kleinkindes reine Erwartungen von Charakteristika der Fürsorgeperson dar und bilden nicht die alleinige Grundlage für die Entwicklung von elaborierten und komplexeren Repräsentationssystemen. Durch den Meinungsaustausch mit anderen und die permanente Aktualisierung aufgrund eigener Erfahrungen existieren zwei unterschiedliche Quellen der Einflussnahme der Bindungsperson auf die internalen Arbeitsmodelle ihrer Kinder. Einerseits wirken das Fürsorgeverhalten und andererseits die Ereignisbewertung der Eltern in der Kommunikation mit den Heranwachsenden auf das Repräsentationssystem ihrer Kinder, wodurch sich transgenerationale Einflüsse auf Bindungsverhalten und -repräsentation erklären. Andererseits kann Stabilität bei internalen Arbeitsmodellen nur dann erwartet werden, wenn die einzelnen Einflussfaktoren und die Wechselwirkungen zwischen diesen kontinuierlich bestehen bleiben.

## 5.2   Partnerschaft als Bindungsbeziehung

Bowlby setzt sich in seiner Bindungstheorie hauptsächlich mit der Bindung zwischen Kindern und ihren Eltern auseinander. Er postuliert als Eckpfeiler für diese Art von Beziehung die Aspekte Aufrechterhaltung von Nähe zur Bindungsperson, Protest bei Trennung von ihr, Nutzung der Bindungsperson als sichere Basis für die Exploration der Umwelt sowie das Aufsuchen der Bindungsperson als sicheren Hafen bei Bedrohung (Bowlby, 1988). Betrachtet man nun Partnerbeziehungen, dann wird deutlich, dass diese Funktionen auch in Beziehungen zwischen Liebespaaren zu finden sind. Nach Weiss (1996) ist gerade die Tatsache, dass eine Person durch den Partner Beruhigung und Sicherheit erfährt, vor allem in Stresssituationen bei ihm sein möchte und dagegen

> **Bowlby setzt sich in seiner Bindungstheorie hauptsächlich mit der Bindung zwischen Kindern und ihren Eltern auseinander. Die Theorie ist jedoch auch auf die Bindungen innerhalb von Partnerschaften zu beziehen.**

protestiert, wenn der Partner nicht verfügbar ist, bei den meisten Paaren zu finden, egal ob sie verheiratet sind oder nicht.

Das Streben nach Bindung herrscht beim Menschen lebenslang vor. Das Kind baut eine Bindung zu seinen Eltern auf und nutzt seine Bindungsperson als sichere Basis, während die Eltern selbst mit ihrem Kind lediglich verbunden sind und bei ihm keine Nähe und Sicherheit suchen (Berlin & Cassidy, 1999). Diese erhalten sie entweder von ihrem Partner oder von ihren eigenen Eltern. Ab dem Jugendalter werden die Bindungsbeziehungen zu den Eltern immer weniger bedeutsam, und Liebesbeziehungen als neue Beziehungsform für die Befriedigung von Bedürfnissen nach Geborgenheit und Zuwendung treten an ihre Stelle (Kunce & Shaver, 1994). Im Gegensatz zu dem asymmetrischen Beziehungsgefüge zwischen Eltern und Kind zeichnen sich Liebesbeziehungen dadurch aus, dass beide Partner gegenseitig als Quelle der Sicherheit für die emotionalen Bedürfnisse des anderen agieren (Berlin & Cassidy, 1999). Dabei spielen einerseits die aktive, klare und persistente Darstellung der eigenen Bedürftigkeit und die Fähigkeit, sich durch Trost beruhigen zu lassen, eine große Rolle. Andererseits müssen die Signale des Nähesuchenden vom Partner erkannt, akzeptiert, richtig interpretiert und prompt, offen und angemessen beantwortet werden. Diese Kriterien der Sensitivität im Umgang mit emotionalen Bedürfnissen tragen unabhängig vom Alter der Partner zum Gelingen enger Beziehungen bei. Internale Arbeitsmodelle von Beziehungen, die die Erwartung in die emotionale Verfügbarkeit des Partners repräsentieren, steuern die Qualität des Ausdrucks von Bedürftigkeit und die eigene Bereitschaft, in Belastungssituationen für den Partner da zu sein (Kobak et al., 1994).

Nachdem bisher die qualitative Erfassung der internalen Arbeitsmodelle von Beziehungen im Kontext des elterlichen Umgangs mit den Bindungs- und Explorationsbedürfnissen dargestellt wurde, soll im Folgenden näher auf die Ausdehnung dieser Forschungsrichtung auf Liebesbeziehungen eingegangen werden.

### 5.3   Die Erfassung der mentalen Repräsentation von Partnerschaft

Da wir davon ausgehen können, dass Partnerschaftsbeziehungen als Bindungsbeziehungen bezeichnet werden können, stellt sich nun die Frage, wodurch das Verhalten in Liebesbeziehungen gesteuert wird. Internale Arbeitsmodelle simulieren in ihrer Funktion als Regulierungsinstanz die Realität und ermöglichen dadurch, die in früheren Beziehungen gemachten Erfahrungen in Form von Erwartungen in neue Beziehungen mit einzubringen. Diese Abstraktion der Erfahrungen beeinflusst eine zukünftige Beziehung mit einem neuem Partner z. B. dahinge-

> **Die in früheren Beziehungen gemachten Erfahrungen gehen in Form von Erwartungen in neue Beziehungen ein.**

hend, ob und in welchem Ausmaß er bei emotionaler Belastung um Hilfe und Fürsorge gebeten wird. Die in den internalen Arbeitsmodellen gespeicherten Inhalte lassen sich in zwei Arten gliedern:

- Die bewussten deklarativen Anteile stellen das Wissen über Beziehungsmuster dar, d. h. welche Reaktion auf welches Verhalten folgt, und dienen der Bewertung sozialer Situationen.
- Das erworbene Verhaltensrepertoire und die Organisation der Gefühle werden als die prozeduralen Anteile bezeichnet, die zur Steuerung des Verhaltens dienen und bewusstseinsfern bzw. unbewusst sind (Zimmermann et al., 2000).

Um die Qualität des Arbeitsmodells von Partnerschaft zu erfassen, entwickelten Crowell und Owens (1998) das Current-Relationship-Interview. Dazu parallelisierten sie das Adult Attachment Interview hinsichtlich Inhalt und Fragestil, wobei das Thema partnerschaftliche Beziehungen den inhaltlichen Kern darstellt. Dieses Verfahren bildete die Grundlage für die Entwicklung eines Bindungs-Interviews zur Erfassung der mentalen Repräsentation von Partnerschaft an jungen unverheirateten Erwachsenen (Winter, in Vorbereitung). Hierbei wurden bestimmte Themenbereiche weggelassen, um die Zahl der Anwendungsmöglichkeiten zu erweitern. Zudem wurden einige Modifikationen vorgenommen, um speziell den Aspekt der Repräsentation des Arbeitsmodells von Partnerschaft herausarbeiten zu können.

Das Partnerschaftsrepräsentationsinterview von Monika Winter wurde an der Bielefelder Längsschnittstichprobe (Grossmann & Grossmann, 1983) im Alter von 22 Jahren und an der Regensburger Längsschnittstichprobe (Escher-Gräub & Grossmann, 1983) im Alter von 20 Jahren angewendet (Stöcker, in Vorbereitung). Ähnlich dem Adult Attachment Interview (George et al., 1996), deckt dieses halbstrukturierte ca. einstündige Interview bindungsrelevante Themen im Hinblick auf Partnerschaftserfahrungen ab. Zuerst wird der Interviewte gebeten, seine Partnerschaft allgemein zu beschreiben und mögliche erlebte Einschränkungen durch die Beziehung und/oder den Partner zu nennen. Dann werden das Erleben und der Umgang mit Entscheidungen, die beide Partner betreffen, Kummer, Angst, Krankheit, Zurückweisung und/oder mangelnde Zuwendung des Partners und das Gefühl von Bedrohung in der Partnerschaft (z. B. durch Aggression oder auch durch zu viel Nähe) erfragt. Die Konfliktregulation innerhalb der Partnerschaft, der Umgang mit Trennung und Eifersucht und Erfahrungen mit früheren Partnerschaften sind als nächstes Gegenstand des Interviews. Abschließend werden der Einfluss der aktuellen Beziehung auf die Entwicklung und Persönlichkeit der Versuchsperson, die Hoffnungen und Befürch-

> **Im Partnerschaftrepräsentationsinterview wird beurteilt, inwieweit eine Person in der Lage ist, bindungsrelevante Themen bezüglich der Partnerschaft in einer glaubhaften, widerspruchsfreien, verständlichen und emotional integrierten Narration zu erörtern.**

tungen bezüglich der Partnerschaft und die positivsten Erfahrungen in der aktuellen Beziehung erörtert. Ziel des Interviews ist eine Klassifikation anhand des Kriteriums, inwieweit die Person in der Lage ist, bindungsrelevante Themen bezüglich der Partnerschaft – wie eigene Verfügbarkeit für den Partner bei Kummer, Fähigkeit, eigene Bedürfnisse nach emotionaler Unterstützung auszudrücken etc. – in einer glaubhaften, widerspruchsfreien, verständlichen und emotional integrierten Narration zu erörtern und deren Bedeutsamkeit adäquat zu bewerten. Zusammenfassend geht es also darum zu erheben, wie der Interviewte Bindung in Liebesbeziehungen mental repräsentiert hat, was in seiner Art der sprachlichen Darstellung über die Beziehung reflektiert wird.

Durch das Interview werden die prozeduralen und deklarativen Anteile der mentalen Repräsentation erfasst. Die Fähigkeit, emotionale Belastungen dem Partner gegenüber zu zeigen und selbst für den Partner verfügbar zu sein, wenn dieser Unterstützung braucht, stellen die prozeduralen Aspekte des Narratives dar. Die deklarativen Strukturen werden durch die Qualität des Informationsverarbeitungsprozesses während der Interviews einschätzbar, d. h. der sprachliche Zugang zu den bindungsrelevanten Themen wird beurteilt (Winter & Grossmann, 2002).

Für die Klassifikation der Partnerschaftsrepräsentation wurden die Interviews der jungen Erwachsenen nach verschiedenen Gesichtspunkten ausgewertet. Zunächst wurde die Kohärenz der Informationen beurteilt, d. h. ob der Proband in der Lage ist, ein klares, stimmiges, widerspruchsfreies und in seinem Umfang angemessenes Bild der Partnerschaft darzulegen. Dann wurde das Ausmaß an Integration der Erfahrungen, die der Interviewte in der aktuellen bzw. seinen bisherigen Beziehungen gemacht hatte, eingeschätzt. Ein hohes Maß an Integration bedeutet, dass der Proband objektiv und realistisch berichten und bezüglich der Partnerschaft eine Metaebene einnehmen kann, die es ihm erlaubt, sein Handeln in und seine Bewertung von Situationen zu erkennen. Betrachtet wird auch die Wertschätzung der Beziehung und des Partners, d. h. inwieweit der Interviewte emotionale Unterstützung für sich selbst und seinen Partner für bedeutsam hält und seine Liebe und Zuneigung zeigen kann. Zum Schluss wurde der Zugang zu den bindungsrelevanten Themen im Interview bewertet, d. h. ob die Versuchsperson in der Lage ist, darüber offen und flexibel zu berichten. Auf dieser Grundlage wurde die Gesamteinschätzung der Interviews bezüglich der Dimensionen »Sicherheit der Partnerschaftsrepräsentation«, »Vermeidung bindungsrelevanter Aspekte der Partnerschaft« und »Unklarheit in Partnerschaft und Diskurs« vorgenommen (Winter & Grossmann, 2002).

> **Wichtige Dimensionen der Partnerschaftsrepräsentation sind die Sicherheit der Partnerschaftsrepräsentation, die Vermeidung bindungsrelevanter Aspekte der Partnerschaft und die Unklarheit in Partnerschaft und Diskurs.**

Die Dimension »Sicherheit der Partnerschaftsrepräsentation« erfasst, inwieweit im Interview sowohl positive als auch negative Beziehungserfahrungen geschildert werden können und ob eine hohe Wertschätzung des Partners und/oder der Partnerschaft vorliegt. Bei hohen Werten sind die bindungsrelevanten Themen leicht zugänglich, sie können in Form von Erinnerungen oder Emotionen abgerufen werden und die geschilderten Episoden werden durch Beispiele belegt. Das gesamte Interview zeichnet sich zudem durch eine hohe Kohärenz aus.

Interviews, die hoch auf der Dimension »Vermeidung bindungsrelevanter Aspekte der Partnerschaft« eingeschätzt werden, sind gekennzeichnet durch oberflächliche, stereotype Schilderungen des Partners und/oder der Beziehung. Der Zugang zu bindungsrelevanten Gefühlen und Erinnerungen ist eingeschränkt oder fehlt, die Auseinandersetzung mit Bindungsthemen wird vermieden und die Bewertung der Partnerschaft ist mangelhaft und/oder idealisierend oder abwertend. Eigene Bindungsbedürfnisse werden heruntergespielt und nicht offen ausgedrückt; diesbezügliche Signale des Partners bleiben bewusst oder unbewusst unbeantwortet.

Wie bei »Vermeidung« ist auch bei »Unklarheit in Partnerschaft und Diskurs« der offene und flexible Zugang zu bindungsrelevanten Informationen eingeschränkt. Hinzu kommt bei »Unklarheit«, dass die Schilderungen der Beziehungsaspekte verwirrt, unklar oder wenig objektiv sind und eine ambivalente und/oder keine eindeutige Bewertung der Beziehung vorliegt. Dem Partner gegenüber wird wenig Fürsorge gezeigt bei gleichzeitiger übertriebener eigener Bedürftigkeit nach Zuwendung.

Die konkrete Auswertung des hier verwendeten Partnerschaftsinterviews erfolgte auf Q-Sort-Ebene. Im Q-Sort-Verfahren werden Einzelitems theoriegeleitet in Form einer fixen Verteilung danach sortiert, wie charakteristisch ihre Aussagen für das auszuwertende Material sind. In Anlehnung an das von Kobak entwickelte Q-Sort-Verfahren (Kobak 1993) zur Auswertung des AAI (s. Kap. 5.4.1), das die Skalen der Auswertemethode nach Main in Q-Sort-Items transponiert, wurde für das Partnerschaftsinterview ebenfalls ein Pool von Q-Sort-Items erstellt. Dabei wurde versucht, die wesentlichen Elemente der Repräsentation einer Partnerbeziehung zunächst theoretisch zu formulieren. Die oben bereits genannten inhaltlichen Aspekte wurden von Winter (in Vorbereitung) selbst entwickelt: Sie wurden einerseits formuliert durch Transponierung der Skalen des Current-Relationship-Interviews (Crowell & Owens 1998). Andererseits wurden Aspekte aus dem Marital-Q-Sort von Kobak (1989) entnommen, einem Instrument zur Selbsteinschätzung der Partnerschaftsqualität durch die Probanden, und entsprechend der Fragestellung abgewandelt. So entstand ein Pool von 100 Items, die für die Klassifikation der Interviews von 10 Experten theoriegeleitet sortiert wurden, um

3 Ideal-Q-Sorts zu erstellen. Diese Psychologen, die mit der Bindungstheorie und dem AAI und seiner Auswertung vertraut waren, erstellten unabhängig voneinander jeweils einen Prototypen für die Repräsentationsqualitäten »Sicherheit der Partnerschaftsrepräsentation«, »Vermeidung bindungsrelevanter Aspekte der Partnerschaft« und »Unklarheit in Partnerschaft und Diskurs« (Winter, in Vorbereitung). Die Beurteilung jedes Interviews erfolgte aufgrund der 100 einzelnen Aussagen. Zuerst wurde jede Aussage danach eingeschätzt, ob sie für den Probanden charakteristisch oder uncharakteristisch war oder beides nicht zutraf, entweder weil der jeweilige Aspekt in einer mittleren Ausprägung vorlag oder weil keine Informationsgrundlage für eine Beurteilung bestand. Dann wurden die Items noch genauer geordnet und zwar in einer angedeuteten Normalverteilung, also jeweils 5 Items auf den Extrempositionen (Aussage äußerst charakteristisch/uncharakteristisch für das Interview), dann 8, 12, 16 Items mit der Abstufung sehr, ziemlich, eher charakteristisch/uncharakteristisch und schließlich 18 Items, die weder charakteristisch noch uncharakteristisch für die Partnerschaftsrepräsentation der Versuchsperson waren. Die Einschätzung jedes Interviews aufgrund der 100 Aussagen wurde abschließend mit den oben genannten Prototypen verglichen und die Höhe der korrelativen Übereinstimmung als Wert für die weiteren Berechnungen herangezogen. Der Korrelationswert ist umso höher, je größer die Ähnlichkeit mit dem Ideal-Q-Sort auf der jeweiligen Dimension ist. Für jede Person liegen nach der Auswertung 3 Werte vor, die die individuellen Ausprägungen auf den einzelnen Dimensionen ihrer Partnerschaftsrepräsentation darstellen.

Zur besseren Übersicht sind in Tabelle 5.1 die verschiedenen Klassifikationssysteme von der Kindheit bis zum Erwachsenenalter dargestellt.

**Tabelle 5.1.** Klassifikationssysteme in verschiedenen Altersstufen und Kontexten

| Lebensabschnitt | Messmethode | Klassifikation | | |
|---|---|---|---|---|
| Kleinkindalter (12 bzw. 18 Monate) | »Fremde Situation« nach Ainsworth (Bindungsqualität) | Sicher | Unsicher-vermeidend | Unsicher-ambivalent |
| Jugend- und Erwachsenenalter (ab dem 16. Lebensjahr) | Adult Attachment Interview nach Main (Bindungsrepräsentation) | Sicher/secure/free to evaluate /autonomous | Distanziert/vermeidend/dismissing of attachment | Verwickelt/enmeshed/preoccupied |
| Junges Erwachsenenalter (ab dem 20. Lebensjahr) | Partnerschaftsrepräsentationsinterview nach Winter (Partnerschaftsrepräsentation) | Sicherheit in der Partnerschaftsrepräsentation | Vermeidung bindungsrelevanter Aspekte der Partnerschaft | Unklarheit in Partnerschaft und Diskurs |

Im Folgenden werden nun ausgewählte Befunde zur Untersuchung der Zusammenhänge zwischen der aktuellen mentalen Repräsentation der jungen Erwachsenen von Partnerschaft und den bindungsrelevanten Erfahrungen mit ihren Fürsorgepersonen über den Lebenslauf betrachtet.

## 5.4 Die Vorhersage der Partnerschaftsrepräsentation aus den Bindungsbeziehungen zu den Eltern

Im Phasenmodell der psychosozialen Entwicklung von Erikson (1968) wurde für das junge Erwachsenenalter die Intimität als Aufgabe – sich in einen anderen zu verlieren und zu finden – definiert. Dies wird als »Auswahl eines Partners« und »mit dem Partner leben lernen« auch im Konzept der Entwicklungsaufgaben (nach Havighurst) von Dreher und Dreher (1985) als wichtiger Schritt des Übergangs von der Adoleszenz ins junge Erwachsenenalter empirisch bestätigt. Collins et al. (1997) bezeichnen die Fähigkeit, sich auf vertrauensvolle, partnerschaftliche Bindungsbeziehungen einlassen zu können, die von den Aspekten Sicherheit, Kameradschaft, Wechselseitigkeit, Akzeptanz, Intimität und Kokonstruktion geprägt sind, als integralen Bestandteil der Kompetenz zu gesunder Anpassung. Vermittelt wird dies über die Fähigkeit, personale und Umweltressourcen effektiv nutzen und anstehende Entwicklungsaufgaben bewältigen zu können. Die wesentliche Rolle für den Umgang mit der Entwicklungsaufgabe der Intimität spielen aus bindungstheoretischer Sicht die internalen Arbeitsmodelle, in denen die früheren Beziehungserfahrungen repräsentiert sind. In folgendem Abschnitt soll untersucht werden, in welchem Ausmaß bindungsrelevante Erfahrungen über den Lebenslauf die Art der Bewältigung dieser zentralen Entwicklungsaufgabe beeinflussen. Im Einzelnen wird die Partnerschaftsrepräsentation im jungen Erwachsenenalter zu folgenden Bindungsmaßen in Beziehung gesetzt:

> **Im Umgang mit der Entwicklungsaufgabe der Intimität spielen aus bindungstheoretischer Sicht die internalen Arbeitsmodelle, in denen die früheren Beziehungserfahrungen repräsentiert sind, eine wesentliche Rolle.**

- Bindungsrepräsentation im 16. und 18. Lebensjahr,
- Bindungssicherheit im 6. Lebensjahr und Repräsentation der Eltern im 10. Lebensjahr,
- Bindungsverhalten im Fremde-Situation-Test im Kleinkindalter,
- Bindungsrepräsentation der Eltern.

Die in diesem Abschnitt präsentierten Ergebnisse sind als erste und vorläufige Befunde zu betrachten, da die Analysen noch nicht abgeschlossen sind. Die Darstellung orientiert sich am Alter der Probanden, d. h. zuerst werden die aktuellen Erhebungszeitpunkte der internalen Arbeitsmodelle berücksichtigt, dann die Erfassungen im Kindesalter und zum Schluss die Aspekte der elterlichen Einflüsse. Es werden Befunde aus der Bielefelder und der Regensburger Längsschnittstichprobe dargestellt, da in beiden Studien sich ergänzende Untersuchungen durchgeführt wurden.

### 5.4.1 Vorhersage der Partnerschaftsrepräsentation aus dem Adult Attachment Interview

Mit den Probanden der Regensburger Längsschnittstichprobe wurde das Adult Attachment Interview im Alter von 16 und 18 Jahren durchgeführt (Zimmermann & Becker-Stol, 2000). Zur Auswertung wurde die deutsche Version des Attachment-Q-Sort nach Kobak (1993) herangezogen. Dieses Ratingverfahren ist an der Adult-Attachment-Interview-Auswertemethode nach Main (Main & Goldwyn, 1985) orientiert. Aus den einzelnen Skalen dieser Methode wurden 100 typische Items zusammengestellt, mit deren Hilfe der Inhalt des Interviews sowohl nach den Aspekten der Kohärenz als auch nach den Erfahrungen des Probanden mit seinen Eltern und deren Bewertung beschrieben werden kann (Zimmermann et al., 1997). Kobak legt seiner Methode ein Modell der Verhaltensselbstregulation des Bindungssystems zugrunde und unterscheidet ebenfalls zwischen primärer und sekundärer Strategie bei Aktivierung des Bindungsverhaltenssystems (Kobak 1993). Der primären Verhaltensstrategie, die sich durch direktes Zeigen von Bedürfnissen und das aktive Nähesuchen gegenüber der Bindungsperson auszeichnet, wird die sekundäre Strategie gegenübergestellt, die gekennzeichnet ist durch Vermeiden von Nähe (Deaktivierung des Bindungssystems) und/oder starkem Ausdruck von Distress, ohne sich beruhigen zu lassen (Hyperaktivierung des Bindungssystems).

Für eine sichere Bindungsrepräsentation ist vor allem ein leichter Zugang zu Informationen über sich, die eigenen Eltern und die erlebte Beziehung und die offene und kohärente Art der Antworten im Interview wesentlich. Bei einer unsicheren Bindungsrepräsentation ist gerade der offene und flexible Zugang zu solchen Informationen eingeschränkt. Durch die Verwendung der Items ist es möglich die Einschätzung jedes Interviews mit dem Prototyp für die 3 Dimensionen »Secure« bzw. *sicher*, »Dismissing« bzw. *distanziert* und »Preoccupied« bzw. *verwickelt* zu korrelieren.

> **Für eine sichere Bindungsrepräsentation ist vor allem ein leichter Zugang zu Informationen über sich, die eigenen Eltern und die erlebte Beziehung und die offene und kohärente Art der Antworten im Adult Attachment Interview wesentlich.**

Auf der Grundlage der Höhe dieser Korrelationen kann die Ähnlichkeit mit dem prototypisch vorgegebenen Muster ermittelt werden, die dann in eine Rangreihe gebracht werden und so die Bindungsrepräsentation des Probanden aufgrund dieser Ergebnisse beschreiben.

In Abbildung 5.1 werden nun die Zusammenhänge zwischen den Ergebnissen der Auswertung des Adult Attachment Interviews am

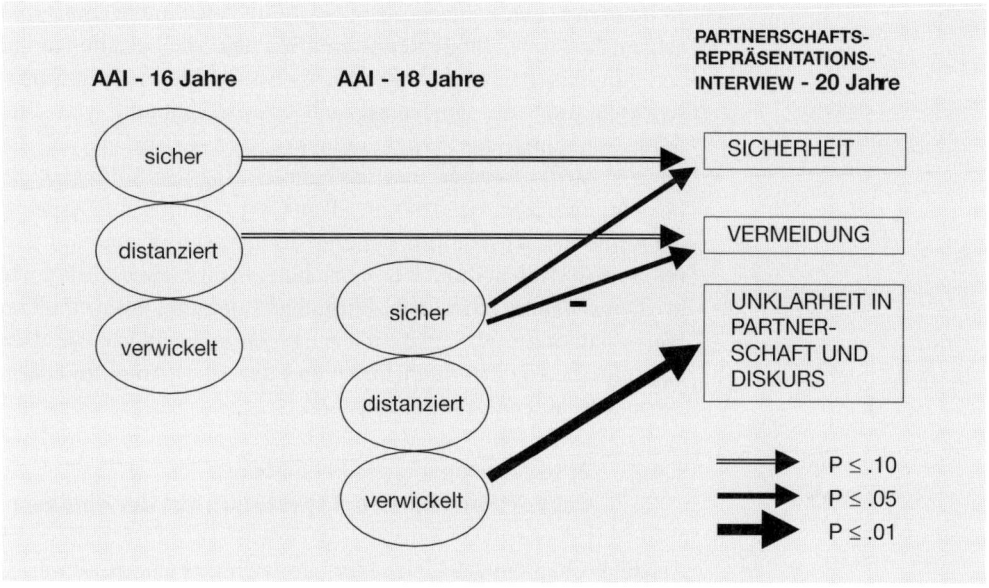

**Abb. 5.1.** Zusammenhänge zwischen der Bindungsrepräsentation der Regensburger Versuchspersonen, erhoben mit 16 und 18 Jahren, und der Partnerschaftsrepräsentation, erfasst im Alter von 20 Jahren

Regensburger Längsschnitt und der des Partnerschaftsrepräsentationsinterviews mit 20 Jahren dargestellt.

Es wird deutlich, dass die Bindungsrepräsentation mit 18 Jahren einen stärkeren Einfluss auf die Partnerschaftsrepräsentation mit 20 Jahren ausübt als dies die mentale Repräsentation mit 16 Jahren vermag. Im Einzelnen zeigen sich signifikante bzw. hochsignifikante Zusammenhänge zwischen der Sicherheit und Verwicklung im AAI und den entsprechenden Dimensionen im Partnerschaftsrepräsentationsinterview (Sicherheit bzw. Unklarheit in Partnerschaft und Diskurs) zwei Jahre später. Die jungen Erwachsenen, die im Interview über ihre Beziehungserfahrungen mit ihren Eltern kohärent und offen berichten konnten, stellten bei der Bewertung ihrer Partnerschaft ihren Partner als Quelle emotionaler Sicherheit in den Vordergrund. Sie waren in der Lage, ihre Bedürfnisse adäquat zu formulieren und ihrem Partner in belastenden Situationen als sichere Basis zur Seite zu stehen. Hingegen vermieden Probanden, deren AAI-Q-Sort-Profil negativ mit dem Prototyp »secure« korreliert, auch eine Auseinandersetzung mit bindungsrelevanten Themen in der Partnerschaft und im Gespräch darüber. Probanden wiederum, die Schwierigkeiten hatten, die Informationen über die Beziehung zu ihren Eltern verständlich zu integrieren und die möglicherweise auch im Ärger gegenüber ihren Bindungspersonen verhaftet waren, waren nicht fähig, klar über ihre Erwartungen und Bedürfnisse in ihrer Partnerschaft zu sprechen und diese eindeutig

> **Junge Erwachsenen, die im Adult Attachment Interview über ihre Beziehungserfahrungen mit ihren Eltern kohärent und offen berichten konnten, stellten bei der Bewertung ihrer Partnerschaft ihren Partner als Quelle emotionaler Sicherheit in den Vordergrund.**

zu bewerten. Beide Erhebungen des Adult Attachment Interviews zeigen, dass die mentale Repräsentation über die Beziehungen zu den Bindungspersonen bedeutsam sind für die Partnerschaftsrepräsentation der 20-Jährigen. Die Wertschätzung von Bindungsbeziehung, das Reflektieren negativer Erlebnisse auf der Basis aktueller Gefühle und die Betrachtung des Einflusses der Beziehungserfahrungen auf die eigene Entwicklung sind Aspekte, die junge Erwachsene mit sicherer Bindungsrepräsentation auszeichnet und die in ihre Liebesbeziehungen einfließen. Sie können in dieser neuen Form von Bindungsbeziehung ihrem Partner Wertschätzung und Sensitivität entgegen bringen, was sie dazu befähigt, die eigenen Bedürfnisse und die des Partners zu erkennen und adäquat darauf einzugehen.

### 5.4.2   Bindungsspezifische Prädiktoren der Partnerschaftsrepräsentation aus der Kindheit

Als die Probanden des Bielefelder Längsschnitts 6 Jahre alt waren, wurde die aus bindungstheoretischer Sicht beurteilte Angemessenheit der Reaktion auf Trennungsbilder mit Hilfe des Separation-Anxiety-Tests erfasst (Klagsbrun & Bowlby, 1976). Hierdurch wurde versucht mittels eines projektiven Verfahrens das internale Arbeitsmodell von Bindung zu operationalisieren. Je höher der Wert für die Angemessenheit der Reaktion, desto besser gelang es den Kindern die Emotionen der beteiligten Personen richtig zu benennen, angemessene Handlungsstrategien zu generieren und einen adäquaten nonverbalen Emotionsausdruck zu zeigen (Aimer, 1998). Über die Annahme einer Identifikation mit den auf den

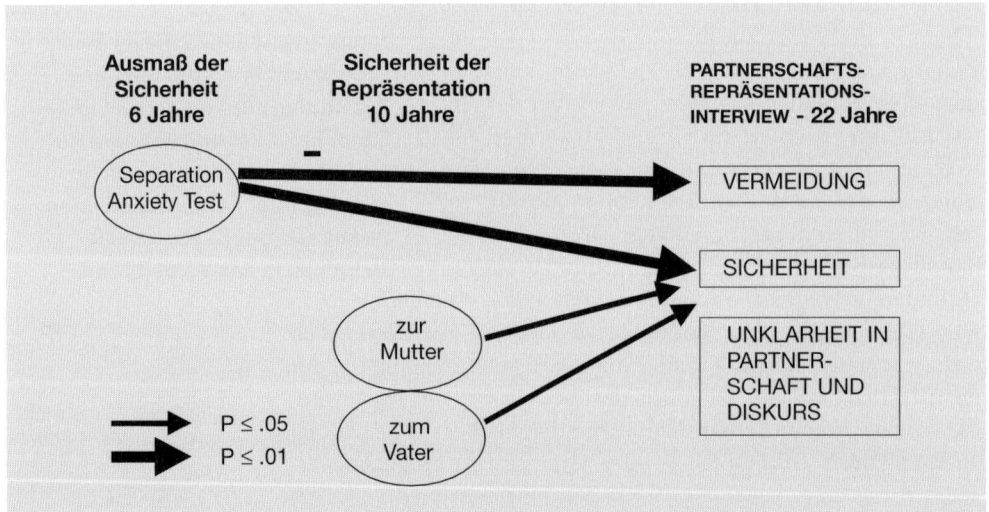

**Abb. 5.2.** Zusammenhänge der Bindungsmaße der mittleren Kindheit zu den Dimensionen des Partnerschaftsrepräsentationsinterviews im Bielefelder Längsschnitt

Trennungsbildern dargestellten Kindern wird also auf die Qualität des Arbeitsmodells rückgeschlossen.

Im Interview, das im Alter von 10 Jahren mit den Kindern durchgeführt wurde, wurden interne Arbeitsmodelle vollständig auf der Ebene der verbalen Repräsentation der Erfahrungen von Unterstützung durch die beiden Elternteile erfasst (Scheuerer-Englisch, 1989). Die Kinder wurden zu Strategien im Umgang mit negativen Emotionen und emotionaler Belastung in Alltagssituationen befragt. Die geäußerten Verhaltenstrategien wurden danach bewertet, inwiefern das jeweilige Kind seiner Umwelt die eigene Bedürftigkeit signalisiert und diese als Quelle emotionaler Sicherheit nutzt (Müller, 1998). Hier besteht also zum ersten Mal im Entwicklungsverlauf eine direkte Entsprechung der Erhebungsebene mit der Partnerschaftsrepräsentation. Die Ergebnisse der Zusammenhänge der mentalen Partnerschaftsrepräsentation zu den Bindungsmaßen der mittleren Kindheit sind in Abbildung 5.2 dargestellt.

Je angemessener die Reaktion auf die Trennungsbilder und je unterstützender die Repräsentation der beiden Elternteile in der mittleren Kindheit, desto mehr ist die Repräsentation von Partnerschaft im jungen Erwachsenenalter von Bindungssicherheit und umso weniger von Aspekten des Vermeidens bindungsrelevanter Aspekte geprägt.

Das bedeutet, dass in der Kindheit bereits wichtige Grundlagen für emotionale Sicherheit in Partnerschaften gelegt werden. Dies wird zusätzlich von den folgenden Ergebnissen untermauert, über die in den nächsten Abschnitten berichtet wird.

> **In der Kindheit werden wichtige Grundlagen für emotionale Sicherheit in Partnerschaften gelegt.**

### 5.4.3 Verhalten als Kleinkind und Partnerschaftsrepräsentation im jungen Erwachsenenalter

Im folgenden Abschnitt werden die Zusammenhänge zwischen dem Verhalten der Probanden des Bielefelder Längsschnitts als Kleinkind in der »Fremden Situation« nach Ainsworth (Ainsworth & Wittig 1969) und ihrer mentalen Repräsentation von Partnerschaft im Alter von 22 Jahren aufgezeigt. Im Alter von 12 Monaten wurde die »Fremde Situation« mit der Mutter und ein halbes Jahr später mit dem Vater durchgeführt (Grossmann et al., 1981). In beiden Wiedervereinigungsphasen, in denen die Bezugsperson nach maximal drei Minuten Trennung zurückkehrt, wird das Verhalten des Kindes auf 4 Skalen eingeschätzt. Abbildung 5.3 bezieht sich auf das kindliche Verhalten gegenüber den Müttern bzw. Vätern gemittelt über beide Wiedervereinigungsphasen.

Probanden, die als Kleinkinder bei durch Trennung aktiviertem Bindungssystem die Nähe zu ihrer Mutter vermieden und wenig Versuche zum Kontakterhalt zeigten, berichteten auch über ihre Partnerschaft im Alter von 22 Jahren signifikant häufiger in ver-

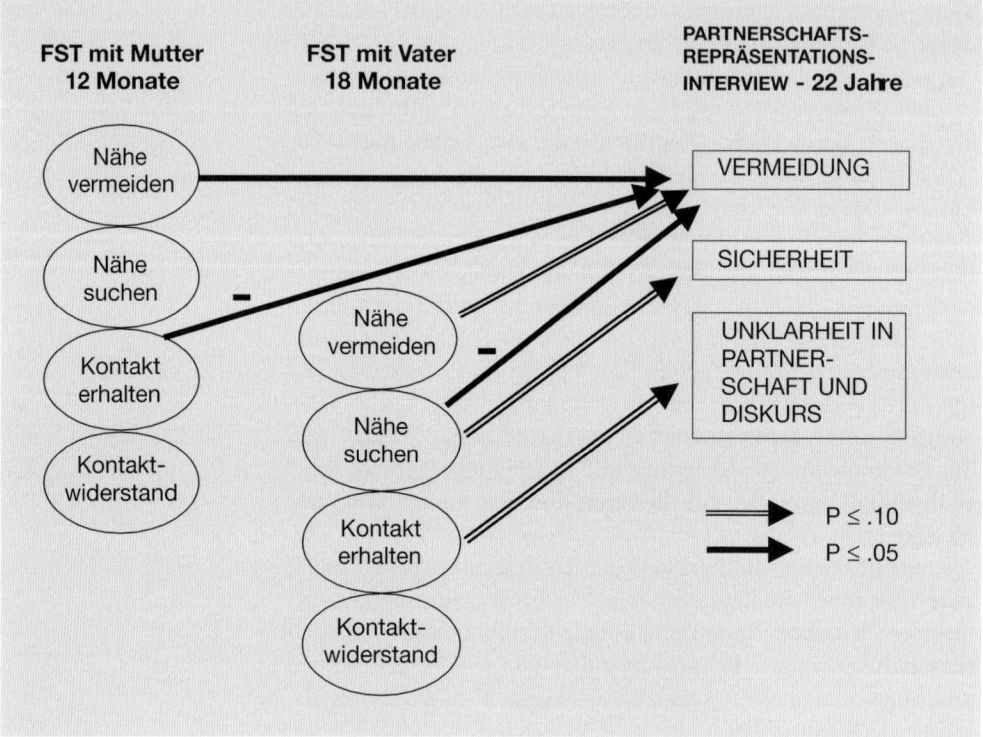

**Abb. 5.3.** Zusammenhänge der Verhaltensskalen der »Fremden Situation« im 2. Lebensjahr zur Partnerschaftsrepräsentation im Alter von 22 Jahren erhoben an der Bielefelder Längsschnittstichprobe

meidender Art und Weise. Ein sehr vergleichbares Bild ergab sich für die Verhaltensbeobachtung im Kleinkindalter in der »Fremden Situation« mit dem Vater und der Partnerschaftsrepräsentation im jungen Erwachsenenalter. Aspekte der Vermeidung und der Bindungssicherheit zeigen auch hier Zusammenhänge über einen Zeitraum von 21 Jahren hinweg. Zusätzlich kommt hier ein Aspekt hyperaktivierenden Verhaltens zum Tragen: Wurde der Kontakt zum Vater verstärkt erhalten, also anklammerndes Verhalten in der »Fremden Situation« gezeigt, deuteten sich auch in der mentalen Auseinandersetzung mit Partnerschaft Aspekte von Verstrickung in die Beziehung an.

> **Empirische Zusammenhänge vom 2. zum 22. Lebensjahr weisen gemäß Bowlbys Theorie auf die Internalisierung früher, dyadisch organisierter und dem Bewusstsein nicht zugänglicher, sozio-emotiver Erfahrungen in ein generalisiertes Arbeitsmodell hin.**

Diese Ergebnisse sind umso beachtlicher, als in die Erhebung der Partnerschaftsrepräsentation neben dem berichteten Verhalten dem Partner gegenüber sehr stark Aspekte der Integration und Kohärenz einfließen. Die gezeigten Zusammenhänge vom 2. zum 22. Lebensjahr bedeuten also nicht lediglich die Perpetuierung von Verhaltensstrategien, sondern gemäß Bowlbys Theorie Internalisierung früher, dyadisch organisierter und dem Bewusstsein nicht zugänglicher, sozio-emotiver Erfahrungen in ein generalisiertes Arbeitsmodell, das auch Zugang zu Gedächtnisinhalten, sprachliche Narrativgestaltung und die Wertschätzung bindungsrelevanter Aspekte beeinflusst (Bowlby 1995).

### 5.4.4 Zusammenhänge zwischen der Bindungsgeschichte der Eltern und der Partnerschaftsrepräsentation ihrer Kinder

Im deutschen Sprachraum wurde das Adult Attachment Interview (George et al., 1996) erstmals im Rahmen der Bielefelder und der Regensburger Längsschnittstudie bei den Eltern der Versuchspersonen angewandt (Fremmer-Bombik, 1987; Grossmann et al., 1988). Da zum Erhebungszeitpunkt noch kein Auswertemanual zur Methode von Main (Main & Goldwyn, 1985) im deutschen Sprachraum vorlag, entwickelten Fremmer-Bombik und Mitarbeiter (1989) eine Auswertemethode, die sich an der Konzeption nach Main orientierte. Die im Interview geschilderte Unterstützung durch die Bindungsperson wird mit dieser Methode erfasst wie bei der Vorgehensweise nach Main und ebenso Offenheit, Kohärenz und der Zugang zu bindungsrelevanten Gefühlen und Reflexionen zueinander in Bezug gesetzt (s. Kap. 5.2). Das Adult Attachment Interview mit den Müttern der Regensburger Längsschnittstichprobe wurde von Fremmer-Bombik im Alter der Kinder von viereinhalb bis fünf Jahren durchgeführt (Fremmer-Bombik, 1987), die Väter interviewte Baisl zwei Jahre später (Baisl, 1991). In Abbildung 5.4 sind die Zusammenhänge zwischen

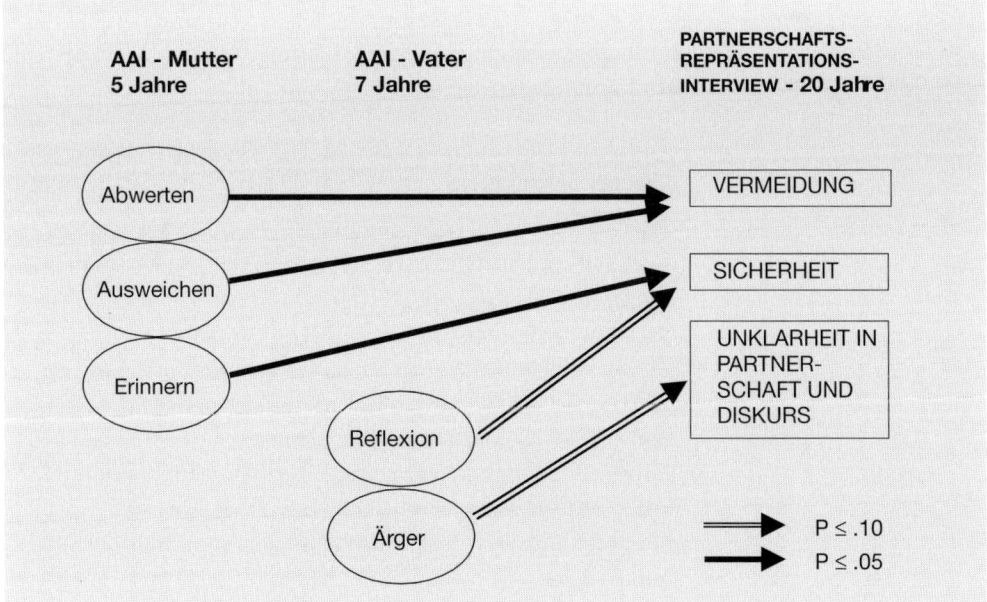

**Abb. 5.4.** Zusammenhänge zwischen der Partnerschaftsrepräsentation junger Erwachsener und sprachlicher Gestaltung der Adult Attachment Interviews der Eltern des Regensburger Längsschnittstichprobe

sprachlichen Kennzeichen der elterlichen Adult Attachment Interviews und der mentalen Repräsentation von Partnerschaft ihrer 20-jährigen Kinder veranschaulicht.

Die Art und Weise, wie die Mütter und Väter im Interview über die Beziehung zu ihren eigenen Eltern in ihrer Kindheit berichteten, wirkt auf die Partnerschaftsrepräsentation ihrer Kinder 15 bzw. 13 Jahre später (Stöcker et al., 2001). Mütterliches Abwerten von Bindung und Bindungsbeziehungen und Ausweichen bei bindungsrelevanten Themen – beides Verhaltensweisen, die eine vermeidende Repräsentation kennzeichnen – hängen zusammen mit der Vermeidung bindungsrelevanter Aspekte von Partnerschaft bei ihren Kindern. Zeigten die Eltern in ihrem eigenen AAI Charakteristika einer sicheren Bindungsrepräsentation – hohe Erinnerungsfähigkeit und offenes Berichten über Bindungsrelevantes aus ihrer eigenen Kindheit bei den Müttern und die Kompetenz, über ihre eigenen Bindungsbeziehungen und den Einfluss dieser auf ihre Entwicklung zu reflektieren, bei den Vätern –, dann wiesen ihre Kinder ein hohes Maß an Sicherheit in der Partnerschaft auf. Zudem hängen Wut und Ärger der Väter auf ihre Bindungspersonen als Anzeichen für eine verwickelte Repräsentation zusammen mit der Unfähigkeit ihrer Kinder kohärent, klar und eindeutig über ihre eigenen Bedürfnisse in der Partnerschaft und die ihres Partners zu berichten.

> **Zeigten die Eltern im Adult Attachment Interview eine sichere Bindungsrepräsentation, dann wiesen auch ihre Kinder ein hohes Maß an Sicherheit in der Partnerschaft auf.**

Ungeachtet dessen ist bemerkenswert, wie deutlich sich der Einfluss elterlicher Repräsentation auch auf die Gestaltung einer außerfamiliären Bindungsbeziehung auswirkt, in der die jungen Erwachsenen – im Gegensatz zur Elternbeziehung – nicht durch eine lange Geschichte geteilter Erfahrungen und Bewertungen mit dem Bindungspartner verbunden sind.

## Zusammenfassung

Die oben referierten Ergebnisse umfassen Befunde aus einer großen Spanne von Alters- und Entwicklungsstufen, die jeweils mit der Qualität der Partnerbeziehung in Zusammenhang stehen. Die Partnerschaftsrepräsentation junger Erwachsener weist somit (paradoxerweise?) mehr Kontinuität zu früheren Altersstufen auf, als bisherige Längsschnittergebnisse der Bielefelder und Regensburger Forschungsgruppe hätten vermuten lassen. Zimmermann und Kollegen (2000) etwa unterscheiden in ihrem Überblicksartikel zwischen (prozeduraler) Verhaltensebene (Verhaltensskalen der »Fremden Situation«, offene Kommunikation von Gefühlen und berichtetes Bindungsverhalten im Kindesalter) und deklarativer Repräsentationsebene (kindliche Repräsentation der Eltern als unterstützend, Adult Attachment Interview bei Kindern und Eltern). Jede Ebene in sich weist Kontinuität auf, zwischen den Ebenen jedoch – etwa vom frühkindlichen Verhalten zur Repräsentation im AAI – finden sich keine signifikanten Zusammenhänge, obwohl jeweils die Beziehung zu denselben Bindungspartnern, nämlich den Eltern, erhoben werden. In eine neuartige Form der Bindungsbeziehung, nämlich eine intime Liebesbeziehung mit einem nicht zum bisherigen Herkunftssystem gehörenden Partner, hingegen fließen, ungeachtet der jeweiligen Erfassungsebene, Charakteristika aus allen Altersstufen mit ein.

Dieses scheinbare Paradox kann aufgelöst werden, betrachtet man das Eingehen intimer Partnerschaften als Entwicklungsaufgabe (s. Kap. 5.4). Die Bindungstheorie begreift romantische Liebe als einen Bindungsprozess, der von unterschiedlichen Menschen aufgrund ihrer unterschiedlichen Geschichten mit früheren Bezugspersonen unterschiedlich erlebt wird (Hazan & Shaver 1987). Damit liefert die Bindungstheorie einen Explikationsrahmen für adaptive und schwierige Beziehungsformen, indem sie die zugrunde liegenden Dynamiken des Bindungsprozesses aus den Erfahrungen mit früheren Interaktionspartnern zu erklären versucht. Das Bindungssystem wird auch im Erwachsenenalter durch Angst auslösende oder herausfordernde Situationen und konflikthafte Interaktionen aktiviert, wobei sein Ziel wie in der Kindheit das Bedürfnis nach Aufrechterhaltung von Nähe zum Bindungspartner ist. Dabei bringen die Beziehungspartner aus ihrer Bindungsgeschichte beispielsweise unterschiedliche Stile des Umgangs mit Bindungsgefühlen aus früheren Interaktionserfahrungen mit, aber auch unterschiedliche Auslöser, in denen ihr Bindungssystem aktiviert wird. Einen Kernpunkt stellt dabei die Erwartung in die emotionale Verfügbarkeit des Partners dar. Verfügt eine Person über ein sicheres Arbeitsmodell von romantischen Beziehungen, so kann sie belastende Situationen emotional bewerten und ihr Bindungsbedürfnis über den Ausdruck ihrer Gefühle kommunizieren. Wenn unsichere Arbeitsmodelle von Partnerschaften vorliegen, wobei entweder bindungsrelevante Aspekte vermieden werden oder die Klarheit des Diskurses eingeschränkt ist, können Emotionen nur reaktiv, motiviert durch Selbstschutzmechanismen, zum Ausdruck gebracht werden. Anstelle von an den Partner gerichtetem Ausdruck von Angst werden fordernde Anklagen kommuniziert, statt Ärger als Trennungsprotest wiederum feindselige Anklagen. In einer gegenseitig befriedigenden Partnerschaft sind uneingeschränkter Zugang zu eigenen Gefühlen und deren offene Kom-

> **Die Bindungstheorie bildet einen Explikationsrahmen für adaptive und schwierige Beziehungsformen, indem sie die zugrunde liegenden Dynamiken des Bindungsprozesses aus den Erfahrungen mit früheren Interaktionspartnern zu erklären versucht.**

munikation, ein großes Verhaltensrepertoire an primären Bindungs- wie Fürsorgestrategien, realistisches zielkorrigiertes Planungs- und Konfliktmanagement und die Fähigkeit, gute und schlechte Erfahrungen mit dem Partner in eine integrierte wertschätzende und positive Erwartungshaltung bezüglich Intimität einzubetten, gleichermaßen gefordert – ein komplexes Konglomerat von Kompetenzen, die jede für sich zentrale Merkmale sicherer internaler Arbeitsmodelle sind. Bei sicheren Arbeitsmodellen von Bindung ist ein sprachlich repräsentierter Zugang der Person sowohl zum eigenen Ausdruck von Gefühlen, als auch zu den eigenen Erwartungen bezüglich der Reaktion des Interaktionspartners auf den Emotionsausdruck möglich. Dies erst erlaubt die kognitive Auseinandersetzung mit der Bedeutung eigener Emotionen auf einer Metaebene. Man kennt seine Gefühle und kann über sich und den anderen nachdenken und erleichtert dadurch die Konfliktregulation. Mit Hilfe dieses wissenschaftlichen Ansatzes kann also ein wichtiger Beitrag zur therapeutischen Arbeit, sowohl mit Paaren als auch mit einzelnen Personen geliefert werden.

Dies stellt eine Bereicherung der vorliegenden wissenschaftlichen Auseinandersetzung mit der Thematik dar, die sich vorwiegend auf die Prädiktoren von Partnerschaftszufriedenheit und Partnerschaftsstabilität beschränkt, ohne die Fragen befriedigend zu klären, wie Eskalationen des Austauschs negativer Gefühle bei gestressten Paaren begegnet werden kann. Zudem kann ein Interviewansatz, der die Ebene der Fragebogenforschung mit ihren Einschränkungen in Bezug auf soziale Erwünschtheit der Antworten beziehungsweise Verzerrung der Daten durch systematische Einschränkungen bei der Selbstwahrnehmung der untersuchten Personen verlässt und die Erfassung mentaler Repräsentationssysteme möglich macht, sich der Komplexität der Beziehungswirklichkeit wohl eher annähern. Allerdings fehlt hier im Moment noch deutlich der Aspekt realer Interaktionsbeobachtungen zur Validierung der gefundenen Zusammenhänge. Der prospektive Forschungsansatz, auf dem unsere ersten vorläufigen Befunde beruhen, belegt einen deutlichen Einfluss früher und andauernder Beziehungserfahrungen mit den Eltern auf eigene Partnerschaften.

Eine Untersuchung der weiteren Entwicklung von Partnerbeziehungen (im Gegensatz zur eher verfestigten Elternbeziehung, die mit zunehmender Ablösung an essenzieller Wichtigkeit verliert), ergänzt durch direkte Erfassung von Bindungsverhalten durch Beobachtung, könnte nicht zuletzt im jungen Erwachsenenalter eine ideale Forschungsstrategie darstellen, um die Wirkungsweisen internaler Arbeitsmodelle von Bindung noch besser zu verstehen.

# Literatur

Aimer, B. (1998). Die Entwicklung von adaptiven Perspektiven im sprachlichen Diskurs von 6- und 10-jährigen Kindern. Zusammenhänge von 0-10 Jahren. Diplomarbeit, Universität Regensburg.

Ainsworth, M. D. S. & Wittig, B, A., (1969). Attachment and the exploratory behavior of one-year-olds in a strange situation. In: Foss, B. M. (Hrsg.). Determinants of infant behavior (Vol. 4). London: Methuen, S. 113-136.

Ainsworth, M. D. S., Blehar, M.C., Waters, E. & Wall, S. (1978). Patterns of attachment. A psychological study of the strange situation. Hillsdale/NJ: Lawrence Erlbaum Associates.

Baisl, M. (1991). Bindungskontinuität. Zusammenhänge zwischen Bindungsrepräsentation und Bindungsqualität bei Vätern und ihren Kindern. Unveröffentlichte Diplomarbeit, Universität Regensburg.

Berlin, L. B. & Cassidy, J. (1999). Relations among Relationships: Contributions from Attachment Theory and Research. In: Cassidy, J. (Hrsg.). Handbook of Attachment: Theory, Research, and Clinical Applications. New York: The Guilford Press. S. 688-712.

Bowlby, J. (1969). Attachment and loss. Vol.1: Attachment. London: Hogarth Press and Institute of Psycho-Analysis (deutsch: Bindung. München: Kindler, 1975).

Bowlby, J. (1976). Trennung. München: Kindler (Orig. 1973, Attachment and loss. Vol. 2: Seperation: Anxiety and anger. New York: Basic Books.)

Bowlby, J. (1988). A secure base. Clinical applications of attachment theory. Travistock/ Routledge, London.

Bowlby, J. (1995). Bindung: Historische Wurzeln, theoretische Konzepte und klinische Relevanz. In: Spangler, G. & Zimmermann, P. (Hrsg.). Die Bindungstheorie: Grundlagen, Forschung und Anwendung. Klett-Cotta, Stuttgart, S. 17-26.

Collins, W. A., Henninghausen, K. C., Schmit, D. T. & Sroufe, L. A. (1997). Developmental precursors of romantic relationships: a longitudinal analysis. In: Shulman, S. & Collins, W. A. (Hrsg.). Romantic Relationships in Adolescence: Developmental Perspectives. San Francisco: Jossey-Bass Publishers. S. 69-84.

Crowell, J. & Owens, G. (1998). Current Relationship Interview and Scoring System. Unpublished manuscript. State University of New York at Stony Brook.

Dreher, E. & Dreher, M. (1985). Entwicklungsaufgaben im Jugendalter: Bedeutsamkeit und Bewältigungskonzepte. In: Liepmann, D. & Sticksrud, A. (Hrsg.). Entwicklungsaufgaben und Bewältigungsprobleme in der Adoleszenz. Göttingen: Hogrefe. S. 56-70.

Erikson, E. H. (1968). Identity: Youth and crises. New York: Norton.

Escher-Gräub, D. & Grossmann, K. E. (1983). Bindungsunsicherheit im zweiten Lebensjahr – Die Regensburger Querschnittsuntersuchung (Insecure attachments in the second year – the Regensburg cross-sectional study). Unpublished research report, Universität Regensburg.

Fremmer-Bombik, E. (1987). Beobachtungen zur Beziehungsqualität im zweiten Lebensjahr und ihre Bedeutung im Lichte mütterlicher Kindheitserinnerungen (Observations of attachment quality in the second year of life and its meaning with respect to maternal memories of her childhood). Doctoral dissertation, Universität Regensburg.

Fremmer-Bombik, E. (1995). Innere Arbeitsmodelle von Bindung. In: Spangler, G. & Zimmermann, P. (Hrsg.). Die Bindungstheorie: Grundlagen, Forschung und Anwendung. Stuttgart: Klett-Cotta. S. 109-139.

Fremmer-Bombik, E., Rudolph, J., Veit, B., Schwarz, G. & Schwarzmeier, I. (1989). Regensburger Auswertemethode des Adult Attachment Interviews (The Regensburg method of analyzing the Adult Attachment Interview). Unpublished manuscript.

George, C., Kaplan, N. & Main, M. (1996). Adult Attachment interview Protocol (3rd ed.). Unpublished manuscript. University of California at Berkeley, Department of Psychology.

Grossmann, K. E. & Grossmann, K. (1983). Verhaltensontogenie bei menschlichen Neugeborenen – Die Bielefelder Längsschnittuntersuchung. Manuscript, Universität Regensburg.

Grossmann, K. E., Grossmann, K., Huber, F. & Wartner, U. (1981). German children's behavior towards their mothers at 12 months and their fathers at 18 months in Ainsworth's Strange Situation. International Journal of Behavioral Development, 4: 157-181.

Grossmann, K., Fremmer-Bombik, E., Rudoph, J. & Grossmann, K. E. (1988). Maternal attachment representation as related to patterns of infant-mother attachment and maternal care during the first year. In: Hinde, R. A. Stevenson-Hinde, J. (eds.). Relationship within families. Oxford: Oxford Science Publications, pp 241-260.

Grossmann, K. E., Fremmer-Bombik, E., Friedl, A., Grossmann, K., Spangler, G. & Suess, G. (1989). Die Ontogenese emotionaler Integrität und Kohärenz. In: Roth, E. (Hrsg.). Denken und Fühlen. Berlin: Springer-Verlag. S. 36-55.

Hazan, C. & Shaver, P. (1987). Romantic love conceptualized as an attachment process. Personality and Social Psychology, 52: 511-524.

Klagsbrun, M. & Bowlby, J. (1976). Responses to separation from parents: A clinical test for young children. British Journal of Projective Psychology, 21, 7-21.

Kobak, R. R. (1989). The marital Q-Set. University of Delaware. Unpublished manuscript.

Kobak, R. R. (1993). The attachment Q-sort. University of Delaware. Unpublished manuscript.

Kobak, R. R., Ruckdeschel, K. & Hazan, C. (1994). From Symptom to Signal: An attachment view of emotion in marital therapy. In: Johnson, S. M. & Greenberg, L. S. (Hrsg.). The Heart of the Matter. Perspectives on Emotion in Marital Therapy. New York: Bruner. S. 46-71.

Kunce, L. J. & Shaver, P. R. (1994). An attachment-theoretical approach to caregiving in romantic relationships. In: Bartholomew, K. & Perlman, D. (Hrsg.). Attachment processes in adulthood. Advances in personal relationships (Vol. 5). London: Jessica Kingsley Publishers. S. 205-237.

Main, M. & Cassidy, J. (1988). Categories of response to reunion with the parent at age six: Predictable from infant attachment classification and stable over a one-month period. Developmental Psychology, 24 (3), 415-426.

Main, M. & Goldwyn, R. (1985). Adult attachment scoring and classification system. Unpublished scoring manual. University of California at Berkeley, Department of Psychology.

Main, M., Kaplan, N. & Cassidy, J. (1985). Security in infancy, childhood, and adulthood: A move to the level of representation. In: Bretherton, I. & Waters, E. (Hrsg.). Growing points in attachment theory and research. Monographs of the Society for Research in Child Development, 50, (1-2, Serial No. 209), 66-106.

Müller, Ch. (1998). Die Entwicklung von adaptiven Perspektiven im sprachlichen Diskurs von 6- und 10-jährigen Kindern. Zusammenhänge von 6-16 Jahren. Diplomarbeit, Universität Regensburg.

Petzold, H. G. (1995). Integrative Therapie in der Lebensspanne. Zur entwicklungspsychologischen und gedächtnistheoretischen Fundierung aktiver leibzentrierter Interventionen bei »frühen Schädigungen« und »negativen Ereignisketten« in unglücklichen Lebenskarrieren. In: Petzold, H. G. (Hrsg.). Die Kraft liebevoller Blicke. Säuglingsbeobachtungen revolutionieren die Psychotherapie. Paderborn: Junfermann-Verlag. S. 325-490.

Scheuerer-Englisch, H. (1989). Das Bild der Vertrauensbeziehung bei zehnjährigen Kindern und ihren Eltern. Bindungsbeziehungen in längsschnittlicher und aktueller Sicht. Doctoral dissertation, Universität Regensburg.

Spangler, G., Grossmann, K., Grossmann, K. E. & Fremmer-Bombik, E. (2000). Individuelle und soziale Grundlagen von Bindungssicherheit und Bindungsdesorganisation. Psychologie in Erziehung und Unterricht, 47, 203-220.

Stern, D. N. (1992). Die Lebenserfahrung des Säuglings. Stuttgart: Klett-Cotta.

Stöcker, K. (in Vorbereitung). Die Entwicklung Internaler Arbeitsmodelle – eine bindungstheoretische Längsschnittuntersuchung (Arbeitstitel). Universität Regensburg.

Stöcker, K., Selchert, A. & Grossmann, K. E. (2001). Transgenerationale Zusammenhänge zwischen der Partnerschaftsrepräsentation junger Erwachsener und der Beziehungsqualität ihrer Eltern. Poster präsentiert auf der 2. Münchner Tagung für Familienpsychologie.

Thompson, R. A. (1999). Early attachment and later development. In: Cassidy, J. & Shaver, P. R. (Hrsg.). Handbook of attachment. Theory, research, and clinical applications. New York: The Guilford Press. S. 265-286.

Weiss, R. S. (1996). The attachment bond in childhood and adulthood. In: Parkes, C. M., Stevenson-Hinde, J. & Marris, P. (Hrsg.). Attachment across the life cycle. London/New York: Tavistock/Routledge. S. 66-76.

Winter, M. (in Vorbereitung). Attachment relationships and partnership representations from 0 to 22 years (working title). Universität Regensburg.

Winter, M. & Grossmann, K. E (2002). Der Einfluss der Qualität des elterlichen Umgangs mit den Bindungs- und Explorationsbedürfnissen ihrer Kinder auf die Repräsentation romantischer Beziehungen im jungen Erwachsenenalter. In: Fuchs, T. & Mundt, Ch. (Hrsg.). Affekt und affektive Störungen. Paderborn: Schöningh-Verlag, S. 83-102.

Zimmermann, P. & Becker-Stoll, F. (2000). Continuity of attachment representation during adolescence. Paper at the 7th Biennal Conference of the European Association for Research on Adolescence in Jena.

Zimmermann, P. & Becker-Stoll, F. (2001). Bindungsrepräsentation im Jugendalter. In: Gloger-Tippelt, G. (Hrsg.). Bindung im Erwachsenenalter. Ein Handbuch für Forschung und Praxis. Bern: Huber. S. 250-274.

Zimmermann, P., Becker-Stoll, F. & Fremmer-Bombik, J. (1997). Erfassung der Bindungsrepräsentation mit dem Adult Attachment Interview: Ein Methodenvergleich. Kindheit und Entwicklung, 6, 173-182.

Zimmermann, P., Becker-Stoll, F., Grossmann, K., Grossmann, K. E., Scheuerer-Englisch, H. & Wartner, U. (2000). Längsschnittliche Bindungsentwicklung von der frühen Kindheit bis zum Jugendalter. Psychologie in Erziehung und Unterricht, 47, 99-117.

# Persönlichkeit und Partnerschaft

Franz J. Neyer

**E**ine Partnerschaft besteht aus zwei Personen, die nicht nur ihre Biografien und Lebenserfahrungen, sondern auch ihre überdauernden Eigenschaften – d. h. ihre Persönlichkeiten – in die Beziehung einbringen. Entstehung, Entwicklung, Gelingen oder Scheitern von Partnerschaften hängen deshalb nicht nur davon ab, wie Partner im Alltag miteinander umgehen, sondern auch davon, was sie als Persönlichkeit darstellen: Es macht einen Unterschied, ob ein Partner von Haus aus optimistisch, positiv eingestellt und zuverlässig ist – oder ob er häufig in seinen Stimmungen schwankt, ängstlich und zurückhaltend und dem Leben gegenüber negativ eingestellt ist. Solche und andere Persönlichkeitsmerkmale sind relativ stabil und haben nicht nur Auswirkungen auf einen selbst. In zwischenmenschlichen Beziehungen ist ihre Bedeutung mindestens ebenso groß. Es ist deshalb erstaunlich, dass die Persönlichkeitspsychologie sich lange Zeit kaum für soziale Beziehungen interessierte. Erst in den letzten Jahren hat das Interesse wieder zugenommen. In diesem Kapitel wird erörtert, welche Auswirkungen die Persönlichkeit auf partnerschaftliche Beziehungen hat und umgekehrt. Spezifische Fragen sind: Wer hat einen Partner und wer hat keinen? Wer passt zu wem? Welche Persönlichkeitsmerkmale fördern die Stabilität und Zufriedenheit von Partnerschaften?

## 6.1 Partnerschaft = zwei Persönlichkeiten + eine Beziehung

Dass eine Partnerschaft – wie jede andere Beziehung – aus zwei Personen besteht, ist nur auf den ersten Blick eine triviale Aussage. Wenn von einer Beziehung die Rede ist, wird mehr oder weniger unausgesprochen eine Gemeinsamkeit zwischen zwei Personen angenommen, die über die Zeit hinweg eine besondere Dynamik, aber auch ein stabiles Muster entfaltet hat. Wir reden dann von einer lebendigen oder langweiligen, einer guten oder schlechten Beziehung. Dabei wird oft nicht daran gedacht, dass eine Beziehung von zwei verschiedenen Personen gestaltet wird, die in ihrer Persönlichkeit einzigartig sind. Dass beide Partner ihre individuelle Persönlichkeit, d. h. ihre zeitlich überdauernden Eigenschaften und ihre individuellen

> Eine auf Beziehungsdynamik und interpersonale Prozesse ausgerichtete Psychologie der Partnerschaft vernachlässigt, dass beide Partner ihre individuelle Persönlichkeit, d.h. ihre zeitlich überdauernden Eigenschaften und ihre individuellen Lebensgeschichten, in ihre Beziehung mitbringen.

Lebensgeschichten, in ihre Beziehung mitbringen, wird in einer rein auf Beziehungsdynamik und interpersonale Prozesse ausgerichteten Psychologie der Partnerschaft häufig nicht genügend berücksichtigt. Dies hat zum einen historische Gründe, zum anderen war die Forschungsmethodik in diesem Bereich lange Zeit unterentwickelt.

Zu Beginn der 1980er Jahre forderte John Gottman (1982) die Befreiung der Partnerschaftsforschung von einer individualistischen Perspektive, die sich ausschließlich auf beziehungsrelevante Dispositionen konzentrierte. Stattdessen sollte das Paar als interaktives System begriffen werden, das als solches mehr ist als die Summe der individuellen Merkmale beider Partner. Mit dieser Forderung wurde eine neue und durchaus fruchtbare Ära eingeläutet, die im Studium dyadischer Interaktionen und Prozesse (z. B. Verhaltensbeobachtungen von Konfliktlösegesprächen) den Königsweg der Partnerschaftsforschung erblickte. Die Persönlichkeitspsychologie befand sich zum damaligen Zeitpunkt auf dem Höhepunkt ihrer hitzigen »Konsistenzdebatte«, bei der es um die Frage ging, ob unser Verhalten durch stabile individuelle Eigenschaften charakterisiert ist oder von Situation zu Situation variiert. In diesem Zusammenhang wurde auch ernsthaft bezweifelt, dass in sozialen Beziehungen überhaupt stabile individuelle Persönlichkeitsmerkmale zum Tragen kommen. Inzwischen hat sich jedoch die Persönlichkeitspsychologie weiterentwickelt; heute besitzen wir bessere Forschungsmethoden und -instrumente, wissen mehr über die langfristige Entwicklung von Persönlichkeitseigenschaften (vgl. Caspi & Roberts, 1999; Roberts & DelVecchio, 2000) und haben ein tiefgreifenderes Verständnis der genetischen Grundlagen individueller Merkmale (vgl. Plomin et al., 1999).

Beide Perspektiven – die individuelle und die dyadische – schließen sich heute nicht mehr aus und eröffnen ein außerordentlich breites Forschungsgebiet. In diesem Kapitel wird eine dynamisch-interaktionistische Sichtweise auf Persönlichkeit und Partnerschaft zugrunde gelegt. Sie integriert beide Perspektiven und geht von ständigen Wechselwirkungen zwischen den individuellen Persönlichkeiten der Partner und ihrer gemeinsamen Beziehung aus. Es wird die These vertreten, dass die Persönlichkeit des Einzelnen nicht nur eine prägende Rolle in der Dynamik der Partnerschaft spielt, sondern dass diese sowohl durch dyadische Prozesse der Beziehungserfahrung und -entwicklung als auch durch die Persönlichkeit des Partners beeinflusst werden kann. Allerdings scheinen Persönlichkeitseffekte auf die Partnerschaft zahlreicher und stärker zu sein als Partnerschaftseffekte auf die Persönlichkeit. Warum das so ist, wird im Folgenden deutlich, wenn Persönlichkeit und Partnerschaft voneinander abgegrenzt und deren Wechselwirkungen erörtert werden (vgl. auch Neyer, im Druck).

> **Die individuelle Persönlichkeit prägt die Dynamik der Partnerschaft, aber die Persönlichkeit kann auch durch die Partnerschaft beeinflusst werden. Allerdings ist der Einfluss der Persönlichkeit stärker und nachhaltiger als umgekehrt.**

## 6.2    Wechselwirkungen zwischen Persönlichkeit und Partnerschaft

Unter der Persönlichkeit einer Person wird die Gesamtheit aller ihrer dauerhaften psychologischen Eigenschaften – wie z. B. Temperamentsmerkmale, Einstellungen, Werthaltungen, Motive und Aspekte des Selbstkonzepts – verstanden, die sie von anderen Menschen unterscheidet. Die wichtigsten Definitionsmerkmale für die Persönlichkeit einer Person sind demnach ihre individuelle Besonderheit in Abgrenzung zu anderen Personen und ihre relative zeitliche Stabilität (Asendorpf, 1999).

> Persönlichkeit ist die Gesamtheit aller psychologischen Merkmale, in denen sich Personen einer Population konsitent (d. h. über verschiedene Situationen hinweg) und stabil (d. h. über mittelfristige Zeiträume hinweg) unterscheiden.

Persönlichkeitsmerkmale unterschiedlichster Art sind in den letzten Jahren zunehmend im Rahmen des Fünf-Faktoren-Modells der Persönlichkeit konzeptualisiert worden. Nach diesem Modell sind die sog. Big Five, *Extraversion, Neurotizismus, Gewissenhaftigkeit, Verträglichkeit* und *Offenheit* die zentralen Bereiche der Persönlichkeit, die von den meisten Menschen in westlichen, aber auch in anderen Kulturen, benutzt werden, um sich und andere zu beschreiben. Es wird angenommen, dass sich Persönlichkeitsunterschiede zwischen Menschen weitgehend auf eine Variation in diesen grundlegenden Faktoren zurückführen lassen (McCrae & Costa, 1999). Das Fünf-Faktoren-Modell ist die deshalb gegenwärtig bekannteste Version einer allgemeinen Eigenschaftstheorie, auch wenn die Persönlichkeitspsychologie natürlich noch über weitere Paradigmen verfügt (Gesamtübersicht vgl. Asendorpf, 1999). Empirische Studien zur Wechselwirkung zwischen Persönlichkeit und Partnerschaft – wie sie in diesem Kapitel referiert werden – untersuchten überwiegend entweder direkt die *Big Five* oder aber verwendeten Eigenschaftskonstrukte, die sich den Faktoren dieses Modells zuordnen lassen.

**Das Fünf-Faktoren-Modell ist die gegenwärtig bekannteste Version einer allgemeinen Eigenschaftstheorie.**

Partnerschaft kann als eine persönliche Beziehung aufgefasst werden, die insbesondere durch Bindung und Sexualität charakterisiert ist und sich meist, aber nicht immer, in diesen Merkmalen von anderen Beziehungstypen unterscheidet. In Anlehnung an die oben angeführte Minimaldefinition der Persönlichkeit ist Partnerschaft eine persönliche Beziehung, die sich durch ein über die Zeit entstandenes relativ stabiles Interaktionsmuster kennzeichnen lässt und sich durch ihre typischen Interaktionsmuster von anderen Partnerschaften unterscheidet (vgl. Asendorpf & Banse, 2000). In Analogie zur individuellen Besonderheit der Persönlichkeit können wir deshalb auch von dyadischen Besonderheiten einer Partnerschaft sprechen, die sich in bestimmten Beziehungsqualitäten wie Zufriedenheit, Konflikthäufigkeit oder Bindungsqualität, aber auch in ihrer zeitlichen Stabilität niederschlägt.

> Partnerschaften unterscheiden sich von anderen Arten persönlicher Beziehungen in der Regel (aber nicht zwingend) durch Bindung und Sexualität. Partnerschaftsspezifische Interaktionsmuster werden durch die Persönlichkeit der Partner gestaltet und von der Beziehungsbiografie beeinflusst. Dies führt zu charakteristischen dyadischen Unterschieden zwischen Partnerschaften.

Merkmale der Persönlichkeit und der Partnerschaft entstehen und stabilisieren sich über die Zeit, aber beide unterscheiden sich grundlegend im Grad ihrer Stabilität. Dies liegt daran, dass Persönlichkeitsmerkmale individuell sind und Partnerschaftsmerkmale dyadisch. Entwicklung und Stabilisierung der Persönlichkeit beginnen mit der Geburt (bzw. der Konzeption). Roberts und DelVecchio (2000) haben unlängst in einer umfangreichen Metaanalyse gezeigt, dass die Stabilität von Persönlichkeitsmerkmalen – operationalisiert durch Retestkorrelationen über durchschnittlich

> **Merkmale der Persönlichkeit und der Partnerschaft entstehen und stabilisieren sich über die Zeit, aber beide unterscheiden sich grundlegend im Grad ihrer Stabilität.**

6,7 Jahre – von der Kindheit (r=0,31) und Adoleszenz (r=0,54) bis zum Alter um die 30 (r=0,64) kontinuierlich zunimmt, aber ihr Plateau erst in der 6. Lebensdekade (r=0,70) erreicht. Die Persönlichkeitsentwicklung ist also mit dem frühen Erwachsenenalter keineswegs abgeschlossen und besitzt bis ins mittlere Erwachsenenalter hinein eine hohe Plastizität. Dennoch ist die Persönlichkeit im frühen Erwachsenenalter bereits so stabil, dass ihre Einflüsse auf die Gestaltung der Umwelt – und dazu gehören besonders Partnerschaft und andere soziale Beziehungen – stark sind und mit ihrer weiteren Stabilisierung im Lebenslauf zunehmen bzw. kumulieren.

Die über die Lebensspanne hinweg wachsende Stabilität der Persönlichkeit geht auf folgende Mechanismen zurück (Asendorpf, 1999; Caspi & Roberts, 1999; Roberts & DelVecchio, 2000): Erstens wächst die Reliabilität der Eigenschaftsmessungen mit dem Alter. Zweitens stabilisiert sich die Persönlichkeit mit zunehmender Stabilität der Umwelt, d. h. je älter Menschen werden, desto weniger neue Erfahrungen machen sie. Die Häufigkeit des Partnerwechsels dürfte mit zunehmendem Alter z. B. abnehmen. Drittens beeinflussen genetische Faktoren nicht nur die Persönlichkeit an sich, sondern tragen auch zu ihrer Stabilisierung bei. So konnten McGue et al. (1993) in einer Langzeitstudie an Zwillingen bis zu

80% der 10-Jahres-Stabilität in den erfassten Persönlichkeits-merkmalen auf genetische Unterschiede zurückführen. Viertens fördert Resilienz – das ist die Fähigkeit zur flexiblen und situationsangemessenen Kontrolle der eigenen Gefühle sowie Kompetenz in Konflikt- und Krisenbewältigung – die Stabilisierung der Persönlichkeit, wie dies Asendorpf und van Aken (1991) an Kindern gezeigt haben: Resiliente Kinder waren in ihrer Persönlichkeit stabiler. Fünftens steigt die Stabilität der Persönlichkeit mit der Stabilisierung des Selbstkonzepts und der Identität: Wer ein gefestigtes Bild von sich selbst hat, den wird so schnell nichts umwerfen. Und schließlich trägt die Passung zwischen Persönlichkeit und Umwelt zur Stabilisierung bei: Passt jemand gut zu seinem Partner, der ja Teil seiner sozialen Umwelt ist, wird diese Passung stabilisierend auf beide zurückwirken.

Im Gegensatz zur individuellen Persönlichkeit setzen Entwicklung und Stabilisierung der Partnerschaft erst dann ein, wenn sich beide erwachsenen Partner das erste Mal begegnen. Die Qualität der Partnerschaft ist ja nicht nur abhängig von der Persönlichkeit des Einzelnen, sondern von den Persönlichkeiten beider Partner und der entstehenden Beziehungsbiografie. Da Partnerschafts-qualitäten – also Merkmale wie Zufriedenheit, Konflikthäufigkeit, Bindungsqualität, wechselseitige Unterstützung – dyadische Beziehungsmerkmale sind, die durch mehrere voneinander unabhängige Faktoren beeinflusst werden, besitzen sie auch eine geringere Stabilität als individuelle Merkmale. Zwar liegt für die Stabilität partnerschaftlicher Beziehungsqualitäten keine derart umfassende Metaanalyse wie für Persönlichkeitsmerkmale vor. In einer Reihe von Studien wurde jedoch gezeigt, dass die Stabilität z. B. der Partnerschaftszufriedenheit über mehrere Jahre kaum höher als 0,40 ist und mit zunehmendem Retestintervall sogar negativ werden kann (Caughlin et al., 2000).

Im Prinzip gilt für die Stabilität von Partnerschaftsmerkmalen dasselbe wie für die Stabilität von Persönlichkeitsmerkmalen: Sie steigt mit dem eigenen Alter, dem Alter des Partners und mit der Beziehungsdauer. Dabei können dieselben Mechanismen angenommen werden: Die Stabilität der Partnerschaftsmerkmale wächst mit zunehmender Stabilisierung der partnerschaftlichen Umwelt wie z. B. den Arbeitsbedingungen der Partner. In dem Maße, wie Persönlichkeitsmerkmale beteiligt sind,

> **Die Stabilität der Partnerschaft hängt von der Persönlichkeit der Partner, ihrer Beziehungsbiografie und von Umweltfaktoren ab.**

dürfte die Stabilisierung auch genetisch beeinflusst sein. Die Stabilität dürfte ferner von der Resilienz der Partnerschaft abhängen, also der Fähigkeit des Paares, flexibel und angemessen mit Stress und entstehenden Konflikten umzugehen. Und nicht zuletzt wird sie von der Passung zwischen den Partnern beeinflusst sein: Partner, die zueinander passen, führen vermutlich eine stabile Beziehung, auch wenn dies nicht zwangsläufig eine zufriedene oder optimale sein muss.

Die Passung zwischen Persönlichkeit und Partnerschaft trägt also zur Stabilisierung von beiden bei und ist das Resultat ständiger Wechselwirkungen oder *Transaktionen*. Ganz allgemein sind von Roberts und DelVechhio (2000; in Anlehnung an Buss, 1987) 4 grundlegende Arten solcher Transaktionen zwischen Person und Umwelt beschrieben worden: *reaktive, evokative, proaktive* und *manipulative*. Sie lassen sich auf die Transaktion zwischen Persönlichkeit und Partnerschaft, die ja ein Spezialfall der persönlichen Umwelt ist, übertragen: Reaktive Transaktionen entstehen, wenn eine Person Erfahrungen in der Partnerschaft so interpretiert, dass sie mit ihrer Persönlichkeit und ihrem Selbstkonzept übereinstimmen. Evokative Transaktionen entstehen, wenn eine Person beim Partner Reaktionen hervorruft, die ihrer Persönlichkeit entsprechen. Eine proaktive Transaktion liegt dann vor, wenn jemand sich aktiv einen Partner sucht, der am besten zu seiner Persönlichkeit passt. Schließlich besteht eine manipulative Transaktion darin, dass ein Partner aktiv versucht, das Verhalten oder die Persönlichkeit des anderen zu verändern bzw. zu manipulieren. Am konkreten Beispiel »Unterwürfigkeit im Streit« kann man sich solche Transaktionen lebhaft vorstellen: In Auseinandersetzungen interpretiert eine Person das Verhalten ihres Partners immer wieder als dominant, weil diese Zuschreibung am besten ihrer eigenen Opferrolle entspricht (reaktive Transaktion). Aufgrund ihrer Persönlichkeit wird sie sich in Streits jedoch immer wieder unterwürfig verhalten und somit dominante Verhaltensweisen des Partners hervorrufen (evokative Transaktion). Allerdings hat sie sich auch einen Partner ausgewählt, der ihrer Tendenz entgegenkommt (proaktive Transaktion). Weil sie auch wiederholt mehr oder weniger gezielt Streitsituationen herstellt und Wutausbrüche des Partners provoziert, wird sie dies in ihrer Opferrolle weiter bestätigen (manipulative Transaktion). Natürlich wirken solche Transaktionen auch im positiven Sinne, z. B. im Hinblick auf eine gute Beziehungsqualität. Wichtig ist jedoch, dass diese Transaktionen nicht kurzfristig stattfinden, sondern sich über die Zeit hinweg manifestieren als Ergebnis eines kontinuierlichen Hin und Her zwischen relativ stabilen Persönlichkeitsmerkmalen und eingespielten Interaktionsmustern.

Es sind diese verschiedenen Arten der Transaktion, die dazu führen, dass langfristig betrachtet Persönlichkeitsmerkmale einen stärkeren Einfluss auf Partnerschaftsmerkmale haben als umgekehrt. Je stabiler die individuelle Persönlichkeit wird, umso aktiver wird sie ihre Partnerschaft sowie auch ihre anderen sozialen Beziehungen gestalten. Die Einflüsse stabiler Persönlichkeitsmerkmale wirken nachhaltig und kumulieren über die Zeit. Dadurch

> **Vier grundlegende Arten von Transaktionen zwischen Person und Umwelt lassen sich unterscheiden: reaktive, evokative, proaktive und manipulative.**

> **Während Persönlichkeitsmerkmale stärker und nachhaltiger auf die Partnerschaft einwirken, ist der Einfluss von Partnerschaftsmerkmalen auf die Persönlichkeit schwächer und kurzfristig. Dieser Grundsatz gilt generell für Wechselwirkungen zwischen Persönlichkeit und sozialen Beziehungen.**

wird zwar auch die Partnerschaft stabiler, sie bleibt jedoch letztlich stärkeren Schwankungen unterworfen, da ja sie auch noch von der Persönlichkeit des Partners und weiteren Faktoren beeinflusst wird. Es kann deshalb davon ausgegangen werden, dass Partnerschaftseinflüsse kurzfristige Effekte haben, aber seltener langfristig auf die Persönlichkeit wirken. Dieser Grundsatz gilt für Transaktionen zwischen Persönlichkeit und sozialen Beziehungen überhaupt und wurde in zwei Längsschnittstudien nachgewiesen, in denen Persönlichkeitsmerkmale und die Qualitäten verschiedener Beziehungstypen untersucht wurden: Die Einflüsse von Persönlichkeitsmerkmalen auf soziale Beziehungen waren zahlreicher und stärker als die Einflüsse von Beziehungserfahrungen auf Persönlichkeitsmerkmale (Asendorpf & Wilpers, 1998; Neyer & Asendorpf, 2001).

## 6.3 Individuum und Dyade

Wechselwirkungen zwischen Persönlichkeit und Partnerschaft lassen sich aus 2 grundlegenden Perspektiven betrachten, einer individuellen und einer dyadischen. Beide Perspektiven werden im Folgenden separat voneinander dargestellt, wobei der Schwerpunkt weniger auf methodische Details, sondern mehr auf die konzeptuellen Grundlagen gelegt wird, die für ein Verständnis der Wechselwirkung zwischen Persönlichkeit und Partnerschaft unerlässlich sind. Im sich daran anschließenden Überblick der empirischen Befunde wird deutlich, dass bislang kaum eine Studie die durch beide Perspektiven implizierten Standards erfüllt. Vielmehr hat die Forschung erst damit begonnen, Designs zu realisieren, die beidem gerecht werden: dem Individuum und der partnerschaftlichen Dyade sowie deren Wechselwirkung über die Zeit.

> **Wechselwirkungen zwischen Persönlichkeit und Partnerschaft können aus einer individuellen und einer dyadischen Perspektive betrachtet werden.**

### 6.3.1 Individuelle Perspektive

Aus individueller Perspektive wird die generelle Bedeutung von Persönlichkeitsmerkmalen für das Gelingen oder Misslingen von Partnerschaften betrachtet, wobei als Kriterien hierfür meist Partnerschaftsstabilität oder Partnerschaftszufriedenheit genannt werden. Zufriedenheit fördert zwar die Stabilität der Partnerschaft, ist aber nicht unbedingt mit ihr gleichzusetzen, denn es können ja Partner zusammenbleiben, obwohl sie unzufrieden sind, wie das Phänomen der stabil-unglücklichen Paare zeigt (Kelly & Conley, 1987). Aber natürlich interessieren nicht nur die Einflüsse der Persönlichkeit auf die Partnerschaft, sondern auch umgekehrt die Frage,

> **Aus individueller Sicht wird die generelle Bedeutung von Persönlichkeitsmerkmalen für das Gelingen oder Misslingen von Partnerschaften betrachtet. Darüber hinaus wird untersucht, inwieweit Persönlichkeitsmerkmale Veränderungen in der Partnerschaft beeinflussen und umgekehrt.**

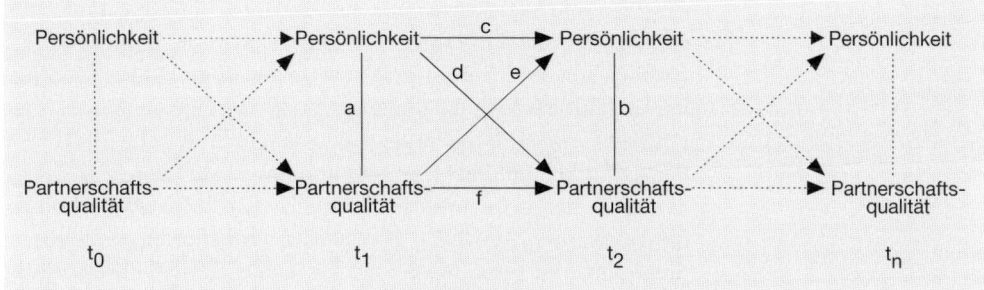

**Abb. 6.1.** Individuelles Pfadmodell zur Wechselwirkung zwischen Persönlichkeit und Partnerschaftsqualität: Persönlichkeitseffekte auf die Partnerschaftsqualität (*d*) werden für den synchronen Zusammenhang (*a*) sowie die Stabilität der Partnerschaftsqualität (*f*) kontrolliert. Partnerschaftseffekte auf die Persönlichkeit (*e*) werden für den synchronen Zusammenhang (*a*) und die Stabilität der Persönlichkeit (*c*) kontrolliert. Persönlichkeits- und Partnerschaftseffekte können über mehrere Messzeitpunkte hinweg betrachtet werden ($t_0$, $t_n$).

inwieweit Partnerschaftserfahrungen Veränderungen der Persönlichkeit bewirken können.

Persönlichkeitseffekte auf Partnerschaft und Partnerschaftseffekte auf Persönlichkeit können nur mit Hilfe aufwändiger Längsschnittstudien untersucht werden, in denen Persönlichkeits- und Partnerschaftsmerkmale mindestens zu 2 Messzeitpunkten erhoben werden (Abb. 6.1). Auf keinen Fall lassen Korrelationen, die auf der Grundlage von zeitgleich gemessenen Persönlichkeits- und Beziehungsmerkmalen ermittelt wurden, Rückschlüsse auf kausale Effekte zu. Die negative Korrelation *a*, z. B. zwischen Neurotizismus und Partnerschaftszufriedenheit zum Zeitpunkt T1, kann auf mehreren Ursachen beruhen: Erstens könnte eine hohe Ausprägung in Neurotizismus Unzufriedenheit mit der Partnerschaft bewirken; zweitens könnte eine dauerhafte Unzufriedenheit in der Beziehung generell neurotischer machen; drittens könnten auch andere unbekannte Faktoren die Korrelation erklären, etwa Stress am Arbeitsplatz, der sich in gleicher Weise negativ auf Neurotizismus und Partnerschaftszufriedenheit auswirkt. Und viertens könnte die Korrelation allein darauf beruhen, dass neurotische Personen generell dazu neigen, alles und damit auch ihre Partnerschaft negativ zu bewerten.

Allerdings lässt auch die Kreuzkorrelation zwischen Neurotizismus zu T1 und Partnerschaftszufriedenheit T2 keine Rückschlüsse auf Persönlichkeitseffekte zu. Eine positive Kreuzkorrelation könnte nämlich auf zweierlei beruhen: Erstens könnte eine Korrelation schon zu T1 bestanden haben, und zweitens könnte die mangelnde Partnerschaftszufriedenheit ein relativ stabiles Merkmal der partnerschaftlichen Dyade sein. Wenn beide Einflussmöglichkeiten statistisch kontrolliert werden, könnte es sogar sein, dass die Kreuzkorrelation bedeutungslos wird.

Eine Möglichkeit der Entwirrung dieser verschiedenen Einflussmöglichkeiten – mit Ausnahme des möglichen Einflusses von unbekannten Drittvariablen – besteht in der Anwendung der Pfadanalyse. Der Pfad *d* gibt in unserem Beispiel den direkten Einfluss des Persönlichkeitsmerkmals auf das Beziehungsmerkmal wieder, der für die indirekten Einflüsse statistisch kontrolliert ist, nämlich sowohl für die Korrelation *a* zwischen beiden Merkmalen zu T1 als auch für die Stabilität des Beziehungsmerkmals (Pfad *f*). Dieses formale Beispiel zeigt, dass längsschnittliche Effekte von Persönlichkeit auf Partnerschaft und umgekehrt nur dann gefunden und interpretiert werden können, wenn *beide* wiederholt gemessen werden. Aus dieser Perspektive wird allerdings nur ein Individuum und seine Beziehung betrachtet. Die Wechselwirkung zwischen beiden Partnern wird dabei nicht berücksichtigt.

### 6.3.2 Dyadische Perspektive

Aus dyadischer Sicht wird die Passung der Persönlichkeiten und der von beiden Partnern erlebten Beziehungsqualitäten betrachtet.

> **Aus dyadischer Sicht wird die Passung zwischen den Persönlichkeiten der Partner und der von beiden erlebten Partnerschaftsqualität betrachtet. Ebenso werden Veränderungen in der Passung und Wechselwirkungen zwischen den Partnern untersucht.**

Wie die individuelle Perspektive kann diese ebenfalls durch eine Art Pfadmodell veranschaulicht werden. In Abbildung 6.2 wird ein solches Modell am Beispiel heterosexueller Partnerschaften dargestellt. Es lässt sich natürlich problemlos auf gleichgeschlechtliche Partnerschaften übertragen, denn es besteht kein Grund zur Annahme, dass die hier beschriebenen Wechselwirkungen zwischen Persönlichkeit und Partnerschaft nicht auch für schwule oder lesbische Paare gelten sollen. Allerdings sind in diesem Fall die Partner nicht anhand des Geschlechts unterscheidbar, was methodisch berücksichtigt werden muss.

Eine Passung der Persönlichkeit kann sich in Korrespondenz oder Komplementarität äußern. Dementsprechend kommt sie darin zum Ausdruck, inwieweit sich Partner in ihrer Persönlichkeit ähnlich oder unähnlich sind und inwieweit sich dies im zeitlichen Verlauf einer Partnerschaft ändert (Korrelation *a*). Entsprechend äußert sich eine Passung zwischen der von beiden

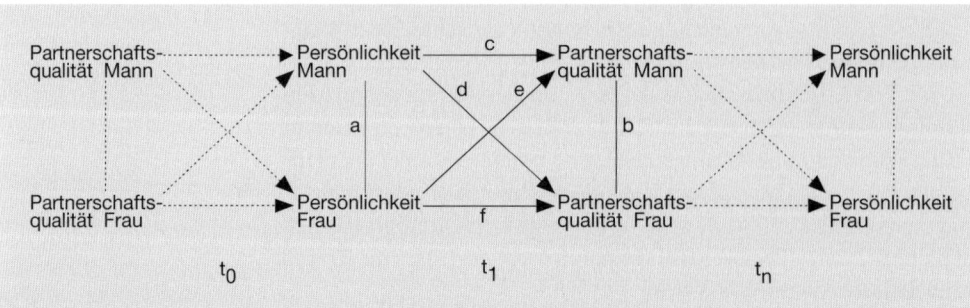

**Abb. 6.2.** Pfadmodell zur dyadischen Wechselwirkung zwischen Persönlichkeit und Partnerschaftsqualität: Akteureffekte der Persönlichkeit auf die Partnerschaftsqualität (*c, f*) werden für die Ähnlichkeit der Partner (*a*) sowie für Partnereffekte (*d, e*) kontrolliert. Partnereffekte (*d, e*) werden für Ähnlichkeit (*a*) und Akteureffekte (*c, f*) kontrolliert. Akteur- und Partnereffekte auf die Persönlichkeit sind ebenfalls denkbar und müssen im Längsschnitt berücksichtigt werden ($t_0, t_n$).

Partnern wahrgenommenen Beziehungsqualität in einer positiven oder negativen Korrelation und darin, wie sie sich im Verlauf der Partnerschaft verändert (Korrelation *b*). Eine Passung zwischen Partnern muss nicht optimal sein, ihre Güte wird ebenfalls an der Stabilität und der Zufriedenheit der Partnerschaft festgemacht. Die Ähnlichkeit zwischen Partnern in der Beurteilung der Beziehungsqualität liegt in der Regel zwischen r=0,40 und r=0,80 und ist damit deutlich höher als die Ähnlichkeit in Persönlichkeitsmerkmalen (s. unten; Karney et al., 1994).

Aus einer dyadischen Perspektive werden aber auch wechselseitige Einflüsse zwischen Persönlichkeit und Partnerschaftsqualität innerhalb der partnerschaftlichen Beziehung betrachtet. Dabei geht es nicht nur um Effekte von Persönlichkeit auf Beziehungsqualität, sondern prinzipiell ebenso um Effekte der Beziehungsqualität auf die Persönlichkeit der Partner (sie sind in Abb. 6.2 ebenfalls angedeutet). Die dyadische Sichtweise trägt der Tatsache Rechnung, dass beide Partner einerseits unabhängige Persönlichkeiten, aber andererseits als Beziehungspartner voneinander abhängig sind. Zum Beispiel kann die Unzufriedenheit eines Partners im Prinzip sowohl auf den eigenen als auch auf den Neurotizismus des Partners zurückgehen. Der Einfluss des eigenen Neurotizismus, der aber vom korrespondierenden Merkmal des Partners unabhängig ist, wird als *Akteureffekt* bezeichnet (Pfade *c* und *f*), während der ausschließlich auf den Neurotizismus des Partners zurückgehende Einfluss als *Partnereffekt* bezeichnet wird (Pfade *d* und *e*). In Analogie zum individuellen Design werden in diesen Pfaden die jeweiligen indirekten Einflüsse kontrolliert (Kenny, 1996; Gonzalez & Griffin, 1997; Neyer, 1998). In Abbildung 6.2 wird angedeutet, dass auch dyadische Wechselwirkungen sich über die Zeit hinweg entfalten. Im Prinzip müsste also auch hier längsschnittlich vorgegangen und Partner- und Akteureffekte und Entwicklung bzw. die Stabilität der Passung über die Zeit hinweg verfolgt werden. Ein solch aufwändiges dyadisches Design der Wechselwirkung zwischen Persönlichkeit und Partnerschaft wurde bislang kaum realisiert, obschon dies der Königsweg einer dynamisch-interaktionistischen Partnerschaftsforschung wäre und sich zukünftige Langzeitstudien an diesem idealen Standard orientieren dürften.

> **Unter Akteureffekten werden Persönlichkeits- und Partnerschaftseffekte verstanden, die unabhängig vom Partner wirken. Demgegenüber werden die unabhängigen Einflüsse des Partners als Partnereffekte bezeichnet.**

## 6.4   Wer hat einen Partner und wer hat keinen?

Das Bestreben, eine partnerschaftliche Bindung einzugehen, scheint ein universelles Motiv zu sein, auch wenn die Art und Weise, wie Partnerschaften gelebt werden, natürlich variiert. Allerdings bedeutet dies nicht, dass das Eingehen einer Partnerschaft für jeden zwangläufig die einzige Option und das höchste Lebensziel ist. So belegen soziodemografische Daten, dass nicht erst seit den letzten Jahrzehnten ein nicht unwesentlicher Prozentsatz der Bevölkerung unverheiratet oder ohne Partner blieb. Nach einer Analyse von Klein (1999) liegt der Anteil der Singles unter den 20- bis 30-Jährigen seit Ende der 1969er Jahre konstant bei etwa 25% (vgl. hierzu auch Kap. 3).

Unterscheiden sich Singles und an einen Partner gebundene junge Erwachsene in ihrer Persönlichkeit? Die Alltagspsychologie bietet auf diese Frage ein ganze Reihe von plausiblen Antworten an, z. B. dass Singles besonders extravertiert, kontaktfreudig oder gar egoistisch sind und sich nicht binden wollen; aber auch das umgekehrte Bild vom einsamen verklemmten Single hält der Alltagspsychologie stand. Empirisch gibt es allerdings eine klare Antwort auf die Frage: In einer repräsentativen Studie an 637 jungen Deutschen erwies sich, dass zumindest im jungen Erwachsenenalter – also zwischen 20 und 30 – die Singles ein im Durchschnitt weniger sozial erwünschtes Persönlichkeitsprofil besaßen (Neyer, 1999): Verglichen mit ihren Altersgenossen in einer Partnerschaft hatten die Singles deutlich niedrigere Werte in selbstberichteter Extraversion, Gewissenhaftigkeit und allgemeinem Selbstwert. Gleichzeitig zeigten sie erhöhte Werte in Neurotizismus und Schüchternheit. Die Befunde hatten moderate Effektgrößen und waren unabhängig von Alter und Geschlecht, sodass die Schlussfolgerung eines spezifischen Persönlichkeitsprofils des Singles gerechtfertigt scheint: Der junge Single bis etwa 30 wirkt emotional eher labil, sozial gehemmt und zurückhaltend, und sein Selbstwertgefühl ist nicht besonders hoch. Allerdings bedeutet dies nicht, dass seine Persönlichkeit sich nicht ändern könnte, wenn er eine Partnerschaft beginnen würde (vgl. Kasten »Wer eine Partnerschaft eingeht, kann nur gewinnen«, S. 184).

> **Verglichen mit anderen sind junge Erwachsene ohne Partner im Durchschnitt emotional labiler, schüchterner, weniger gewissenhaft und besitzen ein geringeres Selbstwertgefühl.**

## 6.5    Wer passt zu wem?

Auch auf die Frage, wer zu wem am besten passt, kennt die Alltagspsychologie Antworten, die sich im Wesentlichen auf die beiden Aussagen »Gleich zu gleich gesellt sich gern« und »Gegensätze ziehen sich an« reduzieren lassen. Allerdings scheint Ähnlichkeit zwischen Partnern eine eindeutig größere Rolle zu spielen als Unähnlichkeit. Nach einer Übersicht von Lykken und Tellegen (1993) ist die Ähnlichkeit am höchsten im Bereich von Werten und Einstellungen (Korrelationen zwischen 0,20 und 0,70), gefolgt von Intelligenz (0,37), physischer Attraktivität (zwischen 0,38 und 0,53) und körperlichen Merkmalen wie Größe und Gewicht (zwischen 0,10–0,30), aber relativ gering in verschiedenen Persönlichkeits-

> **Ähnlichkeit zwischen Partnern spielt eine eindeutig größere Rolle als Unähnlichkeit. Vor allem Werte und Einstellungen ähneln sich, weniger die Persönlichkeitsmerkmale.**

merkmalen (zwischen –0,23 und 0,45). In der Regel ähneln sich Partner also nicht sehr stark in ihrer Persönlichkeit. Besonders gering sind die Korrelationen in Neurotizismus und Extraversion. Eine Ausnahme scheint jedoch das Merkmal Offenheit zu sein, wo moderate Korrelationen berichtet werden (McCrae, 1996; Watson et al., 2000a).

Selektive Partnerwahl (in der angloamerikanischen Literatur *assortative mating*) bezeichnet die Tendenz, einen Partner nicht zufällig, sondern nach bestimmten sozialen oder genetischen Kriterien zu wählen bzw. von ihm gewählt zu werden, wobei als Selektionskriterium eine geringe bis moderate Ähnlichkeit dient. Asendorpf und Banse (2000) diskutieren verschiedene Ursachen der selektiven Partnerwahl: Erstens könnte sie darauf beruhen, dass ähnliche potenzielle Partner sich in gleichen Umwelten aufhalten und deshalb eine größere Chance haben, sich kennen zu lernen (z. B. sportlich ambitionierte Personen im Fitnessstudio). Zweitens könnte sie durch eine Vermeidung unähnlicher Partner zustande kommen (z. B. sportliche meiden unsportliche Personen). Und drittens könnte sie durch die Suche nach dem attraktivsten Partner entstehen: Die weniger attraktiven werden zurückgewiesen, von den attraktiveren aber wird man selbst zurückgewiesen.

Jede dieser Ursachen kann jedoch auch durch eine Genotyp-Umwelt-Korrelation erklärt werden (Plomin et al., 1977). Eine solche Korrelation kommt dadurch zustande, dass Genotypen sich in passenden Umwelten aufhalten und diese damit gestalten. Genotyp-Umwelt-Korrelationen können passiv, reaktiv oder aktiv sein: Eine passive Korrelation liegt bei Kindern vor, deren Genotypen mit ihren Familienumwelten korreliert sind. Selektive Partnerwahl kann jedoch als Prototyp einer aktiven und reaktiven Genotyp-Umwelt-Korrelation betrachtet werden: Individuen suchen aktiv Umwelten mit potenziellen Partnern auf, die mit ihren genetisch beeinflussten Präferenzen bzw. Merkmalen übereinstimmen, und werden umgekehrt von potenziellen Partnern aufgrund dieser Merkmale angezogen. Da jedoch die Persönlichkeit nicht nur genetischen, sondern auch Umwelteinflüssen unterliegt, können diese Effekte auch allgemeiner als Person-Umwelt-Korrelationen formuliert werden: Wir suchen uns eine Umwelt, die unserer Persönlichkeit entspricht. In diesem Sinne dient die selektive Partnerwahl gewissermaßen der Herstellung und Kontrolle von Umweltbedingungen und damit logischerweise auch der Stabilität unserer Persönlichkeit.

Aus evolutionstheoretischer Sicht stellt die selektive Partnerwahl einen wichtigen Mechanismus zur Aufrechterhaltung und Vergrößerung der genetischen Variabilität in einer Population dar. Die Körpergröße ist z. B. ein stark genetisch determiniertes Merkmal, welches zwischen Partnern nicht hoch, aber substanziell korreliert ($r=0{,}25$; vgl. Plomin et al., 1999). Auch wenn in Partnerschaften die Männer im Durchschnitt größer sind als Frauen, tendieren relativ große Männer meist dazu, relativ große Frauen als Partnerinnen zu bevorzugen, und umgekehrt bevorzugen relativ große Frauen relativ große Männer. Eine Beziehung zwischen einem relativ großen Mann und einer relativ kleinen Frau ist eher ungewöhnlich. Wäre nun Körpergröße kein Selektionskriterium und würden Männer und Frauen sich ungeachtet ihrer Körpergröße paaren und Nachkommen zeugen, würde dies langfristig zur Einschränkung der genetischen Variabilität führen.

Am Beispiel Körpergröße wird sehr schön deutlich, warum das Ähnlichkeitskriterium bei der Partnerwahl eine so wichtige Rolle spielt: Es fördert die genetische Variabilität. Auch wenn selektive Partnerwahl in Bezug auf die meisten Merkmale nur gering ausgeprägt ist, kumuliert der Zuwachs der genetischen Varianz aufgrund selektiver Partnerwahl über die Generationen. Selbst ein geringes Ausmaß an Ähnlichkeit zwischen Partnern kann über viele Generationen hinweg eine Erhöhung der genetischen und damit phänotypischen Variabilität bewirken. Selektive Partnerwahl ist aus evolutionstheoretischer Sicht auch in Hinblick auf Merkmale der Persönlichkeit durchaus sinnvoll, denn Persönlichkeitsmerkmale sind nicht unwesentlich durch genetische Faktoren beeinflusst. Es reicht eine geringe Ähnlichkeit, der variabilitätssteigernde Effekt tritt erst über viele Generationen hinweg auf.

> **Das Ähnlichkeitskriterium bei der Partnerwahl fördert die genetische Variabilität. Aufgrund selektiver Partnerwahl kumuliert der Zuwachs der genetischen Varianz über die Generationen.**

Werden sich Partner im Laufe der Jahre ähnlicher, weil sich Partner in ihrer Persönlichkeit einander anpassen? Dies scheint nicht der Fall zu sein. Zumindest konnten Längsschnittstudien von Buss (1984) und Caspi et al. (1992) keinen nennenswerten Zuwachs an Ähnlichkeit in Persönlichkeitsmerkmalen nachweisen. Für bestimmte Bereiche von Intelligenz und das Persönlichkeitsmerkmal Rigidiät konnten jedoch Gruber-Baldini et al. (1995) in einer 21-jährigen Längsschnittstudie zeigen, dass sich Partner ähnlicher wurden. Dieser Effekt konnte nur teilweise durch die Beziehungsdauer und Alterungseffekte erklärt werden und deutet darauf hin, dass Partner sich ja gegenseitig aktiv als Teil ihrer Umwelt auswählen, welche selbst wiederum Rückwirkungen auf die eigene Persönlichkeit hat. Der Ähnlichkeitseffekt könnte allerdings auch darauf zurückgehen, dass Partner sich in zum Teil identischen Umwelten aufhalten, die – zumindest in Bezug auf Intelligenzmerkmale – in gleicher Weise anregend auf sie wirken.

Wirkt sich eine gewisse Ähnlichkeit zwischen Partnern auch förderlich auf die Stabilität und Qualität der Partnerschaft aus? In der Literatur werden durchweg schwach bis moderat positive Effekte berichtet, wobei tendenziell die Effekte für Einstellungsähnlichkeit stärker ausfallen als für Persönlichkeitsähnlichkeit: Wer seinem Partner ähnelt, ist also nicht schon deshalb zufriedener mit der Beziehung. In einer Studie von Eysenck und Wakefield

(1981) an 566 britischen Ehepaaren zeigte sich, dass Ähnlichkeit in politischem Radikalismus (0,15), sexuellem Interesse (0,22) und Neurotizismus (0,11), nicht aber in Extraverison, schwach positiv mit Zufriedenheit korrelierten, selbst nach statistischer Kontrolle der mittleren Merkmalsausprägung des Paares. Ähnlichkeit in Gewissenhaftigkeit und Neurotizismus war in einer 5-jährigen Längsschnittstudie von Kurdek (1993) positiv mit der Stabilität der Partnerschaft korreliert. Die mittlere Korrelation zwischen Einstellungsähnlichkeit und Partnerschaftsstabilität in einer Metaanalyse von Karney und Bradbury (1995) betrug 0,28.

Betrachtet man nicht die tatsächliche Ähnlichkeit zwischen Partnern, sondern die von ihnen wahrgenommene Ähnlichkeit (in der angloamerikanischen Literatur *assumed similarity*), ergibt sich ein etwas anderes Bild: Wir tendieren in der Regel dazu, unsere Ähnlichkeit zu überschätzen und unser Selbstbild in den Partner hinein zu »projizieren«. Dies gilt nicht nur für aktuelle Affektzustände, sondern auch für stabile Persönlichkeitsmerkmale. Watson et al. (2000a) untersuchten tatsächliche und wahrgenommene Ähnlichkeit, also die Tendenz zur Projektion, an 74 Ehepaaren, 136 romantischen Paaren und 279 Freundespaaren in Bezug auf die *Big Five*, positiven und negativen Affekt sowie andere Affekte, z. B. Überraschung. In allen Bereichen war die wahrgenommene Ähnlichkeit größer als die tatsächliche Ähnlichkeit, wobei die projektive Tendenz stärker im Affekt- als im Persönlichkeitsbereich ausgeprägt war. Warum ist diese Tendenz so stark, wo doch Partner, die ständig miteinander zu tun haben, einander gut kennen sollten? Bedienen Partner sich einer Ähnlichkeitsheuristik in dem Sinne, dass sie von sich auf den anderen schließen und dabei automatisch richtig liegen? Gegen diese Annahme spricht, dass die tatsächliche Ähnlichkeit zwischen den Partnern eher gering ist. Vielleicht trägt diese Tendenz zur Stabilisierung der Partnerschaft und ihrer Zufriedenheit bei. Zumindest fanden Thomas et al. (1997) in Laborexperimenten einen positiven Zusammenhang zwischen der Tendenz zur Projektion und partnerschaftlicher Zufriedenheit: Wer glaubt, dass der Partner so ist und so fühlt wie man selbst, ist einfach zufriedener mit der Beziehung.

> **Partner überschätzen die Ähnlichkeit zwischen sich und dem anderen und projizieren ihr Selbstbild in den anderen hinein. Dies kommt der partnerschaftlichen Zufriedenheit zugute.**

## 6.6 Wie beeinflusst die Persönlichkeit die Partnerschaft?

Hat die Persönlichkeit langfristige Auswirkungen auf die Partnerschaft? Diese Frage kann grundsätzlich mit Ja beantwortet werden, obschon Karney und Bradbury (1995) nach ihrer Metaanalyse zu der Schlussfolgerung gelangen, dass die in der Literatur berichteten Befunde nicht vollständig konsistent sind. In mehreren Studien wurde jedoch übereinstimmend gezeigt, dass Neuro-

> Neurotizismus – und assoziierte Merkmale wie Impulsivität, Unverträglichkeit und mangelnde Gewissenhaftigkeit – haben einen langfristig schädigenden Einfluss auf die Qualität und Stabilität von Partnerschaften.

tizismus – und assoziierte Merkmale wie Impulsivität, Unverträglichkeit und mangelnde Gewissenhaftigkeit – einen langfristig schädigenden Einfluss auf die Qualität und Stabilität von Partnerschaften haben. Weniger konsistent sind die Befunde zu Extraversion und verwandten Merkmalen wie positive Emotionalität und Optimismus, für die teilweise positive Effekte gefunden wurde (Caughlin et al. 2000, Kelley & Conley, 1987; Kurdek, 1993, 1999; Bentler & Newcomb, 1978; Robins et al., 2000; Tucker et al., 1998). Prominent ist die Studie von Kelly und Conley (1987), die gezeigt haben, dass Neurotizismus eheliche Zufriedenheit selbst über mehrere Jahrzehnte vorhersagen kann (s. Kasten »Die Persönlichkeit und der Bund fürs Leben«).

---

### »Die Persönlichkeit und der Bund fürs Leben«

Welche Bedeutung hat die Persönlichkeit für die langfristige Stabilität von Partnerschaften? Kelly und Conley (1987) untersuchten die Stabilität von 249 Ehen über einen Zeitraum von 5 Jahrzehnten. Die Paare wurden erstmals während ihrer Verlobungszeit in den 30er Jahren des 20. Jahrhunderts befragt, zwei weitere Erhebungen fanden jeweils in den 50er und 80er Jahren statt. Nach 45 Jahren waren nur 50 Paare geschieden. Die Persönlichkeit der Studienteilnehmer wurde zum 1. Messzeitpunkt durch Bekanntenurteile erhoben und umfasste die Merkmale Neurotizismus, Extraversion, Impulskontrolle und Freundlichkeit. Partnerschaftszufriedenheit und -stabilität wurden jeweils später erfasst. Neurotizismus erwies sich als stärkster Prädiktor: nach 20 Jahren korrelierte Neurotizismus zu etwa –0,26 mit der partnerschaftlichen Zufriedenheit, diese Korrelation nahm nach 45 Jahren bei Männern etwas ab (–0,11) und stieg bei den Frauen etwas an (–0,31). Wurden alle Persönlichkeitsmerkmale für die Vorhersage der partnerschaftlichen Zufriedenheit einbezogen, ergab sich eine multiple Korrelation von 0,40, die deutlich höher war als die Vorhersagekraft soziodemografischer Variablen (0,15). Neurotizismus (besonders der Männer) war aber auch ein starker Prädiktor für Partnerschaftsstabilität.

Kelley und Conley prüften die Persönlichkeitsmerkmale auch separat für später getrennte, stabil-unzufriedene und stabil-zufriedene Paare, die fast 50 Jahre verheiratet geblieben waren. Aufseiten der Männer waren die stabil-unzufriedenen Partnerschaften von Anfang an durch hohen Neurotizismus sowie durch niedrige Extraversion und Freundlichkeit ausgezeichnet, während die Merkmale der Frauen unauffällig waren. Auch wenn die Gruppe der 17 stabil-unzufriedenen Paare sehr klein war, legt dies Ergebnis nahe, dass eine schlechte Beziehungsqualität von Beginn an durch Persönlichkeitsmerkmale vorhergesagt werden kann.

Die Ergebnisse von Kelly und Conley lassen sich nicht ohne weiteres verallgemeinern und auf heutige Verhältnisse mit einem generell höheren Scheidungsrisiko übertragen. Die starke Bedeutung von Neurotizismus wurde allerdings auch in neueren Studien belegt (Karney & Bradbury, 1997; Kurdek, 1993), sodass es insgesamt gerechtfertigt ist, von einem robusten Neurotizismuseffekt auf Partnerschaftsqualität auszugehen: Personen mit hoher Ausprägung in Neurotizismus, die also ängstlicher, häufiger negativ gestimmt und emotional labiler sind als andere, leben wahrscheinlich eher in einer unglücklichen Partnerschaft und haben ein erhöhtes Trennungsrisiko.

Individuelle Persönlichkeitsmerkmale sind relativ stabil und haben deshalb vermutlich eine zeitlich konstante Wirkung auf die Partnerschaft, während dyadische Interaktionsmuster sich erst in der Partnerschaft entwickeln und stärker mit der Partnerschaftsqualität schwanken. Diese Schlussfolgerung ziehen Karney und Bradbury (1997) aus einer Längsschnittstudie, in der 60 frisch verheiratete Paare wiederholt über 4 Jahre nach ihrer Partnerschaftszufriedenheit befragt wurden. Zu Beginn der Studie wurde der Neurotizismus der Partner erhoben und ihr Interaktionsverhalten in einer Problemlöseaufgabe beobachtet. Neurotizismus sagte unabhängig von negativem Interaktionsverhalten die eheliche Unzufriedenheit zu Beginn der Studie vorher, aber nicht die Veränderung der Partnerschaftszufriedenheit über die darauf folgenden 8 Messzeitpunkte. Umgekehrt sagte die Negativität des Interaktionsverhaltens nur schwach eheliche Unzufriedenheit zu Beginn der Studie vorher, dafür aber umso stärker die Veränderung in der Partnerschaftszufriedenheit über die Zeit. Leider wurden Neurotizismus und Interaktionsverhalten nur einmal zu Beginn der Studie erfasst, sodass es nicht möglich war, die Veränderungen in diesen Variablen mit den beobachteten Veränderungen in der Partnerschaftszufriedenheit in Beziehung zu setzen. Dies wäre das Forschungsdesign, das zukünftig genauer über die Wechselwirkung zwischen überdauernden Eigenschaften und interpersonalen Prozessen Auskunft geben wird.

Es ist allerdings nicht nur die eigene Persönlichkeit, sondern auch die des Partners, die einen Einfluss auf die individuell erlebte Partnerschaftsqualität ausübt. Wenn Neurotizismus individuell betrachtet Partnerschaftszufriedenheit vorhersagt, dann könnte sich dieser Effekt doch potenzieren oder mindestens addieren, wenn beide Partner ähnlich stark neurotisch sind. Aber auch wenn beide Partner sich in diesem oder anderen Persönlichkeitsmerkmalen unterscheiden, können beide unabhängig voneinander zur Beziehungszufriedenheit beitragen. Dies belegen übereinstimmend die Studien von Eysenck und Wakefield (1981), Karney et al. (1994) und Watson et al. (2000b): Neurotizismus und negative Emotionalität sagen nicht nur die eigene Beziehungszufriedenheit vorher (Akteureffekt), sondern unabhängig davon auch die des Partners (Partnereffekt). Die Befundlage für andere Persönlichkeitsmerkmale wie Extraversion, Gewissenhaftigkeit und Verträglichkeit ist weniger eindeutig, teilweise sogar widersprüchlich. Es wäre aber voreilig anzunehmen, Partnereffekte seien auf Neurotizismus beschränkt. Die Forschung in diesem Bereich ist zeitaufwändig und methodisch äußerst anspruchsvoll. In den letzten Jahren wurden jedoch neuere Methoden und Forschungsansätze entwickelt, die darauf hoffen lassen, dass bald weitergehende Studien publiziert werden können (vgl. Gonzalez & Griffin, 1997; Neyer, 1998).

> **Neurotizismus und negative Emotionalität sagen nicht nur die eigene Beziehungszufriedenheit vorher, sondern unabhängig davon auch die des Partners.**

In einer Querschnittstudie an 360 Paaren im Alter von Anfang 20 untersuchten Robins et al. (2000) den jeweils unabhängigen Einfluss der Persönlichkeit der Partner auf die Partnerschaftsqualität. Als Persönlichkeitsmerkmale wurden negative und positive Emotionalität sowie Kontrolliertheit erfasst, welche höchstens 0,10 zwischen den Partnern korrelierten, d. h. die Persönlichkeiten der Partner waren wie zu erwarten relativ unabhängig voneinander. Deutlich höher waren die Korrelationen für Beziehungsqualität (maximal 0,50). Die Persönlichkeitsmerkmale beider Partner sagten unabhängig voneinander sowohl die vom anderen als auch die selbsterlebte Beziehungsqualität vorher: Die Beziehungsqualität der Frau wurde durch eine geringe negative und eine hohe positive Emotionalität sowie durch starke Kontrolliertheit des Mannes vorhergesagt, während die Beziehungsqualität des Mannes lediglich durch eine geringe negative Emotionalität seiner Partnerin prädiziert werden konnte. Zwischen Akteur- und Partnereffekten wurden keine statistischen Interaktionen gefunden, d. h. beide Persönlichkeiten hatten einen unabhängigen Effekt, die sich addierten, aber nicht potenzierten. In diesem Fall ist die Partnerschaft also nicht mehr als die Summe ihrer Teile, sprich der Persönlichkeitsmerkmale der Partner. Auch wenn diese Querschnittsbefunde keine kausalen Schlussfolgerungen zulassen, kann angenommen werden, dass die Persönlichkeiten der Partner bereits relativ stabilisiert waren und deshalb ihre Beziehungen beeinflussen konnten, welche ihrerseits mit einer durchschnittlichen Dauer von 26 Monaten noch relativ jung waren.

Caughlin et al. (2000) berichteten ähnliche Befunde und konnten sich auf Daten aus einer 13-jährigen Längsschnittstudie stützen, die mit 168 neu verheirateten Paaren begonnen hatte. Zu Beginn der Studie wurde dispositionale Ängstlichkeit erfasst; zu diesem und 3 weiteren Messzeitpunkten wurde mit einer Tagebuchmethode der negative Interaktionsstil und mit Fragebögen die partnerschaftliche Zufriedenheit untersucht. Für Ängstlichkeit wurden Akteur- und Partnereffekte gefunden, d. h. die Ängstlichkeit besonders der Frauen hatte einen zeitlich überdauernden Einfluss sowohl auf den eigenen negativen Interaktionsstil als auch auf den des Partners. Der eigene negative Interaktionsstil hatte wiederum Auswirkungen auf die partnerschaftliche Zufriedenheit des Partners. Die Beziehung zwischen Ängstlichkeit und Zufriedenheit wurde also durch einen negativen Interaktionsstil indirekt vermittelt. Teilweise erbrachte die Studie auch den Nachweis direkter, vom negativen Interaktionsstil unabhängiger Akteur- und Partnereffekte der dispositionalen Ängstlichkeit auf die partnerschaftliche Zufriedenheit. Damit wurde der Befund von Karney und Bradbury (1997) repliziert, nach dem Neurotizismus – ein der dispositionalen Ängstlichkeit verwandtes Konstrukt – sowohl kurzfristig als auch langfristig Partnerschaftszufriedenheit vorhersagt.

> **Die Beziehung zwischen Ängstlichkeit und Zufriedenheit wird durch einen negativen Interaktionsstil indirekt vermittelt.**

Allerdings wurde wie bei Karney und Bradbury (1997) das Persönlichkeitsmerkmal Ängstlichkeit nur zu Beginn der Studie erhoben, weil implizit davon ausgegangen wurde, dass sich die Persönlichkeit über die Zeit nicht veränderte. Wie wir heute jedoch wissen, ist die Persönlichkeitsentwicklung mit 30 aber noch nicht abgeschlossen und besitzt bis ins mittlere Erwachsenenalter hinein eine gewisse Plastizität (Roberts & DelVecchio, 2000). Es ist somit nicht auszuschließen, dass negativer Interaktionsstil und partnerschaftliche Unzufriedenheit auch Rückwirkungen auf die Ängstlichkeit oder den Neurotizismus des einen wie des anderen Partners gehabt haben. Der endgültige genaue Nachweis, ob Erfahrungen in der Partnerschaft überhaupt keinen oder vielleicht doch einen gewissen nachhaltigen Einfluss auf langfristige Persönlichkeitsveränderungen haben können, steht also noch aus. Im nächsten Abschnitt werden aber erste Studien berichtet, welche die Möglichkeit von Persönlichkeitsveränderungen durch partnerschaftliche Erfahrungen nahe legen.

## 6.7 Wie beeinflusst die Partnerschaft die Persönlichkeit?

Können Erfahrungen in der Partnerschaft so stark sein, dass sie eine Veränderung in der Persönlichkeit bewirken? Caspi und Roberts (1999) vertraten die Ansicht, dass im Lebensverlauf neue Beziehungen entstehen, z. B. zu Partnern oder eigenen Kindern, die eine Wende in der Persönlichkeitsentwicklung auslösen können. So ist der Übergang vom Single-Sein zur partnerschaftlichen Beziehung einer der zentralen Entwicklungsschritte im frühen Erwachsenenalter. Neyer und Asendorpf (2001) fanden in einer

> **Mit dem Übergang vom Singlesein zur ersten Partnerschaft nimmt die Persönlichkeit an Reife zu: Neurotizismus sinkt, und Gewissenhaftigkeit nimmt zu. Damit haben Partnerschaften im frühen Erwachsenenalter eine wichtige Sozialisationsfunktion.**

Längsschnittstudie, dass mit dem Übergang zur Partnerschaft ein allgemeiner Reifungsschub in der Persönlichkeit einhergeht: Partnerschaften im frühen Erwachsenenalter besitzen demnach eine Sozialisationsfunktion, die sich individuell in stärkerer positiver Emotionalität und besserer Anpassungsfähigkeit an neue soziale Aufgaben niederschlägt (s. Kasten »Wer eine Partnerschaft beginnt, kann nur gewinnen«).

---

**»Wer eine Partnerschaft eingeht, kann nur gewinnen«**

In einer repräsentativen Längsschnittstudie befragten Neyer und Asendorpf (2001) junge Erwachsene zweimal im Abstand von 4 Jahren zu ihrer Persönlichkeit und ihren sozialen Beziehungen wie die zum Partner. An der ersten Befragung nahmen 637 Probanden zwischen 20 und 30 Jahren teil. Es zeigte sich, dass die Persönlichkeit stark mit dem Partnerstatus variierte: Im Vergleich mit Personen in einer Partnerschaft zeigten die Singles deutlich erhöhte Werte in selbstberichtetem Neurotizismus und Schüchternheit und deutlich niedrigere Werte in Extraversion, Gewissenhaftigkeit und allgemeinem Selbstwert. In den Merkmalen Verträglichkeit und Geselligkeit zeigten sich keine Unterschiede.

Nach 4 Jahren konnten 489 Probanden erneut befragt werden. Über diesen Zeitraum wurden die für das junge Erwachsenenalter typischen Reifungsschritte, z. B. eine Abnahme von Neurotizismus und Zunahme von Gewissenhaftigkeit beobachtet. Es war aber auch möglich, den Einfluss von zwei partnerschaftlichen Übergängen – Partnerschaftsbildung und -lösung – auf diese Persönlichkeitsveränderungen zu untersuchen. Erstens konnte ein Vergleich der Persönlichkeitsentwicklung der 80 Dauersingles und der 63 Exsingles (die inzwischen eine Partnerschaft begonnen hatten) zeigen, welchen Effekt das Eingehen einer Partnerschaft für die Persönlichkeit hat. In der Tat hatten die Exsingles ihre Persönlichkeit verändert und zeigten eine Abnahme in Neurotizismus und Schüchternheit und eine Zunahme in Extraversion, Gewissenhaftigkeit und allgemeinem Selbstwertgefühl. Im Gegensatz dazu war das Persönlichkeitsprofil der Dauersingles über die Zeit hinweg gleich geblieben. Zweitens wurde der Effekt von Partnerschaftslösung untersucht. Hierfür wurden die 315 Probanden, die immer noch mit demselben oder einem anderen Partner eine ernsthafte Beziehung unterhielten, mit den 31 Probanden verglichen, die nach einer Trennung wieder Singles waren. Das mittlere Persönlichkeitsprofil beider Gruppen blieb relativ stabil, d. h. Partnerschaftslösung hatte keinen Effekt. Alle Ergebnisse waren für Alter und Geschlecht sowie für mögliche Selektionseffekte kontrolliert, d. h. es wurde geprüft, ob die Probanden der jeweiligen Vergleichsgruppen sich schon zum 1. Messzeitpunkt in ihrer Persönlichkeit unterschieden hatten, was im Wesentlichen nicht der Fall war.

Wenn beide partnerschaftlichen Übergänge im Sinne aufeinander folgender Entwicklungsschritte betrachtet werden – nämlich beginnend mit dem Single-Sein, dem Eingehen und Aufrechterhalten einer Partnerschaft und einer evtl. darauf folgenden Trennung – legen die Ergebnisse nahe, dass die mit dem Übergang zur Partnerschaft erzielten Reifungsschritte irreversibel sind: Wer eine Partnerschaft eingeht, kann deshalb nur gewinnen! Dieser Befund bezieht sich jedoch auf einen spezifischen Entwicklungsschritt im frühen Erwachsenenalter und besagt natürlich nicht, dass das Zerbrechen einer Partnerschaft nicht auch schmerzliche Folgen haben kann, z. B. in späteren Lebensabschnitten.

Haben partnerschaftliche Übergänge auch in späteren Lebensabschnitten Auswirkungen auf die Persönlichkeit? Costa et al., (2000) befragten 2274 Erwachsene zweimal im Abstand von 6 bzw. 9 Jahren zu ihrer Persönlichkeit und Reaktionen auf bestimmte Lebensereignisse. Zum ersten Messzeitpunkt waren die Befragten zwischen 39 und 45 Jahre alt. Die Stabilität der *Big Five* war durchweg höher als 0,60, also höher als aufgrund der Metaanalyse von Roberts und DelVecchio (2000) zu erwarten gewesen wäre. Costa et al. (2000) untersuchten den Einfluss von Heirat und Scheidung auf die Entwicklung der Persönlichkeit und verglichen zwei kleine Gruppen von 29 geschiedenen und 20 neu verheirateten Frauen: Im Vergleich verzeichneten die geschiedenen Frauen einen leichten Anstieg in Extraversion und Offenheit, aber keine Veränderungen in den anderen Merkmalen. Im Gegensatz hierzu zeigte eine Gruppe von 79 geschiedenen Männern einen Anstieg in Depressivität (einer Facette von Neurotizismus) und eine Abnahme in Facetten der Gewissenhaftigkeit (z. B. Zielgerichtetheit, Selbstdisziplin). Bei den 68 Männern, die geheiratet hatten, nahm der Neurotizismus ab, während Gewissenhaftigkeit gleich blieb. Insgesamt betrachtet machte Scheidung die Männer Mitte 40 also depressiver und weniger zielorientiert, während die Frauen Mitte 40 von der Scheidung sogar profitierten, zumindest in ihrer Persönlichkeit. Die Befunde von Costa et al. (2000) sind explorativ, da sie nicht für Selektionseffekte kontrolliert waren, denn es könnte ja sein, dass sich z. B. die geschiedenen Frauen schon vor der Scheidung von den dauerhaft verheirateten Frauen in ihrer Persönlichkeit unterschieden hatten. Trotzdem zeigen die Befunde, dass das letzte Wort über den Effekt

> **Trennung oder Scheidung können auch im mittleren Erwachsenenalter Auswirkungen auf die Persönlichkeit haben.**

partnerschaftlicher Erfahrungen auf die Persönlichkeit noch nicht gesprochen ist. In den wichtigsten hier referierten Studien wurden Persönlichkeitsmerkmale nur zu einem Messzeitpunkt erfasst, weil unterstellt wurde, dass sie weiterhin stabil bleiben. Damit konnten lediglich Persönlichkeitseffekte, aber keine Partnerschaftseffekte untersucht werden (z. B. Caughlin et al. 2000; Karney & Bradbury, 1997, Kelley & Conley, 1987; Robins et al. 2000). Von zukünftigen Studien ist zu erwarten, dass sie die Stärke beider Einflussrichtungen über größere Zeiträume hinweg und in verschiedenen Lebensabschnitten genauer untersuchen.

## Zusammenfassung

Die Bedeutung individueller Persönlichkeitsmerkmale in Partnerbeziehungen ist lange Zeit zu wenig beachtet worden. Erst in den letzten Jahren hat das Interesse an den langfristigen Wechselwirkungen zwischen individuellen Merkmalen und dyadischen Beziehungsqualitäten und -prozessen wieder zugenommen. Die Entwicklung neuerer Forschungsmethoden lässt erwarten, dass zukünftige Längsschnittstudien beide Perspektiven miteinander verknüpfen und den Beitrag der Persönlichkeit beider Partner zur Dynamik der partnerschaftlichen Beziehung sowie deren Rückwirkung auf ihre Persönlichkeit untersuchen.

Selektive Partnerwahl führt dazu, dass sich Partner in vielen Merkmalen eher ähnlich als unähnlich sind. Allerdings ist die Ähnlichkeit in Persönlichkeitsmerkmalen eher gering ausgeprägt, Ausnahmen sind körperliche Merkmale und Intelligenz. Die Bedeutung der Ähnlichkeit in Persönlichkeitsmerkmalen für die partnerschaftliche Zufriedenheit ist eher gering zu veranschlagen. Ähnlichkeit in Einstellungen und Interessen kann allerdings die Partnerschaftszufriedenheit fördern. Allerdings scheinen Partner ihre tatsächliche Ähnlichkeit stark zu überschätzen, was ihrer Beziehungszufriedenheit zugute kommt. Auch über die Jahre hinweg werden Partner sich kaum ähnlicher, eine Ausnahme bilden intellektuelle Fähigkeiten.

Persönlichkeits- und Partnerschaftsmerkmale stabilisieren sich über die Zeit. Persönlichkeitsmerkmale besitzen allerdings eine höhere Stabilität als Merkmale der Partnerschaft, da diese ja durch die Persönlichkeit beider Partner und andere Faktoren beeinflusst wird. Die potenziellen Einflüsse der Persönlichkeit auf die Partnerschaft wirken deshalb langfristig stärker und kumulieren über die Zeit, während Einflüsse der Partnerschaft auf die Persönlichkeit vermutlich kurzfristig und weniger stark sind. In den vorliegenden Längsschnittstudien wurde übereinstimmend gefunden, dass auch über viele Jahre hinweg Neurotizismus die Partnerschaftsqualität und -stabilität negativ beeinflusst. Die Persönlichkeit wirkt teilweise über das Interaktionsverhalten, teilweise aber auch direkt auf die Partnerschaft. Dabei beeinflusst die Persönlichkeit nicht nur die eigene, sondern auch die Zufriedenheit des Partners mit der Beziehung.

Einflüsse partnerschaftlicher Erfahrungen auf die Veränderung relativ stabiler Persönlichkeitsmerkmale sind bislang wenig untersucht worden. Sie lassen sich aber nicht ausschließen: So fördert z. B. das Eingehen einer partnerschaftlichen Beziehung im frühen Erwachsenenalter die persönliche Reife. Im mittleren Erwachsenenalter kann Scheidung einen positiven und negativen Effekt auf die Persönlichkeit ausüben. Partnerschaftliche Übergänge haben in den einzelnen Lebensabschnitten vermutlich unterschiedliche Auswirkungen auf die Persönlichkeit, die bis jetzt nur unvollständig untersucht worden sind.

## Literatur

Asendorpf, J. B. (1999). Psychologie der Persönlichkeit. 2. Aufl. Berlin: Springer.

Asendorpf, J. B. & Banse, R. (2000). Psychologie der Beziehung. Bern: Huber.

Asendorpf, J. B. & van Aken, M. A. G. (1991). Correlates of the temporal consistency of personality patterns in childhood. Journal of Personality, 59, 689-703.

Asendorpf, J. B. & Wilpers, S. (1998). Personality effects on social relationships. Journal of Personality and Social Psychology, 74, 1531-1544.

Bentler, P. M. & Newcomb, M. D. (1978). Longitudinal study of marital success and failure. Journal of Consulting and Clinical Psychology, 46, 1053-1070.

Buss, D. M. (1984). Marital assortment for personality dispositions: Assessment with three different data systems. Behavior Genetics, 14, 111-123.

Buss, D. M. (1987). Selection, evocation, and manipulation. Journal of Personality and Social Psychology, 53, 1214-1221.

Caspi, A., Herbener, E. S. & Ozer, D. J. (1992). Shared experiences and the similarity of personalities: A longitudinal study of married couples. Journal of Personality and Social Psychology, 62, 281-291.

Caspi, A. & Roberts, B. W. (1999). Personality continuity and change across the life course. In L. Pervin & O. P. John (eds.). Handbook of personality (2nd edn., pp. 300-326). New York: Guilford Press.

Caughlin, J. P., Huston, T. L. & Houts, R. M. (2000). How does personality matter in marriage? An examination of trait anxiety, interpersonal negativity, and marital satisfaction. Journal of Personality and Social Psychology, 78, 326-336.

Costa, P. T., Herbst, J. H., McCrae R. R. & Siegler, I. C. (2000). Personality at midlife: stability, intrinsic maturation, and response to life events. Assessment, 7, 365-378.

Eysenck, H. J. & Wakefield, J. A., Jr. (1981). Psychological factors as predictors of marital satisfaction. Advances in Behavior Research and Therapy, 3, 151-191.

Gonzalez, R. & Griffin, D. (1997). On the statistics of interdependence: Treating dyadic data with respect. In S. Duck (ed.). Handbook of personal relationships. 2nd edn. (pp. 271-302). Chichester: Wiley.

Gottman, J. M. (1982). Temporal form: Toward a new language for describing relationships. Journal of Marriage and the Family, 44, 943-963.

Gruber-Baldini, A. L., Schaie, K. W. & Willis, S. L. (1995). Similarity in married couples: A longitudinal study of mental abilities and rigidity-flexibility. Journal of Personality and Social Psychology, 69, 191-203.

Karney, B. R. & Bradbury, T. N. (1995). The longitudinal course of marital quality and stability: A review of theory, method, and research. Psychological Bulletin, 118, 3-34.

Karney, B. R. & Bradbury, T. N. (1997). Neuroticism, marital interaction, and the trajectory of marital satisfaction. Journal of Personality and Social Psychology, 72, 1075-1092.

Karney, B. R., Bradbury, T. N., Fincham, F. D., & Sullivan, K. T. (1994). The role of negative affectivity in the association between attributions and marital satisfaction. Journal of Personality and Social Psychology, 66, 413-424.

Kelly, E. L. & Conley, J. J. (1987). Personality and compatibility: A prospective analysis of marital stability and marital satisfaction. Journal of Personality and Social Psychology, 52, 27-40.

Kenny, D. A. (1996). Models of non-independence in dyadic research. Journal of Social and Personal Relationships, 13, 279-294.

Klein, T. (1999). Pluralisierung und Umstrukturierung am Beispiel partnerschaftlicher Lebensformen. Kölner Zeitschrift für Soziologie und Sozialpsychologie, 51, 469-490.

Kurdek, L. A. (1993). Predicting marital dissolution: A 5-year prospective longitudinal study on newlywed couples. Journal of Personality and Social Psychology, 64, 221-242.

Kurdek, L. A. (1999). The nature and predictors of the trajectory of change in marital quality for husbands and wives over the first 10 years of marriage. Developmental Psychology, 35, 1283-1296.

Lykken, D. T. & Tellegen, A. (1993). Is human mating adventitious or the result of lawful choice? A twin study of mate selection. Journal of Personality and Social Psychology, 6556-68.

McCrae, R. (1996). Social consequences of experiential openness. Psychological Bulletin, 120, 323-337.

McCrae, R. R. & Costa, P. T., Jr. (1999). A five-factor theory of personality. In L. Pervin & O. P. John (eds.), Handbook of personality (2nd ed., pp. 139-153). New York: Guilford Press.

McGue, M., Bacon, S. & Lykken, D. T. (1993). Personality stability and change in early adulthood: A behavioral genetic analysis. Developmental Psychology, 29, 96-109.

Neyer, F. J. (1998). Zum Umgang mit dyadischen Daten: Neue Methoden für die Sozialpsychologie. Zeitschrift für Sozialpsychologie, 29, 291-306.

Neyer, F. J. (1999). Die Persönlichkeit junger Erwachsener in verschiedenen Lebensformen. Kölner Zeitschrift für Soziologie und Sozialpsychologie, 51, 491-508..

Neyer, F. J. (im Druck) Dyadic fits and transactions in personality and relationships: Dyadic fits and dynamic transactions. In F. R. Lang & K. L. Fingerman (eds.). Growing together: Personal relationships across the lifespan. New York: Cambridge Univ Press.

Neyer, F. J. & Asendorpf, J. B. (2001). Personality-relationship transaction in young adulthood. Journal of Personality and Social Psychology, 81, 1190-1204.

Plomin, R., DeFries, J. C. & Loehlin, J. C. (1977). Genotpye-environment interaction and correlation in the analysis of human behavior. Pssychological Bulletin, 84,309-322.

Plomin, R., DeFries, J. C., McClearn, G. E. & Rutter, M. (1999). Gene, Umwelt und Verhalten. Einführung in die Verhaltensgenetik. Bern: Huber.

Roberts, B. T. & DelVecchio, W. F. (2000). The rank-order consistency of personality traits from childhood to old age: A quantitative review of longitudinal studies. Psychological Bulletin, 126, 3-25.

Robins, R. W., Caspi, A. & Moffit, T. E. (2000). Two personalities, one relationship: Both partners' personality traits shape the quality of their relationship. Journal of Personality and Social Psychology, 79, 251-259.

Thomas, G., Flechtcher, G. O. & Lange, C. (1997). On-line empathic accuracy in marital interaction. Journal of Personality and Social Psychology, 72, 839-850.

Tucker, J. S., Kressin, N. R., Spiro, A. & Rucsio, J. (1998) Intrapersonal characteristics and the timing of divorce: A prospective investigation. Journal of Social and Personal Relationships, 15, 211-225.

Watson, D., Hubbard, B. & Wiese, D. (2000a). Self-other agreement in personality and affectivity: The role of acquaintanceship, trait visibility, and assumed similarity. Journal of Personality and Social Psychology, 78,546-558.

Watson, D., Hubbard, B. & Wiese, D. (2000b). General traits of personality and affectivity as predictors of satisfaction in intimate relationships: Evidence from self- and partner-ratings. Journal of Personality, 68, 414-449.

# Universelle und indizierte Prävention von Beziehungsstörungen

K. Hahlweg und G. Bodenmann

> **D**as Zusammenleben zweier Menschen kann viele Formen und Facetten haben, für die meisten Beziehungen gilt jedoch, dass die Partner[1] möglichst lange miteinander glücklich sein möchten. Die hohen Scheidungsraten von ca. 35% zeigen allerdings, dass dieses Ziel nicht immer erreicht wird. Spekuliert werden kann, dass mit dem Wegfall der gesellschaftlichen Ächtung von Trennung und Scheidung sowie der Auflösung klassischer Rollenmuster neue Herausforderungen an eine zeitgemäße Partnerschaft gestellt werden. Herausforderungen, denen scheinbar nicht alle Partner gewachsen sind. Wir lernen in der Schule wie man sinnvoll in Sachdiskussionen argumentiert, fraglich ist aber, ob uns dieses Wissen auch bei partnerschaftlichen Konflikten hilft.

## 7.1    Partnerschaft, Ehe und Familie: Status quo

In fast allen Kulturen wünschen sich Menschen ein Leben in einer intimen Partnerschaft; in den westlichen Industrieländern sind ca. 90% der 50-Jährigen mindestens einmal verheiratet. In allen Umfragen zur Lebenszufriedenheit werden Liebe, Partnerschaft und Familie als zentrale Faktoren des Wohlbefindens genannt und stellen somit eine der wichtigsten Quellen für Lebensfreude und psychische Stabilität dar. Dieser Lebensbereich kann sich jedoch durch eine destruktive Veränderung der Beziehung zu einer der schlimmsten Leidensquellen wandeln. Allerdings macht der Umstand, dass 3/4 aller Geschiedenen wieder heiraten deutlich, dass das Scheitern einer Lebensgemeinschaft eher einem Fehlgriff bei der Wahl des Partners zugeschrieben wird und weniger der Institution Ehe selbst.

> In Umfragen zur Lebenszufriedenheit werden Liebe, Partnerschaft und Familie als zentrale Faktoren des Wohlbefindens genannt, sie stellen eine der wichtigsten Quellen für Lebensfreude und psychische Stabilität dar.

> »Kaum ein Beruf ist heute noch ohne Ausbildung möglich, nur für den ‚Beruf' eines Ehepartners und Elternteils gibt es bisher nicht einmal das Bewusstsein, dass auch dafür entsprechende Vorbereitung nötig ist« (Loewit, 1991, S. 214).

Um die praktischen Konsequenzen dieser Erkenntnis, nämlich einem leicht verfügbaren Angebot effektiver präventiver Hilfen für Paare und Familien, ist es jedoch nicht gut bestellt, wie dieses Kapitel zeigen wird.

## 7.2 Zur Notwendigkeit präventiver Hilfsangebote für Paare und Familien

Die Notwendigkeit, in der heutigen Zeit jungen Paaren präventive Hilfen für das bessere Gelingen ihrer Beziehung an die Hand zu geben, lässt sich aus unterschiedlichen Blickwinkeln begründen.

### 7.2.1 Epidemiologie: (Un)zufriedenheit mit der Partnerschaft

Repräsentative internationale Studien an frisch verheirateten Paaren zeigen, dass 80-85% sehr zufrieden mit ihrer aktuellen Beziehung sind. Allerdings tendieren zufriedene Paare dazu, das zukünftige Funktionieren ihrer Beziehung unrealistisch positiv zu beurteilen. So schätzte z. B. die Mehrheit der glücklich verheirateten Paare, allen Angaben über hohe Scheidungszahlen zum Trotz, die Wahrscheinlichkeit einer Scheidung der eigenen Ehe mit *Null* ein (Fowers et al., 1996).

> **Zufriedene Paare tendieren dazu, das zukünftige Funktionieren ihrer Beziehung unrealistisch positiv zu beurteilen. Die Zufriedenheit mit der Beziehung nimmt in den ersten 10 Ehejahren kontinuierlich ab.**

Die Zufriedenheit mit der Beziehung nimmt in den ersten 10 Ehejahren kontinuierlich ab. In einer repräsentativen Umfrage in den alten Bundesländern an Frauen im Alter von 15-45 Jahren (Döring et al., 1986) gaben 10% der Befragten mit fester Partnerschaft an, mit ihrer Beziehung unglücklich zu sein, weitere 25% waren »eher glücklich«. Man kann wohl vermuten, dass viele Frauen aus dieser letzteren Gruppe in Partnerschaften lebten, die noch als gerade erträglich empfunden werden, sodass die Prävalenz von »Risikoehen« bei ca. 25% liegen könnte. Diese Schätzung deckt sich auch mit den Ergebnissen einer FOCUS-Umfrage (1993, 27; »Der tägliche Alptraum: Psycho-Drama Ehe«), nach der 26% der Befragten schon einmal daran gedacht hatten, sich von ihrem Ehepartner scheiden zu lassen. Bei den 11-15 Jahre Verheirateten betrug die Rate sogar 40%.

### 7.2.2 Scheidung und Scheidungsfolgen

Scheidung
Die Scheidungsrate ist in der Bundesrepublik Deutschland ebenso wie in der Schweiz seit den 1960er Jahren kontinuierlich gestiegen. Im Jahr 2000 wurden in Deutschland 194.400 Ehen geschieden, was fast einer Verdoppelung zu 1970 (104.000) entspricht; prozentual werden die meisten Ehen im fünften Jahr geschieden. Man schätzt, dass ca. jede dritte, in Großstädten jede zweite der heute geschlossenen Ehen geschieden werden wird. Rund 56% der Scheidungen betrafen Paare mit Kindern, sodass eine zunehmende Zahl von minderjährigen Kindern von

> **Schätzungen zufolge wird ca. jede dritte, in Großstädten jede zweite der heute geschlossenen Ehen geschieden werden.**

Scheidung betroffen sind, im Jahr 2000 immerhin schon 148.200. Von den Geschiedenen heiraten 75% wieder, davon 3/4 innerhalb von drei Jahren. Leider scheinen Partner nichts zu lernen, ist doch die Scheidungsrate bei diesen Paaren noch höher als die Rate bei Erstverheirateten. In den USA ist jede zweite Ehe für mindestens einen Partner eine Wiederheirat.

Von soziologischer Seite werden Auflösungstendenzen der Ehen vor allem aus dem beobachtbaren Funktionswandel abgeleitet. Wurden im Verlauf der industriellen Revolution Ehen noch unter dem Gesichtspunkt der Produktionsgemeinschaft und der materiellen Existenzsicherung geschlossen, so werden Ehen heute vorrangig unter der Prämisse gegenseitiger emotionaler Unterstützung eingegangen, mit diesbezüglich hohen gegenseitigen Erwartungen, an deren Erfüllung viele Paare scheitern (König, 1978). Andere Umstände, z.B. die erhöhte Lebenserwartung der Partner mit der damit verbundenen längeren Partnerschaftsdauer (eine Ehe dauerte 1850 durchschnittlich 20, heute könnte sie aufgrund der Lebenserwartung 50 Jahre andauern), veränderte Rollenverteilungen zwischen Männern und Frauen, die verstärkte Berufstätigkeit von Frauen, eine höhere Mobilität der Paare oder Veränderungen im Scheidungsrecht mit nachfolgend größerer gesellschaftlicher Akzeptanz von Scheidung, werden ebenfalls als Einflussfaktoren diskutiert (Bodenmann, 2000a; Halford, 1999; s. auch Kap. 15).

> **Ehen werden heute unter der Prämisse gegenseitiger emotionaler Unterstützung eingegangen. An der Erfüllung der hohen gegenseitigen Erwartungen scheitern viele Paare.**

### Auswirkungen von Scheidung

Ehescheidung ist eines der am meisten belastenden Ereignisse im menschlichen Leben. Menschen, die vom Partner getrennt oder geschieden sind, haben einen schlechteren psychischen und physischen Gesundheitsstatus als vergleichbare Individuen, die allein leben, verwitwet oder verheiratet sind. Geschiedene und getrennt Lebende sind als ambulante und stationäre psychiatrische Patienten ungefähr sechsmal stärker vertreten als verheiratete Personen und damit deutlich überrepräsentiert. Diese Gruppe zeigt auch eine höhere Inzidenzrate für klinisch relevante Depressionserkrankungen. Neben der höheren Rate an psychischer Symptomatik kommt es nach Scheidung bei den Betroffenen zu einer deutlichen Zunahme von akuten und chronischen körperlichen Erkrankungen (Bodenmann, 2000a; Hahlweg, 2002; s. auch Kap. 18).

Zudem gibt es umfassende Belege dafür, dass elterliche Scheidung mit einer schlechten Anpassung der Kinder einhergeht (Sanders et al., 1997). Kinder aus Scheidungsfamilien zeigen im Vergleich zu Kindern aus intakten Familien höhere Raten an externalisierenden und internalisierenden Verhaltensstörungen, schulischen Problemen, Disziplinschwierigkeiten, Beziehungsproblemen mit Gleichaltrigen und eine schlechtere physiologische Gesundheit.

Scheidung hat nicht nur einen unmittelbaren Effekt auf die Kinder. Erwachsene, die als Kinder die Scheidung ihrer Eltern erlebt haben, berichten eine geringere Zufriedenheit mit Familie und Freunden, größere Angst, dass ihnen negative Dinge widerfahren und sie finden es schwieriger, mit Stressoren umzugehen (Gottman, 1994). Eine Meta-analyse von Amato (2001) zur Auswirkung elterlicher Scheidung auf die erwachsenen Kinder kommt zu dem Schluss, dass Erwachsene aus geschiedenen Herkunftsfamilien im Vergleich zu Erwachsenen aus intakten Herkunftsfamilien eine verminderte psychische Gesundheit haben, psychologische Behandlungseinrichtungen häufiger nutzen, schlechtere Schulleistungen und eine geringere Ehequalität und -stabilität aufweisen.

> **Erwachsene aus geschiedenen Herkunftsfamilien haben im Vergleich zu Erwachsenen aus intakten Herkunftsfamilien eine verminderte psychische Gesundheit, nutzen psychologische Behandlungseinrichtungen häufiger, weisen schlechtere Schulleistungen und eine geringere Ehequalität und -stabilität auf.**

In einer 70-jährigen Längsschnittstudie an 1285 hoch begabten Personen wurde die Auswirkung elterlicher Scheidung untersucht. Kinder aus Scheidungsfamilien hatten ein um 33% erhöhtes Mortalitätsrisiko und ihre mittlere Lebenserwartung war 4 Jahre geringer als die von Kindern aus stabilen Familien (Friedman et al., 1995). Söhne geschiedener Eltern haben in der Bundesrepublik ein ca. vierfach erhöhtes Risiko, selbst geschieden zu werden: Das Scheidungsrisiko wird somit sozial »vererbt« (Diekmann & Engelhardt, 1995).

### 7.2.3    Auswirkungen chronischer Partnerschaftskonflikte

Die Daten zu Scheidung und Scheidungsfolgen sind nicht so zu interpretieren, dass Scheidung generell vermieden werden sollte. Eine Familie, die durch chronische Partnerschaftskonflikte gekennzeichnet ist, kann häufig sogar stärkere Auswirkungen auf die psychische und physische Gesundheit der Familienmitglieder haben. So zeigt die Forschung übereinstimmend, dass nicht erst die Scheidung als solche, sondern bereits die längerfristigen Konflikte und die familiäre Zerrüttung im Vorfeld der Trennung oder Scheidung positiv mit Verhaltensauffälligkeiten und einer psychischen Vulnerabilisierung korreliert sind (z. B. Sanders et al., 1997) und es Kindern, deren Eltern zu Hause starke Konflikte austragen, bereits vor der Scheidung schlechter geht als Vergleichskindern in intakten Familien. Frappierend ist dabei der Befund von Hetherington et al. (1982), wonach Kinder aus Scheidungsfamilien zwei Jahre nach der Scheidung der Eltern weniger Verhaltensprobleme aufweisen, als Kinder, welche in konstant zerrütteten, aber stabilen Familienverhältnissen wohnen. Kinder, welche auch nach der Scheidung einem hohen Konfliktpotenzial der elterlichen Beziehung (zwischen den Ex-Partnern) ausgesetzt sind, haben weiterhin eine hohe Gefährdung und weisen ein ungünstiges Funktionsniveau auf (Amato, 2001; s. auch Kap. 18).

> **Eine Scheidung kann, wenn eine Beziehungsverbesserung nicht zu erreichen ist, ein »Ende des Schreckens« bedeuten statt eines »Schreckens ohne Ende«.**

Neben psychischen und somatischen Beschwerden zeigen Kinder aus Konflikt- und Scheidungsfamilien auch häufiger schulische Schwierigkeiten, schlechtere Schulleistungen und häufigeres Wiederholen der Klasse, höhere Absenzenraten in der Schule, mehr ernsthafte Verletzungen und ungünstigeres Sozialverhalten (Perrez, 1996). Eine Scheidung kann, wenn eine Beziehungsverbesserung nicht zu erreichen ist, ein »Ende des Schreckens« bedeuten statt eines »Schreckens ohne Ende«.

### Gewalt gegen Partner und Kinder

Niedrige Beziehungsqualität und häufige Partnerkonflikte sind korreliert mit einer erhöhten Rate an physischer Aggression gegenüber dem Partner. Repräsentative Studien aus den USA ergaben eine jährliche Prävalenzrate ehelicher Gewalt in Höhe von 12,5%; in Deutschland beträgt die Prävalenzrate bei 20- bis 45-jährigen ca. 8,5% (Wetzels et al., 1995), in der Schweiz liegt sie bei 6,1%. Physische Gewalt gegen die Kinder ist weit verbreitet: 60-70% der Befragten geben an, ihre Kinder physisch zu strafen, die Rate von schwerer Kindesmisshandlung liegt bei 4% (Straus & Gelles, 1986). Kinder aus Gewaltfamilien zeigen eine erhöhte Rate von externalisierenden (Störungen des Sozialverhaltens) und internalisierenden Störungen (Depression, Ängste), darüber hinaus wählen sie sich häufiger einen gewaltbereiten Partner (Black et al., 2001).

### Partnerschaftskonflikte und psychische Störungen

Die Art und Qualität der partnerschaftlichen Beziehungen hat Einfluss auf die psychische und somatische Befindlichkeit aller Familienangehörigen. So steigt z. B. bei Frauen, die ihre Beziehung als unbefriedigend erleben, das Risiko an einer Depression zu erkranken, um 50%. Bei Paaren in Ehetherapie hatten 43% der Partnerinnen und 29% der Partner eine klinisch signifikant erhöhte Depressionssymptomatik (Klann & Hahlweg, 1994). Partnerschaftskonflikte sind häufig Ursache des Problemtrinkens, prädiktiv für schlechtere Ergebnisse der Alkoholbehandlung und stellen ein erhöhtes Risiko für einen Rückfall nach erreichter Abstinenz dar. Partnerkonflikte sind oft auch der Grund für Suizide und Suizidversuche. Es wird geschätzt, dass ca. 50% aller Selbstmordversuche auf interpersonelle Konflikte zurückzuführen sind. Am meisten empirische Evidenz für den Einfluss der Partnerschaftsqualität auf das psychische Befinden liegt jedoch bei der Vorhersage von Rückfällen nach einer Remittierung von schizophrenen oder depressiven Störungen vor (z. B. Vaughn & Leff, 1976). So haben Patienten, welche nach erfolgreicher Remittierung in ein ungünstiges Partnerschafts- und Familienklima (gekennzeichnet durch Kritik, feindselige Bemerkungen und emotionales

Überengagement) zurückkehren, eine sechsmal höhere Rückfallrate als Personen, die eine zufrieden stellende Partnerschaft haben.

### Ehekonflikte und physische Störungen

Auch für somatische Probleme ist die Beziehungsqualität ein bedeutsames Korrelat. Die Auswirkungen von niedriger Ehequalität und Scheidung vom Partner auf die Immunfunktionen wurden von Kiecolt-Glaser et al. (1987) untersucht. Verheiratete Frauen mit niedriger Ehezufriedenheit und Geschiedene waren depressiver und wiesen schlechtere Immunfunktionen auf als Frauen mit hoher Ehezufriedenheit. In einer Studie zum Problemlöseverhalten von glücklichen Paaren zeigte sich, dass die Partner, die während der Diskussion eines Konfliktes häufiger negative Gesprächsbeiträge wie Kritik oder Abwertung äußerten, in den nächsten 24 Stunden schlechtere Immunwerte als Partner mit positivem Kommunikationsverhalten aufwiesen (Kiecolt-Glaser et al., 1993).

> Auch für somatische Probleme ist die Beziehungsqualität ein bedeutsames Korrelat.

In einer Studie zum Einfluss partnerschaftlicher Interaktion auf die Kortisolausschüttung wurden Paare gebeten, 15 Minuten lang einen ihrer Partnerschaftskonflikte im Videolabor zu diskutieren. Im Widerspruch zur vermuteten Hypothese, dass ungünstige, negativ verlaufende Kommunikation immer zu einer erhöhten Kortisolausschüttung als Endergebnis der Stressreaktion führen müsse, zeigten sich ungünstig kommunizierende Partner als so genannte »non-responder« (Fehm-Wolfsdorf et al., 1999). Die Kortisolausschüttung blieb aus, ein Phänomen, das als »Hyporeaktivität« bezeichnet wird. Eine mögliche Erklärung für diesen unerwarteten Befund könnte sein, dass die HHN-Achse (Hypothalamus-Hypophysen-Nebennieren-Achse) aufgrund des chronischen Stresses durch andauernde Partnerschaftskonflikte in ihrem normalen Ablauf gestört ist. Die Hemmung überschießender Reaktionen könnte dauerhaft beeinträchtigt sein und letztlich eine Schwächung des Immunsystems zur Folge haben.

Der kausale Zusammenhang zwischen physischer Krankheit und Beziehungsstörung ist vermutlich bidirektional: So wirkt sich die Beziehungsqualität auf verschiedene Gesundheitsverhaltensweisen wie Rauchen und Alkoholkonsum aus, die wiederum Einfluss auf die physische Gesundheit nehmen können. Die Art der partnerschaftlichen Interaktion beeinflusst möglicherweise die Einhaltung ärztlicher Anordnungen und damit die Besserungschancen erkannter Gesundheitsprobleme. Schließlich können unterstützende und belohnende Paarbeziehungen als Puffer gegenüber Lebensereignissen fungieren, was die negativen Gesundheitseinflüsse dieser Stressoren reduzieren kann.

### Ehekonflikte und Auswirkungen auf die Kinder

Während eine positive und liebevolle Beziehung der Eltern zueinander ein geringes Niveau an Verhaltensproblemen der Kinder in Kindheit und Jugend vorhersagt, sind Eheprobleme und Konflikte der Eltern mit gegenwärtigen und zukünftigen Anpassungsproblemen der Kinder verbunden. Das Ausmaß der Beeinträchtigung der Kinder hängt dabei vom Schweregrad der partnerschaftlichen Auseinandersetzungen ab, sodass Kinder, die häufigeren, intensiveren und offenen statt verdeckten Konflikten ausgesetzt sind, stärkere Anpassungsprobleme aufweisen. Diese Anpassungsprobleme können sich in aggressivem und oppositionellem Verhalten oder in Angst, Depression oder somatischen Beschwerden äußern (Sanders et al., 1997). Elterliche Konflikte sind also für Kinder jeden Alters ein erheblicher Stressfaktor. Zudem sind sie oft mit emotionalem Rückzug der Eltern und der Nutzung ineffektiver Disziplinierungsmaßnahmen verbunden. Insgesamt können die Effekte chronischer elterlicher Beziehungsstörungen durchaus schwerwiegender als die einer Scheidung sein.

> Eheprobleme und Konflikte der Eltern sind mit gegenwärtigen und zukünftigen Anpassungsproblemen der Kinder verbunden. Das Ausmaß der Beeinträchtigung der Kinder hängt dabei vom Schweregrad der partnerschaftlichen Auseinandersetzungen ab.

Bezüglich des Zusammenhangs zwischen Beziehungsstörungen der Eltern und kindlichen Auffälligkeiten sollte die Bidirektionalität der Einflussnahme nicht übersehen werden; Partnerschaftsprobleme beeinträchtigen nicht nur die Anpassung der Kinder, sondern Auffälligkeiten der Kinder können auch die elterliche Beziehung belasten.

### 7.2.4 Schlussfolgerungen

Es gibt deutliche, meist bidirektionale Zusammenhänge zwischen partnerschaftlichen Störungen und individueller Psychopathologie, somatischen Störungen sowie kindlichen Beeinträchtigungen. Beziehungsprobleme können über ihre Einflussnahme auf die psychische und physische Gesundheit nicht nur erhebliche individuelle, sondern auch bedeutsame gesellschaftliche Kosten nach sich ziehen. Diese Befunde legen nahe, Ehetherapie oder präventive Trainingsprogramme nicht nur zur Verbesserung der Ehequalität einzusetzen, sondern auch, um psychische Störungen oder somatische Parameter wie immunologische oder psychophysiologische Variablen zu verändern.

### 7.3 Wirksamkeit von Ehetherapie

Viele Paare suchen professionelle Hilfe – meist in einer Eheberatungsstelle – wenn in ihrer Beziehung emotionale Spannungen und aggressive Auseinandersetzungen zunehmen. Es lässt sich ein kontinuierlicher Anstieg der Nachfrage feststellen. So wurden

z. B. in katholischen Eheberatungsstellen 1990 in
Deutschland ca. 61.000 Klienten in 295.000 Stunden
beraten, 1997 schon über 89.000 Klienten in mehr
als 476.000 Beratungsstunden.

> **In Eheberatungsstellen lässt sich ein kontinuierlicher Anstieg der Nachfrage nach professioneller Hilfe feststellen. Die Wirksamkeit von Eheberatung oder -therapie ist jedoch leider begrenzt.**

Therapieinteressierten Paaren stehen verschiedene in ihrer Wirksamkeit überprüfte Zugänge zur
Verfügung: kognitiv-verhaltenstherapeutische Ansätze, emotionsfokussierte oder einsichtsorientier-
te Paartherapie (Schindler et al., 1998). Bei allen Ansätzen stehen
eine systematische Diagnostik und eine gemeinsame Zielsetzung
am Anfang der Therapie. Im weiteren Verlauf wird dann versucht,
das Interaktionsverhalten der Partner zu verändern.

Die Wirksamkeit von Eheberatung oder -therapie ist leider begrenzt. Die Konflikte und negativen Interaktionsmuster des Paares sind oft so verhärtet, dass eine Änderung nur bedingt möglich
ist. So liegt der längerfristige Erfolg im Sinne klinischer Signifi-
kanz (d. h. unzufriedene Partner sind nach der Therapie mit der
Beziehung zufrieden) der wirksamsten Ehetherapien zwei Jahre
nach Therapieende bei maximal 50% (Hahlweg, 2002). In der täglichen Praxis der Eheberatung im deutschsprachigen Raum sind
die Erfolgsquoten mit ca. 25% deutlich niedriger (Klann & Hahlweg, 1994).

Selbst ein 100%iger Erfolg bei Paaren, die an einer Ehetherapie
teilnehmen, hätte aus gemeindepsychologischer Sicht nur sehr
eingeschränkte Auswirkungen auf Eheprobleme in der Gesamtbevölkerung (Halford, 1999). Eine erste Einschränkung stellen
die Kosten dar. Eine Paartherapie dauert – unabhängig von der
theoretischen Ausrichtung – meist ca. 10-15 Sitzungen. Geht man
davon aus, dass in westlichen Ländern ein Drittel der Paare
schwerwiegende Eheprobleme erleben, so wäre ein Therapiean-
gebot an alle mit erheblichem finanziellem Aufwand verbunden.
Dazu kommt, dass es kaum möglich sein wird, eine entsprechend
hohe Zahl kompetenter Eheberater auszubilden. Ein weiteres
Problem liegt in der allgemeinen Einstellung gegenüber Paartherapie: Viele Paare nehmen keine Ehetherapie in Anspruch, in
Australien z. B. weniger als 10% der Paare, die sich scheiden lassen. Ein Weg, die Rate von Beziehungsproblemen zu reduzieren,
liegt daher in der Entwicklung und Verbreitung von niedrig-
schwelligen, präventiven Interventionen.

## 7.4 Prävention: Eine Begriffsbestimmung

Präventive Interventionen zielen darauf ab, das Auftreten neuer
Fälle mit voll ausgeprägtem Störungsbild zu verhindern oder zumindest den Auftretenszeitpunkt hinauszuzögern. Nach Mrazek
und Haggerty (1994) werden präventive Ansätze in drei Subkate-
gorien unterteilt:

*Universelle präventive Intervention* setzt bei der allgemeinen Öffentlichkeit an und wird unabhängig vom Vorhandensein spezifischer Risikofaktoren auf eine gesamte Populationsgruppe angewendet. Als universelle Prävention sind beispielsweise bevölkerungsweite Anti-Raucher-Spots oder die AIDS-Aufklärung in den Medien anzusehen.

*Selektive präventive Intervention* wird auf Individuen oder Populationssubgruppen angewendet, die aufgrund psychologischer, sozialer oder biologischer Faktoren ein erhöhtes Risiko für die Entwicklung eines psychischen Problems haben, ohne schon Vorboten oder Symptome dieser Störung aufzuweisen.

*Indizierte präventive Intervention* schließlich zielt auf solche Individuen ab, deren Risiko für eine Störung durch das Vorhandensein einiger erkennbarer Symptome oder Vorboten des Problems deutlich wird, ohne dass diese Personen schon alle Kriterien für eine Diagnose bzw. das voll ausgeprägte Problembild aufweisen.

## 7.5 Präventive Partnerschaftsprogramme

International gibt es ca. 80 einigermaßen standardisierte Programme, die im Rahmen universeller, selektiver und indikativer Prävention eingesetzt worden sind. Die Verbreitung solch standardisierter Kursformen ist in Deutschland und der Schweiz allerdings im Vergleich zu den USA eher gering. Die inhaltlich sehr unterschiedlichen Programme weichen auch hinsichtlich der Methodik erheblich voneinander ab, so schwanken die Teilnehmerzahlen von vier Paaren bis zu 80 und mehr (Thurmaier et al., 1992).

### 7.5.1 Universelle Prävention von Beziehungsstörungen

Ehevorbereitungsprogramme stellen ein Beispiel für universelle Prävention im Bereich »Partnerschaft und Familie« dar. Zielgruppe ist hierbei die gesamte Population, z. B. alle Paare kurz vor oder nach der Heirat oder dem Zusammenziehen. Auswahlkriterien sind Zeiten der Veränderung, z. B. Heirat oder Vorbereitung auf die Elternschaft. Diese Paare zeichnen sich typischerweise durch eine hohe aktuelle Beziehungszufriedenheit aus. Zielsetzung der Ehevorbereitungsprogramme ist die *Aufrechterhaltung der gegenwärtigen Beziehungsqualität.* Dabei kann es nicht darum gehen, dem Auftreten von Konflikten in der Beziehung vorzubeugen – dies wäre illusorisch. Vielmehr wird eine

**Zielsetzung der Ehevorbereitungsprogramme ist die Aufrechterhaltung der gegenwärtigen Beziehungsqualität.**

Kompetenzsteigerung der Paare angestrebt, die sie befähigen soll, mit zukünftig auftretenden Konflikten und Beziehungskrisen flexibel und konstruktiv umzugehen. Während die Methoden der verschiedenen Ehevorbereitungskurse variieren, versuchen zahlreiche Programme dies durch eine Verbesserung der Kommunikations- und Problemlösefertigkeiten der Partner zu erreichen (Bodenmann & Hahlweg, 2002).

In den USA sind bereits mehrere universell präventive Partnerschaftsprogramme empirisch untersucht worden, wobei die meisten Studien große methodische Mängel aufwiesen. Bei Metaanalysen zur Effektivität dieser vorehelichen Präventionsprogramme ergaben sich mittlere Effektstärken von 0,53 (Giblin, 1986) und – für kognitiv-verhaltenstherapeutisch ausgerichtete Programme – von 0,79 (Hahlweg & Markman, 1988).

### Premarital Relationship Enhancement Program (PREP)

Grundlage für diesen Ansatz sind empirische Befunde, die zeigen, dass Paare, die sich später trennen oder deren Beziehung unbefriedigend verlaufen wird, schon zu Beginn ungünstige Kommunikationsmuster aufweisen, insbesondere die Tendenz zu negativen Eskalationen bei der Diskussion von Konfliktthemen. Deshalb kommt der Einübung von konstruktiven Kommunikations- und Problemlösefertigkeiten, der Klärung und Modifikation von beziehungsrelevanten Einstellungen und Erwartungen und der Erweiterung sexuell-sinnlicher Kenntnisse große Bedeutung zu. Wichtigstes Ziel ist dabei die Vermittlung von Fertigkeiten, die das Paar in die Lage versetzen sollen, zukünftig auftretende Konflikte erfolgreich zu lösen. Das PREP wird in Gruppen von drei bis fünf Paaren durchgeführt, die von ebenso vielen Trainern betreut werden, und umfasst fünf ca. dreistündige Sitzungen, die in wöchentlichem Abstand oder an einem Wochenende abgehalten werden.

> **Wichtigstes Ziel präventiver Partnerschaftsprogramme ist die Vermittlung von Fertigkeiten, die das Paar in die Lage versetzen sollen, zukünftig auftretende Konflikte erfolgreich zu lösen.**

PREP findet in Amerika breite Anwendung. Vor allem in den letzten Jahren wird es auch zunehmend als kirchliches Angebot der Ehevorbereitung genutzt. Darüber hinaus wird es in Australien, Kanada, Norwegen und den Niederlanden eingesetzt.

In den USA ist bisher nur das PREP in seiner Langzeitwirkung untersucht worden. Aus einer ursprünglichen Gesamtstichprobe von 135 heiratswilligen Paaren wurden nach Zufall 49 Paare der Kontrollgruppe zugeteilt, während insgesamt 33 Paare das PREP vollständig durchliefen (Markman et al., 1988). Die Ergebnisse nach dem Training zeigten, dass die PREP-Paare ihre Kommunikations- und Problemlösefertigkeiten deutlich verbessern konnten, während sich wie erwartet bei den Kontrollpaaren keine Verbesserung zeigte. Die subjektive Zufriedenheit mit der Partnerschaft war bei beiden Gruppen, wie erwartet, unverändert gleich hoch. Bei der 3-Jahres-Nachkontrolle blieb die subjektive

Zufriedenheit mit der Partnerschaft in der PREP-Gruppe auf dem hohen Niveau der Ausgangsmessung, während sich die Kontroll-gruppenpaare kontinuierlich verschlechterten. Darüber hinaus war die Trennungs- und Scheidungsrate bei den Kontrollgrup-penpaaren signifikant höher als bei der PREP-Gruppe.

Bei der 4-Jahres-Katamnese zeigten sich dann keine Unter-schiede in den Scheidungsraten und auch hinsichtlich der Ehezu-friedenheit unterschieden sich die beiden Gruppen nicht vonein-ander. Allerdings kommunizierten PREP-Paare signifikant häu-figer positiv und seltener negativ als die Kontrollpaare, diese Über-legenheit zeigte sich bei der 5-Jahres-Katamnese nur noch für die PREP-Männer im Bereich positiver Kommunikation. Die Rate familiärer Gewalt war zu beiden Messzeitpunkten bei der PREP-Gruppe signifikant geringer (Markman et al., 1993).

## Universelle Präventionsprogramme im deutschsprachigen Raum

In Deutschland werden mit dem Begriff »Ehevorbereitung« Ver-anstaltungen von unterschiedlicher Zeitdauer und Intensität für »heiratswillige« Paare bezeichnet. Das Ziel der Ehevorbereitung ist die Erziehung zur Partnerfähigkeit. Vor allem in der katholi-schen Kirche haben so genannte »Ehevorbereitungsseminare« ei-ne Tradition, die bis in die 1960er Jahre zurückreicht. Seither hat sich eine Vielzahl von unterschiedlichen Ehevorbereitungsformen entwickelt. Die Spanne reicht von den so genannten Brautleute-tagen, bei denen mehrere Referenten einen Tag lang bis zu 40 und mehr Paaren im Frontalunterricht Informationen über eine christlich geführte Ehe zukommen lassen, bis hin zu fünftägigen Ehevorbereitungsseminaren mit relativ kleinen Gruppengrößen (ca. 12 Paare) und mehreren Referenten, die mit unterschiedlich-sten didaktischen Mitteln arbeiten (Thurmaier et al., 1992). Mit Ausnahme des »EPL: Ein Partnerschaftliches Lernprogramm« und des »Freiburger Stresspräventionstrainings für Paare« (FSPT; Bodenmann, 2000b) erfolgte bisher keine Evaluation der deut-schen Ehevorbereitungsseminare.

### EPL: Ehevorbereitung: Ein Partnerschaftliches Lernprogramm

Das EPL wurde in Anlehnung an das »Premarital Relationship Enhancement Program« (PREP) entwickelt, vor allem im Rahmen kirchlicher Ehevorbereitung angeboten und von speziell ausge-bildeten Kursleitern durchgeführt. Auch nachweislich wirksame Konzepte und Programme finden oft nach der wissen- schaft-lichen Erprobung keine weitere Anwendung. Deshalb wurde die Übertragung des Forschungsprogrammes EPL in den Anwen-dungsalltag von Anfang an sorgfältig geplant und schrittweise durchgeführt. Mittlerweile gibt es mehr als 1400 ausgebildete EPL-Kursleiter, die regelmäßig Supervision erhalten. Das Pro-gramm ist manualisiert, stark strukturiert und damit auch von unerfahrenen Trainern nach einer intensiven Ausbildung an zwei Wochenenden und begleitender Supervision erfolgreich durchzuführen.

Mit dem EPL sollen heiratswilligen Paaren frühzeitig Gesprächs- und Problemlösefertigkeiten vermittelt werden, mit deren Hilfe sie sich in ihrer Unterschiedlichkeit besser verständigen und ihre Konflikte, die im Verlauf einer Ehe unweigerlich auftreten, erfolgreicher lösen und damit ihre Beziehung befriedigender gestalten können. Gemäß kognitiv-verhaltenstherapeutischer Annahmen und entsprechender empirischer Ergebnisse wird davon ausgegangen, dass Kommunikations- und Problemlösedefizite der Partner auf Dauer zu einer Verschlechterung der Beziehungszufriedenheit führen (Karney & Bradbury, 1995; s. auch Kap. 2 und Kap. 9). Assoziiert mit diesen Defiziten sind eingeschränkte Fähigkeiten der Partner, mit Stress umzugehen und entsprechendes dyadisches Coping zu zeigen (Bodenmann, 2000b). Somit ist das Ziel des EPL, Kommunikations- und Problemlösekompetenzen bei den Partnern aufzubauen. Damit soll die Häufigkeit negativer Austauschprozesse vermindert und das Ausmaß positiver Interaktion erhöht werden, sodass sich das Verhältnis von positivem zu negativem Interaktionsverhalten insgesamt günstiger gestaltet.

> Mit dem Ehevorbereitungstraining EPL sollen heiratswillige Paare frühzeitig Gesprächs- und Problemlösefertigkeiten erlernen, mit deren Hilfe sie sich in ihrer Unterschiedlichkeit besser verständigen und ihre Konflikte, die im Verlauf einer Ehe unweigerlich auftreten, erfolgreicher lösen und damit ihre Beziehung befriedigender gestalten können.

**Gottmans Theorie partnerschaftlicher Stabilität.** Grundlage für die Wahl der EPL-Interventionsbausteine bildet das heuristische Modell von Gottman (1994). Kernstück bildet die Balancetheorie, die eine wechselseitige Abhängigkeit von Kommunikation bzw. Interaktion, Wahrnehmung und psychophysiologischem Geschehen postuliert. Gottman nimmt an, dass die Erfahrungen, die Partner in Form von Interaktionen miteinander machen, in ihrer Summe als deutlich vorteilhaft oder günstig erlebt werden müssen. Aus Beobachtungsstudien an glücklichen bzw. unglücklichen Paaren schloss Gottman auf ein günstiges *5:1 Verhältnis*: Fünf positive Interaktionen wiegen eine negative auf. Subjektiv betrachtet muss ich folglich deutlich mehr Zuneigung als Ablehnung durch meinen Partner erfahren. Entscheidend ist, dass Gottman kein absolutes Maß für positive Interaktion annimmt, sondern von einem Verhältnismaß ausgeht. So kann es Paare geben, die wenig miteinander interagieren,

> Um eine glückliche Partnerschaft zu führen, müssen die Erfahrungen, die Partner in Form von Interaktionen miteinander machen, in ihrer Summe als deutlich vorteilhaft oder günstig erlebt werden.

jedoch aufgrund des eingehaltenen Verhältnisses von positiver zu negativer Kommunikation glücklich und dauerhaft miteinander leben. Es erklärt auch, warum es glückliche Paare geben kann, die heftig streiten, sich jedoch gemäß dem Verhältnis von 5:1 voller Zuneigung wieder versöhnen. Beide Paartypen können langfristig glücklich und stabil sein.

Unter dem Aspekt der *Wahrnehmung* versteht Gottman die Sichtweise, bzw. die kognitiven Einstellungen und Erwartungen, mit denen ein Partner dem anderen begegnet und seine Handlungen bewertet (s. auch Kap. 13). Dabei fungiert die Wahrnehmung wie ein Filter, der die Aufmerksamkeit lenkt und hypothesengemäß die Realität konstruiert. Der beschriebenen Annahme liegt ein dichotomes Konzept zugrunde: Der Partner wird entweder als positiv und wohlwollend eingestuft oder als bedrohlich erlebt. Im Verlauf einer Beziehung kann die positive Wahrnehmung wie ein Kippschalter umschlagen, z. B. kippt eine Grundeinstellung wie »Ich kann dem anderen voll vertrauen« relativ plötzlich in eine Position wie »Ich muss auf der Hut sein« um. Von einem relativ genau definierbarem Zeitpunkt an hat man eine andere Sicht der Dinge. Das Fass ist übergelaufen.

> Von Bedeutung sind auch die kognitiven Einstellungen und Erwartungen, mit denen ein Partner dem anderen begegnet und seine Handlungen bewertet.

Der dritte wichtige Aspekt ist die *psychophysiologische Reaktion* des Partners auf den anderen. Zu Beginn einer Partnerschaft geht eine angenehm stimulierende Wirkung vom Partner aus. Körperlich reagiert das vegetative Nervensystem mit Wohlgefühl auf den anderen. Spekuliert wird, dass es möglicherweise zu einer Kopplung von hormoneller Ausschüttung und Anblick oder Gedanke an den Partner kommt (zur Übersicht s. Miketta & Tebel-Nagy, 1996). Er oder sie »tut gut«. Letztlich stellt der Partner einen Auslöser für Entspannung dar. Ist dies nicht der Fall, kann der andere als aversiv erlebt werden. Körperliche Spannungszustände, die vom Partner ausgelöst werden, sind unangenehmer Stress und gehen mit einer körperlichen Kampf-Flucht-Reaktion einher, deren Spannung kurzfristig reduziert werden muss.

> Ein weiterer wichtiger Aspekt ist die psychophysiologische Reaktion des Partners auf den anderen.

Da Partnerschaften meist glücklich beginnen, kann man davon ausgehen, dass sich die Partner zu diesem Zeitpunkt in einem Zustand der Balance befinden. Man interagiert deutlich positiv miteinander (Kommunikation), beide betrachten die Gegenwart durch die »rosa Brille« (Wahrnehmung), die Augen funkeln beim Anblick des anderen, Wohlbefinden breitet sich aus (Physiologie). Kommt es auf lange Sicht zu einem dauerhaften Unterschreiten des Verhältnisses von fünf positiven Interaktionen zu einer negativen, kippt die Wahrnehmung und man spürt körperlichen Widerwillen. Eine Spirale von Kampf und/oder Rückzug setzt ein. Dabei wirkt die anfängliche Balance kurzzeitig wie ein Puffer: Es dauert einige Zeit, bis das gesamte System ins Schwanken kommt. Ist das Gleichgewicht so stark aus den Fugen geraten, dass Interaktion, Wahrnehmung und Physiologie ungünstig sind, kommt es bei den Partnern zu Unmut und weiteren negativen Attributionen (s. Kap. 13): Der Partner wird zum Schuldigen für alles was passiert. Um dem Stress zu entgehen, muss man sich *distanzieren oder isolieren*. Zudem wird nicht nur die Gegenwart und Zukunft als negativ betrachtet, sondern auch die gemeinsame *Geschichte* in einem anderen Licht gesehen. Positive Aspekte und gemeinsame, freudige Ereignisse werden schlechter erinnert. Die Vergangenheit kann regelrecht uminterpretiert werden und aus dem ehemals umworbenen Traummann wird ein Zufallsprodukt naiver Kinderei. Die letzte Stufe dieses Prozesses ist die Trennung bzw. Scheidung (Braukhaus & Hahlweg 2000).

**Inhalte des EPL.** Das Training wird in einer Gruppe mit vier Paaren und zwei Trainern durchgeführt und entweder in sechs wöchentlichen Sitzungen oder als Kompaktkurs an einem Wochenende angeboten. Jede Sitzungseinheit beginnt damit, dass in der Großgruppe Kommunikationsregeln und theoretisches Wissen um Problemlöseprozesse erarbeitet werden. Es folgen dann Gesprächsübungen mit dem eigenen Partner in einem separaten Raum mit zeitweiliger Unterstützung eines Trainers. Der Arbeitsschwerpunkt liegt deutlich im aktiven Einüben der neuen Fertigkeiten. Der Trainer unterstützt die Partner durch Verstärkung und Strukturierung innerhalb der Gesprächssituation, lässt sich aber zu keiner inhaltlichen Wertung des Gespräches verleiten. Seine Rolle ist die eines Professionellen, der den Partnern, verstanden als Experten der eigenen Beziehung, ein wissenschaftlich fundiertes Handwerkszeug zur Konfliktlösung an die Hand gibt. Im Verlauf des Kurses zieht sich der Trainer immer mehr zurück und fördert so die Eigenverantwortlichkeit des Paares. Die Intensität der diskutierten Themen soll mit zunehmender Kompetenz von Sitzung zu Sitzung gesteigert werden (Braukhaus & Hahlweg, 2000). Das EPL gliedert sich in sechs Sitzungseinheiten:

> **Im EPL liegt der Arbeitsschwerpunkt deutlich im aktiven Einüben der neuen Fertigkeiten. Im Verlauf des Kurses zieht sich der Trainer immer mehr zurück und fördert so die Eigenverantwortlichkeit des Paares.**

1. Kommunikationsregeln und erste Übung
   Es werden Kommunikationsfehler erarbeitet und geeignete Regeln sowie das Trennen von Zuhörer- und Sprecherrolle in der Großgruppe abgeleitet. Anschließend kommt es zum Erproben der Regeln mit dem Partner an einem positiven Thema bei fester Rollenverteilung in Sprecher und Zuhörer (Tabelle 7.1).

**Tabelle 7.1.** Sprecher- und Zuhörerregeln des EPL

| Sprecherregeln | Zuhörerregeln |
|---|---|
| 1. Ich-Gebrauch | 1. Aufnehmend zuhören (mmh, aha, nicken) |
| 2. Eigene Gefühle und Bedürfnisse ansprechen | 2. Paraphrasieren/wiederholen, was der andere gesagt hat |
| 3. Konkrete Situation ansprechen | 3. Offenen Fragen stellen |
| 4. Konkretes Verhalten ansprechen | 4. Loben, wenn ich möchte |
| 5. Bei einem Thema bleiben | 5. Notfallregel: eigene Gefühle rückmelden |

2. Äußern negativer Gefühle

   Es werden Bedingungen zum optimalen Äußern von negativen Gefühlen (Wut, Ärger, Hilflosigkeit, Trauer oder Enttäuschung) besprochen und anhand wenig konflikthafter Themen geübt. Im Verlauf der Sitzung kommt es zur Flexibilisierung der Zuhörer- und Sprecherrolle und zur Steigerung der Konflikthaftigkeit der Themenauswahl.

3. Einführung eines Problemlöseschemas

   Es wird ein Schema eingeführt, das den Problemlösevorgang strukturiert. Exemplarisch soll das Paar innerhalb einer Sitzung das Schema individuell für ein eigenes Thema einsetzen und erproben.

4. Erwartungen an die Partnerschaft

   Mit Hilfe eines Fragebogens sollen die Partner über eigene Werte und Erwartungen ins Gespräch kommen. Ziel ist die Beschreibung komplexer Begriffe (z. B. Vertrauen, Freundschaft usw.) anhand konkreter Beispiele (z. B. »Vertrauen habe ich gespürt, als du gestern deine Hand auf meine gelegt hast...«).

5. Partnerschaft und Sexualität

   Begriffe aus dem Bereich der Sexualität (Vertrauen, Erotik, Orgasmus usw.) sind auf kleine Karten gedruckt und werden dem Paar ausgehändigt. Innerhalb der Sitzung soll das Paar die Begriffe gemeinsam ordnen und aus den Karten ein gemeinsames Gebilde formen (z. B. ein individuelles Haus). Ziel ist es, die Begriffe mit konkreten Situationen und Erlebnissen zu verbinden.

6. Freie Themenwahl

   Je nach Bedürfnis des Paares bzw. dem Angebot entsprechend (z. B. im Rahmen kirchlicher Ehevorbereitung: Die Bedeutung christlicher Ehe oder »Elternschaft« bei einem Kurs für werdende Mütter und Väter), kann die Zeit zu Gesprächen mit dem Partner unter Hilfe des Trainers genutzt werden.

**Effektivität des EPL als universelles Präventionsprogramm.** Die Effektivität des EPL wurde an einer Stichprobe von 64 Experimental- und 32 Kontrollgruppenpaaren mit Hilfe eines multimethodalen diagnostischen Instrumentariums über einen 5-Jahres-Zeitraum untersucht (Thurmaier et al., 1992, 1999). Die Paare konnten aus organisatorischen Gründen nicht nach Zufall den beiden Bedingungen zugewiesen werden, es handelt sich also um eine quasi-experimentelle Studie. Bei den Paaren der Kontrollgruppe nahmen ca. 50% an einer herkömmlichen katholischen Ehevorbereitung teil, die anderen wurden über Zeitungsanzeigen rekrutiert und erhielten keine Ehevorbereitung. Die Partner waren im Mittel 28 Jahre alt und »gingen« seit durchschnittlich vier Jahren miteinander. Die Paare stammten zu 75% aus der Mittelschicht und waren zu 80% katholisch. Über 90% hatten fest vor, in den nächsten Monaten kirchlich zu heiraten. Es ergaben sich keine Unterschiede zwischen EPL-Paaren und Paaren aus der Kontrollgruppe, außerdem unterschieden sich die beiden Kontrollgruppen (herkömmliche Ehevorbereitung, Paare ohne Ehevorbereitung) nicht voneinander.

Beziehungsstatus. Nach fünf Jahren unterschieden sich die Scheidungsraten der EPL-Paare mit 3% und der Kontrollpaare mit 16% signifikant voneinander. Die Anzahl der Paare, die nach fünf Jahren Kinder hatten, war signifikant unterschiedlich: 81% der EPL-Paare im Vergleich zu 62% der Kontrollgruppenpaare.

Ehequalität. In einem Fragebogen, mit dem die subjektive Zufriedenheit der Partner mit der Partnerschaft erfasst wird (MAT: Marital Adjustment Test), zeigten sich in den ersten 1.5 Jahren keine signifikanten Unterschiede zwischen EPL- und Kontrollgruppe. Nach drei Jahren schätzten die EPL-Partner ihre Ehequalität signifikant besser ein als die Kontrollgruppenpartner, nach fünf Jahren ergab sich kein signifikanter Unterschied. Die Interpretation dieses Befundes wird erschwert, da in der Kontrollgruppe mehr Drop-out Fälle sowie Trennungen und Scheidungen zu verzeichnen waren und anzunehmen ist, dass in der Kontrollgruppe die Paare mit hoher Ehequalität überrepräsentiert waren.

Änderung der Kommunikationsmuster. Die Paare wurden gebeten, vor und nach dem EPL, nach 1.5, 3 und 5 Jahren im Videolabor über einen partnerschaftlichen Konflikt zu sprechen. Die Auswertung der Konfliktgespräche mit einem Kategoriensystem (KPI, Hahlweg, 2002) durch Rater, die »blind« hinsichtlich der Gruppenzugehörigkeit der Paare waren, ergaben zu allen Messzeitpunkten signifikante Unterschiede zugunsten der EPL- im Vergleich zur Kontrollgruppe: Nach der Teilnahme am EPL konnte eine deutlich erhöhte Rate *positiver Gesprächsbeiträge* (Selbstöffnung, Akzeptanz des Partners, konstruktive Lösungsvorschläge, Zustimmung) festgestellt werden. Darüber hinaus reduzierten die EPL-Paare nach dem Training die Anzahl *negativer Gesprächsbeiträge* (Kritik, scheinbare Lösungsvorschläge, Rechtfertigung, Nichtübereinstimmung mit dem Partner) zu allen Messzeitpunkten signifikant im Vergleich zu den Paaren der Kontrollgruppe, die bei der 5-Jahres-Katamnese 100% mehr negative Äußerungen zeigten als bei der Prä-Messung.

Ähnliche Ergebnisse zeigten sich auch beim *nonverbalen Verhalten* der Partner während des Konfliktgespräches: EPL-Partner waren zu allen Messzeitpunkten signifikant *positiver* (blickten den Partner häufiger an, lächelten öfter, hörten interessierter zu) als Partner in der Kontrollgruppe. Die Unterschiede waren im negativen Bereich noch ausgeprägter: Während die EPL-Partner nach fünf Jahren noch auf ihrem Ausgangsniveau lagen, hatten die Kontrollgruppenpaare ihr negatives Verhalten (mit sarkastischer,

schneidender, anklagender Stimme sprechen, demonstrativ weg-
schauen, abwertende Gesten) um das Vierfache erhöht.

Die EPL-Ergebnisse sind insgesamt sehr gut vergleichbar mit
den Ergebnissen der Markman-Studien in den USA. Wie erwartet,
war die Scheidungsrate bei den EPL-Paaren (wie auch bei den
PREP-Paaren) signifikant geringer als bei den Kontrollpaaren. Die
weiteren EPL-Ergebnisse entsprechen ebenfalls den Hypothesen:
Es war zu erwarten, dass bei den *EPL-Paaren* die wesentlichen Variablen wie Ehequalität und die Kommunikationsmuster über den
Nachkontrollzeitraum *stabil* bleiben, sich also beim Vergleich der
Eingangswerte und der Nachkontrollwerte keine Veränderungen
zeigen würden. Eine Verbesserung in den genannten Variablen
über den Anfangszustand hinaus war aufgrund der hohen Aus-
gangswerte nicht unbedingt zu erwarten. Bei den *Kontrollgrup-
penpaaren* sollte sich über die Zeit eine graduelle Verschlechterung einstellen. Diese Erwartung bestätigte sich vor allem für die
verbal-negativen Kommunikationsvariablen.

## Das Freiburger Stresspräventionsprogramm

Das Freiburger Stresspräventionstraining (FSPT) von Bodenmann (2000b) basiert zum einen auf denselben theoretischen Annahmen wie das PREP oder EPL, bezieht jedoch zusätzlich Befunde der Stress- und Copingforschung
bei Paaren ein, welche zeigen, dass (a) Stress die
Partnerschaftsqualität und -stabilität signifikant
verschlechtert sowie (b) die Art und Qualität der
individuellen und dyadischen (partnerschaftlichen) Bewältigung von Alltagsbelastungen entscheidend mit Beziehungsvariablen (Partnerschaftszufriedenheit, Ehestabilität) zusammenhängen (siehe zum Überblick Bodenmann, 2000a). Die
Erkenntnis, dass Stress bei einem negativen Partnerschaftsverlauf
häufig eine entscheidende Rolle spielt und das Risiko einer Scheidung aufgrund der alltäglichen Stressbelastung und deren Bewältigung (individuell und dyadisch) erhöht ist, legt eine Verbesserung der Copingressourcen des Paares nahe. Da Copingdefizite
häufig Kommunikationsschwierigkeiten im Paar vorgelagert sind,
zielt das FSPT darauf ab, neben einer Verbesserung der partnerschaftlichen Kommunikation und der Problemlösung auch die
Copingfertigkeiten des Paares zu fördern.

> **Stress spielt bei einem negativen Partnerschaftsverlauf häufig eine entscheidende Rolle und erhöht das Risiko einer Scheidung. Aufgrund der alltäglichen Stressbelastung und deren Bewältigung liegt eine Verbesserung der Copingressourcen von Paaren nahe.**

Das Freiburger Stresspräventionstraining ist modular aufgebaut
und umfasst 18 Stunden, in denen sechs Module angeboten werden. Im *ersten Modul* erfolgt eine Einführung der Paare in das
Thema Stress, dessen Definition, Ursachen, Arten sowie die Rolle
der subjektiven Einschätzung für die Entstehung von Stress und
negativen Gefühlen. Im *zweiten Modul* erfolgt eine gezielte Verbesserung des individuellen Umgangs mit Stress (Vermeidung
von unnötigem Stress, Aufbau von stressinkompatiblen Tätigkei-

ten mit regenerativem Potenzial, Veränderung der Situationswahrnehmungen, Aufbau effizienter Belastungsbewältigungstrategien und körperliche Entspannung). Im *dritten Modul* werden (a) die Verbesserung der Wahrnehmung von Stresssignalen beim Partner, (b) die Verbesserung der eigenen transparenten und expliziten Stresskommunikation und (c) Möglichkeiten der dyadischen Belastungsbewältigung trainiert. Im *vierten Modul* werden Aspekte des fairen Austauschs, der Gerechtigkeit und der klaren Grenzen sowie die Wichtigkeit einer angemessenen Nähe-Distanz-Regulation (vor allem im Zusammenhang mit dyadischem Coping) zwischen den Partnern thematisiert. Im *fünften Modul* erfolgt (in Anlehnung an das EPL) die Sensibilisierung der Paare für negative Kommunikationsverläufe, Ursachen für destruktive Interaktionen und spezifische Kommunikationsfehler, sowie der Aufbau von Kommunikationsfertigkeiten für Sprecher und Zuhörer. Im *sechsten Modul* wird die Bedeutung einer effizienten Problemlösung aufgezeigt und Möglichkeiten einer besseren Lösung von Alltags- und Beziehungsproblemen anhand eines Schemas (siehe EPL) geübt. Zu jedem Thema erfolgt jeweils (a) eine kurze theoretische Einführung mit Bezugnahme auf den aktuellen Forschungsstand, (b) eine Sensibilisierung für relevante Aspekte anhand von Modellpaaren oder Lifebeispielen, (c) eigene diagnostische Abklärungen, (d) das konkrete Einüben der angestrebten Kompetenzen in Übungen oder Rollenspielen sowie (e) eine Evaluation im Plenum. Das Training wird als Wochenendkurs oder während der Woche als Abendkurs (zu drei Stunden) über die Dauer von sechs Wochen angeboten. Es wird im Rahmen der Ehevorbereitung (im Sinne der universellen Prävention) ebenso wie mit Paaren in längerer Partnerschaft (im Sinne der indizierten Prävention) oder mit Paaren mit bestimmten Belastungsprofilen (Ärztepaare, Managerpaare etc.; im Sinne der selektiven Prävention) angewendet.

## 7.5.2 Selektive Prävention von Beziehungsstörungen

Diese Programme richten sich an Teilgruppen der Gesamtpopulation, z. B. spezielle Kurse für Paare, in denen einer oder beide Partner aus geschiedenen Ursprungsfamilien oder aus Familien mit Gewalterfahrungen stammen und somit ein erhöhtes Risiko für Beziehungsprobleme aufweisen. Bisher wurden zwei Studien mit solchen Risikopersonen durchgeführt. Bei van Widenfeld et al. (1996) zeigten sich dabei keine signifikanten Unterschiede zwischen Experimental- und Kontrollgruppe. Halford (1998) konnte dagegen zeigen, dass auch kurze Interventionen signifikante Kommunikationsänderungen bei den Risikopersonen ergaben.

> **Programme zur selektiven Prävention von Beziehungsstörungen richten sich an Teilgruppen der Gesamtpopulation, z. B. an Paare, in denen einer oder beide Partner aus Familien mit Gewalterfahrungen stammen und somit ein erhöhtes Risiko für Beziehungsprobleme aufweisen.**

### 7.5.3    Indizierte Prävention von Beziehungsstörungen

Diese Maßnahmen zielen ab auf solche Gruppen, die bereits Zeichen von Beziehungsverschlechterung aufweisen, z. B. länger verheiratete Paare, die subjektiv unzufrieden mit ihrer Beziehung sind, deren Unzufriedenheit aber noch nicht so stark ausgeprägt ist, dass sie eine Eheberatung oder -therapie aufsuchen würden. Bisher gibt es keine objektiven Auswahlkriterien für indizierte Präventionsprogramme. Die Kriterien sind daher subjektiver Art, z. B. wachsende Unzufriedenheit mit der Beziehung oder das Bewusstsein, trotz augenblicklicher Zufriedenheit vorbeugend mehr für die Partnerschaft tun zu wollen. Als Beispiel für eine indizierte Prävention können sog. »Enrichment«-Programme gelten.

> **Wachsende Unzufriedenheit mit der Beziehung oder das Bewusstsein, trotz augenblicklicher Zufriedenheit vorbeugend mehr für die Partnerschaft tun zu wollen, sind Motivation für die Teilnahme an »Enrichment«-Programmen.**

Kaiser et al. (1998) bestimmten mit einer Metaanalyse die Wirksamkeit solcher Programme. Zum Postmesszeitpunkt ergab sich über alle Studien eine geringe Effektstärke von 0,20. Eine Analyse nur der Studien, in denen mit den Paaren aktiv Kommunikationsfertigkeiten geübt wurden, ergab eine mittlere Effektstärke von 0,62.

In einer randomisierten, kontrollierten Studie[1] (Kaiser et al., 1998) wurde die Wirksamkeit des EPL als indiziertes Präventionsprogramm (EPL II) an einer, hinsichtlich der Beziehungsqualität unausgelesenen, deutschen Stichprobe untersucht. Dabei wurde sowohl die kurzfristige (15 Wochen nach Abschluss der Intervention) als auch die langfristige Effektivität (ca. ein Jahr nach dem Training) des EPL II im Vergleich zu einer Wartelisten-Kontrollgruppe bestimmt. Insgesamt nahmen 67 Paare an der Studie teil, davon waren 71% mit ihrer Beziehung unzufrieden. Das durchschnittliche Alter der Männer betrug 40 Jahre, das der Frauen 37 Jahre. Die Paare lebten im Durchschnitt 11 Jahre zusammen.

Die Ergebnisse belegen die kurzfristige Wirksamkeit der Intervention. Die EPL-Paare zeigten kurzfristig im Vergleich zu den Kontrollpaaren eine signifikante Verminderung der Problembelastung und deutliche Verbesserung ihres positiven und negativen Gesprächsverhaltens. Die Ergebnisse der 1-Jahres-Nachuntersuchung waren allerdings moderat, es zeigte sich nur auf dem 10%-Niveau eine Verringerung der Problembereiche. In einer weiteren Studie an 62 Paaren wurde überprüft, ob sich die Wirksamkeit steigern lässt, wenn als Ergänzung zwei individuelle Auffrischungssitzungen nach ein und drei Monaten durchgeführt werden (EPL-II-B; Braukhaus et al., 2001). Die Ergebnisse der EPL-II-

---

[1] Die EPL-Studie zur indizierten Prävention wurde gefördert von der Deutschen Forschungsgemeinschaft, Forschungsprojekt »Partnerschaft als Stressfaktor: akute und chronische Stressreaktionen bei Paaren in Abhängigkeit vom Konfliktbewältigungsstil« (Fe 263/5-1 und Ha 1400/4-1).

Studie konnten repliziert werden. Beide Ansätze waren der Kontrollgruppe überlegen, unterschieden sich nach dem Training jedoch nicht in ihrer Wirksamkeit. Beim 1-Jahres-Follow-up zeigte sich jedoch das EPL-II-B dem Standardvorgehen überlegen. Eine Ergänzung um zwei Auffrischungssitzungen steigert folglich die erlernten Kompetenzen des Paares langfristig und ermöglicht eine intensivere Auseinandersetzung und eine eventuelle Lösung von überdauernden Partnerschaftskonflikten.

Die breiteste empirische Evaluation hat das FSPT bisher im Rahmen der indizierten Prävention an 143 Paaren (73 Paare der Interventionsgruppe und 70 Paare einer Kontrollgruppe) über einen Zeitraum von zwei Jahren erfahren (die Evaluationsstudie wurde vom Schweizerischen Nationalfonds unterstützt). Die Paare waren im Durchschnitt seit 14 Jahren verheiratet und wiesen eine relativ geringe Partnerschaftsqualität (PFB-Wert von 56) auf. Während sich der Ansatz zum Postmesszeitpunkt und nach sechs Monaten als sehr wirksam erwies, waren auch nach einem Jahr noch signifikante Effekte bezüglich der Partnerschaftsqualität (stabile positive Veränderungen bei den Skalen Zärtlichkeit und Gemeinsamkeit/Kommunikation im PFB), geringere Trennungsabsichten und eine insgesamt positivere Einschätzung der Partnerschaft und der relevanten dyadischen Kompetenzen nachweisbar. Die Effekte schwächten sich allerdings nach zwei Jahren ab und waren nur noch tendenziell festzustellen. Stabile Kompetenzveränderungen über die Dauer von zwei Jahren zeigten sich beim individuellen Coping und etwas schwächer (jedoch signifikant) bei einzelnen Skalen des dyadischen Copings. Paare, welche die gelernten Kompetenzen im Alltag regelmäßig umzusetzen versuchten, zeigten signifikant bessere und stabilere Ergebnisse. Interessant war ferner, dass insbesondere die Frauen positive Veränderungen seitens ihres Partners wahrnahmen, was darauf hinweisen könnte, dass der Ansatz Männer relativ gut erreicht.

Insgesamt können die gefundenen Ergebnisse als ermutigend für die indizierte Prävention bei Paaren mit längerer Beziehungsdauer gelten, die zwar schon eine Beeinträchtigung ihrer Partnerschaft wahrnehmen, aber (noch) keine Paartherapie oder -beratung aufsuchen wollen. Das EPL hat sich mittelfristig in verschiedenen Variablenbereichen als wirksam erwiesen und war im Vergleich zu bisherigen vor allem im Ausland eingesetzten und untersuchten Enrichment-Ansätzen durchaus konkurrenzfähig. Besonders bemerkenswert ist, dass diese Wirkungen mit unerfahrenen Trainern (überwiegend Studenten kurz vor dem Diplom ohne Erfahrung in Paartherapie) in einer Stichprobe von Paaren erzielt werden konnten, von denen 70% eine deutliche Störung der Partnerschaft aufwiesen.

> **Insgesamt können die gefundenen Ergebnisse als ermutigend für die indizierte Prävention bei Paaren mit längerer Beziehungsdauer gelten.**

## Zusammenfassung

In diesem Beitrag wurde die Notwendigkeit umfassender präventiver Maßnahmen zur Verringerung von Ehe-, Partnerschafts- und Familienproblemen begründet, die wichtigsten Interventionsansätze beschrieben und ihre Wirksamkeit zusammenfassend dargestellt. Frühzeitige Prävention kann eine Möglichkeit darstellen, effektiver zu helfen. Dabei ist entscheidend, dass die Bereitstellung von Hilfen als gesellschaftliche Aufgabe im Sinne eines »Public-Health«-Ansatzes verstanden wird. Bei der Etablierung oder Umgestaltung momentaner Hilfen für Paare ist zu bedenken, ob eine universelle Prävention möglich und notwendig ist.

Zur Prävention von Autounfällen müssen alle Fahranfänger eine spezielle, professionell geleitete Schule besuchen. Ein ähnlicher Ansatz würde beispielsweise bei den im Jahre 2000 geschlossenen 400.000 Ehen zu einem sehr großen Aufwand führen. Prävention sollte deshalb nach dem Prinzip angeboten werden »Soviel wie nötig, so wenig wie möglich«. Ein solches, bedarfsgerechtes Angebot benötigt konzeptionelle Vorüberlegungen. Dabei sollten zwei Aspekte beachtet werden:

> **Prävention sollte nach dem Prinzip »Soviel wie nötig, so wenig wie möglich« angeboten werden.**

1. Es muss eine Struktur geschaffen werden, die den Bedürfnissen und dem Alltag der Benutzer entgegen kommt. Wichtig ist, dass diese gegliederte Struktur jeweils aufeinander bezogen ist. Widersprüchlichkeiten, wie z. B. in Form von unterschiedlichen therapeutischen Ansätzen, würden als störend empfunden und führen zu Ablehnung oder Widerstand.
2. Die Eigenverantwortung der Benutzer sollte so groß sein, dass die Inanspruchnahme durch sie selbst und nicht durch allgemeine Verordnungen geregelt wird.

Als mögliche Struktur für einen »Public-Health«-Ansatz im Bereich der Prävention von Beziehungsstörungen bietet sich ein Konzept an, das sich in vier Ebenen gliedert (Braukhaus & Hahlweg, 2000):

### Ebene 1: Universelle Maßnahmen für Paare (ohne Kontakt zu Professionellen)

Auf dieser Ebene sind breit gestreute Kampagnen gemeint, die wissenschaftlich fundierte Information allgemein verständlich vermitteln. Sie sollten mit wenig Aufwand in Anspruch genommen werden können. Schnelle und leicht verfügbare Information kann durch den Einsatz moderner, attraktiver Medien in Form von »Infotainment«-Angeboten den Charakter spielerischen Lernens haben. Der Einsatz von Printmedien, Fernsehsendungen und Internet ist möglich. Die Aufmerksamkeit und das Interesse der Paare sollten durch attraktive Gestaltung geweckt werden.

### Ebene 2: Maßnahmen für Paare bei spezifischen Änderungswünschen (ohne Kontakt zu Professionellen)

Bei spezifischem Interesse und Veränderungswünschen von Paaren mit isolierten Problembereichen sollten als Ergänzung zu den vermittelten Inhalten der vorherigen Ebene spezifischere Informationen bereitgestellt werden. Möglich sind hier spezifische Videos mit Information oder eine interaktive CD. Mit ihrer Hilfe könnten günstige Kommunikationsstrategien in Videoszenen am PC demonstriert und die Benutzer zu interaktiven Übungen eingeladen werden, die sie individuell an ihre Bedürfnisse anpassen können.

### Ebene 3: Informationen und aktives Training für Paare in Gruppen (mit Kontakt zu Professionellen)

In Abhängigkeit vom Bedürfnis des Paares kann ein Angebot dieser Interventionsebene ein Informationsabend oder ein Training sein. Es handelt sich nicht um spezifisch auf ein Paar abgestimmte Interventionen, sondern in der Regel um Gruppenprogramme, die einen empirisch gesicherten Erfolg versprechen. Der direkte Kontakt mit Professionellen sollte in der Regel kein 1:1-Kontakt sein. Die Informationen und Interventionen dürfen nicht im Widerspruch zu den vorherigen Ebenen stehen.

### Ebene 4. Informationen und individuelle Betreuung einzelner Paare mit spezifischen Änderungswünschen (enger Kontakt zu Professionellen)

Bei intensivem 1:1-Kontakt mit einem Professionellen und einer individuellen Betreuung mit genauer Abstimmung der Interventionen auf die Bedürfnisse des Paares handelt es sich nur noch im entferntesten Sinne um Prävention. Paartherapie und -beratung stellt den intensivsten Kontakt mit Professionellen in dieser Konzeption dar. Auch sie sollte nicht im Widerspruch zu den vorherigen Ebenen stehen, sondern als Intensivierung der Maßnahmen auf den anderen Ebenen gelten.

In Abhängigkeit von den Ebenen 1 bis 4 verringert sich die Anzahl der erreichbaren Paare und intensiviert sich der Aufwand für Professionelle. Dabei sollte es sich jedoch nicht um ein buntes Gemisch von Ansätzen und Zielen handeln, sondern um ein konzeptionell geschlossenes Werk, das auf jeder Ebene auf den gleichen therapeutischen Rahmen zurückgreift. Einheitliches Logo und Layout signalisieren den gemeinsamen konzeptionellen Ursprung. So wird Paaren die Orientierung erleichtert und ihre Identifikation mit dem Ansatz gefördert.

Basierend auf dem empirischen Wissen um die Notwendigkeit von Kommunikations- und Problemlösefertigkeiten lässt sich eine verhaltensorientierte Mehr-Ebenen-Prävention von Beziehungsstörungen wie folgt vorstellen:

---

### Verhaltensorientierte Mehr-Ebenen-Prävention von Beziehungsstörungen

- Beispiele für Ebene-1 (universelle)-Prävention:
  - Fernsehserie mit positiven, modellnahen Kommunikationsbeispielen, die wissenschaftlich fundiert über verschiedene Aspekte einer Partnerschaft informiert
  - Printmedien, die leicht verständlich Informationen aufbereiten (z. B. Arbeitsbuch mit Anregungen für gemeinsame Diskussionen und Übungen)
  - Infoseiten im Internet
- Beispiele für Ebene-2-Prävention:
  - Selbsthilfebücher wie z. B. Bodenmann (1997, 2002) oder Schindler et al. (1999)
  - Videoserie jeweils zu spezifischen Problemen in Partnerschaften (z. B. zu Kommunikation, Sexualität, Erziehung usw.)
  - Broschüren oder Handzettel zu bestimmten Themenbereichen (z. B. zu Mythen und unangemessenen Vorstellungen im Bereich der Sexualität)
  - Interaktive CD, die spielerisch zur Auseinandersetzung einlädt und unterschiedliche, thematische Vertiefungsmöglichkeiten anbietet
  - »Chat rooms« im Internet, in denen sich Menschen mit bestimmten Problemen austauschen können sowie Informationen von Professionellen abgerufen und diskutieren werden können
- Beispiele für Ebene-3-Prävention:
  - Kommunikations- und Problemlösetrainings (z. B. Ehevorbereitung: Ein Partnerschaftliches Lernprogramm, EPL)
  - Stressbewältigungsgruppen für Paare (z. B. Freiburger Stressbewältigungstraining, Bodenmann, 2000b)
- Beispiele für Ebene-4-Prävention:
  - Verhaltenstherapeutische Ehetherapie (VET; Schindler et al., 1998)

---

Alle vier Ebenen sollten ständiger Evaluation in der Praxis unterliegen. Evaluation auf Ebene 1 und 2 sind dabei natürlich mit der Schwierigkeit des fehlenden, direkten Kontaktes zu den Paaren verbunden und können nur durch experimentelle Studien (z. B. Erheben des Lernerfolges bei reiner Wissensvermittlung per Video), Verbreitungszahlen (Einschaltquote, Auflage) oder Befragungen geschätzt werden. Für die vorgeschlagen Interventionen auf Ebene 3 und 4 liegen – wie dargestellt – bereits deutliche Wirksamkeitsnachweise vor.

Weiterführende Literatur zum Thema »Prävention von Beziehungsstörungen« finden sich in Bodenmann (2000b) und Schindler et al. (1998). Als Texte für Paare eignen sich Bodenmann (1997, 2002) sowie Schindler et al. (1998).

## Literatur

Amato, P. R. (2001). Children of divorce in the 1990 s: An update of the Amato and Keith (1991) meta-analysis. Family Psychology, 15, 355-370.

Black, D.A., Heyman, R. E. & Smith Slep, A. M, (2001). Risk factors for child physical abuse. Aggression and Violent Behavior, 6, 121-188.

Bodenmann, G. (1997). Stress und Partnerschaft. Bern: Huber.

Bodenmann, G. (2000a). Stress und Coping bei Paaren. Göttingen: Hogrefe.

Bodenmann, G. (2000b). Kompetenzen für die Partnerschaft. Das Freiburger Stresspräventionstraining. Weinheim: Juventa.

Bodenmann G (2002) Beziehungskrisen: Erkennen, verstehen und bewältigen. Huber, Bern.

Bodenmann, G. & Hahlweg, K. (2002). Prävention bei Paaren und Familien. In: Jerusalem, M. & Weber, H. (Hrsg.). Psychologische Gesundheitsförderung – Diagnostik und Intervention. Göttingen: Hogrefe .

Braukhaus, C. & Hahlweg, K. (2000). Prävention von Beziehungsstörungen – ein Konzept. In: Sulz, S. K. D. (Hrsg.). Paartherapien. Von unglücklichen Verstrickungen zu befreiter Beziehung. München: CIP-Medien, S. 39-58.

Braukhaus, C., Hahlweg, K., Kroeger, C., Fehm-Wolfsdorf, G. & Groth, T. (2001). »Darf es ein wenig mehr sein?« Zur Wirksamkeit von Auffrischungssitzungen bei der Prävention von Beziehungsstörungen. Verhaltenstherapie, 11, 55-62.

Diekmann, A. & Engelhardt, H. (1995). Die soziale Vererbung des Scheidungsrisikos. Eine empirische Untersuchung der Transmissionshypothese mit dem deutschen Familiensurvey. Zeitschrift für Soziologie, 24, 215-228.

Döring, G., Baur, S., Frank, P., Freundl, G. & Sottong, U. (1986). Ergebnisse einer repräsentativen Umfrage zum Familienplanungsverhalten in der Bundesrepublik Deutschland 1985. Geburtshilfe und Frauenheilkunde, 46, 892-897.

Fehm-Wolfsdorf, G., Groth, T., Kaiser, A. & Hahlweg, K. (1999). Cortisol response to marital conflict depend on marital interaction quality. International Journal of Behavioral Medicine, 6, 207-227.

Fowers, B. J., Lyons, E. M. & Montel, K. H. (1996). Positive marital illusions: Self-enhancement or relationship enhancement? Journal of Family Psychology, 10, 192-208.

Friedman, H. S., Tucker, J. S., Schwartz, J. E., Tomlinson-Keasey, C., Martin, L. R., Wingard, D. L. & Criqui, M. H. (1995). Psychosocial and behavioral predictors of longevity. The aging and death of the »Termites«. American Psychologist, 50, 69-78.

Giblin, P. (1986). Research and assessment in marriage and family enrichment: A meta-analysis study. Journal of Psychotherapy and the Family, 2, 79-96.

Gottman, J. M. (1994). What predicts divorce? The relationship between marital processes and marital outcomes. Hillsdale NJ: Lawrence Erlbaum.

Hahlweg, K. (2002). Beziehungs- und Interaktionsstörungen. In: Reinecker, H. (Hrsg.). Lehrbuch Klinische Psychologie/Psychotherapie (4. vollständig neu bearbeitete Aufl). Göttingen: Hogrefe.

Hahlweg, K. & Markman, H. J. (1988). Effectiveness of behavioral marital therapy: Empirical status of behavioral techniques in preventing and alleviating marital distress. Journal of Consulting and Clinical Psychology, 56, 440-447.

Halford, W. K. (1998). Prävention von Beziehungsproblemen in Risikopartnerschaften. In: Hahlweg, K., Baucom, D. H., Markman, H. J. & Bastine, R. (Hrsg.) Prävention von Trennung und Scheidung. Internationale Ansätze zur Prädiktion und Prävention von Beziehungsstörungen. Stuttgart: Kohlhammer, S. 217-240.

Halford, W. K. (1999). Australian couples in millenium three. A research and development agenda for marriage and relationship education. Brisbane: Department of Family and Community Services, Academic Press.

Hetherington, M.E., Cox, M. & Cox, R. (1982). Effects of divorce on parents and children. In: Lamb, M. E. (ed.). Nontraditional families: Parenting and child development. (pp. 233-288). Hillsdale: Erlbaum.

Kaiser, A., Hahlweg, K., Fehm-Wolfsdorf, G. & Groth, T. (1998). The efficacy of a compact psychoeducational group training program for married couples. Journal of Consulting and Clinical Psychology, 66, 753-760.

Karney, B.R. & Bradbury, T. N. (1995). The longitudinal course of marital quality and stability: A review of theory, method, and research. Psychological Bulletin, 118, 3-34.

Kiecolt-Glaser, J. K., Fisher, L. D., Ogrocki, P., Stout, J. C., Speicher, C. E. & Glaser, R. (1987). Marital quality, marital disruption, and immune function. Psychosomatic Medicine, 49, 13-34.

Kiecolt-Glaser, J. K., Malarkey, W. B., Chee, M. et al. (1993) Negative behavior during marital conflict is associated with immunological down-regulation. Psychosomatic Medicine, 56, 41-51.

Klann, N. & Hahlweg, K. (1994). Beratungsbegleitende Forschung. Evaluation von Vorgehensweisen in der Ehe-, Familien- und Lebensberatung und ihre spezifischen Auswirkungen. Stuttgart: Kohlhammer.

König, R. (1978). Die Familie der Gegenwart. München: Beck.

Loewit, K. (1991). Liebe und Partnerschaft lehren. Sexualmedizin, 20, 214-217.

Markman, H. J., Floyd, F., Stanley, S. & Storaasli, R. (1988). Prevention of marital distress: A longitudinal investigation. Journal of Consulting and Clinical Psychology, 56, 210-217.

Markman, H. J., Renick, M. J., Floyd, F., Stanley, S. & Clemens, M. (1993). Preventing marital distress through communication and conflict management training: A 4- and 5-year follow-up. Journal of Consulting and Clinical Psychology, 61, 70-77.

Miketta, G. & Tebel-Nagy, C. (1996). Liebe und Sex. Über die Biochemie leidenschaftlicher Gefühle. Stuttgart: Trias-Thieme-Verlag.

Mrazek, P. J. & Haggerty, R. J. (Hrsg.). (1994). Reducing risk for mental disorders: Frontiers for preventive intervention research. Washington DC: National Academic Press.

Perrez, M. (1996). Scheidungsfolgen für Kinder. In G Bodenmann u. M Perrez (Hrsg.). Scheidung und ihre Folgen. (S. 117-134). Bern: Huber.

Sanders, M. R., Nicholson, J. M., Floyd, F. J. (1997). Couples' relationship and children. In: Halford, W. K. & Markman, H. J. (Hrsg.). Clinical handbook of marriage and couples interventions. (S. 225-254). Chichester: John Wiley.

Schindler, L., Hahlweg, K. & Revenstorf, D. (1998). Partnerschaftsprobleme: Diagnose und Therapie. Handbuch für den Therapeuten. (2., aktualisierte, vollständig neu bearbeitete Aufl.), Berlin: Springer-Verlag.

Schindler, L., Hahlweg, K. & Revenstorf, D. (1999). Partnerschaftsprobleme: Möglichkeiten zur Bewältigung. Ein verhaltenstherapeutisches Programm für Paare. Berlin: Springer-Verlag.

Straus, M. A. & Gelles, R. J. (1986). Societal change and change in family violence from 1975 to 1985 as revealed by two national surveys. Journal of Marriage and the Family, 48, 465-479.

Thurmair, F., Engl, J., Eckert, V. & Hahlweg, K. (1992). Prävention von Ehe- und Partnerschaftsstörungen EPL (Ehevorbereitung – Ein Partnerschaftliches Lernprogramm). Verhaltenstherapie, 2, 116-124.

Thurmaier, F., Engl, J. & Hahlweg, K. (1999). Eheglück auf Dauer? Methodik, Inhalte und Effektivität eines präventiven Paarkommunikationstrainings. Ergebnisse nach 5 Jahren. Zeitschrift für Klinische Psychologie, 28, 64-62.

Vaughn, C. E. & Leff, J. P. (1976). The measurement of expressed emotion in the families of psychiatric patients. British Journal of Social and Clinical Psychology, 15, 157-165.

Wetzels, P., Greve, W., Mecklenburg, E., Bilsky, W. & Pfeiffer, Ch. (1995). Kriminalität im Leben alter Menschen. Eine altersvergleichende Untersuchung von Opfererfahrungen, persönlichem Sicherheitsgefühl und Kriminalitätsfurcht. Bd 105 Schriftenreihe des Bundesministeriums für Familie, Senioren, Frauen und Jugend. Stuttgart: Kohlhammer.

Widenfelt, B. van, Hosman, C., Schaap, C. & Staak, C. van der (1996). The prevention of relationship distress for couples at risk. A controlled evaluation with nine month and two year follow-up. Family Relations, 45, 1-10.

# Inhalte und Prozesse

# Prozessmodelle der Partnerschaftsentwicklung

Klaus A. Schneewind und Eva Wunderer

**D**ie Paarbeziehungsforschung floriert. Dies nicht zuletzt deswegen, weil Partnerschaften insbesondere im westlichen Kulturkreis in den letzten Jahrzehnten trotz oder gerade wegen des von Beck und Beck-Gernsheim (1990) beschriebenen »ganz normalen Chaos der Liebe« zu einer immer prekäreren Lebensform geworden sind. Dennoch ist es für viele jüngere und ältere Menschen nach wie vor ein erstrebenswertes Ziel, in einer verlässlichen und zufrieden stellenden Beziehung zu leben. Die Paarbeziehungsforschung kann einen Beitrag zur Klärung der Frage leisten, wie und unter welchen Umständen sich gelingende und misslingende Partnerschaften entwickeln, und auch, welche Konsequenzen aus diesen Erkenntnissen für mögliche Interventionsansätze gezogen werden können. Auf der Ebene der Grundlagenforschung bedarf es hierzu entsprechender theoretischer Modelle. Nach einer kurzen begrifflichen und methodischen Klärung von Struktur- und Prozessaspekten der Paarbeziehung werden im Folgenden einige dieser Modelle, die unterschiedliche Aspekte der Paarbeziehung und Partnerschaftsentwicklung thematisieren, vorgestellt und kurz kommentiert. Abschließend verweisen wir auf einige bereits bestehende Ansatzpunkte und weiterführende Aspekte psychologischer und gesellschaftlicher Interventionsansätze, die zum Gelingen von Paarbeziehungen und deren Entwicklung beitragen können.

> Die Paarbeziehungsforschung kann einen Beitrag zur Klärung der Frage leisten, wie und unter welchen Umständen sich gelingende und misslingende Partnerschaften entwickeln.

## 8.1 Struktur- und Prozessaspekte der Paarbeziehung

In der psychologischen Forschung im Allgemeinen und in der Familien- bzw. Paarbeziehungsforschung im Besonderen lässt sich ein Wandel von einer ausschließlich struktur- zu einer stärker prozessorientierten Perspektive feststellen. Dies hat sowohl konzeptionelle als auch methodische Folgen. Auf der konzeptionellen Ebene geht es vor allem darum, Interaktions- und Kommunikationsvorgänge, die zwischen den in einer Paarbeziehung lebenden Personen ablaufen, präzise zu erfassen und in ihrer Bedeutung für die aktuelle, aber auch vergangenheits- und zukunftsorientierte Beziehungsgestaltung angemessen einzuordnen. Auf der methodischen Ebene brachte eine Fokussierung auf Paarbeziehungsprozesse die Herausforderung mit sich, geeignete Verfahren zur Erfassung von Prozess-

> In der Familien- bzw. Paarbeziehungsforschung vollzieht sich ein Wandel von einer ausschließlich struktur- zu einer stärker prozessorientierten Perspektive.

variablen, deren datenanalytische Aufbereitung und Verknüpfung mit anderen beziehungsrelevanten Variablen zu entwickeln.

## 8.1.1 Kurzfristige Paarbeziehungsprozesse

Ein wesentlicher Schritt von einer rein strukturellen Analyse von Paarbeziehungen zu einer Einbeziehung von Prozessvariablen bestand in der Einführung des Konzepts der *Mediatorvariable* (Baron & Kenny, 1986). Im einfachsten Fall zeichnen sich Mediatorvariablen dadurch aus, dass sie zwischen zwei Strukturvariablen, für die eine korrelative Beziehung nachweisbar ist, vermitteln. In früheren Studien, wie z. B. in der klassischen Studie von Kelly und Conley (1987) zum Zusammenhang von Persönlichkeit und Paarbeziehungsqualität, wurde längsschnittlich der Einfluss der als Prädiktor dienenden Strukturvariable »Persönlichkeit« (insbesondere Neurotizismus) auf die als Kriterium fungierende Strukturvariable »Paarbeziehungsqualität« nachgewiesen, ohne dass jedoch die Mechanismen, die diesen Zusammenhang erklären können, empirisch untersucht wurden. Demgegenüber ermöglicht die Einbeziehung von Mediatorvariablen einen Zugewinn an Erklärungskraft. Allerdings müssen bei einer regressionsanalytischen Überprüfung des Mediatormodells bestimmte methodische Bedingungen berücksichtigt werden. Diese bestehen darin, dass

a) die Prädiktor- und die Kriteriumsvariable miteinander korrelieren,

b) sowohl zwischen der Prädiktor- und Mediatorvariable als auch zwischen der Mediator- und Kriteriumsvariable korrelative Beziehungen bestehen und

c) bei Einbeziehung der Mediatorvariable in das Regressionsmodell die Prädiktor-Kriteriums-Korrelation den Wert Null annimmt (vollständige Mediation) oder sich zumindest deutlich verringert (partielle Mediation).

In einer eigenen Studie konnte die Wirkung eines derartigen Mediationseffekts zwischen den Strukturvariablen »Persönlichkeit« und »Paarbeziehungsqualität« für die als Mediator eingesetzte Prozessvariable »dysfunktionales Konfliktverhalten« eindrücklich nachgewiesen werden (vgl. Schneewind & Gerhard, 2002).

Kurzfristige Interaktionsprozesse lassen sich auf der Verhaltensebene mit Hilfe entsprechender *Interaktionskodierungssysteme*, wie z. B. dem Kategoriensystem für Partnerschaftliche Interaktion (KPI) erfassen (vgl. Schindler et al., 1998), wobei gewöhnlich ein im Labor videographiertes Partnergespräch über ein schwieriges bzw. konfliktträchtiges Thema das Material für die Auswertung liefert. Die-

> **Bei der Analyse von Interaktionsprozessen liefert gewöhnlich ein im Labor videographiertes Partnergespräch über ein schwieriges bzw. konfliktträchtiges Thema das Material für die Auswertung.**

se kann häufigkeits- oder prozessorientiert erfolgen. Im ersteren Fall geht es um die Ereignishäufigkeiten, die einzelnen Kategorien für den Beobachtungszeitraum zugeordnet werden können. Im letzteren Fall werden mehr oder weniger lange Interaktionsverläufe sequenzanalytisch ausgewertet und ermöglichen damit z. B. bei der Analyse von Streitepisoden die Erfassung von eskalierenden bzw. deeskalierenden Formen der Interaktion zwischen den Partnern. Eine ausschließlich am beobachtbaren Interaktionsverhalten ausgerichtete Vorgehensweise erlaubt es jedoch nicht, die bei den Partnern in den einzelnen Interaktionssituationen ablaufenden internen Verarbeitungsvorgänge zu erfassen, weswegen sich zusätzliche Auswertungstechniken wie die Video-Recall-Methode anbieten, die den Partnern die Gelegenheit geben, ihre jeweiligen situationsspezifischen Kognitionen und Emotionen mitzuteilen (vgl. Notarius et al., 1989).

Neuartige Verfahren der Datenerhebung erlauben auch außerhalb des Labors die Registrierung interaktionsrelevanter Daten und deren personspezifische Verarbeitung. Ein Beispiel hierfür ist etwa das computergestützte synchrone Selfmonitoring von Familien oder Paaren im natürlichen Kontext (vgl. Perrez et al., 1998). Dabei bieten sich für die Weiterverarbeitung der Daten eine Reihe methodischer Innovationen an, wie z. B. die Analyse von individuellen und dyadischen Effekten (vgl. Gonzalez & Griffin, 1997) oder die nichtlineare Modellierung von Paarinteraktionen (vgl. Gottman et al., 1999).

> **Neuartige Verfahren der Datenerhebung erlauben auch außerhalb des Labors die Registrierung interaktionsrelevanter Daten und deren personspezifische Verarbeitung.**

### 8.1.2   Längerfristige Verläufe der Paarentwicklung

Die Einbeziehung von Prozessvariablen in die Paarbeziehungsforschung macht die Berücksichtigung von Strukturvariablen zwar nicht obsolet, erhöht aber deutlich die Erklärungskraft von Modellen zur Entwicklung von Paarbeziehungen und bietet zugleich viel versprechende Ansatzpunkte für die Interventionsforschung (vgl. Kap. 8.4). Allerdings ist die Berücksichtigung von Prozessvariablen im Sinne von Mediator- oder Sequenzanalysen in der Regel auf kurze Zeiträume beschränkt. Im Hinblick auf die längerfristige Entwicklung von Paarbeziehungen bedarf es in methodischer Hinsicht eines längsschnittlichen Vorgehens von mehr oder weniger ausgedehnter zeitlicher Erstreckung. Für die längerfristige Modellierung von Paarentwicklungsverläufen bieten sich entsprechende Anpassungen von Strukturgleichungsmodellen an, die es ermöglichen, im Längsschnitt person- und paarsystemspezifische Anteile der untersuchten Paarbeziehungsvariablen voneinander zu trennen (vgl. Sierwald, 1996). Ein explizit auf Veränderungseffekte ausgerichtetes methodisches Vorgehen stellt die Analyse von Paarbeziehungsdaten mit Hilfe von latenten Wachstumskurven dar (vgl. Karney & Bradbury, 1995a). Darüber hinaus erlauben Strukturgleichungsmodelle im Prinzip die Modellierung von längerfristigen Paarentwicklungsverläufen auch unter Einbeziehung von Interaktionen und nichtlinearen Beziehungen der latenten Variablen untereinander. Dadurch können entsprechend einer systemtheoretischen Perspektive u. a. auch strukturelle Veränderungen im Verlauf der Paarbeziehung sichtbar gemacht werden, wie sie sich insbesondere bei Übergängen im Paar- bzw. Familienlebenszyklus ergeben.

Obwohl es sich im Hinblick auf die bisherigen Überlegungen anbietet, strukturelle und prozessuale Aspekte der Paarbeziehungsentwicklung theoretisch als integrale Bestandteile der Partnerschaftsentwicklung zu betrachten, trifft dies nicht für alle der im Folgenden präsentierten Modelle der Partnerschaftsentwicklung zu. Dennoch soll eine Auswahl einschlägiger Modelle kurz dargestellt und kommentiert werden, da sie nicht nur unterschiedliche Perspektiven der Paarbeziehungsforschung zu erkennen geben, sondern zusammengenommen auch Möglichkeiten für eine integrative Sicht dieses komplexen Forschungsbereichs eröffnen. Im Übrigen lassen sich diese Modelle, die häufig nur auf Ehebeziehungen ausgerichtet sind, auch auf andere Partnerschaftsformen (z. B. nichteheliche Lebensgemeinschaften, homosexuelle Paare) verallgemeinern.

## 8.2    Prozessmodelle mittlerer Reichweite

Dieser Abschnitt bietet einen Überblick über Prozessmodelle, die sich auf spezifische Aspekte von Paarbeziehungen konzentrieren und jeweils mit einer bestimmten theoretischen Ausrichtung verknüpft sind. Am Anfang steht die *Familienentwicklungstheorie,* die Anforderungen und Übergänge im Laufe eines Familienlebens in den Blick nimmt (vgl. Aldous, 1996; Schneewind et al., 1999). Es folgt ein Abschnitt zur *Bindungstheorie*, die frühe Erfahrungen mit wichtigen Bezugspersonen und deren interne Repräsentation als wichtige Einflussvariable auf spätere Bindungsprozesse annimmt (vgl. Feeney & Noller, 1996; Shaver et al., 1996). Demgegenüber beschäftigen sich die *Austauschtheorie* und im Speziellen das *Investment-Modell* mit Kosten-Nutzen-Aspekten, dem Gleichgewicht aus Geben und Nehmen und dessen Auswirkung auf den Partnerschaftsverlauf (vgl. Rusbult et al., 1994). Den Abschluss der Prozessmodelle mittlerer Reichweite bilden zwei Modelle, die der *sozialen Lerntheorie* zuzurechnen sind und ihren Fokus explizit auf die prozesshafte Entwicklung von Partnerschaften legen – in beiden Fällen mit dem Endpunkt Trennung bzw. Scheidung (vgl. Gottman, 1993a; Stanley et al., 1999).

### 8.2.1 Entwicklungsaufgaben und -übergänge in Paarbeziehungen

Ein Kind wird geboren, die Frau wird zur Mutter, der Mann zum Vater und nach wie vor oftmals zum Alleinverdiener. Beide Partner müssen in veränderte Rollen hineinwachsen; Macht-, Affekt- und Kommunikationsstruktur der jungen Familie verändern sich, eine neue Phase der »Familienkarriere« beginnt (vgl. Aldous, 1996). Ähnlich wie für Individuen lassen sich auch für Paare und Familien so genannte *Familienentwicklungsaufgaben* definieren im Sinne normativer Erwartungen bezüglich der Funktionen, die für einzelne Mitglieder des Familiensystems und für die Gesellschaft zu erfüllen sind. Das im Folgenden dargestellte Modell (Abb. 8.1) unterscheidet fünf prototypische Entwicklungsphasen, denen sich je spezifische Entwicklungsaufgaben zuordnen lassen (vgl. Schneewind et al., 1999). Es bezieht sich auf Familien mit Kindern – für die wachsende Anzahl an Paaren, die kinderlos bleiben, lassen sich eigene spezifische Entwicklungsaufgaben und -übergänge formulieren, auf die an dieser Stelle jedoch nicht näher eingegangen wird.

> **Für Paare und Familien lassen sich so genannte Familienentwicklungsaufgaben definieren im Sinne normativer Erwartungen bezüglich der Funktionen, die für einzelne Mitglieder des Familiensystems und für die Gesellschaft zu erfüllen sind.**

| Phasen der Paarentwicklung | Entwicklungsaufgaben |
|---|---|
| Paare in der Frühphase ihrer Beziehung | ■ Lernen zusammenzuleben<br>■ Klärung der Aufgabenteilung zwischen den Partnern<br>■ Abgrenzung gegenüber konkurrierenden Beziehungen<br>■ Sicherstellung des Lebensunterhalts als Paar<br>■ Einigung zur Frage der Familienplanung |
| Paare mit kleinen Kindern | ■ Anpassung des Paarsystems an die Pflege und Betreuung eigener Kinder<br>■ Differenzierung zwischen Partner- und Elternrolle<br>■ Ausübung einer funktionsfähigen Elternallianz |
| Paare mit älteren Kindern und Jugendlichen | ■ Aufrechterhaltung einer stabilen und befriedigenden Paarbeziehung<br>■ Anpassung an den Beziehungswandel im Umgang mit älter werdenden Kindern<br>■ Entlassen der Kinder in die Eigenständigkeit |
| Paare in der nachelterlichen Phase | ■ Aushandeln eines neuen Verständnisses der Paarbeziehung nach dem Weggang der Kinder<br>■ Neuorientierung des Lebensstils als Person und Paar<br>■ Integration neuer Aufgaben und Rollen im Kontakt mit den erwachsenen Kindern |
| Paare in der späten Lebensphase | ■ Anpassung an veränderte zeitliche Rahmenbedingungen nach dem Ausscheiden aus dem Arbeitsleben<br>■ Auseinandersetzung mit Gebrechlichkeit bzw. Tod des Partners<br>■ Klärung testamentarischer Verfügungen gegenüber den Nachkommen |

**Abb. 8.1.** Phasen der Paarentwicklung und Entwicklungsaufgaben (vgl. Schneewind et al., 1999, S. 3)

Berücksichtigung finden in dieser Aufstellung nur normative, im Sinne mehr oder minder erwartbarer und für die meisten Paare und Familien gleichermaßen zutreffender Übergänge im Familienlebenszyklus. Auch für nichtnormative Ereignisse lassen sich jedoch entsprechende Entwicklungsaufgaben definieren. Carter und McGoldrick (1988) beschäftigten sich mit den Entwicklungsaufgaben, die Familien im Falle einer Scheidung und Rekonstituierung der Familie durch eine erneute Heirat des sorgeberechtigten Elternteils zu bewältigen haben. In der Nachscheidungsphase geht es beispielsweise um flexible Besuchsregelungen und das Umgestalten des eigenen sozialen Netzwerks, im Falle einer Wiederverheiratung um die Vernetzung der verschiedenen Familien-Subsysteme und die Integration der Stieffamilie.

Normative wie nichtnormative Ereignisse und Phasenübergänge betreffen das Familiensystem als Ganzes, aber auch jedes einzelne Subsystem sowie außerfamiliäre Kontexte. Je nach Lebensbereich lassen sich somit unterschiedliche Entwicklungsaufgaben für ein und denselben zeitlichen Abschnitt definieren. Weiß und Schneewind (im Druck) zeigen dies an der Phase des »empty nest«, die mit dem Auszug des ersten Kindes aus dem gemeinsamen Haushalt beginnt und nach Auszug aller Kinder in die nachelterliche Gefährtenschaft einmündet (vgl. in Abb. 8.1: Paare in der nachelterlichen Phase und Paare in der späten Lebensphase).

> **Normative wie nichtnormative Ereignisse und Phasenübergänge betreffen das Familiensystem als Ganzes, aber auch jedes einzelne Subsystem sowie außerfamiliäre Kontexte.**

Auf der *Paarebene* findet eine Refokussierung auf die Partnerschaft statt, was oftmals als Bereicherung empfunden wird, im Falle problematischer Partnerschaften jedoch auch zu vermehrten Konflikten führen kann. Es geht – wie bei der Geburt des ersten Kindes – auch hier darum, die Rollen in Familie und Zweierbeziehung neu auszuhandeln: Mann und Frau sind in erster Linie wieder Partner und nicht mehr Eltern. Vor allem Frauen nehmen diese Lebensphase oftmals zum Anlass, eine kritische »Zwischenbilanz« ihres bisherigen Lebens zu ziehen (*persönliche Ebene*). Sie, die zumeist den Großteil der Familienarbeit geleistet haben, stehen vor der Frage, ob sie ihr »Dasein für andere« fortsetzen wollen und sich beispielsweise den Enkeln widmen oder ob sie nunmehr eigenen Interessen nachgehen möchten und z. B. die Berufstätigkeit wieder aufnehmen bzw. intensivieren (*beruflicher und sozialer Kontext*). Oft fallen in diese Phase zudem Krankheit und Pflegebedürftigkeit der eigenen Eltern und Schwiegereltern (*Beziehungen zur erweiterten Familie*). Auch Väter ziehen Bilanz, jedoch weniger bezogen auf ihre berufliche (Weiter-)Entwicklung. Reflektiert wird vielmehr das Verhältnis zu den Kindern, für die oft wenig Zeit blieb. Dies führt dazu, dass manche Väter den Kontakt zu ihren Kindern nach deren Auszug verstärkt suchen. Auch die Beziehung zwischen Eltern und Kindern muss neu ausgehandelt werden mit dem Ziel, wechselseitig Autonomie zu gewährend und zugleich emotional verbunden zu bleiben (*Eltern-Kind-Beziehungen*).

Zu wissen, welche Entwicklungsaufgaben ein Paar bzw. eine Familie in einer bestimmten Lebensphase zu bewältigen hat und welche Kompetenzen dafür erforderlich sind, liefert wertvolle Ansatzpunkte für präventive und therapeutische Intervention. Kritisch anzumerken ist freilich, dass in der Forschungsliteratur weder bezüglich der Anzahl der Entwicklungsaufgaben Einigkeit besteht noch bezüglich der Ereignisse, die zu Phasenübergängen im Familienlebenszyklus führen. Zudem werden die Familienentwicklungsaufgaben lediglich aneinander gereiht – von einer Familienentwicklungstheorie kann man streng genommen nicht sprechen (vgl. Schneewind, 1999), schon gar nicht von einer Prozesstheorie. Die Konzeption von Entwicklungsaufgaben im Sinne mehr oder weniger allgemein gültiger normativer Erwartungen ist vor dem Hintergrund der zunehmenden Pluralisierung von Lebensformen ohnehin kritisch zu bewerten. Klein und White (1996) schlagen daher eine Reformulierung des familienentwicklungstheoretischen Ansatzes vor.

> **Zu wissen, welche Entwicklungsaufgaben ein Paar bzw. eine Familie in einer bestimmten Lebensphase zu bewältigen hat und welche Kompetenzen dafür erforderlich sind, liefert wertvolle Ansatzpunkte für präventive und therapeutische Intervention.**

### 8.2.2 Paarbeziehungsprozesse und Bindungstheorie

Die Bindungstheorie, ursprünglich entstanden aus der psychoanalytischen Objektbeziehungstheorie, ist heute in weiten Teilen eine sozial-kognitive Theorie (Shaver et al., 1996, S. 25):

> »Sie erklärt die Kontinuität von Bindungsmustern über die Lebensspanne hinweg, von der Bindung zwischen Kleinkind und Bezugsperson bis zur emotionalen Bindung in Liebesbeziehungen im Erwachsenenalter, unter Bezugnahme auf kognitive Modelle, die – teils bewusst, teils unbewusst – über die Zeit fortbestehen.«

Die Bindungstheorie sieht frühe Bindungen zu engen Bezugspersonen als zentral für die weitere Entwicklung des Bindungsverhaltens eines Menschen. Schon in den ersten Lebensjahren werden so genannte *interne Arbeitsmodelle* gebildet – personinterne Repräsentationen des Selbst und der sozialen Umgebung, gebildet auf der Grundlage konkreter Erfahrungen mit wichtigen Bezugspersonen. Die Arbeitsmodelle enthalten – neben subjektiv bewerteten autobiographischen Erinnerungen – Überzeugungen, Einstellungen und Erwartungen, bindungsbezogene Ziele und Motive sowie Verhaltenspläne und -strategien, um bestimmte Ziele zu erreichen (vgl. Collins & Read, 1994). Im Laufe der Entwicklung werden diese Arbeits-

> **Die Bindungstheorie sieht frühe Bindungen zu engen Bezugspersonen als zentral für die weitere Entwicklung des Bindungsverhaltens eines Menschen.**

modelle verfestigt und Teil der Persönlichkeit des Kindes; es entstehen generalisiertere und abstraktere Repräsentationen.

Eine Vielzahl von Studien zeigt, dass frühe Bindungserfahrungen und die daraus entstandenen internen Arbeitsmodelle spätere Beziehungen im Erwachsenenalter prägen. Die Funktionen des Bindungsverhaltens sind bei Erwachsenen wie Kindern dieselben: »Suche nach Nähe, Protest bei Trennung, eine sichere Basis, ein schützender Hafen« (Feeney & Noller, 1996, S. 90). Für Eltern-Kind-Beziehungen gilt kurz gesagt: Wer seine Eltern als responsiv und die Bindung zu ihnen als kohärent und balanciert erlebte, wird seinem eigenen Kind mit hoher Wahrscheinlichkeit ähnlich positive Bindungserfahrungen ermöglichen.

Auch Partnerbeziehungen bleiben von den internen Beziehungsrepräsentationen nicht unbeeinflusst (vgl. Kap. 5). Hazan und Shaver (1987) entwickelten ein 1-Item-Instrument zur Klassifikation der *Bindungsstile bei Erwachsenen*, das sich eng an die Bindungsstile im Kindesalter anlehnt. Eine Erweiterung durch Bartholomew (1990) sieht vier unterschiedliche Bindungsstile im Erwachsenenalter vor: Erwachsenen mit *sicherem* Bindungsstil fällt es demnach leicht, anderen nahe zu sein; sie können sich auf andere verlassen und haben keine Angst, allein zu sein oder nicht akzeptiert zu werden. Der *ängstliche* Bindungsstil ist demgegenüber gekennzeichnet durch Schwierigkeiten, sich auf andere einzulassen und ihnen vollständig zu vertrauen aus Furcht verletzt zu werden. Als *abweisend* (vermeidend) wird ein Bindungsstil klassifiziert, wenn die Person sagt, es gehe ihr auch ohne enge gefühlsmäßige Bindung gut, und sie ziehe es vor, selbstständig und unabhängig zu sein. Dagegen möchten Personen, die dem *besitzergreifenden* Stil zuzurechnen sind, ungern ohne enge Beziehung leben, haben aber das Gefühl, dass andere sich wehren, wenn sie ihnen sehr nahe kommen. Zugrunde liegen zwei Dimensionen: Angst vor durch den Partner verursachter Trennung und Distanz sowie Vermeiden von Nähe und Intimität (Bierhoff & Grau, 1999).

Den Zusammenhang zwischen Bindungsstilen und partnerschaftlicher Interaktion untersuchten Cohn et al. (1992). Sie erfassten mittels einer speziellen Interviewtechnik – dem »Adult Attachment Interview« – die retrospektive Sicht erwachsener Partner auf ihre Bindungserfahrungen in der Kindheit und unterschieden drei Paarkonstellationen: Beziehungen mit:
a) zwei sicher gebundenen Partnern,
b) zwei unsicher gebundenen Partnern und
c) einem sicher und einem unsicher gebundenen Partner.

Als sicher gebunden wird dabei klassifiziert, wer in einer kohärenten Erzählung vielfältiger Bindungserfahrungen negative wie positive Aspekte akzeptiert und deren Bedeutung für die eigene Entwicklung betont. Personen mit unsicherer Bindung sind in ihren Berichten weniger kohärent und beschreiben schwierige und

> **Als sicher gebunden wird dabei klassifiziert, wer in einer kohärenten Erzählung vielfältiger Bindungserfahrungen negative wie positive Aspekte akzeptiert und deren Bedeutung für die eigene Entwicklung betont**

schmerzhafte Kindheitserlebnisse (z. B. Vernachlässigung und Ablehnung, Verlust einer Bezugsperson, verstrickte Beziehungen). Die Ergebnisse legen nahe, dass frühe Bindungserfahrungen in ihrer retrospektiven Bewertung auf die Beziehungsgestaltung im Erwachsenenalter Einfluss nehmen: In Beobachtungssituationen zeigten Paare mit zwei unsicher gebundenen Partnern deutlich mehr Konflikt, weniger positive Interaktion und eine geringere eheliche Funktionsfähigkeit als Paare mit zwei sicher gebundenen Partnern bzw. einem sicher und einem unsicher gebundenen Partner. Die sichere Bindung eines Partners kann somit negative Auswirkungen weniger positiver Bindungserfahrungen des anderen Partners »abpuffern«.

Der Einfluss früher Bindungserfahrungen und der daraus entstandenen internen Arbeitsmodelle »von der Wiege bis zur Bahre« (Bowlby, 1979, S. 129) ist dabei jedoch nicht als statisch und deterministisch zu denken, sondern als dynamisch: Die Modelle können durch neue Erfahrungen in späteren Lebensphasen immer wieder modifiziert werden (vgl. Feeney & Noller, 1996; Shaver et al., 1996).

Die persönliche Beziehungsgeschichte der Partner erhält im bindungstheoretischen Ansatz ein starkes Gewicht – ein Pluspunkt im Vergleich zu anderen in diesem Abschnitt aufgeführten Modellen bzw. Theorien, die sich nur auf die gegenwärtige Beziehungsgestaltung konzentrieren. Allerdings ist weitgehend unklar, wie Beeinflussungs- und Veränderungsprozesse interner Arbeitsmodelle zu denken sind. Zudem bleiben aktuelle Kontextbedingungen außer Acht, wie z. B. die berufliche und finanzielle Situation oder das soziale Umfeld. Für ein integratives Prozessmodell von Paarbeziehungen liefert die Bindungstheorie jedoch einen unverzichtbaren Beitrag.

### 8.2.3    Paarbeziehungsprozesse und Austauschtheorie

Der austauschtheoretische Ansatz legt sein Augenmerk auf Interaktionen und Interdependenzen zwischen Partnern. In Analogie zu ökonomischen Verhaltensmodellen nimmt die Austauschtheorie an, dass Interaktionen fortlaufend nach ihren Kosten und ihrem Nutzen bewertet werden (vgl. Rusbult et al., 1994; s. auch Kap. 11). Der »Nutzen« bezeichnet positive Erfahrungen, Freuden und Belohnungen in der und durch die Partnerschaft. Was der Verwirklichung eigener und gemeinsamer Ziele in einer Beziehung im Wege steht, findet sich auf der Kostenseite. Je mehr die Bilanz sich zum Nutzen, zu den Belohnungen hin verschiebt, als desto zufrieden stellender sollte eine Beziehung erlebt werden. Allerdings findet die »Bilanzierung«

> **Der Austauschtheorie zufolge werden Interaktionen fortlaufend nach ihren Kosten und ihrem Nutzen bewertet.**

der Beziehung stets auf dem Hintergrund des subjektiven Vergleichsniveaus der betreffenden Person statt. Wie attraktiv und zufrieden stellend eine Beziehung empfunden wird, hängt ab von den eigenen Vorstellungen und von Vergleichsprozessen mit bisherigen realen oder vorgestellten eigenen Beziehungen oder den Beziehungen anderer.

Die Stabilität einer Partnerschaft lässt sich daraus jedoch noch nicht ableiten; sie wird zusätzlich dadurch bestimmt, welche Alternativen zur Verfügung stehen. Auch diesbezüglich hat jeder Beziehungspartner einen Standard, ein Vergleichsniveau: Fällt die Bilanz der gegenwärtigen Beziehung unter diese Marge, ist eine Trennung wahrscheinlich, da eigene Bedürfnisse in anderen Partnerschaften vermeintlich besser befriedigt werden können.

Eine Erweiterung der Austauschtheorie bildet das »Investment-Model« von Rusbult (1983): Es betont die Investitionen in die Beziehung. Beide Partner investieren Zeit und Gefühle, bauen gemeinsam einen Freundeskreis, eine Familie auf, kaufen ein Eigenheim – all dies ist verloren oder zumindest bedroht, wenn eine Beziehung zerbricht. Nach Rusbult et al. (1994) spielt neben der subjektiven *Zufriedenheit* in einer Beziehung und der Verfügbarkeit und Attraktivität von *Alternativen* somit das Ausmaß an *Investitionen* in die Beziehung eine zentrale Rolle. Alle drei Faktoren bestimmen das *Commitment*: Wie sehr erlebe ich mich als Teil einer Partnerschaft, wie loyal, verpflichtet und gebunden fühle ich mich dem Partner gegenüber. Je höher das Commitment, desto eher wird die Beziehung aufrechterhalten – in guten wie in schlechten Zeiten. Im Commitment kommt demnach die Abhängigkeit einer Person von einer bestehenden Beziehung zum Ausdruck. Abbildung 8.2 fasst das Investment-Modell zusammen: Je höher Zufriedenheit und Investitionen in einer Beziehung sind und je niedriger die Qualität möglicher Alternativen bewertet wird, desto höher ist das Commitment und desto wahrscheinlicher ist die Aufrechterhaltung der Beziehung.

> **Neben der subjektiven Zufriedenheit in einer Beziehung und der Verfügbarkeit und Attraktivität von Alternativen spielt das Ausmaß an Investitionen in die Beziehung eine zentrale Rolle. Alle drei Faktoren bestimmen das Commitment: Wie sehr erlebe ich mich als Teil einer Partnerschaft, wie loyal, verpflichtet und gebunden fühle ich mich dem Partner gegenüber.**

Eine Reihe von Untersuchungen liefert empirische Belege für das dargestellte Modell: Das Ausmaß an Zufriedenheit, Alternativen und Investment können zusammen 50-80% der Varianz des Commitment aufklären (vgl. Rusbult et al., 1999).

Rusbult et al. (1994) differenzieren ihr Modell weiter aus im Hinblick auf die Mechanismen und *Strategien, die zum Einsatz kommen, um eine Beziehung aufrechtzuerhalten*. Hohes Commitment erhöht demnach Anpassungstendenzen, d. h. Tendenzen, destruktives Verhalten des Partners mit eigenem konstruktiven Verhalten »abzufedern«, sowie die Opferbereitschaft der Partner, d. h. ihre Bereitschaft, eigene Interessen zugunsten der Beziehung oder des anderen hintanzustellen. Zudem werden attraktive Alternativen

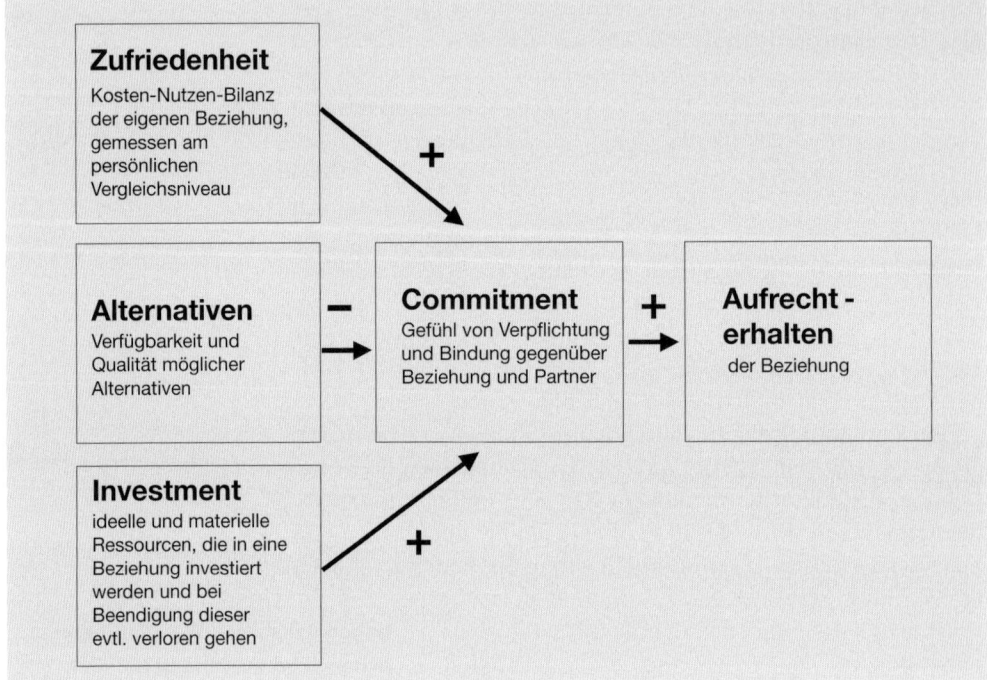

**Abb. 8.2.** Das Investment-Modell (vgl. Rusbult et al., 1994, S. 121)

abgewertet und die eigene Beziehung im sozialen Vergleich als überlegen wahrgenommen. Wer sich der Partnerschaft erst einmal verpflichtet fühlt, nimmt also höhere Kosten in Kauf, ist bereit, in die Beziehung zu investieren und wertet Alternativen ab. In einigen Untersuchungen wurden zusätzlich kognitiv-emotionale Prozesse einbezogen, welche eine (partielle) Mediatorfunktion ausüben zwischen Commitment und Anpassungsprozessen in Beziehungen: Je mehr positive und weniger negative Emotionen in Konfliktsituationen empfunden werden, und je vorteilhafter die Geschehnisse für Partner und Beziehung attribuiert werden, desto mehr konstruktives und weniger destruktives Verhalten zeigt die betreffende Person (vgl. Rusbult et al., 1996).

Kritisch anzumerken ist wiederum, dass Kontexteinflüsse auf die Paarbeziehung lediglich in Form (hypothetischer) alternativer Beziehungspartner oder »geronnener Investitionen« (z. B. Besitz, gemeinsamer Freundeskreis) Berücksichtigung finden. Im Gegensatz zum bindungstheoretischen Ansatz bleibt zudem die persönliche Beziehungsgeschichte außer Acht, der Blick richtet sich lediglich auf das aktuelle Beziehungsgeschehen. Gerade für ein genaueres Verständnis persönlicher Standards, an denen die eigene Beziehung gemessen wird, wäre jedoch eine längerfristige und stärker vergangenheitsorientierte Perspektive wünschenswert, da zu vermuten ist, dass neben früheren Partnerschaften auch das Beziehungsmodell der Eltern hierbei von Bedeutung ist.

### 8.2.4 Paarbeziehungsprozesse und soziale Lerntheorie

Soziale Lerntheorien haben einer Einschätzung von Robinson und Jacobson (1987, S. 154) zufolge die Familien- und Paarbeziehungsforschung bereichert, indem sie vor allem auf folgende drei Punkte Wert legen: »ein konzeptuelles Verständnis ehelicher und familiärer Unstimmigkeiten, die Entwicklung von diagnostischen Verfahren und die Schaffung effektiver Behandlungstechniken«. Während frühe Ansätze noch in der Tradition des operanten Lernens sensu Skinner standen, änderte sich dies mit der kognitiven Wende der Lernpsychologie. Im Bereich der Paarbeziehungsforschung firmierten soziale Lerntheorien von nun an auch als kognitiv-behaviorale Ansätze. Diese bemühten sich in der nichtinterventiven Grundlagenforschung um eine Klärung der Interaktions- und Kommunikationsprozesse von belasteten und unbelasteten Paaren und im Bereich der therapeutischen bzw. präventiven Intervention um die Entwicklung und Evaluation entsprechender Behandlungstechniken (vgl. Kap. 8.4). Im Folgenden werden zwei Prozessmodelle der Beziehungsentwicklung von Paaren – insbesondere von belasteten Paaren – dargestellt, für die gilt, dass sie sich zum einen den Prinzipien der sozialen Lerntheorie verpflichtet fühlen und zum anderen Grundlagenforschung, Methodenentwicklung und Interventionsansätze miteinander verbinden.

> **Kognitiv-behaviorale Ansätze bemühen sich in der nichtinterventiven Grundlagenforschung um eine Klärung der Interaktions- und Kommunikationsprozesse von belasteten und unbelasteten Paaren und im Bereich der therapeutischen bzw. präventiven Intervention um die Entwicklung und Evaluation entsprechender Behandlungstechniken.**

### Das Prozessmodell belasteter Partnerschaften von Stanley, Blumberg und Markman

Basierend auf früheren Untersuchungen zur längerfristigen Beziehungsverschlechterung und einem daraus entwickelten Präventionsprogramm, dem Prevention and Relationship Enhancement Program (PREP) (vgl. Markman et al., 1994), haben Stanley, Blumberg und Markman (1999, S. 281) das in Abbildung 8.3 wiedergegebene Modell entwickelt, mit dem sie »einen üblichen Pfad« beschreiben wollen, »wie eine Ehe stirbt«.

Die Autoren gehen davon aus, dass zwei Personen aufgrund einer besonderen Konstellation von Ähnlichkeiten und Unterschieden sich voneinander angezogen fühlen, was dazu führt, dass sie die Zeiten ihres Zusammenseins mit einem hohen Maß an Zufriedenheit erleben. Es kommt daraufhin zu einer noch fragilen Bindung zwischen den beiden Personen, die mit einem Gefühl von Angst, den neu gewonnen Partner zu verlieren, gekoppelt ist. Die Bewältigung der Verlustangst wird durch eine innere Verpflichtung (commitment) der Partner auf

> **»Wie eine Ehe stirbt«: Im Verlauf einer Beziehung stellen sich unterschiedliche Lebensprobleme und daraus resultierende Unstimmigkeiten zwischen den Partnern ein, die zu einem mehr oder minder harten Aufeinandertreffen unterschiedlicher Erwartungen beitragen und aufgrund mangelnder Erfahrung im Umgang mit Konflikten bei den Partnern eine Haltung von Selbstbezogenheit und Selbstschutz auslösen können.**

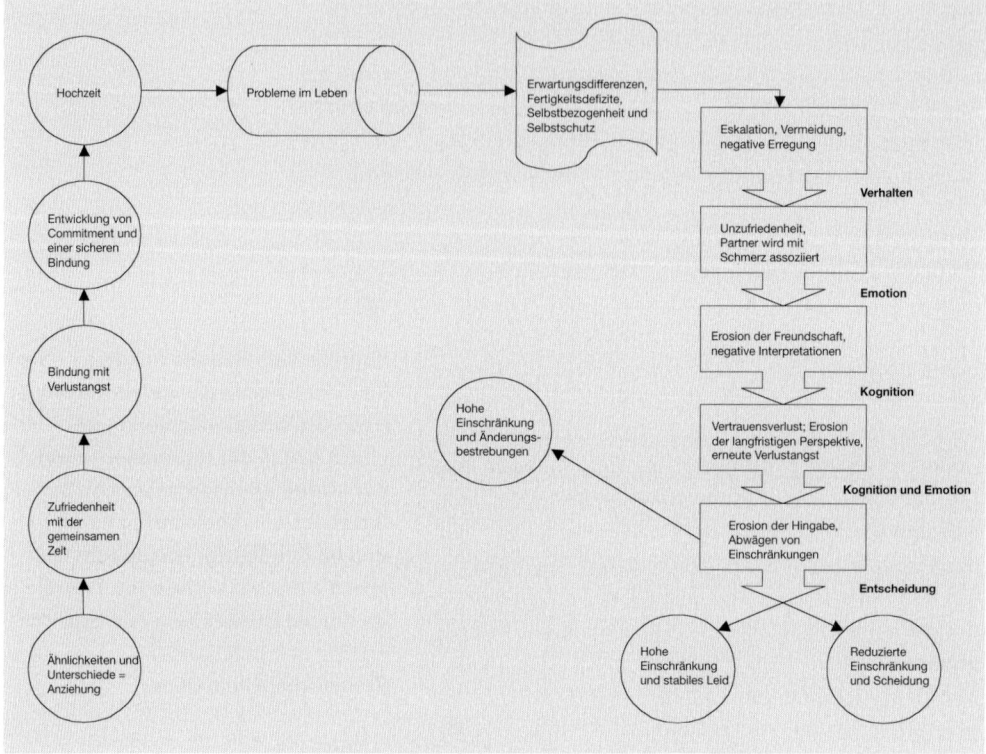

**Abb. 8.3.** Das Prozessmodell belasteter Partnerschaften von Stanley et al. (1999, S. 281)

dauerhaftes Zusammensein ermöglicht, was mit dem Erleben einer sicheren Bindung einhergeht und in eine feste Beziehung – oft auch eine Ehe – einmündet. Mit der Zeit stellen sich unterschiedliche Lebensprobleme und daraus resultierende Unstimmigkeiten zwischen den Partnern ein, die zu einem mehr oder minder harten Aufeinandertreffen unterschiedlicher Erwartungen beitragen und aufgrund mangelnder Erfahrung im Umgang mit Konflikten bei den Partnern eine Haltung von Selbstbezogenheit und Selbstschutz auslösen können.

Sofern Paarkonflikte nicht auf eine konstruktive Weise gelöst werden können, entsteht eine zunehmende Eskalation bei den Versuchen einer Konfliktregulation, was auf der *Verhaltensebene* Vermeidung und negative Erregungszustände zur Folge hat. An dieser Stelle kommt es Stanley et al. (1999, S. 282) zufolge zu einer wichtigen Veränderung im Beziehungserleben des Partners, die sie wie folgt beschreiben:

»Die Anwesenheit des Partners wird zunehmend mit Schmerz und Frustration und nicht mit Vergnügen und Unterstützung in Verbindung gebracht.«

Die Folge ist, dass auf der *kognitiven Ebene* mehr und mehr eine Erosion der freundschaftlichen Beziehung zum Partner stattfindet, die mit negativen Interpretationen seines Verhaltens verbunden ist.

Auf Dauer führt dies auf der *kognitiven und emotionalen Ebene* zu einem grundsätzlichen Vertrauensverlust, gekoppelt mit einem Zweifel an der Langfristigkeit der Beziehung und – damit einhergehend – einem Wiederaufleben früherer Verlustängste. Wenn dieser Zustand erreicht ist, erfolgt der Eintritt in ein *Entscheidungsstadium*, das durch eine zunehmende Verringerung der Hingabe an den Partner bzw. Engagement für die Partnerschaft und ein Abwägen der persönlichen, sozialen und gesellschaftlichen Einschränkungen bezüglich der Auflösung der Partnerschaft gekennzeichnet ist. Je nachdem, wie diese Einschränkungen oder Trennungsbarrieren eingeschätzt werden, ergeben sich unterschiedliche Entscheidungswege: Wenn die Barrieren hoch sind und es zugleich zu ernsthaften Veränderungsbemühungen kommt, kann dies – ggf. auch mit professioneller Unterstützung – zum Wiederaufleben einer positiven Paarbeziehung führen. Sind die Barrieren einer Partnerschaftsauflösung hoch und werden keine Schritte zur Veränderung dieses Zustands unternommen, verharrt das Paar in einer stabil-unglücklichen Beziehung. Wenn hingegen die Barrieren für eine Trennung niedrig sind, ist – sofern es sich um eine eheliche Beziehung handelt – die Wahrscheinlichkeit einer Scheidung stark erhöht.

Das Modell der Paarbeziehungsentwicklung von Stanley et al. (1999) thematisiert anhand von gut operationalisierbaren psychologischen Konzepten vor allem den Verlauf der gemeinsamen Beziehungsgeschichte bis zu einer inneren Entfremdung bzw. Distanzierung von der Beziehung, wenngleich Kontextbedingungen dabei nur am Rande angesprochen werden. Außerdem konzentriert sich das Modell vornehmlich auf die individuelle Sicht eines Partners. Auch wenn die Sicht des anderen Partners sich im Prinzip nach dem gleichen Ablaufschema nachzeichnen lässt, ist damit noch nicht die zwischen den Partnern ablaufende Dynamik hinreichend beschrieben, die je nach der Perspektivität der Partner einen unterschiedlichen Verlauf nehmen kann. An dieser Stelle erweist sich das nun zu beschreibende theoretische Modell von Gottman (1993a) als aussagekräftiger.

### Gottmans Prozessmodell ehelicher Stabilität

Auch Gottman begann seine Untersuchungen zur Funktionalität von Paarbeziehungen zunächst auf der Basis lerntheoretischer Experimente. In der Folgezeit kam es zu einer zunehmenden Integration physiologischer, behavioraler sowie kognitiver und emotionaler Elemente, die letztlich in seine 1993 erstmals veröffentlichte Theorie ehelicher Stabilität bzw. Instabilität einmündete.

Eine graphische Zusammenfassung dieser Theorie findet sich in Abbildung 8.4 (vgl. Gottman, 1993a, S. 69).

Das Kernstück von Gottmans Theorie besteht aus der *balancierten Triade von drei sich wechselseitig bedingenden Faktoren,* nämlich Kommunikation (P-Raum), Wahrnehmung (Q-Raum) und physiologischen Reaktionen. Von zentraler Bedeutung ist dabei der Kommunikationsfaktor, der sich aus dem Verhältnis aus positiven und negativen Kommunikationsereignissen der Paarinteraktion pro Zeiteinheit bestimmen lässt. Beispiele für positives Kommunikationsverhalten sind u. a. sich anlächeln, sich zärtlich

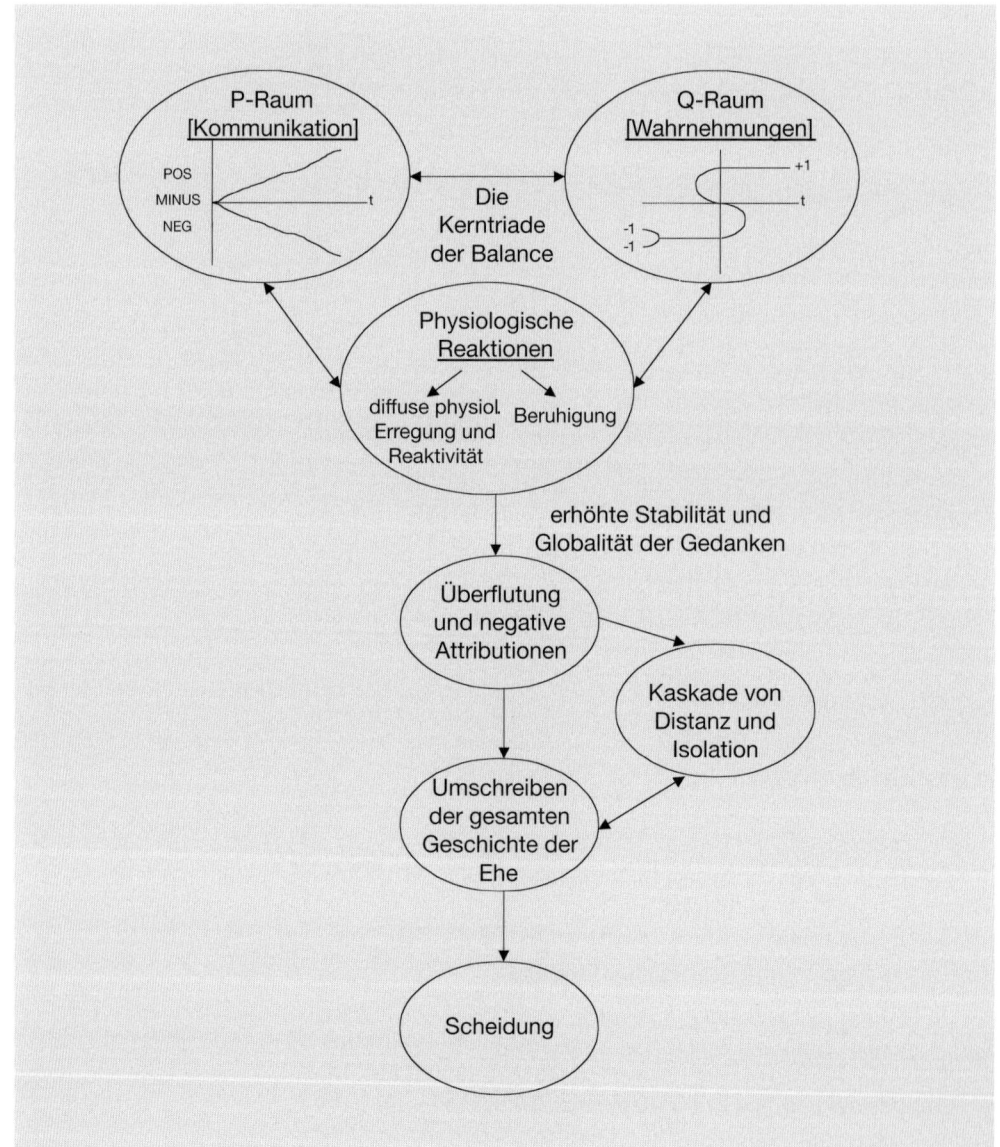

**Abb. 8.4.** Gottmans Prozessmodell ehelicher Stabilität (vgl. Gottman, 1993a, S. 69)

berühren, Komplimente machen, Verständnis zeigen. Zu den negativen Kommunikationsereignissen zählen die von Gottman so genannten »vier apokalyptischen Reiter«, nämlich:

> **Die »vier apokalyptischen Reiter« sind negative Kommunikationsereignisse: Kritik, Verachtung, Abwehr und Abblocken.**

a) Kritik (z. B. typische Du-Botschaften wie »Du kommst immer zu spät«),

b) Verachtung (z. B. Aussagen, die den anderen als Person abwerten wie etwa »Du bist die letzte Schlampe«),

c) Abwehr (z. B. Gegenkritik wie »Und du bist ein völliger Chaot«) und

d) Abblocken (z. B. versteinern, den anderen ignorieren, durch den anderen hindurchschauen).

In den Untersuchungen von Gottman hat sich herausgestellt, dass der *Quotient aus positiven zu negativen Kommunikationsereignissen* 5:1 oder höher sein muss, um sich partnerschaftsstabilisierend auszuwirken. Hingegen ist die Wahrscheinlichkeit für die Auflösung der Paarbeziehung umso größer, je niedriger die Werte dieses Quotienten werden. Solange der im P-Raum abgebildete Kommunikationsquotient einen deutlichen Positivitätsüberschuss im Sinne des magischen 5:1-Verhältnisses aufweist, wird die Beziehung von beiden Partnern im Q-Raum als zufrieden stellend wahrgenommen. Dabei repräsentieren Werte von Q=1 eine hohe Beziehungszufriedenheit. Sinkt der Kommunikationsquotient jedoch im Verlauf der Paarinteraktion auf einen kritischen Wert ab, kann es zu einem abrupten Umschlagen der Beziehungswahrnehmung in den negativen Bereich kommen, d. h. beide Partner leiden am anderen bzw. an der Beziehung. In Abbildung 8.4 unterscheidet Gottman zwischen zwei Q=−1-Werten, die sich auf unterschiedliche negative Wahrnehmungen beziehen. Es kann sich dabei um das Erleben von gerechtfertigter Empörung (z. B. Demütigung durch den Partner) oder um das Erleben als unschuldiges Opfer (z. B. grundlose Kritik des Partners) handeln.

P- und Q-Raum sind eng mit den physiologischen Reaktionen der Partner verknüpft. Bei einem hoch positiven Kommunikationsquotienten und entsprechend hoher Paarzufriedenheit ergibt sich – auch wenn es einmal zu einer negativen Kommunikation kommt – rasch wieder ein beruhigter physiologischer Zustand. Hingegen stellt sich bei einem mehr oder minder deutlich unter einem Wert von 5:1 liegenden Kommunikationsquotienten und einer damit einhergehenden Beziehungsunzufriedenheit im Falle einer negativen Kommunikationsepisode ein diffuser physiologischer Erregungszustand ein. Dies wiederum erzeugt ein Phänomen, das Gottman als *Überflutung* (flooding) bezeichnet. Der Zustand der Überflutung ist gekennzeichnet durch eine Hypersensitivität für interne und externe Reize sowie eine Unfähigkeit zur Emotionskontrolle und – damit einhergehend – eine herabgesetzte rationale Verhaltenssteuerung. Darüber hinaus stellen sich im Zustand des Überflutetseins negative Attributionen ein, die zunehmend stabiler werden und einen höheren Grad an Verallgemeinerung annehmen, d. h. globaler werden.

Auf diesem Hintergrund entwickelt sich eine *Distanz- und Isolationskaskade*, die sich aus folgenden Komponenten zusammensetzt: Einsamkeitserleben, parallele Lebensführung der Partner, zunehmende Problemintensität, Überflutung durch negative Affekte des Partners und Rückzug vom Partner im Sinne einer von ihm unabhängigen Problemlösung. Dies führt schließlich dazu, dass die gesamte *bisherige Beziehungsgeschichte umgeschrieben wird*, indem z. B. Eigenarten des Partners, die zuvor als liebenswerte Besonderheiten toleriert wurden, nunmehr als gravierende Charakterfehler eingeschätzt werden. Wenn dieses Stadium erreicht ist, ist der Schritt zur *Trennung bzw. Scheidung* nicht mehr groß.

Gottman (1993b) unterscheidet anhand des Interaktionsquotienten 5 *Partnerschaftstypen*: 3 funktionale (lebhaft-impulsiv,

> **Anhand des Interaktionsquotienten lassen sich 3 funktionale und 2 dysfunktionale Partnerschaftstypen unterscheiden.**

konstruktiv und konflikt-vermeidend) und 2 dysfunktionale (feindselig-engagiert und feindselig-distanziert). Der Interaktionsquotient bestimmt dieser Konzeption nach im Wesentlichen das personspezifische Verhalten und Erleben, ohne dass dabei – abgesehen von geschlechtstypischen physiologischen Reaktionsmustern – differenzielle bzw. Persönlichkeitsmerkmale zum Tragen kommen. Ebenso wenig werden in Gottmans Theorie beziehungsgeschichtliche Erfahrungen, familienzyklische oder sonstige lebenslagenspezifische Kontextbedingungen berücksichtigt. Dennoch stellt die Theorie eine wissenschaftlich gut fundierte Plattform für psychologische Interventionsansätze dar (vgl. Kap. 8.4).

## 8.3    Umfassende kontextualistisch-systemische Modelle

Auf dem Hintergrund einer im letzten Vierteljahrhundert immer dominanter werdenden Sicht von menschlicher Entwicklung als einem dynamisch-interaktionalen bzw. transaktionalen Geschehen, kam es zur Konstruktion einer Reihe von Rahmenmodellen, die mit dem Anspruch einer forschungsleitenden und zugleich integrationsstiftenden Funktion vorgestellt wurden. Einen herausgehobenen Platz nehmen dabei Bronfenbrenners (1981) Beitrag zur Konzeptionalisierung menschlicher Entwicklung im ökologischen Kontext und dessen Weiterentwicklung zu einem *bio-ökologischen Modell* (vgl. Bronfenbrenner & Ceci, 1994) ein. Obwohl Bronfenbrenners Ansatz sich nicht ausschließlich auf die Entwicklung von Paarbeziehungen, sondern auf einen breiten soziomateriellen Entwicklungskontext von Personen im Allgemeinen bezieht, soll er wegen seiner generellen Bedeutung am Anfang dieses Abschnitts stehen. Es folgen Modelle, die ausdrücklich Paarbeziehungen zum Gegenstand haben und die in der einen oder anderen Weise von Bronfenbrenners kontextualistischem Entwicklungskonzept beeinflusst sind. Hierzu gehören das *kontextuelle Modell ehelicher Interaktion* von Bradbury und Fincham (1989) und das *Vulnerabilitäts-Stress-Adaptationsmodell der Paarentwicklung* von Karney und Bradbury (1995b). Abschließend wird ein eigenes *integratives Modell der Paarbeziehungsentwicklung* vorgestellt (vgl. Schneewind, 1997).

## 8.3.1 Bronfenbrenners Modell menschlicher Entwicklung im ökologischen Kontext

In seinem grundlegenden Werk zur »Ökologie der menschlichen Entwicklung« geht Bronfenbrenner (1981) von der anthropologischen Basisannahme aus, dass menschliche Individuen sich aktiv mit ihrer Umwelt auseinander setzen, wobei es zu einer im Prinzip wechselseitigen Beeinflussung von Person und Umwelt kommt. Dies betrifft insbesondere die soziale Umwelt, die aus der Sicht einer bestimmten Person aus anderen Personen besteht, mit denen sie auf direktem oder indirektem Wege in Berührung kommt. Bronfenbrenner unterscheidet hierbei vier Umweltsysteme, die er als ineinander verschachtelte Einheiten betrachtet. Es sind dies

> **Bronfenbrenner unterscheidet vier Umweltsysteme, die er als ineinander verschachtelte Einheiten betrachtet.**

a) *Mikrosysteme*, d. h. Personengruppen wie Paare oder Familien, die durch Interaktion und Kommunikation unmittelbar miteinander in Beziehung stehen;

b) *Mesosysteme*, d. h. Personengruppen unterschiedlicher Art, denen eine bestimmte Person angehört, ohne dass zwischen den verschiedenen Personengruppen Beziehungen bestehen müssen (z. B. wenn eine Person bzw. ein Partner zugleich Mitarbeiter einer Firma und Mitglied eines Sportclubs ist);

c) *Exosysteme*, d. h. Personengruppen, an denen z. B. der eine Partner nicht beteiligt ist, wohl aber der andere (so etwa wenn beide Partner unterschiedlichen Firmen oder Sportclubs angehören);

d) *Makrosysteme*, d. h. Personengruppen, die zusammengenommen gesellschaftliche Institutionen und deren ökonomische, rechtliche, politische, religiöse oder kulturelle Grundlagen repräsentieren.

Ausgelöst durch die Debatte um das Ausmaß an genetischer Determination menschlichen Verhaltens und seiner Entwicklung haben Bronfenbrenner und Ceci (1994) ein *bio-ökologisches Entwicklungsmodell* konzipiert, das die Bedeutung einer genotypischen Beeinflussung der Verhaltensentwicklung zwar durchaus berücksichtigt, jedoch den Genotyp-Umwelt-Transaktionen und damit den im Entwicklungsprozess jeweils vorfindbaren Umweltbedingungen ein besonderes Gewicht einräumt. Von zentraler Bedeutung sind dabei proximale Prozesse, über die sich Bronfenbrenner und Morris (2000, S. 31) wie folgt äußern:

> »Besonders in ihren frühen Phasen, aber auch über den gesamten Lebenslauf, beruht die menschliche Entwicklung auf Prozessen der immer komplexeren gegenseitigen Interaktion zwischen einem aktiven, sich entwickelnden bio-psychischen menschlichen Organismus und den Personen, Objekten und Symbolen in seiner unmittelbaren äußeren Umwelt. Um wirksam zu sein, muss die Interaktion auf einer relativ regelmäßigen Basis über ausgedehnte Zeiträume stattfinden. Solche dauerhaften Formen der Interaktion in der unmittelbaren Umwelt werden als proximale Prozesse bezeichnet.«

Die proximalen Prozesse sind eingebunden in den jeweiligen mikrosystemischen Kontext, der – wie oben beschrieben – in Wechselwirkung mit den anderen Umweltsystemen steht.

Diese allgemeine Kennzeichnung des individuellen Entwicklungsgeschehens lässt sich umstandslos auch auf die gemeinsame Entwicklung zweier Personen in einer Paarbeziehung übertragen. Dabei können die beiden Partner als zwei miteinander in Beziehung stehende Akteure gesehen werden, die ihre Beziehung im Sinne einer Ko-Konstruktion über das Vehikel proximaler Prozesse aktiv selbst gestalten. Wie diese proximalen Prozesse insbesondere im Hinblick auf Paarbeziehungen genauer aussehen, wird in Bronfenbrenners bio-ökologischem Entwicklungsmodell nicht expliziert. An dieser Stelle bietet das kontextuelle Modell ehelicher Interaktion von Bradbury und Fincham (1989) präzisere Vorstellungen.

### 8.3.2 Bradburys und Finchams kontextuelles Modell ehelicher Interaktion

Das Modell von Bradbury und Fincham (1989) ist im Wesentlichen ein mikroanalytisches Prozessmodell der Paarinteraktion, in dem allerdings auch langfristig wirkende Bedingungen der Paarbeziehung Berücksichtigung finden. Eine graphische Veranschaulichung des Modells ist in Abbildung 8.5 wiedergegeben (vgl. Bradbury & Fincham, 1989, S. 124).

Wesentliche Elemente des Modells von Bradbury und Fincham sind für jeden Partner (a) das beobachtbare Verhalten und (b) das Verarbeitungsstadium bezüglich des beim Partner wahrgenommenen Verhaltens, welches – beeinflusst durch (c) den proximalen Kontext und (d) den distalen Kontext – das eigene Verhalten gegenüber dem Partner bestimmt. Für das *Verarbeitungsstadium* nehmen Bradbury und Fincham drei zentrale Prozesse an, näm-

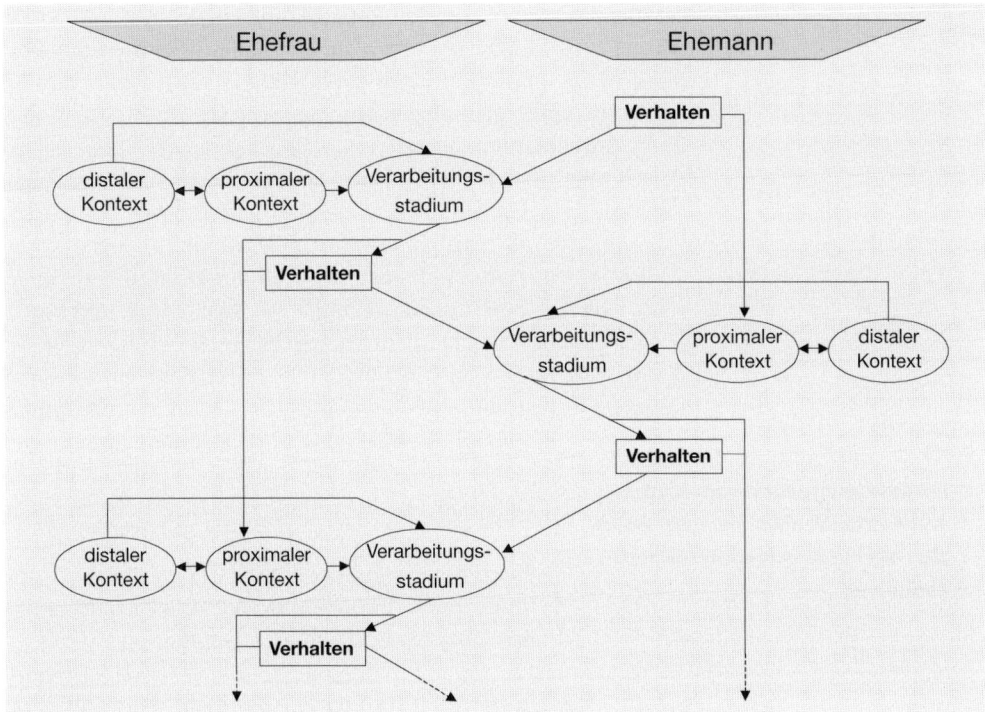

**Abb. 8.5.** Das kontextuelle Modell ehelicher Interaktion (Bradbury & Fincham, 1989, S. 124)

lich Aufmerksamkeits- und Wahrnehmungsprozesse, Interpretationsprozesse und affektive Prozesse (z. B. wenn die Ehefrau bemerkt, dass ihr Mann nicht zur verabredeten Zeit erscheint, die Unpünktlichkeit ihres Mannes als Nachlässigkeit ihr gegenüber interpretiert und daraufhin Ärgergefühle entwickelt). Moderiert werden die im Verarbeitungsstadium ablaufenden Prozesse durch den *proximalen Kontext* (z. B. Warten der Ehefrau am verabredeten Ort bei kaltem und regnerischem Wetter) und durch den *distalen Kontext*, d. h. Persönlichkeitsmerkmale, allgemeine Beziehungserwartungen oder bisherige Beziehungserfahrungen mit dem Partner (z. B. die Erfahrung der Ehefrau, dass ihr Mann bei ähnlichen Verabredungen schon häufiger unpünktlich gewesen ist). Diese Einflüsse wirken nun zusammen und lösen ein entsprechendes *Verhalten* der Frau aus (z. B. ärgerliches Zur-Rede-Stellen, wenn ihr Mann eine halbe Stunde nach der vereinbarten Zeit erscheint), was nun auf Seiten des Mannes auf dem Hintergrund seiner proximalen und distalen Kontextbedingungen ein Verarbeitungsstadium in Gang setzt und ein entsprechendes Verhalten auslöst. Dieses wiederum ist der Ausgangspunkt für die nächste Verarbeitungsphase der Frau, usw. In dem Modell nicht aufgeführt sind weitere wichtige Prozesse, die sich zwischen den Interaktionen ereignen können. Es sind dies *Bewertungsprozesse*, die bei der Rekapitulation einer Interaktionsepisode auftreten und auf den personspezifischen distalen Kontext Einfluss nehmen können. So könnte z. B. die Ehefrau, wenn sie »im stillen Kämmerlein« über die erneute Unpünktlichkeit ihres Mannes nachdenkt, dies als Ausdruck einer grundlegenden Missachtung ihrer Bedürfnisse durch ihren Mann interpretieren, was sich dann abträglich auf die Beziehungszufriedenheit – eine Variable, die Bradbury und Fincham als dem distalen Kontext zugehörig betrachten – auswirkt.

Bradburys und Finchams kontextuelles Modell ehelicher Interaktion ist erkennbar auf kurzfristige Interaktionsabläufe abgestellt, wobei es den Autoren gelungen ist, behaviorale und kognitiv-emotionale Aspekte in die Analyse des Interaktionsverlaufs zu integrieren. Auch wenn in Gestalt des proximalen und distalen Kontexts situative bzw. persönlichkeits- und beziehungsgeschichtliche Variablen in dem Modell zum Tragen kommen, bleiben längerfristige Entwicklungsverläufe von Paarbeziehungen ebenso unberücksichtigt wie umfassendere Kontextbedingungen. An dieser Stelle soll das Vulnerabilitäts-Stress-Adaptationsmodell der Paarentwicklung von Karney und Bradbury (1995b) Abhilfe schaffen.

> **Bradburys und Finchams kontextuelles Modell ehelicher Interaktion zielt auf kurzfristige Interaktionsabläufe ab.**

### 8.3.3 Das Vulnerabilitäts-Stress-Adaptationsmodell

Das von Karney und Bradbury (1995b) entwickelte pfadanalytische Vulnerabilitäts-Stress-Adaptationsmodell basiert auf einer Metaanalyse von 115 prospektiven Längsschnittstudien zum Entwicklungsverlauf von mehr als 45.000 Paarbeziehungen. Es soll der Vorhersage von Paarzufriedenheit und -stabilität dienen.

Es werden kausale Beziehungen zwischen den einzelnen Modellkomponenten angenommen; diese sind in Abbildung 8.6 durch mit Buchstaben gekennzeichnete Pfeile versehen. Das Modell konstatiert eine Wechselwirkung zwischen überdauernden Eigenschaften beider Partner, belastenden Ereignissen und Anpassungsprozessen, die sich in der Folge auf die Zufriedenheit und Stabilität der Partnerschaft auswirkt. Anpassungsprozesse und Paarzufriedenheit beeinflussen sich dabei gegenseitig.

Belastende Ereignisse sind auf der Makroebene und der Mikroebene zu denken. Auf der Makroebene lassen sich normative – im Sinne von im Beziehungsverlauf erwartbaren – und nicht normative kritische Lebensereignisse unterscheiden (vgl. Kap. 8.2.1). Zu ersteren wäre die Geburt eines Kindes zu rechnen, zu letzteren die schwer wiegende Erkrankung eines Partners. Doch auch kleine Unannehmlichkeiten im Alltag, so genannte »daily hassles« auf der Mikroebene, bleiben nicht ohne Auswirkung auf die ehelichen Anpassungsprozesse (*Pfad A*): paarinterne Konflikte über die Aufgabenteilung im Haushalt, Sexualität, die Erziehung der gemeinsamen Kinder oder paarexterne Belastungen, z. B. Stress im Berufsleben.

Der Stress im Berufsleben mag dabei ohne eigenes Zutun der Partner zustande gekommen sein. Solcherlei Einflüsse von außen sind gekennzeichnet durch *Pfad D*. Wie belastende Ereignisse erlebt und verarbeitet werden, steht aber auch in Zusammenhang mit überdauernden Eigenschaften der Partner (*Pfad C*). Darunter fallen Persönlichkeitsmerkmale wie z. B. Neurotizismus, Aspekte der Beziehungspersönlichkeit, der Bindungsstil (vgl. Kap. 8.2.2) sowie beziehungsspezifische Kognitionen, Motive und Einstellungen. Eine Reihe empirischer Untersuchungen belegt beispielsweise, dass dysfunktionale Überzeugungen wie die Auffassung, Mann und Frau seien von Natur aus völlig verschieden oder unterschiedliche Meinungen seien schädlich für die Partnerschaft, abträglich auf die Paarbeziehungsqualität wirken (vgl. z. B. Bradbury & Fincham, 1993). Einstellungen beeinflussen die Anpassungsprozesse eines Paares auch direkt (*Pfad B*). So sind derartige dysfunktionale Überzeugungen bei Frauen wie Männern verknüpft mit negativem Verhalten in Konfliktsituationen (vgl. Bradbury & Fincham, 1993).

Sowohl überdauernde Eigenschaften der Partner als auch belastende Ereignisse beeinflussen also die Anpassungsprozesse, die Strategien der Partner oder des Paares im partnerschaftlichen Alltag, insbesondere in Konfliktsituationen und Krisen. Zu denken ist dabei an (dyadische) Copingprozesse im Sinne gegenseitiger Unterstützung in Stresssituationen (vgl. Bodenmann, 2000a), an Kommunikationsfertigkeiten, Konfliktbewältigungs-stile und Problemlösekompetenzen. Angenommen wird eine wechselseitige Beeinflussung der mehr oder weniger funktionalen Anpassungsstrategien und der Paarzufriedenheit (*Pfade F und G*). Die Art und Weise, wie Konflikte bewältigt werden, beeinflusst einer-

> **Sowohl überdauernde Eigenschaften der Partner als auch belastende Ereignisse beeinflussen die Anpassungsprozesse, die Strategien der Partner oder des Paares im partnerschaftlichen Alltag, insbesondere in Konfliktsituationen und Krisen.**

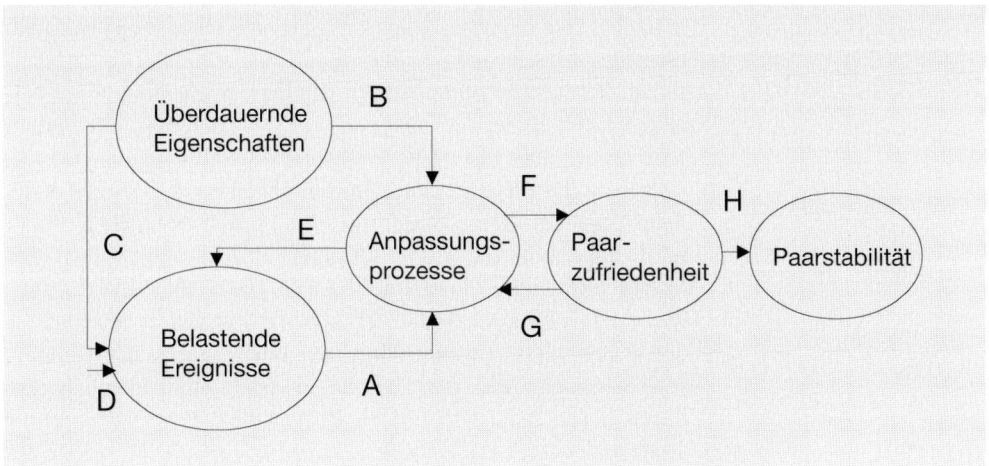

**Abb. 8.6.** Das Vulnerabilitäts-Stress-Adaptationsmodell (vgl. Karney & Bradbury, 1995b, S. 23)

seits die wahrgenommene Qualität der Beziehung; andererseits werden sich in ihrer Beziehung zufriedene Partner im Austausch miteinander anders verhalten und Auseinandersetzungen anders bewerten als unzufriedene. Ein Beispiel dafür liefert eine unveröffentlichte Studie von Osgarby und Halford (1995, nach Noller et al., 1997). Die Autoren baten Ehepartner, über ihre positiven wie negativen Beziehungserfahrungen Tagebuch zu führen. Eine Woche später sollte das Aufgezeichnete erinnert werden, und dies förderte deutliche Unterschiede zwischen zufriedenen und unzufriedenen Paaren zu Tage: Letztere unterschätzten das Ausmaß positiver und überschätzten das Ausmaß negativer Beziehungserfahrungen. Zufriedene Paare hingegen erinnerten sich recht genau an die negativen Ereignisse, gaben aber im Nachhinein viel mehr positive Beziehungserfahrungen an als im Tagebuch verzeichnet. Die

> **Die subjektiv empfundene Beziehungsqualität führt zu einer verzerrten Erinnerung beziehungsrelevanter Information – und zwar in eine Richtung, die das aktuelle Beziehungsempfinden verstärkt.**

subjektiv empfundene Beziehungsqualität führt somit zu einer verzerrten Erinnerung beziehungsrelevanter Information – und zwar in eine Richtung, die das aktuelle Beziehungsempfinden verstärkt. Zudem können gelungene Anpassungsprozesse belastende Ereignisse reduzieren, dysfunktionale Anpassungsprozesse weitere Belastungen für eine Beziehung schaffen (*Pfad E*). Hier ist zu verweisen auf stresstheoretische Ansätze, die von einer Kumulation von Stressoren infolge dysfunktionaler Bewältigungsversuche ausgehen (vgl. das doppelte ABCX-Modell von McCubbin & Patterson, 1983). Erfolgreich gemeisterte Schwierigkeiten können das Paar hingegen für die gemeinsame Zukunft stärken.

Paarzufriedenheit und Paarstabilität schließlich werden als konzeptionell unabhängige Dimensionen begriffen – stabile Ehen müssen nicht immer auch von beiden Partnern als zufrieden stellend erlebt werden. Glückliche, aber dennoch instabile Partnerschaften sind dagegen wenig wahrscheinlich, eine hohe Paarzufriedenheit wird demgemäß als partnerschaftsstabilisierend erachtet (*Pfad H*). Dabei bezeichnet Stabilität den »objektiven Status« der Partnerschaft: Besteht eine Partnerschaft fort oder haben sich die Partner getrennt bzw. wurde eine Ehe geschieden. Die subjektive Beurteilung der Partnerschaftsstabilität durch die Partner wird hingegen der Paarzufriedenheit zugerechnet.

Paare, die Schwierigkeiten funktional bewältigen können, kaum Belastungen ausgesetzt sind und wenig problematische überdauernde Eigenschaften mit in die Beziehung bringen, haben dem Modell nach somit die besten Chancen, eine stabile und für beide Partner zufrieden stellende Ehe zu führen. Das andere Extrem bilden Paare, die bei wenig adaptiven Bewältigungsmechanismen viele kritische Lebensereignisse erfahren und beispielsweise durch neurotische Persönlichkeitsmerkmale eines Partners zusätzlich belastet sind. Wichtig ist in jedem Fall, alle Komponenten des Modells mit zu berücksichtigen, will man Beziehungen verstehen. Eine zusammenfassende Darstellung längsschnittlicher Befunde auch aus dem deutschsprachigen Raum durch Engl (1997) unterstützt das Vulnerabilitäts-Stress-Adaptationsmodell.

Der praktische Nutzen des Modells liegt auf der Hand: Es kann nicht nur eine Vielzahl von Forschungsbefunden integrieren, sondern zeigt zudem die Zusammenhänge und Wirkrichtungen beziehungsrelevanter Konstrukte. Karney und Bradbury (1995b) führen jedoch auch einige Kritikpunkte an ihrem Modell an. So bemängeln sie, dass der Einfluss von Barrieren und Alternativen (vgl. Kap. 8.2.3) auf die Ehestabilität unberücksichtigt bleibt. Weiterhin ist im Modell nicht spezifiziert, wie überdauernde Eigenschaften und belastende Ereignisse zusammenwirken: Gibt es additive Effekte beider auf die Anpassungsprozesse oder eher Interaktionseffekte? Da das Modell auf Paarebene konzipiert ist, sind Unterschiede zwischen den Beziehungspartnern nicht explizit berücksichtigt. Das im Folgenden beschriebene integrative Rahmenmodell (Schneewind, 1997) unterscheidet dagegen Paar- und Personebene.

### 8.3.4 Ein integratives Rahmenmodell der Paarentwicklung

Den Abschluss des Überblicks über Prozessmodelle der Partnerschaft soll ein integratives Rahmenmodell bilden (Schneewind, 1997). Es handelt sich um ein Prozess-Person-Kontext-Modell, d. h. es werden neben den Veränderungsprozessen die individuellen Merkmale der sich entwickelnden Personen sowie Merkmale des Entwicklungskontextes berücksichtigt (Abb. 8.7).

Im Zentrum des Modells steht die *Paarbeziehung*. Anknüpfend an das kontextuelle Modell (vgl. Kap. 8.3.2) ist hier der proximale Kontext anzusiedeln mit der zentralen Prozessvariable der Paarkommunikation. Interessieren könnte im Bezug auf die aktuelle Beziehungsgestaltung beispielsweise das Verhältnis von Positivität zu Negativität in der Interaktion zwischen den Partnern (vgl. Kap. 8.2.4), das Gleichgewicht von Geben und Nehmen (vgl. Kap. 8.2.3) oder das subjektiv wahrgenommene Paarklima. Weiterhin besteht die Möglichkeit, unterschiedliche Ehe- bzw. Paartypen zu differenzieren, so z. B. stabil-glückliche versus stabil-unglückliche Partnerschaften.

Wie eine *Person* ihre Beziehung lebt und erlebt, hängt auch ab von ihrer Persönlichkeit, ihrem Lebensstil, ihren Vorstellungen und Werthaltungen, und diese sind geprägt durch die *persönliche Beziehungsgeschichte*. So können die eigenen Eltern eine funktionierende Partnerschaft vorleben oder im Streit auseinander gehen (Ehemodell der Eltern), eine Scheidung als völlig indiskutabel erachten oder als praktikablen Ausweg aus einer dysfunktio-

> **Wie eine Person ihre Beziehung lebt und erlebt, hängt auch ab von ihrer Persönlichkeit, ihrem Lebensstil, ihren Vorstellungen und Werthaltungen, und diese sind geprägt durch die persönliche Beziehungsgeschichte.**

nalen Ehe und ihren Kindern entsprechende Delegationen (implizite Aufträge hinsichtlich Beziehungsgestaltung und Lebensstil) mit auf den Weg geben. In welchem Ausmaß Zusammenhalt, Kontrolle und Anregung das »Klima« der Herkunftsfamilie kennzeichneten, kann sich ebenfalls auf die eigene Partnerschaft niederschlagen. Auch frühe Bindungserfahrungen des Kindes beeinflussen dessen spätere Beziehungsgestaltung (vgl. Kap. 8.2.2).

Neben der individuellen Beziehungsgeschichte beider Partner darf die *gemeinsame Beziehungsgeschichte* nicht außer Acht gelassen werden. Wurde rasch geheiratet, weil ein Kind unterwegs war oder nach reiflicher Überlegung und einer langen »Probezeit«? Konnten Krisen für beide Partner zufrieden stellend bewältigt und so möglicherweise neue Ressourcen geschaffen werden, die die Partnerschaft stabilisieren? Die gemeinsame Geschichte wirkt fort in der gemeinsamen Gegenwart, und sie bleibt von dieser nicht unbeeinflusst; vielmehr wird sie nach Maßgabe der aktuellen Beziehungssituation umgeschrieben – wie die Befunde von Gottman (vgl. Kap. 8.2.4) eindrucksvoll belegen. Diese Wirkrichtung von der Gegenwart auf die retrospektiv berichtete Vergangenheit ist im Modell jedoch nicht berücksichtigt, da es den längsschnittlichen Entwicklungsverlauf zweier Personen und des sich daraus ergebenden Paarsystems nachzeichnet.

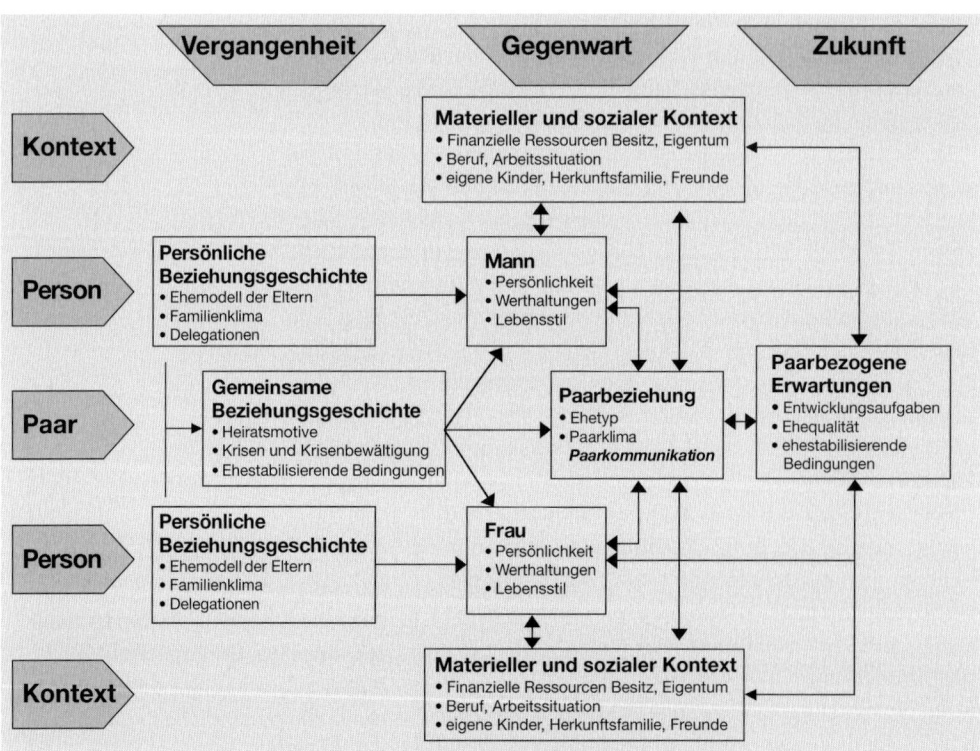

**Abb. 8.7.** Ein integratives Rahmenmodell der Paarentwicklung (vgl. Schneewind, 1997, S. 10)

Als dritter Zeitaspekt neben Vergangenheit und Gegenwart steht die *Zukunft*: Jedes Paar hat Pläne und Erwartungen hinsichtlich des Fortbestands und der Qualität der (Ehe-)Beziehung; es gilt, bestimmte Entwicklungsaufgaben zu meistern. Im Längsschnitt lässt sich die Erfüllung bzw. Verletzung dieser Erwartungen überprüfen.

Welchen Verlauf die Beziehungsgeschichte einer Person und eines Paares nimmt, hängt maßgeblich auch von Einflussgrößen außerhalb der Paarbeziehung ab, vom *materiellen und sozialen, dem distalen Kontext*. Arbeitslosigkeit oder finanzielle Engpässe können eine Beziehung belasten, ein stützendes familiäres und soziales Umfeld kann sie entlasten. Dabei sind Wechselwirkungen anzunehmen: Man kann Ärger aus dem Büro mit nach Hause nehmen, aber auch Ärger von Zuhause mit ins Büro. Kontextbedingungen von Mann und Frau sind zudem oftmals eng verwoben: gemeinsamer Besitz, gemeinsame Freunde, gemeinsame Kinder und Verwandte. In einem zweidimensionalen Modell lässt sich dies schwerlich darstellen – der Kontext bildet gleichsam eine Hülle, die Paar- und Personsysteme einschließt.

> **Welchen Verlauf die Beziehungsgeschichte einer Person und eines Paares nimmt, hängt maßgeblich auch von Einflussgrößen außerhalb der Paarbeziehung ab, vom materiellen und sozialen, dem distalen Kontext.**

Zusammenfassend lassen sich also drei Kontextaspekte unterscheiden: der distale Kontext (Kontextebene), der proximale Kontext (Paarebene) und der zeitliche Kontext. Letzterer verknüpft Vergangenheit, Gegenwart und Zukunft und erlaubt zudem eine Einordnung in den Familienlebenszyklus mit seinen jeweils phasenspezifischen Entwicklungsaufgaben (vgl. Kap. 8.2.1).

Das dargestellte integrative Modell empirisch zu fassen und überprüfen, ist Ziel des Forschungsprojektes »Was hält Ehen zusammen?« an der Münchner Ludwig-Maximilians-Universität. An einer umfangreichen schriftlichen Befragung im Frühjahr 2001 nahmen 663 deutsche Ehepaare aus den alten Bundesländern teil, qualitative Einzel- und Paarinterviews werden in ausgewählten Fällen folgen. Erfasst werden Indikatoren für alle System- und Zeitebenen – wenn auch bislang lediglich im querschnittlichen Selbstbericht. In der folgenden Box sind ausgewählte Ergebnisse aus dem Projekt »Was hält Ehen zusammen?« dargestellt.

---

**Was hält Ehen zusammen?**

Jede Person hat bestimmte Annahmen darüber, wie sich Beziehungen entwickeln, gleichsam ihre subjektive Prozesstheorie der Partnerschaft – doch Forschungsbefunde dazu sind rar. Knee (1998) übertrug den aus der Literatur zu Leistung und sozialer Urteilsbildung bekannten Begriff der *impliziten Theorie* auf den Kontext zwischenmenschlicher Beziehungen. Allgemein lassen sich implizite Theorien definieren als schematische Wissensstrukturen, die spezifische Glaubenssätze umfassen über die Stabilität eines Attributes und Bedingungen, die Wandel zu bewirken vermögen. Zu unterscheiden ist zwischen der Auffassung, bestimmte Attribute – beispielsweise Intelligenz oder Persönlichkeitseigenschaften – seien von Anfang bzw. Geburt an festgelegt bzw. prädestiniert oder hätten sich erst im Laufe des Lebens entwickelt (vgl. z. B. Dweck, 1996). Übertragen auf Partnerschaften stellt sich die Frage: Muss in einer Beziehung alles von Anfang an passen (»Beziehung als Schicksal«), oder entwickeln sich erfolgreiche Beziehungen erst über die Monate und Jahre des Zusammenlebens hinweg (»Beziehung als Wachstum«)?

Knee (1998) stellt eine Skala vor, die mittels je vier Items die beiden unterschiedlichen impliziten Beziehungstheorien erfasst; sie wurde von uns ins Deutsche übersetzt. Eine Aussage wie »Eine erfolgreiche Beziehung hängt vor allem davon ab, ob man einen Partner findet, der von Anfang an zu einem passt« kennzeichnet die Auffassung von »Beziehung als Schicksal«, die sich zum Teil an romantische Beziehungsauffassungen anlehnt. Ein Item wie »Herausforderungen und Hindernisse in einer Beziehung können die Liebe sogar verstärken« bringt eine Wachstumsorientierung zum Ausdruck. Knee (1998) geht davon aus, dass eine Auffassung von »Beziehung als Schicksal« eher zu Beginn einer Beziehung oder im Falle einer Trennung eine Rolle spielt, eine wachstumsorientierte Auffassung dagegen mit Strategien zur Aufrechterhaltung einer Partnerschaft in Verbindung steht. Wir nehmen an, dass sich auch in länger dauernden Beziehungen eine Kombination aus hohen Werten auf beiden Skalen vorteilhaft auf die Partnerschaftszufriedenheit auswirkt.

Im Projekt »Was hält Ehen zusammen?« sind die Mittelwerte für »Beziehung als Wachstum« etwas höher als für »Beziehung als Schicksal«, beide Skalen sind kaum korreliert. Die Ehezufriedenheit wurde mit einer eigenen Übersetzung der »Relationship Assessment Scale« von Hendrick (1988) erfasst und korreliert nur geringfügig mit den beiden Skalen zur Erfassung impliziter Beziehungstheorien.

Interessant für die vorliegende Fragestellung sind die Kombinationen aus beiden Beziehungstheorien. Durch Mediansplits für beide Skalen wurden insgesamt vier Gruppen gebildet, die sich auszeichnen durch

1. hohe Schicksals- und Wachstumsorientierung,
2. niedrige Schicksals- und Wachstumsorientierung,
3. niedrige Schicksals- und hohe Wachstumsorientierung und
4. hohe Schicksals- und niedrige Wachstumsorientierung.

Die vier Gruppen unterscheiden sich signifikant in ihrer Ehezufriedenheit; erwartungsgemäß schätzen sich diejenigen Personen mit hoher Schicksals- und hoher Wachstumsorientierung in ihrer Ehe am zufriedensten ein. Noch deutlicher werden die Unterschiede, wenn man die Konstellationen auf Paarebene betrachtet: Beziehungen, in denen beide Partner ihre Beziehung als »Schicksal« definieren, aber auch an ein Wachstum glauben (hohe Werte auf beiden Skalen; n=71 Paare), werden von Männern wie Frauen als deutlich zufriedenstellender erlebt als solche, in denen beide Partner niedrige Werte in beiden Skalen aufweisen (n=98 Paare). In (länger währenden) Ehen scheint somit der Glaube an die »Passung« beider Partner von Anfang an bei gleichzeitiger Betonung einer Weiterentwicklung in der Beziehung der Zufriedenheit besonders zuträglich zu sein.

Das vorgestellte Rahmenmodell integriert verschiedene Zeit- und Kontextebenen und berücksichtigt neben dem Paarsystem auch die einzelnen Personen. Es ist bezüglich des Entwicklungsverlaufs einer Partnerschaft offen, was seine integrative Funktion erhöht. Prozesse, die zu Trennung und Scheidung führen, sind andererseits nicht explizit spezifiziert – diese Lücke können die Prozessmodelle von Gottman (1993a) und Stanley et al. (1999) schließen. Das Modell bietet unseres Erachtens einen guten Rahmen zur Einordnung theoretischer und empirischer Befunde, auch Ansatzpunkte für interventive Ansätze lassen sich daraus ableiten – auf diese soll im folgenden Abschnitt genauer eingegangen werden.

> **Das Rahmenmodell zur Paarentwicklung integriert verschiedene Zeit- und Kontextebenen und berücksichtigt neben dem Paarsystem auch die einzelnen Personen.**

## 8.4 Paarbeziehungsprozesse als Ansatzpunkte für Intervention

Ein gewichtiges Argument für eine prozessorientierte Paarbeziehungsforschung besteht darin, dass der Nachweis funktionaler und dysfunktionaler Interaktions- und Kommunikationsprozesse im Sinne einer technologischen Transformation von empirisch gesicherten Erklärungen unmittelbar auf psychologische Interventionsbemühungen übertragen werden kann. Dabei lässt sich grundsätzlich zwischen therapeutischen und präventiven Interventionsansätzen unterscheiden.

*Prozessorientierte Paartherapien* beziehen sich auf klinisch relevante Störungen (z. B. Partnergewalt, sexuelle Dysfunktionen). Sie thematisieren dabei je nach theoretischer Ausrichtung behaviorale, kognitive, emotionale oder all diese Elemente integrierende Interventionstechniken. Hinsichtlich ihrer in metaanalytischen Studien dokumentierten Wirksamkeit scheinen sich die

> **Prozessorientierte Paartherapien beziehen sich auf klinisch relevante Störungen.**

verschiedenen paartherapeutischen Ansätze kaum zu unterscheiden (vgl. Christensen & Heavey, 1999). Auch wenn noch weitere therapievergleichende Studien erforderlich sind, kann dies generell als Beleg für die Relevanz einer prozessorientierten Vorgehensweise gewertet werden.

Prozessorientierte Ansätze der *Paarintervention mit präventiver Zielsetzung* bemühen sich vor allem um die Vermittlung bzw. Stärkung von Beziehungsfertigkeiten, die – noch bevor »das Kind in den Brunnen gefallen ist« – einem möglichen dysfunktionalen Verlauf der Partnerschaftsentwicklung Einhalt gebieten sollen bzw. im Sinne einer Beziehungsbereicherung (englisch: enrichment) dazu beitragen, dass sich die Qualität der Paarbeziehung auf einem hohen positiven Niveau hält. Hierbei haben sich vor allem spezielle Techniken des Kommunikationsverhaltens bewährt, wie aktives Zuhören, Ich-Botschaften, konstruktive Formen der Konfliktlösung und Problembewältigung sowie ferner beziehungsförderliche Attributions- und Erwartungsmuster, gemeinsame Stressbewältigung, die Erhöhung der Zeiten positiver Gemeinsamkeit, etc. Eine Zusammenstellung entsprechender Präventionsprogramme für den angloamerikanischen Sprachraum findet sich bei Berger und Hannah (1999). Für den deutschen Sprachraum seien beispielhaft das Paartraining »Ein Partnerschaftliches Lernprogramm« (EPL) von Thurmaier et al. (1995) und das »Freiburger Stresspräventionstraining für Paare« (FSTP) von Bodenmann (2000b) genannt, für die inzwischen ermutigende langfristige Evaluationsbefunde vorliegen (vgl. Bodenmann, 2000a; Thurmaier, 1997).

> **Prozessorientierte Ansätze mit präventiver Zielsetzung bemühen sich vor allem um die Vermittlung bzw. Stärkung von Beziehungsfertigkeiten, bevor die Partnerschaft dysfunktional verläuft.**

Obwohl sich die bislang vorliegenden paarorientierten Präventionsprogramme als durchaus nützlich erwiesen haben, ergibt sich im Hinblick auf die in diesem Beitrag dargestellten integrativen Prozessmodelle der Paarentwicklung eine Reihe von Desiderata. So werden z. B. unabhängig vom Partner angeeignete Beziehungserfahrungen, die in der Herkunftsfamilie oder in anderen Beziehungskontexten gemacht wurden, aber sehr wohl das aktuelle Beziehungsgeschehen in einer Partnerschaft beeinflussen können, ebenso wenig berücksichtigt wie Persönlichkeitsunterschiede der Partner. Auch paar- bzw. familienzyklische Phasen und Übergänge (z. B. der Übergang zur Elternschaft oder in die »Empty-nest«-Phase) sowie nichtnormative Lebensereignisse (z. B. chronische Krankheit oder Arbeitslosigkeit) werden in der Regel nicht thematisiert – ganz zu schweigen von ökonomischen und soziokulturellen Einflüssen (z. B. finanzielle Knappheit, kulturelle Unterschiede in binationalen Partnerschaften), die spezifische Belastungsumstände darstellen und sich in beträchtlichem Maße auf die Lebensgestaltung von Paaren auswirken können.

An dieser Stelle sind auch auf der *gesellschaftlichen Ebene* etwa im familien-, sozial- und arbeitsmarktpolitischen Bereich Interventionsbemühungen erforderlich, die für angemessene Rahmenbedingungen der Paar- und Familienentwicklung (z. B. in Form einer hinreichenden ökonomischen Sicherung oder paar- und familienfreundlicher Arbeitsbedingungen) sorgen. Gesellschaftlich präventive Ansätze dieser Art machen psychologische Interventionsansätze zwar nicht überflüssig, können aber in erheblichem Maße externe Belastungen abfedern, denen Paare und Familien in ihrer Entwicklung ausgesetzt sind.

Integrative Prozessmodelle der Partnerschaftsentwicklung können somit auch auf der Interventionsebene durch die von ihnen geleistete Zusammenführung unterschiedlicher Ansätze zur Stärkung der Qualität und Stabilität von Paarbeziehungen beitragen.

> **Integrative Prozessmodelle der Partnerschaftsentwicklung können auf der Interventionsebene durch die Zusammenführung unterschiedlicher Ansätze zur Stärkung der Qualität und Stabilität von Paarbeziehungen beitragen.**

## Zusammenfassung

Mit der stärkeren Beachtung einer prozessorientierten Perspektive hat die Paarbeziehungsforschung einen beachtlichen Zugewinn an Erklärungskraft bezüglich der Stabilität und Qualität von Partnerschaften zu verzeichnen. Diese Fortschritte sind vor allem den neueren sozialen Lerntheorien und deren Integration von kommunikations-, attributions- und bindungstheoretischen Ansätzen zu verdanken. Zugleich haben die Forschungsbefunde, die auf der Grundlage dieser Prozessmodelle gewonnen wurden, erheblich dazu beigetragen, eine Reihe von allgemeinen Beziehungsfertigkeiten zu identifizieren, die – sofern sie von den Paaren angenommen und in ihren Alltag integriert werden – die Wahrscheinlichkeit für die Entwicklung bzw. Bewahrung ihrer Beziehungszufriedenheit und -stabilität erhöhen.

Allerdings hat sich die prozessorientierte Paarbeziehungsforschung entsprechend ihrer vorwiegend lerntheoretischen Tradition stärker auf das aktuelle Interaktionsgeschehen zwischen den Partnern und weniger auf differenzielle – insbesondere persönlichkeitspsychologische – sowie beziehungsgeschichtliche Aspekte konzentriert, die gleichwohl die aktuelle Paarkommunikation entscheidend mit beeinflussen können. Darüber hinaus stehen längerfristige Entwicklungsverläufe von Paarbeziehungen und die damit einhergehenden strukturellen Veränderungen auf der Person- und Paarebene, wie sie häufig durch normative und nicht-normative Entwicklungsübergänge angestoßen werden, bei einer rein prozessorientierten Sichtweise ebenso wenig im Vordergrund des Interesses wie Einflussfaktoren des breiteren ökologischen

Kontexts, in dem Paare leben und sich entwickeln. Von daher bietet sich an, die im »Hier und Jetzt« ablaufenden Paarbeziehungsprozesse mit längerfristigen Entwicklungsverläufen von Partnerschaften, in denen sich u. a. auch strukturelle Veränderungen ereignen können, zu verbinden.

Auf der theoretischen Ebene ergeben sich Ansatzpunkte hierfür im Rahmen einer systemtheoretischen Modellierung von längerfristigen Paarentwicklungsprozessen, ähnlich wie dies Gottman et al. (1999) für die kurzfristige Analyse von Paarkonfliktgesprächen getan haben. Insbesondere bedürfen dabei Prozesse der Selbstorganisation von Paarsystemen und person-, paar- und kontextspezifischen Bedingungen, die zur Herausbildung qualitativ neuer Ordnungsstrukturen in Paarsystemen führen, einer genaueren Untersuchung (vgl. Schneewind & Schmidt, im Druck). Darüber hinaus sollten längsschnittliche Analysen dieser Art eine differenzielle bzw. differenziell-typologische Perspektive berücksichtigen, um die Entwicklungsverläufe einzelner Paare bzw. Paargruppen genauer nachzeichnen zu können. Schließlich ist eine möglichst genaue Kenntnis bzw. Rekonstruktion der Beziehungsstruktur von Paarsystemen sowie deren jeweiliger Geschichte und Umwelt auch eine wichtige Voraussetzung für eine interventionsorientierte Arbeit mit Paaren. Dies vor allem, weil aus systemtheoretischer Sicht personale und soziale Systeme autonome Einheiten darstellen, denen Interventionen nicht verordnet, sondern allenfalls zur eigenständigen Integration angeboten werden können. Wenn Letzteres gelingt, können gut auf das Paar abgestimmte Interventionen trotz des systemtheoretischen Diktums von der Unmöglichkeit einer »instruktiven Interaktion« wesentliche Beiträge zur Paarentwicklung leisten.

## Literatur

Aldous, J. (1996). Family careers. Rethinking the developmental perspective. Thousand Oaks, CA: Sage.

Baron, R. M. & Kenny, D. A. (1986). The moderator-mediator variable distinction in social psychological research: Conceptual, strategic and statistical considerations. Journal of Personality and Social Psychology, 51, 1173-1182.

Bartholomew, K. (1990). Avoidance of intimacy: An attachment perspective. Journal of Social and Personal Relationships, 7, 147-178.

Beck, U. & Beck-Gernsheim, E. (1990). Das ganz normale Chaos der Liebe. Frankfurt: Suhrkamp.

Berger, R. & Hannah, M. T. (eds.). (1999). Preventive approaches in couples therapy. Philadelpia, PA: Brunner/Mazel.

Bierhoff, H. W. & Grau, I. (1999). Romantische Beziehungen. Bern: Huber.

Bodenmann, G. (2000a). Stress und Coping bei Paaren. Göttingen: Hogrefe.

Bodenmann, G. (2000b). Kompetenzen für die Partnerschaft. Weinheim: Juventa.

Bowlby, J. (1979). The making and breaking of affectional bonds. London: Tavistock.

Bradbury, T. N. & Fincham, F. D. (1989). Behavior and satisfaction in marriage. Prospective mediating processes. In C. Hendrick (ed.). Close relationships. Review of Personality and Social Psychology (Vol. 10, pp. 119-143). Newbury Park: Sage.

Bradbury, T. N. & Fincham, F. D. (1993). Assessing dysfunctional cognition in marriage: A reconsideration of the Relationship Belief Inventory. Psychological Assessment, 5, 92-101.

Bronfenbrenner, U. (1981). Die Ökologie der menschlichen Entwicklung. Stuttgart: Klett-Cotta.

Bronfenbrenner, U. & Ceci, S. J. (1994). Nature-nurture reconceptualized: A bioecological model. Psychological Review, 101, 567-686.

Bronfenbrenner, U. & Morris, P. A. (2000). Die Ökologie des Entwicklungsprozesses. In: Lange, A. & Lauterbach, W. (Hrsg.). Kinder in Familie und Gesellschaft zu Beginn des 21sten Jahrhunderts (S. 29-58). Stuttgart: Lucius und Lucius.

Carter, B. & McGoldrick, M. (eds.). (1988). The changing family life cycle. A framework for family therapy. New York: Gardner.

Christensen, A. & Heavey, C. L. (1999). Interventions for couples. Annual Review of Psychology, 50, 165-190.

Cohn, A. D., Silver, D. H., Cowan, C. P., Cowan, P. A. & Pearson, J. (1992). Working models of childhood attachment and couple relationships. Journal of Family Issues, 13, 432-449.

Collins, N. L. & Read, S. J. (1994). Cognitive representations of attachment: The content and functioning of working models. In: Bartholomew, K. & Perlman, D. (eds.). Advances in personal relationships (pp. 53-90). London: Jessica Kingsley.

Dweck, C. S. (1996). Implicit theories as organizers of goals and behavior. In: Gollwitzer, P. M. & Bargh, J. A. (eds.). The psychology of action: Linking cognition and motivation to behavior (pp. 69-90). New York: Guilford Press.

Engl, J. (1997). Determinanten der Ehequalität und Ehestabilität. Eine fünfjährige Längsschnittstudie an heiratswilligen und jungverheirateten Paaren. München: Institut für Forschung und Ausbildung in Kommunikationstherapie e.V.

Feeney, J. & Noller, P. (1996). Adult attachment. Thousand Oaks, CA: Sage.

Gonzalez, R. & Griffin, D. (1997). On the statistics of interdependence: Treating dyadic data with respect. In: Duck. S. (ed.). Handbook of personal relationships: Theory, research and interventions (2nd. edn., pp. 271-302). New York: Wiley.

Gottman, J. M. (1993a). A theory of marital dissolution and stability. Journal of Family Psychology, 7, 57-75.

Gottman, J. M. (1993b). The roles of conflict engagement, escalation, and avoidance in marital interaction: A longitudinal view of five types of couples. Journal of Consulting and Clinical Psychology, 61, 6-15.

Gottman, J., Swanson, C. & Murray, J. (1999). The mathematics of marital conflict: Dynamic mathematical nonlinear modeling of newlywed marital interaction. Journal of Family Psychology, 13, 3-19.

Hazan, C. & Shaver, P. (1987). Romantic love conceptualized as an attachment process. Journal of Personality and Social Psychology, 52, 511-524.

Hendrick, S. S. (1988). A Generic Measure of Relationship Satisfaction. Journal of Marriage and the Family, 50, 93-98.

Karney, B. R. & Bradbury, T. N. (1995a). Assessing longitudinal change in marriage: An introduction to the analysis of growth curves. Journal of Marriage and the Family, 57, 1091-1108.

Karney, B. R. & Bradbury, T. N. (1995b). The longitudinal course of marital quality and stability: A review of theory, method, and research. Psychological Bulletin, 118, 3-34.

Kelly, E. L. & Conley, J. J. (1987). Personality and compatibility: A prospective analysis of marital stability and marital satisfaction. Journal of Personality and Social Psychology, 52, 27-40.

Klein, D. M. & White, J. M. (1996). Family theories. Thousand Oaks, CA: Sage.

Knee, C. R. (1998). Implicit theories of relationships: Assessment and prediction of romantic relationship initiation, coping, and longevity. Journal of Personality and Social Psychology, 74, 360-370.

Markman, H. J., Stanley, S. M. & Blumberg, S. L. (1994). Fighting for your marriage. San Francisco, CA: Jossey-Bass.

McCubbin, H. I. & Patterson, J. M. (1983). The family stress process: The double ABCX model of adjustment and adadaption. Marriage and Family Review, 6, 7-37.

Noller, P., Beach, S. & Osgarby, S. (1997). Cognitive and affective processes in marriage. In: Halford, W. K. & Markman, H. J. (eds.). Clinical handbook of marriage and couples interventions (pp. 43-71). Chichester, UK: Wiley.

Notarius, C. I., Benson, P. R., Sloane, D., Vanzetti, N. A. & Hornyak, L. M. (1989). Exploring the interface between perception and behavior: An analysis of marital interaction in distressed and nondistressed couples. Behavioral Assessment, 11, 39-64.

Perrez, M., Berger, R. & Wilhelm, P. (1998). Die Erfassung von Belastungserleben und Belastungsverarbeitung in der Familie: Self-monitoring als neuer Ansatz. Psychologie in Erziehung und Unterricht, 45, 19-35.

Robinson, E. A. & Jacobson, N. S. (1987). Social learning theory and family psychopathology: A Kantian model in behaviorism? In: Jacob, T. (ed.). Family interaction and psychopathology: Theories, methods, and findings (pp. 117-162). New York: Plenum Press.

Rusbult, C. E. (1983). A longitudinal test of the investment model: The development (and deterioration) of satisfaction and commitment in heterosexual involvements. Journal of Personality and Social Psychology, 45, 101-117.

Rusbult, C. E., Drigotas, S. M. & Verette, J. (1994). The Investment Model. An Interdepencene Analysis of Commitment Processes and Relationship Maintenance Phenomena. In: Canary, D. J. & Stafford, L. (eds.). Communication and relational maintenance (pp. 141-164). San Diego, CA: Academic Press.

Rusbult, C. E., Wieselquist, J., Foster, C. A. & Witcher, B. S. (1999). Commitment and trust in close relationships: An interdependence analysis. In: Adams, J. M. & Jones, W. H. (eds.). Handbook of interpersonal commitment and relationship stability. New York: Kluwer Academic/Plenum Publishers.

Rusbult, C. E., Yovetich, N. A. & Verette, J. (1996). An interdependence analysis of accommodation processes. In: Fletcher, G. J. O. & Fitness, J. (eds.). Knowledge Structures in Close Relationships: A Social Psychological Approach (pp. 63-90). Mahwah, NJ: Erlbaum.

Schindler, L., Hahlweg, K. & Revenstorf, D. (1998). Partnerschaftsprobleme: Diagnose und Therapie. Berlin: Springer.

Schneewind, K. A. (1997). Was hält Ehen zusammen? Bedingungen und Konsequenzen ehelicher Stabilität. Unveröffentlichte Antragstellung an die Deutsche Forschungsgemeinschaft, Universität München.

Schneewind, K. A. (1999). Familienpsychologie (2. Aufl.). Stuttgart: Kohlhammer.

Schneewind, K. A. & Gerhard, A.-K. (2002). Relationship personality, conflict resolution and marital satisfaction in the first 5 years of marriage. Family Relations, 51, 63-71.

Schneewind, K. A., Graf, J. & Gerhard, A.-K. (1999). Paarbeziehungen: Entwicklung und Intervention. In: Rosenstiel, L. v., Hockel, C. M. & Molt, W. (Hrsg.). Handbuch der Angewandten Psychologie (S. V-6.1,1-20). Landsberg/Lech: ecomed.

Schneewind, K. A. & Schmidt, M. (im Druck). Systemtheorie in der Sozialpsychologie. In: Frey, D. & Irle, M. (Hrsg.). Theorien der Sozialpsychologie. Band 3. Bern: Huber.

Shaver, P. R., Collins, N. & Clark, C. L. (1996). Attachment styles and internal working models of self and relationship partners. In: Fletcher, G. J. O. & Fitness, J. (eds.), Knowledge Structures in Close Relationships: A Social Psychological Approach (pp. 25-61). Mahwah, NJ: Erlbaum.

Sierwald, W. (1996). Das Latente Personen-Methoden-Zeitpunkte Modell. Münster: Waxmann.

Stanley, S. M., Blumberg, S. L. & Markman, H. J. (1999). Helping couples fight for their marriages: The PREP approach. In: Berger, R. & Hannah, M. T. (eds.). Preventive approaches in couples therapy (pp. 279-303). Philadelphia, PA: Brunner/Mazel.

Thurmaier, F. (1997). Ehevorbereitung – Ein Partnerschaftliches Lernprogramm (EPL). Methodik, Inhalte und Effektivität eines präventiven Paarkommunikationstrainings. München: Verlag Institut für Forschung und Ausbildung in Kommunikationstherapie e.V.

Thurmaier, F., Engl, J. & Hahlweg, K. (1995). Ehevorbereitung – Ein partnerschaftliches Lernprogramm (EPL). Handbuch für ausgebildete Kursleiter. München: Verlag Institut für Forschung und Ausbildung in Kommunikationstherapie e.V.

Weiß, J. & Schneewind, K. A. (im Druck). »Empty nest« – eine kritische Phase im Familienlebenszyklus? In: Rosenstiel, L. v., Hockel, C. M. & Molt, W. (Hrsg.). Handbuch der Angewandten Psychologie. Landsberg: ecomed.

# Dimensionen enger Beziehungen

Hans-Werner Bierhoff

Schon Sigmund Freud wusste, dass Liebe und Arbeit die wichtigsten menschlichen Anliegen sind (vgl. McCrae & Costa, 1991). Wir beziehen unsere größten Befriedigungen und unsere größten Enttäuschungen aus diesen beiden Lebensbereichen. Allerdings findet sich zwischen ihnen ein deutlicher Unterschied: Der Berufsbereich wird von vorneherein eher als eine Last verstanden, während die Erfahrungen in Partnerschaften, die im Mittelpunkt dieses Beitrags stehen, als Quelle von Freude und Ausgleich angesehen werden.

## 9.1   Welche Erlebnisse und Erfahrungen treten in engen Beziehungen auf?

Das Thema »Enge Beziehungen« hat eine individuelle und eine kulturelle Ebene. Auf der *individuellen Ebene* geht es um die Erfahrungen in Partnerschaften, die durch eine Vielzahl von sozialpsychologischen Theorien beschrieben werden (Bierhoff & Grau, 1999). Darunter fallen Bindung, Liebe, emotionale Abhängigkeit, Gegenseitigkeit des sozialen Austauschs, Gemeinsamkeit, Intimität und Konflikt.

Soziale Beziehungen enthalten sowohl den Austausch von Kosten als auch den von Belohnungen (Kelley & Thibaut, 1978). Außerdem scheint es so zu sein, dass der Austausch von Belohnungen in engen Beziehungen mehr oder weniger unabhängig von dem Austausch von Kosten erfolgt. Eine Partnerschaft kann z. B. sexuell befriedigend sein, während gleichzeitig Streit über tägliche Planungen regelmäßig auftritt. Grundsätzlich wäre es verwunderlich, wenn eine Analyse der Erfahrungen in Partnerschaften nicht darauf hinweisen würde, dass die Erlebnisse der Partner gemischt sind, d. h. teilweise positiv und teilweise negativ ausfallen. Es kann sein, dass eine Partnerschaft nahezu ausschließlich durch positive Interaktionen gekennzeichnet ist, also durch gegenseitige Befriedigung der Bedürfnisse und durch Harmonie. Es kann aber auch genauso gut sein, dass neben positiven Erfahrungen auch negative Erlebnisse auftreten, die z. B. in interpersonellen Konflikten zum Ausdruck kommen oder darin, dass ein Partner oder beide Partner Gefühle der Frustration entwickeln.

> Der Austausch von Belohnungen erfolgt in engen Beziehungen mehr oder weniger unabhängig von dem Austausch von Kosten.

Allerdings ist auch zu vermuten, dass die positiven Erfahrungen in vielen engen Beziehungen gegenüber den negativen überwiegen. Diese Annahme ergibt sich, wenn man von einem Auswahlprozess in Partnerschaften ausgeht, der stufenweise erfolgt (Levinger, 1980; Murstein, 1986). In diesem Zusammenhang kann angenommen werden, dass Partnerschaften, in denen negative Erlebnisse überwiegen, eine erhöhte Wahrscheinlichkeit der Trennung aufweisen. Diese Aussage kann aber dadurch eingeschränkt werden, dass äußere Hindernisse (wie Auflösung einer Ehe durch Scheidung, finanzielle Abhängigkeiten, Verantwortung für gemeinsame Kinder) einer Trennung im Weg stehen (Rusbult & Martz, 1995).

> **Partnerschaften, in denen negative Erlebnisse überwiegen, weisen eine erhöhte Wahrscheinlichkeit der Trennung auf. Äußere Hindernisse stehen einer Trennung jedoch häufig im Weg.**

Die *kulturelle Ebene* enger Beziehungen kommt in kulturellen Stereotypen zum Asudruck, die bestimmte Standards darüber vermittelt, was eine gute Partnerschaft auszeichnet oder wie ein guter Partner oder eine gute Partnerin beschaffen sein sollte. Diese Standards können individuell an die eigene Beziehung angelegt werden, um ihre Tragfähigkeit einzuschätzen. Es ist klar, dass die individuellen Einschätzungen des Beziehungserfolgs immer auch kulturelle Standards berücksichtigen. Je stärker z. B. eine Person davon überzeugt ist, dass in ihrer Kultur Partnerschaften bestehen, in denen sexuelle Befriedigung wichtig ist, desto eher wird sie ihre eigene sexuelle Befriedigung heranziehen, um ihre Partnerschaft zu bewerten.

Im Folgenden steht die individuelle Perspektive auf das Thema Partnerschaften im Vordergrund, die natürlich nicht ganz unabhängig von der kulturellen Perspektive ist. Ein Beispiel, in dem die Vielschichtigkeit von Beziehungen relativ gut beleuchtet wird, ist der Film »Sweet November«, der im Sommer 2001 in den deutschen Kinos lief. Am Anfang macht der Film erst einmal deutlich, dass die beiden Hauptakteure, die sich später ineinander verlieben, eine vermeidende Einstellung zur Partnerschaft haben. Dann wird diese Vermeidungstendenz mehr und mehr durch Gefühle romantischer Zuneigung aufgebrochen, bis am Ende wieder Vermeidungstendenzen überwiegen. Der Film handelt von einer Frau, die eine tödliche Krankheit und nur noch wenige Wochen zu leben hat. Diese Situation ruft sowohl Opferbereitschaft auf Seiten ihres Liebhabers hervor als auch Streit darüber, wie mit dieser Belastungssituation umzugehen ist.

Damit wird schon auf einige der Basisdimensionen, auf denen sich nach unserer Forschung (Bierhoff & Grau, 1997) die Erlebnisse in engen Beziehungen darstellen lassen, verwiesen: Sicherheit versus Vermeidung, romantische Gefühle, Altruismus und Konflikt. Wir nehmen an, dass diese Themen in engen Beziehungen regelmäßig auftreten, wenn auch mit unterschiedlichen Akzentuierungen. Das Besondere jeder engen Beziehung kommt darin zum Ausdruck, dass die einzelnen Dimensionen unterschiedlich ausgeprägt sind und dass sie unterschiedlich gewichtet werden.

> **Basisdimensionen in engen Beziehungen sind: Sicherheit versus Vermeidung, romantische Gefühle, Altruismus und Konflikt.**

Wie wir sehen werden, spielt noch eine fünfte Dimension des Beziehungserlebens eine bedeutsame Rolle, die im Allgemeinen

> **Eine fünfte Dimensonen ist sehr bedeutsam: Investitionen in die Beziehung, die einerseits materieller Art sind, aber auch gemeinsame Kinder und im Weiteren gemeinsame Erlebnisse umfassen.**

erst in einer Langzeitperspektive wichtig wird: Investitionen in die Beziehung, die einerseits materieller Art sind, aber auch gemeinsame Kinder und im Weiteren gemeinsame Erlebnisse umfassen. Diese fünfte Dimension kommt in vielen Spielfilmen, in denen Verliebtheit, Romantik, Konflikt- und Opferbereitschaft behandelt werden, zu kurz, weil sie genau dann enden, wenn die Investitionen in die Beziehung beginnen würden.

## 9.2 Warum ist es wichtig, die Erlebnisdimensionen in engen Beziehungen zu kennen?

Erkenntnisse über die Dimensionen des Erlebens in engen Beziehungen haben sowohl eine Bedeutung für die Grundlagenforschung als auch für die Anwendung. Die Grundlagenforschung wird durch die Dimensionsanalyse inhaltlich strukturiert. Ergebnisse, die sich auf verwandte Merkmale beziehen – also auf solche Merkmale, die auf derselben Dimension angesiedelt sind – können in einen Gesamtzusammenhang integriert werden. Da sich die gegenwärtige Forschung zu engen Beziehungen durch eine bunte Mischung von untersuchten Merkmalen auszeichnet, deren Zahl immer größer wird, kann ein solches Bezugssystem der Basisdimensionen darüber informieren, welche Merkmalsbereiche inhaltlich ähnlich sind und welche voneinander unabhängig sind.

Auf diese Weise lässt sich z. B. eine häufig gestellte Frage beantworten: Wie ist der Zusammenhang zwischen Liebes- und Bindungsstilen? In Liebesstilen kommen Erlebnisse wie romantische Zuneigung, freundschaftliche Gemeinsamkeit, besitzergreifende Eifersucht, Orientierung an dem Machbaren, Opferbereitschaft oder Untreue zum Ausdruck (Lee, 1976). Sind diese Erlebnisdimensionen mit den Bindungsstilen, wie sie von Ainsworth et al. (1978) beschrieben wurden, die zwischen sicherer, ängstlich-ambivalenter und ängstlich-vermeidender Bindung unterschieden, kompatibel? Wo finden sich Gemeinsamkeiten, wo liegen die Unterschiede? Antworten auf diese Fragen sind offensichtlich von großem Nutzen für eine Theorieintegration.

Im angewandten Bereich wird – vor allem im Kontext einer Paartherapie – durch die Messung von Basisdimensionen des Beziehungserlebens die Möglichkeit eröffnet, ein systematisches Beschreibungsschema der Erfahrungen in engen Beziehungen anzuwenden, anhand dessen auf einer systematischen Grundlage abgeschätzt werden kann, wie sich die Beziehung für die Partner darstellt. Wenn auch normative Daten zur Verfügung stehen, die darüber Auskunft geben, was durchschnittliche und was ungewöhnliche Erlebnisausprägungen auf den Grunddimensionen sind, besteht im Weiteren die

> **Normative Daten über durchschnittliche Erlebnisausprägungen erlauben Auskunft über »Highlights« und »Tiefpunkte« einer Beziehung und damit über mögliche therapeutische Ansatzpunkte.**

Möglichkeit, Hinweise darüber zu erhalten, auf welchen Dimensionen sich »Highlights« oder »Tiefpunkte« der jeweiligen Beziehung feststellen lassen. An diesen Punkten kann die Therapie mit Gewinn thematisch andocken.

## 9.3    Wie lassen sich die Dimensionen des Erlebens in engen Beziehungen ableiten?

Die Frage, die in der Überschrift dieses Abschnittes gestellt wird, lässt sich nicht durch die Nennung eines einzigen optimalen Verfahrens beantworten. Vielmehr sind verschiedene Vorgehensweisen möglich, die viel versprechend sind. Da wir gegenwärtig noch am Anfang der Erforschung der Grunddimensionen des Erlebens in engen Beziehungen stehen, sind diese verschiedenen Möglichkeiten noch längst nicht ausgeschöpft worden.

In der Persönlichkeitsforschung wurde eine umfangreiche Erfahrung mit dem Thema der Ableitung der Grunddimensionen in dem persönlichen Erlebnisbereich gewonnen. Daher ist es instruktiv, sich anzusehen, wie in der Persönlichkeitsforschung verfahren wurde, um die Basisdimensionen der Persönlichkeit zu ermitteln.

Der methodisch am weitesten fortgeschrittene Ansatz ist der lexikalische, bei dem von Persönlichkeitseigenschaften ausgegangen wird, die im Lexikon einer Sprache zu finden sind. Üblicherweise werden mehrere tausend solcher Adjektive identifiziert, deren Anzahl durch verschiedene Ausschlusskriterien reduziert wird. Die verbleibenden Adjektive – im Allgemeinen mehrere hundert – werden zur Selbst- und Fremdbeurteilung eingesetzt, um dann mittels Faktorenanalyse die Struktur der Korrelationsmatrix zu bestimmen (John et al., 1999).

> **Der methodisch am weitesten fortgeschrittene Ansatz ist der lexikalische, bei dem von Persönlichkeitseigenschaften ausgegangen wird, die im Lexikon einer Sprache zu finden sind.**

Frühere Klassifikationsmodelle der Persönlichkeit führten zu unterschiedlichen Ergebnissen, was die Zahl und die Benennung der grundlegenden Dimensionen angeht. McCrae und Costa (1999) ermittelten in Übereinstimmung mit den Ergebnissen des lexikalischen Ansatzes, dass fünf Dimensionen erforderlich sind, um die Persönlichkeitsstruktur umfassend zu beschreiben (die sog. Big Five der Persönlichkeit). Dasselbe 5-stufige Beschreibungsschema hatten z. B. auch Digman und Enouye (1986) in einer Studie mit Kindern auf Hawaii, die von ihren Lehrern beurteilt wurden, abgeleitet.

Obwohl der lexikalische Ansatz derjenige ist, der theoretisch am zufriedenstellendsten ist, erweist er sich doch auch als besonders aufwendig. In einem Anfangsstadium der Forschung über die grundlegende Dimensionen des Erlebens in engen Beziehungen haben wir uns daher entschlossen, einen Ansatz zu wählen, der teilweise theoretisch und teilweise deskriptiv orientiert ist. Wir gingen von den wichtigsten Theorien enger Beziehungen aus und stellten uns die Frage, welche Dimensionen enger Beziehungen darin thematisiert werden (Bierhoff & Grau, 1997). Dieser Forschungsansatz stellt eine pragmatische Vorgehensweise dar, die einerseits das theoretische Wissen über enge Beziehungen berücksichtigt und andererseits von vorhandenen Beziehungs-Fragebögen ausgeht, von denen angenommen wird, dass sie ein breites Spektrum von Beziehungserlebnissen ansprechen.

Wir werden unseren Forschungsansatz im Folgenden ausführlicher darstellen. An dieser Stelle ist aber schon darauf hinzuweisen, dass verschiedene kritische Fragen zu stellen sind, die sich im Hinblick auf die Auffindung von Basisdimensionen stellen (vgl. Digman & Enouye, 1986): Wie lassen sich die gefundenen Faktoren interpretieren? Welche Anzahl von Faktoren ist erforderlich, um das Korrelationsmuster hinreichend aufzuklären? Gibt es theoretische Erklärungen, aus denen sich die gefundenen Grunddimensionen ableiten lassen? Auf welchem Abstraktionsniveau wird das Erleben klassifiziert? Ich werde auf diese Fragen zurückkommen und die Dimensionen des Erlebens in engen Beziehungen daraufhin betrachten.

## 9.4    Die Big Five des partnerschaftlichen Erlebens

Unser Ansatz basiert auf der Auswertung der Inhalte von Theorien enger Beziehungen. Diese Theorien umfassen neben den schon erwähnten Liebes- und Bindungsstilen auch die Theorie von Austausch- und sozial motivierten Beziehungen (Clark & Mills, 1993), die Investment-Theorie von Rusbult (1983), den beschreibenden Ansatz der Beziehungsnähe von Berscheid et al. (1989) und die verhaltensbezogene Beschreibung von Kommunikationsprozessen in engen Beziehungen, wie sie aus verhaltenstherapeutischer Perspektive entwickelt wurde (Hahlweg et al., 1992). Diese theoretischen Ansätze werden im Folgenden kurz vorgestellt.

> **Um die Big Five des partnerschaftlichen Erlebens zu ermitteln, wurde verschiedene Theorien enger Beziehungen herangezogen.**

### Liebesstile
Lee (1976) spricht von den verschiedenen Farben der Liebe. Der Einfachheit halber und um die abendländischen Tradition der Liebesstile anzudeuten verwendet er lateinische und griechische Begriffe, um die Farben der Liebe zu kennzeichnen: Eros, Mania, Storge, Ludus, Pragma und Agape.

*Romantische Liebe* (Eros) betrifft die unmittelbare Anziehung durch die geliebte Person, die mit einer physiologischen Erregung und sexuellem Interesse verbunden ist.

*Besitzergreifende Liebe* (Mania) ist darüber hinaus noch durch die Betonung der Exklusivität der Beziehung, die dauernde Konzentration auf den Partner und durch Eifersucht gekennzeichnet. Im Extremfall kreist das ganze Denken um den Partner, die Partnerschaft wird zur Obsession, der Partner/die Partnerin wird als Besitz betrachtet.

*Freundschaftliche Liebe* (Storge) entsteht aus einer langen Freundschaft. Im Vordergrund stehen gemeinsame Interessen und gemeinsame Aktivitäten. Die sexuelle Anziehung tritt erst relativ spät auf, wenn schon eine feste Bindung zwischen den Partnern entstanden ist.

*Spielerische Liebe* (Ludus) betont Verführung, sexuelle Freiheit und sexuelle Abenteuer. Die Komponente der Bindung ist eher niedrig ausgeprägt. Das Hier und Jetzt dominiert gegenüber einer längerfristigen Perspektive. Versprechen sind nur im Augenblick wahr, wenn sie ausgesprochen werden.

*Pragmatische Liebe* (Pragma) geht davon aus, dass es gut wäre, einen passenden Partner bzw. eine passende Partnerin zu finden (z. B. um sich eine große Wohnung leisten zu können oder um Kinder zu haben). Im Mittelpunkt steht der Wunsch, die Entscheidung über eine längerfristige Bindung auf einer soliden Grundlage zu treffen.

*Altruistische Liebe* (Agape) stellt das Wohl der geliebten Person über das eigene Wohlergehen. Die Aufmerksamkeit ist auf die Bedürfnisse des anderen gerichtet. Die Opferbereitschaft für den Partner beruht oft auf Gegenseitigkeit: Jeder ist bereit, im Notfall für den andere einzutreten.

### Bindungsstile

Die alltägliche Beobachtung von Kindern zeigt, dass sie an ihre Eltern und wichtige Bezugspersonen gebunden sind. Sie suchen deren Nähe und vermissen sie, wenn sie sich entfernt haben. Bowlby (1969) stellte nun die Annahme auf, dass das kindliche Bindungsverhalten durch internale Arbeitsmodelle repräsentiert wird. Diese kognitiven Modelle dienen dem Kind dazu, die sozialen Beziehungen zwischen sich selbst und andere Personen schematisch zu strukturieren.

Ursprünglich wurde zwischen drei Bindungsstilen unterschieden, von denen einer als sicher und zwei als unsicher bezeichnet wurden (nämlich ängstlich-ambivalent und vermeidend; Ainsworth et al., 1978). Eine weitergehende Analyse zeigt jedoch, dass der vermeidende Bindungsstil zwei unterschiedliche psychologische Grundlagen haben kann: Vermeidung aus Desinteresse an anderen Menschen oder Vermeidung aus Angst vor Enttäuschungen. Diese Unterteilung kann in einem 2×2-Schema der Arbeitsmodelle berücksichtigt werden, in dem sowohl der Selbstwert der Person als auch die andere Person als positiv oder negativ kategorisiert werden (Bartholomew, 1990). Die Grundannahme besteht darin, dass sich die Arbeitsmodelle in Abhängigkeit davon ergeben, wie die Person sich selbst und andere repräsentiert. So resultiert z. B. ein positives Modell von sich selbst und anderen in einem sicheren Bindungsstil. Hingegen ergibt ein positives Modell von sich selbst und ein negatives Modell von anderen einen gleichgültig-vermeidenden Bindungsstil, bei dem die Person Unabhängigkeit erlebt und Intimität meidet. Besonders interessant sind die beiden Fälle, in denen ein negatives Modell des Selbst besteht. Einmal – wenn nämlich ein positives Modell von anderen gegeben ist – folgt ein ängstlich-ambivalenter Bindungsstil. Zum anderen – wenn beide Modelle negativ sind – ergibt sich ein ängstlich-vermeidender Bindungsstil, der durch Angst vor Intimität gekennzeichnet ist, die Vermeidung erzwingt.

> **Die beiden Grunddimensionen, auf denen die Bindungsstile variieren, werden als Angst und Vermeidung gekennzeichnet.**

Die beiden Grunddimensionen, auf denen die Bindungsstile variieren, werden als Angst und Vermeidung gekennzeichnet (Grau, 1999). Eine sichere Bindung ist dadurch charakterisiert, dass weder Angst vor einer Enttäuschung noch Vermeidung von Beziehungspartnern hoch ausgeprägt ist. Andererseits zeichnet sich der ängstlich-vermeidende Bindungsstil durch hohe Angstwerte und hohe Vermeidungswerte aus. Eine Fülle von Untersuchungsergebnissen verweisen darauf, dass die Bindungsstile das Verhalten in Partnerschaften beeinflussen (z. B. das Abschiedsverhalten auf dem Flugplatz; Fraley & Shaver, 1998) und auch darüber hinaus bedeutsam sind (z. B. für Intergruppen-Diskriminierung; Mikulincer & Shaver, 2001).

### Austausch- und sozial motivierte Beziehungen

Die Gegenüberstellung von Austauschbeziehungen und sozial-motivierten Beziehungen (Clark & Mills, 1993) geht davon aus, dass enge Beziehungen sich grundlegend von Geschäftsbeziehungen oder oberflächlichen Nachbarschaftsbeziehungen unterscheiden. Unter Austauschbeziehungen werden Beziehungen zwischen Fremden oder Bekannten zusammengefasst, während Freundschaften, Familienbindungen oder romantische Beziehungen unter sozial motivierte Beziehungen fallen. Während in Austauschbeziehungen die Verfolgung des Eigeninteresses im Mittelpunkt steht, sind sozial motivierte Beziehungen durch eine altruistische Orientierung am Wohlergehen der anderen Person gekennzeichnet.

> **Unter Austauschbeziehungen werden Beziehungen zwischen Fremden oder Bekannten zusammengefasst, während Freundschaften, Familienbindungen oder romantische Beziehungen als sozial motivierte Beziehungen gelten.**

### Investment und Commitment

Partnerschaften stellen einen Spezialfall von interdependenten Beziehungen dar (Rusbult & Arriaga, 1997). Der gegenseitige Austausch wird durch Belohnungen und Kosten bestimmt sowie durch generalisierte Erwartungen an die Partnerschaft. Diese Faktoren bestimmen nach der Investment-Theorie die Zufriedenheit. Diese wiederum beeinflusst, zusammen mit den Investitionen in die Partnerschaft und den vorhandenen Alternativen zu ihr das Commitment, das seinerseits die Stabilität der Beziehung bestimmt. Während Investitionen und Zufriedenheit positiv mit dem Commitment zusammenhängen, wird es geringer ausfallen, wenn günstige Alternativen zur Verfügung stehen. Wer sich über den Partner ärgert, wird eher das Commitment reduzieren, wenn ein anderer potenzieller Partner zur Verfügung steht, der als attraktiv erscheint.

Das Commitment einer Person ist ihre subjektive Repräsentation der Abhängigkeit von ihrer Partnerschaft. Es lässt sich als psychologischer Zustand verstehen, der eine kognitive, emotionale und konative Komponente aufweist (Drigotas et al., 1999). Wenn ein Partner z. B. ein geringes Commitment empfindet, wird er weniger über die Beziehung nachdenken, abgeschwächte Gefühle im Hinblick auf eine gemeinsame Zukunft in der Partnerschaft empfinden und eher beabsichtigen, die Beziehung zu beenden.

> **Das Commitment einer Person ist ihre subjektive Repräsentation der Abhängigkeit von ihrer Partnerschaft.**

## Beziehungsnähe

Das Erleben von Nähe ist immer auf eine andere Person bezogen (Grau, 2000). Grundsätzlich lässt sich zwischen der Erfassung objektiver Nähe und subjektiver bzw. emotionaler Nähe unterscheiden (s. Kap. 10). Ein Fragebogen, der auf die Erfassung von objektiver Nähe abzielt, ist der von Berscheid et al. (1989), der verhaltensnah Beziehungsnähe erfasst. In diesem Fragebogen wird Beziehungsnähe als gemeinsam verbrachte Zeit, Anzahl gemeinsam ausgeführter Aktivitäten und als Stärke des sozialen Einflusses interpretiert. Die Beziehungsnähe ist umso größer, je länger die Partner nur zu zweit sind, je mehr gemeinsame Aktivitäten sie unternehmen und je intensiver sie sich in ihren Plänen und Gewohnheiten beeinflussen.

> **Die Beziehungsnähe ist umso größer, je länger die Partner nur zu zweit sind, je mehr gemeinsame Aktivitäten sie unternehmen und je intensiver sie sich in ihren Plänen und Gewohnheiten beeinflussen.**

## Verbale und nonverbale Kommunikation

Gespräche unter Partnern in persönlichen Beziehungen können um triviale Themen wie das Wetter kreisen, können aber auch zentrale Bereiche der Partnerschaft thematisieren. Dazu zählen z. B. Zukunftspläne oder Konflikte, die etwa im Spannungsfeld von Abhängigkeit und Unabhängigkeit liegen oder die sich auf die Befolgung von Regeln oder die Erfüllung von Pflichten beziehen. Die Auseinandersetzung mit Konflikten führt vielfach zu Streitereien. Vermutlich bieten gerade Beziehungen zwischen gleichberechtigten Personen häufig Anlass für solche Auseinandersetzungen.

Neben der verbalen Kommunikation ist auch die nonverbale Kommunikation zu berücksichtigen, die in Zärtlichkeit und physischer Nähe zum Ausdruck kommt (Hahlweg, 1979). Zärtlichkeit ist sowohl ein Merkmal, das in dem Prototyp der Liebe enthalten ist (Shaver et al., 1992) als auch in dem Prototyp der Beziehungszufriedenheit (Hassebrauck, 1995). Letzterem sind auch die Merkmale »Gemeinsamkeiten« sowie »Diskussionsbereitschaft« und »wenig Streitereien« untergeordnet. Insofern sind die Themen Kommunikation, Zärtlichkeit und Streit alle Teil der Alltagsvorstellungen, die mit hoher oder niedriger Beziehungszufriedenheit verbunden werden.

Der positive Einfluss der Kommunikation und der Zärtlichkeit auf die Entwicklung einer Beziehung kann kaum überschätzt werden. Denn sie schaffen sowohl durch verbalen als auch durch nonverbalen Austausch Intimität, die den Prozess kennzeichnet, durch den versucht wird, emotionale Nähe zu einer anderen Person herzustellen (Hatfield, 1984, S. 208). Ein Schlüssel zum Erfolg einer Partnerschaft liegt darin, die eigenen Gefühle und Wünsche möglichst weitgehend zu kommunizieren. In Partnerschaften wird in der Regel ein Niveau der Selbstöffnung angestrebt, dass einen Kompromiss zwischen den unterschiedlichen Erwartungen der Partner darstellt. Wenn das erwartete Niveau der Selbstöffnung verfehlt wird, können Ärger und Widerstand ausgelöst werden.

> **Der positive Einfluss der Kommunikation und der Zärtlichkeit auf die Entwicklung einer Beziehung kann kaum überschätzt werden. Sie schaffen Intimität, durch die emotionale Nähe hergestellt wird.**

Konflikte in Partnerschaften (z. B. Rollenkonflikte) rufen Auseinandersetzungen hervor, die zu einer Konflikteskalation führen können. Untersuchungen von Paarkonflikten (Gottman, 1993) zeigen, dass unterschiedliche Verläufe auftreten: Neben offener Feindseligkeit kann es auch zu einer gegenseitigen Vermeidung kommen, oder es dominieren versteckte Aggressionen, die sich in Gesprächen über Meinungsverschiedenheiten niederschlagen.

Überblick über die verwendeten Verfahren
In Übereinstimmung mit dem theoretischen Bezugssystem wurden die folgenden Fragebogen verwendet:
- Marburger Einstellungsinventar für Liebesstile MEIL (Bierhoff et al., 1993)
- Bindungsstile (nach Simpson, 1990)
- Bindung und Investment (nach Lund, 1985)
- Austausch- und sozial motivierte Beziehungen (nach Clark et al., 1987)
- Relationship Closeness Inventory RCI (Berscheid et al., 1989).
- Partnerschaftsfragebogen PFB (nach Hahlweg et al., 1992)

Die Liebesstile wurden durch folgende Skalen repräsentiert:
- »Romantische Liebe« (Eros): Im Vordergrund steht die Zuneigung zu der anderen Person. Liebe ist eine überwältige Erfahrung, die auf einer physiologischen Erregung beruht (»Mein Partner hat für mich eine große erotische Ausstrahlung«).

- »Besitzergreifende Liebe« (Mania): Liebe wird überhöht, indem eine Idealisierung des Partners bzw. der Beziehung zu ihm oder ihr stattfindet. Dieser Liebesstil ist durch Eifersucht gekennzeichnet (»Wenn mein Partner mir keine Aufmerksamkeit schenkt, fühle ich mich ganz krank«).
- »Freundschaftliche Liebe« (Storge): Liebe entwickelt sich auf der Basis einer engen Freundschaft. Die Betonung liegt auf gleichen Interessen und vielen Gemeinsamkeiten (»Die beste Art von Liebe entsteht aus einer langen Freundschaft«).
- »Spielerische Liebe« (Ludus): Sie beruht auf der Idee der sexuellen Freiheit, die durch Verführung von Liebespartnern angestrebt wird. Im Vordergrund steht die Kurzzeitperspektive mit der Betonung des Hier und Jetzt (»Es macht mir großen Spaß, mit mehreren Partnern 'das Spiel der Liebe zu spielen'«).
- »Pragmatische Liebe« (Pragma): Bei dieser Minimalform der Liebe steht die Realisierung von bestimmten Lebenszielen im Vordergrund. Dazu zählt etwa eine günstige Wohnung oder die Erfüllung des Kinderwunsches (»Ich versuche mein Leben sorgfältig zu planen, bevor ich meinen Partner wähle«).
- »Altruistische Liebe« (Agape): Dieser Liebesstil betont die Selbstlosigkeit der eigenen Bestrebungen. Die Aufmerksamkeit ist auf die Befriedigung der Bedürfnisse des Partners oder der Partnerin gerichtet (»Ich würde lieber selbst leiden, als dass ich meinen Partner leiden sehe«).

Was die Bindung angeht, wurden vier Bindungsstile nach Bartholomew (1990) unterschieden:
- »Sichere Bindung«: Die Nähe einer anderen Person wird positiv gesehen, und gegenseitige Abhängigkeit wird als Bereicherung aufgefasst (»Ich finde es relativ leicht, anderen näher zu kommen«).
- »Ängstlich-ambivalente Bindung«: Die Person verfolgt eine Strategie des Klammerns, die die Zielperson verunsichert (»Ich will oft mit anderen vollkommen verschmelzen, und dieser Wunsch verscheucht sie manchmal«).
- »Gleichgültig-vermeidende Bindung«: Der Bindungswunsch ist reduziert, während gleichzeitig Distanz angestrebt wird (»Ich werde nervös, wann immer mir jemand zu nahe kommt«).
- »Ängstlich-vermeidende Bindung«: Aufgrund von Enttäuschungen, wie sie etwa in Vertrauensbrüchen zum Ausdruck kommen, besteht die Tendenz, Distanz zu anderen zu halten, um sich nicht interpersonellen Krisen auszusetzen (»Obwohl ich enge Beziehungen anstrebe, finde ich es schwierig, den anderen voll zu vertrauen«).

Aufgrund einer Faktorenanalyse wurde der Fragebogen zur Erfassung von Austausch- und sozial motivierten Beziehungen in zwei Unterskalen aufgeteilt. Die eine beinhaltet die Art und Weise, wie man damit umgeht, Hilfe zu empfangen oder um Hilfe zu bitten (»Wenn ich in einer Notlage bin, bitte ich Bekannte um Hilfe«), die zweite den eigenen Anspruch, anderen Hilfe zu leisten (»Ich scheue oft keine Mühe, um einer anderen Person zu helfen«).

Lund (1985) entwickelte Skalen zur Messung von Investment und Commitment. Sie ging davon aus, dass ein »Barrieren«-Modell die Langlebigkeit einer Partnerschaft erklären kann, da die Kontinuität der Beziehung eher durch Barrieren, sie zu verlassen, als durch Faktoren, die die Partner zusammenbringen, erklärt werden kann. Barrieren werden durch die Investitionen in die Beziehung und damit zusammenhängend durch das Commitment aufgebaut. Je höher die Investitionen und je höher das Commitment, desto höher ist die Barriere. In diesem Zusammenhang entwickelte Lund (1985) zwei Skalen:

> **Ein »Barrieren«-Modell erklärt die Langlebigkeit einer Partnerschaft, da die Kontinuität der Beziehung eher durch Barrieren, sie zu verlassen, als durch Faktoren, die die Partner zusammenbringen, erklärt werden kann.**

- Investment im Sinne von einer Anpassung an den Partner, emotionaler Abhängigkeit und Entstehung eines gemeinsamen Besitzes;
- Commitment im Sinne der Erwartung der Beständigkeit der Partnerschaft.

Da Commitment die Frage der Kontinuität der Partnerschaft betrifft, die üblicherweise als Kriterium des Beziehungserfolgs verwendet wird (s. unten), wurde nur die Skala Investment für die Ableitung der globalen Skalen herangezogen. Die Antworten der Befragten zum Commitment wurden bei der Analyse des Zusammenhangs zwischen den globalen Skalen und Kriterien des Beziehungserfolgs berücksichtigt.

Der Relationship Closeness Inventory (RCI) besteht aus drei Skalen:
- die Menge der in der letzten Woche zusammen verbrachten Zeit,
- die Anzahl gemeinsamer Aktivitäten in der letzten Woche (z. B. Kochen, Reden, ins Kino gehen),
- das Ausmaß des Einflusses, der in der Partnerschaft ausgeübt wird (z. B. auf Zukunftspläne, Geldausgaben, Stimmung).

Wie die Benennung dieser Skalen verdeutlicht, ist der Relationship Closeness Inventory besonders verhaltensorientiert, da er weniger nach der Interpretation in engen Beziehungen fragt als vielmehr nach konkreten Sachverhalten.

Ein weiterer Fragebogen, der besonders verhaltensorientiert auf die Partnerschaft zielt, ist der Partnerschaftsfragebogen PFB. In diesem Fragebogen werden drei Aspekte der verbalen und nonverbalen Kommunikation in Partnerschaften gemessen (Hahlweg, 1979):
- Die Skala »Zärtlichkeit« geht auf physische Nähe ein, (»Ich merke, dass er mich körperlich attraktiv findet«) sowie auf verbale

Äußerungen, durch die die Partner bei dem jeweils anderen positive Gefühle auslösen.
- Die Skala »Kommunikation« beinhaltet gemeinsam ausgeübte Tätigkeiten und das Auftreten gemeinsamer Gespräche (»Sie bespricht Dinge aus ihrem Berufsleben mit mir«).
- Die Skala »Streitverhalten« umfasst Verhaltensmuster, die in Konflikten auftreten und die nicht der Konfliktlösung dienen (»Wenn wir uns streiten, können wir nie ein Ende finden«).

Die Faktorenanalyse dieser neunzehn Skalen ergab fünf interpretierbare Faktoren. Die Daten stammen von 260 Personen aus 130 Paaren. Die fünf gefundenen Faktoren erhielten eine Interpretation im Sinne von Konflikt, Liebe, Altruismus, Sicherheit und Investment. Sie klärten über die Hälfte der Varianz auf. Bevor wir auf die Begründung für die Interpretation dieser fünf Dimensionen eingehen, werden die fünf Dimensionen begrifflich interpretiert:

> **Die fünf faktorenanalytisch ermittelten Basisdimensionen einer Beziehung sind Konflikt, Liebe, Altruismus, Sicherheit und Investment.**

---

### Interpretierbare Faktoren der Faktorenanalyse

*Konflikt:* Die Beziehung wird von heftigen Streitigkeiten überschattet. Dabei treten die üblichen Fehler auf, die eine Konflikteskalation fördern: Schuldzuschreibungen, Manipulation und Reinszenierung vergangener Konflikte. (»Wenn wir uns streiten, verdreht meine Partnerin meine Aussagen ins Gegenteil«).

*Liebe:* Es geht um Zärtlichkeit und romantische Gefühle. Die Beziehung ist durch Intimität und Harmonie gekennzeichnet. Die Sexualität hat einen hohen Stellenwert (»Meine Partnerin reagiert positiv auf meine sexuellen Wünsche«).

*Altruismus:* ist geprägt durch Opferbereitschaft und soziale Unterstützung. Charakteristisch ist die Zurücknahme eigener Ansprüche und die Betonung einer prosozialen Orientierung in der Partnerschaft (»Ich verwende meine ganze Energie darauf, meiner Partnerin in schwierigen Zeiten zu helfen«).

*Investment:* Im Mittelpunkt stehen gemeinsamer Besitz, gemeinsame Pläne und Ausübung sozialen Einflusses. Ökonomische Erwägungen stehen im Vordergrund. Diese werden durch den Partner oder die Partnerin beeinflusst (»Meine Partnerin beeinflusst meine Pläne, einen bestimmten finanziellen Lebensstandard zu erreichen«).

*Sicherheit:* Der positive Pol ist durch Nähe gekennzeichnet, während der negative Pol Distanz zum Ausdruck bringt. Die Bestimmung des richtigen Abstands zwischen den Partnern steht im Mittelpunkt (»Ich glaube, man steht sich am besten, wenn man nicht in die Sorgen um die praktischen Bedürfnisse anderer verstrickt ist«).

Wie lässt sich die Interpretation der einzelnen Dimensionen begründen? Dafür liefert das Ladungsmuster der Skalen auf den fünf Faktoren wichtige Hinweise. Außerdem wird im Folgenden versucht, die theoretische Bedeutung der fünf Dimensionen herauszuarbeiten. Dazu wird ausführlich auf soziobiologische Konzepte zurückgegriffen (vgl. Hendrick & Hendrick, 1991).

### 9.4.1    Konflikt: Schuldzuschreibungen, Streit und Manipulation

**Der Konfliktfaktor ist bestimmt durch einen ängstlich-ambivalente Bindungsstil, eine Streitskala und den spielerischen Liebesstil.**

Die höchste *positive* Ladung auf dem Konfliktfaktor weist der ängstlich-ambivalente Bindungsstil auf. Weitere hohe Ladungen finden sich für die Streitskala des PFB und den spielerischen Liebesstil. Hohe *negative* Ladungen finden sich für romantische Liebe, Bindung und Zärtlichkeit.

Zur inhaltlichen Interpretation der Konfliktskala bietet sich eine evolutionstheoretische Betrachtungsweise an, die den spielerischen Liebesstil zum Ausgangspunkt nimmt. Dieser kennzeichnet im Sinne der Theorie der sexuellen Strategien (Buss, 1998) eine Vorgehensweise bei der Partnerwahl, die auf sexuelle Abenteuer ausgerichtet ist. Solche sexuellen Strategien werden von Männern dann angewandt, wenn eine Kurzzeitperspektive im Vordergrund steht. Sie bieten aber auch für Frauen Vorteile für ihren Fortpflanzungserfolg (Buss, 2000). Diese Interpretation wird dadurch gestützt, dass die Konfliktdimension ein negatives Korrelat der Beständigkeit der Partnerschaft darstellt (s. unten). Es ist vorstellbar, dass die Folgen einer solchen Partnerwahlstrategie Streit zwischen den Partnern einschließen. Die Verunsicherung der Partnerschaft, die durch den spielerischen Liebesstil hervorgerufen wird, kann sich in einem ängstlich-ambivalenten Bindungsstil niederschlagen. Andererseits kann auch ein ängstlich-ambivalenter Bindungsstil dazu beitragen, dass sexuelle Abenteuer gesucht werden.

### 9.4.2    Liebe: Zärtlichkeit und Leidenschaft

**Die Dimension Liebe ist bestimmt durch die Items: gemeinsame Aktivitäten, Zärtlichkeit, gemeinsam verbrachte Zeit, Kommunikation und romantische Liebe.**

Die Dimension Liebe weist folgende Markieritems auf: gemeinsame Aktivitäten, Zärtlichkeit, gemeinsam verbrachte Zeit, Kommunikation und romantische Liebe. Damit umfasst diese Dimension neben Indikatoren für Gemeinsamkeit und Kommunikation romantische Liebe und Zärtlichkeit.

Eine soziobiologische Interpretation dieser Dimension liegt darin, dass sie vor allem für die Beziehungsanbahnung, aber auch für die Aufrechterhaltung einer sexuellen Beziehung förderlich ist. Die Theorie der sexuellen Strategien (Buss, 1998) geht davon aus, dass Männer und Frauen, die eine Langzeitperspektive bei der Partnerwahl verwenden, sich auf einen Partner konzentrieren, mit dem eine romantische Beziehung aufgebaut wird. In Übereinstimmung mit dieser Interpretation ergibt sich, dass Liebe positiv mit Zufriedenheit und der Beständigkeit der Beziehung zusammenhängt (s. unten).

### 9.4.3 Altruismus: Opferbereitschaft und soziale Unterstützung

Auf dieser Dimension werden hohe Ladungen von folgenden Skalen gefunden: altruistische, freundschaftliche, besitzergreifende und pragmatische Liebe sowie Helfen. Die hohen Ladungen von altruistischer Liebe und Helfen, die die höchsten auf dieser Dimension sind, haben den Ausschlag für die Benennung gegeben. Auffällig ist, dass vier Liebesstile sich auf diesem Faktor wieder finden. Diese sprechen sowohl eine hohe Emotionalität an, wie sie in besitzergreifender Liebe zum Ausdruck kommt, als auch eine niedrige Emotionalität, wie sie in pragmatischer Liebe dargestellt wird.

> **Altruistische, freundschaftliche, besitzergreifende und pragmatische Liebe sowie Helfen bestimmen den Altruismus-Faktor.**

Altruismus lässt sich mit der Gesamtfitness eines Individuums in Verbindung bringen (Archer, 2001). Opferbereitschaft gegenüber dem Partner oder der Partnerin kann dazu beitragen, den Reproduktionserfolg zu optimieren. Aus dieser Perspektive erscheint es sinnvoll, dass sich die Eltern gegenseitig unterstützen, auch wenn sie dabei größere Kosten in Kauf nehmen, die als gut investiert erscheinen, so lange dieser Aufwand den eigenen Kindern zugute kommt. Auffällig ist der Geschlechtsunterschied zugunsten der Männer (s. unten), der so interpretiert werden kann, dass Frauen ihre größere Beteiligung an dem Aufwand, den die Eltern in ihre Nachkommen investieren müssen, durch geringere Opferbereitschaft dem Partner gegenüber zu kompensieren versuchen.

Altruismus trägt teilweise zur wahrgenommenen Beständigkeit der Partnerschaft bei (s. unten). Hingegen spielt die Altruismus-Dimension für die Vorhersage des Glücks keine bedeutsame Rolle. Dieses Ergebnismuster passt zu der soziobiologischen Interpretation, wenn angenommen wird, dass Beständigkeit der Beziehung eine wichtige Voraussetzung für den Reproduktionserfolg darstellt.

### 9.4.4 Investment: gemeinsamer Beisitz, gemeinsame Pläne und sozialer Einfluss

Die Dimension wird durch zwei Skalen gekennzeichnet: sozialer Einfluss und Investment. Investment hat etwas mit der Verbesserung der materiellen und ökonomischen Bedingungen zu tun, die den eigenen Kindern zugute kommen können.

> **Sozialer Einfluss und die Verbesserung der materiellen und ökonomischen Bedingungen bestimmen den Investment-Faktor.**

Elterliches Investment fördert die biologische Fitness eines Individuums (Buss, 1998). Es stellt eine wichtige Voraussetzung für den Reproduktionserfolg dar. Daher sollte diese Dimension höher ausgeprägt sein, wenn eine Beziehung tatsächlich auf diese Ziele ausgerichtet ist (also z. B. bei verheirateten Paaren oder bei Paaren, die gemeinsame Kinder haben; s. unten).

### 9.4.5 Sicherheit: Nähe und Vermeidung

Auf der Dimension, die als Sicherheit interpretiert wird, weist der sichere Bindungsstil die höchste Ladung auf, während der gleichgültig-vermeidende Bindungsstil die zweithöchste, aber negative Ladung erreicht. Schließlich ist noch die Skala Hilfeempfangen der sozial-motivierten Orientierung durch eine hohe Ladung repräsentiert.

> **Der Faktor »Sicherheit« wird durch einen sicheren Bindungsstil charakterisiert.**

Die soziobiologische Interpretation der Bedeutung der Sicherheit in der Partnerschaft geht zunächst einmal davon aus, dass Bindung ein angeborenes Motiv ist, das die Herstellung von Nähe, eine sichere Rückzugsbasis und eine Ausgangsbasis für neue Vorhaben beinhaltet (Bowlby, 1969). Sichere Bindung der Eltern ermöglicht eine gemeinsame Anstrengung für die Kinder. Ergebnisse bei Erwachsenen zeigen, dass die typischen Merkmale einer Bindung in der Regel nur in engen Beziehungen gemeinsam auftreten (Zeifman & Hazan, 1997). Der Partner oder die Partnerin ist typischerweise die Person, gegenüber der das volle Muster einer Bindung entwickelt wird. Außerdem fand sich, dass die unsichere Bindung als Kind durch eine frühe romantische Bindung in der Jugendzeit kompensiert wird.

Was die Validität der Skala angeht, finden sich Hinweise darauf, dass Sicherheit mit der Beständigkeit der Beziehung zusammenhängt (s. unten). Ein solcher Zusammenhang entspricht der obigen Interpretation.

### 9.5 Messung der Beziehungsdimensionen

Für den Zweck der Paarberatung und für die Grundlagenforschung ist es sinnvoll, die grundlegenden Dimensionen der Beziehungserfahrung zu messen. Daher stellten wir 50 Feststellungen zusammen, die gleichmäßig auf die fünf Beziehungsdimensionen verteilt sind (Bierhoff & Grau, 1997) und die diese Dimensionen möglichst optimal repräsentieren. Die Antworten wurden auf 9 Punkte-Skalen erhoben. »1« steht dafür, dass die Aussage absolut falsch ist, während »9« bedeutet, dass die Aussage absolut zutreffend ist.

Die Mittelwerte der einzelnen Skalen unterscheiden sich deutlich voneinander. Sie sind für vier Studien in Abbildung 9.1 dargestellt. Studie 1 entspricht der Replikationsstudie, über die von Bierhoff und Grau (1997) berichtet wird. Das Durchschnittsalter der 131 Befragten liegt bei 26 Jahren, die Durchschnittsdauer der

Beziehung bei 42 Monaten. Studie 2 (Haustein & Bierhoff, 1999) ist die Grundlage für die Analyse der Auswirkungen der Rahmenbedingungen auf die globalen Skalen. Sie beruht auf 125 Personen (mittleres Alter 28,4 Jahre, mittlere Beziehungsdauer 77 Monate). Die Daten aus Studie 3 und Studie 4 werden hier zum ersten mal berichtet. In Studie 3 beträgt das Durchschnittsalter der 112 Befragten 25,8 Jahre und die durchschnittliche Dauer der Beziehung 42 Monate, während diese Angaben in Studie 4, in der 103 Personen befragt wurden, 26,4 Jahre und 54 Monate betragen.

Über alle Stichproben zeigt sich ein einheitliches Ergebnismuster: Liebe ist am höchsten ausgeprägt, während Konflikt am niedrigsten liegt. Dem entspricht die Interpretation, dass Liebe die Beziehung stabilisiert, während Konflikt sie destabilisiert. Die Ausprägung der Beziehungssicherheit ist in der Tendenz ebenfalls hoch. Auch darin kommt eine stabilisierende Tendenz zum Ausdruck. Altruismus und Investment liegen im Mittelbereich. Das deutet darauf hin, dass Investment und Altruismus zwar nicht in überschwänglicher Weise eingebracht werden aber auf einem ansehnlichen Niveau liegen.

Bei der Interpretation der Mittelwerte im Hinblick auf die Tragbarkeit der Partnerschaft ist vor voreiligen Schlüssen zu warnen. Ein hoher Konfliktwert muss nicht unbedingt für eine unerträgliche Partnerschaft stehen. Die Partner können gelernt haben, mit Konflikten durch Ausagieren umzugehen, ohne die Beziehung zu gefährden. Ein hoher Liebeswert muss nicht unbedingt bedeuten, dass das Beziehungsverhalten ohne Proble-me ist. Möglicherweise fehlt es an einer erfolgreichen Koordination, was die Beziehung gefährden kann.

> **Ein hoher Konfliktwert muss nicht unbedingt für eine unerträgliche Partnerschaft stehen. Die Partner können gelernt haben, mit Konflikten durch Ausagieren umzugehen, ohne die Beziehung zu gefährden.**

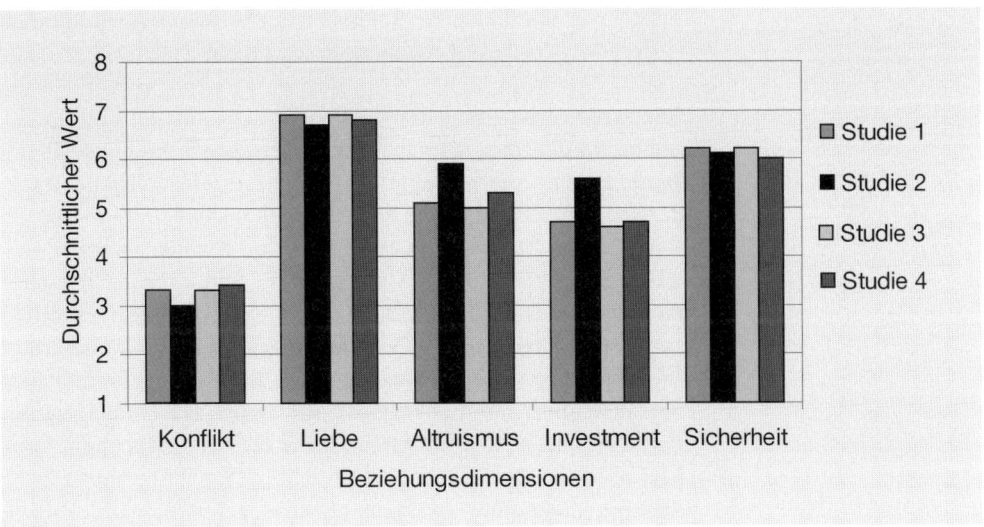

**Abb. 9.1.** Mittlere Ausprägung der Beziehungsdimensionen in vier Studien

Für die Interpretation der Dimensionen bieten die Durchschnittswerte einen gewissen Anhaltspunkt. Dazu sind folgende Hinweise zu beachten:

- Der Mittelwert für Konflikt liegt im Bereich des Skalenwerts »3«. Da der Konfliktwert über verschiedene Gruppen wie Männer und Frauen und zusammen und getrennt wohnende Paare ähnlich ist, kann er als ein charakteristisches Merkmal von längerfristigen Beziehungen angesehen werden.
- Für die Liebesdimension gilt, dass der Mittelwert nahezu bei »7« liegt. Weitergehende Ergebnisse zeigen jedoch, dass er von den Rahmenbedingungen der Partnerschaft teilweise abhängig ist. So finden sich niedrigere Mittelwerte bei älteren Partnern sowie bei Beziehungen, die länger andauern und in denen gemeinsame Kinder vorhanden sind. Dieses Ergebnismuster deutet darauf hin, dass Liebe für die Anbahnung und Entwicklung einer romantischen Beziehung besonders wichtig ist.
- Die Dimension des Altruismus erreicht einen Mittelwert von etwa »5,5«. Auffällig sind die deutlichen Geschlechtsunterschiede, die sich ergeben, da Frauen mit einem Mittelwert um »5« niedriger liegen als Männer, die einen Mittelwert von »6« erreichen.
- Für das Investment gilt, dass der Mittelwert in der Nähe von »5« liegt. Er schwankt allerdings von Stichprobe zu Stichprobe. Für die Interpretation des Investments ist es auch wichtig, Informationen über die Wohnsituation und den Heiratsstatus zu beachten, da eine gemeinsame Wohnung und eine Ehe dazu beitragen, dass sich ein höherer Wert ergibt, als er für getrennt wohnende Partner und für Nichtverheiratete gefunden wird (»6« versus »4«).
- Für die Dimension der Sicherheit gilt, dass der Mittelwert etwa bei »6« liegt. Sicherheit ist ein relativ stabiles Merkmal, das ähnlich wie Konflikt über unterschiedliche Rahmenbedingungen der Partnerschaft weitgehend konstant bleibt.

Gegen die Verwendung der globalen Skalen kann der Einwand erhoben werden, dass sie sich leicht verfälschen lassen. Besteht eine Tendenz, dass die Befragten ihre Liebe in übertriebener Weise darstellen, während sie ihre Konfliktbereitschaft minimalisieren? Eine solche Urteilstendenz könnte dadurch erklärt werden, dass die Befragten bemüht sind, ein positives Bild ihrer Partnerschaft zu erzeugen. Das könnte einerseits im Sinne eines Selbstbetrugs zu verstehen sein, um die Selbstachtung zu behalten, andererseits aber auch dem Eindrucksmanagement dienen. Jeder kennt Personen aus dem Bekanntenkreis, die im Gespräch dazu neigen, ihre Partnerschaft in den höchsten Tönen zu loben. Manchmal erinnert man sich dann daran, wie es neulich im Restaurant war, als dieselben Bekannten stundenlang schweigend aneinander vorbei sahen. Lässt sich das miteinander vereinbaren?

Die Antwort auf diese Frage ist nicht ganz einfach. Ein wichtiger Gesichtspunkt besteht darin, dass Fragebogen keine wahre Beschreibung der Beziehungserfahrung darstellen. Sie erlauben keine Verhaltensinterpretation und lassen sich nicht als Verhaltensberichte auffassen. Denn die Beantwortung der Feststellungen hängt von der subjektiven Interpretation der Begriffe ab, die verwendet werden. Diese sind keineswegs standardisiert, sodass es jedem Befragten frei steht, seine individuelle Interpretation der Beantwortung zugrunde zu legen. Somit lassen sich die Antworten als ein Indiz für die aktuellen Einschätzungen des Beziehungserlebens auffassen. Weist die befragte Person intensiv auf Beziehungskonflikte hin, oder gibt sie nur wenige solcher Hinweise? Hebt sie ihre romantischen Gefühle in prägnanter Weise hervor, oder spielt sie sie eher herunter?

> **Fragebogen stellen keine wahre Beschreibung der Beziehungserfahrung dar, und sie erlauben keine Verhaltensinterpretation.**

Die Intensität der Antworten auf den einzelnen Dimensionen hängt mit dem Beziehungsglück bzw. der Beständigkeit der Beziehung zusammen. Das verdeutlicht, dass die Antworten Aussagekraft besitzen, obwohl sie nicht unmittelbar als wahre Beschreibungen von Beziehungserfahrungen gedeutet werden können.

Auch die soziale Erwünschtheit kann bestimmte Antworttendenzen hervorrufen, die die Mittelwerte verschieben. Wir haben überprüft, ob die Antworten auf die fünf globalen Skalen mit sozialer Erwünschtheit zusammenhängen (Bierhoff & Grau, 1997). Die Korrelationen waren alle niedrig ausgeprägt. Damit ist die Schlussfolgerung gerechtfertigt, dass die Beantwortung des Fragebogens wenig mit sozialer Erwünschtheit zu tun hat.

## 9.6 Wie hängen die Dimensionen des Erlebens enger Beziehungen mit den Rahmenbedingungen der Partnerschaft zusammen?

Weiter oben wurde schon kurz darauf Bezug genommen, dass die Ausprägung der Dimensionen des Erlebens enger Beziehungen von den Rahmenbedingungen der Partnerschaft wie dem Heiratsstatus, der Wohnsituation und dem Vorhandensein von Kindern abhängt. Im Folgenden werden systematisch einige Hypothesen genannt und überprüft, die sich auf diese Rahmenbedingungen der Partnerschaft beziehen (Haustein & Bierhoff, 1999). Die Vorgehensweise besteht darin, dass Hypothesen für jede einzelne der globalen Dimensionen dargestellt werden.

### 9.6.1 Konflikt

Eine nahe liegende Annahme besteht darin, dass Paare, die in einer gemeinsamen Wohnung leben, häufiger Meinungsverschiedenheiten austragen als Paare, die in getrennten Haushalten leben. Die Begründung liegt einfach darin, dass das Zusammenwohnen ein größeres Konfliktpotenzial beinhaltet als getrennte Wohnungen. So kann man sich über die Ordnung in der Küche streiten, das Arrangement der Blumen kritisieren oder sich über die Frage auseinandersetzen, wer für das Putzen zuständig ist.

Diese Konfliktpotenziale werden in ihren Auswirkungen vermutlich noch dadurch verstärkt, dass Partner, die in einer gemeinsamen Wohnung leben, eher versuchen, den anderen Partner nach den eigenen Wunschvorstellungen zu beeinflussen, als Partner, die getrennt wohnen (Meyer & Schulze, 1989).

> **Verstärkte Versuche, den Partner nach seinen eigenen Vorstellungen zu formen, lassen Reaktanz aufkommen, die dann in Konflikte mündet.**

Diese verstärkten Versuche, den Partner nach seinen eigenen Vorstellungen zu formen, lassen vermutlich Reaktanz aufkommen, die dann in Konflikte mündet. Tatsächlich zeigen die Ergebnisse, dass die Konfliktskala höher ausgeprägt ist, wenn die Partner zusammen wohnen als wenn sie getrennt wohnen. Außerdem deutet sich an, dass Konflikte geringer sind, je weniger die Partner gemeinsam unternehmen. Dieses Ergebnis unterstützt den in der Hypothese angenommenen Sachverhalt, dass das bloße Zusammensein Konfliktpotenziale erzeugt, die zu einer Intensivierung von Streitverhalten führen können.

Außerdem wurde direkt überprüft, ob der Wunsch, den Partner zu verändern, mit dem erlebten Konflikt zusammenhängt (Hausstein & Bierhoff, 1999). Tatsächlich zeigen die Ergebnisse, dass ein Streben danach, den Partner zu verändern, mit einer höheren Konfliktausprägung zusammenhängt. Hier bestätigt sich die Lebensweisheit, dass die meisten Menschen sich wünschen, so zu bleiben, wie sie sind und auf Veränderungsdruck mit Abwehr reagieren.

### 9.6.2 Liebe

Die Dimension Liebe beinhaltet die Komponente der emotionalen Hinwendung zum Partner oder zur Partnerin. In seiner Dreieckstheorie der Liebe hat sich Sternberg (1986) ausführlich mit dieser »Triebkomponente« romantischer Beziehungen befasst. Er bezeichnet sie als motivationale Involviertheit, die mit physiologischer Erregung und Gefühlen der Leidenschaft zusammenhängt. Dieser Eckpfeiler der Dreieckstheorie wird durch die Liebesdimension repräsentiert. Sternberg (1986) geht ausführlich auf die Verlaufskurve für diese Dimension ein. Seine Analyse beruht auf der »Opponent-Process«-Theorie von Solomon (1980). Diese Theorie besagt, dass Gefühle auf zwei unterschiedlichen Prozessen beruhen, die als A- und B-Prozess bezeichnet werden und die gegensätzlich verlaufen. Während der A-Prozess bewirkt, dass positive Ereignisse entsprechend positive Gefühle auslösen, trägt der B-Prozess dazu bei, dass auf positive Ereignisse negative Gefühle folgen (z. B. Entzugserlebnisse oder Sehnsucht). Somit kann der B-Prozess den A-Prozess abschwächen. Eine Zusatzannahme besteht darin, dass bei häufiger Wiederholung diese Abschwächung verstärkt wird. Im Ergebnis kann der B-Prozess den A-Prozess weitgehend neutralisieren.

In diesem Zusammenhang ist eine weitere Annahme zu berücksichtigen: Von dem A-Prozess wird angenommen, dass er sich schnell aufbaut und auch schnell wieder abgebaut wird. Dem gegenüber wird von dem B-Prozess erwartet, dass er sich langsam aufbaut und auch langsam wieder abbaut. Eine Konsequenz daraus ist, dass der B-Prozess noch wirkt, wenn der A-Prozess schon abgeklungen ist. Im Ergebnis sollte sich eine Gefühlsfalle auftun, da zwischenzeitlich negative Nachwirkungen der Liebesgefühle überwiegen sollten. Im Endeffekt ergibt sich die Vermutung, dass über einen längeren Zeitraum aufgrund der Gewöhnung an die positive Emotion der Liebe eine Abschwächung der erlebten Gefühle zustande kommt.

> **»Opponent-Process«-Theorie:** Aufgrund der Gewöhnung an die positive Emotion der Liebe kommt es zu einer Abschwächung der erlebten Gefühle.

Auf der Grundlage dieser Annahme ergibt sich die Hypothese, dass Paare, die eine Langzeitbeziehung haben, eine niedrigere Ausprägung der Liebeskomponente berichten, als Paare, die kürzer zusammen sind. Bierhoff und Rohmann (2000) haben über eine umfangreiche Quer- und Längsschnittanalyse berichtet, in der ein Indikator der Liebesdimension, nämlich der Liebesstil Eros, einbezogen wurde. In Übereinstimmung mit der Hypothese stellte sich heraus, dass von den 19- bis 20-jährigen bis zu den 43- bis 44-Jährigen ein leichtes Absinken der romantischen Liebe festzustellen war. In einer Längsschnittuntersuchung, die über 14 Monate reichte, wurde ebenfalls festgestellt, dass die romantische Liebe sich vom ersten bis zum letzten Messzeitpunkt verringerte.

Diese Ergebnisse werden durch eine Querschnittsanalyse des Partnerschaftsfragebogens unterstützt, dessen zwei Dimensionen Zärtlichkeit und Kommunikation die Liebesdimension kennzeichnen. In einer soziodemographischen Auswertung bei über 1.000 Personen im Alter zwischen 18 und 50 Jahren zeigte sich, dass Zärtlichkeit und Kommunikation über den untersuchten Altersbereich abnahmen (während Streitverhalten zunahm; Hinz et al., 2001).

Der Entwicklungsverlauf der Liebesdimension lässt sich auch durch die Veränderung von Kontrollprozessen über die Lebensspanne erklären (Heckhausen & Schulz, 1995). Eine Annahme besteht darin, dass die Aktivierung von Kontrollprozessen davon abhängig ist, dass sie eine Lebensphase betreffen, in der sie relevant sind, während sie in anderen Lebensphasen an Bedeutung verlieren. Damit ist gemeint, dass Menschen Prioritäten im Hinblick auf Entwicklungsaufgaben setzen. Die Realisierung bestimmter Lebensziele hängt von Gelegenheitsstrukturen ab, die es ermöglichen, ein bestimmtes Ziel zu erreichen. Ein Beispiel ist die Verwirklichung eines Kinderwunsches, der nicht beliebig in allen Lebensphasen verwirklicht werden kann. Die Bildung einer Partnerschaft ist ebenfalls nicht unabhängig von der Lebensphase. Sie

> **Da Liebe vermutlich dem Ziel der Beziehungsanbahnung dient, ist ihre Funktion in diesem Kontext im mittleren und höheren Lebensalter eingeschränkt.**

ist wahrscheinlicher im Jugend- und frühen Erwachsenenalter, während sie im mittleren und späteren Erwachsenenalter eher unwahrscheinlicher ist. Da Liebe vermutlich dem Ziel der Beziehungsanbahnung dient, kann aus diesen Überlegungen geschlossen werden, dass ihre Funktion in diesem Kontext im mittleren und höheren Lebensalter eingeschränkt ist. Aus diesen Überlegungen würde sich ebenfalls die Hypothese ergeben, dass Liebe über den Verlauf einer Beziehung abgeschwächt wird.

### 9.6.3 Altruismus

Altruismus ist ein Merkmal, das mit dem Wunsch zusammenhängt, eine langfristige Beziehung aufrecht zu erhalten. Außerdem ist Opferbereitschaft erforderlich, um Kinder zu erziehen. Daher kann angenommen werden, dass die altruistische Orientierung bei Personen, die verheiratet sind und Kinder haben, größer ausfällt als bei Personen, die nicht verheiratet sind oder keine Kinder haben. In diesem Zusammenhang liegt auch die Vermutung nahe, dass Paare, die in einer gemeinsamen Wohnung leben, eher altruistische Orientierungen zum Ausdruck bringen, als Paare, die nicht gemeinsam wohnen. Weiterhin lässt sich im Hinblick auf die Beziehungsdauer vermuten, dass diese mit einer stärkeren altruistischen Orientierung zusammenhängt. In der Untersuchung von Haustein und Bierhoff (1999) fanden sich für die Altruismus-Dimension Ergebnisse, die weitgehend den Hypothesen entsprechen. So ergab sich, dass Altruismus niedriger ausgeprägt war, wenn die Befragten getrennt wohnten, wenn sie nicht verheiratet waren, keine Kinder hatten und wenn die Beziehung noch nicht lange bestand.

> **Altruismus ist ein Merkmal, das mit dem Wunsch zusammenhängt, eine langfristige Beziehung aufrecht zu erhalten. Die altruistische Orientierung ist bei Personen, die verheiratet sind und Kinder haben, bei Paaren, die in einer gemeinsamen Wohnung leben und bei Paaren mit längerer Beziehungsdauer größer als bei den jeweiligen Vergleichsgruppen.**

Schließlich ergab sich, dass die altruistischen Werte der Männer höher lagen als die der Frauen (s. oben). Möglicherweise lassen sich diese Unterschiede auf dem Hintergrund der Parental-Investment-Theorie von Trivers (1972) erklären. Frauen müssen mehr in die Kinder investieren als Männer, sodass sie bei der Wahl des Partners wählerisch sind, während Männer untereinander im Wettbewerb um die besten Partnerinnen stehen. Ein Ausdruck dieser Wettbewerbsorientierung könnte darin bestehen, dass Männer sich in ihrer altruistischen Haltung zu übertreffen versuchen, um die Zuwendung der Frau zu erhalten.

### 9.6.4 Investment

Je näher die Partner zusammenrücken, desto größer sollte ihr gegenseitiger Einfluss werden. Zum Beispiel führt eine gemeinsame

Wohnung dazu, dass Investitionen zusammen getätigt werden. Genauso bieten Kinder, die aus der Beziehung der Partner stammen, die Gelegenheit, sich gemeinsam zu engagieren. Generell sollte in längeren Beziehungen ein größeres Investment stattgefunden haben als in Kurzzeitbeziehungen. Weiterhin ist anzunehmen, dass eine Heirat mit mehr Investment zusammenhängt.

> **Generell findet in längeren Beziehungen ein größeres Investment statt als in Kurzzeitbeziehungen.**

Diese Annahmen konnten in einer empirischen Untersuchung (Haustein & Bierhoff, 1999) bestätigt werden. Eine Neuauswertung der Daten zeigt, dass die höchste Korrelation mit Investment durch die gemeinsame Wohnung (ja/nein) gegeben ist. Eine ähnlich hohe Korrelation findet sich mit dem Merkmal Heirat (ja/nein). Etwas niedrigere Korrelationen liegen für die Beziehungsdauer und die Anzahl der Kinder vor. Diese Ergebnisse zeigen insgesamt, dass Investment das Merkmal der globalen Skalen darstellt, das am höchsten mit den Rahmenbedingungen der Partnerschaft zusammenhängt. Daraus ergibt sich die Schlussfolgerung, dass Investment die Rahmenbedingungen der Partnerschaft widerspiegelt.

### 9.6.5   Sicherheit

Was die Dimension der Sicherheit angeht, lässt sich feststellen, dass keine bedeutsamen Zusammenhänge mit den Rahmenbedingungen der Beziehung gefunden wurden. Dieses Ergebnis ist insofern nicht verwunderlich, als angenommen wird, dass Sicherheit ein Bindungsstil ist, der eine relativ große Stabilität über die Zeit aufweist. Vermutlich variiert der Bindungsstil stärker, wenn der Partner wechselt. Hingegen scheinen die Rahmenbedingungen weitgehend irrelevant zu sein für die Frage, ob man sich sicher oder unsicher gebunden fühlt. Während also Investment die globale Skala darstellt, die die Rahmenbedingungen der Partnerschaft am deutlichsten widerspiegelt, ergibt sich für Sicherheit genau das gegenteilige Ergebnis einer weitgehenden Unabhängigkeit von den gegebenen Rahmenbedingungen. Sicherheit ist ein Merkmal der Personen bzw. der Partnerschaft, aber nicht abhängig von Wohnsituation, Kinderzahl oder Heiratsstatus.

> **Die Dimension der Sicherheit weist keine bedeutsamen Zusammenhänge mit den Rahmenbedingungen der Beziehung auf. Sicherheit ist ein Merkmal der Personen bzw. der Partnerschaft, aber nicht abhängig von Wohnsituation, Kinderzahl oder Heiratsstatus.**

### 9.7   Wie hängen die Dimensionen des Erlebens romantischer Beziehungen mit Erfolgskriterien der Beziehung zusammen?

Der Beziehungserfolg wird in der Regel durch zwei Kriterien repräsentiert, die auch hier herangezogen werden: Beziehungszufriedenheit und Beständigkeit der Beziehung. Im Folgenden werden diese Erfolgskriterien berücksichtigt. In der Untersuchung von Bierhoff und Grau (1997) wurde die Zufriedenheit mit

> **Der Beziehungserfolg wird durch die Kriterien Beziehungszufriedenheit und Beständigkeit der Beziehung repräsentiert.**

der Frage erfasst: »Wie glücklich würden Sie Ihre Ehe (Partnerschaft) im Augenblick einschätzen?« (Hahlweg, 1979). Die Stabilität der Beziehung wurde durch drei Items erfasst, die auf die Beständigkeit abzielen. Ein Beispielitem lautet: »Wie beständig schätzen Sie Ihre Beziehung ein?«. Ein anderer Indikator für die Stabilität der Beziehung ist die Commitment-Skala von Lund (1985, s. oben).

Im Folgenden wenden wir uns zunächst der Vorhersage der *Beziehungszufriedenheit* zu. In einer multiplen Regressionsanalyse, in der die fünf globalen Skalen die Prädiktoren darstellten und das Glück die abhängige Variable, erwiesen sich die Skalen Konflikt, Liebe und Investment als bedeutsam. Während Liebe und Investment positive Korrelate des Glücks waren, stellte Konflikt ein negatives Korrelat dar. Bei gleichzeitiger Messung von Beziehungserleben und Beziehungszufriedenheit erklärten die drei Skalen 30 % der Varianz der Zufriedenheit. Bei einer zeitversetzten Messung, bei der die Zufriedenheit ein Jahr nach der Schätzung des Erlebens in der Beziehung erfasst wurde, erklärten die drei Beziehungsskalen 13,3 % der Varianz der Zufriedenheit.

Was die Prognose der *Beständigkeit* angeht, erwiesen sich durchgängig Konflikte, Liebe und Investment als signifikante Korrelate. Konflikt ging wieder mit einem negativen Vorzeichen ein, während Liebe und Investment positive Korrelate der Beständigkeit waren. Im Einzelnen ergaben sich die folgenden Resultate: Wurde die Beständigkeit durch das Commitment erfasst, erwiesen sich alle fünf globale Skalen bei zeitgleicher Messung als signifikante Korrelate. Die erklärte Varianz betrug 45,9 %. Bei der Prognose über ein Jahr ergab sich eine erklärte Varianz von 30,6 %. Nun waren Investment, Konflikt und Liebe signifikante Prädiktoren. Wurde die Beständigkeit durch die genannte 3-Item Skala gemessen, erwiesen sich im Querschnitt wieder diese drei Merkmale als bedeutsam (erklärte Varianz 48 %). Konflikt wurde mit weniger Optimismus in der Zukunft verbunden, während Liebe und Investment mit mehr Optimismus verbunden waren (Bierhoff & Grau, 1997).

## Zusammenfassung

Abschließend wenden wir uns noch einmal den Fragen zu, die in der Einleitung gestellt wurden. Wie lassen sich die gefundenen Faktoren interpretieren? Bei der Benennung der einzelnen Dimensionen des Beziehungserlebens haben wir uns von den Inhalten der Skalen leiten lassen, die besonders hohe Faktorladungen auf dem entsprechenden Faktor aufwiesen. Ein wichtiges Paar von Beziehungsfaktoren sind Liebe und Konflikt, die auch von Kelley (1979) in seiner

Interdependenzanalyse von Beziehungen als unabhängige Erlebnisdimensionen der Partnerschaft angenommen wurden. Ein zweites
Paar von Dimensionen sind Altruismus und Investment, die einerseits sozial-motivierte Opferbereitschaft und andererseits die bisher
geleistete Vorarbeit reflektieren. Schließlich bezeichnet die Dimension der Sicherheit einen grundlegenden Bindungsstil.

Welche Anzahl von Faktoren ist erforderlich, um das Korrela-
tionsmuster hinreichend zu erklären? Unsere Ergebnisse verwei-
sen auf fünf Faktoren, die inhaltlich sinnvoll sind und das gesamte
Spektrum der Erfahrungen in engen Beziehungen repräsentieren.
Gegenwärtig sind keine weiteren Dimensionen erkennbar, um die
die Big Five des Partnerschaftserlebens erweitert werden können.
Weitere Untersuchungen müssen zeigen, ob eine Erweiterung der
Big Five notwendig ist.

Gibt es theoretische Erklärungen, aus denen sich einige oder alle
der gefundenen Grunddimensionen enger Beziehungen ableiten
lassen? Wie wir gesehen haben, lassen sich die gefundenen fünf
Dimensionen relativ zwanglos aus einer soziobiologischen
Betrachtungsweise erklären. Zwar stellt sich eine gewisse Überlappung in den Dimensionen dar, was ihre
Funktion aus soziobiologischer Sicht betrifft, aber es
ist durchaus möglich, dass verschiedene Erlebnis-
tendenzen, z. B. Liebe und Altruismus, demselben Ziel
der Evolution dienen. Trotzdem lassen sich die Dimensionen sinnvoll voneinander abheben, sind inhaltlich
unterschiedlich und betreffen auch unterschiedliche
Facetten des Zusammenlebens.

> **Verschiedene Erlebnistendenzen,
> wie Liebe und Altruismus, dienen
> möglicherweise demselben Ziel
> der Evolution. Trotzdem sind
> die Dimensionen inhaltlich unter-
> schiedlich und betreffen auch
> unterschiedliche Facetten des Zu-
> sammenlebens.**

Wie sieht es mit der Konstruktvalidität der gefundenen Dimensionen aus? Wie sich herausstellte, sind zumindest drei der fünf
Dimensionen des Erlebens enger Beziehungen signifikante Prädiktoren von Beziehungsglück und wahrgenommener Beständigkeit
der Beziehung. Das spricht dafür, dass die Skalen Liebe, Konflikt und
Investment eine hohe Konstruktvalidität für die Beziehungsforschung aufweisen. Die Ergebnisse im Zusammenhang mit der
Beständigkeit der Beziehung weisen aber auch darauf hin, dass
Sicherheit und Altruismus valide Skalen darstellen. Bei der Konstruktvalidität der Dimension der Sicherheit kann darüber hinaus
auf die Forschung zu den Bindungsstilen verwiesen werden, die eine
Fülle von Validitätshinweisen ergeben hat (Bierhoff & Grau, 1999).
Was den Altruismus angeht, lässt sich feststellen, dass seine Bedeutung aus evolutionsbiologischer Sicht unbestritten ist (Archer, 2001).

Auf welchem Abstaktionsniveau wird das Erleben in engen Beziehungen gemessen? Die Beantwortung dieser Frage ist teilweise von
pragmatischen Überlegungen abhängig. Wenn nach einer sparsa-

men und grundlegenden Repräsentation der Erlebnisse in Beziehungen gesucht wird, liegt es nahe, das höchste Abstraktionsniveau zu bevorzugen, weil es genau der Zielsetzung entspricht. Man erhält wenige Dimensionen, die durch eine überschaubare Zahl von Items gemessen werden können. Das entspricht dem vorliegenden Fragebogen, der diese Zielsetzung hat. Für andere Zielsetzungen kann es sinnvoll sein, ein mittleres Abstraktionsniveau zu bevorzugen. In zukünftigen Forschungsarbeiten wäre zu überprüfen, wie die Substruktur jeder einzelnen der fünf Dimensionen beschrieben werden kann. So ist z. B. vorstellbar, dass der Faktor Liebe in zwei Subdimensionen aufgeteilt werden kann, die sich z.B. als Zärtlichkeit und emotionale Zuneigung bezeichnen lassen. Ähnliche Differenzierungen sind auch für die anderen Dimensionen vorstellbar.

Die globalen Skalen liefern Hinweise auf die erlebte Beziehungsqualität. Entsprechende Informationen lassen sich sinnvoll in einer Paartherapie zu Beginn und zu einem späteren Zeitpunkt, der der Erfolgskontrolle dient, erheben. Darüber hinaus ist daran zu denken, dass einzelne Skalen für spezifische Fragestellungen herangezogen werden. So kann die Skala Investment darüber Auskunft geben, ob die subjektive Einschätzung in Übereinstimmung mit den gegebenen Rahmenbedingungen der Beziehung steht. Altruismus kann als Hinweis auf die erlebte soziale Unterstützung genommen werden, während Sicherheit ein Indikator für die Gebundenheit in der Partnerschaft darstellt. Liebe schließlich reflektiert die romantische Zuneigung, während Konflikt auf Koordinationsprobleme in der Partnerschaft verweist.

## Literatur

Ainsworth, M. D. S., Blehar, M. S., Waters, S. & Wall, S. (1978). Patterns of attachment: A psychological study of the strange situation. Hillsdale, NJ: Lawrence Erlbaum.

Archer, J. (2001). Evolutionäre Sozialpsychologie. In: Stroebe, W., Jonas, K. & Hewstone, M. (eds.). Sozialpsychologie (4th edn., pp. 25–51). Berlin: Springer.

Bartholomew, K. (1990). Avoidance of intimacy: An attachment perspective. Journal of Social and Personal Relationships, 7, 147-178.

Berscheid, E., Snyder, M. & Omoto, A.M (1989). The relationship closeness inventory: Assessing the closeness of interpersonal relationships. Journal of Personality and Social psychology, 57, 792-807.

Bierhoff; H. W. & Grau, I. (1997). Dimensionen enger Beziehungen: Entwicklung von globalen Skalen zur Einschätzung von Beziehungseinstellungen. Diagnostica, 43, 210-229.

Bierhoff, H. W. & Grau, I. (1999). Romantische Beziehungen. Bern: Huber.

Bierhoff, H. W. & Rohmann, E. (2000). Stability and change in romantic relationships. In: Heckhausen, J. (ed.). Motivational psychology of human development (pp. 325-337). Amsterdam: Elsevier.

Bierhoff, H. W., Grau, I. & Ludwig, A. (1993). Marburger Einstellungs-Inventar für Liebesstile (MEIL). Göttingen: Hogrefe

Bowlby, J. (1969/1975). Bindung. Frankfurt: Fischer.

Buss, D. M. (1998). Sexual strategies theory: Historical origins and current status. Journal of Sex Research, 35, 19-31.

Buss, D. M. (2000). The dangerous passion. Why jealousy is as necessary as love and sex. New York: Free Press.

Clark, M. S. & Mills, J. (1993). The difference between communal and exchange relationships: What it is and is not. Personality and Social Psychology Bulletin, 19, 684-691.

Clark, M. S., Ouelette, R., Powell, M. C. & Milberg, S. (1987). Recipient's mood, relationship type and helping. Journal of Personality and Social Psychology, 53, 94-103.

Digman, J. M. & Enouye, J. (1986). Further specification of the five robust factors of personality. Journal of Personality and Social Psychology, 50, 116-123.

Drigotas, S. M., Rusbult, C. E. & Verette, J. (1999). Level of commitment, mutuality of commitment, and couple well-being. Personal Relationships, 6, 389-409.

Fraley, R. C. & Shaver, P. R. (1998). Airport separations: A naturalistic study of adult attachment dynamics in separating couples. Journal of Personality and Social Psychology, 75, 1198-1212.

Gottman, J. M. (1993). The role of conflict engagement, escalation, and avoidance in marital interaction: A longitudinal view of five types of couples. Journal of Consulting and Clinical Psychology 61, 6-15.

Grau, I. (1999). Entwicklung von Kurzskalen zur Erfassung von Bindungsrepräsentationen in Paarbeziehungen. Zeitschrift für Differentielle und Diagnostische Psychologie, 20, 142-152.

Grau, I. (2000). Was ist emotionale Nähe? Vortrag auf dem 42. Kongress der Deutschen Gesellschaft für Psychologie in Jena.

Hahlweg, K. (1979). Konstruktion und Validierung des Partnerschafts-Fragebogens PFB. Zeitschrift für Klinische Psychologie, 8, 17-40.

Hahlweg, K., Klann, N. & Hank, G. (1992). Zur Erfassung der Ehequalität: Ein Vergleich der »Dyadic Adjustment Scale« (DAS) und des »Partnerschaftsfragebogens« PFB. Diagnostica, 38, 312-327.

Hassebrauck, M. (1995). Kognitionen von Beziehungsqualität: Eine Prototypenanalyse. Zeitschrift für Sozialpsychologie, 26, 160-172.

Hatfield, E. (1984). The dangers of intimacy. In: Derlega, V. J. (ed.). Communication, intimacy, and close relationships (pp. 207-220). Orlando, FL: Academic Press.

Haustein, S. & Bierhoff, H. W. (1999). Zusammen und getrennt wohnende Paare: Unterschiede in grundlegenden Beziehungsdimensionen. Zeitschrift für Familienforschung, 11, 59-76.

Heckhausen, J. & Schulz, R. ( 1995). A lifespan theory of control. Psychological Review, 102, 284-304.

Hendrick, C. & Hendrick, S. S. (1991). Dimensions of love: sociobiological interpretation. Journal of Social and Clinical Psychology, 10, 206-230.

Hinz, A., Stöbel-Richter, Y. & Brähler, E. (2001). Der Partnerschaftsfragebogen (PFB): Normierung und soziodemographische Einflussgrößen auf die Partnerschaftsqualität. Diagnostica, 47, 132-141.

John, O. P., Angleitner, A. & Ostendorf, F. (1988). Lexical approach to personality: A historical review of trait taxonomic research. European Journal of Personality, 2, 171-203.

John, O. P. & Srivastava, S. (1999). The Big Five trait taxonomy: History, measurement and theoretical perspective. In: Pervin, L. A. & John O. P. (eds.). Handbook of personality. Theory and research. (2nd edn., pp. 102-138). New York: Guilford Press.

Kelley, H. H. (1979). Personal relationships: Their structures and processes. Hillsdale, NJ: Lawrence Erlbaum.

Kelley, H. H. & Thibaut, J. W. (1978). Interpersonal relations: A theory of interdependence. New York: Wiley.

Lee, J. A. (1976). The colors of love. Englewood Cliffs, NJ: Prentice-Hall.

Levinger, G. (1980). Toward the analysis of close relationships. Journal of Experimental Social Psychology, 16, 510-544.

Lund, M. (1985). The development of investment and commitment scales for predicting continuity of personal relationships. Journal of Social and Personal Relationships, 2, 3-23.

McCrae, R. R. & Costa, P. T . (1991). Adding Liebe und Arbeit: The full five-factor model and well-being. Personality and Social Psychology Bulletin, 17, 227-232.

McCrae, R. R. & Costa, P. T. (1999). A five-factor theory of personality. In: Pervin, L. A. & John, O. P. (eds.). Handbook of personality. Theory and research. (2nd ed., pp. 139-153). New York: Guilford Press.

Meyer, S. & Schulze, E. (1989). Balancen des Glücks: neue Lebensformen: Paare ohne Trauschein, Alleinerziehende und Singles. München: Beck.

Mikulincer, M. & Shaver, P. R. (2001). Attachment theory and intergroup bias: Evidence that priming the secure base schema attenuates negative reactions to outgroups. Journal of Personality and Social Psychology, 81, 97-115.

Murstein, B. I. (1986). Paths to marriage. Beverly Hills, CA: Sage.

Rusbult, C. E. (1983). A longitudinal test of the investment model: The development (and deterioration) of satisfaction and commitment in heterosexual involvements. Journal of Personality and Social Psychology, 45, 101-117.

Rusbult, C. E. & Arriaga, X. B. (1997). Interdependence theory. In: Duck, S. (ed.). Handbook of personal relationships (2nd edn., pp. 221-250). Chichester: Wiley.

Rusbult, C. E. & Martz, J. M. (1995). Remaining in an abusive relationship: An investment model analysis of nonvoluntary dependence. Personality and Social Psychology Bulletin, 21, 558-571.

Shaver, P. R., Wu, S. & Schwartz, J. C. (1992). Cross-cultural similarities and differences in emotion and its representation. In: Clark, M. S. (ed.). Emotion (pp. 175-212). Newbury Park, CA: Sage.

Simpson, J. A. (1990). Influence of attachment styles on romantic relationships. Journal of Personality and Psychology, 59, 971-980.

Solomon, R. L. (1980). The opponent-process theory of acquired motivation. The costs of pleasure and the benefits of pain. American Psychologist, 35, 691-712.

Sternberg, R. J. (1986). A triangular theory of love. Psychological Review, 93, 119-135.

Trivers, R. (1972). Parental investment and sexual selection. In: Campbell, B. B. (ed.). Sexual selection and the descent of man (pp. 136-179). Chicago, IL: Aldine.

Zeifman, D. & Hazan, C. (1997). Attachment: The bond in pair-bonds. In: Simpson, J. A. & Kenrick, D. T. (eds.). Evolutionary social psychology (pp. 237-263). Mahwah, NJ: Lawrence Erlbaum.

# Emotionale Nähe

Ina Grau

> **E**ine Gesellschaft Stachelschweine drängte sich, an einem kalten Wintertage, recht nahe zusammen, um durch die gegenseitige Wärme, sich vor dem Erfrieren zu schützen. Jedoch bald empfanden sie die gegenseitigen Stacheln; welches sie dann wieder von einander entfernte. Wann nun das Bedürfnis der Erwärmung sie wieder näher zusammen brachte, wiederholte sich jenes zweite Übel; so daß sie zwischen beiden Leiden hin und hergeworfen wurden, bis sie eine mäßige Entfernung von einander herausgefunden hatten, in der sie es am besten aushalten konnten. – So treibt das Bedürfnis der Gesellschaft, aus der Leere und Monotonie des eigenen Innern entsprungen, die Menschen zu einander; aber ihre vielen widerwärtigen Eigenschaften und unerträglichen Fehler stoßen sie wieder von einander ab. Die mittlere Entfernung, die sie endlich herausfinden, und bei welcher ein Beisammenseyn bestehn kann, ist die Höflichkeit und feine Sitte. Dem, der sich nicht in dieser Entfernung hält, ruft man in England zu: *keep your distance!* – Vermöge derselben wird zwar das Bedürfnis gegenseitiger Erwärmung nur unvollkommen befriedigt, dafür aber der Stich der Stacheln nicht empfunden. – Wer jedoch viel eigene, innere Wärme hat, bleibt lieber aus der Gesellschaft weg, um keine Beschwerde zu geben, noch zu empfangen« (Schopenhauer, 1988, S. 559-560).

## 10.1    Grundbedürfnis nach Nähe – Regulierung von Nähe

Was sagt diese Parabel von Schopenhauer über Nähe aus, wenn man einmal davon ausgeht, dass physische Nähe als Analogon für emotionale Nähe betrachtet werden kann? Nähe zwischen Individuen der gleichen Spezies erfüllt die *Funktion*, überlebensrelevante Grundbedürfnisse zu befriedigen. Außerdem geht aus der Parabel hervor, dass Nähe *reguliert* wird, indem man sich an andere Individuen annähert oder sich von ihnen entfernt. Dabei existiert ein *optimales Ausmaß* an Nähe, das als angenehm empfunden wird. Unzufriedenheit entsteht, wenn die erlebte Nähe von der gewünschten Nähe – dem Sollwert – abweicht.

Damit ist die Thematik des vorliegenden Kapitels bereits umschrieben; behandelt werden das Grundbedürfnis nach Nähe und die Regulierung von Nähe.

Im Folgenden wird zunächst auf die Bedeutsamkeit der Nähe als menschliches Grundbedürfnis hingewiesen, anschließend werden unterschiedliche Konzepte der Nähe und Messinstrumente zu deren Erfassung beschrieben. Die weiteren Abschnitte widmen sich der Näheregulierung. Ausgehend von konsistenztheoretischen und attributionstheoretischen Annahmen wird eine Theorie der Näheregulierung formuliert, die sich mit der Reduzierung der Diskrepanz zwischen der gewünschten und erlebten Nähe befasst.

## 10.2 Bedeutung von Nähe

Der letzte Aspekt in Schopenhauers Parabel steht mit den Forschungsergebnissen zur emotionalen Nähe in krassem Widerspruch und ist wohl auf die tendenziell misanthropische Grundhaltung des Autors zurückzuführen: die Überflüssigkeit von Nähe im Falle eines fehlenden defizitären Empfindens. Das Suchen von Nähe erfüllt nämlich nicht nur den Zweck, Kälte oder Einsamkeit zu überwinden, sondern gilt als eines der grundlegenden menschlichen Motive (McAdams, 1980).

> **Das Suchen von Nähe gilt als eines der grundlegenden menschlichen Motive.**

In Umfragen, in denen Personen gefragt werden, was ihnen in ihrem Leben am wichtigsten ist, werden stets nahe Beziehungen genannt (Caldwell & Peplau, 1982). Nahe Beziehungen gelten als »some of life's greatest rewards« (Reis & Shaver, 1988, S. 388). Nähe ist insbesondere relevant in Beziehungen zwischen Ehe- bzw. Lebenspartnern, Freunden und Familienmitgliedern. Die prototypische nahe Beziehung im Erwachsenenalter ist die Paarbeziehung. Diese ist näher als alle anderen Beziehungen, und der Partner wird am häufigsten genannt, wenn Personen gefragt werden, welche einzelne Person ihnen am nächsten steht (Berscheid et al., 1989). Demnach können bei Erwachsenen von allen Beziehungen die Partnerschaften das Bedürfnis nach Nähe am besten erfüllen, bieten aber auch gleichzeitig Konfliktstoff und sind eine Quelle von Unzufriedenheit im Falle unterschiedlicher Nähebedürfnisse der Partner oder unerfüllter Erwartungen hinsichtlich der Nähe.

Die meisten Personen, die eine Therapie beginnen, haben Probleme mit der Nähe in ihren Beziehungen, wünschen sich den Aufbau zwischenmenschlicher Nähe oder Hilfe dabei, mit dem Verlust naher Beziehungen fertigzuwerden (Hatfield, 1984). *Paarkonflikte* (und damit die Gefahr von *Trennungen* und *Scheidungen*) ergeben sich häufig aus verschiedenen Nähebedürfnissen der Beziehungspartner. In einem typischen Fragebogen zur Eingangsdiagnostik in der Paartherapie (PL von Hahlweg et al., 1990)

> **Paarkonflikte ergeben sich häufig aus verschiedenen Nähebedürfnissen der Beziehungspartner.**

befassen sich 9 von 17 Items mit Konflikten, die als Nähe-Distanz-Konflikte aufgefasst werden können. Dazu gehören Konflikte mit Sexualität, Eifersucht, dem Zeigen von Gefühlen, dem Umgang mit Freunden, der gegenseitigen Zuwendung und dem Gewähren von Autonomie. Man kann vermuten, dass eine große Anzahl von Paarkonflikten letztlich auf einen Nähe-Distanz-Konflikt zurückgeführt werden kann (vgl. Kap. 15).

Fragt man Personen nach einer Trennung, was den Ausschlag für die Beendigung der Beziehung gegeben hat, spielt mangelnde

Nähe eine große Rolle: Beziehungen scheitern vor allem dann, wenn die Kommunikation mangelhaft ist, d. h. wenn die Partner wenig Selbstöffnung und gegenseitiges Verstehen zeigen; weitere Auslöser sind Mangel an Zuneigung und mangelnde Übereinstimmung (Rottleuthner-Lutter, 1992). Alle diese Beziehungsmerkmale können als Aspekte von Nähe betrachtet werden.

Die Bedeutsamkeit von Nähe zeigt sich auch daran, dass sie großen Einfluss auf das *psychische Wohlbefinden* hat (Reis & Shaver, 1988). Nahe Beziehungen können zur persönlichen Entwicklung und sozialen Integration ebenso beitragen wie zum privaten und beruflichen Erfolg. Mangelnde Nähe dagegen geht mit einer Reihe von *körperlichen und psychischen Störungen* einher, z. B. mit hohem Blutdruck, Depression, Ängsten, Suizid und erhöhtem Sterberisiko. Personen, die keine nahen Beziehungen haben, leiden gehäuft unter *Einsamkeit* (Peplau & Perlman, 1982). Für die Entstehung bzw. Fortdauer von Einsamkeit sind nicht die geringe Anzahl, Häufigkeit und Dauer von Kontakten, sondern ist die mangelnde Nähe der Kontakte verantwortlich.

> **Nähe hat großen Einfluss auf das psychische Wohlbefinden. Mangelnde Nähe geht mit einer Reihe von körperlichen und psychischen Störungen einher.**

## 10.3    Begriffsdefinition

Die in der Literatur vorzufindenden Definitionen des Nähebegriffs sind keineswegs einheitlich und unterscheiden sich u. a. darin,

- dass Nähe als objektiv am Verhalten beobachtbar oder als subjektiv erlebt und daher von außen nicht beobachtbar betrachtet wird,
- dass Nähe als ein vorübergehender Zustand des Beisammenseins oder als ein stabiles Beziehungsmerkmal betrachtet wird,
- welche Aspekte zum Nähekonstrukt gezählt werden und welche nicht.

Der erste Unterschied bezieht sich darauf, ob Nähe *objektiv* oder *subjektiv* erfasst werden sollte. Nähe kann sich darin ausdrücken, dass sich das Verhalten der Beziehungspartner insofern ändert, als sich die Partner zunehmend gegenseitig beeinflussen und eine Reihe von Aktivitäten gemeinsam durchführen (Kelley et al., 1983). Ein solches Begriffsverständnis von Nähe impliziert, dass Nähe prinzipiell von außen beobachtbar ist, etwa an der Menge der gemeinsam verbrachten Zeit. Die Nähe einer Beziehung kann sich aber auch darin ausdrücken, dass sich die Beziehungspartner *nah fühlen*. Folgt man diesem Verständnis von Nähe, bedeutet dies, dass man Nähe nur erfassen kann, indem man Personen nach ihrem subjektiven Erleben befragt. Es bedeutet auch, dass beide Partner unterschiedliche Einschätzungen über den Grad der Nähe in ihrer Beziehung abgeben können. Wie später gezeigt wird, ist eine subjektive Konzeptualisierung der objektiven in einigen Punkten empirisch überlegen, sodass im Folgenden von einer subjektiven Nähedefinition ausgegangen wird.

Der zweite Unterschied in den vorliegenden Nähedefinitionen bezieht sich darauf, ob Nähe an spezielle Situationen gebunden ist (z. B. wenn man einen Menschen umarmt, ihm ein Geheimnis anvertraut oder mit ihm gemeinsam über etwas lacht) oder ob Nähe von solchen Situationen unabhängig ist, da man sich manchen Menschen immer verbunden fühlt.

Dieser Unterschied zwischen Nähe in speziellen Situationen und Nähe als einem stabilen Beziehungsmerkmal wurde von Reis und Shaver (1988) aufgegriffen: Nähe beginnt, wenn man einen Menschen kennen lernt, stets in einer speziellen Situation, einer *intimen Interaktion*. Solche Interaktionen werden wiederholt, wenn sie erfolgreich verlaufen, d. h. für die Individuen angenehme Konsequenzen haben. Eine häufige Wiederholung intimer Interaktionen über längere Zeit führt zu einem *Prozess der Annäherung* beider Beziehungspartner. Ist dieser Prozess fortgeschritten, spricht man von einer *nahen Beziehung*.

> **Nähe beginnt stets in einer intimen Interaktion.**

Die Frage, ob Nähe an Situationen gebunden ist oder nicht, lässt sich mit der Differenzierung von intimen Interaktionen und nahen Beziehungen beantworten: Intime Interaktionen sind an konkrete Situationen gebunden. Nähe als Beziehungsmerkmal ist dagegen relativ stabil und unabhängig von der momentanen physischen Distanz zwischen zwei Personen. Anders als bei Kleinkindern ist emotionale Nähe bei Erwachsenen nicht zwingend an physische Präsenz gebunden, sondern kognitiv repräsentiert. Das Empfinden von Nähe in einer bestehenden Beziehung (wenn man an Aspekte wie Vertrauen und Verbundenheit denkt) variiert üblicherweise relativ wenig im Tages- oder Wochenverlauf, und Menschen können auch dann Auskunft über den Grad der Nähe zu einer anderen Person geben, wenn diese nicht anwesend ist.

> **Bei Kleinkindern ist emotionale Nähe zwingend an physische Präsenz gebunden, bei Erwachsenen ist sie kognitiv repräsentiert.**

Die Sichtweise von Nähe als vorübergehender Zustand in einer Beziehung und die Sichtweise als stabiles Beziehungsmerkmal schließen sich keineswegs aus. Wie andere Konstrukte auch (z. B. Angst und Ängstlichkeit) kann Nähe sowohl als State als auch als Trait einer Beziehung beschrieben werden. Die im Folgenden zugrunde gelegte Definition von Nähe bezieht sich auf Nähe als stabiles Beziehungsmerkmal. Eine Beziehung ist dann nah, wenn eine Reihe von intimen Interaktionen stattgefunden hat und der Annäherungsprozess fortgeschritten ist, wobei sich diese Nähe in wiederkehrenden intimen Interaktionen *ausdrückt*.

Die Definitionsunterschiede, ob Nähe vorübergehend oder stabil ist und ob Nähe subjektiv oder objektiv erfasst werden sollte, sind eher formaler Natur. *Was macht aber Nähe inhaltlich aus?*

Welches Verhalten und welches Erleben sind gemeint, wenn eine Person sich einer anderen nah fühlt, und durch welche Interaktionen wird Nähe hergestellt?

Nahen Beziehungen wird eine ganze Reihe von Merkmalen zugeschrieben, die mehr oder weniger zentral für das Konstrukt Nähe sind. Es scheint sich aber herauszukristallisieren, dass *zwei Aspekte von besonderer Bedeutung* sind. Erstens gehört zur Nähe eine *offene und beidseitige Kommunikation*, die aus Selbstöffnung, Verständnis, Wertschätzung und Unterstützung besteht. Zweitens bringen sich Personen, die eine nahe Beziehung haben, *positive Emotionen* entgegen. Dazu gehören Liebe, Wärme, Vertrauen und ein Gefühl der Zusammengehörigkeit.

> **Zwei Aspekte von Nähe sind von besonderer Bedeutung: eine offene und beidseitige Kommunikation und positive Emotionen.**

Ausgehend von diesen Überlegungen wird folgende Nähe-Definition vorgeschlagen:

> *Nähe* ist ein subjektiv erlebtes relativ stabiles Merkmal einer Beziehung zu einer anderen Person, das gegenseitige persönliche Kommunikation und positive Emotionen umfasst.

Diese Definition impliziert, dass
- Nähe nicht allein am Verhalten (z. B. gemeinsam verbrachte Zeit) ablesbar ist;
- Nähe nicht nur vorübergehende Interaktionen (Kuscheln, Trösten etc.) beinhaltet, sondern das Ergebnis eines u. U. längeren Annäherungsprozesses ist. Die Ausprägung der Nähe zu einer Person ist im Gedächtnis repräsentiert und abrufbar (wie eine Einstellung) und beinhaltet (wie diese) kognitive und affektive Inhalte sowie Verhaltenstendenzen;
- Nähe immer auf eine konkrete Person bezogen ist.

## 10.4   Nähe als objektiv beobachtbares Geschehen

Ein Unterschied in den Konzeptionen von Nähe besteht darin, dass Nähe entweder als subjektives Erleben oder als objektiv beobachtbares Verhalten betrachtet wird.

Die Vertreter der *Interdependenztheorie* betonen das beobachtbare Verhalten, um Nähe zu definieren und zu messen (Kelley et al., 1983; Berscheid et al., 1989). Dieser Ansatz folgt einer lerntheoretischen Perspektive.

> **Bei der Interdependenztheorie wird das Verhalten beobachtet bzw. erfragt, um Nähe zu definieren und zu messen.**

Im Sinne der operanten Konditionierung wird davon ausgegangen, dass Individuen diejenigen Verhaltensweisen intensivieren, für die sie in der Vergangenheit belohnt worden sind und Verhaltensweisen unterlassen, für die sie bestraft worden sind. Aus individueller Perspektive richten Menschen ihr Verhalten danach aus, dass Belohnungen maximiert und Kosten minimiert werden. Diejenige Instanz, von der die Verteilung der Belohnungen und Kosten abhängt, beeinflusst das Verhalten des Individuums. Aus dyadischer Perspektive ist die Überlegung anzustellen, inwieweit beide Partner für den jeweils anderen eine Quelle von Belohnungen oder Kosten darstellen. Nehmen wir einmal an, dass die Höhe der Belohnung für ein Verhalten nur vom Individuum selbst abhängt (z. B. eine Frau schreibt an einem Buchkapitel und belohnt sich dafür mit einem guten Essen). In diesem Fall besteht keine Interdependenz (Abhängigkeit) zwischen ihr und ihrem Partner und damit auch keine Nähe. Stellt aber der Partner die belohnende Instanz dar (z. B. eine Frau wird für ihre Tätigkeit vom Partner gelobt), ist er derjenige, der ihr Verhalten verstärkt und damit beeinflusst. Die Nähe zwischen zwei Personen ist also umso größer, je wichtiger der Mann für die Frau als Quelle von Belohnungen und Kosten ist und umgekehrt. Nähe besteht demnach, wenn die Leben beider Partner intensiv verwoben sind und das Verhalten des einen Partners für den anderen bedeutsame Konsequenzen hat.

Kelley et al. (1983) setzen den Begriff »closeness« mit »influence« gleich. Die gegenseitige Beeinflussung ist nach dieser Auffassung der zentrale Aspekt der Nähe und kann dahingehend quantifiziert werden, wie *häufig* und in *wie vielen Bereichen* Einfluss ausgeübt wird, wie *stark* und wie *dauerhaft* dieser Einfluss ist. Die operationale Definition von Nähe läuft darauf hinaus, dass die Partner *viel Zeit miteinander verbringen* und dass sie verschiedene *Dinge gemeinsam unternehmen*. Während diese beiden Aspekte eher das Potenzial für die Beeinflussung ansprechen (man kann schließlich auch Zeit miteinander verbringen, ohne sich zu beeinflussen), spricht ein dritter Aspekt die *Stärke des Einflusses* selbst an. Als vierten Aspekt nennen Kelley et al. die *Dauer der Beziehung*. Dass diese zum Nähekonstrukt hinzugerechnet wird, wird von Berscheid et al. (1989) kritisiert, da es auch lange Beziehungen gibt, die nicht nah sind, und da die Dauer nicht linear mit der Nähe zusammenhängt. Die Dauer ist auch konfundiert mit dem Alter und dem Beziehungstyp. Ältere Personen haben längere Beziehungen als jüngere, ohne dass diese dadurch näher sein müssen. Beziehungen zu Verwandten (z. B. Großeltern) bestehen meist von Geburt an, während etwa Partnerschaften erst zu späteren Zeitpunkten geschlossen werden. Daraus kann man aber nicht schließen, dass die Beziehungen zu Verwandten näher sind als die zum Partner, das Gegenteil ist der Fall.

Nach diesem Verständnis von Nähe, das die Beeinflussung in den Vordergrund stellt, sind *positive Emotionen* nicht zwingend Bestandteil naher Beziehungen, die Autoren betrachten eine nahe Beziehung lediglich als Potenzial für Affekte.

*Physische Nähe* gehört nach dieser Auffassung zum Nähebegriff. Wenn häufiger Kontakt und verschiedene gemeinsame Aktivitä-

> **Aus der Sicht der Interdependenztheorie ist der zentrale Aspekt der Nähe die gegenseitige Beeinflussung.**

ten für das Vorhandensein von Nähe entscheidend sind, kann man nicht einer Person nah sein, die man lange Zeit nicht gesehen hat. Paare, die aufgrund getrennter Wohnungen selten Gelegenheit zu persönlicher Interaktion haben, können nach dieser Definition keine nahe Beziehung haben.

Dieses Nähekonzept wird im vorliegenden Kapitel als »objektiver« Ansatz klassifiziert, da ihm zufolge die einzelnen Elemente der Nähe prinzipiell von außen beobachtbar sind, wenngleich sie üblicherweise in Form von Selbstberichten erfasst werden.

## 10.5　Nähe als subjektives Erleben

### 10.5.1　Nähe als intime Interaktion

> **Nähe im Sinne von Intimität besteht dann, wenn zwei Personen das Innerste des jeweils anderen kennen, verstehen und wertschätzen.**

Für Reis und Shaver (1988) steht bei der Konzeptualisierung von Nähe die Kommunikation zwischen zwei Personen im Mittelpunkt. Die Autoren verwenden nicht den Begriff »closeness«, sondern den Begriff »intimacy«, der wörtlich »das Innerste« bedeutet (dazu gehören Emotionen, Einstellungen, Interessen oder Aspekte des Selbstkonzepts).

Das entscheidende Verhalten, durch das Personen ihr »Innerstes« offen legen, ist die Selbstöffnung während eines Gesprächs. Gespräche sind zwar ebenso wie gemeinsame Aktivitäten prinzipiell von außen beobachtbar, dennoch ist dieser Ansatz zu den subjektiven Nähekonzepten zu zählen, da für die Beteiligten die subjektive Wahrnehmung und die Interpretation der Gesprächsinhalte entscheidend sind und das weitere Verhalten bestimmen.

Die Analyseeinheit ist bei Reis und Shaver eine Gesprächssituation (intime Interaktion), in der eine Person A einer anderen Person B etwas Persönliches mitteilt und die Person B darauf reagiert. Zunächst werden die Motive, Bedürfnisse, Ängste und Ziele des Sprechers A analysiert, der einem Zuhörer B etwas anvertrauen möchte. Er steht dabei in einem Annäherungs-Vermeidungs-Konflikt, d. h. er möchte seine Gefühle mitteilen, wünscht sich Anschluss, Verständnis oder Rat, fürchtet sich aber zugleich vor Zurückweisung oder Kontrollverlust. Die relative Stärke dieser Motive ist ein Ergebnis der individuellen Lerngeschichte. Sie bestimmt, ob, in welcher Weise und in welchem Ausmaß Selbstöffnung stattfindet.

Die Selbstöffnung besteht darin, dass A seinem Zuhörer B relevante Informationen über sich selbst bzw. sein Selbstkonzept verbal und/oder nonverbal vermittelt. Dabei ist nicht die Information über Fakten ausschlaggebend (z. B. »Mein Lehrer machte sich in der Schule über mich lustig«), sondern die emotional bedeutsame Konsequenz aus diesen Fakten (»Seitdem habe ich *Angst*, vor einer Gruppe zu sprechen«). Der Schüsselaspekt ist der Ausdruck von Emotionen (evaluative Selbstöffnung), die mit den berichteten Fakten (deskriptive Selbstöffnung) verknüpft sind.

Der Zuhörer B wird sowohl in seiner Rezeption der Mitteilungen As als auch in seiner Reaktion von eigenen Zielen und Ängsten bestimmt: Möglicherweise möchte er sich als guter Freund erweisen, aus strategischen Gründen etwas über A erfahren, stets hilfsbereit sein, hat Angst vor großer Nähe usw. Bei diesen Einflussfaktoren handelt es sich um Persönlichkeitsmerkmale (z. B. Hilfsbereitschaft), situative Gegebenheiten (z. B. Zeitdruck, gesellschaftliche Normen) und kognitive Schemata, das sind das Vorwissen oder Vorurteile über die Person A oder über gleichartige Situationen. Diese beeinflussen zunächst die Interpretation von As Aussage. B kann die Gefühlsäußerung von A richtig oder falsch verstehen und sie als angemessen, aufdringlich, strategisch, appellativ, willkommen oder aversiv auffassen. Im Optimalfall reagiert B auf die Selbstöffnung von A mit positiven Emotionen (er freut sich über die Offenheit), versteht die Mitteilung korrekt und vermittelt in einer Antwort Verständnis, Wertschätzung und Unterstützung. Es ist leicht ersichtlich, dass für diesen Optimalfall eine Reihe von Voraussetzungen erfüllt sein muss. A muss sich klar ausdrücken, B muss die relevanten Aspekte erkennen, die appellative Dimension von As Aussage (die möglicherweise nur nonverbal geäußert wurde) dekodieren, darf nicht mit Abneigung und Widerwillen auf die Inhalte und Appelle reagieren, und er muss A tatsächlich wertschätzen und bereit und in der Lage zu einer unterstützenden Reaktion sein.

Die verbalen und nonverbalen Antworten Bs werden von A wiederum interpretiert. Dabei ist entscheidend, ob sich A verstanden, anerkannt und unterstützt fühlt. Selbst wenn B eine nach menschlichem Ermessen optimale Reaktion zeigt, kann es vorkommen, dass A aufgrund einer misstrauischen Einstellung (z. B. vermittelt durch einen unsicheren Bindungsstil, vgl. Kap. 5) grundsätzlich keine Wertschätzung erwartet und sie deshalb auch nicht erkennt.

Dieses Kommunikationsmodell macht einen so komplizierten Eindruck, dass man sich fragt, wie Kommunikation überhaupt jemals erfolgreich verlaufen kann. Das liegt daran, dass Reis und Shaver konsequent in jeder Phase die Rolle der *subjektiven Interpretation* der Ereignisse durch A und B betonen. Im Normalfall unterscheiden Gesprächspartner nicht zwischen Fakten und Interpretationen, zwischen dem Selbst und dem Selbstkonzept, zwischen einer »wahren« Aussage und einer wahrgenommenen. Für die Gesprächspartner stellt sich die Interaktion lediglich so dar, dass A etwas über sich mitteilt, B die Mitteilung hört und positiv auf sie reagiert. Die Gefahr von Missverständnissen wird in den Fällen gemildert, in denen B schon etwas über A weiß und dessen Äußerungen einordnen kann. Die Gefahr einer ablehnenden Reaktion ist dann gering, wenn A sich an eine Person wendet, von der A grundsätzlich akzeptiert wird. Es ist für A hilfreich, vor der Interaktion Kenntnisse über die Einstellungen von B zu besitzen.

Die Analyse der zahlreichen Voraussetzungen einer für beide Personen belohnenden Interaktionssequenz zeigt, dass eine tiefe Selbstöffnung eine potenzielle Gefahr darstellt, insbesondere zu Beginn einer Beziehung, wenn sich die Interaktionspartner noch nicht kennen. Diese Gefahr besteht vor allem für einsame Personen bzw. Personen mit einem »ängstlichen Bindungsstil«, denen strategische Überlegungen zur möglichen Reaktion des Gesprächspartners fremd sind. Diese Personen betreiben wahllos Selbstöffnung und differenzieren nicht zwischen Bekannten und Fremden bzw. zwischen Personen, die ebenfalls offen sind oder sich bedeckt halten.

> **Selbstöffnung stellt immer eine potenzielle Gefahr dar und ist nicht in jeder sozialen Situation angemessen.**

Außer vom Bekanntheitsgrad der Beziehungspartner und von deren Persönlichkeit hängt die Angemessenheit einer Selbstöffnung von der Orientierung an sozialen Normen ab. Diese Normen, ebenso wie kognitive Schemata, können im positiven Sinne handlungsleitend sein, indem sich Personen nur in bestimmten Situationen und gegenüber bestimmten Personen öffnen. Damit minimiert die Orientierung an Normen die Gefahr negativer Reaktionen. Andererseits kann sich nur dann Nähe entwickeln, wenn die Personen nicht ausschließlich normkonform handeln bzw. so, wie es der Gesprächspartner ohnehin erwartet hat. Das Phänomen der Selbstöffnung impliziert eine Neuartigkeit der Information und ein Überschreiten stereotypen Rollenverhaltens und daher auch immer die Gefahr, abgelehnt zu werden. Hatfield (1984) weist auf die Gefahr zu großer Nähe hin. Im Einzelnen betont sie die Gefahr, verlassen zu werden, die Gefahr ärgerlicher Angriffe, die Gefahr, die Kontrolle zu verlieren, und die Gefahr, vereinnahmt zu werden, wenn man sich zu sehr öffnet. Solcherart Ängste sind keineswegs völlig unberechtigt oder neurotisch. Genau genommen handelt es sich hierbei aber nicht um *Gefahren der Nähe*, sondern um *Gefahren unangebrachter Selbstöffnung* in ansonsten wenig nahen Beziehungen.

Daraus ergibt sich, dass Selbstöffnung zwar ein entscheidendes Verhalten während einer intimen Interaktion ist, aber noch nicht ausreicht, um Nähe herzustellen. Von Nähe kann erst dann gesprochen werden, wenn Selbstöffnung, Verstehen, Wertschätzung und Unterstützung zusammentreffen.

Prager (2000) betont zudem die Rolle der positiven Emotionen und unterscheidet *Selbstöffnung, Verstehen* und *positive Emotionen* als drei Faktoren der Nähe. Das Einbeziehen positiver Emotionen in die Definition von Nähe ist deshalb hilfreich, da dann die von Hatfield beschriebenen Gefahren, nämlich ablehnende oder aggressive Reaktionen auf Selbstöffnung, explizit aus dem Nähekonstrukt ausgeschlossen werden.

> **Selbstöffnung, Verstehen und positive Emotionen sind drei Faktoren der Nähe.**

Zusammengefasst zählen also zur Nähe im Sinne einer intimen Interaktion die Selbstöffnung einer Person, die in mehrfacher Hinsicht positive Reaktion der anderen Person und positive Emotionen. In der intimen Interaktion kommen der Wahrnehmung und der subjektiven Interpretation von Verhaltensweisen zentrale Bedeutung zu: Es kommt nicht darauf an, was tatsächlich kommuniziert wird, sondern wie die Beteiligten die verbal und nonverbal kommunizierten Inhalte wahrnehmen. Wichtig ist nicht, ob eine Person verstanden wird, sondern ob sie sich verstanden fühlt.

### 10.5.2   Nähe als Beziehungsmerkmal

Die bisher skizzierte intime Interaktion mündet nur unter den Voraussetzungen von *Reziprozität* und *Dauer* in eine nahe Beziehung. *Reziprozität* bedeutet, dass beide Beteiligten sich in der Rolle des Sprechers und des Zuhörers abwechseln. Somit werden Arzt (Therapeut)-Patient (Klient)-Beziehungen üblicherweise nicht als nahe Beziehungen bezeichnet.

> **Reziprozität und Dauer sind Voraussetzungen für eine nahe Beziehung.**

Die weitere Voraussetzung für die Entwicklung einer nahen Beziehung ist eine zeitliche Perspektive mit einer Vergangenheit (Interaktionsgeschichte) und einer Orientierung in die Zukunft (Hinde, 1981). Eine nahe Beziehung ist das Resultat einer Reihe von intimen Interaktionen, und sie drückt sich wiederkehrend im Erleben intimer Interaktionen aus.

Die auf diese Weise entstandenen nahen Beziehungen zeichnen sich durch folgende Merkmale aus: Commitment (Bindungsbereitschaft), eine geteilte Identität (Wir-Gefühl), eine Behandlung als Einheit durch andere Personen (gemeinsame Einladungen), stabile Erwartungen und Interaktionsmuster sowie Vertrauen (Reis & Shaver, 1988).

Hatfield (1984) weist darauf hin, dass Nähe in einer Beziehung Verhaltensanteile, kognitive und emotionale Anteile enthält: Zur *Verhaltenskomponente* zählt Hatfield nonverbale Verhaltensweisen wie nah beieinander stehen, sich anschauen, sich aneinander lehnen und sich berühren, zur *kognitiven Nähe* das Wissen um die Geschichte, die Werte, Stärken, Schwächen, Einzigartigkeiten, Hoffnungen und Ängste des anderen. Der *emotionale Anteil* umfasst Lieben, Mögen und Vertrauen.

> **Nähe in einer Beziehung enthält Verhaltensanteile, kognitive und emotionale Anteile.**

Chelune et al. (1984) charakterisieren eine nahe Beziehung mit sechs Aspekten:

– Wissen um das Innerste des anderen
   Selbstöffnung führt zum gegenseitigen Kennenlernen der Partner, zu Verständnis und zu Akzeptanz.
– Gegenseitigkeit
   Die Beteiligten führen eine persönliche und einzigartige Beziehung, die sich vor allem durch Involviertheit auszeichnet.

- Interdependenz
  Die Beteiligten werden zunehmend voneinander abhängig. Sie beeinflussen die Aktivitäten, Belohnungen und Interaktionskosten des Partners und können über den anderen Macht ausüben.
- Vertrauen
  Die Gefahr des Machtmissbrauchs und die Gefahren der Selbstöffnung wären zu bedrohlich, wenn die Partner nicht gegenseitig darauf vertrauen würden, dass jeder im Interesse des Partners handelt und diesen nicht verletzt.
- Commitment
  Die Partner betrachten die Beziehung als langfristig und zeigen Verhaltensweisen, die der Aufrechterhaltung der Beziehung dienen.
- Füreinander sorgen
  Die Partner kümmern sich um die Bedürfnisse des anderen, helfen und unterstützen sich gegenseitig.

Die Liste der Merkmale, mit denen nahe Beziehungen von verschiedenen Autoren beschrieben werden, ist nahezu endlos. Dazu gehören auch die Häufigkeit und Bandbreite gemeinsamer Aktivitäten, der gegenseitige Einfluss (in dem »objektiven« Ansatz), die Dauer der Beziehung, Liebe, der Wert der Ressourcen, die ausgetauscht werden, und vieles mehr.

Somit stellt sich die Frage, welche Merkmale sinnvollerweise dem Nähekonstrukt zugerechnet werden sollten und welche nur mit dem Konstrukt korrelieren oder sich eher auf andere Konstrukte beziehen. Eine empirische Ermittlung aller Merkmale, die zwischen nahen und weniger nahen Beziehungen differenzieren, birgt die Gefahr, konstruktferne Merkmale nicht von konstruktnahen oder zentralen Merkmalen unterscheiden zu können. Angenommen man stellt fest, dass Menschen mit Personen, die ihnen nah stehen, mehr gemeinsam unternehmen als mit Personen, die ihnen nicht nah stehen. Ein solches Ergebnis kann auf dreierlei Arten interpretiert werden:

- Gemeinsame Unternehmungen sind ein zentrales Merkmal der Nähe;
- die Unternehmungen sind eine *Ursache* für die Entstehung von Nähe, da sie den sozialen Rahmen bereitstellen, in dem sich Nähe entwickeln kann;
- die Unternehmungen sind die *Folge* bestehender Nähe in dem Sinne, dass es mehr Spaß macht, mit nahe stehenden Personen Zeit zu verbringen.

Nur die erste Interpretation akzeptiert das Merkmal »gemeinsame Unternehmungen« als Bestandteil des Nähekonstrukts. Eine Ermittlung der Merkmale, die nahe von fernen Beziehungen unterscheiden, ist demnach für die Umschreibung des Konstrukts nicht ausreichend. Stattdessen empfiehlt sich zusätzlich eine Prototypenanalyse: In einem ersten Schritt werden Merkmale naher Beziehungen gesammelt, die dann in einem zweiten Schritt von Befragten hinsichtlich ihrer Zentralität für das Konstrukt beurteilt werden. Eine solche Studie wurde von Grau (2000) unternommen. Hier wurde festgestellt, dass Empathie, Vertrauen und Verbundenheit (d. h. ein Gefühl enger Bindung) die zentralsten Nähemerkmale sind.

> **Die zentralsten Nähemerkmale sind Empathie, Vertrauen und Verbundenheit.**

Etwas weniger zentral sind das Gespräch, Zärtlichkeit, Unterstützung und Involviertheit, während Akzeptanz, Ähnlichkeit und gemeinsame Unternehmungen/gemeinsam verbrachte Zeit die niedrigsten Zentralitätswerte aufweisen. Aus der Sicht von Befragten sind die subjektiven, eher emotionalen Aspekte der Nähe zentraler als diejenigen Merkmale, die im »objektiven« Ansatz angesprochen werden.

## 10.6    Die Rolle des Nähebedürfnisses

Die bisher besprochenen Ansätze behandeln die in einer Beziehung bestehende Nähe, die im Folgenden als »Istwert« der Nähe bezeichnet wird. Die Motivationspsychologie bietet einen weiteren Zugang zum Konstrukt im Sinne eines Nähebedürfnisses oder »Sollwerts«. Eine motivationspsychologische Sichtweise der Nähe impliziert zweierlei: Zum einen wird ein universelles Grundmotiv nach Nähe postuliert, zum anderen unterscheiden sich Menschen in der Ausprägung dieses Motivs, wobei diese Unterschiede Gegenstand der differenziellen Psychologie sind. Im Folgenden wird zu zeigen sein, dass dieses Nähebedürfnis eine wichtige Ergänzung zur erlebten Nähe darstellt. Die erlebte Nähe hängt zwar mit der Beziehungszufriedenheit zusammen, die Betrachtung des Nähebedürfnisses erlaubt aber zusätzliche Annahmen zur Vorhersage der Zufriedenheit. Eine Person, die ein geringes Nähebedürfnis hat, müsste unter geringer Nähe weniger leiden als eine Person mit einem hohen Nähebedürfnis.

### 10.6.1    Das Grundbedürfnis nach Nähe

Sowohl bei jungen Primaten (Harlow, 1958) als auch bei Säuglingen (Spitz, 1945) wurde beobachtet, dass das Fehlen emotionaler Fürsorge und Nähe extreme Entwicklungsretardierungen und gesundheitliche Schädigungen bis hin zum Tode bewirkt, auch wenn die Säuglinge ausreichend mit Nahrung versorgt werden. Frühere lerntheoretische Interpretationen des Verhaltens von Kindern, die Nähe zu ihren Eltern suchen, bezogen sich auf die Rolle der Bezugsperson als Garant für die Befriedigung primärer Bedürfnisse, insbesondere nach Nahrung: Da die Bezugsperson immer dann anwesend ist, wenn der Hunger gestillt wird, lernen Kinder, bereits auf die physische Nähe zur Bezugsperson mit Wohlbehagen zu reagieren (klassische Konditionierung). Nach dieser lerntheoretischen Interpretation ist die Nähe zur Bezugsperson in vielen

> In der Motivationspsychologie gilt das Streben nach Nähe bzw. das Eingehen enger sozialer Beziehungen als eines der Grundbedürfnisse des Menschen.

Situationen mit dem Erleben eines primären Verstärkers gekoppelt und wird dadurch zu einem sekundären Verstärker, d. h. sie wird irgendwann selbst belohnend. Die Versuche von Harlow mit jungen Rhesusaffen, die mit einer futterspendenden »Drahtmutter« und einer nicht futterspendenden »Kuschelmutter« aufwuchsen, zeigten jedoch, dass sich die Affen fast den ganzen Tag bei der weichen Mutterattrappe aufhielten, obwohl diese keine Nahrung spendete.

Der Wunsch nach Nähe (bei Kleinkindern ist damit vor allem die körperliche Nähe gemeint) scheint demnach unabhängig von

> Das Bedürfnis nach Nähe ist über die gesamte Lebensspanne hinweg vorhanden.

der Befriedigung des Nahrungsbedürfnisses aufzutreten und selbst ein primärer Verstärker zu sein (Bowlby, 1975). Das Bedürfnis nach Nähe ist nicht nur bei Kindern, sondern über die gesamte Lebensspanne hinweg vorhanden, wenngleich die Nähe zwischen Erwachsenen (z. B. Ehepartnern) andere Funktionen erfüllt als die zwischen Eltern und Kindern.

### 10.6.2  Das Intimitätsmotiv

In der Motivationspsychologie wird das Nähebedürfnis meist unter der Bezeichnung »*Affiliationsmotiv*« diskutiert. Menschen unterscheiden sich in ihrem Bedürfnis, sich an andere anzuschließen und von ihnen gemocht und akzeptiert zu werden. Personen mit einer hohen Ausprägung im Affiliationsmotiv zeichnen sich aber nicht dadurch aus, Beziehungen oder Interaktionen von besonderer Nähe zu erleben, sondern dadurch, dass sie eine große Furcht vor Ablehnung und Zurückweisung haben. Sie suchen Kontakt zu anderen Personen, um ein defizitäres Gefühl von Einsamkeit zu überwinden. Sie sind zwar häufig damit beschäftigt, mit anderen zu sprechen oder Briefe zu schreiben, gelten aber in der Fremdeinschätzung als eher unbeliebte Personen, die sehr um Kontakt bemüht sind, ohne dass die Qualität dieser Interaktionen besonders gut wäre. Personen mit einer hohen Ausprägung im Affiliationsmotiv sind vermutlich besonders gefährdet, unangebrachte Selbstöffnung zu betreiben (vgl. Abschnitt 10.5.1), die nicht zu Nähe, sondern zu ablehnenden Reaktionen führt.

Weil das Affiliationsmotiv eher die Furcht vor Zurückweisung als die Hoffnung auf Anschluss thematisiert, beschrieb McAdams (1980) zusätzlich das Intimitätsmotiv, das positivere Auswirkungen auf zwischenmenschliche Begegnungen hat.

> Das Affiliationsmotiv thematisiert eher die Furcht vor Zurückweisung als die Hoffnung auf Anschluss.

Das Intimitätsmotiv ist definiert als Präferenz für und Bereitschaft zu Erfahrungen interpersoneller Wärme, Nähe und Gemeinsamkeit. McAdams kritisiert am Affiliationsmotiv vor allem die Orientierung an einem defizitären Zustand. Wenn man aus Einsamkeit bzw. aus einer Deprivation des Anschlussbedürfnisses heraus Kontakt sucht, kann man keine großen Anforderungen an die Qualität des Kontakts stellen. McAdams konzentriert sich dagegen auf die Qualität der Begegnung.

> **Das Intimitätsmotiv ist definiert als Präferenz für und Bereitschaft zu Erfahrungen interpersoneller Wärme, Nähe und Gemeinsamkeit.**

Intimitätsmotiviertheit impliziert im Unterschied zum Affiliationsmotiv weniger das *Tun* als das *Sein* im Sinne einer Bereitschaft zu einer für beide Personen befriedigenden Begegnung. Der Kontakt ist auch weniger instrumentell als der anschlussmotivierte Kontakt: Die andere Person ist nicht dazu da, ein persönliches Defizit auszugleichen, sondern das Wohl der anderen Person steht im Mittelpunkt.

Zur Beschreibung des Konstrukts beruft sich McAdams auf die Schriften von Bakan, Maslow, Buber und Sullivan. Zusammengenommen ergeben diese Schriften das Idealbild eines Strebens nach egalitären Beziehungen, die durch folgende Merkmale charakterisiert sind (McAdams, 1982):

- Freude am Zusammensein,
- reziproker Dialog,
- Offenheit, Kontakt,
- Harmonie,
- Berücksichtigung des Wohlergehens des anderen,
- keine manipulative Kontrolle, kein Wettbewerb,
- mehr sein als tun.

Diese Beschreibung ähnelt stark den sozialpsychologischen Charakterisierungen naher Beziehungen. Das Intimitätsmotiv lässt sich also als Wunsch und Bestreben definieren, Nähe in zwischenmenschlichen Interaktionen zu entwickeln. Intimitätsmotivierte Personen neigen dazu, (kurzfristige) intime Interaktionen zu erleben sowie (langfristige) nahe Beziehungen aufzubauen. Im Unterschied zur Nähe im Sinne der obigen Definition (vgl. Abschnitt 10.3) ist das Intimitätsmotiv nicht auf eine konkrete Zielperson bezogen, sondern wird als Persönlichkeitsmerkmal aufgefasst, das sich in vielfältigen Interaktionen mit unterschiedlichen Gesprächspartnern ausdrückt.

## 10.7    Messung von Nähe

### 10.7.1    Der objektive Ansatz

Im Sinne der Interdependenztheorie haben Berscheid et al. (1989) einen Fragebogen entwickelt (Relationship Closeness Inventory, RCI), der als Aspekte der Nähe die gemeinsame Zeit, die gemeinsamen Aktivitäten und den Einfluss erfragt.

Die Befragten sollen die Menge der gemeinsam verbrachten Zeit (ohne Anwesenheit dritter Personen)

> **Der RCI (Relationship Closeness Inventory)-Fragebogen erfasst als Aspekte der Nähe die gemeinsame Zeit, die gemeinsamen Aktivitäten und den Einfluss.**

in der letzten Woche und die Anzahl der Aktivitäten aus einer längeren Liste (Sport treiben, Essen kochen, Fernsehen...) angeben, die in der letzten Woche gemeinsam (ohne dritte Personen) unternommen wurden. Der dritte Aspekt, die Stärke des Einflusses, wird mit Items erhoben, die den Einfluss des Partners auf das eigene Verhalten sowie die eigenen Einstellungen und Pläne thematisieren (Beispiele: Kleidung, finanzielle Sicherheit, Freizeitaktivitäten).

Der RCI konnte in der Studie von Berscheid et al. (1989) zwischen Beziehungstypen differenzieren (Partnerschaften waren näher als Freundschaften und Familienbeziehungen), und er konnte die Beständigkeit der Partnerschaften über einen Zeitraum von 3 Monaten vorhersagen, was ein subjektiver Näheindex aus zwei Items nicht konnte.

Dieser Fragebogen ist aber in mehrfacher Hinsicht zu kritisieren:
- Selbst wenn man der Gleichsetzung von Nähe und Einfluss zustimmt, ist kaum einsichtig, warum Einfluss von der Menge der gemeinsam verbrachten Zeit abhängt. Man hat bei viel gemeinsamer Zeit lediglich mehr Gelegenheit, sich zu beeinflussen. Ein extrem beeinflussender »Befehl« an den Partner kann aber auch in sehr kurzer Zeit erfolgen.
- Es wird ausschließlich nach der Zeit gefragt, die man zu zweit verbracht hat. Warum kann man sich nicht beeinflussen, wenn man mit Freunden zusammen ist? Können sich Eltern nicht beeinflussen, die sehr viel Zeit mit ihrem Kleinkind, aber wenig Zeit zu zweit verbringen? Kann man sich nicht während eines Telefongesprächs beeinflussen?
- Die Auswahl der gemeinsamen Aktivitäten ist sehr »studentisch«, und einige (z. B. Fernsehen) scheinen eher der Entwicklung von Distanz zu dienen als Nähe zu fördern.
- Man kann sich auch fragen, warum die Anzahl der verschiedenen Aktivitäten so wichtig ist. Nach dem RCI ist die Nähe größer, wenn ein Paar in einer Woche einmal gekocht hat, einmal im Restaurant und einmal im Schnellimbiss war, als wenn es dreimal gekocht hat.
- Die Einflussskala schließlich erfragt nur den Einfluss des Partners auf die befragte Person, nicht aber den gegenseitigen Einfluss. Wenn der Einfluss in einer Richtung größer ist als in der anderen, verweist die Skala eher auf ein Problem hinsichtlich ungleich verteilter Macht als auf Nähe.

Aron et al. (1992) verglichen den RCI mit einer subjektiven Intimitätsskala von Sternberg (1997). Der RCI konnte die Beständigkeit von Beziehungen im Gegensatz zur Intimitätsskala nicht vorhersagen. In einer weiteren Studie mit dem ins Deutsche übersetzten RCI von Bierhoff et al. (1993) zeigte sich, dass der RCI weder mit der Beziehungsqualität noch mit der Beziehungsstabilität korrelierte. Insgesamt weisen die Befunde auf eine Überlegenheit der Messinstrumente zum subjektiven Näheerleben hin. Das ist der Grund dafür, warum im vorliegenden Text dem subjektiven Ansatz bei der Nähedefinition der Vorrang gegeben wurde.

Bei aller Kritik an dem Messinstrument ist dennoch festzuhalten, dass das *theoretische* Nähekonzept des »objektiven« Ansatzes dem »subjektiven« Ansatz nicht prinzipiell unterlegen ist, sondern auf weiterführende Aspekte verweist: Beide Ansätze unterscheiden sich darin, dass in einem Fall das Näheerleben und im anderen Fall das Näheverhalten in den Vordergrund gerückt wird.

> Der »objektive« Ansatz unterscheidet sich vom »subjektiven« Ansatz darin, dass in einem Fall das Näheerleben und im anderen Fall das Näheverhalten in den Vordergrund gerückt wird.

### 10.7.2   Der subjektive Ansatz

Neben der Intimitätsskala von Sternberg (1997) liegen in englischer Sprache weitere Fragebögen vor, die Nähe (intimacy) differenziert erfassen (Miller & Lefcourt, 1982; Schaefer & Olson, 1981; Tesch, 1985; Waring, 1984). Die Skala von Miller und Lefcourt (1982) enthält 17 Items, die aus Befragungen von Studenten zum Nähekonzept entwickelt worden sind, und misst Nähe als eindimensionales Konstrukt.

Alle anderen Fragebögen unterscheiden verschiedene Subskalen. Problematisch dabei ist allerdings, dass diese Subskalen sehr hoch miteinander korrelieren und eine einigermaßen unabhängige Erfassung der verschiedenen Dimensionen nicht gelungen ist. Zudem sind diese Fragebögen methodisch zu kritisieren. Für den deutschsprachigen Raum erschien eine Neuentwicklung eines Fragebogens anstelle einer Übersetzung sinnvoll (Grau, 2000), da das Begriffsverständnis von Nähe nicht mit dem englischsprachiger Personen übereinstimmen muss. Im Folgenden wird ein Fragebogen (Tabelle 10.1) mit denjenigen Inhalten vorgestellt, die von befragten Personen als wichtige Nähemerkmale genannt worden sind (eigene Studie). Damit wird eine Operationalisierung vorgeschlagen, die sich am Begriffsverständnis von Laien anstatt an theoretischen Vorgaben orientiert, wenngleich die Antworten der Befragten in hohem Maße mit dem weiter oben dargestellten subjektiven Nähekonzept übereinstimmen. Der Fragebogen enthält Items unterschiedlicher Schwierigkeit: Einigen Aussagen kann man leicht zustimmen (z. B. »Wir reden über alle Erlebnisse miteinander«), andere Aussagen sind extremer formuliert (z. B. «Wir haben überhaupt keine Geheimnisse voreinander«). Diese schwierigen Items wurden eingefügt, um Deckeneffekte auszuschließen und um die Möglichkeit zu eröffnen, dass die erlebte Nähe (Istwert) auch größer als die gewünschte Nähe (Sollwert) sein kann. In einer zweiten Studie wurde sichergestellt, dass diese Inhalte nicht nur auf nahe Beziehungen zutreffen, weil sie mit Nähe korrelieren, sondern tatsächlich zentrale Inhalte des Nähekonstrukts sind. Der Fragebogen hat eine hohe innere Konsistenz, sodass es sinnvoll ist, Nähe eindimensional zu erfassen.

Die so gemessene Nähe ist unabhängig vom Geschlecht und korreliert positiv mit der Beziehungsqualität, mit der Bindungssicherheit im Sinne der Bindungstheorie und (in geringerer Höhe) mit der subjektiv eingeschätzten Stabilität der Beziehung.

**Tabelle 10.1.** Items zur Erfassung emotionaler Nähe

| Item | Antwortvorgaben | | | | | | |
|---|---|---|---|---|---|---|---|
| Wir reden über alle Erlebnisse miteinander | 1 | 2 | 3 | 4 | 5 | 6 | 7 |
| Wir teilen uns alle Träume, Wünsche und Erwartungen mit | 1 | 2 | 3 | 4 | 5 | 6 | 7 |
| Wir zeigen uns alle Gefühle | 1 | 2 | 3 | 4 | 5 | 6 | 7 |
| Wir haben überhaupt keine Geheimnisse voreinander | 1 | 2 | 3 | 4 | 5 | 6 | 7 |
| Wir kennen immer die momentanen Bedürfnisse des Partners | 1 | 2 | 3 | 4 | 5 | 6 | 7 |
| Wir wissen immer, was der andere denkt, ohne dass es ausgesprochen werden muss | 1 | 2 | 3 | 4 | 5 | 6 | 7 |
| Wir wissen immer, wie sich der andere gerade fühlt, ohne dass es ausgesprochen werden muss | 1 | 2 | 3 | 4 | 5 | 6 | 7 |
| Wir fühlen mit, wenn der Partner sich nicht gut fühlt | 1 | 2 | 3 | 4 | 5 | 6 | 7 |
| Wir freuen uns mit dem Partner über seine Erfolge oder seine schönen Erlebnisse | 1 | 2 | 3 | 4 | 5 | 6 | 7 |
| Wir lieben uns sehr | 1 | 2 | 3 | 4 | 5 | 6 | 7 |
| Wir empfinden in der Beziehung Wärme und Geborgenheit | 1 | 2 | 3 | 4 | 5 | 6 | 7 |
| Auch wenn wir nicht zusammen sind, empfinden wir ein starkes Band zwischen uns | 1 | 2 | 3 | 4 | 5 | 6 | 7 |
| Wir empfinden uns als zwei Menschen, die zu einer Einheit verschmolzen sind | 1 | 2 | 3 | 4 | 5 | 6 | 7 |
| Wir fühlen uns mit allen Fehlern und Schwächen grundsätzlich angenommen | 1 | 2 | 3 | 4 | 5 | 6 | 7 |
| Wir haben Verständnis für das Verhalten des Partners, auch wenn wir uns selbst anders verhalten hätten | 1 | 2 | 3 | 4 | 5 | 6 | 7 |
| Wir stehen zueinander, egal was der andere tut | 1 | 2 | 3 | 4 | 5 | 6 | 7 |
| Wir bitten uns gegenseitig um Rat und Unterstützung | 1 | 2 | 3 | 4 | 5 | 6 | 7 |
| Wir sind immer für den anderen da, wenn er uns braucht | 1 | 2 | 3 | 4 | 5 | 6 | 7 |
| Wir machen die Probleme des Partners zu unseren eigenen | 1 | 2 | 3 | 4 | 5 | 6 | 7 |
| Wir können über das Gleiche lachen | 1 | 2 | 3 | 4 | 5 | 6 | 7 |
| Wenn wir zusammen sind, fühlen wir in jeder Situation dasselbe | 1 | 2 | 3 | 4 | 5 | 6 | 7 |
| Wir haben volles Vertrauen zueinander | 1 | 2 | 3 | 4 | 5 | 6 | 7 |
| Wir kuscheln viel und sind zärtlich miteinander | 1 | 2 | 3 | 4 | 5 | 6 | 7 |

1= »gar nicht«, 7= »sehr stark«

### 10.7.3  Das Nähebedürfnis

Die individuelle Ausprägung des Intimitätsmotivs wird üblicherweise mit dem Thematischen Apperzeptionstest (TAT) gemessen
(McAdams, 1980). Dieser projektive Test besteht aus
mehrdeutigen Bildern, zu denen die Probanden Geschichten schreiben sollen.

> **Der Thematische Apperzeptions-
> test (TAT) besteht aus mehrdeuti-
> gen Bildern, zu denen die Proban-
> den Geschichten schreiben sollen.**

Die Konstruktion des Tests erfolgte nach dem
Prinzip, dass sich Geschichten von Personen, deren
Intimitätsmotiv vor der Testung angeregt worden
ist, von Geschichten einer Kontrollgruppe unterscheiden sollten.
Ein Vergleich der Geschichten dieser beiden Personengruppen
ermöglicht die Entwicklung eines Auswertungsschlüssels. McAdams
wählte als experimentelle Manipulation, in der das Motiv angeregt
werden sollte, Situationen aus, in der die Personen sich in einer
warmen, freundlichen, brüderlichen Atmosphäre befanden, z. B.
bei der Einweihungsfeier in einer studentischen Verbindung
(Männer) oder Schwesternschaft (Frauen).

Der Vergleich zwischen den TAT-Geschichten von Personen,
deren Intimitätsmotiv angeregt war, mit den Geschichten von
Kontrollpersonen führte zur Entwicklung eines Kodiersystems
(McAdams, 1980) mit zwei Haupt- und acht Unterkategorien (letztere werden nur vergeben, wenn mindestens eine Hauptkategorie
in der Geschichte vorkommt). Die beiden Hauptkategorien stimmen mit der oben formulierten Definition von Nähe und mit
neueren sozialpsychologischen Nähekonzepten (Prager, 2000)
überein, d. h. die Geschichten intimitätsmotivierter Personen handeln vom Erleben emotionaler Nähe:

- positiver Affekt (Liebe, Freundschaft, Freude, Frieden und/oder
  Zärtlichkeit) und
- Dialog (der reziprok, persönlich, nichtinstrumentell und/oder
  hilfreich ist).

Bei den acht Unterkategorien handelt es sich um:
- psychisches Wachstum,
- Verbundenheit mit anderen oder Sorge um andere,
- Vereinigung (z. B. sich nach einer längeren Trennung besuchen),
- Harmonie,
- Aufgabe von Kontrolle,
- eine Situation verlassen, um emotionale Nähe zu suchen (z. B.
  die Wohnung verlassen und einen gemeinsamen Spaziergang
  am Strand machen),
- Verbindung mit der Außenwelt (z. B. den Wind spüren).

Die mit dem TAT gemessene Ausprägung des Intimitätsmotivs
wurde mit Verhaltensbeobachtungen sowie Fremdeinschätzungen in
Zusammenhang gebracht (McAdams, 1980). Probanden mit einem
ausgeprägten Intimitätsmotiv gelten in der Fremdeinschätzung

als natürlich, warm, freundlich, verständnisvoll und liebend, und sie gelten als weniger dominant und selbstzentriert.

Der Messwert für das Intimitätsmotiv hängt auch mit dem tatsächlichen Verhalten in sozialen Situationen zusammen (McAdams & Powers, 1981). Hoch intimitätsmotivierte Personen, die mit anderen ein Rollenspiel durchführen sollten, gaben weniger Kommandos, sagten häufiger »wir«, brachten die anderen häufiger zum Lachen und positionierten sich selbst in größerer räumlicher Nähe zu den anderen als niedrig intimitätsmotivierte.

> **Probanden mit einem ausgeprägten Intimitätsmotiv gelten in der Fremdeinschätzung als natürlich, warm, freundlich, verständnisvoll und liebend, und sie gelten als weniger dominant und selbstzentriert.**

Schließlich sagt der Messwert für das Intimitätsmotiv auch Erfolg und Zufriedenheit im beruflichen und privaten Leben vorher. McAdams und Vaillant (1982) untersuchten eine Gruppe von Männern zweimal im Abstand von 17 Jahren. Personen, die zum ersten Messzeitpunkt hohe Werte im Intimitätsmotiv aufwiesen, zeigten 17 Jahre später eine bessere psychosoziale Anpassung. Im Einzelnen waren sie zufriedener mit ihrer Ehe und mit ihrem Beruf und hatten interessanterweise auch ein höheres Einkommen als niedrig Intimitätsmotivierte.

### 10.8   Zur Differenz zwischen Nähe und Nähebedürfnis

Die Studien von McAdams zeigen, dass Personen mit einer hohen Ausprägung im Intimitätsmotiv (das man als Nähe-Sollwert bezeichnen kann) in stärkerem Ausmaß emotionale Nähe erleben als Personen mit einem niedrigen Intimitätsmotiv. Erlebte Nähe (Istwert) und Intimitätsmotiv (Sollwert) hängen also miteinander zusammen. Im Folgenden aber soll besprochen werden, was geschieht, wenn beide Werte voneinander abweichen. Dazu betrachten wir den Nähe-Sollwert im Unterschied zu McAdams als auf eine bestimmte Zielperson bezogen, damit Istwert und Sollwert auf der gleichen Abstraktionsebene erfasst werden können.

Während McAdams das Intimitätsmotiv als generelles Persönlichkeitsmerkmal betrachtet, gehen wir im Folgenden davon aus, dass sich das Nähebedürfnis dennoch unterschiedlich darstellt, je nachdem, auf welche Person es sich bezieht. Betrachtet man das Nähebedürfnis als zielpersonengebunden, ist zu erwarten, dass eine Diskrepanz zwischen dem Sollwert und dem Istwert der Nähe *Unzufriedenheit* auslöst. Dann ergeben sich andere Vorhersagen als bei der Konzeptualisierung des Intimitätsmotivs als Trait, da dort Alleinsein bzw. fehlende Nähe nicht mit einem defizitären Zustand einhergeht.

> **Erlebte Nähe (Istwert) und Intimitätsmotiv (Sollwert) hängen miteinander zusammen. Eine Diskrepanz zwischen dem Sollwert und dem Istwert löst Unzufriedenheit aus.**

Wie aus Schopenhauers Parabel hervorgeht, kann die Nähe prinzipiell größer oder kleiner als der Sollwert sein. Jedoch scheint es sehr viel einfacher zu sein, sich individuell von einer anderen Person zu distanzieren, als sich ihr zu nähern. Eine Person kann aus eigenem Entschluss die Intimität der Gesprächsinhalte, die Zärtlichkeit, die Unterstützung einer anderen Person oder die Anzahl der gemeinsamen Unternehmungen reduzieren. Zu einer Vergrößerung der Nähe zwischen zwei Personen ist jedoch die Bereitschaft beider Personen notwendig. Da es offensichtlich recht einfach ist, Nähe zu reduzieren, sollte es selten vorkommen, dass die erlebte Nähe größer als der Sollwert ist, während die Diskrepanz mit umgekehrtem Vorzeichen ein Problem für jede Person darstellt, deren Nähebedürfnis größer ist als das des Partners.

> **Eine Person kann aus eigenem Entschluss Nähe reduzieren, Vergrößerung der Nähe setzt die Bereitschaft beider Personen voraus.**

Wenn Sollwert und Istwert der Nähe zu einer bestimmten Person nicht übereinstimmen, ist eine *Motivation* zur Reduzierung der Diskrepanz zu erwarten. Diese Motivation sollte bestimmte *Verhaltensweisen* auslösen, mit denen der Zustand der Unzufriedenheit überwunden werden kann; insbesondere kann der Versuch unternommen werden, die erlebte Nähe zu vergrößern. Da es sich dabei um eine Veränderung einer *Beziehung* handelt, ist für den Erfolg der Bemühungen auch die Bereitschaft der anderen Person relevant. Wenn der Beziehungspartner geringere Nähebedürfnisse hat, ist eine direkte Vergrößerung der Nähe unwahrscheinlich. In diesem Fall bieten sich alternative Verhaltensstrategien an, wie z. B. die Senkung des Sollwerts, die Verlagerung der Aufmerksamkeit auf andere Lebensbereiche oder das Herunterspielen der Diskrepanz, d. h. eine kognitive Uminterpretierung des Problems. Diese Verhaltensweisen führen nicht zu einer Vergrößerung der Nähe, sondern dienen dazu, das bestehende Nähedefizit zu bewältigen, daher werden sie im Folgenden als Copingstrategien bzw. indirekte Strategien bezeichnet.

## 10.8.1 Konsistenztheoretische Beiträge

Die motivationspsychologische Annahme, dass Soll-Ist-Diskrepanzen zu Unzufriedenheit führen und zu verschiedenen regulierenden Verhaltensweisen motivieren, taucht in einer ganzen Reihe psychologischer Theorien auf, deren Einsichten zur Vorhersage näheregulierenden Verhaltens genutzt werden können: Die Selbstdiskrepanztheorie von Higgins (1987) z. B. befasst sich mit dem idealen und realen Selbstkonzept und unterscheidet zwischen zwei Sollwerten.

> **Die Selbstdiskrepanztheorie befasst sich mit dem idealen und realen Selbstkonzept.**

Das reale *(real)* Selbstkonzept wird zum einen einem idealen *(ideal)* Selbstkonzept gegenübergestellt; dieses Selbstkonzept repräsentiert die Eigenschaften, die ein Individuum sich selbst wünscht. Zum anderen wird das reale Selbstkonzept mit einem verpflichtenden Selbstkonzept *(ought)* verglichen; das sind jene Eigenschaften und Verhaltensweisen, von denen das Individuum glaubt, dass bestimmte andere Personen oder die Gesellschaft allgemein sie vom Individuum erwarten bzw. fordern. Eine Diskrepanz zwischen Soll und Ist führt zu Unzufriedenheit, wobei beide Diskrepanzen unterschiedliche Auswirkungen haben. Weichen »real self« und »ideal self« voneinander ab, hängt dies mit depressiven Symptomen zusammen, eine Abweichung zwischen »real self« und »ought self« mit sozialen Ängsten.

Im Rahmen der Selbstaufmerksamkeitstheorie von Duval und Wicklund (1972) wird darauf hingewiesen, dass Selbstaufmerksamkeit, die z. B. durch Spiegel oder Kameras experimentell induziert wird, dem Individuum Abweichungen seines Selbstbilds von einem Sollwert deutlich macht. Die Abweichungen werden als unangenehm empfunden, sodass Personen der Situation ausweichen, indem sie sich z. B. nach einer negativen Leistungsrückmeldung von einem Spiegel entfernen.

> **Die Selbstaufmerksamkeitstheorie macht dem Individuum Abweichungen seines Selbstbilds von einem Sollwert deutlich.**

Auch in der Dissonanztheorie von Festinger, der Balancetheorie von Heider und der Theorie der symmetrischen Orientierung von Newcomb werden Verhaltensweisen thematisiert, mit denen eine als unangenehm empfundene Dissonanz oder Unbalanciertheit reduziert werden kann. Wenn die Unbalanciertheit in einer Meinungsverschiedenheit zwischen zwei Personen besteht, kann man entweder die eigene Meinung ändern, die andere Person zu beeinflussen versuchen, die Bedeutsamkeit der Meinungsverschiedenheit herunterspielen oder fälschlicherweise Übereinstimmung annehmen.

Diese verschiedenen sozialpsychologischen Theorien stimmen also darin überein, dass Diskrepanzen zwischen einem erwünschten und einem erlebten Zustand *unangenehm sind* und zu regulierenden Verhaltensweisen *motivieren*. Dabei kommen unterschiedliche *Verhaltensweisen* in Frage, die sich in direkte Strategien (Angleichung des Istwerts an den Sollwert) und indirekte Strategien aufteilen lassen. Die genannten Theorien haben außerdem gemeinsam, dass keine von ihnen vorhersagen kann, welche dieser Verhaltensweisen ausgewählt wird. Wicklund und Frey (1993) weisen darauf hin, dass ausweichende Strategien wahrscheinlicher sind, wenn die bestehende Diskrepanz nicht reduziert werden kann. Diese Vermutung legt nahe, dass zunächst immer die nahe liegende direkte Strategie präferiert wird, mit der der Istwert an den Sollwert angeglichen werden kann. Erst wenn dies aussichtslos erscheint, ist zu vermuten, dass Personen den Sollwert senken, die Bedeutsamkeit des Problems herunterspielen oder sich auf andere Lebensbereiche konzentrieren, also eine der indirekten Strategien wählen, mit denen der Istwert zwar nicht an den Sollwert angeglichen wird, aber die bestehende Diskrepanz bewältigt werden kann.

### 10.8.2 Attribution von Nähedefiziten

Der Anregung von Wicklund und Frey folgend ist anzunehmen, dass Personen mit einem Nähedefizit zunächst die Erfolgswahrscheinlichkeit der direkten Strategie (Nähe suchen) prüfen und bei negativem Ergebnis die indirekte wählen.

Die Annahme, *dass ein konstruktives Verhalten gezeigt wird, wenn es Erfolg verspricht,* macht es notwendig, die Erwartung künftigen Erfolges vorherzusagen. Nach Weiner (1994) hängt die Erfolgserwartung von der Kausalattribution früherer Erfolge ab. Ist ein früherer Erfolg aufgrund einer Ursache zustande gekommen, die auch künftig noch vorhanden ist, sollte dieselbe Ursache denselben Erfolg auch weiterhin bedingen. Nach Weiner ist demnach die Erfolgserwartung von der Stabilität der Ursache abhängig, auf die man frühere Erfolge oder Misserfolge attribuiert (Weiner et al., 1972).

Da diese Annahme zur Vorhersage der verschiedenen Verhaltensweisen geeignet ist, mit denen Nähe reguliert wird, soll an dieser Stelle näher auf die attributionstheoretischen Beiträge eingegangen werden. Wenn eine Person ein Nähedefizit in ihrer Partnerschaft feststellt, macht sie sich vermutlich Gedanken darüber, aus welchem Grund das Nähedefizit zustande gekommen ist.

> In den verschiedenen Attributionstheorien geht man davon aus, dass Menschen das Bedürfnis haben, Ereignisse und Verhaltensweisen kausal zu erklären, um in künftigen vergleichbaren Situationen Ereignisse vorhersagen und adäquat auf sie reagieren zu können.

Attributionstheoretiker schreiben den Menschen eine Motivation zu, die Welt zu verstehen (Heider, 1958). Menschen attribuieren allerdings nicht alle beliebigen Ereignisse. Geschehnisse, die weder auffällig noch relevant sind, erfordern keine Kausalanalyse. Attributionen werden besonders dann ausgelöst, wenn ein Ereignis wichtig, negativ und unerwartet ist. Zu dieser Klasse von Ereignissen gehören Probleme in der Partnerschaft. Da mangelnde Nähe eine wichtige Determinante für das Scheitern von Beziehungen ist, ist sie dazu geeignet, Attributionen auszulösen. Ein Nähedefizit ist für die beteiligten Personen relevant, negativ und gehört sicherlich nicht zu den Zuständen, die man erwartet, wenn man eine Partnerschaft beginnt.

Attributionen, also auch die eines Nähedefizits, werden mit Hilfe verschiedener Informationen vorgenommen (vgl. Kap. 13). Je nachdem, ob man selbst oder der Partner bereits in früheren Beziehungen Näheprobleme hatte, ist man geneigt, entweder sich selbst oder den Partner als Ursache des Problems zu betrachten. Eine weitere Möglichkeit besteht in der Attribution auf externe Umstände, wie Zeitmangel oder getrennte Wohnorte. Neben dieser *Lokation* unterscheidet Weiner (1994) zwei weitere Dimensionen der Attribution, nämlich die *Absichtlichkeit* (Intentionalität) und die *Stabilität* der Ursache, auf die das Problem zurückgeführt wird.

> **Dimensionen der Attribution: Lokation, Absichtlichkeit, Stabilität der Ursache.**

Macht eine Frau z. B. den Charakter ihres Partners für ein Nähedefizit verantwortlich, wird sie diese Ursache vermutlich als unbeabsichtigt, jedoch sehr stabil einschätzen.

Die *attributionalen Theorien* befassen sich mit den Folgen von Attributionen. Dabei stellt sich z. B. die Frage, welche Konsequenzen es hat, wenn eine Person ihr Nähedefizit auf den Charakter des Partners, den beruflichen Stress oder sonstige Gründe attribuiert. Die Folgen von Attributionen können in bestimmten Emotionen bestehen (z. B. Pessimismus), aber auch in Veränderungen der Erwartungen, die ihrerseits zu bestimmtem Verhalten motivieren.

Nach Weiner ist die *Stabilität der Ursache* die wichtigste Attributionsdimension, wenn es darum geht, die Erwartung künftigen Erfolgs oder Misserfolgs vorherzusagen. Wird ein Misserfolg, und als solcher kann ein Nähedefizit gelten, auf eine variable Ursache attribuiert, ist die Wahrscheinlichkeit hoch, dass die Person glaubt, mit geeigneten Verhaltensweisen das Defizit beheben zu können. Wird die Ursache des Defizits dagegen als stabil angesehen, wird sie die Wahrscheinlichkeit als gering erachten, mit Nähe suchendem Verhalten die gewünschte Angleichung des Istwerts an den Sollwert erreichen zu können.

Die attributionale Theorie befasst sich jedoch nicht mit der Vorhersage der indirekten Copingstrategien. Um diese vorherzusagen, bietet sich die *Attributionsdimension der Intentionalität* an. Wenn man selbst oder der Partner absichtlich Umstände geschaffen hat, durch die das Nähedefizit entstanden ist, wird man dieses Defizit kaum direkt beheben können. Beabsichtigt ein Partner Umstände, durch die die Nähe unter den Sollwert fällt, kann man daraus ableiten, dass entweder diesem Partner andere Dinge als die partnerschaftliche Nähe wichtiger sind oder dass er sich absichtlich distanziert. In diesem Fall sind indirekte Copingstrategien zur Bewältigung des Nähedefizits zu erwarten.

Zusammenfassend kann aus diesen Überlegungen folgende Theorie der Näheregulierung formuliert werden:

1. In einer bestehenden Beziehung hat jeder der beiden Partner eine Vorstellung, in welchem Ausmaß er emotionale Nähe zum Partner anstrebt (Sollwert) und kann eine Einschätzung über das aktuelle Ausmaß emotionaler Nähe zum Partner (Istwert) abgeben.
2. Die Zufriedenheit mit der Partnerschaft hängt zusammen
   – positiv mit der Höhe des Sollwerts,
   – positiv mit der Höhe des Istwerts,
   – negativ mit der Diskrepanz zwischen Soll- und Istwert.
3. Weichen Istwert und Sollwert voneinander ab, besteht eine Motivation, diese Diskrepanz zu verringern. Es wird angenommen, dass der Istwert den Sollwert nicht stark übersteigen kann, da Personen nicht mehr Nähe zulassen müssen, als sie möchten. Der Istwert kann dagegen sehr viel geringer sein als der Sollwert, z. B. wenn die befragte Person mehr Nähe möchte als der Partner. Man kann sich einseitig distanzieren, zur Vergrößerung der Nähe ist jedoch zusätzlich zur eigenen Motivation auch die Bereitschaft des Partners notwendig.

4. Direkte problemlösende Verhaltensstrategien zur Vergrößerung der Nähe sind dann wahrscheinlich, wenn sie Erfolg versprechend erscheinen. Das ist bei einer Attribution des Nähedefizits auf eine variable Ursache der Fall. Zusätzlich können indirekte Verhaltensweisen (Senkung des Sollwerts, Herunterspielen der Diskrepanz, Abwenden der Aufmerksamkeit) angewandt werden. Diese sind vor allem dann zu erwarten, wenn die Ursache für das Nähedefizit absichtlich zustandegekommen ist.

Im Folgenden wird eine bislang unveröffentlichte eigene Studie skizziert, in der diese Annahmen überprüft wurden.

---

### Studie zur Überprüfung der Nähe-Regulierungs-Theorie

In einer Studie zur Näheregulierung wurden 199 Personen befragt, die durch einen Aufruf in einer Fernsehsendung und verschiedene Zeitungsanzeigen auf die Studie aufmerksam gemacht wurden. Einzige Voraussetzung zur Teilnahme war das Bestehen einer Partnerschaft, die von den Befragten als feste Beziehung angesehen wurde. Die 90 Männer und 109 Frauen waren zwischen 15 und 68 Jahren alt (M=39, s=12). Ihre Partnerschaften bestanden zwischen 1 und 488 Monaten (M=148, s=125 Monate).

Der in Tabelle 10.1 dargestellte Nähefragebogen sollte unter zwei Instruktionsvarianten ausgefüllt werden. Zu jedem Item sollte zunächst der Sollwert (das Ideal), dann der Istwert (die Einschätzung) angegeben werden. Anschließend sollten die Probanden auf der Grundlage ihrer Antworten einen globalen Soll- und Istwert emotionaler Nähe angeben (*»Wie viel Nähe wünschen Sie sich insgesamt?«* *»Wie viel Nähe erleben Sie insgesamt?«)*. Nur wenn diese beiden Werte voneinander abwichen, sollte ein kurzer Fragebogen zur Attribution dieser Diskrepanz ausgefüllt werden, wobei die 8 Items mittels einer Faktorenanalyse zu den drei Skalen *Internalität vs. Externalität, Intentionalität* und *Stabilität* zusammengefasst wurden. Die Skala Internalität umfasst die Attribution auf sich selbst, den Partner, beide Partner gemeinsam und – mit umgekehrtem Vorzeichen – externale Gründe. Die Skala Intentionalität behandelt die Absicht der befragten Person und des Partners beim Zustandekommen der Ursache für die Diskrepanz, die Skala Stabilität behandelt Stabilität und Variabilität (umgepolt) der Ursache.

Zur Erfassung der Änderungsmotivation sollte die Aussage »Ich wünsche mir mehr Nähe in der Beziehung« auf ihr Zutreffen eingeschätzt werden. Anschließend sollten die Probanden einen Fragebogen darüber ausfüllen, wie sie sich vermutlich in den nächsten zwei Wochen dem Partner gegenüber verhalten werden. Die direkte Strategie des *Nähesuchens* wurde mit 6 Items erfragt (z. B. dem Partner etwas schenken, etwas Schönes mit ihm unternehmen, kuscheln) und die indirekten *Copingstrategien* mit 9 Items (z. B. die Ansprüche senken, sich allein etwas Gutes tun, das Problem herunterspielen). Beide Skalen sind unkorreliert mit r = –0,04.

Die *Zufriedenheit* mit der Partnerschaft wurde durch das Item »*Ich bin sehr zufrieden mit meiner Beziehung*« erfasst. Alle Items sollten auf 7-stufigen Zustimmungsskalen beantwortet werden.

Im Mittel gaben die Befragten einen Nähe-Sollwert von 5,9 und einen Istwert von 5,1 an. Bei nur 15 Personen lag der Istwert über dem Sollwert, bei 73 Personen waren beide global eingeschätzten Werte identisch, und eine Mehrheit von 111 Personen berichtete, dass der Istwert unter dem Sollwert lag. Erwartungsgemäß korrelierte der Istwert der Nähe hoch signifikant mit der Zufriedenheit (r = 0,64), auch die Korrelation des Sollwerts mit der Zufriedenheit ist noch signifikant (r = 0,15). Je mehr der Istwert den Sollwert unterschreitet (Differenz zwischen Sollwert und Istwert), desto unzufriedener sind die Befragten (r = –0,54). Diese Differenz korreliert auch signifikant positiv mit dem Wunsch nach Vergrößerung der Nähe (r = 0,61).

Den Attributionsfragebogen sollten nur die Personen ausfüllen, deren Nähe-Istwert dem Sollwert nicht entsprach. Da nur 15 Personen einen Näheüberschuss berichteten, werden im Folgenden nur die Ergebnisse der Personen mit einem Nähedefizit berichtet.

Tabelle 10.2 zeigt die Korrelationen der Attributionsdimensionen mit dem geplanten Verhalten. Es zeigt sich erwartungsgemäß, dass nur die (geringe) Stabilität mit dem konstruktiven Verhalten (Nähe suchen) zusammenhängt. Das indirekte Copingverhalten kann durch die Intentionalität erklärt werden. Dabei ist es unerheblich, ob die eigene Absicht oder die des Partners betrachtet wird. Beide einzelnen Variablen (eigene Absicht und die des Partners) korrelieren signifikant mit dem Planen von Copingstrategien.

Zusätzlich ergibt sich ein Effekt der Lokation (Internalität) auf die indirekte Verhaltensstrategie. Weitere Analysen der Verhaltensstrategien zeigen aber, dass die Intentionalität der beste Prädiktor des Copingverhaltens ist und die Lokation darüber hinaus keinen eigenständigen Beitrag zur Aufklärung des Copingverhaltens leisten kann.

**Tabelle 10.2.** Korrelationen der Attribution mit den geplanten Verhaltensweisen zur Näheregulierung

|  | Nähe suchen | Copingverhalten |
|---|---|---|
| Internalität | –0,07 | 0,23* |
| Intentionalität | –0,13 | 0,32** |
| Stabilität | –0,22* | 0,11 |

* p<0,05, ** p<0,01

## Zusammenfassung

In diesem Kapitel wurde die Auffassung zugrunde gelegt, dass Nähe in Beziehungen ein menschliches Grundbedürfnis darstellt und dass Partnerschaften in besonderem Maße dazu geeignet sind, dieses Bedürfnis bei erwachsenen Personen zu befriedigen. Andererseits stellen Nähe-Distanz-Konflikte und Nähedefizite ein Potenzial für eine Reihe von Problemen dar, die sich zum einen darin ausdrücken, dass ein Mangel an Nähe in Partnerschaften Trennungen und Scheidungen begünstigt, zum anderen darin, dass Individuen mit einem Mangel an nahen Beziehungen vermehrt unter psychischen und physischen Störungen und Erkrankungen leiden.

In der Sozialpsychologie wurden unterschiedliche Konzeptionen von Nähe entwickelt. Der hier als »objektiver« Ansatz bezeichnete Nähebegriff aus der Interdependenztheorie geht vor allem davon aus, dass sich Personen in nahen Beziehungen gegenseitig beeinflussen. Die Nähe ist umso größer, je bedeutsamer das Verhalten des einen Partners für den anderen Partner ist. Diese Konzeption von Nähe ist insofern plausibel, als sicherlich nicht von Nähe gesprochen werden kann, wenn das Verhalten einer Person für den Partner ohne Konsequenzen bleibt und wenn die Einstellungen, Werte, Verhaltensweisen und Pläne einer Person sich ohne das Zutun des Partners entwickeln. Dennoch wurde im vorliegenden Text eine subjektive Konzeptualisierung der Nähe bevorzugt, da diese dem allgemeinen Begriffsverständnis von Nähe besser entspricht und die entsprechenden Messinstrumente die Beziehungsqualität besser vorhersagen können.

Befragt man Personen nach ihrem Verständnis von Nähe, betonen diese vor allem das Vertrauen, die Empathie und die Verbundenheit zweier Personen. Im Sinne des subjektiven Ansatzes wird Nähe in offenen Gesprächen hergestellt, in denen reziproke Selbstöffnung, verbunden mit verständnisvollen und unterstützenden Reaktionen des Gesprächspartners, stattfindet. Werden solche intimen Interaktionen vielfach wiederholt, entwickelt sich eine nahe Beziehung, in der die Partner das »Innerste« des jeweils anderen kennen und wertschätzen, sich miteinander verbunden fühlen und einander positive Emotionen entgegenbringen.

In der Motivationspsychologie spricht man von einem Intimitätsmotiv, das die Bereitschaft ausdrückt, sich auf intime Interaktionen einzulassen. Personen, die in einem Messinstrument zum Intimitätsmotiv hohe Werte erreichen, erleben mehr Nähe in ihren Beziehungen und werden von anderen Personen positiver eingeschätzt. Das Intimitätsmotiv lässt sich auch im Sinne eines Nähebedürfnisses bezogen auf eine konkrete Zielperson (z. B. den Partner) erfassen.

Das Nähebedürfnis bestimmt das Ausmaß an erlebter Nähe mit und korreliert mit dieser positiv.

Falls beide Werte voneinander abweichen, bestehen Unzufriedenheit und der Wunsch, diese Diskrepanz zu reduzieren. In mehreren psychologischen Konsistenztheorien werden verschiedene Verhaltensstrategien beschrieben, die für den Umgang mit Diskrepanzen zwischen Soll- und Istwerten geeignet sind. Die direkte und konstruktive Strategie besteht darin, den Istwert an den Sollwert anzupassen. Erscheint dies nicht möglich, kann alternativ Verhalten gezeigt werden, das der Bewältigung der Diskrepanz dient. Da die Konsistenztheorien nicht vorhersagen können, welche Strategie geplant wird, sind zusätzliche Annahmen darüber notwendig, wie die Erfolgswahrscheinlichkeit der direkten Strategie subjektiv eingeschätzt wird. Die attributionale Theorie von Weiner (1994) befasst sich mit der Ursachenzuschreibung von Erfolgen und Misserfolgen, wobei ein Nähedefizit als Misserfolg betrachtet werden kann. Weiner geht davon aus, dass die Erfolgswahrscheinlichkeit und damit die Motivation zu konstruktivem Verhalten hoch sind, wenn die Ursache für einen Misserfolg in Zukunft nicht mehr besteht, also zeitlich instabil ist. Dementsprechend konnte empirisch gezeigt werden, dass Personen mit einem Nähedefizit für die Zukunft umso mehr Nähe suchendes Verhalten zeigen, je weniger stabil sie die Ursache für das Nähedefizit einschätzen. Die attributionale Theorie macht allerdings keine Angaben über die Wahl indirekter Copingstrategien. In Ergänzung zu Weiner ließ sich nachweisen, dass diese indirekten Strategien vor allem dann geplant werden, wenn die Ursache für das Nähedefizit absichtlich zustande gekommen ist. Vermutlich ist man wenig motiviert, Umstände zu verändern, die man absichtlich herbeigeführt hat. Ist der Partner derjenige, der mit Absicht beziehungsschädigende Umstände schafft, ist dies eine deutliche Aussage über die Wertigkeiten des Partners. Nach einer solchen Aussage sind eine Reduzierung der Ansprüche oder weitere ausweichende Verhaltensweisen wahrscheinlicher als der Versuch, sich dem Partner anzunähern.

## Literatur

Aron, A., Aron, E. N. & Smollan, D. (1992). Inclusion of other in the self scale and the structure of interpersonal closeness. Journal of Personality and Social Psychology, 63, 596–612.

Berscheid, E., Snyder, M. & Omoto, A. M. (1989). The relationship closeness inventory: Assessing the closeness of interpersonal relationships. Journal of Personality and Social Psychology, 57, 792–807.

Bierhoff, H. W., Grau, I. & Ludwig, A. (1993). Enge Beziehungen. Unveröffentlichter DFG-Projektbericht.

Bowlby, J. (1969/1975). Bindung. Frankfurt: Fischer.

Caldwell, M. A. & Peplau, L. A. (1982). Sex differences in same-sex friendships. Sex Roles, 8, 721–732.

Chelune, G. J., Robison, J. T. & Kommor, M. J. (1984). A cognitive interactional model of intimate relationships. In: Derlega, V. J. (ed.). Communication, intimacy, and close relationships (pp.11–40). Orlando: Academic Press.

Duval, S. & Wicklund, R. A. (1972). A theory of objective self-awareness. New York: Academic Press.

Grau, I. (2000). Was ist emotionale Nähe? Beitrag auf dem 42. Kongress der Deutschen Gesellschaft für Psychologie in Jena vom 24.09.–28.09. 2000.

Hahlweg, K., Schindler, L. & Revenstorf, D. (1990). PL – Problemliste. In: Hank, G., Hahlweg, K. & Klann, N. (Hrsg.). Diagnostische Verfahren für Berater – Materialien zur Diagnostik und Therapie in Ehe-, Familien- und Lebensberatung (S. 93–115). Weinheim: Beltz Test.

Harlow, H. F. (1958). The nature of love. American Psychologist, 13, 673–685.

Hatfield, E. (1984). The dangers of intimacy. In: Derlega, V. J. (ed.). Communication, intimacy, and close relationships (pp. 207–220). Orlando: Academic Press.

Heider, F. (1958). The psychology of interpersonal relations. New York: Wiley.

Higgins, E. T. (1987). Self-discrepancy: A theory relating self and affect. Psychological Review, 94, 319–340.

Hinde, R. A. (1981). The basis of a science of interpersonal relationships. In: Duck, S. W. & Gilmour, R. (eds.). Personal relationships 1: Studying personal relationships (pp. 1–22). London: Academic Press.

Kelley, H. H., Berscheid, E., Christensen, A. et al. (eds.). (1983). Close relationships. New York: Freeman.

McAdams, D. P. (1980). A thematic coding system for the intimacy motive. Journal of Research in Personality, 14, 413–432.

McAdams, D. P. (1982). Intimacy motivation. In: Stewart, A. J. (ed.). Motivation and society (pp. 133–171). San Francisco: Jossey-Bass Publishers.

McAdams, D. P. & Powers, J. (1981). Themes of intimacy in behavior and thought. Journal of Personality and Social Psychology, 40, 573–587.

McAdams, D. P. & Vaillant, G. E. (1982). Intimacy motivation and psychosocial adjustment: A longitudinal study. Journal of Personality Assessment, 46, 586–593.

Miller, R. S. & Lefcourt, H. M. (1982). The assessment of intimacy. Journal of Personality Assessment, 46, 514–518.

Peplau, L. A. & Perlman, D. (1982). Perspectives in loneliness. In: Peplau, L. A. & Perlman, D. (eds.). Loneliness: A sourcebook of current theory, research and therapy (pp. 1–18). New York: Wiley.

Prager, K. J. (2000). Intimacy in personal relationships. In: Hendrick, C. & Hendrick, S. (eds.). Close relationships – A sourcebook (pp. 229–242). Thousand Oaks: Sage Publications.

Reis, H. T. & Shaver, P. R. (1988). Intimacy as an interpersonal process. In: Duck, S.W. (ed.). Handbook of personal relationships (pp. 367–389). Chichester: Wiley.

Rottleuthner-Lutter, M. (1992). Gründe von Ehescheidungen in der Bundesrepublik Deutschland. Köln: Bundesanzeiger.

Schaefer, M. T. & Olson, D. H. (1981). Assessing intimacy: The pair inventory. Journal of Marital and Family Therapy, 7, 47–60.

Schopenhauer, A. (1988). Parerga und Paralipomena – Kleine philosophische Schriften. Bd. 2. Zürich: Haffmanns.

Spitz, R. A. (1945). Hospitalism. Psychoanalytic Study of the Child, 1, 53–74.

Sternberg, R. J. (1997). Construct validation of a triangular love scale. European Journal of Social Psychology, 27, 313–335.

Tesch, S. (1985). The psychosocial intimacy questionnaire: Validational studies and an investigation of sex roles. Journal of Social and Personal Relationships, 2, 471–488.

Waring, E. M. (1984). The measurement of marital intimacy. Journal of Marital and Family Therapy, 10, 185–192.

Weiner, B. (1994). Motivationspsychologie, 3. Aufl. Beltz-Verlag.

Weiner, B., Heckhausen, H, Meyer, W. U. & Cook, R. E. (1972). Causal ascriptions and achievement motivation: A conceptual analysis of effort and reanalysis of locus of control. Journal of Personality and Social Psychology, 21, 239–248.

Wicklund, R. A. & Frey, D. (1993). Die Theorie der Selbstaufmerksamkeit. In: Frey, D. & Irle, M. (Hrsg.). Theorien der Sozialpsychologie, Band I: Kognitive Theorien, 2. Aufl. (S. 155–173). Bern: Huber.

# Fairness in Beziehungen

Elke Rohmann

Was hat Fairness mit sozialen Beziehungen zu tun? Warum ist Fairness auch für Partnerschaften relevant? Schließlich sollten Partnerschaften zumindest nach dem romantischen Ideal durch Liebe und Zuneigung gekennzeichnet sein. Sind Menschen, die ihre Partnerschaft als fair erleben, zufriedener als diejenigen, die Unfairness erleben? Diese Fragen sollen versucht werden in diesem Kapitel aus sozialpsychologischer Perspektive zu beantworten. Dabei findet insbesondere die Equity-Theorie, nach der die Qualität von Beziehungen von der Ausgewogenheit des Gebens und Nehmens abhängt, Berücksichtigung. Zunächst wird erörtert, warum die Ausgewogenheit des Gebens und Nehmens überhaupt für die Qualität von sozialen Beziehungen von Bedeutung ist. Im Weiteren liegt der Fokus auf der Ausgewogenheit in intimen Beziehungen und dabei insbesondere auf Partnerschaften. Abschließend wird mit der Aufteilung der Hausarbeit ein besonderer Bereich der Fairness angesprochen, da es hier um die Aufteilung von alltäglichen Pflichten geht, die auch heute immer noch überwiegend von Frauen übernommen werden.

## 11.1 Die Equity-Theorie

Die Equity-Theorie ist eine der bekanntesten sozialwissenschaftlichen Theorien, die sowohl in der Soziologie als auch in der Psychologie Verwendung gefunden hat. Sie wurde von dem Soziologen Homans (1961) vorgezeichnet, von dem Psychologen Adams (1965) systematisiert und von Walster, Berscheid & Walster (1973) revidiert und erweitert (vgl. auch Walster et al., 1978).

> **Die Equity-Theorie postuliert, dass die Qualität einer Sozialbeziehung davon bestimmt wird, wie ausgewogen sie wahrgenommen wird.**

Die Bedeutung des Begriffs »*Equity*« wird im Kontrast zu dem Begriff Equality deutlich: Während das Gleichheitsprinzip der Verteilungsgerechtigkeit betont, dass Belohnungen so verteilt werden, dass alle Beteiligten den gleichen Betrag erhalten, bedeutet die Anwendung des Equity-Prinzips, dass Belohnungen in Hinblick auf die Vorleistungen relativiert werden und dass gilt, dass Personen, die mehr geleistet haben, auch mehr erhalten. Equity wird in der deutschen Sprache mit Ausgewogenheit und Ausgeglichenheit übersetzt (Mikula, 1981) und häufig auch mit Fairness und Gerechtigkeit gleichgesetzt.

Eine Beziehung wird nach Adams (1965) im Auge des Betrachters als ausgewogen oder fair wahrgenommen, wenn »das Verhältnis zwischen dem, was geleistet, gegeben oder eingebracht wird, und dem, was erhalten wird, für die Beteiligten ausgewogen oder gleich« ist (Montada & Kals, 2001, S. 113).

In ihrer Reformulierung der Equity-Theorie gehen Walster et al., (1978) von vier Grundannahmen aus. Die Annahmen 1, 2 a und 2 b stellen ein Denkmodell für die Entstehung moderner Gesellschaften dar. Es soll verständlich gemacht werden, warum das Equity-Prinzip angewandt wird. Die Annahmen 3 und 4 beziehen sich auf die Konsequenzen unausgewogener Beziehungen und sind empirisch überprüfbar:

---

**Grundannahmen der Equity-Theorie** (Walster et al., 1978)

1. Personen versuchen ihre Ergebnisse zu maximieren (Ergebnisse: Belohnungen minus Kosten).
2 a. Gruppen können ihre gemeinsamen Belohnungen durch die Entwicklung akzeptierter Systeme für die gerechte Verteilung von Belohnungen und Kosten maximieren. Somit entwickeln Gruppen Systeme der Equity und versuchen ihre Mitglieder zu bewegen, diese Systeme zu akzeptieren.
2 b. Gruppen belohnen solche Mitglieder, die andere gerecht behandeln, und bestrafen die Mitglieder, die andere Mitglieder ungerecht behandeln.
3. Personen, die sich selbst als Teilnehmer ungerechter Beziehungen wahrnehmen, erleben Stress. Je ungerechter die Beziehung wahrgenommen wird, desto mehr Stress wird erlebt.
4. Personen, die sich selbst als Teilnehmer ungerechter Beziehungen wahrnehmen, versuchen, den erlebten Stress durch die Wiederherstellung von Gerechtigkeit abzubauen. Je größer die Ungerechtigkeit ist und je mehr Stress erlebt wird, desto stärker wird versucht, die Equity wiederherzustellen.

---

Um den Übergang von allgemeinen gesellschaftlichen Annahmen, die die Gruppe betreffen, auf individuelles Verhalten zu erreichen, wird angenommen, dass in der Gesellschaft Normen entstehen, die durch Sozialisation von dem Einzelnen gelernt werden. Der Schritt von der ersten egoistischen Grundannahme zur Befolgung der Equity-Norm wird dadurch getan, dass angenommen wird, dass die unkontrollierte Befolgung des hedonistischen Prinzips zum Kampf von jedem gegen jeden führt, der für alle Beteiligten sehr ungünstige Konsequenzen ergibt und dass es für Personen besser ist, sich fair zu verhalten, um die eigenen Ergebnisse zu maximieren.

> Equity ist ein gesellschaftliches Prinzip, das individuell befolgt wird. Dabei wird Equity mit Fairness gleichgesetzt.

Die ersten beiden Annahmen sollen erklären, warum für die Mitglieder einer Gesellschaft Gerechtigkeit ein Thema ist. Die Annahmen 3 und 4 beschreiben, welche Auswirkungen Ungerechtigkeiten haben: Unausgewogene Beziehungen werden deshalb als unangenehm erlebt, weil bei unangemessenem Profit Vergeltung erwartet wird. Fällt das Ergebnis hingegen im Vergleich zu anderen Teilnehmern geringer aus, erlebt die Person Benachteiligung.

Walster et al. (1978) gehen davon aus, dass in jeder zwischenmenschlichen Beziehung die Equity-Norm wirksam ist. Damit unterscheiden sie sich in ihren theoretischen Annahmen von Vertretern des Mehr-Prinzipien-Ansatzes (Deutsch, 1975), wonach in Beziehungen auch andere Gerechtigkeitsnormen wirksam sind.

Der Mehr-Prinzipien-Ansatz postuliert, dass das Equity-Prinzip nicht für alle sozialen Beziehungen das dominante Prinzip der Verteilungsgerechtigkeit darstellt, wie die Equity-Theorie es behauptet, sondern dass verschiedene Prinzipien (Gleichheit-, Bedürfnis- oder Beitragsprinzip) in verschiedenen sozialen Beziehungen wirksam werden können. Deutsch (1975) führt aus, dass das Bedürfnisprinzip das dominante Prinzip distributiver Gerechtigkeit in engen Beziehungen, Eltern-Kind-Beziehungen und Helfer-Hilfeempfänger-Beziehungen sei, zumindest dann, wenn die persönliche Entwicklung und das persönliche Wohlbefinden gefördert werden sollen.

### 11.1.1   Equity in intimen Beziehungen

Walster et al. (1978) führen sieben Merkmale an, die für intime Beziehungen charakteristisch sind.

**Merkmale intimer Beziehungen**

- Personen in intimen Beziehungen lieben oder mögen sich sehr, und ihre Leben sind tief miteinander verflochten, was in flüchtigen Beziehungen nicht zutrifft.
- Im Unterschied zu eher flüchtigen Beziehungen werden in intimen Beziehungen persönliche Informationen ausgetauscht (z. B. biographische Daten, persönliche Werte etc.). Je intimer die Beziehung zwischen zwei Personen ist, desto mehr selbstbezogene Informationen werden ausgetauscht und desto größer sind die Erwartungen an die andere Person, dass sie persönliche Informationen preisgibt.
- Im Unterschied zu flüchtigen Beziehungen, die gewöhnlich kurzfristig sind, sind intime Beziehungen in der Regel längerfristig (außer z. B. Geschäftsbeziehungen, die auch über Generationen hinweg fortbestehen können, oder tiefe kurzfristige Beziehungen). Die Komplexität des Austauschs ist in intimen Beziehungen aufgrund der Vielfalt der Güter, die über einen längeren Zeitraum ausgetauscht werden, größer als in flüchtigen Beziehungen.

- Die Ressourcen, die in intimen Beziehungen ausgetauscht werden, sind wertvoller als die Ressourcen, die in flüchtigen Beziehungen ausgetauscht werden (z. B. Zeit, Anstrengung, persönliche Informationen und Geld). Auch die weiteren Erfahrungen sind intensiver. Eine Beleidigung durch einen intimen Freund ist verletzender als die Beleidigung durch einen oberflächlichen Bekannten. Zudem sind die Belohnungen für die Aufrechterhaltung der Beziehung und die Kosten für deren Beendigung in einer intimen Beziehung höher.
- Die Vielfältigkeit der austauschbaren Güter nimmt mit der Intensität der Beziehung zu. In einer intimen Beziehung können eher Ressourcen aus allen sechs Ressourcenklassen (Informationen, Status, Liebe, Dienstleistungen, Güter, Geld) nach Foa & Foa (1980) ausgetauscht werden als in einer flüchtigen Beziehung. In flüchtigen Beziehungen hingegen werden eher Ressourcen ausgetauscht, die konkret und unabhängig von der Person des Gebers sind (z. B. Geld, Güter, Dienstleistungen und Informationen, nicht aber Liebe und Status).
- In intimen Beziehungen können Ressourcen aus verschiedenen Klassen gegeneinander ausgetauscht werden, während in flüchtigen Beziehungen sich der Ressourcentausch eher auf wenige verschiedene Klassen bezieht (z. B. Dienstleistungen gegen Geld). Wenn ein Partner seiner Partnerin Geld schuldet, kann er ihr dieses in verschiedener Weise »zurückzahlen« (z.B. in Form von Zuneigung, Dienstleistungen wie Kochen, Hausarbeit usw.). Dies ist in einer flüchtigen Beziehung nicht denkbar.
- Ein weiteres Merkmal intimer Beziehungen, das sich insbesondere auf romantische Beziehungen bezieht, besteht darin, dass sich Personen in Paarbeziehungen häufig als eine Einheit bzw. als ein Paar betrachten. Rubin (1970) bringt dies folgendermaßen zum Ausdruck: »By helping one's partner, one is helping the partnership and thus helping oneself as well. Here again there is a reward involved, but it is not a reward to be gained at someone else's expense. It is, rather a reward gained by and for the collective unit« (S. 85).

Eine Reihe von Untersuchungen belegt die Relevanz von Fairness für romantische Beziehungen (s. unten). Auch für Freundschaftsbeziehungen finden sich entsprechende Belege. In einer Untersuchung von Traupmann (1975; zitiert nach Walster et al., 1978) wurde gezeigt, dass sowohl Fremde als auch Freunde Equity-Verletzungen wahrnahmen, wobei Unausgewogenheit bei Fremden mit höherem Stress bzw. Unbehagen einherging. Entsprechend der oben angeführten Charakteristiken intimer Beziehungen wird dies damit erklärt, dass bei Freunden eine einzelne Unausgewogenheit in einer experimentellen Bedingung nur einen kleinen Teil der gesamten Beziehung ausmacht. Demnach scheinen aktuelle Equity-Verletzungen in Freundschaften weniger schmerzhaft zu sein, da Unausgewogenheit in einem Bereich ausgleichbar ist, was bei einer einmaligen Begegnung nicht gegeben ist.

Ausgewogenheit in Freundschaftsbeziehungen geht mit einer stärkeren Bindung an die Beziehung (Commitment) und einer höheren Zufriedenheit einher als Unausgewogenheit (Winn et al., 1991; Roberto & Scott, 1986).

### 11.1.2   Equity in Partnerschaften

Verschiedene Autoren sind der Auffassung, dass das Bedürfnisprinzip als einzige Verteilungsregel in engen Beziehungen angewendet wird (z. B. Mills & Clark, 1982).

Steil (1997) vertritt die Auffassung, dass in Partnerschaften Gerechtigkeit gegeben ist, wenn die Ergebnisse gleich verteilt werden, also das Gleichheitsprinzip angewendet wird. Cate et al. (1988) vermerken, dass es für Befragte schwierig ist, zwischen Equality und Equity zu differenzieren. In ihren eigenen Untersuchungen überlappen sich beide in einem großen Ausmaß. Sie schlagen vor, beide Prinzipien als einen Teil einer umfassenderen Fairness-Norm zu sehen.

In der sozialpsychologischen Forschung wird die Frage der Fairness in Partnerschaften primär aus der Perspektive der Equity-Theorie untersucht. Equity-Theoretiker leiten ihre Überlegungen aus der Matching-Hypothese ab (Walster et al., 1966), nach welcher sich Partner in sozial erwünschten Merkmalen ähnlich sind und wonach Partner, die sich im Ausmaß von sozial erwünschten Eigenschaften entsprechen, glücklicher sind und beständigere Beziehungen haben als Partner, die sich in diesen Merkmalen nicht entsprechen. Walster et al., (1978) betonen hinsichtlich ihrer Equity-Überlegungen, dass das Matching auch sehr komplex sein kann. Ein klassisches Beispiel hierzu ist das der schönen Frau und des reichen Mannes, wie es häufig auch in Spielfilmen (z.B. Pretty Woman) oder in der Weltliteratur zu finden ist.

> **Matching-Hypothese: Partner, die sich im Ausmaß von sozial erwünschten Eigenschaften entsprechen sind glücklicher und haben beständigere Beziehungen als Partner, die sich in diesen Merkmalen nicht entsprechen.**

Die Basisannahme der Equity-Theorie lautet, dass Personen, die in ihrer Partnerschaft Ausgewogenheit wahrnehmen zufriedener sind als Personen, die sich benachteiligt oder bevorteilt fühlen (Abb. 11.1 ). Benachteiligte Personen sind allerdings unzufriedener als diejenigen, die sich im Vorteil befinden.

Es wird jedoch vorhergesagt, dass auch jemand, der mehr bekommt als er verdient, weniger zufrieden sein soll als jemand, der das bekommt, was er verdient. Diese Annahme ist kontraintuitiv, weil sie die Ebene des unreflektierten Egoismus verlässt, und hat schon deshalb großes Forschungsinteresse hervorgerufen.

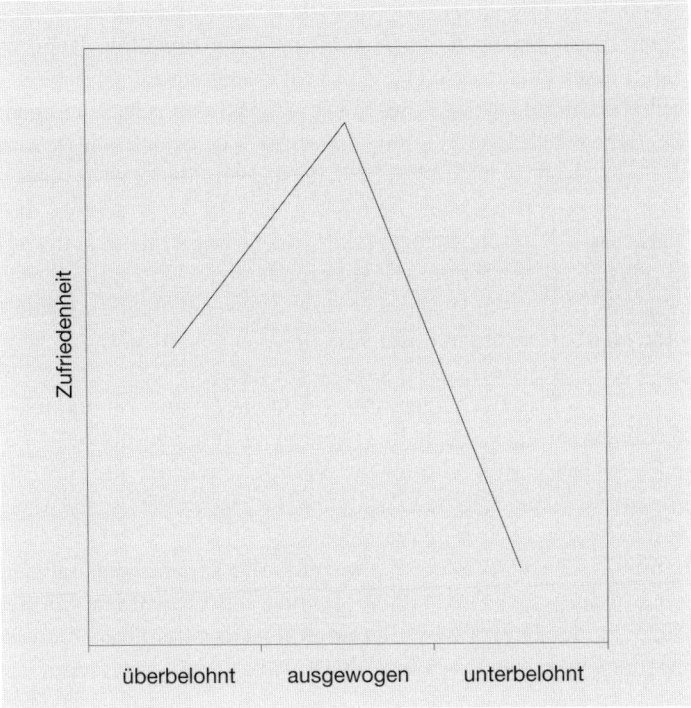

**Abb. 11.1.** Hypothetischer Zusammenhang zwischen Equity und Zufriedenheit (Hatfield et al., 1985)

Mit ihren Hypothesen für romantische Beziehungen postulieren Hatfield et al. (1979b), dass sich bei Wahrnehmung von Ausgewogenheit eher intime Beziehungen (z.B. Sexualität, Zusammenleben, Heirat) entwickeln als bei Unausgewogenheit, dass mehr Zufriedenheit in ausgewogenen Beziehungen erlebt wird als in unausgewogenen Beziehungen und dass Unausgewogenheit versucht wird, im Beziehungsverlauf zu beseitigen, wobei Unausgewogenheit insbesondere durch Krisen hervorgerufen werden kann (z.B. Geburt des 1. Kindes oder Arbeitslosigkeit). Weiterhin wird angenommen, dass ausgewogene Beziehungen besonders stabil sind.

Walster et al. (1978) gehen davon aus, dass der kurvilineare Zusammenhang zwischen Equity und Zufriedenheit für alle Arten von Beiträgen (z. B. Attraktivität, Intelligenz, emotionale Beiträge usw.) zutrifft.

Grau (1997) hingegen schlägt eine Zweiteilung der Beiträge vor. So gibt es einerseits Verhaltensweisen in einer Partnerschaft, die ausschließlich dem Partner gelten (z. B. Zuneigung zeigen, Akzeptanz usw.). Hierbei handelt es sich um Beiträge, die dem Partner direkt zugute kommen (partnerbezogene Beiträge). Andererseits gibt es Beiträge, die zunächst der Person selbst zugute kommen, die sie leistet (personbezogene Beiträge). Dabei handelt es sich um sozial wünschbare Eigenschaften wie z. B. Attraktivität oder Intelligenz. Diese Eigenschaften hat eine Person unabhängig davon, ob sie in einer Partnerschaft lebt oder nicht. Sie profitiert zunächst selbst davon, da sie sich bei hoher Attraktivität oder Intelligenz überlegen fühlen kann. Equity-theoretisch ist jedoch eine Person, die sehr attraktiv ist, im Nachteil, da sie besonders viel auf dieser Dimension beiträgt. Dabei ist zu beachten, dass equity-theoretisch Nachteile immer dann auftreten, wenn man selbst besonders viel beiträgt, während Vorteile dann auftreten, wenn man besonders wenig beiträgt. Das Beispiel der Attraktivität zeigt jedoch, dass equity-theoretische Nachteile nicht notwendigerweise Nachteile für die Person selbst darstellen müssen. Deshalb erscheint es fraglich, ob bei einer differenzierten Betrachtung der Beiträge, sich der kurvilineare Zusammenhang zwischen Equity und Zufriedenheit für alle Arten von Beiträgen nachweisen lässt.

> **Equity-theoretisch treten Nachteile immer dann auf, wenn man selbst besonders viel beiträgt, während Vorteile dann auftreten, wenn man besonders wenig beiträgt.**

Empirisch ist vor allem der kurvilineare Zusammenhang zwischen Equity und Partnerzufriedenheit geprüft worden. Mit der Messung der Equity sind allerdings verschiedene Probleme verbunden, die in den folgenden Abschnitten diskutiert werden.

### Die Erfassung von Equity in Partnerschaften

Equity wird in Partnerschaften in der Regel mit Hilfe von Fragebögen erfasst, anhand derer die Befragten das Ausmaß der Ausgewogenheit in ihrer Partnerschaft einschätzen. Die Fragebögen lassen sich zum einen darin unterscheiden, ob Equity zusammenfassend erfasst wird oder unterschiedliche Beziehungsbereiche berücksichtigt werden. Zum anderen können die Verfahrensweisen nach dem Antwortformat unterschieden werden. Dabei werden zum einen Einzeleinschätzungen von Beiträgen und Ergebnissen und zum anderen Differenzeinschätzungen zwischen Partner und Selbst vorgenommen. Einzeleinschätzungen von Beiträgen und Ergebnissen sind dadurch gekennzeichnet, dass für eine Aussage meherere Einzelschätzungen vorgenommen und zur Bestimmung eines Ausgewogenheitsindexes in einer Formel miteinander verrechnet werden. Bei Differenzeinschätzungen, die auf der Annahme beruhen, dass sich die Ergebnisse des einen Partners aus den Beiträgen des anderen Partners ergeben, kann hingegen auf komplizierte Verechnungen anhand von Formeln verzichtet werden. Denn durch die direkte Einschätzung der Differenz des Beitrages zwischen Partner und Selbst entsteht für jede Person nur ein Messwert. Buunk & Prins (1998) sehen in dieser Vorgehensweise eine vereinfachte Form der Equity, die sie als Reziprozität definieren. Die Vor- und Nachteile beider Verfahren werden weiter unten im Zusammenhang mit der Darstellung der globalen und der detaillierten Erfassung von Equity diskutiert.

Globale Messung

Für die Erfassung der globalen Equity wurden zwei Verfahren entwickelt. Das erste beruht auf vier Einzelschätzungen, das zweite auf einer Differenzschätzung.

---

### Einzelschätzungen

Walster et al. (1977, veröffentlicht in Walster et al., 1978) entwickelten ein Messinstrument, das auf der Beurteilung der allgemeinen eigenen Beiträge und Ergebnisse sowie der allgemeinen Beiträge und Ergebnisse des Partners beruht, sodass für eine Versuchsperson vier Messwerte resultieren, die in einer Equity-Formel verrechnet werden. Das Item für die Beurteilung der eigenen Beiträge lautet:»All things considered, how would you describe your contributions to your relationship?« Die 8-Punkte-Skala reicht von +4 (»My contributions are extremely positive«) bis –4 (»My contributions are extremely negative«). Alle Abstufungen sind benannt. Der Nullpunkt ist ausgelassen. Entsprechend werden auch die Beiträge des Partners eingeschätzt. Schließlich werden die eigenen Ergebnisse und die des Partners beurteilt. Die vier Einschätzungen werden dann entsprechend einer Equity-Formel $((O_A - I_A)/(|I_A|)^{k_A} = (O_B - I_B)/(|I_B|)^{k_B})$ von Walster et al. (1978) miteinander verrechnet, um das Ausmaß der wahrgenommenen Ausgewogenheit zu ermitteln. Snell & Belk (1985) beschreiben für die Berechnung des Ausgewogenheitsindex die »Balance-difference«-Methode, bei der die Differenz zwischen Beiträgen und Ergebnissen für jeden Partner berechnet wird. Bei Gleichheit der errechneten Nettoergebnisse liegt Ausgewogenheit vor. Übertrifft das eigene Nettoergebnis das des Partners, ist Überbelohnung gegeben. Übertrifft das Nettoergebnis des Partners das eigene, Unterbelohnung. Beiträge und Ergebnisse werden bei Walster et al. (1978) in Hinblick auf ihre Qualität (positiv/negativ) eingeschätzt. Snell & Belk (1985) lassen diese auch bezüglich der Quantität einschätzen, wobei eingeschätzt wird, wie viel man selbst und wie viel der Partner beiträgt und erhält.

> **Beiträge im Allgemeinen und Ergebnisse im Allgemeinen werden für sich selbst und den Partner beurteilt.**

---

$O$ = Output bzw. Ergebnis; $I$ = Input (Beitrag); $_A$ = Person A; $_B$ = Person B; $k_A$ = (Vorzeichen von $I_A$) (Vorzeichen von $(O_A - I_A)$); $k_B$ = (Vorzeichen von $I_B$) (Vorzeichen von $(O_B - I_B)$).

---

### Differenzeinschätzungen

Das zweite Verfahren zur Erfassung der globalen Equity beruht auf einer Differenzeinschätzung. Hatfield (1978; veröffentlicht in Hatfield et al., 1979b) entwickelte eine Skala, anhand derer Befragte beurteilen, was sie selbst in der Beziehung relativ zum Partner beitragen und erhalten. Dieses Verfahren reduziert die vier Einschätzungen des oben beschriebenen Verfahrens auf eine. Die Instruktion lautet: »Considering what you put into your relationship, compared to what you get out of it and what your partner puts in, compared to what s(he) gets out of it, how would you say your relationship 'stacks up'?« Die Antworten reichen von +3 (»I am getting a much better deal than my partner«) über 0 (»We are both getting an equally good or bad deal«) bis – 3 (»My partner is getting a much better deal than I am«). Alle Abstufungen auf der 7-Punkte-Skala sind benannt.

> **Personen beurteilen, was sie selbst im Allgemeinen in der Beziehung relativ zum Partner beitragen und erhalten.**

In späteren Untersuchungen wurde im Allgemeinen dieses zweite Verfahren zur Einschätzung der globalen Equity verwendet, das die vierfache Wiederholung der Abfrage vermeidet.

### Detaillierte Messung

Das charakteristische Merkmal detaillierter Verfahren liegt darin, dass verschiedene Beziehungsaspekte einzeln vorgegeben werden (z. B. Attraktivität, Mögen, Lieben etc.).

### Einzeleinschätzungen

Traupmann et al. (1978, unveröffentlicht; vgl. Walster et al., 1978; Hatfield et al., 1979b), die zuerst ein Messinstrument zur Erfassung detaillierter Equity entwickelten, berücksichtigen verschiedene Arten von Beiträgen: persönliche (z. B. Attraktivität, Intelligenz), emotionale (z. B. Mögen, Verstehen) und alltägliche Beiträge (z. B. finanzielle Regelungen, Hausarbeit) sowie künftige Möglichkeiten (z. B. mögliche Heirat).

Die Anzahl der Bereiche, die Befragten vorgegeben werden, variiert zwischen 22 und 25. Die Befragten haben bezüglich jedes Bereichs für sich und ihren Partner auf 8-Punkte-Skalen zum einen die Beiträge und zum anderen die Ergebnisse einzuschätzen. Das bedeutet, dass der Befragte zu jedem Bereich vier Urteile abgibt, so dass bei 22 Bereichen insgesamt 88 Urteile abgegeben werden. Ein Beispiel für einen persönlichen Beitrag aus dem Originalfragebogen lautet (vgl. Walster et al., 1978, S. 237-241): »Social graces: being sociable, friendly, relaxed in social settings«. Die Befragten beurteilen die eigenen Beiträge (»How would you describe your contribution in this area?«) und die Beiträge des Partners (»How would you describe your partner's contribution to this area?«). Außerdem werden die Ergebnisse beurteilt, und zwar wieder getrennt für sich selbst (»How would you describe your outcome in this area?«) und

> **Beiträge und Ergebnisse werden für verschiedene Bereiche für sich selbst und den Partner beurteilt.**

für den Partner (»How would you describe your partner's outcome
in this area?«). Für jedes Item wird ein Equity-Quotient gebildet
(eigenes Ergebnis/eigener Beitrag = Ergebnis des Partners/Beitrag
des Partners), wobei sich der Gesamt-Equity-Index aus der Summe
der Einzelquotienten ergibt.

Die Skala von Traupmann et al. (1978, unveröffentlicht; vgl. Walster
et al., 1978) liegt in einer deutschen Version von Druschel (1983) vor
und wurde auch von Grau (1994) verwendet.

Inhaltlich werden in verschiedenen Untersuchungen verschiedene Beziehungsbereiche erfasst. Einige Autoren legten zur Erfassung detaillierter Equity die Ressourcentheorie von Foa & Foa
(1980) zugrunde. Michaels et al. (1984) ließen die eigenen Beiträge und Ergebnisse und die des Partners in Hinblick auf fünf der
sechs Ressourcen von Foa und Foa (Liebe, Status, Geld, materielle
Güter, Dienstleistungen) und Sexualität beurteilen. Schafer und
Keith (1980) berücksichtigten bei der Einschätzung von Equity die
Rollenverteilung in der Ehe und erfassten entsprechend Equity in
Hinblick auf Kochen, Hausarbeit, Einkommen, Partnerrolle und
Elternrolle.

### Differenzeinschätzungen

Wie schon erwähnt, ist die detaillierte Erfassung der Equity mit
Problemen verbunden, da sich eine große Zahl von Urteilen ergibt,
die aus der Sicht der Beurteiler als sich wiederholendes Abfragen
erlebt werden kann. Ein Ausweg aus diesem Problem wurde schon
bei der Beschreibung der zweiten Variante der Erfassung der globalen Equity deutlich (Hatfield et al., 1979b). Diese Innovation bei
der Erfassung beruht auf zwei Punkten. Zum einen wird häufig nur
nach den Beiträgen gefragt. Dem liegt der Gedanke zugrunde,
dass die Beiträge des einen Partners unmittelbar die Ergebnisse
des anderen Partners darstellen (van Yperen & Buunk, 1990; Rohmann, 2000). Zum Zweiten wird anstelle der Einzeleinschätzungen
für den Partner und sich selbst die Differenz zwischen Partner und
sich selbst direkt beurteilt. Van Yperen und Buunk entwickelten ein
Messinstrument, das 24 austauschrelevante Dimensionen, die instrumentelle und expressive Verhaltensweisen und Eigenschaften
einschließen, anspricht. Die Beurteiler wurden gebeten, die wahrgenommene Selbst-Partner-Differenz für jedes Item getrennt einzuschätzen. So baten sie ihre Befragten, u. a. die Differenz zwischen
dem eigenen Verständnis und dem des Partners einzuschätzen.
Dazu gaben sie Verständnis vor und legten eine 7-Punkte Urteils-
skala vor, deren Endpunkte lauteten »this applies to me much more

than it does to my partner« bzw. »this applies much more to my partner than it does to me«. Diese Einschätzungen lassen sich als »wahrgenommene Selbst-Partner-Unterschiede in Beiträgen zu einer Beziehung« bezeichnen. Im Vergleich zu Einzeleinschätzungen wird mit diesem Verfahren die Zahl der abzugebenden Urteile auf ein Viertel reduziert.

> **Personen beurteilen für verschiedene Bereiche, was sie selbst in der Beziehung relativ zum Partner beitragen und erhalten.**

Ein ähnliches Vorgehen wählte Rohmann (2000), das die Equity auf fünf Dimensionen (Mögen, Gefühle, Attraktivität, Status und soziale Fähigkeiten) erfasst.

### Messprobleme

Probleme der Messung beziehen sich auf die konvergente Validität verschiedener Verfahren, die Anwendung der Equity-Formel(n) und der damit verbundenen Probleme der internen Konsistenz, die bei der detaillierten Messung der Equity beeinträchtigt werden kann (vgl. Mikula, 1992; Grau, 1997).

### Validität

Lujansky & Mikula (1983) berechneten für die detaillierte Messung Equity-Indizes auf der Grundlage verschiedener Formeln. Die Korrelationen der verschiedenen Indizes waren hoch. Sie variierten zwischen $r = 0{,}58$ und $r = 0{,}99$. Auch die Verrechnung der Beiträge und Ergebnisse bezüglich der globalen Einschätzung der Equity erfolgte anhand der Formeln von Adams ($O_A/I_A = O_B/I_B$), Anderson ($(O_B/(O_A + O_B) = I_B/(I_A + I_B)$)) und Walster et al. ($(O_A - I_A)/(|I_A|)^k{}_A = (O_B - I_B)/(|I_B|)^k{}_B$). Die Korrelationen zwischen diesen Indizes der Equity lagen in dem Bereich von $r = 0{,}45$ und $r = 0{,}97$ und können somit als zufrieden stellend in dem Sinne beurteilt werden, dass eine hohe konvergente Validität gegeben ist.

Eine nahe liegende Frage bezieht sich darauf, wie globale mit detaillierten Messungen im Sinne der konvergenten Validität zusammenhängen. Wird mit der globalen Equity dasselbe erfasst wie mit der Summe über die Angaben zur detaillierten Equity? Wenn eingeschätzt wird, wie die Ausgeglichenheit der Beziehung generell empfunden wird, kann das in Beziehung gesetzt werden zu der summierten Einschätzung über

> **Wird mit der globalen Equity dasselbe erfasst wie mit der Summe über die Angaben zur detaillierten Equity?**

persönliche, emotionale, alltägliche und andere Bereiche. Korrelationen zwischen diesen beiden Erfassungsweisen der Equity fallen generell niedrig aus (zwischen $r = 0{,}14$ und $r = 0{,}38$; vgl. Mikula, 1992), was ihre konvergente Validität in Frage stellt. Niedrige Korrelationen sind auch dann gegeben, wenn globale und detaillierte Equity über Differenzeinschätzungen erfasst werden (vgl. Rohmann, 2000) und einzelne homogene Subtests in die Analyse eingehen. Die Untersuchungen von van Yperen und Buunk (1990) und Rohmann (2000) sowie Sprecher (2001) zeigen, dass solche Beiträge mit der globalen Equity positiv zusammenhängen, die dem Partner direkt zugute kommen bzw. die im Sinne von Foa und Foa (1980) partikularistische Beiträge darstellen, da ihr Wert von der Person des Gebers (Partner) abhängig ist. So korrelierten in den Untersuchungen von Rohmann die Dimensionen Gefühle und Mögen/Bindung positiv mit globaler Equity (erfasst nach Hatfield). Die Beiträge, von denen die Person selbst profitiert (Attraktivität, Status, soziale Fähigkeiten) korrelierten hingegen nicht positiv mit der globalen Equity. Bei van Yperen und Buunk hingen sowohl bei Männern als auch bei Frauen die Beiträge Commitment, Soziabilität und Aufmerksamkeit mit der globalen Equity von Hatfield zusammen. Ähnliche Befunde konnten Smith & Schroeder (1984) feststellen. In ihrer Untersuchung sagten alltägliche und emotionale Beiträge (erfasst mit der detaillierten Equity-Skala von Traupmann et al., 1978, unveröffentlicht; vgl. Walster, et al., 1978) die globale Equity (erfasst mit der Skala von Walster et. al., 1977; veröffentlicht in Walster et al., 1978) am besten vorher.

In einer Untersuchung von Kollock et al. (1994) erwiesen sich hauptsächlich Einkommen und Expressivität als relevant für die Vorhersage der globalen Equity (erfasst nach Hatfield).

Zusammenfassend bleibt aus den Befunden zur konvergenten Validität von detaillierter und globaler Equity festzuhalten, dass letztlich noch ungeklärt ist, welche von beiden die validere Messung der Equity darstellt (Sprecher & Schwartz, 1994). Die Befunde zeigen, dass je nach Untersuchung unterschiedliche Aspekte mit der Wahrnehmung von globaler Equity zusammenhängen. Es sind jedoch Hinweise vorhanden, dass für globale Equityurteile solche Beiträge relevant sind, von denen der Partner profitiert.

### Interne Konsistenz

Die Probleme der internen Konsistenz von Equity-Messungen bei einer detaillierten Erfassung werden von Grau (1997) diskutiert. Sie kritisiert, dass die Einzelquotienten, die auf der Grundlage von Formeln berechnet werden, über alle Items summiert oder gemittelt werden, ohne dass die bei der Konstruktion von Tests üblichen Item- oder Faktorenanalysen durchgeführt werden. Dies führt zu einer relativ geringen internen Konsistenz der Equity-Messung. Ein Equity-Index wäre dann konsistent, wenn die Einzelquotienten hoch miteinander korrelieren würden, was aber den Annahmen der Equity-Theorie widersprechen würde, da einzelne Merkmale (z. B. Status) durch andere Merkmale (z. B. Attraktivität) der Partnerschaft ausgeglichen werden können.

Damit ist insofern ein Problem angesprochen, als die Validität der Equity-Messung durch die geringe interne Konsistenz der Equity-Indizes eingeschränkt werden kann. Eine Möglichkeit, die interne Konsistenz zu verbessern, liegt darin, die detaillierte

Equity eher über in sich homogene Subtests zu erfassen. Dadurch kann die interne Konsistenz erhöht werden, und es werden auch bessere Voraussetzungen für eine höhere Validität geschaffen. So lagen die internen Konsistenzen der von Rohmann (2000) konstruierten Subtests zwischen $\alpha = 0{,}62$ und $\alpha = 0{,}83$, während die des Equity-Quotienten der Traupmann-Utne-Hatfield-Skala (1978, unveröffentlicht; vgl. Walster, et al., 1978) nur bei $\alpha = 0{,}50$ lag. Zudem ist es möglich festzustellen, welche Aspekte miteinander positiv zusammenhängen und welche komplementär sind, was sich an einem negativen Zusammenhang zeigen würde. Über Korrelationsberechnungen lässt sich dann z. B. feststellen, ob Equity im Status und Equity in der Attraktivität miteinander negativ korrelieren. Bei einer negativen Korrelation zwischen wahrgenommenen eigenem sozialer Status im Vergleich zur Partnerin und wahrgenommener höherer Attraktivität der Partnerin im Vergleich zur eigenen Attraktivität wäre ein Hinweis dafür gegeben, dass Status durch Attraktivität ausgeglichen wird. Dies würde den traditionellen Annahmen über das, was Frauen und Männer auf dem Partnermarkt suchen und anbieten, entsprechen.

> **Eine Möglichkeit, die interne Konsistenz zu verbessern, liegt darin, die detaillierte Equity über in sich homogene Subtests zu erfassen.**

### Empirische Überprüfung

Die Vorhersagen der Equity-Theorie wurden in zahlreichen Untersuchungen getestet. In fast allen Untersuchungen wurde der postulierte kurvilineare Zusammenhang zwischen Equity und Beziehungsqualität überprüft. Die in Tabelle 11.1 aufgeführten Untersuchungen werden in den folgenden Abschnitten genauer beschrieben.

**Tabelle 11.1.** Übersicht über Studien zum Zusammenhang zwischen Equity und Beziehungserfahrungen

| Studie/Stichprobe | Messinstrumente | Abhängige Merkmale | Ergebnisse |
|---|---|---|---|
| 1. Walster et al. (1977; zit. nach Walster et al., 1978); N=500 Studierende | Global | Austin-Mood-Index[a] | Quadratischer Trend entsprechend Equity |
| 2. Hatfield et al. (1979c); N=537 Studierende | Global | Austin-Mood-Index, Intimität, Stabilitätsprognose | Auf allen Merkmalen quadratischer Trend entsprechend Equity |
| 3. Hatfield et al. (1982); N=106 Neuverheiratete | Global | Austin-Mood-Index, Partnerzufriedenheit, Lebenszufriedenheit, Sexuelle Zufriedenheit, geliebt fühlen | Auf allen Merkmalen quadratischer Trend entsprechend Equity |

**Tabelle 11.1.** Fortsetzung

| Studie/Stichprobe | Messinstrumente | Abhängige Merkmale | Ergebnisse |
|---|---|---|---|
| 4. Lloyd et al. (1982); N=325 Studierende | Global | Austin-Mood-Index | Bei Ausgewogenheit weniger Unzufriedenheit |
| 5. Traupmann et al. (1983); N=189 Studierende | Global | Austin-Mood-Index, Partnerzufriedenheit, Lebenszufriedenheit, sexuelle Zufriedenheit, geliebt fühlen | Auf allen Merkmalen quadratischer Trend entsprechend Equity außer für sexuelle Zufriedenheit |
| 6. Utne et al. (1984); N=236 Neuverheiratete | Global, detailliert | Austin-Mood-Index, Partnerzufriedenheit, Lebenszufriedenheit, erwartete Stabilität | Auf allen Merkmalen quadratischer Trend entsprechend Equity |
| 7. Winn et al. (1991); N=132 gemischte Stichprobe | Global | Austin-Mood-Index, Commitment | Bei Ausgewogenheit weniger Unzufriedenheit und mehr Commitment |
| 8. Michaels et al. (1984); N=273 Studierende | Detailliert (Liebe, Status, Geld, materielle Güter, Dienstleistungen, Sexualität) | Partnerzufriedenheit | Quadratischer Trend entsprechend Equity |
| 9. Davidson (1984); N=162 verheiratete Paare | Global | Dyadic Adjustment Scale (DAS) | Equity-Effekte bei Männern, Frauen haben bei Unterbelohnung niedrigere DAS-Werte als bei Ausgewogenheit |
| 10. Cate et al. (1988); N=90 Studierende | Global | Partnerzufriedenheit, Involvement | Quadratischer Trend entsprechend Equity nur für Partnerzufriedenheit im Querschnitt, kein Equity-Effekt im Längsschnitt (3 Monate) |
| 11. Van Yperen & Buunk (1990); N=736 überwiegend Verheiratete | Global und detailliert | Partnerzufriedenheit | Globale Equity sagt über ein Jahr die Zufriedenheit bei Frauen voraus, während bei Männern kein entsprechendes Ergebnis auftritt |
| 12. Buunk & van Yperen (1991); N=214 überwiegend Verheiratete | Global | Partnerzufriedenheit | Quadratischer Trend entsprechend Equity nur bei Befragten, die eine hohe Austauschorientierung haben |

**Tabelle 11.1.** Fortsetzung

| Studie/Stichprobe | Messinstrumente | Abhängige Merkmale | Ergebnisse |
|---|---|---|---|
| 13. Grau (1994); N=78 gemischte Stichprobe (Paare), N=100 überwiegend Studierende (Paare) | Global, detailliert | Aspekte der Sexualität; Partnerzufriedenheit, Glück, Ärger, Schuld, sexuelle Zufriedenheit, Glück, Zukunfts-erwartungen | Globale Equity-Effekte für Zufriedenheit (und sexuelle Zufrie-denheit); Detaillierte Equity-Effekte für sexuelle Zufriedenheit |
| 14. Buunk & Mutsaers (1999); N=290 Wiederverheiratete | Global | Partnerzufriedenheit | Quadratischer Trend entsprechend Equity für frühere Ehe und für laufende Ehe, in früherer Ehe wird eine größeres Ausmaß von Inequity wahr-genommen als in laufender Ehe |
| 15. Rohmann (2000); N=182 gemischte Stichprobe, N=70 Studierende | Detailliert (Mögen/Bindung Gefühle, Attraktivität, Status, soziale Fähigkeiten) | Querschnitt: Partnerzufriedenheit, Ärger, positive u. negative Emotionen, Commitment  Längsschnitt: Einschätzung der o.g Variablen nach 6 Wochen | Querschnitt: quadratischer Trend nur für Equity in Gefühlen und Mögen/ Bindung für alle Merkmale  Längsschnitt: quadratischer Trend nur für Equity in Gefühlen in Zufrieden-heit, pos. Emotionen, Commitment und Ärger |
| 16. Lujansky & Mikula (1983); N=92 männliche Studierende | Global, detailliert | Aktuelle Beziehungs-qualität und nach 5 Monaten, Stabilität über 5 Monate | Keine Equity-Effekte |
| 17. Sprecher (1986); N=502 Studierende | Global | Positive und negative Emotionen | Für Männer finden sich Equity-Effekte der Über-belohnung und Unter-belohnung in beiden Merkmalen, bei Frauen nur in negativen Emotionen, während in positiven Emotionen nur die Unterbelohnung einen signifikanten Einfluss hat |

**Tabelle 11.1.** Fortsetzung

| Studie/Stichprobe | Messinstrumente | Abhängige Merkmale | Ergebnisse |
|---|---|---|---|
| 18. Schafer & Keith (1980); N =333 verheiratete Paare | Spezifische Rollenverteilung in der Familie (Kochen, Hausarbeit, Ernährerrolle, Partnerrolle, Elternrolle) | Depression | Quadratischer Trend entsprechend Equity (Differenz zwischen Selbstbeurteilung und Partnerbeurteilung), außer bei Frauen hinsichtlich Ernährerrolle und Elternrolle |
| 19. Vanfossen (1981); N =1494 verheiratete Hausfrauen, erwerbstätige Frauen und Männer | Global | Depression | Höhere Depressionswerte bei Unausgewogenheit bei erwerbstätigen Frauen |
| 20. Hatfield et al. (1979); N=2000 Psychology-Today-Leser | Global | Wann untreu? Wie oft untreu? | Kein Unterschied zwischen Überbelohnten und Ausgeglichenen; Unterbelohnte eher und öfter untreu |
| 21. Larson et al. (1998); N=66 verheiratete Paare | Global | Verschiedene Dimensionen der Intimität | Quadratischer Trend entsprechend Equity nur bei Frauen in globaler Intimität, Kompatibilität, Identität und Expressivität |
| 22. Prins et al. (1993); N=214 überwiegend Verheiratete | Global (1. nach Hatfield, 2. Equity-Formula-Measure) | Anzahl außerehelicher Beziehungen, Wunsch nach außerehelichen Beziehungen | Nur für Frauen Equity-Effekte: globale Equity nach Hatfield in beiden Merkmalen, Equity-Formula-Measure nur im Verhaltensmerkmal |
| 23. Sprecher (1988); N=394 gemischte Stichprobe (Paare) | Global | Commitment | Ausmaß der wahrgenommenen Unausgewogenheit ist statistisch signifikanter Prädiktor |
| 24. Berg & McQuinn (1986); N=76 Studierende | Global | Stabilität über 4 Monate | Kein Equity-Effekt |

[a]Zufriedenheit = (Zufriedenheit + Glück) – (Schuld + Ärger)

Equity und Partnerzufriedenheit
Hinsichtlich der Partnerzufriedenheit sind Equity-Effekte gut belegt. Bei der Operationalisierung mittels globaler Equity sind in nahezu allen Untersuchungen Equity-Effekte gegeben (s. Studien 1–14 in Tabelle 11.1.).

Durch andere Untersuchungsergebnisse muss die Bedeutung von Equity relativiert werden. Buunk und van Yperen (1991) fanden in ihrer Studie, dass der kurvilineare Zusammenhang zwischen Equity (globale Equity nach Hatfield) und Beziehungszufriedenheit nur bei Personen mit hoher Austauschorientierung zutraf. Bei Personen mit geringer Austauschorientierung hatte die wahrgenommene Unausgeglichenheit keinen Einfluss auf die Beziehungszufriedenheit. Zudem waren Personen, die eine niedrige Austauschorientierung zum Ausdruck brachten, generell zufriedener mit ihrer Beziehung als Personen mit hoher Austauschorientierung.

Lujansky und Mikula (1983), die ausschließlich männliche Studierende untersuchten, fanden keinen kurvilinearen Zusammenhang zwischen globaler Equity und Beziehungsqualität nach 5 Monaten.

Betrachtet man die Untersuchungen, in denen Equity detailliert erfasst wurde, so sind Equity-Effekte hinsichtlich der Partnerzufriedenheit bei Utne et al. (1984) nachweisbar. Ebenfalls fand Rohmann (2000) Equity-Effekte für Partnerzufriedenheit in den partnerbezogenen Dimensionen Mögen/Bindung und Gefühle im Querschnitt. Im Längsschnitt über sechs Wochen ließ sich der Equity-Effekt nur für die Dimension Gefühle nachweisen. Im Allgemeinen zeigen die Untersuchungen, in denen Equity-Effekte über einen längeren Zeitraum untersucht wurden, ein inkonsistentes Bild. Cate et al. (1988) fanden über drei Monate bei globaler Erfassung keine Equity-Effekte.

Eine Längsschnittstudie über ein Jahr von van Yperen und Buunk (1990) hingegen zeigt Belege dafür, dass die Verletzung der Ausgewogenheit einen kausalen Einfluss auf die Zufriedenheit hat. Die globale Equity war für Frauen der bessere Prädiktor für die Zufriedenheit nach einem Jahr als umgekehrt die Zufriedenheit für die globale Equity. In Hinblick auf die von van Yperen und Buunk vorgenommene detaillierte Erfassung von Equity konnte dieser Befund jedoch nicht gestützt werden. Allerdings korrelierten die beiden Messinstrumente auch nur geringfügig miteinander. Zudem konnte für die detaillierte Messung der Equity keine kurvilineare Beziehung zwischen Equity und Zufriedenheit gefunden werden, da ausgewogen behandelte und überbelohnte Befragte sich in einem ähnlichen Ausmaß als zufrieden in der Partnerschaft beschrieben. Nur unterbelohnte Partner waren deutlich unzufriedener.

Die Berücksichtigung weiterer Austauschvariablen zeigt, dass Equity für die Partnerzufriedenheit von Bedeutung bleibt, auch

> **Equity bleibt für die Partnerzufriedenheit von Bedeutung, auch wenn Belohnungen bzw. eigene Ergebnisse einen größeren Stellenwert haben.**

wenn Belohnungen bzw. eigene Ergebnisse einen größeren Stellenwert haben. Michaels et al., (1984) erfassten das Belohnungsniveau, das erwartete Belohnungsniveau, das Ausmaß der wahrgenommenen Equity und das Ausmaß der wahrgenommenen Gleichheit bei 273 Studierenden. Diese Merkmale wurden über fünf Ressourcenklassen nach Foa und

Foa (1980; Liebe, Status, Geld, materielle Güter, Dienstleistungen) und für den Bereich Sexualität eingeschätzt. Die Ergebnisse zeigen, dass die summierte Equity in dem erwarteten Zusammenhang mit Zufriedenheit stand und 17,9% der Varianz erklärte. Die Ergebnisse für Gleichheit fielen ähnlich zu denen für Equity aus. Es ergab sich eine hohe Korrelation zwischen Equity und Gleichheit der Belohnungen von $r = 0,90$, was darauf hinweist, dass zwischen dem Gleichheitsprinzip und dem Equity-Prinzip kaum differenziert wurde. Das Belohnungsniveau war ein stärkerer Prädiktor der Zufriedenheit als Equity oder Gleichheit, da es 42,2% der Varianz aufklärte. Das erwartete Belohnungsniveau klärte ebenfalls für sich genommen einen größeren Varianzanteil auf (37,5%). Wenn Belohnungsniveau und Equity bzw. Gleichheit als Prädiktoren dienten, blieb der Einfluss von Equity und Gleichheit signifikant, aber der Varianzanteil, der darauf zurückging, sank deutlich ab (auf 3,1% bei Equity und 3,7% bei Equality). Die Ergebnisse zeigen, dass das Zufriedenheitsempfinden durch die Belohnungshöhe beeinflusst wird und darüber hinaus zusätzlich durch Equity bzw. Gleichheit. In den Untersuchungen von Lloyd et al. (1982) und Cate et al. (1988) sind die Ergebnisse ähnlich: Belohnungen und Equity hatten einen Einfluss auf die aktuelle Partnerzufriedenheit. Jedoch zeigte sich in der Untersuchung von Cate et al. (1988), dass ausschließlich Belohnungen einen Einfluss auf die Zufriedenheit nach 3 Monaten hatten.

### Equity und emotionale Konsequenzen

Einige Untersuchungen zeigen, dass Unfairness im Sinne von Equity mit negativen Gefühlen in der Partnerschaft verbunden ist.

Sprecher (1986) stellte in ihrer Untersuchung fest, dass Unausgewogenheit mit mehr negativen partnerschaftlichen Emotionen und weniger positiven Emotionen in der Partnerschaft einherging als Ausgewogenheit. Auch in der Untersuchung von Rohmann (2000) waren Equity-Effekte hinsichtlich der Dimensionen Mögen/ Bindung und Gefühle für positive und negative Emotionen sowie Ärger signifikant. Schafer und Keith (1980) untersuchten, inwieweit die Unausgewogenheit bezüglich der Ausführung verschiedener familiärer Rollen (Kochen, Hausarbeit, Ernährerrolle, Partnerrolle und Mutter- bzw. Vaterrolle) die Stimmung beeinflusst. Sie fanden höhere Depressionswerte bei überbelohnten und unterbelohnten verheirateten Personen als bei Personen, die ihre Partnerschaft als ausgewogen einschätzten. Eine Untersuchung von Vanfossen (1981) ergab einen ähnlichen Befund bei erwerbstätigen Frauen, nicht aber bei Männern. Im Längsschnitt über sechs Wochen zeigte sich bei Rohmann (2000) in Hinblick auf den erlebten Ärger und positive Emotionen ein Equity-Effekt der Dimension Gefühle.

> **Unausgewogenheit geht mit mehr negativen und weniger positiven Gefühlen einher als Ausgewogenheit.**

## Equity und Intimität

In einer ihrer Hypothesen für romantische Beziehungen nehmen Hatfield et al. (1979b) an, dass sich bei Ausgewogenheit eher intime Beziehungen (z. B. Sexualität, Zusammenleben, Heirat) entwickeln als bei Unausgewogenheit. In der Untersuchung von Hatfield et al. (1979c) zeigte sich, dass sich Studierende in ausgeglichenen Beziehungen eher in Richtung Intimität bewegten (eher sexuellen Kontakt hatten) als Personen in unausgewogenen Beziehungen. Traupmann et al. (1983) fanden, dass Collegestudenten in ausgewogenen Beziehungen mehr Liebe bei der Sexualität empfanden als in unausgewogenen Beziehungen. Prins et al. (1993) zeigten, dass Frauen in unausgewogenen Beziehungen mehr außereheliche Kontakte hatten als Frauen in ausgewogenen Beziehungen. Für Männer hingegen waren gewünschte und tatsächliche außereheliche Kontakte unabhängig von der wahrgenommenen Equity.

> **Frauen in unausgewogenen Beziehungen haben mehr außereheliche Kontakte als Frauen in ausgewogenen Beziehungen. Bei Männern sind außereheliche Kontakte unabhängig von der wahrgenommenen Equity.**

Eine neuere Untersuchung mit verheirateten Paaren von Larson et al. (1998) gibt ebenfalls Hinweise für einen Zusammenhang zwischen Equity und Intimität. Dabei wurden verschiedene Dimensionen der Intimität berücksichtigt. Es zeigten sich Equity-Effekte ausschließlich für Frauen, und zwar für die Bereiche allgemeine Intimität, Identität (Selbstvertrauen, Selbstwert), Kompatibilität (die Fähigkeit des Paares, sich gut abzustimmen) und Expressivität (Gedanken, Einstellungen, Gefühle mit dem Partner teilen). Dass dieser Befund nur für Frauen auftritt, erklären die Autoren damit, dass Frauen sich mehr mit ihrer Beziehung beschäftigen und somit auch eher das Ausmaß der Intimität und der Equity registrieren.

## Equity und Commitment

Nach den Ergebnissen einiger Untersuchungen ist zu konstatieren, dass Personen, die sich unfair behandelt fühlen, weniger stark an ihre Partnerschaft gebunden sind als Personen die Fairness wahrnehmen.

Sprecher (1988) stellte einen relativ kleinen aber statistisch signifikanten Einfluss von Unausgewogenheit auf das Commitment fest. Je unausgewogener die Beziehung beurteilt wurde, desto weniger waren die Befragten an die Beziehung gebunden. In einer Untersuchung von Winn et al. (1991) zeichneten sich Personen, die ihre Beziehung als unausgewogen beschrieben, durch ein geringeres Commitment aus

> **Je unausgewogener die Beziehung, desto weniger Beziehungsbindung wird erlebt.**

als Personen, die ihre Beziehung als ausgewogen beurteilten. Außerdem war das Commitment bei überbelohnten Personen größer als bei unterbelohnten Personen. Hinsichtlich der Einschätzung von detaillierter Equity zeigten sich bei Rohmann (2000) Equity-Effekte. Equity in Mögen/Bindung und Gefühlen hing im Querschnitt mit Commitment zusammen. Im Längsschnitt über 6 Wochen zeigte sich dieser Effekt nur hinsichtlich der Equity in den Gefühlen.

Equity und Beziehungsstabilität

Hinsichtlich der Bedeutung der Equity für die Beziehungsstabilität sind die Befunde inkonsistent, besonders dann, wenn das Kriterium die Trennung darstellt.

Lujansky und Mikula (1983), die die Beziehungsstabilität mittels des Verhaltenskriteriums Trennung nach 5 Monaten untersuchten fanden keinen Equity-Effekt. Berg und McQuinn (1986) versuchten, die Trennung nach vier Monaten unter anderem durch verschiedene Austauschvariablen vorherzusagen. Die globale Equity hatte dabei keinen Vorhersagewert. Hingegen erwies sich, dass das Vergleichsniveau (Vergleich mit früheren Beziehungen) und das Vergleichsniveau für Alternativen (Vergleich mit möglichen anderen Partnern) die Trennung vorhersagen konnte.

> **Die Befunde in Hinblick auf die Vorhersage der Beziehungsstabilität durch Equity sind inkonsistent: Einige Untersuchungen zeigen, dass Ausgewogenheit mit höherer Beziehungsstabilität einhergeht als Unausgewogenheit. In anderen Untersuchungen konnte dieser Zusammenhang nicht nachgewiesen werden.**

Hatfield et al. (1979c) stellten fest, dass unverheiratete Personen (Studierende) in ausgewogenen Partnerschaften optimistischer in die Zukunft sahen (eher annahmen, in einem Jahr und in fünf Jahren noch zusammen zu sein) als Personen in unausgewogenen Partnerschaften. Zudem war die Wahrscheinlichkeit, nach 3 1/2 Monaten noch tatsächlich zusammen zu sein, höher als bei Personen in unausgewogenen Partnerschaften.

Utne et al. (1984) fanden, dass neu verheiratete Paare, die sich gerecht behandelt fühlten, ihre Beziehung als stabiler einschätzten als Paare, die Unausgewogenheit wahrnahmen.

Als weiteres Kriterium der Beziehungsstabilität können außereheliche sexuelle Beziehungen gelten. Hatfield et al. (1979c) fanden, dass unterbelohnte Personen bereits sechs bis acht Jahre nach der Heirat außerehelichem Sex hatten, während Personen in ausgewogenen und überbelohnten Partnerschaften nach 12–15 Jahren außereheliche sexuelle Kontakte hatten.

Zusammenfassend bleibt festzuhalten, dass Befunde, bei denen die Befragten selbst die Sicherheit ihrer Beziehung einschätzten, die Vorhersagen der Equity-Theorie eher unterstützen als Befunde mit dem Verhaltenskriterium Trennung. Andere Austauschvariablen scheinen relevant für die Vorhersage von Trennung zu sein. So zeigte sich in der Längsschnittstudie von Berg und McQuinn kein Einfluss der Equity auf die Stabilität der Beziehung nach vier Monaten, wohingegen ein Einfluss des Vergleichsniveaus und des Vergleichsniveaus für Alternativen auf die Beziehungsstabilität gegeben war.

## 11.2    Fairness bei der Aufteilung der Hausarbeit

Ein besonderer Bereich, in dem in einer Partnerschaft Fairness eine Rolle spielt, ist die Verteilung der Hausarbeit. Eine große Anzahl von Untersuchungen zeigt, dass hier eine geschlechtsspezifische Ungleichverteilung gegeben ist. Während mittlerweile viele Frauen erwerbstätig sind und somit in diesem Bereich versucht wird Gerechtigkeit herzustellen, bleibt der Bereich der Hausarbeit sehr häufig immer noch an den Frauen hängen (vgl. z. B. Kirchler & Venus, 2000), auch wenn es Hinweise gibt, dass von Doppelverdienern und insbesondere von Dual-Career Couples (Partnerschaften, in denen beide Partner karriereorientiert sind) die Verrichtung von Hausarbeiten eher geteilt wird als von traditionellen Paaren (Dancer & Gilbert, 1993).

Beck-Gernsheim (1992) kommt bei ihrer Analyse zu dem Schluss, dass trotz unterschiedlicher Auftraggeber, Institutionen und Forschungsinteressen die Bilanz im Hinblick auf die Aufteilung der Hausarbeit sehr ähnlich ausfällt:

> »Immer mehr Frauen sind erwerbstätig – aber die Hausarbeitsbeteiligung der Männer bleibt weiter bescheiden, und dies auch in der jüngeren Generation, jedenfalls bei der Mehrheit der Männer« (Beck-Gernsheim, 1992, S. 273).

Dies bedeutet, dass Frauen häufig die Doppelbelastung von Beruf und Familie tragen müssen. Equity-theoretisch wird erwartet, dass Austauschprozesse dann als fair erlebt werden, wenn in sozialen Interaktionen Geben und Nehmen ausgewogen sind. Entsprechend sollte die Verteilung der Hausarbeit und der Kinderbetreuung als gerecht erlebt werden, wenn die Verteilung ausgewogen ist; d. h. eine Gleichverteilung der Pflichten

> **Austauschprozesse werden dann als fair erlebt, wenn in sozialen Interaktionen Geben und Nehmen ausgewogen sind.**

im Haushaltsbereich sollte mit Gerechtigkeitserleben einhergehen. Ebenso sollte die Zufriedenheit mit der Aufgabenverteilung dann hoch sein, wenn die Pflichten gleich verteilt werden, während sie bei geringeren oder höheren Beiträgen niedriger sein sollte. Dabei ist zu beachten, dass diese Annahmen sich ausschließlich auf den Bereich der Hausarbeit beziehen. Sicher können bei der Bestimmung der Ausgewogenheit in der Partnerschaft auch andere Bereiche mit hinzugezogen werden (wie z. B. berufliche Tätigkeit, sozialer Status etc.). Wenn beispielsweise ein Partner mehr verdient als der andere, könnte er sich auch dazu berechtigt fühlen, weniger zur Hausarbeit und Kinderbetreuung beizutragen. So schreibt Beck-Gernsheim (1992), dass nicht notwendigerweise Unzufriedenheit gegeben sein muss, wenn sich der Partner bei der Hausarbeit wenig beteiligt, sofern der Partner andere Qualitäten aufweist, die geschätzt werden (z. B. Humor, Zärtlichkeit usw.) und die das Defizit des Beitrags bei der Hausarbeit ausgleichen können. Allerdings ist nach Beck-Gernsheim auch zu erwarten, dass mit wachsenden Gleichheitserwartungen der Frauen Männer umso mehr andere Qualitäten bieten müssen, wenn sie sich auf die Gleichheitserwartungen im Bereich der Hausarbeit nicht einlassen wollen.

Eine Reihe von Untersuchungen zeigt entgegen den Annahmen der Equity-Theorie, dass viele Frauen die Ungleichverteilung nicht als ungerecht empfinden (zusammenfassend Thompson, 1991); auch dann nicht, wenn sich ihre für außerhäusliche Tätigkeiten aufgewendeten Arbeitszeiten nicht von denen ihres Partners unterscheiden (Mikula et al., 1997). Zudem zeigen Untersuchungen, dass Frauen trotz ihrer Mehrbelastung genauso zufrieden mit der Aufteilung der Hausarbeit sind wie ihre Partner (zusammenfassend Major, 1993), wobei diese »paradoxe Zufriedenheit« auch dann gegeben ist, wenn sie den gleichen ökonomischen Status innehaben wie ihre Partner.

Diese Ergebnisse weisen darauf hin, dass bei der Beurteilung der Gerechtigkeit im Bereich der Hausarbeit das Gleichheits- und Equity-Prinzip nicht angewendet (Thompson, 1991) bzw. unterminiert wird. Somit bleibt die Frage offen, welche Faktoren die Wahrnehmung von Ungerechtigkeit bei der Aufteilung der Hausarbeit beeinflussen. Nach Thompson (1991) vergleichen sich Frauen eher mit anderen Frauen als mit ihrem Partner oder werten zum Teil ihre Arbeit im Haushalt als Ausdruck von Liebe und Fürsorge. Wertschätzung für ihr Engagement im Haushalt soll Frauen wichtiger sein als die tatsächliche Aufteilung der Hausarbeit. Zudem wird angenommen, dass Frauen Rechtfertigungsstrategien anwenden, die beispielsweise beinhalten, dass sie die Arbeit besser verrichten als der Partner (vgl. auch Gager, 1998). Empirisch zeigen sich Zusammenhänge zwischen Wertschätzung der Hausarbeit durch den Partner und Gerechtigkeitserleben (z. B. Blair & Johnson, 1992). Gager (1998) überprüfte die Bedeutung von sozialen Vergleichen und Rechtfertigungsstrategien inhaltsanalytisch bei berufstätigen Paaren: Sie fand, dass Frauen als Vergleichsstandard andere Frauen wählten, wobei sie selbst ganz gut wegkamen, Männer hingegen einen eigenen Vergleichsstandard generierten (sich mit dem Durchschnitt ihrer Geschlechtsgenossen verglichen oder mit dem so genannten »do nothing dad«). Zudem wendeten Frauen Rechtfertigungsstrategien an (z. B. sich selbst als kompetenter für die anfallenden Tätigkeiten zu betrachten als den Partner usw.). Allerdings war die Anwendung von Rechtfertigungsstrategien eher dann gegeben, wenn die Überbelastung nicht allzu groß ausfiel.

Freudenthaler (2000) konnte bei einer Stichprobe von berufstätigen Frauen 72% der Varianz der wahrgenommenen Gerechtigkeit der Arbeitsaufteilung im Haushalt durch die eingeschätzte Soll-Ist-Aufteilungsdiskrepanz, prozedurale Gerechtigkeit (wahrgenommene Gerechtigkeit des Zustandekommens der Arbeitsaufteilung), die wahrgenommene Wertschätzung durch den Partner, die Attribution der Verantwortung auf die Gesellschaft, den sozialen Vergleich des Partners mit anderen Männern und dem Vergleich des Partners mit der gesellschaftlichen Norm erklären. Der Vergleich mit dem eigenen Geschlecht und die wahrgenommene

Schuld des Partners für seinen geringen Anteil an der Hausarbeit waren nicht relevant für das Ungerechtigkeitserleben.

Weiter oben wurde im Sinne der Equity-Theorie angenommen, dass eine wahrgenommene Ungleichverteilung von Hausarbeit mit Unzufriedenheit mit der Partnerschaft einhergeht. Dieser Aspekt ist in einer Reihe von Untersuchungen empirisch analysiert worden (z. B. Robinson & Spitze, 1992). Die Ergebnisse zeigen, dass wahrgenommene Unfairness nur bei Frauen mit geringerem Wohlbefinden und geringerer Beziehungszufriedenheit zusammenhing.

Demnach scheint sich Unfairness bei der Aufteilung der Hausarbeit nur dann negativ auf die Partnerzufriedenheit auszuwirken, wenn sie einen Nachteil für einen selbst darstellt. Vanfossen (1981) fand einen Zusammenhang zwischen der Aufteilung der Hausarbeit und Depressionen bei berufstätigen Frauen. Die Doppelbelastung von Beruf und Familie scheint ungünstige Auswirkungen auf das psychische Wohlbefinden zu haben. Konflikte, die daraus entstehen, können eine Quelle von Depressionen sein. In der Theorie der gelernten Hilflosigkeit wird thematisiert, wie der durch Überbelastung erfolgte Verlust von Kontrolle zu Depressionen führen kann (Seligman, 1991).

> **Die Doppelbelastung von Beruf und Familie scheint ungünstige Auswirkungen auf das psychische Wohlbefinden zu haben.**

## Zusammenfassung

In diesem Kapitel konnte gezeigt werden, dass das Erleben von Ausgewogenheit in der Partnerschaft mit einer besseren Beziehungsqualität einhergeht als Unausgewogenheit. Die Analyse von 24 Untersuchungen zeigt, dass sich Unausgewogenheit ungünstig auf partnerschaftliche Zufriedenheit, das Erleben von positiven Emotionen, Ärger, Intimität und die Bindung an die Partnerschaft auswirkt. Die Analyse der Untersuchungen zeigt aber auch, dass die Relevanz von Equity für das Fortbestehen einer Beziehung weiterhin ungeklärt ist.

Ein Aspekt, der in folgenden Untersuchungen zu klären ist, ist die Frage, was mit der globalen Einschätzung der Ausgewogenheit der Partnerschaft eigentlich gemessen wird. So zeigen Untersuchungen, in denen die Equity in einzelnen Beziehungsbereichen mit der globalen Equity korreliert wurden, dass die Zusammenhänge gering ausfallen (Lujansky & Mikula, 1983). Möglicherweise sind für die Befragten für die Einschätzung globaler Equity andere Aspekte relevant als bei der Einschätzung von vorgegebenen Beziehungsbereichen (z. B. Attraktivität, Commitment, Gefühle etc.). Die Untersuchungen von van Yperen & Buunk (1990) und Rohmann (2000) geben Hinweise darauf, dass bei der Einschätzung globaler Ausgewogenheit Aspekte relevant sind, von denen der

Partner profitiert (z. B. Gefühle, Commitment). Ein weiterer Aspekt bezieht sich auf die Frage der Equity im Kontext von anderen Austauschvariablen. Untersuchungen zeigen, dass für die Partnerzufriedenheit sowohl Equity als auch erlebte Belohnungen relevant sind, jedoch durch Belohnungen ein höherer Varianzanteil der Beziehungszufriedenheit aufgeklärt wird (Michaels et al. 1984).

Für den Bereich der Hausarbeit scheint die Ausgewogenheit für die Beurteilung der Fairness weniger relevant zu sein. Hier vergleichen sich Befragte nicht nur mit ihrem Partner, sondern sie wenden weitere soziale Vergleiche (Vergleich mit dem eigenen Geschlecht, Vergleich des Partners mit seinem Geschlecht) und Rechtfertigungsstrategien an. Es ist nahe liegend anzunehmen, dass in diesem Bereich die Norm der Ausgewogenheit nicht erlernt wird, da Frauen und Männer unterschiedlich sozialisiert werden: Frauen lernen, die Hausarbeit zu verrichten, während Männer lernen, die Hausarbeit nicht zu verrichten. Hinweise für diese Annahme gibt die Untersuchung von Rohmann (2000), in welcher sich zeigte, dass schon die Erwartungen hinsichtlich der Verteilung einzelner Tätigkeiten bei Frauen und Männern geschlechterstereotyp ausfielen. Die durch Sozialisation erlernte und praktizierte Mehrarbeit von Frauen im Haushalt wirkt sich jedoch trotz geschlechterstereotyper Sozialisierung ungünstig auf ihr psychisches Wohlbefinden aus (z. B. Vanfossen, 1981). Dies scheint dafür zu sprechen, die Frage der Verteilung der Hausarbeit auch bei der Beratung von Paaren zu berücksichtigen.

## Literatur

Adams, J. S. (1965). Inequity in social exchange. In: Berkowitz L. (ed.). Advances in Experimental Social Psychology (pp. 267–299). New York: Academic Press.

Beck-Gernsheim, E. (1992). Arbeitsteilung, Selbstbild und Lebensentwurf. Kölner Zeitschrift für Soziologie und Sozialpsychologie, 44 (2), 273–291.

Berg, J. H. & McQuinn, R. D. (1986). Attraction and exchange in continuing and noncontinuing dating relationships. Journal of Personality and Social Psychology, 50, 942–952.

Blair, S. L. & Johnson, M. P. (1992). Wives' perceptions of the fairness of the division of household labor: the intersection of housework and ideology. Journal of Marriage and the Family, 54, 570–581.

Buunk, B. P. & Mutsaers, W. (1999). Equity perceptions and marital satisfaction in former and current marriage: a study among the remarried. Journal of Social and Personal Relationships, 16, 123–132.

Buunk, B. P. & Prins, K. S. (1998). Loneliness, exchange orientation and reciprocity in friendships. Personal Relationships, 5, 1–14.

Buunk, B. P. & van Yperen N. W. (1991). Referential comparisons, relational comparisons, and exchange orientation: their relation to marital satisfaction. Personality and Social Psychology Bulletin, 17, 709–722.

Cate, M. C., Lloyd, S. & Long, E. (1988). The role of rewards and fairness in developing premarital relationships. Journal of Marriage and the Family, 50, 443–452.

Dancer, L. S. & Gilbert, L. A. (1993). Spouses family work participation and its relation to wives' occupational level. Sex Roles, 28, 127–145.

Davidson, B. (1984). A test of equity theory for marital adjustment. Social Psychology Quarterly, 47 (1), 36–42.

Deutsch, M. (1975). Equity, equality, and need: what determines which value will be used as the basis of distributive justice? Journal of Social Issues, 31 (3), 137–149.

Druschel, W. (1983). Nutzung des Equity-Modells zur Vorhersage der Intention Jugendlicher, in Abhängigkeit von ihrer Zufriedenheit eine Partnerbeziehung aufrechtzuerhalten. Unveröffentlichte Diplomarbeit, Philipps-Universität Marburg.

Foa, E. B. & Foa, U. G. (1980). Resource theory: interpersonal behavior as exchange. In: Gergen, K. J. ,Greenberg M. S. & Willis R. H. (eds.). Social exchange (pp. 70–94). New York: Plenum.

Freudenthaler, H. (2000). Gerechtigkeitspsychologische Aspekte der Arbeitsaufteilung im Haushalt. Frankfurt: Lang.

Gager, C. T. (1998). The role of valued outcomes, justifications, and comparison referents in perceptions of fairness among dual-earner couples. Journal of Family Issues, 19(5), 622–648.

Grau, I. (1994). Entwicklung und Validierung eines Inventars zur Erfassung von Bindungsstilen in Paarbeziehungen. Unveröffentlichte Dissertation, Philipps-Universität Marburg.

Grau, I. (1997). Equity in der Partnerschaft; Messprobleme und Ursachen für Ungerechtigkeit. In: Witte E. H. (ed.). Sozialpsychologie der Paarbeziehungen (pp. 139–153). Lengerich: Pabst.

Hatfield, E., Traupmann, J. & Walster, G. W. (1979a). Equity and extramarital sex. In: Cook, M. & Wilson, G. (eds.). Love and attraction: an international conference (pp. 323–334). Oxford: Pergamon.

Hatfield, E., Utne, M. K. & Traupmann, J. (1979b). Equity theory and intimate relationships. In: Burgess, R. L. & Huston, T. C. (eds.). Social exchange in developing relationships (pp. 99–133). New York: Academic Press.

Hatfield, E., Walster, G. W. & Traupmann, J. (1979c). Equity and premarital sex. In: Cook, M. & Wilson, G. (eds.). Love and attraction (pp. 323–334). Oxford: Pergamon.

Hatfield, E., Greenberger, D., Traupmann, J. & Lambert, P. (1982). Equity and sexual satisfaction in recently married couples. The Journal of Sex Research, 18, 18–32.

Hatfield, E., Traupmann, J., Sprecher, S., Utne, M. & Hay, J. (1985). Equity and intimate relations: recent research. In: Ickes, W. (ed.). Compatible and incompatible relationships (pp. 91–117). New York: Springer.

Homans, G. C. (1961). Social behavior. New York: Harcourt.

Kirchler, E. & Venus, M. (2000). Zwischen Beruf und Familie: Gerechtigkeit und Zufriedenheit mit der Aufteilung der Arbeit zu Hause. Zeitschrift für Sozialpsychologie, 31, 113–123.

Kollock, P., Blumstein, P. & Schwartz, P. (1994). The judgement of equity in intimate relationships. Social Psychology Quarterly, 57, 340–351.

Larson, J. H., Hammond, C. H. & Harper, J. M. (1998). Perceived equity and intimacy in marriage. Journal of Marital and Family Therapy, 24, 487–506.

Lloyd, S., Cate, R. & Henton, J. (1982). Equity and rewards as predictors of satisfaction in casual and intimate relationships. The Journal of Psychology, 110, 43–48.

Lujansky, H. & Mikula, G. (1983). Can equity theory explain the quality and the stability of romantic relationships? British Journal of Social Psychology, 22, 101–112.

Major, B. (1993). Gender, entitlement, and the distribution of family labor. Journal of Social Issues, 49 (3), 141–159.

Michaels, J. W., Edwards, J. N. & Acock, A. C. (1984). Satisfaction in intimate relationships as a function of inequality, inequity, and outcomes. Social Psychology Quarterly, 47, 347–357.

Mikula, G. (1981). Zwischenmenschliche Anziehung. In H. Werbik & H.-J. Kaiser (Eds.), Kritische Stichwörter Sozialpsychologie (pp. 371–386). München: Fink.

Mikula, G. (1992). Austausch und Gerechtigkeit in Freundschaft, Partnerschaft und Ehe: Ein Überblick über den aktuellen Forschungsstand. Psychologische Rundschau, 43, 69–82.

Mikula, G., Freudenthaler, H. H., Brennacher-Kröll, S. & Brunschko, B. (1997). Division of labor in student-households: Gender inequality, perceived justice, and satisfaction. Basic and Applied Social Psychology, 19, 275–289.

Mills, J. & Clark, M. S. (1982). Communal and exchange relationships. Review of Personality and Social Psychology, 3, 121–144.

Montada, L. & Kals, E. (2001). Mediation. Weinheim: Beltz.

Prins, K. S., Buunk, B. P. & Van Yperen, N. W. (1993). Equity, normative disapproval and extramarital relationships. Journal of Social and Personal Relationships, 10, 39–53.

Roberto, K. A. & Scott, J. P. (1986). Friendship of older men and women: exchange patterns and satisfaction. Psychology and Aging, 1(2), 103–109.

Robinson, J. & Spitze, G. (1992). Whistle while you work? The effect of household task performance on women's and men's well-being. Social Science Quarterly, 73, 844–861.

Rohmann, E. (2000). Gerechtigkeitserleben und Erwartungserfüllung in Partnerschaften. Frankfurt: Lang.

Rubin, Z. (1970). Measurement of romantic love. Journal of Personality and Social Psychology, 16, 265–273.

Schafer, R. B. & Keith, P. M. (1980). Equity and depression among married couples. Social Psychology Quarterly, 43, 430–435.

Seligman, M. (1991). Pessimisten küsst man nicht. Optimismus kann man lernen. Berlin: Knaur.

Smith, J. J. & Schroeder, D. A. (1984). Concurrent and construct validities of two measures of psychological equity/inequity. Psychological Reports, 54, 59–68.

Snell, W. E. & Belk, S. S. (1985). On assessing »equity« in intimate relationships. Representative Research in Social Psychology, 15, 16–24.

Sprecher, S. (1986). The relation between inequity and emotions in close relationships. Social Psychology Quarterly, 49, 309–321.

Sprecher, S. (1988). Investment model, equity, and social support determinants of relationship commitment. Social Psychology Quarterly, 51 (4), 318–328.

Sprecher, S. (1998). Social exchange theories and sexuality. The Journal of Sex Research, 35, 32–43.

Sprecher, S. (2001). A comparison of emotional consequences of and changes in equity over time using global and domain-specific measures of equity. Journal of Social and Personal Relationships, 14 (4), 477–501.

Sprecher, S. & Schwartz, P. (1994). Equity and balance in the exchange of contribution in close relationships. In: Lerner, M.J. & Mikula, G. (eds.). Entitlement and the affectional bond: justice in close relationships (pp. 11–41). New York: Plenum.

Steil, J. M. (1997). Marital Equality. London: Sage Publications.

Thompson, L. (1991). Family work: women's sense of fairness. Journal of Family Issues, 12, 181–196.

Traupmann, J., Hatfield, E. & Wexler, Ph. (1983). Equity and sexual satisfaction in dating couples. British Journal of Social Psychology, 22, 33–40.

Utne, M. K., Hatfield, E., Traupmann, J. & Greenberger, D. (1984). Equity, marital satisfaction, and stability. Journal of Social and Personal Relationships, 1, 323–332.

Vanfossen, B. E. (1981). Sex differences in the mental health effects of spouse support and equity. Journal of Health and Social Behavior, 22, 130–143.

Van Yperen, N. W. & Buunk, B. P. (1990). A longitudinal study of equity and satisfaction in intimate relationships. European Journal of Social Psychology, 20, 287–309.

Walster, E., Aronson, E., Abrahams, D. & Rottman, L. (1966). The importance of physical attractiveness in dating behavior. Journal of Personality and Social Psychology, 4, 508–516.

Walster, E., Berscheid E. & Walster, G. W. (1973). New directions in equity research. Journal of Personality and Social Psychology, 25 (2), 151–176.

Walster, E., Walster, G. W. & Berscheid E. (1978). Equity. Theory and research. Boston: Allyn and Bacon.

Winn, K. I., Crawford, D. W. & Fischer, J. (1991). Equity and commitment in romance versus friendship. Journal of Social Behavior and Personality, 6, 301–314.

# Wahrnehmung und Kognitionen in Partnerschaften*

Georg Felser

* aus dem Projekt „Protektive Faktoren der Ehestabilität", gefördert durch das Bundesfamilienministerium.

Soziale Umwelten wirken auf Personen erst nach einer individuellen Deutung. Dieser subjektive Anteil zeigt sich z. B. darin, dass Partner in einer Beziehung den gleichen Sachverhalt unterschiedlich wahrnehmen oder bewerten. So kann der eine Partner den anderen deutlich positiver wahrnehmen als dieser sich selbst sieht. Diese Wahrnehmungsdiskrepanz hat für den wahrnehmenden Partner meist positivere Konsequenzen als für den wahrgenommenen.

Das Verhältnis der subjektiven Wahrnehmungen zueinander wird besonders bedeutsam, wenn ein Partner zu verstehen versucht, was der andere denkt und fühlt. Zu diesem Verständnis tragen unterschiedliche Faktoren bei, von denen nur einer die traditionell hier unterstellte Fähigkeit zur Perspektivenübernahme ist.

Die Wahrnehmungs- und Deutungsgewohnheiten der Partner werden durch ihre Vorstellungen von einer gelingenden Beziehung geprägt. Diese Vorstellungen haben oft die Form von Idealen, an denen sich die tatsächliche Partnerschaft messen soll.

Wahrnehmungen und Kognitionen können in unterschiedlichem Grade realistisch oder verzerrt sein. Es zeigt sich, dass für glückliche und stabile Beziehung eine unverzerrte Realitätswahrnehmung der Partner keineswegs charakteristisch ist.

## 12.1 Theoretisches Rahmenkonzept

Wahrnehmungen und Kognitionen in Partnerschaften lassen sich nicht innerhalb eines einzelnen theoretischen Rahmenkonzeptes erschöpfend darstellen. Um Wahrnehmungsprozesse in der Zweierbeziehung zu beschreiben, muss man Anleihen bei sehr verschiedenen theoretischen Ansätzen machen. Den »roten Faden« bildet dabei die folgende Überlegung: Zum Thema Partnerwahrnehmung gehören jene Punkte in der Partnerschaft, in denen die Deutung der (sozialen) Umwelt bzw. der subjektive Anteil in einem Urteil oder einer Wahrnehmung wirksam werden.

> **Zum Thema Partnerwahrnehmung gehören jene Punkte in der Partnerschaft, in denen die Deutung der (sozialen) Umwelt bzw. der subjektive Anteil in einem Urteil oder einer Wahrnehmung wirksam werden.**

Hierunter fallen z. B. die subjektiven Idealvorstellungen, an denen die Partner einander und ihre Beziehung messen, hierunter fallen aber auch Wahrnehmungsverzerrungen, der Blick durch die »rosa Brille« oder der Effekt von Wahrnehmungsdiskrepanzen zwischen den Partnern. Einige zentrale Themen, die nach diesem Verständnis ebenfalls zum Thema »Wahrnehmung und Kognitionen in Partnerschaften« gehören, werden an anderer Stelle in diesem Buch ausführlicher behandelt. Insbesondere gehört hierzu die Deutung des Partnerverhaltens (s. Kap. 13) oder die Wahrnehmung von Gerechtigkeit und Fairness in der Beziehung (Kap. 11). Diese Themen werden in diesem Beitrag ausgespart, der Hinweis auf die thematische Überlappung soll genügen.

Auch der folgende Beitrag wird bestimmte Schwerpunkte setzen. Nach einigen methodischen Vorüberlegungen sollen insbesondere zwei Wahrnehmungsbereiche betrachtet werden:
– zum einen die Wahrnehmung der Personen in der Dyade, also die Wahrnehmung von Selbst und Partner,
– zum anderen die Wahrnehmung der Beziehung.

Den Abschluss bilden einige Beispiele und Überlegungen zur Frage nach der »verzerrten Wahrnehmung«.

Die folgenden Ausführungen verstehen Wahrnehmung nicht im Sinne von »sinnlicher Wahrnehmung«, sondern im Sinne von »Urteil«. Daher werden die Begriffe »Wahrnehmung« und »Urteil« weitgehend austauschbar verwendet.

## 12.2 Methodische Vorüberlegungen: dyadische Daten

Die Untersuchung dyadischer Wahrnehmungsprozesse bietet einige methodische Probleme, die an dieser Stelle kurz angesprochen werden sollten. Das erste Problem ergibt sich aus der Tatsache, dass in der Beziehung zwei Personen eine Einheit bilden, das Paar eben. Wenn man diesen Umstand bei der Analyse dyadischer Daten außer Acht lässt, riskiert man eine Reihe von Fehlern (s. Neyer, 1998, S. 292). Zum Beispiel ist es problematisch, die Daten von 25 Paaren so zu analysieren, als seien es 50 Individuen, ohne die paarweise Abhängigkeit einzelner Datensätze zu berücksichtigen. Dieser Fehler betrifft vor allem die mit den Analysen verbundenen Signifikanztests. Zur Vermeidung dieses Fehlers werden die Freiheitsgrade korrigiert, die üblicherweise zwischen dem $N$ der Paare und dem $N$ der Individuen liegen.

> Dyadische Daten: Dyadische Daten liegen immer dann vor, wenn Datensätze verschiedener Individuen paarweise zusammengehören und daher keine unabhängigen Messungen bilden. Ein typisches Beispiel sind die Daten von verheirateten Paaren oder von Zwillingen. Man würde aber auch von dyadischen Daten sprechen, wenn z. B. zwei Urteiler paarweise über den selben Gegenstand urteilen, der beurteilte Gegenstand aber für jedes Urteilerpaar im Datensatz ein anderer wäre (z. B. Vorgesetzte und Mitarbeiter beurteilen die Arbeitsleistung des Mitarbeiters).

Dieses Vorgehen ist gegenüber einem anderen – durchaus gebräuchlichen – zu bevorzugen, bei dem man den Datensatz halbiert, um so künstlich unabhängige Daten zu konstruieren. Der Nachteil der Halbierung liegt im Verlust von Information und von Teststärke. Methoden zur Vermeidung dieser und anderer Fehlerarten finden sich z. B. bei Neyer (1998).

Wer die Wahrnehmung von Partnern untersucht, will oft wissen, wie sich diese Wahrnehmungen zueinander verhalten, z. B. ob die Partner eine Sache gleich oder unterschiedlich wahrnehmen oder ob der eine Partner korrekt vorhersagt, wie der andere urteilt. In diesem Fall stellt sich das methodische Problem, wie diese Verhältnisse zu bestimmen sind. Betrachten wir hierzu folgenden Beispielfall, bei dem die Urteile beider Partner als Ratings vorliegen. Gerhard soll vorhersagen, wie sich seine Partnerin Doris anhand einer Merkmalsliste beschreibt. Hierzu steht ihm eine Skala von 0 (gar nicht) bis 8 (sehr) zur Verfügung (Abb. 12.1).

Um zu wissen, wie gut Gerhard die Wahrnehmung von Doris trifft, könnte man nun einfach sein vorhergesagtes Rating von ihrem tatsächlichen Urteil subtrahieren. Die Beträge dieser Differenzen könnte man aufsummieren, um dadurch ein Maß für die Perspektivenübernahme des anderen zu haben. Im Beispielfall ergäbe das eine durchschnittliche Diskrepanz von 1,75. Gerhard verfehlt das Urteil seiner Partnerin also im Durchschnitt um fast zwei Skalenpunkte. Die Unschärfen eines solchen Maßes hat bereits Cronbach (1955) in einer vielbeachteten Diskussion aufge-

| | Gerhards Urteil: „Doris hält sich für…" | Doris' Urteil: „Ich bin…" |
|---|---|---|
| | Gar nicht … sehr | Gar nicht … sehr |
| Freigebig, großzügig | 0 1 2 3 4 5 ⚊6 7 8 | 0 1 2 3 4 5 6 7 ⚊8 |
| Tolerant | 0 1 2 3 4 5 6 ⚊7 8 | 0 1 2 3 ⚊4 5 6 7 8 |
| Intelligent | 0 1 2 3 4 5 6 ⚊7 8 | 0 1 2 3 4 ⚊5 6 7 8 |
| Einfühlsam | 0 1 ⚊2 3 4 5 6 7 8 | 0 ⚊1 2 3 4 5 6 7 8 |
| Sinnlich | 0 1 2 3 4 ⚊5 6 7 8 | 0 1 2 3 ⚊4 5 6 7 8 |
| Selbstsicher | 0 ⚊1 2 3 4 5 6 7 8 | 0 1 ⚊2 3 4 5 6 7 8 |
| Gesellig, kontaktfreudig | 0 1 2 3 4 5 6 ⚊7 8 | 0 1 2 3 ⚊4 5 6 7 8 |
| Schlagfertig | 0 1 2 ⚊3 4 5 6 7 8 | 0 ⚊1 2 3 4 5 6 7 8 |
| Humorvoll | 0 1 2 3 4 5 6 ⚊7 8 | 0 1 2 3 4 5 6 7 ⚊8 |
| Musikalisch | 0 1 ⚊2 3 4 5 6 7 8 | 0 ⚊1 2 3 4 5 6 7 8 |
| Durchsetzungsfähig | 0 ⚊1 2 3 4 5 6 7 8 | 0 1 2 ⚊3 4 5 6 7 8 |
| Gutaussehend, attraktiv | 0 1 2 3 4 5 6 7 ⚊8 | 0 1 2 3 4 5 ⚊6 7 8 |

**Abb. 12.1.** Merkmalsliste mit zwei Ratings

zeigt. Die Differenz zwischen den Ratings der beiden Partner spiegelt mindestens vier verschiedene Komponenten:

## Komponenten der Rating-Differenzen

1. Höhe (elevation): Damit ist die allgemeine Art der Skalennutzung gemeint. Urteiler haben bis zu einem gewissen Grade einheitliche Tendenzen, Skalen zu benutzen. Egal, um welches Merkmal es geht, es werden immer bestimmte Regionen oder eben »Höhen« der Skala besonders bevorzugt. Wenn Gerhard diese allgemeine Tendenz nur hinreichend reproduziert, erzielt er mit Sicherheit ein gewisses Mindestmaß an Übereinstimmung mit den Ratings anderer Personen.

2. Differenzielle Höhe (differential elevation): Damit ist die Tendenz gemeint, die Skala auf dieselbe Weise zu nutzen wie die Vergleichsperson. Stellen wir uns vor, Gerhard weiß von Doris, dass sie ein höheres Selbstbewusstsein besitzt als die meisten Menschen. Ein gewisses Maß an Übereinstimmung erzielt er nun allein dadurch, dass er seine Urteile auf einem erhöhten Niveau ansiedelt, also etwas positiver macht, als er es bei einer Person tun würde, der er kein überdurchschnittliches Selbstbewusstsein unterstellt. Die hierauf beruhende Übereinstimmung hat also nichts damit zu tun, dass er weiß, wie sich Doris in diesem oder jenem Merkmal sieht. Sie liegt allein daran, dass er weiß, auf welchem Niveau sie im Allgemeinen ihre Kreuze macht.

3. Stereotype Genauigkeit (stereotype accuracy): Jedes der hier in Frage stehenden Merkmale hat einen eigenen Bereich, innerhalb dessen die meisten Menschen wahrscheinlich ihre Ratings abgeben. Mit einer gewissen Genauigkeit kann man vorhersagen, welches in der Grundgesamtheit der wahrscheinlichste Wert für bestimmte Merkmale wie »gesellig« oder »freigebig« ist. Partner, die diesen vermuteten Wert ankreuzen, können also mit der Selbstbeschreibung der Zielperson übereinstimmen, indem sie einfach einen völlig unbestimmten anderen (»generalized other«, Cronbach, 1955, S. 179) beschreiben. Dabei brauchen sie keine Ahnung zu haben, wie sich der konkrete andere tatsächlich beschreibt.

4. Differenzielle Genauigkeit (differential accuracy): Hiermit ist die Genauigkeit gemeint, mit der ein Urteiler weiß, wie ein anderer Urteiler einzelne Merkmalsbegriffe auf sich anwendet. Ein Partner, der seine Urteile mit hoher differenzieller Genauigkeit abgibt, weiß nicht nur, wie Merkmalsbegriffe ganz allgemein angewendet werden, sondern auch wie die Zielperson diese Begriffe zur Selbstbeschreibung nutzt. Dieses Maß entspricht am ehesten dem, was man sich normalerweise unter »Genauigkeit bei der Personwahrnehmung« vorstellt.

In den vergangenen Jahrzehnten sind etliche Vorschläge gemacht worden, wie man die einzelnen Komponenten entflechten kann, der umfassendste Lösungsvorschlag stammt von Kenny (1994). Ein wesentliches Element seines Lösungswegs besteht darin, dass er Ratings anderer Urteiler und Ratings zu anderen Zielpersonen hinzuzieht, um dann aus dem Verhältnis der verschiedenen Urteilsvektoren zu bestimmen, welcher Anteil an dem Übereinstimmungsmaß darauf zurückgeht, dass Gerhard seine Partnerin wirklich versteht und welcher darauf zurückgeht, dass er sie einfach so beschreibt, wie er einen beliebigen anderen Menschen auch beschrieben hätte.

> **Der umfassendste Lösungsvorschlag zur Entflechtung der Rating-Komponenten stammt von Kenny (1994).**

Kennys Methode ist freilich in der Regel viel zu aufwendig, um für kleinere Forschungsvorhaben in Frage zu kommen. Als alternatives Übereinstimmungsmaß, das zumindest einige der genannten Unschärfen nicht aufweist, kommt die Korrelation zwischen Gerhards vorgesagten mit Doris tatsächlichen Urteilen in Frage. Man sieht bereits mit bloßem Auge aus Abbildung 12.1, dass sich die *Ankreuzmuster* von Doris und Gerhard nicht stark unterscheiden: Wenn Doris einen hohen Wert angibt, dann neigt auch Gerhard zu einem hohen Wert und umgekehrt. In der Tat liegt daher auch die Korrelation der beiden Urteilsvektoren bei $r = 0{,}76$, was selbst bei dem kleinen N von nur zwölf Ratings noch immer mit $p < 0{,}01$ hoch signifikant ist. Während also Gerhards Leistung bei der Perspektivenübernahme mit beinahe zwei Skalenpunkten Differenz nicht beeindruckend erschien, zeichnet sich nach dem Kriterium der Korrelation ein anderes Bild. Es fragt sich nun, welches Kriterium für die Ähnlichkeit der Ratings das angemessenere ist.

Hierzu sind zwei Anmerkungen zu machen: Richtig ist, dass das Korrelationsmaß nicht sensibel ist für die meist unwichtige Frage, auf welchem Niveau eine Person ihre Kreuzchen anbringt. Wenn Doris gerne die gesamte Breite einer Skala nutzt und Gerhard dagegen eher eng beieinander stehende Werte ankreuzt, dann muss das psychologisch nicht viel bedeuten. Das Differenzmaß bildet solche eher unwesentlichen Unterschiede, so genannte »response sets« (z. B. Kenny, 1994) ab, während die Korrelation diese Information nicht berücksichtigt. Insofern ist das Korrelationsmaß weniger fehleranfällig.

Richtig ist aber auch, dass mit beiden Maßen sehr unterschiedliche Facetten der Ähnlichkeit gemeint sind. Die Korrelation bildet vor allem Profilähnlichkeit ab. Was heißt das? Bleiben wir im Beispiel: Doris hält ihr Aussehen offenbar für ein herausragendes Merkmal, während sie dagegen ihr Durchsetzungsvermögen gering veranschlagt. Dieses Verhältnis zwischen hohen und niedrigen Ratings hat Gerhard reproduziert. Auch bei ihm ist die Einschätzung für Attraktivität eine der höchsten und die für Durchsetzungsvermögen tendenziell eher niedrig. Die absoluten Werte unterscheiden sich zwar, die Antwortmuster aber nicht. Diese

Reproduktion des Antwortmusters ohne Rücksicht auf den Mittelwert und die Streubreite der jeweiligen Urteile gibt eben die Korrelation an.

Allerdings entgeht der Korrelation ein interessanter Umstand: Gerhard scheint zu glauben, dass sich Doris positiver sieht, als dies tatsächlich der Fall ist. Während der Mittelwert von Doris Urteilen mit 3,9 ziemlich nah an der Mitte der Skala liegt, ist Gerhards Antwortmittelwert mit 4,7 bereits erkennbar (wenngleich nicht signifikant) höher.

Ist das eine interpretierbare Information? Immerhin haben wir eben noch festgestellt, dass das Niveau, auf dem Personen ihre Kreuzchen machen, oft als »response set« abgetan und nicht weiter beachtet wird. Betrachten wir hierzu unseren Beispielfall etwas genauer: Alle Merkmale haben eine bestimmte Valenz. Die meisten Menschen hätten von diesen Merkmalen vermutlich lieber mehr als weniger. Wer insgesamt eher niedrige Werte hat, über den wird nicht einfach nur gesagt, dass er eine Reihe von Merkmalen nicht hat. Da die interessierenden Merkmale in der Tendenz eher positive Merkmale sind, besagen niedrige Werte noch mehr. Das Niveau der Ratings ist also doch auch ein Maß für die Positivität, mit der eine Person beurteilt wird – und Gerhard war offenbar der Ansicht, dass sich Doris positiver sieht als sie dies tatsächlich tut.

> **Das Niveau valenter Ratings ist auch ein Maß für die Positivität, mit der eine Person beurteilt wird.**

Eine weitere Methode zur Messung von Unterschiedlichkeit in einzelnen Wahrnehmungen wenden Knee et al. (2001) an. Sie verwenden in ihrer Analyse von Real-Ideal-Diskrepanzen in der Partnerwahrnehmung ein Residualmaß: Ihre Versuchspersonen sollen ihren tatsächlichen und ihren idealen Partner anhand einer Merkmalsliste beschreiben. Um die Diskrepanz dieser beiden Beschreibungen zu ermitteln, lassen Knee et al. (2001) die aktuelle

> **Eine weitere Methode zur Messung von Wahrnehmungsunterschieden besteht in der Bildung von Residuen.**

Beschreibung des Partners durch die Beschreibung des Partnerideals vorhersagen. Hierbei bestimmen sie für jede Person eine eigene Vorhersagegleichung, in der die einzelnen Merkmale die »Fälle« bilden. Real- und Idealausprägungen auf diesen Merkmalen bilden jeweils Prädiktor und Kriterium.

Die Residualvarianz, die bei diesen Analysen nicht vorhergesagt wird, betrachten sie dann als Maß für die Real-Ideal-Diskrepanz. Sie folgen damit einer Logik, die auch bei Veränderungsmessungen angewandt wird: Die Residualvarianz enthält jene Anteile aus der Partnerbeschreibung, die sich nicht mit dem Partnerideal deckt. Diese Variable kontrolliert die Höhe der Ratings und enthält gleichzeitig Informationen über die Richtung der Abweichung: Das Vorzeichen der Residualvariable entspricht dem Vorzeichen des Differenzmaßes.

Die angedeuteten methodischen Probleme sind bis heute nicht restlos gelöst worden. Bis in die Gegenwart werden Methoden vorgeschlagen, die einzelnen Einflussfaktoren auf die interpersonelle Wahrnehmung zu isolieren (z. B. Kenny, 1994; Kenny & Acitelli, 2001; Neyer, 1998). Im Zentrum steht hierbei immer die Forschungsfrage; aus ihr ergibt sich, welche Wahrnehmungsfacette überhaupt betrachtet werden soll.

## 12.3   Die Wahrnehmung von Selbst und Partner

### 12.3.1   Partnerwahrnehmung zwischen Kennen und Bewundern

Sollte mich mein Partner in den Himmel heben und bewundern, oder ist es mir doch lieber, wenn er meine Schwächen und weniger erfreulichen Merkmale kennt? Diese Frage ist in der Forschung noch immer umstritten. Belege finden sich für beide Grundpositionen. Die eine dieser Positionen geht davon aus, dass es immer angenehm ist, wenn die Umwelt positiv von mir denkt. Diese Position betont den Aspekt, dass eine positive Meinung des Partners die eigene Person aufwertet, daher kann man hier pauschal von der »Aufwertungstheorie« sprechen.

> **Aufwertungstheorie: Eine positive Meinung des Partners wertet die eigene Person auf.**

Die andere Position hält dagegen: Wenn mein Partner eine positive Meinung von mir hat, dann ist das nur so lange unproblematisch, solange ich selbst diese Meinung auch teile. Wenn er aber über mich anders denkt als ich selbst, dann verkennt er mich, und das kann aus verschiedenen Gründen für Probleme sorgen. Diese Position fokussiert die Stimmigkeit bzw. die Konsistenz zwischen meinem eigenen Selbstbild und dem, was der Partner über mich denkt, daher kann man sie die »Konsistenztheorie« nennen.

> **Konsistenztheorie: Die Stimmigkeit bzw. die Konsistenz zwischen dem eigenen Selbstbild und dem, was der Partner denkt.**

Im Sinne der Konsistenztheorie konnten z. B. Swann und Mitarbeiter (Swann et al., 1994) finden, dass Personen, die kein besonders positives Selbstbild hatten, eine höhere Partnerschaftsqualität berichteten, wenn ihre Partner sie nicht etwa besonders positiv, sondern genauso negativ sahen wie sie sich selbst. Wohlgemerkt: Personen mit geringem Selbstwert berichten auch gleichzeitig eine geringe Partnerschaftsqualität; allerdings ist die dann noch geringer, wenn der Partner sie zudem auch noch »verkennt«, indem er ihnen positive Merkmale zuschreibt. Entsprechende Ergebnisse fanden sich auch in eigenen Forschungsarbeiten (Felser, 2000): Zwar zeigte sich ein genereller Trend, nach dem Personen umso höhere Beziehungszufriedenheit berichten, je positiver ihr Partner von ihnen denkt. Dieser Effekt verschwindet aber, wenn man nur solche Personen betrachtet, die von sich selbst keine positive Beschreibung geben. Ergebnisse wie diese sprechen dafür, dass eine übertrieben positive Wahrnehmung durch den Partner keineswegs immer angenehm ist.

Auf der anderen Seite finden sich aber eine Reihe von Belegen für die günstige und partnerschaftsfördernde Wirkung von Positiv-Illusionen. Murray et al. (1996a) zeigen z. B., dass zumindest der wahrnehmende Partner eine deutlich höhere Partnerschaftsqualität berichtet, wenn er den anderen positiver sieht als dieser sich selbst. In einer längsschnittlichen Fortschreibung dieser Befunde können dieselben Autoren (Murray et al., 1996b) zudem zeigen, dass sich die Selbstbeschreibung der wahrgenommenen Partner mit der Zeit an die Idealisierung des anderen anpasst. Angesichts dieser Befunde überschreiben Murray et al. (1996b) ihren Beitrag mit der Folgerung:»Liebe ist nicht blind, sondern vorausschauend«.

> **»Liebe ist nicht blind, sondern vorausschauend« Murray et al. (1996b).**

Ein positives Bild vom anderen motiviert die Partner sicherlich, die Beziehung am Leben zu erhalten. Um dies zu erreichen, deuten Partner z. B. Fehler und Schwächen des anderen so um, dass sie wie positive Merkmale erscheinen (Murray & Holmes, 1993). Zumindest für den wahrnehmenden Partner ist es demnach eher angenehm, zu denken, er habe bereits den idealen Partner oder sei zumindest nicht weit davon entfernt.

## Vermittlung zwischen Konsistenz und Aufwertung

Wie kann man die Widersprüche zwischen Konsistenz und Aufwertung, zwischen Idealisierung und Authentizität auflösen? Eine Reihe von Differenzierungen können zur Klärung beitragen: Zum einen ist zu bedenken, dass der Vorteil der Idealisierung oder »Positiv-Illusion« meist eher beim wahrnehmenden Partner und die Probleme eher beim wahrgenommenen Partner lokalisiert werden. Es scheint jedenfalls angenehmer zu sein, den Partner zu idealisieren als umgekehrt idealisiert zu werden.

> **Der Vorteil der Positiv-Illusion werden eher beim wahrnehmenden Partner und die Probleme eher beim wahrgenommenen Partner lokalisiert.**

Weiterhin spielt die Phase der Beziehung eine entscheidende Rolle: Zu Beginn der Partnerschaft besteht noch nicht der Anspruch, dass die Partner einander kennen. Die Idealisierung kann in dieser frühen Phase noch ganz als Ausdruck der Wertschätzung und Zuneigung gelten. Genau das kann sie bei einer lange bestehenden Beziehung nicht mehr. Hier gewinnen andere Kognitionen an Raum, etwa: »Was zählt die Wertschätzung einer Person, die mich nach vielen Jahren der Partnerschaft noch immer nicht richtig kennt?«

Dementsprechend konnten z. B. Swann et al. (1994) zeigen, dass Positiv-Illusionen nur von unverheirateten Paaren angenehm erlebt wurden. War der wahrgenommene Partner mit dem wahrnehmenden verheiratet, so waren seine Ansprüche an die gemeinsame Vertrautheit anscheinend zu hoch, als dass er es noch hätte genießen können, wenn der andere ihn »in den Himmel hebt«.

Die stärksten Effekte für diese Art der Wahrnehmungsdiskrepanz zeigen sich, wenn man neben den tatsächlichen Diskrepanzen auch die betrachtet, die der wahrgenommene Partner unterstellt. In einer solchen Betrachtung zeigte Felser (2000), dass der Effekt von Positiv-Illusionen durch die Partnerschaftsdauer moderiert wird. Bei jungen Partnerschaften berichteten die Partner noch eine um so höhere Beziehungszufriedenheit, je positiver sie sich vom Partner eingeschätzt sahen. Dieser Effekt schwächte sich jedoch bis zur Umkehrung ab, je länger die Partner zusammen waren.

Dies ist auch ein wichtiger Gesichtspunkt bei der Bewertung der vorliegenden Forschungsergebnisse: Wenn Partnerschaften zwischen Studierenden untersucht werden (diese Personen sind eben als Probanden an Hochschulen besonders leicht zu gewinnen), kann man davon ausgehen, dass in diesen naturgemäß jungen Beziehungen Positiv-Illusionen eher unproblematisch sind. In dieser Probandengruppe finden sich die Belege für die Konsistenztheorie weniger leicht.

Eine wesentliche Rolle spielt auch der Grad, bis zu dem jemand die Merkmale seines Partners für veränderlich hält. Einerseits ist

> **Eine wesentliche Rolle spielt der Grad der Veränderlichkeit der Merkmale des Partners.**

es einfacher, Schwächen des anderen zu akzeptieren, wenn man gleichzeitig glaubt, diese Schwächen könnten prinzipiell auch wieder abgelegt werden. Auf der anderen Seite werden allerdings auch die positiven Seiten des anderen weniger angenehm erlebt, wenn man nicht an deren Stabilität glaubt (Ruvolo & Rotondo, 1998).

Ob eine Idealisierung durch den Partner angenehm ist, wird wohl auch damit zusammenhängen, welche Ideale der wahrgenommene Partner hat. Wenn ich z. B. gerne einfühlsamer wäre als ich bin, dann ist es vielleicht angenehm, wenn mein Partner mich bereits für einfühlsam hält. Zumindest ist diese Situation weniger problematisch, als eine andere, in der mich mein Partner für musikalisch hält, was ich aber weder zu sein glaube noch sein möchte.

## Erwartungen an die Partnerschaft

Knee et al. (2001) unterscheiden verschiedene Grundhaltungen gegenüber einer Beziehung. Der so genannte »Be-

> **Der Bestimmungs-Glaube geht davon aus, dass die Partner entweder füreinander bestimmt sind oder nicht.**

stimmungs-Glaube« (destiny belief) geht davon aus, dass Partner entweder füreinander bestimmt sind oder eben nicht. Je mehr man diesem Glauben anhängt, desto mehr ist man motiviert, eben das herauszufinden.

Es ergibt sich eine Art »Diagnose-Haltung«, aus der heraus etwa ein Konflikt oder eine Schwäche des Partners als Zeichen für die Unverträglichkeit der Partner gedeutet werden. Personen mit einem niedrigen Bestimmungs-Glauben neigen dagegen nicht dazu, nach Zeichen dafür zu suchen, ob sie und ihr Partner zusammen passen. Weiterhin unterscheiden sich Personen in ihrem

»Wachstums-Glauben« (growth belief). Damit meinen Knee et al. (2001) die Überzeugung, dass man Probleme überwinden und sich die Partnerschaft im Laufe der Zeit noch bessern kann. Diese Einstellung geht mit einer verstärkten Tendenz einher, die Beziehung aufrecht zu erhalten. Es wird kaum verwundern, dass sich diese Einstellung in den Analysen von Knee et al. (2001) als ein starker Prädiktor für eine hohe Beziehungsqualität erweist.

> Der Wachstums-Glaube geht davon aus, dass man Probleme überwinden und sich die Partnerschaft im Laufe der Zeit bessern kann.

Beide Grundeinstellungen können unabhängig voneinander bestehen. Besonderes Interesse widmen Knee et al. (2001) allerdings den Persongruppen, bei denen der eine Glaube hoch und der andere niedrig ausgeprägt ist. Wer z. B. glaubt, dass Partner entweder zueinander passen oder nicht passen und dass gleichzeitig die gemeinsam durchlebte Zeit daran nichts ändert, neigt in besonderem Maße dazu, die Beziehung anhand bestimmter Informationen zu bewerten. Für diese Personen ist es dann auch in besonderem Maße unangenehm, eine hohe Diskrepanz zwischen ihrem Partnerideal und ihrem tatsächlichen Partner festzustellen. Sie erleben es zudem als aversiv, Konfliktbereiche mit ihrem Partner zu diskutieren.

Wer dagegen nicht davon ausgeht, dass die Verträglichkeit der Partner von vornherein feststeht, dabei aber gleichzeitig an die Möglichkeit glaubt, sich gemeinsam zu entwickeln, neigt eher dazu, die Partnerschaft selbst zu gestalten, zu kultivieren. Für eine solche Person ist eine Diskrepanz zwischen dem Partnerideal und dem tatsächlichen Partner allenfalls eine Herausforderung. Ähnliches gilt auch für die Diskussion von konfliktbeladenen Themen mit dem Partner.

Auch der Nutzen einer »Positiv-Illusion«, wie er von Murray et al. (1996a, 1996b) nachgewiesen wurde, ist für Personen mit hohem Wachstums-Glauben geringer (Knee et al., 2001, Studie 2): Der theoretischen Idee zufolge haben es diese Personen nicht nötig, ihrem Partner besonders positive Merkmale zuzuschreiben. Ihr Glaube an die Entwicklungsmöglichkeiten der Beziehung erlaubt es ihnen, auch Schwächen des Partners zu akzeptieren.

### Das Michelangelo-Phänomen

Wenn mein Partner mich so sieht, wie ich selbst gerne wäre, dann besteht die Möglichkeit, dass sich das »Michelangelo-Phänomen« einstellt, das Drigotas et al. (1999) beschrieben und untersucht haben. Michelangelo Buonarroti soll in großer Bescheidenheit die Arbeit des Bildhauers darin gesehen haben, dass er lediglich die Ecken und Kanten aus dem Steinblock entferne, die die darin enthaltene Figur verbergen (zitiert nach Drigotas et al., 1999). Auch Partner können füreinander wie Bildhauer wirken, indem sie aus dem anderen jene Persönlichkeit herausarbeiten, die dieser ohnehin gerne wäre. Dies tut der Partner, indem er gezielt oder unbewusst Verhaltensweisen verstärkt, die zum Ideal passen, die passenden Verhaltensweisen beim anderen durch sein Verhalten provoziert oder Situationen schafft, in denen Verhaltensweisen gefragt sind, die zum Ideal passen.

Das Michelangelo-Phänomen darf freilich nicht verwechselt werden mit einem anderen Phänomen, für das es mindestens literarische Beispiele gibt, das Pygmalion-Phänomen (beschrieben etwa bei Ovid im zehnten Buch der Metamorphosen, Vers 243ff, oder in dem Stück »Pygmalion« von G. B. Shaw, Vorlage für das Musical »My Fair Lady«). Pygmalion schafft sich seine

> **Das Michelangelo-Phänomen ist nicht zu verwechseln mit dem Pygmalion-Phänomen.**

Skulptur nach seinem eigenen Ideal – und verliebt sich daraufhin in sein eigenes Werk. Michelangelo dagegen dient dem Ideal eines anderen; er findet die Figur vor und arbeitet sie nur heraus.

Nach der Idee von Drigotas et al. (1999) sollen Partner, die den anderen so sehen, wie er idealerweise gerne wäre, den anderen auf der Verhaltensebene in diesem Ideal bestätigen. Dies soll dazu führen, dass der andere seine Selbstwahrnehmung im Laufe der Zeit seinem Ideal annähert (dies bestätigen bereits die Befunde von Murray et al., 1996b). Diese Annäherung schließlich sollte aus mehreren Gründen die Partnerschaftsqualität fördern: Der wahrgenommene Partner fühlt sich verstanden, die partnerschaftliche Interaktion kann reibungslos verlaufen und die Annäherung selbst wird als angenehm empfunden. Der Partner, der diese Annehmlichkeit gewährleistet, wird positiver wahrgenommen.

Allerdings finden auch Drigotas et al. (1999) Evidenz dafür, dass Partner ungern verkannt werden, selbst wenn die Verkennung positiv ist. Mit anderen Worten: Wenn mein Partner mich so sieht, wie ich idealerweise gerne wäre, dann ist das für mich nur so lange angenehm, solange ich dieses Ideal für realistisch halte. Ein Ideal, das außerhalb meiner Möglichkeiten liegt, ist bereits für mich selbst nicht angenehm; unangenehm ist es daher auch, wenn mein Partner dieses Ideal in mir sieht und von mir fordert.

### Die fatale Rolle eines geringen Selbstwerts

Von einer Partnerschaft erwarten wir meist emotionale Unterstützung und Akzeptanz – insbesondere wenn diese Ressourcen in anderen Lebensbereichen knapp werden. Ob aber die Partnerschaft tatsächlich diese positive Funktion übernehmen kann, ist nicht zuletzt eine Frage des eigenen Selbstwerts:

Murray et al. (1998) untersuchten Partner mit unterschiedlich hohem Selbstwert. In vier Experimenten wurden die Probanden jeweils mit negativen Informationen konfrontiert. Zum Beispiel sollen sie an Situationen denken, in denen sie ihren Partner enttäuscht haben. In anderen Experimenten erfahren sie, sie seien laut Test wenig einfühlsam oder wenig intelligent.

In allen Bedingungen haben Personen mit niedrigem Selbstwert im Vergleich zu einer Kontrollgruppe eine deutliche Tendenz, ihren Partner und die Beziehung in der Folge abzuwerten. Anscheinend beginnen Personen mit niedrigem Selbstwert an der Zuneigung ihres Partners zu zweifeln, sobald sie an sich selbst zweifeln, also z.B. eine negative Rückmeldung erhalten haben. Personen mit hohem Selbstwert fühlen sich dagegen durch die Zuneigung ihres Partners bestätigt, wenn sie an anderer Stelle mit abwertenden Informationen über sich selbst konfrontiert wurden.

> **Personen mit niedrigem Selbstwert haben eine deutliche Tendenz, ihren Partner und die Beziehung abzuwerten. Sie gehen davon aus, dass die Zuneigung des anderen von Bedingungen abhängt.**

In diesen Befunden deutet sich an, dass Personen mit unterschiedlichem Selbstwert auch ein grundlegend unterschiedliches Verständnis von einer Beziehung haben: Nach Ansicht der Autoren (Murray et al., 1998) gehen Personen mit niedrigem Selbstwert davon aus, dass die Zuneigung des anderen von Bedingungen abhängt: Der Partner liebt sie nur, wenn sie bestimmten Kriterien genügen. Personen mit hohem Selbstwert haben demgegenüber weit eher das Gefühl von unbedingter Zuneigung.

> **Personen mit hohem Selbstwert haben eher das Gefühl unbedingter Zuneigung.**

Dieser Umstand ist insofern besonders fatal, als ja Personen mit geringem Selbstwert mehr als andere auf die Selbstaufwertung innerhalb der Beziehung angewiesen sein dürften. Stattdessen projizieren sie anscheinend ihre Selbstzweifel auf den Partner. Die Abwertung der Beziehung oder des Partners hat dabei möglicherweise eine protektive Funktion, nämlich dann, wenn sie erwarten, dass der andere ohnehin früher oder später seine Zuneigung einschränken wird.

Die Befunde von Murray et al. (1998, S. 1461) bestätigen übrigens, dass die Verzerrung eher auf Seiten der Personen mit geringem Selbstwert stattfindet: Diese schätzen die Akzeptanz ihres Partners geringer ein, als sie tatsächlich ist. Dies ist nicht unbedingt die Regel, es kommt durchaus auch vor, dass gerade die weniger glücklichen Personen die »unverzerrtere« Wahrnehmung haben – hierzu wird an anderer Stelle mehr zu sagen sein (12.5.3).

### 12.3.2 Empathie und Perspektivenübernahme

Wer weiß, wie der eigene Partner sich verhalten wird, wie er urteilt, was er präferiert, dem bleiben eine Menge Probleme in der Partnerschaft erspart. Konflikte lassen sich leichter vermeiden oder doch wenigstens vorhersehen, wenn man den eigenen Partner versteht, weiß, was er sagen wird, und wie er bestimmte Dinge bewertet (Vangelisti, 1992). »Verständnis« ist denn auch das zentrale Merkmal, das Menschen sich in der Partnerschaft erhoffen (Hassebrauck, 1995). Wenn die Partnerschaft scheitert, wird sehr häufig fehlendes Verständnis dafür verantwortlich gemacht (z. B. Cahn, 1990).

> **Verständnis ist das zentrale Merkmal, das Menschen sich in der Partnerschaft erhoffen.**

Es wird nun vermutet, dass hinter dem Verständnis eine bestimmte Fähigkeit, ein bestimmtes Merkmal steht, das Personen dazu disponiert, andere entweder gut oder weniger gut zu verstehen (z. B. Noller & Ruzzene, 1991). Diese Fähigkeit wird, je nach Akzentsetzung als »Empathie«, »Einfühlungsvermögen« oder »Perspektivenübernahme« bezeichnet. Die Begriffe »Empathie« und »Einfühlung« bleiben meist solchen Situationen vorbehalten, in denen der verstehende Partner die Gedanken und Gefühle des anderen auch teilt. Mit Empathie meint man also ein mitfühlendes Verstehen. Der Begriff der Perspektivenübernahme ist hier neutraler; mit ihm will man lediglich feststellen, dass der verstehende Partner weiß, was der andere fühlt (eben die Perspektive des anderen einnehmen kann), ohne gleichzeitig etwas über seine eigenen Gefühle und Gedanken auszusagen (z. B. Steins & Wicklund, 1993). So gesehen kann man die Perspektivenübernahme als notwendige, aber nicht hinreichende Voraussetzung für Empathie betrachten.

> Empathie: Mit Empathie meint man meist ein *mitfühlendes Verstehen*, also eine Art des Verstehens, in dem die wahrnehmende Person die Gefühle der wahrgenommenen Person teilt.

Die Fähigkeit zur Perspektivenübernahme bzw. das Einfühlungsvermögen gilt als der Königsweg zum Verstehen. Long und Andrews (1990) zeigen, dass die Bereitschaft, sich in den anderen hineinzuversetzen, eng mit der dyadischen Anpassung zusammenhängt. Demzufolge wird in der Fähigkeit zur Perspektivenübernahme auch ein zentrales Merkmal gesehen, das einen guten Partner ausmacht. In Paartherapien wird gerade diese Fähigkeit gern unterstützt und trainiert (Follette & Jacobson, 1985).

Um die Bedeutung des Einfühlungsvermögens allerdings richtig zu verstehen, müssen wir zunächst eine wichtige Differenzierung vornehmen: Wir müssen die *Fähigkeit* zur Perspektivenübernahme von ihrem erwarteten *Ergebnis*, nämlich dem Verstehen, trennen. Diese Differenzierung wird nicht immer nachvollzogen. Stattdessen besteht auf der einen Seite die Tendenz, die bloße Bereitschaft zur Perspektivenübernahme bereits als Zeichen für deren Gelingen anzusehen (Long & Andrews, 1990) oder – auf der anderen Seite – die Neigung, das Einfühlungsvermögen daran zu messen, wie gut die Partner die Erlebniswelt des anderen reproduzieren. Das Verstehen kann jedoch das Ergebnis von ganz anderen Faktoren sein: Die folgenden Ausführungen sollen zeigen, dass ein besonderes Talent zur Einfühlung nur einer von vier Faktoren ist, auf denen normalerweise das Verstehen in der Partnerschaft beruht.

## Ähnlichkeit der Partner

Ein korrektes Vorhersagen des Partnererlebens hängt im Alltag meist von anderen Merkmalen ab als den sozialen Kompetenzen. Zum Beispiel haben Partner, die einander ähnlich sind, von vornherein viel leichteres Spiel. Wenn Doris dieselben Vorlieben hat wie Gerhard, dann sagt sie seine Präferenzen offenbar auch dann richtig vorher, wenn sie nur davon ausgeht, was sie selbst wählen würde.

> **Partner gehen in der Regel davon aus, dass sie einander ähnlich sind.**

Und genau das ist es, was im Alltag geschieht: Projizierte Fremdzuschreibungen werden in der Regel auf der Basis der Selbstzuschreibungen gefällt. Wenn ich vorhersagen soll, wie eine beliebige andere Person urteilen wird, hängt dieses Urteil in aller Regel enger damit zusammen, wie ich selbst denke, als mit dem tatsächlichen Urteil der anderen Person (z. B. Heil, 1984; Kenny, 1994).

Dass Menschen ihre eigenen Überzeugungen, Einstellungen und Verhaltensweisen gerne so auch bei anderen wahrnehmen, wurde bereits unter vielen Bezeichnungen diskutiert, z. B. »Projektion«, »vermutete Ähnlichkeit« (»assumed similarity«, Cronbach, 1955), »egozentrische Attribution«, »false consensus« oder andere (vgl. Davis et al., 1986; Kenny & Acitelli, 2001). Dass aber diese Urteilsverzerrung eine egozentrische Überbewertung der eigenen Person offenbart, ist vermutlich eine übertriebene Interpretation. Eine mögliche kognitive Erklärung geht z. B. davon aus, dass Menschen bei vielen Urteilen zunächst eine leicht verfügbare Information als Anker verwenden und in der Folge spezifizierende Informationen nutzen, um sich von diesem Anker wieder zu entfernen.

Wenn also Doris sagen soll, was Gerhard denkt, dann könnte sie zunächst überlegen, was sie selbst in der entsprechenden Situation denken würde. Im zweiten Schritt würde sie dann dieses Urteil adjustieren. Hierzu bringt sie in Anschlag, was sie nach ihrer Erfahrung von Gerhard unterscheidet, was typisch für ihn, aber nicht für sie ist. Wenn sie diese Informationen nutzt, wird sie sich von ihrem ursprünglichen Anker entfernen. Dieses Phänomen von Anker und Adjustierung wurde bei einer Vielzahl von Urteilen nachgewiesen. Regelmäßig ist hierbei zu beobachten, dass Menschen mehr Gewicht auf den Anker legen als auf die Informationen, die nachher zur Adjustierung verwendet werden (z. B. Kahneman & Tversky, 1979; Davis et al., 1986).

Wesentlich ist hierbei nicht, dass der »Anker« von der eigenen Person ausgeht, sondern nur, dass er besonders gut verfügbar ist. In anderen Situationen ist möglicherweise ein anderer Anker besser verfügbar, etwa ein bestimmtes Stereotyp. Stellen wir uns vor, Doris soll die Reaktionen von Josef, dem Mitarbeiter und Stellvertreter von Gerhard, vorhersagen. Von Josef weiß sie gerade mal, in welcher Partei er Mitglied ist. Als Anker könnte sie daher ihr Stereotyp nehmen, wie sie sich Leute aus dieser Partei vorstellt. Außerdem hat ihr Gerhard erzählt, Josef sei ein eher untypisches

Mitglied dieser Partei, also adjustiert sie im zweiten Schritt ihr Urteil anhand der individuierenden Informationen, die sie von Gerhard erhalten hat.

In engen Beziehungen ist allerdings der am häufigsten verwendete Anker das eigene Urteil. Dies liegt daran, dass Partner in der Regel davon ausgehen, dass sie einander ähnlich sind. Auch wenn Partner das Ausmaß der tatsächlichen Ähnlichkeit tendenziell überschätzen (Acitelli et al., 1993), fahren sie doch in der Regel ziemlich gut, wenn sie ihre eigene Wahrnehmung auch dem Partner unterstellen.

Davis et al. (1986) konnten gar nachweisen, dass ihre Probanden das Urteil ihres Partners besser getroffen hätten, wenn sie ihm ohne Abstriche ihr eigenes unterstellt hätten: Die nachträglichen Adjustierungen beim unterstellten Partnerurteil führten meist eher von der tatsächlichen Wahrnehmung des Partners weg als zu ihr hin.

### Durchschnittlichkeit der Merkmale

Eine andere Bedingung, unter der korrekte Vorhersagen verhältnismäßig einfach sind, ist die Durchschnittlichkeit der betrachteten Merkmale. Wenn ich von einer Person vorhersagen soll, welche Ausprägung sie auf einem Merkmal hat, dann fließen in diese Vorhersage unter anderem meine Vorstellungen darüber ein, wie dieses Merkmal in der Population verteilt ist (vgl. Cronbach, 1955; s. oben 12.2). Zum Beispiel glaube ich, dass die meisten Menschen Schokolade mögen. Daher ist es auch in jedem Einzelfall vernünftig, zu erwarten, dass diese Person Schokolade mag, solange ich sie nicht besser kenne.

Diese Strategie versetzt uns in die Lage, auch bei Personen, über die wir kaum etwas wissen, relativ gute Vorhersagen zu machen: Wir unterstellen bei den fraglichen Merkmalen den wahrscheinlichsten Fall, den Mittel- bzw. Modalwert der Merkmalsausprägung. Vereinfacht könnte man sagen: Dies verschafft durchschnittlichen Menschen einen besonderen Vorteil. Man versteht sie relativ leicht. Selbst Fremde sagen mit hoher Trefferwahrscheinlichkeit vorher, was sie denken, und was sie wünschen. Dies ist eine zweite Bedingung, die korrekte Verhaltensvorhersagen erleichtert.

> Durchschnittliche Menschen haben einen Vorteil: Man versteht sie relativ leicht. Selbst Fremde sagen mit hoher Trefferwahrscheinlichkeit vorher, was sie denken, und was sie wünschen.

Dieses Element ist bei der Vorhersage des Partnerverhaltens ebenfalls sehr mächtig und einflussreich: Davis et al. (1986) ließen ihre Versuchspersonen Konsumwünsche des Partners vorhersagen. Sie fanden zwar hoch signifikante Korrelationen zwischen den vorhergesagten und den tatsächlichen Präferenzen, allerdings zeigte sich bei näherer Betrachtung, dass die Vorhersagen nicht wesentlich besser waren als die einer naiven Person, die für jedes einzelne Produkt nur vorhergesagt hätte, wie Männer bzw. Frauen dieses Produkt im Durchschnitt bewerten. Davis et al. (1986) räumen zwar ein, dass es durchaus eine Leistung und eigentlich gar nicht so sehr naiv wäre, wenn man die durchschnittlichen Präferenzen von Männern und Frauen tatsächlich treffend vorhersagen könnte. Allerdings bleibt bei dem Befund das Problem, dass die Versuchspersonen jedenfalls für ihre Vorhersageleistung die spezifischen Wünsche des Partners ebenso wenig berücksichtigten wie ein beliebiger Fremder.

### Offenheit und Kommunikation

In den beiden bisher genannten Bedingungen sind weder eine besondere Kompetenz noch eigentliches Wissen über den Partner gefordert, um zu einer korrekten Vorhersage des Partnerverhaltens zu gelangen. Man hat den Partner verstanden, ohne in einem strengen Sinne zu *wissen*, was er denkt, fühlt oder präferiert.

In der dritten Bedingung beruht das Verstehen auf echtem Wissen: Verstanden wird, wer offen ist. Je mehr ich über mich preisgebe, desto leichter wird es für andere, mich zu verstehen. Dieser Punkt sollte eigentlich noch differenzierter betrachtet werden, was aber hier nur angedeutet werden soll: Verständnis wird einerseits erleichtert durch meine eigene Offenheit, aber auch andererseits durch eine bestimmte Kommunikationskultur in der Beziehung (Fliegel et al., 1983).

> **Je mehr ich über mich preisgebe, desto leichter wird es für andere, mich zu verstehen.**

Das Merkmal der Offenheit wiederum kann komplex sein. Zum einen lässt es sich als eine Art Disposition verstehen. Es bestehen deutliche interindividuelle Unterschiede darin, wie präzise Personen von anderen verstanden werden (z. B. Hancock & Ickes, 1996). Diese Art der Offenheit kann sogar unfreiwillig sein. Manche Merkmale, wie z. B. eine Behinderung, kann man nicht leicht verbergen. In diesen Fällen kommuniziert man mindestens implizit bestimmte Bedürfnisse – ob man will oder nicht.

Zum anderen ist die Offenheit ein Ergebnis eines Selbstoffenbarungsprozesses. Partner sollten sich umso besser verstehen, je länger sie zusammen sind – vorausgesetzt, sie haben in der Zeit ihres Zusammenlebens Intimität geschaffen. Spätestens hier kommt also ein dynamisches Element in die Betrachtung.

### Einfühlungsvermögen und Personwahrnehmungskompetenz

Die Fähigkeit, Dinge mit den Augen des anderen zu sehen, ist vermutlich eine eigenständige Kompetenz. In der kindlichen Entwicklung findet sie ihre Entsprechung auf der Ebene der physischen Wahrnehmung: Ein Kind muss erst noch lernen, dass die Welt aus dem Blickwinkel des Gegenübers anders aussieht als aus dem eigenen. Wir erinnern uns als Erwachsene an diese kindliche Lektion, wenn wir nur mit Mühen einsehen, dass derselbe Sachverhalt aus der Perspektive des Linienrichters völlig anders ausgesehen haben muss als von der Tribüne.

Die Übernahme einer kognitiven und emotionalen Perspektive lässt sich wie eine Weiterführung dieser zentralen Kompetenz verstehen. Diese Fähigkeit, das Einfühlungsvermögen, ist bei verschiedenen Menschen unterschiedlich stark ausgeprägt. Sie kann durch Übung gesteigert werden. Sie ist aber im Alltag weit weniger bedeutsam als dies oft dargestellt wird. So lässt sich z. B. zeigen, dass für das Bestehen von Missverständnissen in der Partnerschaft die Ähnlichkeit der Partner der zentrale Prädiktor ist (z. B. Thomas et al., 1997) und dass darüber hinaus das Einfühlungsvermögen keine weitere Varianz aufklärt (Sillars et al., 1994).

Abbildung 12.2 fasst die vorangegangenen Überlegungen modellhaft zusammen. Hierin soll die Reihenfolge gleichzeitig eine Gewichtung darstellen. Die ersten beiden Determinanten sollten, so trivial sie sein mögen, den stärkeren Vorhersagebeitrag leisten. »Trivial« nenne ich diese Komponenten, weil sie nicht auf einer Wahrnehmungs- oder Kommunikationsleistung eines Partners, sondern eher aufgrundsätzlichen Urteilstendenzen bzw. zufälligen Randbedingungen beruhen.

Die vorgetragenen Argumente sprechen nicht dafür, dass Einfühlungsvermögen in der Partnerschaft unwichtig ist. Sie sprechen erst recht nicht gegen den Versuch, die Fähigkeiten zur Perspektivenübernahme zu trainieren. Sie sollen aber verdeutlichen, dass Einfühlungsvermögen keineswegs der Königsweg zu einer Beziehung ist, in der die Partner einander verstehen.

> **Einfühlungsvermögen ist keineswegs der Königsweg zu einer Beziehung, in der die Partner einander verstehen.**

Ob man überhaupt so anspruchsvolle Fähigkeiten wie Einfühlungsvermögen braucht, entscheidet sich schon bei der Partnerwahl. Wenn sich hier bestimmte – übrigens empirisch keineswegs

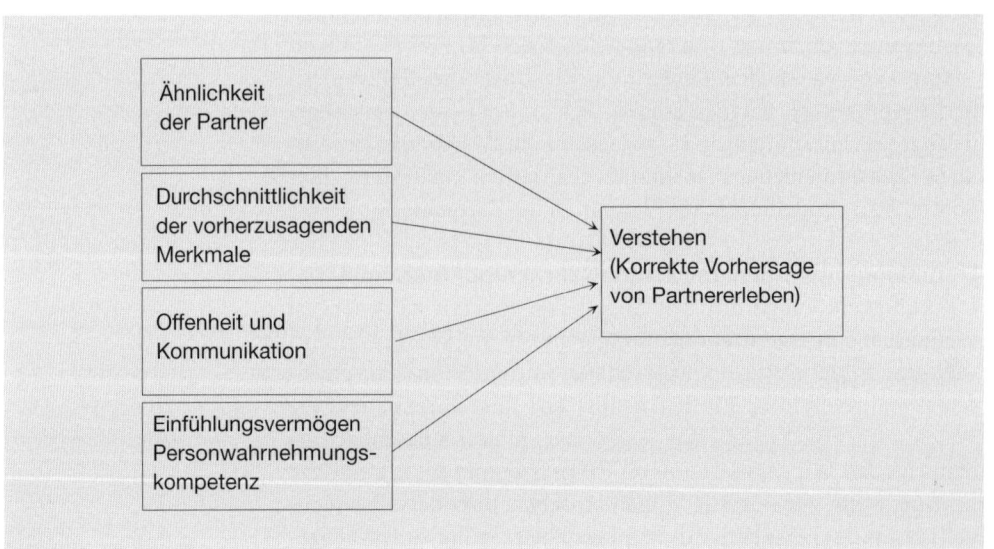

**Abb. 12.1.** Vier Determinanten des Verstehens

unwahrscheinliche – Konstellationen finden, dann ist eine erfüllte und glückliche Partnerschaft möglich, ohne dass die Partner besondere soziale Kompetenzen besitzen müssen.

### Was bedeutet »Verstehen«?

Der Begriff des »Verstehens«, der dem Modell in Abbildung 12.2 zugrunde liegt, ist zugegebenermaßen sehr allgemein und formal. Nach diesem Modell »versteht« ein Partner den anderen bereits, wenn er nur korrekt dessen Erlebniswelt vorhersagt, selbst wenn dies nicht viel mehr ist als richtiges Raten. Man kann natürlich fragen, ob dies dann ein »richtiges« oder »wirkliches« Verstehen darstellt – und in der Tat lassen sich noch etliche Qualitäten des Verstehens unterscheiden, die das Modell in Abbildung 12.2 außer Acht lässt.

Zum Beispiel verstehen Menschen, die bestimmte Erlebnisse teilen bzw. Ähnliches durchgemacht haben, einander auf eine andere Weise als Personen, die das Erlebnis des anderen nur aus Erzählungen kennen. Diese besondere Qualität des Verstehens macht einen wesentlichen Erfolgsfaktor von Selbsthilfegruppen aus.

Dennoch kann es in die Irre führen, wenn man das mitfühlende Verstehen eben wegen dieses Mitgefühls als das eigentliche Verstehen ansieht. Dies liegt daran, dass der Begriff des Mitfühlens gar nicht voraussetzt, dass der eine den anderen verstanden hat. Wenn z. B. Gerhard tiefes Mitleid mit Doris empfindet, weil sie zum Zahnarzt muss, dann kann man ihn einen mitfühlenden Menschen nennen. Diese Bezeichnung wird nicht unkorrekt, wenn sich herausstellt, dass Doris gar keine Angst vorm Zahnarzt hat. Allerdings wird man in diesem Fall bestreiten, dass Gerhard Doris Gefühle verstanden hat.

> **Der Begriff des Mitfühlens setzt nicht voraus, dass der eine den anderen verstanden hat.**

Dieses Argument spricht für den hier vorgelegten Minimalbegriff von »Verstehen«. Mit diesem Begriff kann sich durchaus herausstellen, dass ein *mitfühlendes* Verstehen für die Partnerschaft noch besser ist als bloßes Verstehen, ohne dass der andere die Gefühle teilt. Aber vermutlich ist auch dieser Zusammenhang situationsabhängig. So mag Trauer vielleicht dadurch gelindert werden, dass ein anderer diese Trauer ebenfalls empfindet, Angst dagegen wird wohl eher durch einen Partner gemildert, der die Angst zwar versteht, aber nicht teilt.

### Die Enge der Beziehung und das Verstehen

Aus einer naiven Perspektive würde man vielleicht meinen, dass Partner, die einander schon lange kennen, einander auch besser verstehen sollten als Fremde. Einander zu verstehen ist in der Partnerschaft wichtiger als unter Fremden, man hat auch mehr Gelegenheiten, den Partner zu beobachten als man es bei Fremden hat, und zudem besteht in Partnerschaften grundsätzlich eine größere Bereitschaft, persönliche Informationen von sich preiszugeben. So weit Motive, Gelegenheiten und Informationen betroffen sind, sind also die Voraussetzungen für ein besseres Verständnis bei länger andauernden Beziehungen sehr gut.

Bei der Wahrnehmung aktueller Zustände scheint dies jedoch nicht zuzutreffen: Thomas et al. (1997) konnten feststellen, dass Partner aus jüngeren Partnerschaften sehr viel besser erkannten, was der andere gerade dachte oder fühlte, als Partner, die schon länger zusammen waren. Sie erklären ihren Befund damit, dass mit zunehmend eingefahrenen und gewohnten Interaktionsmustern die Partner einander immer weniger beobachten – vermutlich weil sie immer weniger Notwendigkeit dazu sehen. Dadurch entgeht ihnen aber auch hin wieder eine Regung des Partners, die sie vielleicht nicht erwartet haben, die dieser aber kommuniziert.

Es gibt noch weitere gut belegte Gründe, die dagegen sprechen, dass langjährige Partner einander wirklich sehr viel besser verstehen. Analysen von Kenny (s. Kenny & Acitelli, 2001) zeigen, dass die Dauer der Bekanntschaft nur sehr geringen Effekt auf das Verstehen hat. Der größte Zuwachs an Vorhersagegenauigkeit stelle sich in den frühen Phasen des Kennenlernens ein.

> **Es gibt gut belegte Gründe, die dagegen sprechen, dass langjährige Partner einander wirklich besser verstehen.**

Dies kann mehrere Gründe haben. Einer besteht vermutlich darin, dass Partner nach einiger Zeit der Bekanntschaft das Gefühl haben, den anderen nun gut genug zu kennen und in der Folge das Partnerverhalten immer weniger genau beobachten. Allzu großes Zutrauen in die eigene Expertise verschlechtert dabei allerdings eher die Vorhersagegenauigkeit anstatt sie zu verbessern (Swann & Gill, 1997). Oben wurde bereits der Befund von Thomas et al. (1997) erwähnt, wo sich zeigte, dass langjährige Partner schlechter als frisch verliebte die aktuellen Gedanken und Gefühle des Partners vorhersagen konnten.

Ein weiterer Grund für den geringen Einfluss der Partnerschaftsdauer liegt darin, dass unsere Stereotype und Vorurteile oft valider sind als wir glauben. Wenn also Doris ihre Stereotype über Parteizugehörigkeit, über Männer insgesamt und über die Angehörigen einer bestimmten Berufsgruppe in Anschlag bringt, dann hat sie Josefs Gedanken und Urteile schon recht gut eingekreist. Sie kann nun zwar versuchen, mit dem, was sie über Josef im Besonderen weiß, ihr Urteil noch zu präzisieren, aber diese individuellen Informationen müssen hierzu erst einmal zutreffender sein als das Stereotyp – oft genug sind sie es nicht.

In manchen Situationen ist es Partnern sogar ganz recht, wenn sie nicht genau wissen, was der andere denkt und fühlt. Immerhin haben wir bei unseren Partnern auch Motive: Wir wünschen, dass der andere gut und treu ist, er soll uns ähnlich sein, soll uns lieben und wertschätzen. Diese Wünsche und Idealvorstellungen interferieren möglicherweise mit einer ungetrübten Wahrnehmung, einem scharfen, unverstellten Blick in die Gefühlswelt des anderen.

Simpson et al. (1995) konnten beispielsweise zeigen, dass Partner die Präferenzen des anderen insbesondere dann besonders schlecht vorhersagen konnten, wenn diese Vorlieben für die Beziehung bedrohlich waren.

Ein letzter Grund dafür, dass eine lange Beziehungsdauer nicht unbedingt eine bessere Kenntnis des Partners impliziert, liegt in der privaten Natur der Informationen, die in einer Partnerschaft ausgetauscht werden. Viele unserer Kenntnisse über andere Personen validieren wir dadurch, dass wir uns mit anderen austauschen, die die Zielperson ebenfalls kennen. Die Möglichkeit der konsensuellen Validierung setzt aber voraus, dass die Informationen, über die man sich austauscht, auch anderen zugänglich sind. Was Intimpartner anderen Bekannten voraus haben, betrifft nun aber genau solche Informationen, die für andere normalerweise zu intim ist. Dadurch dass sie die einzigen wahrnehmenden Personen sind, fehlt den Partnern also eine Informationsquelle für das Urteil über den anderen, von der sie in anderen Fällen üblicherweise regen Gebrauch machen (Kenny, 1991).

### Geschlechtseffekte bei der Perspektivenübernahme

In Geschlechtsstereotypien werden Verständnis und Empathie vielfach mit dem weiblichen Geschlecht verbunden. Zwar scheint die Verstehensleistung der Frau dem Mann gegenüber für die Partnerschaftsqualität wichtiger zu sein als umgekehrt die des Mannes der Frau gegenüber (z. B. Acitelli et al., 1993). Für eine grundsätzliche Überlegenheit der Frauen in diesem Kompetenzbereich (wie sie z. B. Hoffman, 1977, behauptet) findet sich jedoch bei einer metaanalytischen Betrachtung vorgängiger Forschungsergebnisse keine Evidenz (Eisenberg & Lennon, 1983).

> **Frauen sind im Kompetenzbereich Verstehen und Empathie nicht grundsätzlich überlegen.**

Starke Geschlechtseffekte zeigen sich allenfalls bei sehr reaktiven Maßen für Empathie und Perspektivenübernahme. Wenn z. B. Probanden von sich selbst oder vom Partner *behaupten* sollen, sie oder er sei einfühlsam, dann findet sich der erwartete Geschlechtseffekt. Dies belegt aber nur, dass Frauen bei sich selbst und bei den Männern als einfühlsamer gelten. In der Metaanalyse von Eisenberg und Lennon (1983) zeigten sich jedoch keine Geschlechtsunterschiede mehr, wenn die Maße für Perspektivenübernahme nicht manipuliert werden können, etwa bei physiologischen Indikatoren des Mitfühlens oder bei der Vorhersage des Partnerurteils. Auch bei Verwendung neuerer verhaltensnaher Indikatoren der Einfühlungsleistung zeigen sich keine systematischen Geschlechtseffekte zugunsten der Frauen (Hancock & Ickes, 1996; Kenny & Acitelli, 2001).

Zur Rettung des Geschlechtsstereotyps machen Kenny und Acitelli (2001, S. 446) folgenden Vorschlag. Geschlechtsunterschiede lassen sich möglicherweise deshalb nicht nachweisen, weil Frauen den Männern gleich auf zwei Gebieten der interpersonellen Wahrnehmung überlegen sind: Einerseits sind sie bessere Personwahrnehmer, andererseits sind sie aber auch expressiver und teilen sich anderen eindeutiger mit. Das eine erlaubt ihnen eine zutreffendere Wahrnehmung anderer Personen, das andere erlaubt dagegen anderen, sie selbst zutreffender wahrzunehmen. Bei der Personwahrnehmung innerhalb der gemischtgeschlechtlichen Dyade gleichen sich die beiden Effekte aus: Die hohe Begabung der Frauen hat es gegenüber den weniger expressiven Männern verhältnismäßig schwer, während die Männer bei den naturgemäß leichter zu verstehenden Frauen auch bei geringer Begabung leichtes Spiel haben. Im Ergebnis sieht dann die Verstehensleistung bei beiden Geschlechtern gleich gut aus, auch wenn tatsächlich die Frauen die kompetenteren Partner sind. Diese Überlegung kann zwar das Fehlen von Geschlechtsunterschieden in der Untersuchung von Kenny und Acitelli (2001) erklären, denn hier wurden nur Paare betrachtet. Wenn diese Erklärung allerdings generell gilt, müssten Frauen deutlich besser abschneiden, wenn die vorherzusagenden Zielpersonen das gleiche Geschlecht haben wie die urteilenden Personen. Ein solcher Effekt ist jedoch nicht nachgewiesen (Eisenberg & Lennon, 1983).

### 12.4    Ideale und typische Partnerschaft

Man könnte meinen, eine ideale Partnerschaft sei nichts wesentlich anderes als die Beziehung zum idealen Partner. Flechter et al. (1999) können jedoch zeigen, dass die Idealvorstellungen von Beziehung und Partner unterscheidbare Strukturen aufweisen. Nach ihren Befunden wird der ideale Partner auf folgenden drei Dimensionen beschrieben:

1. Vitalität und Attraktivität,
2. Wärme und Vertrauenswürdigkeit und
3. Status und Vermögen.

Für die ideale Partnerschaft finden Flechter et al. (1999) dagegen nur zwei Dimensionen:

- Intimität und Loyalität auf der einen Seite
- und Spaß und Leidenschaft auf der anderen Seite.

So ergeben sich also fünf Bewertungsdimensionen, drei für den Partner und zwei für die Partnerschaft.

Die fünf Bewertungsratings dieser Dimensionen interkorrelieren zwischen 0,06 und 0,80. Vor allem für das Partnerideal »Status und Vermögen« (»status – resources«) korreliert mit den Bewertungen der anderen Dimensionen niedrig; diese Idealdimension scheint tatsächlich nur der Bewertung eines Partners vorbehalten zu sein, auf die Beziehung wird sie offenbar nicht angewendet.

Die ideale Partnerschaft ist nicht nur von der Idee vom idealen Partner zu unterscheiden. Auch die subjektiven Vorstellungen vom Gelingen einer Beziehung können sich durchaus vom eigenen Partnerschaftsideal unterscheiden. Menschen können bei ihrer eigenen Beziehung andere Standards für gut halten als sie allgemein sehen. Zum Beispiel mag jemand vielleicht der Meinung sein, dass Leidenschaft und enge sexuelle Kontakte den meisten Beziehungen gut tun, sieht das aber für sich selbst nicht, weil sie oder er ein geringeres sexuelles Bedürfnis verspürt.

> **Die ideale Partnerschaft ist von der Idee vom idealen Partner zu unterscheiden.**

So gesehen ist das Partnerschaftsideal noch die »persönlichste«, dem Selbst am nächsten stehende Kognition zur eigenen Beziehung (Fletcher et al., 1999). Gleichwohl ist der Unterschied zwischen einer allgemein gut funktionierenden Beziehung und dem eigenen Partnerschaftsideal recht fein gesponnen und in Befragungen wird man wohl im Wesentlichen gleiche Antworten erhalten, ob man nun nach dem einen oder dem anderen fragt.

### 12.4.1 Prototypen einer Liebesbeziehung

Hassebrauck (1995) untersuchte in einer Prototypenanalyse, welche Merkmale zum Konzept einer »guten Beziehung« gehören. In der ersten Befragung sollten Probanden (N=120) angeben, welche Merkmale einer guten Paarbeziehung ihnen spontan einfallen. Insgesamt fanden sich über tausend verschiedene Assoziationen. Trotzdem konvergierten die Ergebnisse zu einem bestimmten Bild, zeigte sich doch, dass bei den Ergebnissen der meisten Befragten Merkmale wie »Vertrauen«, »Toleranz« und »gemeinsame Interessen« vertreten waren. Nur 64 Merkmale wurden von mindestens drei Personen genannt und konnten somit als bedeutsam gelten.

In einer zweiten Studie wurden andere Teilnehmer gebeten, die 64 Merkmale der ersten Studie nach ihrer Zentralität zu bewerten. Dabei zeigte sich unter anderem, dass die besonders häufig genannten Merkmale der ersten Studie in der zweiten nicht unbedingt die zentralen waren. Besonders interessant erscheint hierbei, dass die nahe liegende Merkmalsgruppe der Ähnlichkeit (vor allem der Einstellungs- und Merkmalsähnlichkeit) in der ersten Studie zwar häufig genannt, in der zweiten aber nicht als zentral gewertet wird. Auch »Toleranz« wurde zwar von verhältnismäßig vielen Probanden spontan assoziiert, erhielt aber bei Einschätzung der Zentralität ein eher moderates Rating. Ähnliches zeigte sich für andere Merkmale. Stabil über beide Methoden hinweg erwies sich das Merkmal »Vertrauen«.

In einer späteren Arbeit untersuchen Hassebrauck und Fehr (1999) die faktorielle Struktur der 64 Beziehungsmerkmale. Ihre vierfaktorielle Lösung finden in ähnlicher Form auch Brandtstädter und Felser (2000), die ihren Probanden allerdings nur 33 der ursprünglich 64 Merkmale vorlegten. Die vier Faktoren werden mit zentralen Markieritems in Tabelle 12.1 vorgestellt.

Zu diesen Faktoren berichten Hassebrauck und Fehr (1999) sowie Brandtstädter und Felser (2000) übereinstimmende Geschlechtseffekte: Frauen betonen besonders die problem- und dialogorientierten Aspekte der Partnerschaft, die im ersten Faktor enthalten sind. Auch die Aspekte »Unabhängigkeit, Individualität und Fairness«, die den vierten Faktor kennzeichnen, werden besonders in den weiblichen Teilstichproben hoch bewertet. Demgegenüber erscheint das Partnerschaftskonzept der Männer eher harmoniebetont als konfliktfreudig. Männer zeigen eine stärkere relative Betonung derjenigen Partnerschaftsaspekte, die auf Intimität oder Romantik zielen. Belege finden sich auch für eine höhere Bewertung der Sexualität bei den Männern.

> **Frauen betonen besonders die problem- und dialogorientierten Aspekte der Partnerschaft, Männer erscheinen dagegen eher harmoniebedürftig als konfliktfreudig.**

Diese Geschlechtsunterschiede treten allerdings erst zutage, nachdem zuvor die Ratings von Frauen und Männern an ihrem jeweiligen geschlechtsspezifischen Mittelwert relativiert wurden. Ohne diese Korrektur würde man durchweg und unabhängig vom Bereich finden, dass Frauen praktisch alles, was die Partnerschaft betrifft, wichtiger finden als dies die Männer tun.

Die jeweiligen Partnerschaftsfacetten leisten auch unterschiedliche Beiträge zur Partnerschaftsqualität: Hassebrauck und Fehr (1999) fragten ihre Probanden, inwieweit die jeweiligen Merkmale in ihrer Beziehung erfüllt seien und nutzten diese Einschätzung zur Vorhersage der Partnerschaftszufriedenheit. Hierbei leistete

**Tabelle 12.1.** Dimensionen des Partnerschaftsideals: Faktoren mit Beispielitems

| Hassebrauck & Fehr, 1999 | Brandtstädter & Felser, 2000 | Markieritems |
|---|---|---|
| Übereinstimmung | Gemeinsamkeit | Freizeit gemeinsam gestalten<br>Probleme gemeinsam angehen<br>Über alles sprechen können<br>Ziele und Interessen miteinander teilen |
| Nähe, Intimität | Zuwendung zum Partner | Dem anderen im Alltag helfen<br>Dem anderen zuhören<br>Den anderen bei Schwierigkeiten aufmuntern und unterstützen |
| Sexualität | Zärtlichkeit und Sexualität | Erfülltes Sexualleben<br>Romantik in der Beziehung<br>Zärtlichkeit<br>Körperliche Nähe |
| Unabhängigkeit | Betonung der eigenen Individualität | Eigene Ziele verfolgen können<br>Pflichten und Aufgaben gerecht aufteilen<br>Seine Individualität bewahren können |

der Bereich »Nähe, Intimität« einen besonders starken, »Sexualität« dagegen eher einen schwachen Beitrag zur Gesamtzufriedenheit. Die Erfüllung im Bereich »Unabhängigkeit« hing nicht mit der Beziehungszufriedenheit zusammen. Dieses Befundmuster bestätigt sich auch in der Stichprobe von Brandtstädter und Felser (2000). Eine Ausnahme bildet allerdings der Bereich »Zärtlichkeit und Sexualität«: In einer Stichprobe von über 660 in einer Partnerschaft lebenden Probanden im Altersbereich zwischen 44 und 70 Jahren fand sich ein sehr deutlicher positiver Effekt für die Zufriedenheit mit diesem Bereich bei der Vorhersage der Gesamtzufriedenheit. Dieser Effekt wurde nicht durch die Altersvariable moderiert. Ähnliche Effekte zeigen sich, wenn man statt der Zufriedenheit in dem Bereich die subjektive Wichtigkeit der einzelnen Partnerschaftsfacette zur Vorhersage der Partnerschaftsqualität heranzieht.

Was bedeuten diese Befunde für das Partnerschaftsideal? Anscheinend ist ein Ideal, das auf Intimität und eine erfüllte Sexualität abzielt, der Qualität der Beziehung eher zuträglich als die Betonung von Autonomie, Individualität und Fairness. Diese Befunde finden ihre Entsprechung freilich in parallelen Arbeiten (z. B. Aron & Westbay, 1996), bzw. älteren Modellvorstellungen, etwa dem Modell der Liebesstile von Sternberg (vgl. etwa Bierhoff & Klein, 1991), oder den Arbeiten zu Equity und Austauschorientierung in Partnerschaften (Murstein et al., 1977).

### 12.4.2 Liebe als Geschichte

Wie Beziehungen typischerweise aussehen, wie sie auszusehen haben, stellt sich uns in den verschiedensten Formen tagtäglich vor unseren Augen dar. Unsere Vorstellungen werden geprägt von Beziehungen unserer Verwandten und Bekannten, von Filmen, Erzählungen, Romanen, Witzen und vielem mehr. Aus dieser Tatsache leitet Sternberg (1995; Sternberg et al., 2001) die Erwartung ab, dass wir aus diesen Modellen unsere eigene Vorstellung von einer Liebesbeziehung entwickeln und dass diese Vorstellungen die Form einer Geschichte haben.

Die Liebesgeschichten gehören verschiedenen Genres an, z. B. »Fantasy« (man erwartet, eine Prinzessin zu heiraten bzw. von einem strahlenden Ritter gerettet zu werden), »Krimi« (man sollte nicht allzu viel von sich preisgeben, sonst ist die Beziehung nicht mehr interessant) oder »Science fiction« (der Partner kommt von einem anderen Stern, er ist im Grunde ein Fremder und man kann ihn nicht wirklich verstehen; weitere Beispiele in Tabelle 12.2).

Sternberg erwartet, dass Menschen versuchen, ihre eigene Liebesgeschichte zu »schreiben«. Hierzu realisieren sie diejenigen Geschichten, die ihnen besonders nahe liegen. Da sich nicht alle Geschichten gegenseitig ausschließen, kann ein Mensch auch

> **Sternberg erwartet, dass Menschen versuchen, ihre eigene Liebesgeschichte zu »schreiben«.**

**Tabelle 10.2.** Beispiele für Liebesgeschichten

| Taxonomie | Grundmuster |
|---|---|
| Sucht (Addiction) | Liebe ist eine Sucht, man hängt an dem Partner und hat Angst, ihn zu verlieren |
| Kunst (Art) | Liebe ist ein Kunstwerk, darin soll sich Schönheit ausdrücken; man liebt den Partner um seiner Schönheit willen |
| Geschäft (Business) | Liebe ist ein Geschäft und die Liebenden sind Geschäftspartner |
| Sammlung (Collection) | Liebe ist ein Objekt, das in eine Sammlung hineinpasst – oder auch nicht |
| Kochbuch (Cookbook) | Liebe lässt sich nach Rezept gestalten; sie wird umso besser, je enger man sich an das Rezept hält |
| Wissenschaft (Science) | Liebe kann analysiert, seziert und untersucht werden wie jedes andere natürliche Phänomen auch |
| Pornographie (Pornography) | Liebe ist schmutzig; zur Liebe gehört, dass man sich erniedrigen lässt und den anderen erniedrigt |
| Theater (Theatre) | Für die Liebe gibt es ein Drehbuch, in dem das Verhalten und die Dialoge festgeschrieben sind |
| Krieg (War) | Liebe ist eine Abfolge von Schlachten |

Auswahl aus Sternberg et al. (2001), weitere Beispiele im Text

mehrere Geschichten gleichzeitig verwirklichen, allerdings geht Sternberg davon aus, dass die Geschichten nach einer persönlichen Hierarchie geordnet sind.

Sternbergs Geschichten weisen an vielen Stellen Beziehungen zu anderen psychologischen Konstrukten auf. So deutet die Vorstellung von Liebe als Sucht auf den ängstlich ambivalenten Bindungsstil (Hazan & Shaver, 1987). Eine Geschichte, in der Liebe als ein Spiel angesehen wird, entspricht dem Liebesstil »ludus«, der von Lee (1976) beschrieben wurde.

Es fragt sich freilich, ob Sternbergs Liebesgeschichten nicht im Wesentlichen das gleiche sind wie Schemata oder Skripten. In einem Skript wird ebenfalls ein bestimmter Ablauf vorgegeben, der eine Reihe von typischen Elementen enthält. Sternberg sieht die Unterschiede hier vor allem in der Sinnhaftigkeit: Ein Skript kann zwar Teil einer Geschichte sein, die Geschichte allerdings hat oft einen Sinn, ein bestimmtes Ziel, eine Bedeutung, was Skripten typischerweise nicht haben.

Die Neigung zu bestimmten Liebesgeschichten kann unterschiedlich adaptiv sein: So ist es z. B. eher unwahrscheinlich, dass es der Zufriedenheit und Stabilität dient, wenn man die Beziehung als

Abfolge von Schlachten ansieht. Wie sollen sich nun die Geschichten der Partner zueinander verhalten? Welches Verhältnis ist hier adaptiv? Zu dieser Frage bietet Sternberg eine interessante Lösung, die ein altes Dilemma der Partnerschaftsforschung lösen könnte.

Traditionell geht man davon aus, dass Partner einander entweder ähnlich oder unähnlich sind, dass eines für die Beziehung vermutlich besser ist als das andere und dass dies nach der bisherigen Befundlage in der Regel für die Ähnlichkeit gilt. Die grundsätzliche Überlegenheit der Partnerähnlichkeit muss dann in Einzelfällen wieder zurückgenommen werden. Neben dem trivialen Befund, dass die meisten stabilen Partnerschaften aus Partnern mit unterschiedlichem Geschlecht bestehen, gibt es noch einige andere Beispiele, in denen eher unähnliche als ähnliche Partner eine hohe Beziehungsqualität aufweisen. Prominent ist hier z. B. der Merkmalsbereich Dominanz-Submissivität (Dryer & Horowitz, 1997).

> **Traditionell geht man davon aus, dass Partner einander entweder ähnlich oder unähnlich sind, wobei sie durchaus im selben Lebensbereich aus einem Blickwinkel ähnlich, aus einem anderen unähnlich sein können.**

Problematisch war an dieser Sichtweise bereits die erste Annahme. Partner können im selben Lebensbereich durchaus gleichzeitig ähnlich und unähnlich sein: Wenn z. B. die Frau den Haushalt organisiert und der Mann arbeitet, dann sind die Partner in Bezug auf ihr Verhalten unähnlich. Wenn sie aber gleichzeitig beide eine traditionelle Geschlechtsrollenverteilung befürworten, sind sie – bezogen auf denselben Lebensbereich – unter einem anderen Gesichtspunkt wieder ähnlich.

Im Beispiel muss man zwischen Einstellung und Verhalten unterscheiden, um die Verträglichkeit der Partner mit den Begriffen »ähnlich« und »unähnlich« erklären zu können. Allerdings führt diese Unterscheidung nicht immer zum selben Ergebnis: Manchmal impliziert die Ähnlichkeit in den Einstellungen ein ähnliches, manchmal ein unähnliches Verhalten.

In Sternbergs Modell ist Ähnlichkeit der Partner nur auf der Ebene der Geschichten gefordert: Partner sollten eine ähnliche Hierarchie ihrer Liebesgeschichten aufweisen. Aus dem Inhalt der Geschichten ergibt sich dann, auf welcher weiteren Ebene Ähnlichkeit, auf welcher Unähnlichkeit zu fordern ist. In einer ersten empirischen Prüfungen fanden Sternberg et al. (2001) Belege für die Erwartung, dass Partner, die ähnliche Geschichten bevorzugen, auch zufriedener sind. In derselben Untersuchung zeigte sich, dass die Zustimmung zu verschiedenen Grundmustern von Geschichten in einigen Fällen positiv und in anderen negativ mit der Beziehungsqualität korrelierte. Dies kann als Hinweis darauf gelten, dass es adaptive und maladaptive Geschichten gibt. Signifikant wurden jedoch nur die negativen Korrelationen; dies könnte darauf hindeuten, dass es zwar fatal sein kann, einer wenig adaptiven Liebesgeschichte anzuhängen, dass aber umgekehrt die Neigung zu einer adaptiven Geschichte keinen besonderen Zufriedenheitsgewinn verspricht.

## 12.5     Wahrnehmungsverzerrungen

Die bisherigen Ausführungen haben einige Wahrnehmungsprozesse und -strukturen thematisiert. Dabei blieb allerdings die
Frage offen, wie zutreffend die Wahrnehmung jeweils ist. Subjektive
Wahrnehmungsprozesse werden ja immer dann besonders interessant, wenn sie auf Verzerrungen der Realität hinauslaufen oder
irgendwie irrational erscheinen. Im Alltagsverständnis würde uns
z. B. die Wahrnehmung einer Person oder ihr Urteil verzerrt erscheinen, wenn andere Urteiler zu völlig anderen Ergebnissen kä-
men (das Urteil also nicht objektiv wäre) oder wenn dieselbe Person
bei unwesentlichen Änderungen der Situation zu einem anderen
Ergebnis käme (das Urteil also nicht reliabel wäre).

Unter einem anderen Blickwinkel nennt unser Alltagsverständnis auch solche Wahrnehmungen und Urteile irrational, die dem
Subjekt offensichtlich schaden. Beide Arten der Irrationalität sollen im Folgenden kurz angesprochen werden.

> Verzerrte Wahrnehmung, Wahrnehmungsverzerrung: Von
> einer verzerrten Wahrnehmung kann man sprechen, wenn
> diese Wahrnehmung
> a)  von anderen Personen nicht geteilt wird,
> b)  bei unwesentlichen Änderungen der Situation (z.B. beim
>     gleichen Gegenstand zu einem späteren Zeitpunkt) völ-
>     lig anders ausfällt oder
> c)  dem wahrnehmenden Subjekt schadet.

### 12.5.1   Irrationale Vorstellungen
####           von gelingender Partnerschaft

Sowohl die Partnerschaftsideale als auch die Vorstellungen von
einer gelingenden Beziehung können mehr oder weniger funktional
sein. Aus eigener klinischer Erfahrung beschreiben Eidelson und
Epstein (1982) fünf irrationale Ideen, die für das Gelingen einer
Beziehung einen Risikofaktor darstellen.

**Überzogene Vorstellungen belasteter Paare
(Eidelson & Epstein, 1982)**

1.  »Männer und Frauen sind grundverschieden. Zwischen ih-
    nen liegt ein unüberwindlicher Graben.«
2.  »Mein Partner ist, wie er ist. Ändern kann er sich nicht.«
3.  »Wenn es zum Streit kommt, ist alles verloren. Eine Aus-
    einandersetzung bedeutet einen katastrophalen Misserfolg
    für unsere Beziehung.«

4. »In einer guten Beziehung muss man einander auch ohne Worte verstehen.«
5. »Unser Sexualleben muss 1a sein! Alles, was schlechter ist, würde beweisen, dass unsere Beziehung ein Fehlschlag ist.«

Irrational sind diese Ideen nicht so sehr deshalb, weil man sie empirisch widerlegen könnte, sondern mehr noch deshalb, weil sie der Beziehung schaden. Das Risikopotenzial solcher Überzeugungen liegt auf der Hand: Wer glaubt, Männer und Frauen könnten sich nie verstehen, wird sich auch nur begrenzt Mühe bei seinem eigenen Partner geben. Wer glaubt, sein Partner könne sich gar nicht ändern, wird ihm auch keine Chance hierzu geben. Wer einen Streit für eine Katastrophe hält, übersieht, dass eine Auseinandersetzung auch Klärung, Problemlösung oder wenigstens die Darstellung der eigenen Meinung ermöglicht. Kurdek (1993) konnte mit einer Längsschnittstudie an bestehenden Partnerschaften zeigen, dass Partner, die solchen überzogenen Erwartungen zustimmten, zu einem späteren Zeitpunkt mit höherer Wahrscheinlichkeit getrennt waren.

## 12.5.2 Die Attraktivität von Alternativen

Mit einer Prise Ironie kann man vielleicht sagen, dass jede Liebesbeziehung auf einer Wahrnehmungsverzerrung beruht. Liebende Partner legen gleichsam ein Vergrößerungsglas auf die Unterschiede zwischen dem Partner und allen anderen Menschen, durch das dann dieser eine auserwählte Mensch einzigartig und unersetzlich erscheint. Zu diesem Aperçu gibt es allerdings auch empirische Entsprechungen:

Bekanntlich muss sich eine Partnerschaft, um stabil zu bleiben, gegen die Alternativen durchsetzen, die die Partner zu der bestehenden Partnerschaft sehen (Thibaut & Kelley, 1959). Diese Alternativen können einerseits in anderen Beziehungen zu anderen Partnern bestehen. Andererseits ist freilich auch das Leben ohne eine Beziehung eine mögliche Alternative, gegen die sich die bestehende Partnerschaft bewähren muss.

Der »Versuchung« durch attraktive Alternativen wirken in einer stabilen Beziehung offenbar bestimmte Abschottungsmechanismen entgegen. Johnson und Rusbult (1989) sprechen von »Shielding« und meinen damit zweierlei: Zum einen wird die eigene Beziehung systematisch auf- und die Alternativen abgewertet. Auf der anderen Seite entwickeln Partner von sich ein bestimmtes Selbstkonzept als guter Partner, zu dem auch das Merkmal der Treue gehört. Erwägen diese Partner nun Alternativen zur eigenen Beziehung, stellen sie damit ihr positives Selbstbild in Frage.

> **In stabilen Beziehungen wirken Abschottungsmechanismen der »Versuchung« durch attraktive Alternativen entgegen.**

### 12.5.3 Realismus und »rosa Brille«

Eine unverzerrte Wahrnehmung der Realität gilt oft als Zeichen der seelischen Gesundheit und wird sogar als Therapieziel angestrebt (z. B. in den Therapiekonzeptionen von Rogers, Beck oder Ellis; z. B. Kriz, 1991). Andererseits finden sich aber auch Hinweise auf das Phänomen, dass gerade depressive Personen in gewissen Situationen validere und realistischere Urteile abgeben als nicht depressive (z. B. Alloy & Abramson, 1988).

Im Bereich der Partnerwahrnehmung finden wir gelegentlich ein ähnliches Phänomen: So können z. B. Noller und Vendaros (1986) nachweisen, dass in der Paarinteraktion negative Botschaften zutreffender dekodiert werden als positive. Was der eine negativ gemeint hat, wird vom anderen treffsicher als negativ erkannt – und im Sinne des quid pro quo auch in der Regel erwidert. Was positiv gemeint war, wird demgegenüber nicht unbedingt als positiv erkannt. Das bedeutet zwar nicht, dass positive Beiträge zur Partnerschaft nicht gesehen werden. Nur der Zusammenhang zwischen dem, was der eine Partner positiv gemeint hat und was der andere positiv deutet, ist weniger eng. Dies führt nun allerdings dazu, dass negativer Affekt häufiger erwidert wird, weil die Partner diesen beim anderen erfolgreicher dekodieren (Noller et al., 1997, S. 47ff).

> In Paarinteraktionen werden negative Botschaften zutreffender dekodiert als positive.

Die Asymmetrie in der Wahrnehmung zeigt sich noch einmal in den Erinnerungsleistung der Partner, und hier ist auch der Unterschied zwischen belasteten und glücklichen Paaren interessant. Beginnen wir mit einer wesentlichen Gemeinsamkeit: Beide erinnern grundsätzlich die negativen Partnerinteraktionen der vorausgegangenen Woche präziser als die positiven. Während nun aber Personen aus belasteten Partnerschaften positive Informationen unterschätzen, neigen Personen aus glücklichen Partnerschaften zu einer deutlichen Überschätzung der Positiv-Interaktionen (Noller et al., 1997, S. 63).

Die hohe Präzision bei der Wahrnehmung negativer Interaktionen mag mit der hohen Salienz negativen Verhaltens zusammenhängen. Immerhin liegt das Verhältnis von positiven zu negativen Beiträgen in stabilen Beziehungen nach einer vielzitierten Schätzung von Gottman (1994) bei 5:1. Selbst in belasteten Beziehungen liegt demnach die Grundrate für positives Verhalten meist noch immer höher als für negatives. Die hohe Salienz des Negativ-Verhaltens macht es auch zu einem verbreiteten Therapieziel, die positiven Beiträge des Partners wieder in den Fokus der Aufmerksamkeit zu rücken. So erhalten Personen in manchen Paartherapien die Aufgabe, den anderen dabei zu »erwischen«, wie er ihnen etwas gutes tut (»Catch each other being nice«; Noller et al., 1997, S. 65).

Die Befunde zeigen aber auch, dass die Wahrnehmungsverzerrung keineswegs in erster Linie bei belasteten Personen stattfindet. Wie funktional die verzerrte Wahrnehmung sein kann, zeigt sich in Befunden, die weiter oben bereits diskutiert wurden: Murray et al. (1996b) zeigten, dass Personen, die von ihrem Partner idealisiert wurden, zu einem späteren Zeitpunkt ihr Selbstkonzept an diese Idealisierung annäherten. Die Befunde von Simpson et al. (1995) sprechen dafür, dass Partner einander gezielt immer dann missverstehen, wenn ein korrektes Verstehen die Beziehung gefährden würde.

## Zusammenfassung

Im Folgenden sollen noch einmal einige zentrale Thesen der vorangegangenen Diskussion zusammengefasst werden.

– Wenn Partner einander wahrnehmen, übersehen sie gerne die Schwächen und negativen Eigenschaften des anderen. Diese Wahrnehmungstendenz hat für den wahrnehmenden Partner anscheinend vor allem positive Seiten; er fühlt sich in der Beziehung wohler, wenn er den anderen idealisiert. Der wahrgenommene Partner dagegen erlebt dieselbe Situation als ambivalent: Die Aufwertung durch die idealisierte Wahrnehmung des anderen liegt im Widerstreit mit dem Gefühl verkannt zu werden. Die problematischen Seiten der Idealisierung geraten aber erst bei längerer Partnerschaftsdauer in den Vordergrund.
Eine übertrieben positive Wahrnehmung des anderen kann aber auch ein Klima schaffen, in dem sich der wahrgenommene Partner in Richtung auf das Ideal weiterentwickeln und positive Anlagen entfalten kann.

– Wenn Partner voneinander wissen, was sie denken und fühlen, dann verdanken sie das unterschiedlichen Bedingungen. So sind in manchen Situationen Gedanken und Gefühle des anderen leicht zu erraten, insbesondere dann, wenn man selbst genau die gleichen Gedanken und Gefühle hat. Auch die Kommunikationssituation kann es dem wahrnehmenden Partner erheblich erleichtern, zu wissen, was der andere denkt und fühlt. Unter solchen günstigen Randbedingungen können Partner einander oft schon verhältnismäßig gut verstehen, ohne dass sie hierzu eine besondere Fähigkeit zur Perspektivenübernahme brauchten.

– Die Kenntnis des Partners verbessert sich über die Zeit hinweg nicht so stark, wie die Dauer der Partnerschaft erwarten ließe. Insbesondere die Wahrnehmung aktueller Gefühlszustände oder Gedanken ist bei langjährigen Partnern keineswegs besser als bei frisch Verliebten.

– Entgegen dem geläufigen Geschlechtsstereotyp finden sich kaum empirische Belege für die Erwartung, dass sich Frauen wesentlich besser in andere einfühlen können als Männer.

> – Die Vorstellungen, die man von einer Beziehung mitbringt, bestimmen auch gleichzeitig die Beziehungsqualität. So sind etwa Partnerschaftsideale, die auf Indivualität und persönliche Freiheit abzielen, der Beziehung weniger zuträglich als z. B. Ideale, die vom Wunsch nach Zuwendung und Intimität geprägt sind.
> – Es ist nicht von vornherein problematisch, wenn Wahrnehmungen und Kognitionen in Partnerschaften unrealistisch, irrational oder verzerrt sind.
> Eine günstige Wirkung hat es offenbar, innerhalb eines realitätsverträglichen Spielraumes die Wirklichkeit in einem positiven Licht zu sehen bzw. umzudeuten (s. hierzu auch Kap. 11). Als destabilisierend erweisen sich allerdings verabsolutierende Forderungen und unbedingte Erwartungen an das Funktionieren der Beziehung, die mit sehr hoher Wahrscheinlich an der Realität scheitern werden.

## Literatur

Acitelli, L. K., Douvan, E. & Veroff, J. (1993). Perceptions of conflict in the first year of marriage: How important are similarity and understanding? Journal of Social and Personal Relationships, 10, 5–19.

Alloy, L. B. & Abramson, L. Y. (1988). Depressive realism: Four theoretical perspectives. In Alloy, L. B. (ed.). Cognitive processes in depression (pp. 223–265). New York, NY: Guilford Press.

Aron, A. & Westbay, L. (1996). Dimensions of the prototype of love. Journal of Personality and Social Psychology, 70, 535–551.

Bierhoff, H. W. & Klein, R. (1991). Dimensionen der Liebe: Entwicklung einer deutschsprachigen Skala zur Erfassung von Liebesstilen. Zeitschrift für Differentielle und Diagnostische Psychologie, 12, 53–71.

Brandtstädter, J. & Felser, G. (2000). Entwicklung und Stabilität in Partnerschaften: Projektbericht der Forschungsgruppe Trier, Dezember 1999. Trier: Universität Trier, Fachbereich I – Psychologie.

Cahn, D. D. (1990). Perceived understanding and interpersonal relationships. Journal of Social and Personal Relationships, 7, 231–244.

Cronbach, L. J. (1955). Processes affecting scores on »understanding of others« and »assumed similarity«. Psychological Bulletin, 52, 177–193.

Davis, H. L., Hoch, S. J. & Ragsdale, E. K. E. (1986). An anchoring and adjustment model of spousal predictions. Journal of Consumer Research, 13, 25–34.

Drigotas, S. M., Rusbult, C. E., Wieselquist, J. & Whitton, S. W. (1999). Close partner as sculptor of the ideal self: Behavioral affirmation and the Michelangelo Phenomenon. Journal of Personality and Social Psychology, 77, 293–323.

Dryer, D. C. & Horowitz, L. M. (1997). When do opposites attract? Interpersonal complementarity versus similarity. Journal of Personality and Social Psychology, 72, 592–603.

Eidelson, R. J. & Epstein, N. (1982). Cognition and relationship maladjustment: Development of a measure of dysfunctional relationship beliefs. Journal of Consulting and Clinical Psychology, 50, 715–720.

Eisenberg, N. & Lennon, R. (1983). Sex differences in empathy and related capacities. Psychological Bulletin, 94, 100–131.

Felser, G. (2000). Inkonsistenzen zwischen Selbstbild und der Wahrnehmung durch den Partner: Bedingungen der interpersonellen Wahrnehmung und ihr Zusammenhang mit der Partnerschaftsqualität. Lengerich: Pabst.

Fliegel, S., Neumann, H. & Paar, F. (1983). Kommunikation, Zufriedenheit und Verstehen in der Partnerschaft. Partnerberatung, 1, 1-12.

Fletcher, G. J. O., Simpson, J. A., Thomas, G. & Giles, L. (1999). Ideals in intimate relationships. Journal of Personality and Social Psychology, 76, 72–89.

Follette, W. C. & Jacobson, N. S. (1985). Assessment and treatment of incompatible relationships. In Ickes, W. (ed.). Compatible and incompatible relationships (pp. 333–361). New York: Springer-Verlag.

Gottman, J. M. (1994). What predicts divorce? The relationship between marital processes and marital outcomes. Hillsdale, N.J.: Erlbaum.

Hancock, M. & Ickes, W. (1996). Empathic accuracy: When does the perciever-target relationship make a difference? Journal of Social and Personal Relationships, 13, 179–199.

Hassebrauck, M. (1995). Kognitionen von Beziehungsqualität: Eine Protoypenanalyse. Zeitschrift für Sozialpsychologie, 26, 160–172.

Hassebrauck, M. & Fehr, B. (1999). Dimensions of relationship quality. Manuscript under review.

Hazan, C. & Shaver, P. R. (1987). Romantic love conceptualized as an attachment process. Journal of Personality and Social Psychology, 52, 511–524.

Heil, F. E. (1984). Zur Erfassung von Koorientierungsstrukturen in Partnerschaften. Grundlegung, Entwicklung und Evaluation des Trierer Partnerschaftsinventars. Universität Trier: Dissertation.

Hoffman, M. L. (1977). Sex differences in empathy and related behavior. Psychological Bulletin, 84, 712-722.

Johnson, D. J. & Rusbult, C. E. (1989). Resisting temptation: Devaluation of alternative partners as a means of maintaining commitment in close relationships. Journal of Personality and Social Psychology, 57, 967–980.

Kahneman, D. & Tversky, A. (1979). Intuitive prediction: Biases and corrective procedures. TIMS Studies in Management Science, 12, 313–327.

Kenny, D. A. (1991). A general model of consensus and accuracy in interpersonal perception. Psychological Review, 98, 155–163.

Kenny, D. A. & Acitelli, L. K. (2001). Accuracy and bias in the perception of the partner in a close relationship. Journal of Personality and Social Psychology, 80, 439–448.

Kenny, D. A. (1994). Interpersonal perception. New York: Guilford Press.

Knee, C. R., Nanayakkara, A., Vietor, N. A., Neighbors, C. & Patrick, H. (2001). Implicit theories of relationships: Who cares if romantic partners are less than ideal? Personality and Social Psychology Bulletin, 27, 808–819.

Kriz, J. (1991). Grundkonzepte der Psychotherapie, 3. Aufl. Weinheim: Beltz.

Kurdek, L. A. (1993). Predicting marital dissolution: A five-year prospective longitudinal study of newlywed couples. Journal of Personality and Social Psychology, 64, 221–242.

Lee, J. H. (1976). The colours of love. Englewood Cliffs, NJ: Prentice Hall.

Long, E. C. & Andrews, D. W. (1990). Perspective taking as a predictor of marital adjustment. Journal of Personality and Social Psychology, 59, 126–131.

Murray, S. L. & Holmes, J. G. (1993). Seeing virtues in faults: Negativity and the transformation of interpersonal narratives in close relationships. Journal of Personality and Social Psychology, 65, 707–722.

Murray, S. L., Holmes, J. G. & Griffin, D. W. (1996a). The benefits of positive illusions: Idealization and the construction of satisfaction in close relationships. Journal of Personality and Social Psychology, 70, 79–98.

Murray, S. L., Holmes, J. G. & Griffin, D. W. (1996b). The self-fulfilling nature of positive illusions in romantic relationships: Love is not blind, but prescient. Journal of Personality and Social Psychology, 71, 1155–1180.

Murray, S. L., Holmes, J. G., MacDonald, G. & Ellsworth, P. C. (1998). Through the looking glass darkly? When self-doubts turn into relationship insecurities. Journal of Personality and Social Psychology, 75, 1459–1480.

Murstein, B., Cerreto, M. & McDonald, M. (1977). A theory and investigation of the effect of exchange-orientation on marriage and friendship. Journal of Marriage and the Familiy, 39, 543–548.

Neyer, F. J. (1998). Zum Umgang mit dyadischen Daten: Neue Methoden für die Sozialpsychologie. Zeitschrift für Sozialpsychologie, 29, 291–306.

Noller, P., Beach, S. & Osgarby, S. (1997). Cognitive and affective processes in marriage. In: Halford, W. K. & Markman, H. J. (eds.). Clinical Handbook of Marriage and Couples Intervention (pp. 43–71). New York: Wiley.

Noller, P. & Ruzzene, M. (1991). Communication in marriage: The influence of affect and cognition. In: Fletcher, G. J. O. & Fincham, F. D. (eds.). Cognition in close relationships (pp. 203–233). Hillsdale, NJ: Erlbaum.

Noller, P. & Vendaros, C. (1986). Communication awareness in married couples. Journal of Social and Personal Relationships, 3, 31–42.

Ruvolo, A. P. & Rotondo, J. L. (1998). Diamonds in the rough: Implicit personality theories and views of partner and self. Personality and Social Psychology Bulletin, 24, 750–758.

Sillars, A. L., Folwell, A. L., Hill, K. C., Maki, B. K., Hurst, A. P. & Casano, R. A. (1994). Marital communication and the persistence of misunderstanding. Journal of Social and Personal Relationships, 11, 611–617.

Simpson, J. A., Ickes, W. & Blackstone, T. (1995). When the head protects the heart: Empathic accuracy in dating relationships. Journal of Personality and Social Psychology, 69, 629–641.

Steins, G. & Wicklund, R. A. (1993). Zum Konzept der Perspektivenübernahme: Ein kritischer Überblick. Psychologische Rundschau, 44, 226–239.

Sternberg, R. J. (1995). Love as a story. Journal of Social and Personal Relationships, 12, 541–546.

Sternberg, R. J., Hojjat, M. & Barnes, M. L. (2001). Empirical test of aspects of a theory of love as a story. European Journal of Personality, 15, 199–218.

Swann, W. B., de la Ronde, C. & Hixon, J. G. (1994). Authenticity and positivity strivings in marriage and courtship. Journal of Personality and Social Psychology, 66, 857–869.

Swann, W. B., Jr. & Gill, M. J. (1997). Confidence and accuracy in person perception: Do we know what we think we know about our relationship partners? Journal of Personality and Social Psychology, 73, 747–757.

Thibaut, J. & Kelley, H. (1959). The social psychology of groups. New York: Wiley.

Thomas, G., Fletcher, G. J. O. & Lange, C. (1997). On-line empathic accuracy in marital interaction. Journal of Personality and Social Psychology, 72, 839–850.

Vangelisti, A. L. (1992). Communication problems in committed relationships: An attributional analysis. In J. H. Harvey, T. L. Orbuch & A. Weber, L. (eds.). Attributions, accounts and close relationships (pp. 144–164). New York: Springer.

# Attribution in Partnerschaften

Bernhard Kalicki

**13.1    Attributionen sind grundlegende Denkprozesse**  378

**13.2    Attributionstheorien und grundlegende Effekte**  379

**13.2.1**  Anlässe und Funktionen der Ursachensuche  379

**13.2.2**  Prinzipien der Kausal- und Verantwortungsattribution  380

**13.2.3**  Dispositionelle Schlüsse  384

**13.2.4**  Besonderheiten der Attribution in Partnerschaften  385

**13.3    Attributionen in der Partnerschaftsdiagnostik**  387

**13.3.1**  Fragebogen-Instrumente  387

**13.3.2**  Beobachtungs- und Interviewverfahren  393

**13.3.3**  Aktuell diskutierte Fragen  395

**13.4    Befunde zur Attribution in Partnerschaften**  396

**13.4.1**  Attribution positiven vs. negativen Partnerverhaltens  396

**13.4.2**  Attribution der Beiträge und Leistungen beider Partner  397

**13.4.3**  Attribution wichtiger partnerschaftsbiographischer Ereignisse  399

**Zusammenfassung**  400

**Literatur**  401

> **R**abbit greift an seine Tasche, und Schrecken packt ihn. Er hat den Schlüssel nicht. Alles, seine ganze Idee, hängt jetzt davon ab, ob und wie Janice wieder geschlampt hat. Entweder sie vergisst, ihm den Schlüssel zu geben, wenn er aus dem Haus geht, oder sie macht sich gar nicht erst die Mühe, ihn aus dem Zündschloss zu ziehen. Er versucht sich vorzustellen, was diesmal wahrscheinlicher ist, aber es gelingt nicht. So gut kennt er sie nicht. Er weiß nie im Voraus, was sie tut. Sie weiß es ja selber nicht. Sie ist eben dumm.«
> **(John Updike, Hasenherz)**

## 13.1 Attributionen sind grundlegende Denkprozesse

In langjährigen Partnerschaften ergeben sich immer wieder Anlässe, über das Verhalten des Partners oder der Partnerin nachzudenken und hieraus Schlüsse zu ziehen. Im Alltag erleben wir ständig die unterschiedlichsten Dinge und machen uns einen Reim darauf. Die Klärung, warum mir etwas widerfährt, wird mein Verhalten in der Partnerschaft vor allem dann beeinflussen, wenn der Partner in irgendeiner Form zu meinem Erlebnis beigetragen hat. In dem vorliegenden Beispiel versucht Rabbit, der den Wagen seiner Frau abholen soll, zu rekonstruieren, wie es dazu kam, dass er den Autoschlüssel nicht dabei hat. Er spielt zwei plausible Ereignisverkettungen durch und landet bei einer Schlussfolgerung, die kein gutes Licht auf seine Frau wirft.

Innerhalb der Sozialpsychologie beschäftigen sich die Attributionstheorien mit solchen subjektiven Ereigniserklärungen. Attributionen gehören zu den grundlegenden Denkprozessen (Kognitionen), ihre Verhaltenseffekte sind entsprechend weit gestreut.

> Der Begriff der *Attribution* bezeichnet Zuschreibungen. Kausalattributionen identifizieren oder charakterisieren die Ursachen für eingetretene Ereignisse. Auch Personen anhand von Eigenschaftsbegriffen zu beschreiben, ihnen bestimmte Handlungsmotive, Absichten oder Überzeugungen zu unterstellen oder ihre Stimmungslage einzuschätzen, geschieht über Attributionen. Obwohl auch Attributionen Wissen repräsentieren, haben sie doch einen anderen epistemischen Status als Wahrnehmungen: Die Merkmale (Attribute) sind nicht direkt beobachtet, sondern erschlossen.

Während *Attributionstheorien* die Mechanismen zu bestimmen suchen, die solche Zuschreibungen und subjektiven Erklärungen steuern, befassen sich *attributionstheoretische Modelle* mit den Auswirkungen bestimmter Attributionen oder Attributionsmuster auf das Erleben und Verhalten (Kelley & Michela, 1980). Im ersten Teil werden einige grundlegende Mechanismen der Attribution vorgestellt, der zweite Teil befasst sich mit der Erfassung von Attributionen in Partnerschaften. Der dritte Teil behandelt schließlich attributionstheoretische Befunde zum Funktionieren von Partnerschaften.

## 13.2    Attributionstheorien und grundlegende Effekte

Bereits in den 40er Jahren des letzten Jahrhunderts begann Fritz Heider mit seinen Forschungen zur Wahrnehmung von Kausalität. Ihre Blütezeit hatte die Attributionsforschung in den 60er und 70er Jahren, aus dieser Zeit stammen die bekanntesten und einflussreichsten Arbeiten. Da dieser Ansatz nach wie vor sehr lebendig ist, ist die Zahl der inzwischen angehäuften Forschungsarbeiten kaum überschaubar. Wir beschränken uns in dieser Übersicht daher auf die für die Partnerschaftsforschung wichtigen Modelle und einige grundlegende Effekte (für weiter reichende Überblicke vgl. etwa Weary et al., 1989).

### 13.2.1    Anlässe und Funktionen der Ursachensuche

In den allermeisten Studien zu Attributionsprozessen wird die Ursachensuche durch die Anweisungen, die die Untersuchungsteilnehmer erhalten, ausgelöst. Ausgefeiltere Studien untersuchen, unter welchen Bedingungen Menschen von sich aus (sprich: spontan) nach Erklärungen für ein Ereignis suchen.

Unerwartete, überraschende oder extreme Ereignisse wecken die Suche nach einer Erklärung. Hierzu zählen auch erwartungsdiskrepante Handlungen. Im krassesten Fall verstößt die Beobachtung gegen Annahmen und Überzeugungen, die die Person bisher als gesichertes Wissen betrachtet hat. Die Verwunderung ist dann gepaart mit dem Bestreben, die Unverträglichkeit von Erwartung und Erfahrung aufzulösen. In der alltäglichen Konversation werden Warum-Fragen

> **Unerwartete, überraschende oder extreme Ereignisse wecken die Suche nach einer Erklärung. Hierzu zählen auch erwartungsdiskrepante Handlungen.**

(»Warum bloß hat Paul die Beziehung mit Sabine beendet?«) häufig schon dadurch hinreichend beantwortet, dass der Eintritt des Ereignisses beteuert (»Ja, die beiden sind nicht mehr zusammen«) oder das Ereignis als erwartbar oder normal dargestellt wird (»Paul hat es in seinen Beziehungen bisher immer nur auf ein oder zwei Jahre gebracht«; vgl. Hilton, 1990).

Die Valenz des Ereignisses spielt eine besondere Rolle: Insbesondere negative Ereignisse fordern nach einer Erklärung. Dies verweist auf die adaptive Funktion von Attributionsprozessen. Wenn abschätzbar ist, mit welcher Wahrscheinlichkeit das Ereignis unter welchen Bedingungen auftritt, sind adaptive Handlungen möglich. Auch in Paarbeziehungen werden negative Erfahrungen eher die Ursachensuche anstoßen als positive Erlebnisse.

Stimmungseffekte auf die Informationsverarbeitung wurden mehrfach nachgewiesen. Generell zeigt sich, dass Personen in positiver Stimmung Informationen einfacher und weniger systematisch verarbeiten, Personen in aktuell negativer Stimmung oder depressive Menschen hingegen mehr Zeit und Aufmerksamkeit für die Analyse der Erfahrung verwenden und hierzu weniger simple Heuristiken nutzen.

Auch der Verlust von Kontrolle stößt Ruminationen über die Hintergründe an. Spezifische Attributionsmuster dienen dem Wiedergewinn von Kontrolle. Hier tragen Ursachensuche und konstruierte Ereigniserklärung also zur Bewältigung der Erfahrung bei. Lerntheoretisch geprägt ist das Theorem, dass mit zunehmender Kontrolle der Zielperson über den Beurteiler (»outcome dependency«) dessen Motivation zur kausalen Analyse des Verhaltens der Zielperson steigt. In dieselbe Richtung weisen Experimentalbefunde, wonach Personen, die das Verhalten einer ihnen unbekannten Zielperson mitbekommen, deren Verhalten dann stärker analysieren, wenn sie erwarten, später mit dieser Person zusammenzutreffen. Auch dies ist adaptiv, denn es reduziert Unsicherheit und erleichtert die Verfolgung der eigenen Interaktionsziele, selbst wenn sich diese erst später, im Verlauf der Interaktion herausschälen sollten. Gerade in der Anfangsphase einer Beziehung ist es notwendig, das Verhalten des Partners gleichsam zu lesen und Sicherheit zu gewinnen.

## 13.2.2  Prinzipien der Kausal- und Verantwortungsattribution

Das Kovariationsmodell der Kausalattribution von Kelley (1967) geht von der Annahme aus, dass Laien dieselben Prinzipien anwenden wie experimentierende Wissenschaftler, um die Ursachen von Ereignissen oder Handlungen zu ermitteln. Sie nutzen Information darüber, unter welchen Bedingungen das fragliche Ereignis auftritt (genauer: mit welchen Faktoren das Ereignis *kovariiert*). Kelley fasst das Kovariationsprinzip so zusammen:

> »Der Effekt wird derjenigen Bedingung zugeschrieben,
> die präsent ist, wenn der Effekt auftritt, und die abwesend ist,
> wenn er ausbleibt« (Kelley, 1967, S. 194; Übersetzung B.K.).

Zum Aufspüren von Kovariationsbeziehungen sind dabei mehrere Beobachtungen unter unterschiedlichen Bedingungskonstellationen nötig. Zu den Beobachtungen zählt neben dem Eintritt auch das Ausbleiben des Ereignisses. Das zu erklärende Ereignis ist typischerweise ein Verhalten einer Person P gegenüber einem Objekt oder Stimulus S zu einem bestimmten Zeitpunkt T. Aufschlussreich für die Bestimmung der Ursache dieses Ereignisses sind nun Kenntnisse darüber, ob es nur bei dieser Person auftritt (sprich: ob sich nur P so verhält) oder ob es auch bei anderen Personen zu beobachten ist; ob es an ein bestimmtes Objekt (sprich: an eine bestimmte Situation oder an einen bestimmten Anlass) gebunden ist und ob es zu unterschiedlichen Zeitpunkten auftritt (ob die Person sich früher in ähnlichen Situationen ebenfalls so verhalten hat). Der erste Punkt bezeichnet die *Konsens- information*, der zweite Punkt Information zur *Distinktheit*, der dritte Information zur *Konsistenz* des Verhaltens. Unter drei bestimmten Informationslagen kommen die Beurteiler zu drei typischen Verhaltenserklärungen: Das Objekt bzw. die Situation gilt als die Ursache, wenn sich andere Personen in vergleichbaren Situationen ähnlich verhalten (hoher Konsens), das Verhalten der Person stark situationsgebunden (hohe Distinktheit) und wiederkehrend ist (hohe Konsistenz). Dagegen wird die Person als Ursache ausgemacht, wenn andere Personen in vergleichbaren Situationen das Verhalten nicht zeigen (geringer Konsens), das Verhalten der beobachteten Person auch in andersartigen Situationen auftritt (geringe Distinktheit) und wenn das Verhalten wiederholt oder regelmäßig auftritt (hohe Konsistenz). Das Verhalten wird schließlich mit Verweis auf besondere Umstände erklärt, wenn es von anderen Personen in ähnlichen Situationen nicht gezeigt wird (geringer Konsens) und wenn es zudem stark situationsspezifisch ist (hohe Distinktheit) und nicht regelmäßig oder verlässlich auftritt (geringe Konsistenz).

> **Die Person wird als Ursache ausgemacht, wenn andere Personen in vergleichbaren Situationen das Verhalten nicht zeigen (geringer Konsens), das Verhalten der beobachteten Paron auch in andersartigen Situationen auftritt (geringe Distinktheit) und wenn das Verhalten wiederholt oder regelmäßig auftritt (hohe Konsistenz).**

Ein Beispiel mag die drei prototypischen Ereigniserklärungen verdeutlichen: Angenommen, eine Schülerin muss auf den Jungen, mit dem sie verabredet ist, eine halbe Stunde warten, bis der auftaucht. Wenn sie bedenkt, dass sich auch andere Jungs (hoher Konsens) immer wieder (hohe Konsistenz) bei Verabredungen mir ihr verspäten, während dieselben Jungs zu Verabredungen mit ihren Freundinnen pünktlich erscheinen (hohe Distinktheit), schiebt sie die Verspätung auf ihre geringe Attraktivität – und damit auf das »Objekt« der Begierde. Wenn sie jedoch die Erfahrung gemacht hat, dass noch kein Junge zu einem »Date« mit ihr zu spät kam (geringer Konsens), und dieser Knabe zudem ständig (hohe Konsistenz) verspätet in den Unterricht platzt (geringe Distinktheit), erklärt sie sich dessen Verspätung damit, dass der Junge unpünktlich und chaotisch ist – also mit Eigenheiten der Person. Hat sie noch nie erlebt, dass ein Junge eine der ersten Verabredungen verpasst (geringer Konsens), weil auch der heutige Kandidat beim ersten Mal pünktlich erschienen war (geringe Konsistenz) und auch sonst pünktlich ist (hohe Distinktheit), erklärt sie die Verspätung mit besonders dummen Umständen – der Junge geriet vielleicht in einen Stau, musste er heute doch ausgerechnet während der Rushhour mit dem Auto quer durch die Stadt.

Diese drei Attributionen mit ihren entsprechenden Informationsmustern sind von besonderer Bedeutung, da Beurteiler auch unter unvollständigen Informationslagen – Konsens-, Distinktheits- und Konsistenzinformation liegen nicht komplett vor – auf solche Erklärungen zurückgreifen. Unvollständige Beobachtungen oder Daten werden bevorzugt zu diesen Mustern ergänzt. Stimulusattributionen, Personenattributionen und Attributionen auf besondere Umstände sind somit grundlegende Erklärungsschemata, die die Ursachensuche vereinfachen.

> – Internale Attribution: Erklärungen, die die Ursachen eines Ereignisses oder Verhaltens der betreffenden Person zuordnen.
> – Externale Attribution: Erklärungen, die äußere Faktoren als Ursachen heranziehen.

Die möglichen Ursachen, die bei Ereigniserklärungen angeführt werden können, sind schier unübersehbar. Die spezifischen Ursachen, auf die ein Beurteiler das zu erklärende Ereignis oder Verhalten zurückführt, können jedoch anhand allgemeiner und für die weitere Informationsverarbeitung bedeutsamer Urteilsdimensionen charakterisiert werden. Wichtig ist zunächst die Verortung (Lokalisation) von Ursachen. Als *internale Attributionen* werden solche Erklärungen bezeichnet, die die Ursachen eines Ereignisses oder Verhaltens der betreffenden Person zuordnen (z. B. ihren Fähigkeiten, Eigenschaften oder auch bestimmten Stimmungszuständen). Als *externale Attributionen* gelten alle Erklärungen, die äußere Faktoren als Ursachen heranziehen (z. B. situative Anforderungen, andere Personen oder auch den Zufall). Während frühe Attributionstheorien interne und externe Verursachung noch als Gegenpole einer Dimension auffassen – Erfolg bei den Jungs wird entweder internal (z. B. Attraktivität) oder external erklärt (z. B. Überzahl an Jungs auf dieser Schule) –, hat sich mittlerweile die Auffassung von Internalität und Externalität als zweier unabhängiger Dimensionen durchgesetzt. Eine Schülerin, die bei den Jungs ihrer Schule gut ankommt, kann diesen Erfolg z. B. mit ihrer Attraktivität (internale Attribution) und gleichzeitig mit der Geschlechtsverteilung an ihrer Schule (externale Attribution) erklären. Eine weitere zentrale Dimension ist die *Stabilität der Ursache*. Beispiele für stabile Kausalattributionen sind Verweise auf äußere Erscheinungsmerkmale der Person, aber auch auf erworbene Fähigkeiten oder auf eingefahrene Persönlichkeitszüge. Variable Attributionen verweisen etwa auf veränderbare oder manipulierbare Erscheinungsmerkmale, auf flüchtige Stimmungen der Person oder auf untypische Situationsmerkmale. Stabilität und Konsistenz sind übrigens nicht zu verwechseln: Konsistenz bezeichnet das wiederkehrende Auftreten des zu erklärenden Ereignisses; Stabilität kennzeichnet als Attributionsdimension die identifizierten Ursachen. Die *Globalität der Ursache* betrifft deren Wirkungskreis oder Reichweite. Globale Ursachen haben weit reichende Auswirkungen, spezifische Ursachen einen engen Wirkungskreis. Die Scheu eines Mannes vor fremden Menschen wird sich beispielsweise in vielfältigeren sozialen Situationen auswirken als die spezifischere Unsicherheit und Scheu eines anderen Mannes vor ihm fremden Frauen, die das gleiche Alter haben wie er.

Die Interpretation von Handlungen und Handlungsergebnissen geschieht anhand zusätzlicher Urteilsdimensionen. Die wahrgenommene Absichtlichkeit (*Intentionalität*) ist von grundlegender Bedeutung für die moralische Bewertung des Verhaltens, denn die Zuschreibung von personaler Verantwortung ist gebunden an die Annahme von Intentionalität. So macht es einen Unterschied, ob ich bei einem verabredeten Termin versehentlich versetzt werde oder ob mein Partner den Termin wissentlich versäumt. Beobachtete Handlungen werden schließlich auch hinsichtlich ihrer *Instrumentalität* oder *Finalität* ausgelegt. Dies geschieht über die Zuschreibung von bestimmten Absichten oder Handlungsmotiven. *Schuldzuweisungen und Schuldvorwürfe* werden schließlich dann vorgebracht, wenn eine negative, schädigende Handlung absichtlich durchgeführt wurde und diese Schädigung nicht gerechtfertigt werden kann (Shaver, 1985).

> **Die wahrgenommene Absichtlichkeit (Intentionalität) ist von grundlegender Bedeutung für die moralische Bewertung des Verhaltens.**

Die Attributionstheorie von Kelley unterstellt dem menschlichen Denken und Schlussfolgern hohe Rationalität. Diese Annahme wird jedoch durch vielfältige, gut dokumentierte Urteilsverzerrungen und Attributionsfehler (»Biases«) widerlegt. Verzerrungen und Fehler schleichen sich nicht nur gelegentlich und zufällig ein, sie treten vielmehr systematisch auf und geben damit Einblick in die zugrunde liegenden Prozesse der Informationsverarbeitung.

## Attributionsbiases

- Der »*fundamentale Attributionsfehler*« besteht in der generellen Neigung von Beobachtern, bei der Verhaltenserklärung den Einfluss von Personmerkmalen zu betonen und den Einfluss von Situationsmerkmalen eher zu vernachlässigen.
- Die Urteilsperspektive prägt darüber hinaus Kausalattributionen. Während der Handelnde sein Tun eher mit Verweis auf die Situation erklärt, macht der außenstehende Beobachter hierfür eher Personmerkmale verantwortlich. Dieser »*Perspektiveneffekt*« beruht wohl vorwiegend auf der unterschiedlichen Informationslage von Akteur und Betrachter. Für den Beobachter ist der Akteur salient; der Akteur selbst fokussiert dagegen primär sein Handlungs-

feld. Bezogen auf unser Dating-Beispiel attribuiert die wartende Schülerin die Verspätung leicht auf Merkmale des Jungen. Sie unterstellt ihm z. B. einen Hang zur Unpünktlichkeit oder hat Zweifel, ob er tatsächlich großes Interesse an ihr hegt. Der Junge selbst attribuiert die Verspätung sehr viel eher auf Situationsfaktoren, die zu seiner Verspätung beigetragen haben (wie den stockenden Verkehr auf der Herfahrt).

– Als »*Falscher Konsens*«-*Effekt* wird die Tendenz bezeichnet, das eigene Verhalten, eigene Wahrnehmungen und Einschätzungen, aber auch die persönlichen Überzeugungen für verbreiteter zu halten, als sie es faktisch sind. Diese egozentrische Überschätzung der eigenen Position führt dazu, dass man sich bestätigt sieht durch die vermeinliche Übereinstimmung mit anderen. Kennt die Schülerin das Verkehrschaos während der Rushhour und plant sie dies bei ihrer eigenen Zeitnutzung ein, wird sie dieses Wissen schnell auch dem Jungen zuschreiben und ihm vielleicht entsprechende Vorwürfe machen.

– Eine selbstgefällige oder »*egoistische Attribution*« zeigt sich in der Erklärung von Erfolg und Misserfolg. Während eigene Misserfolge bevorzugt external attribuiert und somit entschuldigt werden, werden eigene Erfolge gerne der eigenen Person angerechnet, also internal attribuiert. Hintergrund ist das Motiv, den eigenen Selbstwert zu schützen bzw. zu steigern.

Darüber hinaus wurden noch weitere Urteilstendenzen nachgewiesen. Für die wechselseitige Auslegung des eigenen Verhaltens und des Verhaltens des anderen in Partnerschaften sind die hier genannten Attributionsbiases zentral.

### 13.2.3  Dispositionelle Schlüsse

Wie Schlussfolgerungen von beobachteten Handlungen auf Eigenheiten des Akteurs ablaufen, beschreibt die Theorie der korrespondenten Schlüsse von Jones und Davis (1965). Die Erfahrungsgrundlage für Rückschlüsse auf Merkmale des Akteurs bilden neben der gewählten Handlung insbesondere die Handlungsfolgen. Zu unterscheiden sind hierbei die Folgen für den Handelnden und die Folgen für den Beobachter.

> **Insbesondere die Handlungsfolgen bilden die Erfahrungsgrundlage für Rückschlüsse auf Merkmale des Akteurs.**

Die Folgen einer Handlung für den Handelnden geben, sofern sie intendiert waren (oder als erwartbare Nebeneffekte zumindest in Kauf genommen wurden), Aufschluss über die Absichten, Ziele und Motive der Person und dahinter liegende Persönlichkeitszüge (Dispositionen). Aufschlussreich ist auch die Kenntnis der nicht gewählten Handlungsalternativen und somit der nicht ange-strebten Handlungsfolgen. Die Korrespondenz (Schlüssigkeit, Stimmigkeit oder Überzeugungskraft) des Schlusses von einer Handlung auf ein Merkmal des Handelnden steht nun in umgekehrter Beziehung erstens zur Zahl der spezifischen Handlungsfolgen und zweitens zur vermuteten Erwünschtheit dieser Folgen: Handlungen mit vielen speziellen Effekten sind mehrdeutig, da offen bleibt, welche dieser Ziele handlungsleitend waren. Erwünschte Handlungsfolgen werfen ebenfalls wenig Information über die Person ab, da alle Menschen gemeinhin angenehme und wünschenswerte Ergebnisse unerwünschten Effekten vorziehen. Damit sind auch rollenkonforme Handlungen wenig informativ. Da es beispielsweise zur Partnerrolle gehört, dem Partner gegenüber liebevoll, rücksichtsvoll und hilfsbereit zu sein, dürfte positives Partnerverhalten mit Blick auf die Personwahrnehmung weitaus weniger informativ sein als negatives Partnerverhalten.

Hat das Handeln des Akteurs Auswirkungen auf den Beobachter (»hedonistische Relevanz«), beeinflusst dies ebenfalls den Interpretationsprozess. Je stärker die Interessen des Beurteilers berührt werden, desto stärker tragen diese Erfahrungen zur Urteilsbildung bei. Nutzt das beobachtete Tun dem Beurteiler, fördert dies einen positiven Eindruck (Zuschreibung positiver Absichten, Eigenschaften oder Einstellungen); schadet es dem Beurteiler, provoziert dies Schlüsse auf negative Merkmale des Akteurs. Einen eigenen Effekt hat die Vermutung, dass der Akteur dem Beurteiler absichtlich, also wissentlich und gezielt, nutzt oder schadet. Während die absichtliche Bevorteilung Zweifel wecken kann, ob die Begünstigung echte Absicht ist oder nur Mittel zu einem anderen Zweck, erlaubt die absichtliche Benachteiligung oder Schädigung den sicheren Schluss auf Merkmale des Akteurs.

### 13.2.4  Besonderheiten der Attribution in Partnerschaften

Der Attributionsforschung wurde, wie der sozialpsychologischen Forschung insgesamt, häufig der Vorwurf gemacht, das Sozialverhalten einander fremder Personen in untypischen Situationen zu studieren. Bei der Anwendung attributionstheoretischer Modelle auf Partnerschaften müssen demnach die besonderen Merkmale dieser Form von Beziehungen berücksichtigt werden.

Zunächst ist hervorzuheben, dass Personen in Partnerschaften sehr schnell sehr viel Information und Wissen über den anderen ansammeln. Einzelne, willkürlich herausgegriffene Interaktionsepisoden verlieren damit u. U. an Bedeutung. Werde ich von einer anderen Person brüskiert, prägt das meine gesamte Haltung dieser Person gegenüber, sofern ich sie einmalig im psychologischen Labor treffe. War es mein Partner, der mich brüskiert hat, stehen dieser singulären Erfahrung unzählige andere Erfahrungen gegenüber, die in der Summe meine Sicht vom anderen und mein

Verhalten ihm gegenüber prägen. Auch können in lang dauernden Partnerschaften vorgefertigte Erklärungsschemata abgerufen werden, sodass Attributionen ohne elaborierte Kausalanalyse der Erfahrung generiert werden.

Noch in einem weiteren Sinne betrachten wir den Partner und sein Verhalten nicht unvoreingenommen. Wie sich Personen ihrem Partner gegenüber verhalten, welche Reaktionen somit in Paarbeziehungen zu erwarten sind, ist in *sozialen Skripten* vorgegeben (vgl. Schank & Abelson, 1977). Auch *stereotype Attributzuschreibungen* – »Ehemänner sind treu und zuverlässig« – bilden einen Hintergrund, vor dem außergewöhnliche, erwartungsdiskrepante Verhaltensweisen wahrgenommen und interpretiert werden.

Partnerschaften sind zudem durch hohe *Interdependenz* gekennzeichnet, also durch wechselseitige Abhängigkeit beider Partner vom Verhalten des jeweils anderen. Damit gewinnen Handlungen regelmäßig an hedonistischer Relevanz, was die attributiven Implikationen des Partnerverhaltens erhöht.

Die besondere Verquickung zweier Partner in romantischen Beziehungen setzt auch allen Bestrebungen Grenzen, den eigenen Selbstwert zu sichern oder zu steigern. Denn die Selbstaufwertung kann leicht mit der Wertschätzung und Aufwertung des Partners konfligieren. Experimentalbefunde zur Attribution von Gruppenleistungen zeigen, dass selbst einander fremde Personen den eigenen Beitrag zur gemeinsamen Leistung vorsichtig benennen. Hier greifen soziale Bescheidenheitsnormen, aber auch die strategische Verfolgung längerfristiger Interaktionsziele.

> **In Paarbeziehungen begegnen die Partner einander mit der wechselseitigen Erwartung nach Bestätigung und Wertschätzung.**

In Paarbeziehungen begegnen die Partner einander mit der wechselseitigen Erwartung nach Bestätigung und Wertschätzung. Die ungehemmte Betonung eigener Leistungen und Vorzüge wirkt für den anderen insbesondere dann Selbstwert bedrohend, wenn das fragliche Verhaltens- oder Persönlichkeitsmerkmal zentral für dessen Selbstdefinition ist. Schätzt einer der Partner z. B. seinen eigenen Beitrag zum Gelingen der Beziehung höher ein als den Beitrag des anderen, fördert dies zwar seinen Selbstwert, nicht aber die Beziehung.

Attributionen in Partnerschaften dienen schließlich nicht nur dazu, erlebte Situationen kognitiv zu strukturieren und zu verstehen. Geäußerte Attributionen besitzen auch pragmatische Funktionen, etwa wenn eigene Erwartungen oder zielgerichtete Handlungsaufforderungen kommuniziert werden (McLaughlin et al., 1992). Die Mitteilung des einen Partners, dass er sein eigenes Zutun zum Gelingen der Partnerschaft höher bewertet als das Zutun des anderen, mag zwar aufrichtig sein. Diese Botschaft wird aber, selbst wenn sie nur eine wahrheitsgetreue Wiedergabe der subjektiven Einschätzungen darstellt, von dem anderen Partner leicht als Vorwurf und Appell aufgefasst. Und sie wird entsprechende Reaktionen provozieren.

## 13.3 Attributionen in der Partnerschaftsdiagnostik

Bei der Erfassung von Attributionen sind wir auf Selbstauskünfte der Person angewiesen. Doch trotz dieser Festlegung bleiben unterschiedliche diagnostische Zugänge möglich. Wir beschränken uns bei der Sichtung und Diskussion unterschiedlicher Erhebungsverfahren erstens auf Instrumente, die partnerschaftsbezogene Attributionen erfassen. Außerhalb unseres Blickfelds liegen Erhebungsinstrumente zu generellen Attributionsstilen, bereichsspezifische Maße für andere Anwendungsfelder oder auch Instrumente zur Erfassung partnerschaftsbezogener Kontrollüberzeugungen. Hierfür spricht neben Platzgründen die geringe bereichsübergreifende Konsistenz von Attributionsmustern (Horneffer & Fincham, 1995). Zweitens betrachten wir nur solche Verfahren, über deren Entwicklung und Validierung hinreichende Information vorliegt (zu Validierungsstandards vgl. etwa Sabatelli, 1988). Wir beschränken uns hingegen nicht auf deutschsprachige Verfahren oder Adaptationen, da die Methodenentwicklung insgesamt noch nicht zu der Fülle an standardisierten Verfahren geführt hat wie in anderen Bereichen der Partnerschaftsdiagnostik.

### 13.3.1 Fragebogen-Instrumente

Die fast 20-jährige Geschichte der Fragebogenentwicklung zu Attributionen für partnerschaftsthematische Ereignisse ist geprägt durch fortwährende Modifikationen an vorliegenden Instrumenten. Die Skalenliste wird ergänzt um zusätzliche Konstrukte, Instruktionen werden variiert, doch manche Items werden immer wieder weiterverwendet. Erst in jüngster Zeit finden sich Bestrebungen, standardisierte und ökonomische Fragebögen zu entwickeln, die dem empirischen Forscher als Referenzmaße und dem Praktiker als Diagnoseinstrumente zur Verfügung stehen.

#### »Attribution Questionnaire« und Varianten

Fincham und O'Leary (1983) legten den ersten Attributionsfragebogen zur Partnerschaftsdiagnostik vor, der die Vorlage für zahlreiche Weiterentwicklungen bildete. Die Befragten bekommen in zwölf Durchgängen hypothetische Partnerschaftserfahrungen präsentiert (sechs Beispiele für positives plus sechs Beispiele für negatives Verhalten des Partners), sollen sich die entsprechende Erfahrung vorstellen und anschließend jeweils die Hauptursache für das imaginierte Partnerverhalten benennen. In jedem Durchgang wird die identifizierte Ursache von dem Befragten dann anhand der Attributionsdimensionen *internal/external, global/spezifisch* und *stabil/variabel* beurteilt. Eine zusätzliche Einschätzung ermittelt die perzipierte Kontrollierbarkeit der Ursache für die Partner. Es folgen Anschlussfragen

> Der Attributionsfragebogen von Fincham und O'Leary (1983) ist die Vorlage für zahlreiche Weiterentwicklungen.

nach der subjektiven Plausibilität der Erklärung, nach der emotionalen Qualität des beschriebenen Partnerverhaltens und der eigenen Verhaltensreaktion des Befragten sowie nach der emotionalen Qualität dieser antizipierten Verhaltensantwort (Wie bestrafend oder belohnend wäre diese Reaktion?). Die Ursachenlokalisation erfolgt auf einer eindimensionalen Skala, deren einer Pol die internal-partnergerichtete Ursachenzuschreibung beschreibt, deren zweiter Pol jedoch internal-selbstbezogene und externale Zuschreibungen zusammenfasst. Die Schilderung der eigenen Reaktion geschieht in einer Satzergänzung (»Ich würde...«), alle anderen Einschätzungen erfolgen auf siebenstufigen Ratingskalen. Die benötigte Bearbeitungszeit geben Fincham und O'Leary mit 40–60 Minuten an.

Die spezifischen Attributionen bzw. Einschätzungen werden über die sechs negativen Stimuli hinweg zu Skalenwerten aggregiert, ebenso die Ratings zu den sechs positiven Stimuli. Die diskriminative Validität beider Globalitätsskalen wird belegt: Partner, die therapeutische Hilfe aufsuchen, attribuieren negatives Partnerverhalten auf Ursachen, die globaler, und positives Partnerverhalten auf Ursachen, die weniger global sind als die von einer Vergleichsgruppe unbelasteter Paare genannten Ursachen. Darüber hinaus korreliert sowohl die stabile als auch die globale Attribution positiver Partnerschaftserfahrung mit der affektiven Bewertung dieser Erfahrung: Die Einschätzung der Ursachen positiver Partnerschaftserfahrung als stabil und global geht mit positiveren antizipieren Gefühlen in der entsprechenden Situation einher. Die Validierung der Skala zur Ursachenlokalisation gelingt jedoch nicht.

Die Weiterentwicklungen dieses Fragebogens geben Aufschluss über einige erkannte Schwächen des Attribution Questionnaire. So lehnt sich das »*Dyadic Attributional Inventory*« (*DAI*) von Baucom und Mitarbeitern (1989) hieran an, nutzt jedoch drei unabhängige Einschätzungen zur *selbstbezogenen, partnergerichteten* und *externalen* Lokalisation der Ursache. Stabilitäts- bzw. Globalitätseinschätzung komplettieren die Kausalattributionen. Ergänzend werden in diesem Instrument die subjektive Bedeutsamkeit der Situation und ihre emotionale Bewertung durch den Befragten erfasst. Die interne Konsistenz der Attributionsskalen wird durch eine Verdopplung der Testlänge – den Befragten werden je sieben Einschätzungen zu 12 negativen und 12 positiven hypothetischen Situationen, insgesamt also 168 Ratings zugemutet – nur leicht erhöht. Dies rechtfertigt kaum den Bearbeitungsaufwand (zu den Reliabilitätswerten der diskutierten Instrumente s. Tabelle 13.1). Immerhin gelingt es aufgrund der Ausdifferenzierung der Ursachenlokalisation, erwartungskonforme Bezüge zur Partnerschaftsqualität nachzuweisen: Belastete Partner maximieren die Bedeutung negativer Partnerschaftserfahrung, indem sie die Ursachen dem Partner zuschreiben und die Ursachfaktoren als global und

**Tabelle 13.1.** Ausgewählte Fragebogen-Instrumente zur Erfassung von Attributionen in Partnerschaften in der Übersicht

| Fragebogeninstrument (Quelle; Testformen) | Zu erklärendes Verhalten | Skalen zur Erfassung von Attributionen (Itemzahl) | Interne Konsistenz der Skalen |
|---|---|---|---|
| »Attribution Questionnaire« (Fincham & O'Leary, 1983) | Hypothetische negative und positive Verhaltensweisen des Partners | Lokalisation, Globalität, Stabilität der benannten Ursache plus perzipierte Kontrollierbarkeit (je 6 für negatives Partnerverhalten und je 6 für positives Partnerverhalten) | $\alpha$: 0,58–0,79 |
| »Dyadic Attributional Inventory« (Baucom et al., 1989) | Hypothetische negative und positive Verhaltensweisen des Partners | Internal-selbstbezogene Lokalisation, internal-partnergerichtete Lokalisation, externale Lokalisation, Stabilität, Globalität (je 12 für negatives Partnerverhalten und je 12 für positives Partnerverhalten) | $\alpha$: 0,71–0,88 |
| »Relationship Attribution Measure« (Fincham & Bradbury, 1992; Lang- und Kurzform) | Hypothetische negative Verhaltensweisen des Partners | Kausalattributionen, internal-partnergerichtete Lokalisation, Stabilität, Globalität; Verantwortlichkeitsattributionen, Intentionalität, egoistische Motivation, Schuldvorwurf (Kurzform, 6 Skalen à 4; Langform, 6 Skalen à 8 Items). Indexvariablen Kausalattribution und Verantwortlichkeitsattribution | $\alpha$: 0,62–0,88 für die Attributionsdimensionen und von 0,86–0,93 für die Indexvariablen (Kurzform) |
| »Fragebogen zu Attrributionen in Partnerschaften« (Kalicki, 2002; Lang- und Kurzform) | Hypothetische negative Verhaltensweisen des Partners | Kausalattributionen, internal-partner gerichtete Lokalisation, Stabilität, Globalität; Verantwortlichkeitsattributionen, Intentionalität, egoistische Motivation, Schuldvorwurf (Kurzform, 6 Skalen à 4; Langform, 6 Skalen à 8 Items). Indexvariablen Kausalattribution, Verantwortlichkeitsattribution, Gesamtmaß Partner belastende Attribution | $\alpha$: 0,79–93 für die Attributionsdimensionen und von 0,86–0,96 für die Indexvariablen (Kurzform) |
| »Marital Attitude Survey« (Pretzer et al., 1991; 74 Items, von denen 39 zur Skalenbildung genutzt werden) | (Unspezifische) Partnerschaftsprobleme | Ursachenattribution auf eigenes Verhalten (4), Ursachenattribution auf eigene Persönlichkeit (4), Ursachenattribution auf Verhalten des Partners (4), Ursachenattribution auf Persönlichkeit des Partners (4), Zuschreibung negativer Absichten des Partners (8), Zuschreibung mangelnder Liebe des Partners (7) | $\alpha$: 0,58–0,93 |

stabil betrachten. Glückliche Partner minimieren hingegen die Bedeutung negativer Verhaltensweisen ihres Partners.

Eine zweite Variante des Attribution Questionnaire stellt der »*Partner Observational/Attributional Questionnaire*« (POAQ) von Baucom und Mitarbeitern dar, der jedoch bislang nicht publiziert wurde und zu dem nur spärliche Angaben auffindbar sind (vgl. Baucom & Epstein, 1990). Die verfügbaren Informationen deuten darauf hin, dass die Testökonomie auch bei diesem Instrument etwas aus dem Blick geraten ist.

### »Relationship Attribution Measure« (RAM) und »Fragebogen zu Attributionen in Partnerschaften« (FAP)

Mit einem äußerst ökonomischen, validen und hoch reliablen Fragebogenmaß zur Erfassung von Kausal- und Verantwortungs- attributionen für negatives Partnerverhalten war-

> **Das Fragebogenmaß zur Erfassung von Kausal- und Verantwortungs- attributionen für negatives Partner- verhalten von Fincham und Brad- bury (1992) ist ökonomisch, valide und hoch reliabel.**

ten Fincham und Bradbury (1992) auf. In der Kurz- form des RAM erhalten die Beurteiler vier und in der Langform acht negative Verhaltensweisen des Partners (Stimuli), die sie sich jeweils vorstellen sol- len. Jede dieser hypothetischen Situationen ist dann anhand von Kausalattributionen zur *Lokalisation* der Ursache (unabhängige Ratings für die internal- partnergerichtete und die internal-selbstbezogene Ursachenver- ortung), zu deren *Stabilität* und ihrer *Globalität* zu analysieren. Zusätzliche Verantwortlichkeitsattributionen erfassen die ver- mutete *Intentionalität* des Partnerverhaltens, die Unterstellung *egoistischer Motive* sowie den *Schuldvorwurf.*

In die Datenverwertung wird nur die internal-partnergerichtete Ursachenlokalisation aufgenommen. Die Autoren begründen dies mit dem hohen diagnostischen Wert dieser Attributions- dimension. Die gewonnenen Einschätzungen werden über die Stimuli hinweg zu attributionsspezifischen Summenscores aggre- giert. Darüber hinaus lassen sich die *Kausalattributionen* (Lokali- sation beim Partner, Stabilität, Globalität) bzw. die *Verantwort- lichkeitsattributionen* (Intentionalität, egoistische Motivation, Schuldvorwurf) zu eigenen Skalenwerten weiter zusammen- fassen. Die Reliabilität der so gebildeten Skalen ist gut. Die Vali- dierung der sechs Attributionsdimensionen sowie der beiden Aggregatvariablen am Kriterium der Partnerschaftszufrieden- heit gelingt. Die internal-partnergerichtete, stabile und globale Kausalattribution negativer Partnerschaftserfahrung korreliert wie erwartet negativ mit der Zufriedenheit. Gleiches gilt für die Verantwortlichkeitszuschreibungen. Den Partner für sein nega- tives Verhalten verantwortlich zu machen und ihm dies vor- zuwerfen, korreliert stärker als die Kausalattribution des Verhal- tens mit der affektiven Reaktion des Beurteilers (beobachtet wurden Wutausdruck und Weinen in videographierten Problem- diskussionen).

Klare Vorzüge des RAM sind dessen theoriegeleitete Konstruktion, die nachgewiesene Testgüte sowie die Kürze des Instruments. Hervorzuheben ist zudem die Möglichkeit, über die separate Betrachtung einzelner Attributionsdimensionen hinaus auch schematische Attributionsmuster der negativen bzw. wohl wollenden Auslegung negativer Erfahrung zu erfassen.

Das Relationship Attribution Measure liegt inzwischen auch in einer deutschen Fassung vor. Der »Fragebogen zu Attributionen in Partnerschaften« (Kalicki, 2002) besitzt ähnlich gute Messeigenschaften wie die amerikanische Vorlage und ist mit einer durchschnittlichen Bearbeitungszeit von nur sieben Minuten ein äußerst ökonomisches Erhebungsinstrument.

### »Marital Attitude Survey« (MAS) und Varianten

Das »Marital Attitude Survey« (Pretzer et al., 1991) erfasst dysfunktionale Attributionen für Beziehungsprobleme und problemerhaltende Erwartungen. Das MAS wurde für klinisch-therapeutische Zwecke entwickelt, was sowohl die Wahl des zu erklärenden Verhaltens (unspezifizierte Partnerschaftsprobleme) als auch

> **Das MAS wurde für klinisch-therapeutische Zwecke entwickelt.**

die Auswahl der fokussierten Attributionen erklärt. Vier der acht MAS-Subskalen dienen der Identifikation der Problemursachen (eigenes Verhalten; eigene Persönlichkeit; Verhalten des Partners; Persönlichkeit des Partners), eine fünfte der Unterstellung böswilliger Absichten des Partners und eine sechste der Zuschreibung fehlender Liebe des Partners. Zwei weitere Skalen messen problembezogene Erwartungen (Änderbarkeit des Problems; erwartete Verbesserung). Die Itemgenerierung stützt sich auf Kognitionen, die in klinischen Interviews oder Therapiesitzungen genannt wurden, auf Gedankenprotokolle von Klienten sowie den Erfahrungsaustausch der Testautoren mit anderen Paartherapeuten. 39 der insgesamt 74 Items des MAS werden zur Skalenbildung genutzt; über die Verwendung der übrigen 35 Items besteht bei den Testautoren noch Unklarheit (vgl. Baucom & Epstein, 1990).

Die Daten der Validierungsstudie belegen, dass insbesondere die partnergerichteten Zuschreibungen (also die Kausalattributionen und die Attribution von böswilligen Absichten und mangelnder Liebe) zur regressionsstatistischen Erklärung der Partnerschaftsqualität taugen.

Zweifel bleiben hinsichtlich der Validierung der MAS-Skala »Zuschreibung fehlender Liebe des Partners«. Wenn die Wirkung dysfunktionaler Attributionsmuster und dysfunktionaler Erwartungen auf das Funktionieren der Partnerschaft nachgewiesen werden soll, macht es wenig Sinn, diese ungünstigen Erwartungen so zu operationalisieren, dass sie die Partnerschaftszufriedenheit bereits abbilden. Die Einschätzung, vom Partner nicht genügend geliebt zu werden, kommt dem Zufriedenheitsurteil jedoch sehr nahe. Problematisch scheint auch die Verwendbarkeit des MAS außerhalb klinischer Kontexte. Schon der Ansatz, mit den erfragten Einschätzungen Beziehungsprobleme zu beleuchten, die nicht näher präzisiert werden, macht die Verwendung des MAS bei glücklichen Paaren problematisch. Unklar bleibt nämlich, ob die Befragten in ihrer Beziehung tatsächlich gravierende Probleme haben. Verstärkt wird diese Schwäche durch Itemformulierungen, die die Existenz gravierender Partnerschaftsprobleme voraussetzen (»Ich erwarte nicht, dass sich unsere Beziehung noch verbessert«). Wenn glückliche Partner diese Aussage bejahen, kann das kaum als dysfunktionale Erwartung gelesen werden. Schließlich ist festzuhalten, dass mit der Globalität der Ursache eine wichtige Attributionsdimension unbeachtet bleibt. Die erfragte Unterstellung negativer Absichten bildet die Attribution von Verantwortung nur bruchstückhaft ab. Die Erfassung von Attributionen zu Partnerschaftserfahrungen gelingt also mit dem Marital Attitude Survey nur unzureichend.

Der »Relationship Attribution Questionnaire« (RAQ) von Baucom und Mitarbeitern ist bislang noch nicht veröffentlicht, er wurde lediglich in seinen Grundzügen beschrieben (Baucom et al. 1996). Ähnlich wie das Marital Attitude Survey erfasst er Attributionen für Partnerschaftsprobleme. Nach der Identifikation problembehafteter Partnerschaftsbereiche werden die sechs gravierendsten Beziehungsprobleme mit Hilfe von Kausal- und Verantwortlichkeitsattributionen analysiert. Die Kausalattributionen berücksichtigen die Lokalisation, die Stabilität und die Globalität der Ursachen. Die Lokalisation der Ursachen geschieht über separate Einschätzungen zu vier möglichen Ursachfaktoren (eigene Person, Partner, Beziehung, äußere Umstände). Der Fokus der dritten Einschätzung bleibt hierbei unklar: Was bedeutet es, als Ursache für Beziehungsprobleme die Beziehung zu nennen? Wenn hiermit dyadische Beziehungsmerkmale gemeint sind (z. B. die Übereinstimmung bzw. Divergenz von Interessen und Überzeugungen), ist diese Aussage sinnvoll und aufschlussreich. Auftretende Beziehungsprobleme, sofern sie nicht völlig unbedeutend und marginal sind, haben jedoch prinzipiell mit der Beziehung zu tun. Die Attribution von Problemen auf die Beziehung wird also schnell trivial. Inwiefern diese Klippe in dem Instrument umschifft wird, lässt sich erst ermitteln, wenn der genaue Wortlaut von Items, Erläuterungen und Instruktionen veröffentlicht ist. Die Benennung der Antwortmöglichkeiten lässt zudem Zweifel aufkommen an der logischen Unabhängigkeit der einzelnen Lokalisationsratings: Die Wahl des oberen Skalenendes für einen Ursachfaktor (»das Problem ist total verursacht durch...«) schließt weitere, zusätzliche Ursachen aus. Die schwache theoretische Fundierung des Instruments zeigt sich in den erbetenen Verantwortlichkeitsattributionen. So wird der Schuldvorwurf analog zur Ursachenlokalisation in vier Einschätzungen aufgefächert, die angeben, inwiefern die Schuld für das

**RAQ = Relationship Attribution Questionnaire**

Problem der eigenen Person, dem Partner, der Beziehung oder äußeren Umständen angelastet wird. Schuldzuschreibungen sind jedoch – abgesehen von umgangssprachlichen Begriffsverwendungen, die zuweilen recht unscharf sind – nur für Handlungen möglich. Die Zuschreibung personaler Verantwortung und Schuldvorwürfe setzen die Unterstellung von Absichtlichkeit voraus. Den Situationsaspekten in einem moralischen Sinne Schuld vorzuwerfen, ist unsinnig. Gleiches gilt für die Beziehung bzw. für Beziehungsmerkmale.

## 13.3.2 Beobachtungs- und Interviewverfahren

Bei der Beantwortung eines Fragebogens hat die befragte Person recht viel Zeit, ihre Antworten zu wählen und zu zensieren. Automatische Denkprozesse, wie sie in natürlichen Situationen (z. B. während eines Streits) ablaufen, lassen sich so schlecht einfangen. Hier haben Beobachtungmethoden klare Vorteile. Auch bei der Nutzung von Verhaltensbeobachtungen finden wir unterschiedliche Erhebungsstrategien. Bei den Beobachtungsverfahren zur Erfassung von Attributionen werden die in einer standardisierten Situation geäußerten Kognitionen aufgezeichnet und anschließend vom Untersucher analysiert oder kategorisiert. Ein solches Verfahren stellen wir ausführlicher vor. Daneben finden wir Kombinationen von Beoachtungs- und Fragebogenverfahren. Beispiele hierfür sind Laborparadigmen, bei denen die Partner direkt miteinander interagieren – sie diskutieren z. B. ein aktuelles Problem – und anschließend das erlebte Verhalten des Partners attribuieren. Die generierten Attributionen werden also nicht erfahrungsnah protokolliert. Der Befragte liefert vielmehr nachträgliche Erklärungen des Partnerverhaltens und zwar wiederum mit Hilfe standardisierter Fragen und Antwortmöglichkeiten.

> **Insbesondere automatische Denkprozesse, die die Verhaltensreaktion in emotional erregenden Situationen steuern, können nur unzureichend mit Fragebögen erfasst werden.**

### »Articulated Thoughts in Simulated Situations«

Beim »Articulated Thoughts in Simulated Situations«-Paradigma (ATSS) hört der Teilnehmer den Tonmitschnitt eines Szenarios und soll sich vorstellen, in der Rolle eines Protagonisten zu sein. Nach dem Anhören eines kurzen Bandsegments wird der Teilnehmer aufgefordert, seine Gedanken frei zu äußern. Anschließend wird die Bandwiedergabe fortgesetzt. Mehrere dieser Sequenzen von Zuhören, Vorstellen der Situation und lautem Denken werden durchgeführt. Die aufgezeichneten Gedanken werden transkribiert und von trainierten Beurteilern anhand ausgewählter Dimensionen kodiert (Davison et al., 1983).

Eckhardt et al. (1998) nutzten dieses Laborparadigma, um die kognitive Informationsverarbeitung von gewalttätigen und nichtgewalttätigen männlichen Partnern unter quasi-experimentellen

Bedingungen zu untersuchen (systematische Bedingungsvariation, keine Randomisierung). Sie spielten den Versuchspersonen zwei Wut induzierende Szenarios vor (»Belauschtes-Gespräch-Szenario«: der Mann belauscht ein Gespräch seiner Frau mit ihrer Freundin, in dem sich die Frau abfällig über ihn äußert und Trennungsabsichten andeutet; »Eifersucht-Szenario«: der Mann kommt überraschend früh nach Hause und findet seine Frau beim Flirt mit einem ihm fremden Mann), ergänzt um eine Kontrollbedingung (das Paar ist zu Freunden zu einem Spieleabend eingeladen und erlebt die Gastgeber als wetteifernd und Ärger provozierend). Kodiert und ausgezählt wurde u. a. die Tendenz, anderen Personen böswillige und feindselige Absichten zu unterstellen. Die Daten zeigen deutliche Gruppenunterschiede zwischen gewalttätigen und nichtgewalttätigen Versuchspersonen: Männer, die im letzten Jahr in ihrer Partnerschaft Gewalt zeigten, äußerten häufiger feindselige Attributionen als nicht gewalttätige Männer.

Sowohl die Vorbereitung als auch die Durchführung von ATSS-Erhebungen ist extrem aufwändig. Das Verfahren bleibt damit Forschungszwecken vorbehalten. In der geschilderten Studie zeigten die ATSS-Daten keinerlei Verknüpfungen mit ebenfalls erhobenen Fragebogendaten zu diesen Kognitionen. Dies verdeutlicht, dass insbesondere automatische Denkprozesse, die die Verhaltensreaktion in emotional erregenden Situationen steuern, nur unzureichend mit Fragebögen erfasst werden können.

> **Das Verfahren ist extrem aufwändig und bleibt somit Forschungszwecken vorbehalten.**

### Einzel- und Paarinterview

Im Kontext der Paarberatung und Paartherapie bietet sich die Gelegenheit, auch geäußerte Attributionen mitzubekommen und auszuwerten. Das Vorgehen ist weit weniger standardisiert als die Beantwortung eines Fragebogens, liefert aber, sofern die Interviewten tatsächlich Erklärungen für ihr eigenes Verhalten oder das des Partners generieren, hoch valide Information. Da keine Testwerte gewonnen werden, ist die Veränderungsmessung schwierig.

Wie Baucom und Epstein (1990) berichten, äußern Partner häufig spontan Attributionen, wenn sie ihre Beziehungsgeschichte referieren und diskutieren. Während der Diagnostiker im Einzelinterview auf die Darstellungen einer Person angewiesen ist, entspricht das Paarinterview weitaus stärker den sonst üblichen (»natürlichen«) Interaktionssituationen des Paares. In der Anfangssitzung einer Paartherapie können die Partner aufgefordert werden, die positiven und negativen Aspekte ihrer Beziehung zu besprechen, ohne dass der Therapeut eingreift. Wenn die Partner nicht von sich aus Attributionen produzieren, können diese durch gezieltes Fragen des Interviewers hervorgelockt werden.

Der Informationsgewinn, der sich durch den Einsatz von Fragebögen erzielen lässt, hängt vor allem davon ab, ob die Testautoren bei der Entwicklung des Verfahrens gute Arbeit geleistet haben. Die Ergiebigkeit von Einzel- und Paarinterviews hängt demgegenüber wesentlich von der Fähigkeit des Interviewers ab, Gesprächsmethoden kompetent einzusetzen. So sind etwa offene Fragen (»Weshalb hat er das getan?«) weniger direktiv und suggestiv als geschlossene Fragen (»Tat er das, um Sie zu ärgern?«). Verbale Daten sind mithin nicht zwangsläufig »weiche« Daten; ihren »Härtegrad« bestimmt der Fragende. Ein anderes Problem ist die Dokumentation der gewonnen Information. Als Mindeststandard auch für die diagnostische Praxis ist daher zu fordern, dass durchgeführte Interviews dokumentiert und nachbereitet werden.

> **Der Wert von Einzel- und Paarinterviews hängt wesentlich von der Fähigkeit des Interviewers ab, Gesprächsmethoden kompetent einzusetzen.**

### 13.3.3 Aktuell diskutierte Fragen

Bei der Diagnostik von Kausalattributionen können entweder Ursachen erfragt werden, die der Beurteiler konkret benennt, oder aber identifizierte Ursachen anhand vorgegebener Attributionsdimensionen eingeschätzt und charakterisiert werden. Dimensionale Ratings sind stärker standardisiert und lassen sich einfacher verrechnen als Ursachennennungen, die zuvor noch klassifiziert werden müssen. Andererseits entspricht die Beurteilung von Ursachen entlang der Globalitäts- und Stabilitätsdimensionen kaum den alltagspsychologischen Denkmustern. Hier können sich schnell grobe Missverständnisse einstellen, etwa wenn die Befragten die Stabilität des zu erklärenden Verhaltens statt der Stabilität der erkannten Verhaltensursache beurteilen.

Ein anderer Diskussionspunkt betrifft die Vergleichbarkeit der Attributionen zu hypothetischem und tatsächlichem Partnerverhalten. Hier überzeugt der Ausweg, in hypothetischen Szenarios solche Verhaltensweisen beurteilen zu lassen, deren weite Verbreitung gesichert ist. Sollen schematische Attributionsmuster erfasst werden, spricht ohnehin nichts gegen die Verwendung hypothetischer Situationen. Tatsächlich scheint die Art der Attributionsmessung unerheblich, der Effekt des Attributionsstils auf die Zufriedenheit lässt sich nachweisen, wenn die Probanden tatsächlich erfahrenes, experimentell induziertes, vorgestelltes Partnerverhalten oder sogar nur das Verhalten von Vignetten attribuieren sollen. Dies spricht für die Wirksamkeit vorgefertigter Erklärungsschemata, bei denen es nicht daurauf ankommt, wie sie aktiviert werden.

Eine wichtige forschungsmethodische Frage ist die nach der richtigen Wahl der Beobachtungs- und Analyseeinheit. Hier setzt sich die Ansicht durch, dass für empirische Studien die Partnerdyade als Beobachtungseinheit gewählt werden sollte. Wo Daten zweier Partner vorliegen, ist dies schon aus statistischen Gründen angezeigt (abhängige Stichproben). Indem die Attributionen

> **Für empirische Studien sollte die Partnerdyade als Beobachtungseinheit gewählt werden.**

der Partner kontrastiert werden, lassen sich zudem dyadische Passungskonstellationen (z. B. Grade der Übereinstimmung) identifizieren und die wechselseitigen Zuschreibungen aneinander validieren (z. B. Über- oder Unterschätzungen ausmachen).

## 13.4    Befunde zur Attribution in Partnerschaften

### 13.4.1   Attribution positiven vs. negativen Partnerverhaltens

Wichtige Anlässe für die Ursachensuche sind überraschende, insbesondere aber negative Erfahrungen. Mehrfach nachgewiesen wurden die unterschiedlichen Attributionsmuster glücklicher bzw. unglücklicher Paare für positive und negative Partnerschaftserfahrung (Bradbury & Fincham, 1990). Personen, die zufrieden sind in ihrer Beziehung, neigen dazu, die Bedeutung positiver Partnerschaftserfahrung zu maximieren (durch internal-partnergerichtete, stabile und globale Kausalattribution, die Zuschreibung von Intentionalität und altruistischen Motiven sowie durch Lob) und negative Erfahrungen herunterzuspielen (durch externale, variable und spezifische Kausalattribution, das Absprechen von Intentionalität und egoistischen Motiven sowie den Verzicht auf Schuldvorwürfe). Demgegenüber tendieren unzufriedene Partner dazu, negativem Partnerverhalten größere Bedeutung zuzumessen (internal-partnergerichtete, stabile und globale Kausalattribution, Unterstellung von Intentionalität, egoistischen oder feindseligen Motiven, Schuldvorwurf) und positive Erfahrungen zu übersehen (externale, variable und spezifische Kausalattribution, Absprechen von Intentionalität und altruistischen Motiven, kein Lob).

> Nachgewiesen sind die unterschiedlichen Attributionsmuster glücklicher bzw. unglücklicher Paare für negative und positive Partnerschaftserfahrung.

Diese gegensätzlichen Erklärungsmuster werden auch als *feindselige* bzw. *wohlwollende* oder als *destruktive* bzw. *konstruktive* Attribution bezeichnet.

Der theoretische Stellenwert dieser beiden Attributionsstile ist schwierig zu bestimmen (Fiedler & Ströhm, 1995). Ein feindseliger Attributionsstil kann als Ursache der Unzufriedenheit betrachtet werden, wenn er durch die negative Auslegung des Partnerverhaltens die Wertschätzung für den Partner untergräbt. Längsschnittbefunde von Fincham und Bradbury (1987) sprechen dafür, dass habituelle Attributionsstile tatsächlich die Zufriedenheitsentwicklung prägen. Die Art, in der das Verhalten des Partners interpretiert wird, kann jedoch auch als vermittelnde Größe (Mediator) aufgefasst werden. Diesen Status bekommen Attributionsprozesse etwa in einem attributionstheoretischen Modell zur Erklärung von Partnerschaftskonflikten zugewiesen (Fincham et al., 1990). Jeden explikativen Wert würden die Attributionsmuster verlieren, wenn sie lediglich ein Anzeichen der Partnerschaftszufriedenheit wären. Moderationsbefunde belegen jedoch, dass die wohlwollende Attribution negativen Partnerverhaltens nicht nur ein Indikator hoher Partnerschaftszufriedenheit ist, sondern dass sie die Zufriedenheit angesichts negativer Partnerschaftserfahrung sichert (Kalicki, 2002). Hervorzuheben ist, dass die unterschiedlichen Annahmen zur Funktion von Attributionstilen einander keineswegs ausschließen. Auch die praktischen Schlussfolgerungen aus den Erkenntnissen sind alles andere als eindeutig. So ist ein wohlwollendes, den Partner entlastendes Attributionsmuster für negative Partnerschaftserfahrung generell sicher protektiv. Es birgt jedoch Gefahren, wenn etwa familiäre Gewalt durch diese Erklärungs- und Bewertungsmuster bagatellisiert wird (Andews & Brewin, 1990).

Schließlich steht der wohlwollende bzw. feindselige Attributionsstil auch in Verbindung zum eigenen Verhalten gegenüber dem Partner. Insbesondere die ungünstige Verantwortlichkeitsattribution negativen Partnerverhaltens geht mit destruktiven Reaktionen einher (Bradbury & Fincham, 1992). Die negative, feindselige Attribution trägt demnach zur »negativen Reziprozität« in der Paarinteraktion bei.

### 13.4.2 Attribution der Beiträge und Leistungen beider Partner

Während reine Austauschbeziehungen auf der Erwartung gründen, dass die eigenen Beiträge und Leistungen durch gleichwertige Beiträge des Interaktionspartners entlohnt werden, richten sich in romantischen Beziehungen die Dienste und Leistungen, die für den Partner aufgebracht werden, nach dessen Bedürfnissen. So jedenfalls lautet eine austauschtheoretische Annahme, die auch verbreiteten Vorstellungen vom Wesen einer Partnerschaftsbeziehung entspricht (vgl. Kap. 11). Realistischer, wenngleich weniger romantisch, scheint jedoch die Sicht, dass auch Partnerschaften davon leben, dass beide Partner auf ihre Kosten kommen.

> **Auch Partnerschaften leben davon, dass beide Partner auf ihre Kosten kommen.**

Ein wichtiger Partnerschaftsbereich, in dem die eigenen Leistungen mit denen des Partners verglichen werden, ist die Erledigung von Arbeiten, die im Haushalt oder in der Familie anfallen. Leben zwei Partner in einem Haushalt zusammen, dann können die Einschätzungen, wer wie häufig welche Hausarbeiten übernimmt, als Kausalattributionen betrachtet werden. Das zu erklärende Ereignis ist z. B. die gewaschene und gebügelte Wäsche. Dieses Ereignis kann der eigenen Person oder dem Partner zugeschrieben werden (oder auch der Haushaltshilfe, was wir hier einmal ausklammern).

Einige Studien belegen, dass die Partner ihren eigenen Anteil an der Aufgabenerledigung systematisch überschätzen (z. B. Deutsch et al., 1993). Hierin mag sich eine selbstwertdienliche Attributions-

> **Weichen die Wahrnehmungen und Attributionen beider Partner allzu deutlich voneinander ab, entsteht ein Konfliktpotenzial.**

verzerrung spiegeln, wie wir sie aus der Leistungsattribution kennen. Weichen die Wahrnehmungen und Attributionen beider Partner aber allzu deutlich voneinander ab, entsteht ein Konfliktpotenzial. Interessant ist es, diese Dynamiken in Partnerschaftsphasen zu betrachten, in denen sich die Aufgabenzuweisung ändert.

Der Übergang zur Elternschaft ist eine solche Phase (Reichle, 1994). Die Geburt des ersten Kindes löst regelmäßig eine Neuverteilung sozialer Rollen und Aufgabenbereiche zwischen Frau und Mann aus. In welchem Ausmaß die Partnerschaftszufriedenheit hierunter leidet, hängt nicht allein von der praktizierten Aufgabenverteilung, sondern auch von den aufeinander treffenden Attributionsmustern der Partner ab (s. Kasten).

---

### Traditionalisierung des Geschlechterverhältnisses beim Übergang zur Elternschaft

In einer Längsschnittstudie zum Übergang in die Elternschaft (Fthenakis et al., 2002) schilderten beide Partner zu zwei Zeitpunkten, nämlich wenige Wochen vor und eineinhalb Jahre nach der Geburt des Kindes, die praktizierte Aufteilung der Hausarbeit. Die aufgelisteten Tätigkeiten (z. B. »Wer übernimmt das Putzen?«) konnten jeweils der eigenen Person (»ich selbst«), dem anderen (»mein Partner/meine Partnerin«) oder beiden Partnern zugeschrieben werden (»wir beide«). Außerdem wurde die subjektive Zufriedenheit mit der Aufgabenverteilung miterfragt.

Wie die Teilnehmerinnen und Teilnehmer berichteten, beteiligten sich die Frauen bereits vor der Geburt des Kindes wesentlich stärker an der Hausarbeit als die Männer. Nach der Geburt des Kindes reduzierten die Männer ihre Beteiligung noch weiter; die Aufgabenbelastung der Frauen stieg entsprechend an. Diese Rollenneuverteilung, die auch in etlichen anderen Studien beobachtet wurde, wird als *Traditionalisierung des Geschlechterverhältnisses beim Übergang zur Elternschaft* bezeichnet. Die Zufriedenheit der Frauen mit der Aufgabenverteilung entwickelte sich nun abhängig von der erlebten Umverteilung: Je stärker ihre Belastung zunahm, desto stärker sank ihre Zufriedenheit. Dieser Zusammenhang wird jedoch beeinflusst (moderiert) vom Attributionsmuster des Partners. Je stärker der Partner seine eigenen Beiträge (relativ zu den Einschätzungen der Frau) *überschätzt*, desto deutlicher äußert sich die Umverteilung der Hausarbeit zu Lasten der Frau in einer Abnahme ihrer Zufriedenheit. Würdigt der Partner jedoch die Leistungen seiner Frau, indem er seine eigenen Beiträge (relativ zu den Attributionen der Frau) *unterschätzt*, ist dieser Zusammenhang aufgehoben (Abb. 13.1). Neben der wahrgenommenen Verteilung bzw. Umverteilung der Hausarbeit spielt also auch die Verträglichkeit der Attributionen beider Partner eine Rolle. Nachlassende Unterstützung durch den Partner kombiniert mit einer ignoranten Überschätzung der eigenen Leistungen auf Seiten des Partners ist für die Frauen besonders empörend.

### 13.4.3 Attribution wichtiger partnerschaftsbiographischer Ereignisse

Attributionen werden in spezifischen Situationen und für diese aktuellen Situationen generiert oder abgerufen, sie sind also offen für Umdeutungen und Revisionen. Dies zeigt sich in der Attribution einschneidender partnerschaftsbiographischer Ereignisse. Der Beziehungsbeginn, wichtige familienzyklische Übergänge wie die Geburt des ersten Kindes, aber auch die Auflösung der Beziehung sind Beispiele für solche Zäsuren.

> **Attributionen sind offen für Umdeutungen und Revisionen.**

Zu den immer wieder angeführten, jedoch kaum untersuchten Annahmen gehört die These, dass Personen insbesondere in der Anfangsphase einer Beziehung und in neuartigen Situationen (z. B. der Elternrolle) sehr stark Erklärungen für das Verhalten des Partners suchen. Dies deckt sich mit Modellen zur Erklärung von Anpassungs- oder Problemlöseprozessen, die ebenfalls solche frühen Phasen der Orientierung und Informationssuche postulieren.

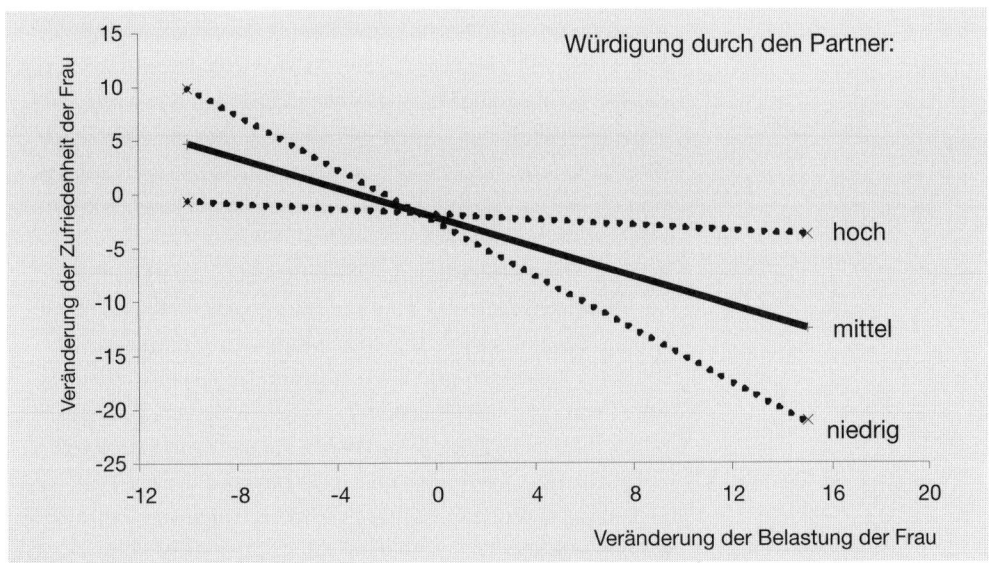

**Abb. 13.1.** Zusammenhang zwischen der Veränderung der Aufgabenbelastung der Frau (Zuwachs bzw. Entlastung) und der Zufriedenheitsänderung (Zufriedenheitssteigerung bzw. -abnahme) von der Schwangerschaft bis eineinhalb Jahre nach der Geburt des Kindes bei hoher, durchschnittlicher und niedriger Würdigung des Beitrags der Frau durch den Mann (aus Fthenakis et al., 2002, S. 349; der Abdruck erfolgt mit freundlicher Genehmigung des Verlages Leske und Budrich).

Mehrere Befunde deuten darauf hin, dass Personen, die in einer Beziehung leben, das Verhalten des Partners wohlwollender und konstruktiver deuten als Personen, die eine zurückliegende, bereits aufgelöste Beziehung beurteilen. So geben Frauen, die in ihrer aktuellen Beziehung Gewalt erfahren, sich selbst in stärkerem Maße eine Mitschuld an der Tat als Gewaltopfer, die dies im Rückblick auf eine beendete Beziehung einschätzen (Andrews & Brewin, 1990).

Auch die Ruminationen, die um eine vollzogene Trennung kreisen, wurden aus attributionstheroretischer Sicht studiert. Die Erklärungen, die die Betroffenen im Rückblick auf den gesamten Partnerschaftsverlauf liefern, sind häufig ausgesprochen komplex und lassen sich kaum anhand weniger Attributionsdimensionen beschreiben. Dies ist einer der Gründe, weshalb zunehmend narrative Ansätze genutzt werden, um die Rekonstruktionen und Bilanzierungen biographischer Erfahrung zu erfassen (McLaughlin et al., 1992).

## Zusammenfassung

In Partnerschaften erwarten die Personen nicht nur Verständnis von ihrem Partner, sie versuchen auch selbst, das Verhalten des anderen zu verstehen. Vor allem überraschende und negative Erfahrungen regen die Ursachensuche an. Verhaltenserklärungen stützen sich zu einem gewissen Grad auf rationale Denkprozesse. Attributionsdimensionen, entlang derer das zu erklärende Verhalten analysiert wird, sind die Lokalisation der Ursache, ihre vermutete Stabilität sowie ihre Globalität. Beobachtete Handlungen werfen darüber hinaus Fragen nach der Intentionalität und den zugrunde liegenden Handlungsmotiven auf. Schädigende oder verletzende Handlungen, die das Opfer als bewusst ausgeführte und gezielte Angriffe wertet, lösen schließlich Schuldzuschreibungen und entsprechende Vorwürfe aus.

Dispositionelle Schlüsse, also die Zuschreibung bestimmter Persönlichkeitsmerkmale aufgrund einer beobachteten Handlung, können dann mit einiger Sicherheit vorgenommen werden, wenn die Handlungsfolgen spezifisch sind, vom Handelnden intendiert waren und allgemein als unerwünscht gelten. Berührt die beobachtete Handlung die Belange und Interessen des Beurteilers, werden Eigenschaftszuschreibungen besonders wahrscheinlich. Diese Bedingungen sind bei negativen Verhaltensweisen des Partners schnell gegeben.

Aufschlussreich für den aktuellen Zustand der Beziehung und für die Partnerschaftszufriedenheit sind habituelle Attributionsmuster, die zur Auslegung negativer Partnerschaftserfahrung verwendet werden. Glückliche Partner deuten negative Verhaltensweisen des anderen häufig konstruktiv und wohlwollend, während unglückliche Partner dies dem anderen zur Last legen und vorwerfen. Die Attributionsstile für negative Partnerschaftserfahrung können daher für diagnostische Zwecke genutzt werden. Die wohlwollende Interpretation des Partnerverhaltens wirkt zudem protektiv, da sie die schädlichen Auswirkungen negativer Erfahrung auf die Beziehungszufriedenheit abpuffert.

Unterschiedliche Instrumente zur Erfassung von Attributionen in Partnerschaften liegen mittlerweile vor. Die Entwicklung, Validierung und Normierung von Verfahren, die als etablierte Referenzmaße dienen könnten, steckt jedoch noch in ihren Anfängen.

Die weitere Erforschung von Attributionen in Partnerschaften wird noch sehr viel stärker die Verknüpfung von Attibution und Verhalten in den Blick nehmen müssen, um das Partnerschaftsgeschehen und den Verlauf der Beziehung weiter erhellen zu können (Miller & Bradbury, 1995). Eine andere Perspektive eröffnet die Erkundung von Attributionen in Familiensystemen (Brody et al., 1996). Gerade diese neueren Fragestellungen zeigen, dass die Attributionsforschung ein traditionelles und gleichwohl lebendiges Feld der Sozialpsychologie darstellt.

## Literatur

Andrews, B. & Brewin, C. R. (1990). Attributions of blame for marital violence: A study of antecedents and consequences. Journal of Marriage and the Family, 52,757–767.

Baucom, D. H. & Epstein, N. (1990). Cognitive-behavioral marital therapy. New York: Brunner/Mazel.

Baucom, D. H., Epstein, N., Daiuto, A. D., Carels, R. A., Rankin, L. A. & Burnett C. K. (1996). Cognitions in marriage: The relationship between standards and attributions. Journal of Family Psychology, 10,209–222.

Baucom, D. H., Sayers, S. L & Duhe A (1989). Attributional style and attributional patterns among married couples. Journal of Personality and Social Psychology, 56,596–607.

Bradbury, T. N. & Fincham, F. D. (1990). Attributions in marriage: Review and critique. Psychological Bulletin, 107,3–33.

Bradbury, T. N. & Fincham, F. D. (1992). Attributions and behavior in marital interaction. Journal of Personality and Social Psychology, 63,613–628.

Brody, G. H., Arias, I. & Fincham, F. D. (1996). Linking marital and child attributions to family processes and parent-child relationships. Journal of Family Psychology, 10,408–421.

Davison, G. C., Robins, C. & Johnson, M. K. (1983). Articulated thoughts during simulated situations: A paradigm for studying cognition in emotion and behavior. Cognitive Therapy and Research, 7,17–40.

Deutsch, F. M., Lozy, J. L. & Saxon, S. (1993). Taking credit: Couples' reports of contributions to child care. Journal of Family Issues, 14,421–437.

Eckhardt, C. I., Barbour, K. A. & Davison, G. C. (1998). Articulated thoughts of maritally violent and nonviolent men during anger arousal. Journal of Consulting and Clinical Psychology, 66,259–269.

Fiedler, K. & Ströhm, W. (1995). Attributionsstrategien in unglücklichen Partnerschaften. In: Amelang, M., Ahrens, H.-J. & Bierhoff, H. W. (Hrsg.). Partnerwahl und Partnerschaft. Göttingen: Hogrefe, S 93–116.

Fincham, F. D. & Bradbury, T. N. (1987). The impact of attributions in marriage: A longitudinal analysis. Journal of Personality and Social Psychology, 53,481–489.

Fincham, F. D. & Bradbury, T. N. (1992). Assessing attributions in marriage: The Relationship Attribution Measure. Journal of Personality and Social Psychology, 62,457–468.

Fincham, F. D., Bradbury, T. N. & Grych, J. H. (1990). Conflict in close relationships: The role of intrapersonal phenomena. In: Graham, S. & Folkes, V. S. (eds.). Attribution theory: Applications to achievement, mental health, and interpersonal conflict. Hillsdale: Erlbaum, pp 161–184.

Fincham, F. D. & O'Leary, K. D. (1983). Causal inferences for spouse behavior in martially distressed and nondistressed couples. Journal of Social and Clinical Psychology, 1,42–57.

Fthenakis, W. E., Kalicki, B. & Peitz G. (2002). Paare werden Eltern. Die Ergebnisse der LBS-Familien-Studie. Opladen: Leske u. Budrich.

Hilton, D. J. (1990). Conversational processes and causal explanation. Psychological Bulletin, 107,64–81.

Horneffer, K. J. & Fincham, F. D. (1995). Construct of attributional style in depression and marital distress. Journal of Family Psychology, 9,186–195.

Jones, E. E. & Davis, K. E. (1965). From acts to dispositions: The attribution process in person perception. In: Berkowitz, L. (ed.). Advances in experimental social psychology. Vol 2. San Diego: Academic Press, pp 219–266.

Kalicki, B. (2002). Entwicklung und Erprobung des Fragebogens zu Attributionen in Partnerschaften (FAP). Diagnostica, 48, 37–47.

Kelley, H. H. (1967). Attribution theory in social psychology. In: Levine, D. (ed). Nebraska symposium on motivation, Vol 15. Lincoln: University of Nebraska Press, pp 192–240.

Kelley, H. H. & Michela, J. L. (1980). Attribution theory and research. Annual Review of Psychology, 31,457–501.

McLaughlin, M. L., Codym M. J. & Read, S. J. (eds.). (1992). Explaining one's self to others: Reason-giving in a social context. Hillsdale: Erlbaum.

Miller, G. E. & Bradbury, T. N. (1995). Refining the association between attributions and behavior in marital interaction. Journal of Family Psychology, 9,196–208.

Pretzer, J., Epstein, N. & Fleming, B. (1991). Marital Attitude Survey: A measure of dysfunctional attributions and expectancies. Journal of Cognitive Psychotherapy, 5, 131–148.

Reichle, B. (1994). Die Geburt des ersten Kindes – eine Herausforderung für die Partnerschaft. Bielefeld: Kleine.

Sabatelli, R. M. (1988). Measurement issues in marital research: A review and critique of contemporary survey instruments. Journal of Marriage and the Family, 50,891–915.

Schank, R. C. & Abelson, R. P. (1977). Scripts, plans, goals and understanding: An inquiry into human knowledge structures. Hillsdale: Erlbaum.

Shaver, K.G. (1985). The attribution of blame: Causality, responsibility, and blameworthiness. New York: Springer-Verlag.

Weary, G., Stanley, M. A. & Harvey, J. H. (eds.). (1989). Attribution. New York: Springer-Verlag.

# Konflikt und Trennung

# Kohärenzsinn und andere Persönlichkeitsmerkmale als protektive Faktoren der Ehequalität*

Doris Bender und Friedrich Lösel

\* Aus dem Projekt „Protektive Faktoren der Ehestabilität", gefördert durch das Bundesfamilienministerium.

In der Familienforschung hat man zahlreiche Variablen untersucht, die auf die Qualität und Stabilität von Ehen Einfluss haben können. Hierzu gehören u. a.

a) *individuelle Merkmale der Partner* wie z. B. biographische Trennungserfahrungen, emotionale Labilität oder Selbstwertgefühl,

b) *Übereinstimmungen in Partnermerkmalen* wie z. B. im Bildungsgrad, in Persönlichkeitseigenschaften oder der physischen Attraktivität,

c) *gemeinsame Ziel- und Wertpräferenzen* wie z. B. hinsichtlich harmonischer Partnerschaft oder sexueller Bedürfnisse und

d) *Merkmale der Interaktion in der Partnerschaft* wie z. B. ein negatives Kommunikationsverhalten oder dysfunktionale Bewältigungsstile.

Die Ergebnisse zu derartigen Risikovariablen sind nur teilweise konsistent (vgl. Gottman, 1994; Nave-Herz, 1994; Schneewind, 1994). Dabei spielen auch methodische Unterschiede eine wichtige Rolle (vgl. Lösel & Bender, 1998). In einem Teil der Studien handelt es sich um Querschnittsanalysen, in einem anderen um prospektive Längsschnittstudien. Die Ehedauer variiert sowohl zwischen den Studien als auch innerhalb beträchtlich. Nur wenige Erhebungen basieren auf repräsentativen Stichproben, nicht selten sind die oberen Schichten oder beratungssuchende Paare überrepräsentiert. Geschlechtsunterschiede werden nicht immer berücksichtigt. Und schließlich unterscheiden sich die Studien erheblich in der Operationalisierung der unabhängigen und abhängigen Variablen. Was letztere betrifft, so bezieht man sich teilweise auf das formale Kriterium der Scheidung. Da Trennungsbarrieren dazu führen können, dass auch unbefriedigende Beziehungen langfristig aufrechterhalten werden, hängen die Stabilität und Qualität von Ehen aber nur moderat zusammen. Die Ehequalität ist wiederum ein sehr komplexes, mehrdimensionales Konstrukt, zu dem inzwischen mehr als 30 verschiedene Instrumente vorliegen.

> Nur wenige Erhebungen und Forschungsergebnisse basieren auf repräsentativen Stichproben, nicht selten sind die oberen Schichten oder beratungssuchende Paare überrepräsentiert.

## 14.1 Prädiktoren der Ehequalität

Vor diesem Hintergrund ist eine erhebliche Varianz der Ergebnisse nicht verwunderlich. Gleichwohl zeichnen sich bei etlichen Risiken relativ konsistente Befunde ab. Karney und Bradbury (1995) haben in einer Metaanalyse über 900 Ergebnisse aus 115 längsschnittlichen Primärstudien mit nahezu 200 Variablen integriert. Die Mehrzahl der Effektstärken war klein (r=0,10-0,25). Seltener ergaben sich mittlere Effekte (r=0,25-0,50). Bei fast allen Prädiktoren stimmte aber die Richtung des Zusammenhangs für die Kriterien Ehezufriedenheit und Ehestabilität überein. Betrachtet man nur jene Variablen, die sowohl bei der Ehestabilität als auch der Ehezufriedenheit in mindestens zwei Studien untersucht wurden und dabei jeweils einen durchschnittlichen Effekt von mindestens r=0,10 erbrachten, so korrelierten folgende Prädiktoren positiv (+) oder negativ (–) mit beiden Kriterien:
– elterliche Scheidung (–),
– unglückliche Kindheit (–),
– Einkommen des Mannes bzw. der Familie (+),
– Bildungsgrad (+),
– Ähnlichkeit der Einstellungen (+),
– Maskulinität (+),
– Neurotizismus (–),
– erlebter Stress (–),
– positives Verhalten des Mannes (+),
– negatives Verhalten des Paares (–),
– negatives Verhalten des Mannes (–),
– negatives Verhalten der Frau (–),
– sexuelle Zufriedenheit (+),
– frühere Ehezufriedenheit (+).

Die Ehedauer hing schwach negativ mit der Ehezufriedenheit zusammen. Zwischen Männern und Frauen bestanden kaum Unterschiede. Insbesondere bei der Ehequalität zeigte eine Reihe von Studien, dass das Kommunikations- und Interaktionsverhalten der Partner in Konfliktsituationen zu den wichtigsten Einflüssen gehört. Diese Befundlage ist ziemlich gefestigt (vgl. Gottman, 1999). In prospektiven Längsschnittstudien haben sich vier typische Kommunikationsmuster als besonders ungünstig für die Beziehung herausgestellt, die Gottman (1994) als die »vier apokalyptischen Reiter« auf dem Weg zur Scheidung bezeichnet (vgl. auch Gottman et al., 1998). Entsprechend seinem Kaskadenmodell kommt es auf der Verhaltensebene zu einer charakteristischen Abfolge von Beklagen und Kritisieren, Herabwürdigen, sich Verteidigen und Abwehren. Parallele Muster der Abfolge finden auf der Wahrnehmungs- und der physiologischen Ebene statt (Gottman, 1993).

> **Kommunikations- und Interaktionsverhalten der Partner in Konfliktsituationen gehören zu den wichtigsten Einflüssen auf die Ehezufriedenheit.**

Wenngleich diese Kommunikations- und Interaktionsmuster relativ gute Prädiktoren für eine geringe Ehequalität sind, stellt sich die Frage, warum manche Paare bei Problemen zu diesen Bewältigungsformen neigen, während andere auch ohne therapeutische Hilfe konstruktiv kommunizieren und ein dyadisches Coping-Verhalten im Sinne von Bodenmann (1995) zeigen. Diese Frage nach vermittelnden Konstrukten entspricht Belastungs-Bewältigungs-Modellen der Ehequalität (vgl. Karney & Bradbury, 1995; Lösel & Bender, 1998; Markman et al., 1994). In ihnen wird versucht, die relativ unverbundenen verhaltensmäßigen, dispositionellen und sozialen Prädiktoren stärker zu integrieren. Unter protektiven Gesichtspunkten wird gefragt, welche personalen und sozialen Ressourcen der Partner dazu beitragen, Anforderungen und Belastungen in der Ehe zu bewältigen und die Ehezufriedenheit aufrechtzuerhalten bzw. zu fördern. Dabei könnte der Sense of Coherence (SOC) nach Antonovsky (1979, 1987) eine zentrale personale Ressource darstellen, welche die kognitiven, emotionalen und motivationalen Prozesse in der Paarbeziehung mitbestimmt.

> **Der Sense of Coherence (SOC) nach Antonovsky könnte eine zentrale personale Ressource darstellen, die dazu beiträgt, Belastungen in der Ehe zu bewältigen und die Ehezufriedenheit aufrechtzuerhalten.**

Unter dem Kohärenzsinn ist eine allgemeine Lebenseinstellung zu verstehen, die ausdrückt, in welchem Ausmaß eine Person ein tief gehendes, überdauerndes und dennoch dynamisches Gefühl des Vertrauens besitzt, dass

1. die innere und äußere Umwelt im Lebenslauf strukturiert, vorhersagbar und erklärbar ist,
2. die Person über Ressourcen verfügt, um den Anforderungen der Umwelt zu begegnen, und
3. diese Anforderungen Herausforderungen darstellen, die es wert sind, zu investieren und sich zu engagieren (Antonovsky, 1987).

Diese drei Komponenten der Verstehbarkeit (comprehensibility), Machbarkeit bzw. Bewältigbarkeit (manageability) und Bedeutsamkeit bzw. Sinnhaftigkeit (meaningfulness) vereinen kognitive, emotionale und motivationale Aspekte: Der Grad, in dem das Individuum seine Welt als geordnet oder ordenbar wahrnimmt, erleichtert die Klärung der Probleme, die ein Stressor mit sich bringt. Die Einschätzung, dass Ressourcen vorhanden sind, fördert die Auswahl angemessener Bewältigungstrategien. Das Gefühl, dass das Leben und damit die Bewältigung des jeweiligen Problems einen Sinn hat, liefert den motivationalen Antrieb, um sich den Widrigkeiten zu stellen. Der Sinnhaftigkeit kommt dabei eine besondere Bedeutung für die Entwicklungsrichtung des SOC zu.

Nach Antonovsky (1979) entwickelt sich der SOC in der Kindheit und Jugend sowie dem frühen Erwachsenenalter im Zusammenwirken generalisierter Widerstandsquellen (generalized resistance ressources). Dies ermöglicht der Person vielfältige, wiederkehrende Erfahrungen, die durch Konsistenz, Teilhabe an wichtigen Entscheidungsprozessen und eine Balance zwischen Unter- und Überforderung gekennzeichnet sind. Widerstandsquellen liegen sowohl in der konstitutionellen Ausstattung als auch im psychosozialen Bereich (z. B. Intelligenz, Temperamentsmerkmale, soziales Netzwerk, finanzielle Ressourcen). Der SOC ist dabei als eine Eigenschaft aufzufassen, die zwischen den durch Stressoren erzeugten Spannungszuständen und den individuellen Widerstandsquellen vermittelt. Durch die wiederholten Erfahrungen sind die drei Komponenten des SOC in der Regel eng miteinander »verflochten« (»inextricably intertwined«; Antonovsky, 1987, S. 19). Dies zeigt sich auch in Studien mit dem Fragebogen zum SOC, der bislang in 14 Sprachen übersetzt wurde (Antonovsky, 1998). Statt einer dreifaktoriellen Struktur findet man meist einen Generalfaktor oder andere Lösungen (z. B. Coe et al., 1998; Frenz et al., 1993; Schmidt-Rathjens et al., 1997; Schumacher et al., 2000). Dementsprechend empfiehlt Antonovsky (1987), primär die Gesamtskala auszuwerten.

> **Der SOC ist als eine Eigenschaft aufzufassen, die zwischen den durch Stressoren erzeugten Spannungszuständen und den individuellen Widerstandsquellen vermittelt.**

Im Erwachsenenalter gilt der SOC als relativ stabile Persönlichkeitseigenschaft, insbesondere bei solchen Personen, die in den drei Teilaspekten einheitlich hohe oder niedrige Werte ausgebildet haben. Retestuntersuchungen bestätigen eine erhebliche Konstanz der interindividuellen Unterschiede (vgl. Antonovsky, 1993). So fand man bei einem Zeitabstand von 5 Jahren noch eine Korrelation von r=0,60 (Coe et al., 1998). Diese Größenordnung legt nahe, dass auch Veränderungen stattfinden können, z. B. nach Krebserkrankung oder Psychotherapie (z. B. Fäh, 2000; Post-White, 1998; Sack & Lamprecht, 1994).

Ein starker SOC soll es dem Indivdiduum ermöglichen, sowohl normative als auch unerwartete Lebensereignisse erfolgreich zu bewältigen und sinnvoll in sein Leben einzuordnen. Dies hat sich inzwischen in zahlreichen Studien zu gesundheitlichen und anderen Lebensproblemen bestätigt (vgl. Antonovsky, 1993; Smrekar & Egger, 2000). Es bestehen nicht nur Zusammenhänge mit dem Wohlbefinden, der Lebensqualität oder psychischen Symptomen, sondern auch solche mit dem objektiven Gesundheitsstatus und physiologischen Indikatoren (vgl. Duetz et al., 2000; Frenz et al., 1993; Straus & Höfer, 2000).

> **Ein starker SOC soll es dem Indivdiduum ermöglichen, sowohl normative als auch unerwartete Lebensereignisse erfolgreich zu bewältigen und sinnvoll in sein Leben einzuordnen.**

Neben den eigenen Gefühlen, den wichtigsten Tätigkeiten und existenziellen Themen wie Krankheit und Tod gehören die unmittelbaren sozialen Beziehungen zu den zentralen Bereichen, für die Antonovsky (1987) den SOC für besonders bedeutsam hält. Er bringt den SOC auch in Zusammenhang mit Konstrukten des sozialen Klimas (Moos, 1984) und der Realitätskonstruktion in Familien (Reiss, 1981). Im Vergleich zur Gesundheitspsychologie liegen in der Familienforschung allerdings weniger einschlägige Untersuchungen vor (z. B. Anderson, 1998; Antonovsky & Sourani, 1988; Flick & Homan, 1998; McCubbin et al., 1998; Sagy & Antonovsky, 1992; Vossler, 2001). Dabei zeigte sich z. B., dass sich Familien mit einem starken SOC bei Problemen leichter anpassten und nach krisenhaften Zeiten besser reorganisierten (Antonovsky & Sourani, 1988). Der SOC spielte auch eine Katalysatorrolle in der Festigung von sozialen Widerstandsressourcen (z. B. Vertrauen, Kontrolle, Verpflichtung etc.) und von Problemlösefähigkeiten (McCubbin et al., 1998). Bei normativen Übergängen (wie z. B. dem Ausscheiden aus dem Berufsleben) trug ein ausgeprägter SOC zur Bewältigung auf der Beziehungsebene bei (Sagy & Antonovsky, 1992).

> **Familien mit einem starken SOC passen sich bei Problemen leichter an und reorganisieren sich nach krisenhaften Zeiten besser.**

Vor diesem Hintergrund erscheint es lohnenswert, den SOC stärker in Modelle der Vulnerabilität und Resilienz von Familien und Partnerschaften einzubeziehen (vgl. Karney & Bradbury, 1995; Lösel & Bender, 1998; Schneewind & Wunderer, Kap. 2). Dabei muss aber auch der Frage nachgegangen werden, inwieweit er tatsächlich einen Erklärungsbeitrag leistet, der über andere Persönlichkeitsmerkmale hinausgeht. So bestehen z. B. inhaltliche Überschneidungen mit personalen Bedingungen des Bewältigungsverhaltens wie Kontrollüberzeugungen, Selbstwirksamkeit und Selbstwertgefühl sowie allgemeinen Persönlichkeitsmerkmalen wie emotionaler Labilität bzw. Neurotizismus (z. B. Amelang & Schmidt-Rathjens, 2000; Antonovsky, 1993; Schumacher et al., 2000; Udris & Rimann, 2000). In der folgenden Studie wird deshalb zum einen untersucht, ob der individuelle SOC von Paaren mit der Beziehungsqualität zusammenhängt. Zum andern prüfen wir die Funktion des SOC im Kontext und Vergleich mit anderen Persönlichkeitskonstrukten. Dabei gehen wir nicht nur variablenbezogen vor, sondern es sollen im Sinne von Magnusson (1995) individuelle bzw. typologische Muster und deren Zusammenhang mit der Ehequalität untersucht werden.

## 14.2   Methode

### 14.2.1   Stichprobe

Die Daten stammen aus dem Projekt »Protektive Faktoren der Ehestabilität«, das vom BMFSFJ gefördert wurde. Die Stichprobe stellte eine Zufallsauswahl von Personen aus der Einwohnermeldestatistik der Stadt Nürnberg dar. Ausgewählt wurden verheiratete deutsche Paare im Altersbereich von 45 bis 55 Jahren. Die Ehepaare wurden schriftlich und anschließend telefonisch kontaktiert. Für jene, die nicht zur Teilnahme bereit waren, wählten wir nach dem Random-Verfahren ein anderes Paar aus. Auf diese Weise wurden 111 Ehepaare für die Untersuchung gewonnen. In die

vorliegende Arbeit wurden 105 Paare einbezogen, für die vollständige Fragebogendaten vorlagen. Die Teilnehmer waren durchschnittlich 51,40 Jahre alt (s=2,72). Die Männer waren im Mittel
2 Jahre älter als ihre Frauen (M=52,42, s=2,49 vs. M=50,37, s=2,56;
t(104)=8,93, p<0,001). Die Paare waren im Durchschnitt 27,13 Jahre verheiratet (s=5,46). Bildungsmäßig kam über die Hälfte der
Stichprobe (59,0%) aus der Unterschicht oder unteren Mittelschicht, d. h. sie verfügten über einen Hauptschulabschluss mit
oder ohne anschließende Lehre oder hatten die Realschule ohne
Abschluss durchlaufen. 11,9% schlossen die Realschule erfolgreich
ab. 3,8% besuchten das Gymnasium, ohne einen Abschluss abzu-
legen. 3,3% der Ehepartner hatten Abitur ohne Studium und 14,6%
absolvierten ein Studium. 7,1% gaben an, eine andere Schulausbil-
dung durchlaufen zu haben. In diesen Ehen wurden durchschnittlich 1,7 Kinder (s=1,00) geboren. Am häufigsten waren Ehen mit
zwei Kindern (42,9%) und einem Kind (34,8%), 7,6% hatten drei
Kinder, 3,8% vier, 1% fünf und 0,5% 6 Kinder. 9,5% der Ehen waren kinderlos.

## 14.2.2 Messinstrumente

Die Ehepaare wurden zu Hause besucht, wo wir mit beiden Partnern jeweils getrennt ein 2- bis 3-stündiges Interview führten.
Außerdem absolvierten die Ehepaare vor laufender Videokamera
eine Problemdiskussion und erhielten im Anschluss eine umfangreiche Fragebogenbatterie, die sie an uns zurückschickten. Die
vorliegende Untersuchung beruht auf einer Auswahl der Fragebogendaten.

---

**Auswahl der Fragebogen**

- *Ehequalität.* Zur Erfassung der Ehequalität wurde der Partnerschaftsfragebogen (PFB) von Hahlweg (1996) verwendet. Dieser besteht aus den drei Subskalen *Streitverhalten,
  Zärtlichkeit/Sexualität* und *Gemeinsamkeit/Kommunikati-
  on,* aus welchen ein Gesamtwert zur *Ehequalität* gebildet
  werden kann. Dieser Gesamtwert dient in den folgenden
  Analysen als abhängige Variable.
- *Emotionalität.* Das Kontrukt des Neurotizismus bzw. der
  emotionalen Labilität wurde über die Skala *Emotionalität*
  des FPI (Fahrenberg et al., 1994) erfasst.
- *Selbstkonzept und Kontrollüberzeugungen.* Das Selbstkonzept und die Kontrollüberzeugungen wurden mit dem Fragebogen zu Kompetenz- und Kontrollüberzeugungen (FKK)
  von Krampen (1991) erhoben. Das Instrument enthält die
  vier Skalen *Selbstkonzept eigener Fähigkeiten, Internalität,
  Soziale Externalität* und *Fatalistische Externalität.*

– *Kohärenzsinn.* Zur Erfassung des Kohärenzsinns verwendeten wir den von uns ins Deutsche übertragenen Fragebogen SOC von Antonovsky (1987), der sich auch in anderen Zusammenhängen bewährt hatte. Das Instrument besteht aus 29 Items, die die drei Subskalen *Verstehbarkeit, Machbarkeit* und *Bedeutsamkeit* bilden. Die innere Konsistenz betrug für die Skalen *Verstehbarkeit* $\alpha = 0{,}75$, *Machbarkeit* $\alpha = 0{,}78$ und *Bedeutsamkeit* $\alpha = 0{,}82$. Für die Gesamtskala *Kohärenzsinn* ergab sich ein $\alpha$ von 0,90.

## 14.3 Ergebnisse

### 14.3.1 Variablenbezogene Analysen

#### Interkorrelationen
Die Interkorrelationen der Persönlichkeitsvariablen sind in Tabelle 14.1 dargestellt. Bei den FKK-Skalen waren sie moderat, für die Männer z. T. etwas höher als für die Frauen. Bei den Frauen hing Internalität nicht mit sozialer und fatalistischer Externalität zusammen. Die SOC-Skalen korrelierten untereinander sehr hoch. Dementsprechend ergab eine Hauptkomponentenanalyse über die SOC-Items nur einen Faktor, der insgesamt 80,7% der Varianz aufklärte. Aus diesem Grund und wegen der sehr guten Reliabilität der Gesamtskala wurde nur diese in die weiteren Auswertungen einbezogen.

Der Kohärenzsinn zeigte für beide Geschlechter den höchsten Zusammenhang zum Selbstkonzept (positiv) und der Emotiona-

**Tabelle 14.1.** Interkorrelationen (*r*) der Skalen für Männer (unterhalb der Diagonale) und Frauen

| | 1 | 2 | 3 | 4 | 5 | 6 |
|---|---|---|---|---|---|---|
| 1. Emotionalität | | –.47*** | –.15 | .35*** | .52*** | –.59*** |
| 2. Selbstkonzept | –.43*** | | .30** | –.27** | –.37*** | .67*** |
| 3. Internalität | –.10 | .47*** | | –.01 | –.06 | .29** |
| 4. Soziale Externalität | .54*** | –.38*** | –.32*** | | .49*** | –.34*** |
| 5. Fatalistische Externalität | .42*** | –.48*** | –.27** | .57*** | | –.44*** |
| 6. Kohärenzsinn | –.60*** | .63*** | .39*** | –.48*** | –.51*** | |

\* $p < .05$, \*\* $p < .01$, \*\*\* $p < .001$. Zweiseitig.

lität (negativ). Etwas niedriger lagen die Korrelationen zur Internalität (positiv) und der sozialen und fatalistischen Externalität (negativ). Die Emotionalität hing bei beiden Geschlechtern nur geringfügig negativ mit den internalen Kontrollüberzeugungen zusammen. Alle anderen Koeffizienten waren bei zweiseitiger Testung statistisch signifikant und wiesen in die erwartete Richtung.

### Vergleiche zwischen den Partnern

Die Mittelwerte und Standardabweichungen der Skalen sind in Tabelle 14.2 dargestellt. Der Paarvergleich zeigte sowohl Übereinstimmungen als auch signifikante Mittelwertsunterschiede. Die höchste Korrelation zwischen den Eheleuten bestand mit r=0,63 für die Beurteilung der Ehequalität. Die Koeffizienten für den Kohärenzsinn, das Selbstkonzept und die internalen Kontrollüberzeugungen waren moderat bis gering. Keine Korrelation zwischen den Partnern gab es in der Emotionalität und den sozialen und fatalistischen externalen Kontrollüberzeugungen.

Signifikante Mittelwertsunterschiede fanden sich in vier von sieben Variablen. Die Frauen unserer Stichprobe waren emotionaler und verfügten über ein weniger positives Selbstkonzept eigener Fähigkeiten, weniger ausgeprägte internale Kontrollüberzeugungen und einen niedrigeren Kohärenzsinn als ihre Ehemänner.

### Zusammenhänge mit der Ehequalität

Die Zusammenhänge der Persönlichkeitskonstrukte mit der Ehequalität zeigt Tabelle 14.3. Bei den Männern korrelierten internale und fatalistische externale Kontrollüberzeugungen nur sehr gering und nicht signifikant mit der Ehequalität. Positive Korrelationen um 0,40 fanden sich zum Selbstkonzept und dem Kohä-

**Tabelle 14.2.** Mittelwerte (M), Standardabweichungen (s) und Korrelationskoeffizienten (r) für Ehequalität, Kohärenzsinn, Emotionalität, Kompetenz- und Kontrollüberzeugungen für Männer und ihre Frauen (n = 105 Paare)

| | | Männer | | Frauen | | |
|---|---|---|---|---|---|---|
| | $r$ | $M$ | $s$ | $M$ | $s$ | $t_{(104)}$ |
| Ehequalität | .63*** | 62.21 | 12.44 | 64.14 | 12.23 | −1.87 |
| Emotionalität | −.08 | 4.82 | 2.87 | 6.58 | 3.39 | −3.93*** |
| Selbstkonzept | .28** | 34.45 | 5.02 | 31.62 | 5.38 | 4.64*** |
| Internalität | .21* | 34.80 | 4.80 | 32.36 | 4.94 | 4.08*** |
| Soziale Externalität | .10 | 23.34 | 6.32 | 24.53 | 5.83 | −1.49 |
| Fatalisitsche Externalität | .14 | 23.77 | 6.50 | 25.04 | 6.39 | −1.54 |
| Kohärenzsinn | .38*** | 96.11 | 8.74 | 93.52 | 9.80 | 2.57* |

\* $p < .05$, \*\* $p < .01$, \*\*\* $p < .001$. Zweiseitig.

**Tabelle 14.3.** Korrelationen (r) von Emotionalität, Kompetenz-, Kontrollüberzeugungen und Kohärenzsinn mit Ehequalität für Männer und Frauen

| | Ehequalität | |
| --- | --- | --- |
| | Männer | Frauen |
| Emotionalität | –0.29** | –0.14 |
| Selbstkonzept eigener Fähigkeiten | 0.42*** | 0.36*** |
| Internalität | 0.14 | 0.27** |
| Soziale Externalität | –0.27** | –0.11 |
| Fatalistische Externalität | –0.15 | –0.08 |
| Kohärenzsinn | 0.43*** | 0.58*** |

** $p<0,01$, *** $p<0.001$. Zweiseitig.

renzsinn. Die Emotionalität und die soziale Externalität hingen signifikant negativ mit der Einschätzung der Ehequalität zusammen.

Bei den Frauen korrelierten Emotionalität, soziale und fatalistische Externalität nur geringfügig negativ und statistisch nicht bedeutsam mit Ehequalität. Das Selbstkonzept und die internale Kontrollüberzeugung zeigten dagegen moderat positive Zusammenhänge. Der höchste Koeffizient von r=0,58 betraf den Kohärenzsinn.

Da die fatalistischen Kontrollüberzeugungen bei beiden Geschlechtern keinen substanziellen Zusammenhang zur Ehequalität aufwiesen, wurde diese Skala nicht in die weiteren Analysen einbezogen.

Korreliert man die Persönlichkeitsmerkmale von Mann und Frau mit der Einschätzung der Ehequalität des jeweils anderen Ehepartners, so zeigten bei beiden Geschlechtern jeweils nur das Selbstkonzept und der Kohärenzsinn signifikante Zusammenhänge mit der Ehequalität des Ehepartners. Die anderen Konstrukte erwiesen sich als unbedeutsam. Das Selbstkonzept der Frau korrelierte zu r=0,26 (p<0,01) und der Kohärenzsinn zu r=0,47 (p<0,001) mit der vom Ehemann eingeschätzten Ehequalität. Für die Merkmale der Männer waren die Zusammenhänge zur Ehequalität ihrer Frauen fast identisch (Selbstkonzept: r=0,33, p<0,001; Kohärenzsinn: r=0,30, p<0,01).

> **Selbstkonzept und Kohärenzsinn zeigten signifikante Zusammenhänge mit der Ehequalität des Ehepartners.**

### Multivariate Analysen
Zunächst wurde für beide Geschlechter in hierarchischen Regressionen geprüft, ob der Kohärenzsinn zusätzlich zu den anderen Persönlichkeitskonstrukten einen signifikanten Varianzanteil der Ehequalität aufklären kann. In einer ersten Regressionsanalyse

wurde zuerst die Emotionalität und dann der SOC-Gesamtwert eingegeben. Der Kohärenzsinn klärte bei beiden Geschlechtern einen hochsignifikanten zusätzlichen Varianzbeitrag auf. Bei den Frauen betrug der Zuwachs $R^2=0,39$ ($F=65,72$, $p<0,001$) und die gesamte Varianzaufklärung 40% (multiples $R=0,64$, $F_{(2,102)}=34,47$, $p<0,001$). Bei den Männern hatte die Emotionalität einen signifikanten Anteil. Hier betrug der Zuwachs durch den Kohärenzsinn $R^2=0,10$ ($F=12,53$, $p<0,001$). Beide Variablen klärten zusammen 18% der Varianz der Ehequalität auf (multiples $R=0,43$, $F_{(2,102)}=11,43$, $p<0,001$).

Auch die hierarchischen Regressionen, in denen zuerst die generalisierten Kompetenz- und Kontrollüberzeugungen und dann der Kohärenzsinn eingegeben wurden, zeigten bei beiden Geschlechtern eine signifikante zusätzliche Varianzaufklärung durch den SOC. Bei den Frauen betrug dieser $R^2=0,20$ ($F=31,05$, $p<0,001$), bei den Männern $R^2=0,04$ ($F=4,77$, $p<0,05$). Als multiple Korrelation des Gesamtmodells ergab sich bei den Männern $R=0,48$ ($F_{(2,102)}=7,53$, $p<0,001$) und bei den Frauen $R=0,60$ ($F_{(2,102)}=13,98$, $p<0,001$). Es wurden somit 23 bzw. 36% der Varianz der Ehequalität aufgeklärt.

In einer weiteren hierarchischen Regressionsanalyse wurde geprüft, ob der Kohärenzsinn auch im dritten Block noch einen signifikanten Varianzbeitrag in der Vorhersage der Ehequalität leistet. Im ersten Schritt gaben wir wiederum die Emotionalität ein, im zweiten folgten die Kompetenz- und Kontrollüberzeugungen. Die Ergebnisse zeigt Tabelle 14.4.

Im Gegensatz zur Emotionalität zeigten bei den Frauen die FKK-Skalen und der SOC-Gesamtwert jeweils einen signifikanten $R^2$-Zuwachs. Bei den Männern wurden in allen drei Schritten sig-

**Tabelle 14.4.** Hierarchische Regression der Ehequalität mit den Prädiktoren Emotionalität, Kompetenz-, Kontrollüberzeugungen und Kohärenzsinn

| Schritt | Variablen | Männer | | Frauen | |
|---|---|---|---|---|---|
| | | $R^2$-Zuwachs | $F$-Zuwachs | $R^2$-Zuwachs | $F$-Zuwachs |
| 1 | Emotionalität | .08 | 9.29** | .02 | 1.98 |
| 2 | Selbstkonzept, Internalität, soziale Externalität | .12 | 4.80** | .14 | 5.67*** |
| 3 | Kohärenzsinn | .03 | 4.36* | .25 | 42.85*** |
| | | Multiples $R=.48$, $R^2=.23$, $F_{(2,102)}=5.98$*** | | Multiples $R=.64$, $R^2=.42$, $F_{(2,102)}=14.04$*** | |

$* p<.05, ** p<.01, *** p<.001.$

nifikante Varianzanteile aufgeklärt. Mit einem multiplen R von 0,48 bei den Männern und von 0,64 bei den Frauen wurden 23 bzw. 42% der Varianz der Ehequalität aufgeklärt.

### 14.3.2 Typologische Analysen

In den weiteren Auswertungen wurde geprüft, inwieweit bestimmte Muster von Persönlichkeitsmerkmalen mit der erlebten Ehequalität von Mann und Frau zusammenhängen. Wir haben dazu mit den Persönlichkeitsvariablen ohne Einbezug der Ehequalität eine Clusteranalyse durchgeführt. Um eventuelle Typen der Passung herauszufinden, wurden die Merkmale beider Ehepartner einbezogen. Zunächst prüften wir über das Single-Linkage-Verfahren, ob etwaige Ausreißer vorhanden waren. Da dies nicht der Fall war, rechneten wir eine Analyse nach dem Ward-Verfahren mit der quadrierten euklidischen Distanz als Proximitätsmaß. Die Bestimmung der Clusterzahl erfolgte anhand des Elbow-Kriteriums (vgl. Backhaus et al., 1990) und der Verdoppelung der Zunahme an Fehlerquadratsumme. Danach ergab sich eine Lösung mit vier Clustern.

#### Beschreibung der Cluster
Die Ausprägung der Persönlichkeitsmerkmale der Ehepaare in den vier Clustern ist in Abbildung 14.1 dargestellt. Um eine vergleichbare Skalierung zu erhalten, wurden die Werte jeweils geschlechtsspezifisch z-transformiert. Der Übersichtlichkeit halber wurden die z-Werte der Variablen Emotionalität und soziale Ex-

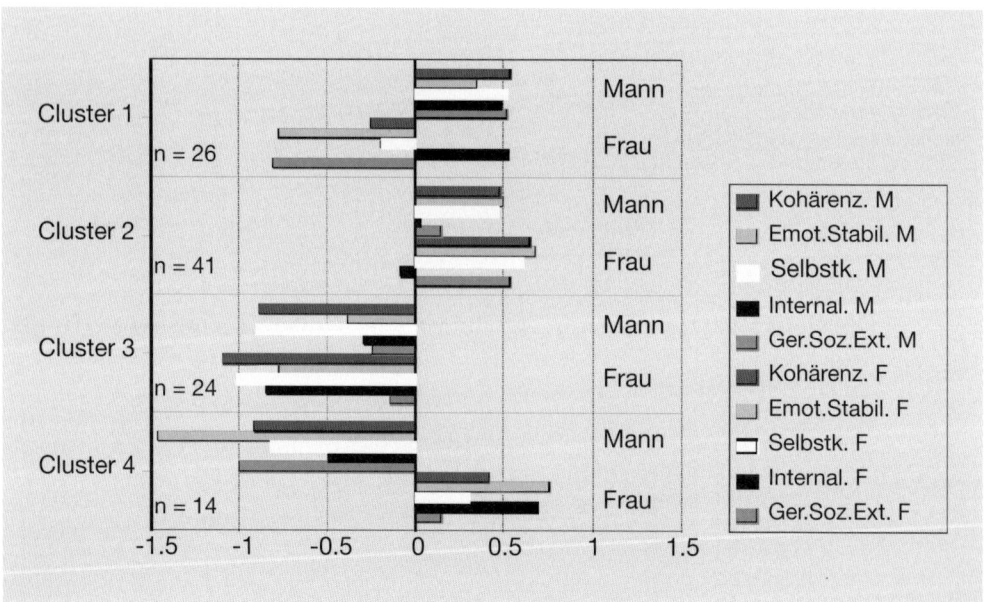

**Abb. 14.1.** Vergleich der Persönlichkeitsmerkmale von Ehemann (M) und Ehefrau (F)

ternalität in die positive Richtung umgepolt zu emotionaler Stabilität und geringer sozialer Externalität.

Die Cluster 2 und 3 enthielten relativ homogame, die Cluster 1 und 4 eher heterogame Paare. Während im größten Cluster 2 (n=41) Paare mit ähnlich positiv ausgeprägten Eigenschaften vereint wurden, umfasste Cluster 3 (n=24) Paare mit ähnlich niedrigen Ausprägungen. Bei den heterogamen Paaren des Cluster 1 (n=26) wies mit Ausnahme der internalen Kontrollüberzeugung der Ehemann, bei denen des Cluster 4 (n=14) dagegen die Ehefrau deutlich höhere Werte als der Ehepartner auf.

Post-hoc-Vergleiche mittels MANOVA machten deutlich, dass sich bei den *Männern* jeweils Cluster 1 und 2 sowie Cluster 3 und 4 in der Richtung der Eigenschaftsausprägungen ähnelten. Es zeigten sich folgende signifikante Differenzen, die nach Bonferroni-Adjustierung mindestens auf dem Niveau $p<0,05$ signifikant waren: Bezüglich Kohärenzsinn und Selbstkonzept waren sich die Männer von Cluster 1 und 2 sowie von Cluster 3 und 4 ähnlich. Die ersten beiden wiesen signifikante Differenzen zu den letzten beiden auf. Hinsichtlich Emotionalität unterschieden sich jeweils die Cluster 3 und 4 von den anderen drei Clustern, während Cluster 1 und 2 nicht signifikant differierten. Bei der internalen Kontrollüberzeugung gab es nur Unterschiede von Cluster 1 zu Cluster 3 und 4. In den sozialen externalen Kontrollüberzeugungen unterschieden sich Cluster 3 und 4 von Cluster 1, sowie Cluster 2 von Cluster 4.

Im Vergleich der *Frauen* wurde deutlich, dass sich hier Cluster 1 und 3 sowie Cluster 2 und 4 stärker ähnelten. Dementsprechend gab es in der Emotionalität bedeutsame Differenzen von Cluster 1 und 3 jeweils zu Cluster 2 und 4. Bezüglich des Kohärenzsinns aber unterschieden sich sowohl Cluster 1 als auch Cluster 3 jeweils signifikant von allen anderen drei Clustern, während sich nur Cluster 2 und 4 ähnlich waren. Die niedrigsten Werte im Selbstkonzept wiesen die Frauen des Clusters 3 auf, die auch zu allen anderen Clustern signifikant differierten. Dagegen waren sich Cluster 2 und 4 hier wieder ähnlich, während sich Cluster 1 und 2 statistisch bedeutsam unterschieden. Hinsichtlich der internalen Kontrollüberzeugung zeigten Cluster 1 und 4 ähnliche Ausprägungen, alle weiteren Vergleiche ergaben signifikante Differenzen. Ein etwas anderes Muster zeigte sich bei den sozialen externalen Kontrollüberzeugungen. Hier erzielten die Frauen des Cluster 1 die höchsten Werte und unterschieden sich bedeutsam von allen anderen. Ähnlich waren sich Cluster 2 und 4 sowie Cluster 4 und 3, während Cluster 2 und 3 signifikant unterschiedliche Werte aufwiesen.

Es konnten somit innerhalb der Cluster zwei Arten von Kombinationen der Ehepartner identifiziert werden: Paare mit ähnlich hohen oder geringen Merkmalsausprägungen und Paare mit jeweils gegensätzlichen Merkmalen. Lediglich die internalen Kontrollüberzeugungen der Frauen passten nicht ganz in dieses Bild.

### Ehequalität in den verschiedenen Clustern

Die weiteren Analysen sollten klären, ob die Persönlichkeitsmuster mit der erlebten Ehequalität von Mann und Frau zusammenhängen. Hierzu wurde eine MANOVA mit Post-hoc-Vergleichen durchgeführt. Die Ergebnisse sind in Tabelle 14.5 und Abbildung 14.2 dargestellt.

Die *Männer* von Cluster 1 und 2 berichteten im Durchschnitt eine ähnliche Ehequalität. Diese war jeweils signifikant höher als in Cluster 3 und 4, die sich wiederum ähnelten. Das heißt, dass Männer mit vergleichsweise hohen Ausprägungen in den untersuchten Persönlichkeitsmerkmalen mit ihrer Ehe zufriedener waren als die mit gering ausgeprägten Eigenschaften.

Bei den *Frauen* fand sich ein etwas differenzierteres Bild. Die höchste Ehequalität gaben auch hier die Frauen der Cluster 1 und 2 an. Dabei ist besonders bemerkenswert, dass sich im Cluster 1

**Tabelle 14.5.** Mittelwerte (*M*) und Standardabweichungen (*s*) der Ehequalität von Männern und ihren Ehefrauen für die 4 Cluster (*n* = 105 Paare)

| | | Männer | | Frauen | |
|---|---|---|---|---|---|
| *Cluster* | *M* | *s* | | *M* | *s* |
| 1 (n=26) | 64.69 | 10.88 | | 66.58 | 11.77 |
| 2 (n=41) | 66.93 | 10.39 | | 68.32 | 10.51 |
| 3 (n=24) | 55.64 | 14.94 | | 55.47 | 12.41 |
| 4 (n=14) | 55.06 | 8.17 | | 62.21 | 10.40 |
| | | $F_{(3,101)}=7.16{***}$ | | $F_{(3,101)}=7.16{***}$ | |

$***\ p < .001.$

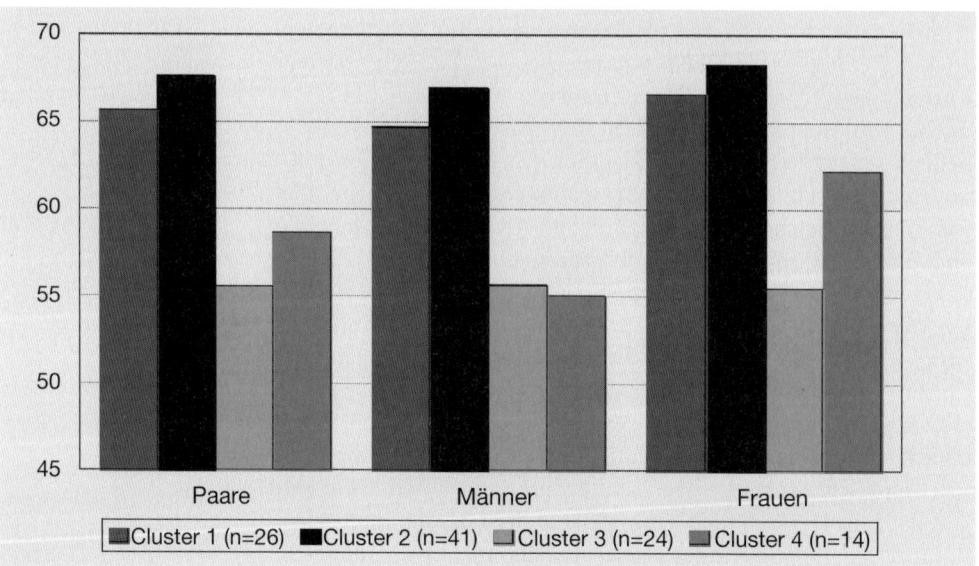

**Abb. 14.2.** Vergleich der Cluster in der mittleren Ehequalität der Paare sowie für Männer und Frauen

eher gegensätzliche Paare befinden, wobei die Frauen die niedrigeren Ausprägungen aufwiesen. Ähnlich wie bei den Männern schätzten dagegen die Frauen des Cluster 3 ihre Ehe am negativsten ein. Es wurden jedoch nur die Unterschiede zu den Clustern 1 und 2 signifikant. Die Ehequalität der Frauen in Cluster 4 lag dazwischen. Dieses Cluster zeigte zu keinem anderen bedeutsame Differenzen.

Operationalisiert man die Ehezufriedenheit nicht nur auf individueller Ebene, sondern auf der Paar-Ebene, so lässt sich bei guter Übereinstimmung zwischen den Partnern (vgl. Tabelle 14.2) der Mittelwert der Einschätzungen von Mann und Frau heranziehen (»Paar-Ehequalität«; vgl. Antonovsky & Sourani, 1988). Im Post-hoc-Vergleich waren die Unterschiede von Cluster 1 und 2 zu Cluster 3 und 4 jeweils signifikant (vgl. Abb. 14.2). Die größte Differenz in der Beurteilung der Ehequalität zwischen den Partnern bestand für die Paare des Cluster 4, die kleinste für die des Cluster 3. Auch dieser Unterschied war statistisch bedeutsam (Cluster 3: $M=0{,}17$, $s=11{,}95$, Cluster 4: $M=-7{,}15$, $s=9{,}20$; $p<0{,}05$).

In unserer Stichprobe wurde somit die Qualität der Paarbeziehung dann am höchsten eingestuft, wenn in den individuellen Merkmalen beide Partner vergleichsweise hohe Ausprägungen aufwiesen oder im Falle von heterogamer Kombination die positiven Ausprägungen beim Ehemann zu finden waren.

> **Die Qualität der Paarbeziehung wurde dann am höchsten eingestuft, wenn in den individuellen Merkmalen beide Partner vergleichsweise hohe Ausprägungen aufwiesen oder im Falle heterogamer Kombination die positiven Ausprägungen beim Ehemann zu finden waren.**

## 14.4   Diskussion

Bevor wir unsere Ergebnisse unter inhaltlichen Gesichtspunkten diskutieren, müssen einige methodische Aspekte beachtet werden: Während in vielen Studien der Ehe- und Familienforschung höhere Bildungsgrade und Sozialschichten überrepräsentiert sind, konnte dies durch die randomisierte Stichprobenziehung bei uns vermieden werden. Es liegt somit ein breites sozioökonomisches Spektrum vor, das die Generalisierung der Befunde erleichtert. Ein weiterer positiver methodischer Aspekt besteht darin, dass nur ältere Paare mit einer durchschnittlichen Ehedauer von 27 Jahren einbezogen wurden. Dadurch sind die epochalen Rahmenbedingungen jeweils ähnlich und können mit dem Alter und der Ehedauer konfundierte Einflüsse als relativ kontrolliert angesehen werden. Dies bedeutet aber zugleich, dass unsere Befunde nicht einfach auf jüngere Paare und jüngere Geburtskohorten übertragen werden dürfen. Unsere Langzeitpartner stellen auch insofern einen spezifischen Populationsanteil dar, als sie noch zusammenleben. Zwar können Stabilität und Qualität von Ehen keineswegs gleichgesetzt werden und Trennungsbarrieren zur Aufrechterhaltung sehr unbefriedigender Partnerschaften

> **Der Studie liegt ein breites sozioökonomisches Spektrum zugrunde; dies erleichtert die Generalisierung der Befunde.**

führen (z. B. Lewis & Spanier, 1982), doch fehlt in unserer Studie der Varianzanteil der formell geschiedenen oder in Trennung befindlichen Paare. Es ist deshalb von einem positiven Ausschnitt auszugehen, wenngleich wir in unseren Interviews manchmal den Eindruck hatten, dass ernsthafte Beziehungsprobleme zur Teilnahme an der Studie motivierten. Verglichen mit den Stichproben von Hahlweg (1996) liegen unsere Mittelwerte eher im Bereich der zufriedenen Partner, wobei unsere Paare deutlich älter sind. Auch in den ungünstigen Clustern sind die PFB-Werte durchschnittlich höher als bei Paaren, die sich in Beratung oder Paartherapie befinden (vgl. Hank et al., 1990). Alle Vergleiche der Ehequalität können somit nur relativ zu anderen Paaren unserer Stichprobe interpretiert werden und nicht im Sinne glücklicher oder unglücklicher Ehen.

Der Fokus auf Langzeitehen erlaubte uns aus forschungsökonomischen Gründen nur eine querschnittliche bzw. retrospektiv längsschnittliche Datenerhebung. Auf deren Nachteile, aber auch Vorteile gegenüber einer prospektiven Längsschnittsstudie soll hier nicht näher eingegangen werden. Es ist aber hervorzuheben, dass die untersuchten persönlichkeitspsychologischen Merkmale nicht einseitig als Bedingungen der Ehequalität zu interpretieren sind. So dürfte der SOC nicht nur Einfluss auf das Zusammenleben der Paare haben, sondern die Erfahrungen in der Beziehung können auch auf den SOC zurückwirken. Das salutogenetische Modell von Antonovsky sieht solche Rückkopplungen ausdrücklich vor. Andererseits betont aber Antonovsky (1987), wie vorne dargestellt, dass die interindividuellen Unterschiede in der Ausprägung des SOC sich im Wesentlichen bis zum Beginn des Erwachsenenalters entwickeln. Auch andere von uns einbezogene Persönlichkeitsdispositionen können als relativ stabil gelten (z. B. die negative Emotionalität; vgl. Viek, 1997). Man muss sich darüber hinaus bewusst sein, dass die grundsätzlichen Probleme der Kausalinterpretation auch für prospektive Korrelationsstudien gelten, da bereits zu früheren Messzeitpunkten »abhängige« und »unabhängige« Variablen konfundiert sein können. Sind beide relativ stabil, lässt sich auch in Cross-lagged-Analysen oder Pfadanalysen oft keine Einflussrichtung stichhaltig abschätzen.

Was die Zusammenhänge zwischen den untersuchten Persönlichkeitsmerkmalen betrifft, so stimmen unsere Befunde mit der bisherigen Forschung gut überein: Die drei Dimensionen des SOC korrelieren so hoch untereinander und mit der Gesamtskala, dass die faktorielle Aufgliederung nicht plausibel erscheint (vgl. Coe et al., 1998; Schmidt-Rathjens et al., 1997; Schumacher et al., 2000). Personen mit geringem SOC weisen ein negativeres Konzept der eigenen Fähigkeiten auf, sind emotional weniger stabil und neigen mehr zu externalen Attribuierungsmustern als Personen mit hohem SOC. Diese Befunde tragen zur Konstruktvalidierung der

SOC-Skala bei, bestätigen aber zugleich, dass der SOC nur partiell über tradierte Persönlichkeitskonstrukte hinausführt (vgl. Faltermaier, 2000). Die Zusammenhänge zwischen dem SOC und den anderen Persönlichkeitsmerkmalen sind zwar für beide Geschlechter sehr ähnlich, doch zeigen sich in den Mittelwerten signifikante Unterschiede innerhalb der Paare. Übereinstimmend mit Duetz et al. (2000), Schmidt-Rathjens et al. (1997) und Schumacher et al. (2000) haben die befragten Männer höhere Skalenwerte im SOC als die Frauen. Noch ausgeprägter sind die Geschlechtsdifferenzen im Konzept der eigenen Fähigkeiten, in der Internalität und der emotionalen Labilität. Diese Ergebnisse entsprechen mehr oder weniger deutlich den Trends in den Normstichproben (vgl. Fahrenberg et al., 1994; Krampen, 1991). Sie bestätigen das Bild vom weniger emotionalen und selbstbewussteren Mann, das bei diesen älteren Ehepaaren auch der traditionellen Sozialisation entspricht.

Auffallend ist aber, dass die Mittelwerte in der Ehequalität nicht diesem Muster folgen. Hier bestehen zwischen den Geschlechtern keine signifikanten Unterschiede, die Frauen sind sogar tendenziell mit der Ehe etwas zufriedener als die Männer. Zugleich korreliert aber die erlebte Ehequalität beider Partner hoch miteinander. Bei den Persönlichkeitskonstrukten sind die Zusammenhänge zwischen den Skalenwerten der Ehepartner deutlich geringer und teilweise sogar nicht signifikant. Diese Befunde legen zum einen nahe, dass die relativ ähnliche Wahrnehmung der Ehequalität durch beide Partner durchaus eine soziale Realität abbildet und nicht nur ein Konstrukt persönlichkeitsabhängiger Sichtweisen ist. Zum andern sprechen die Daten für die These ähnlicher Persönlichkeiten in der Paarbeziehung, wengleich dies nicht sehr ausgeprägt ist. Dass der SOC hierbei die höchste Korrelation zwischen den Partnern aufweist, ist ein Hinweis auf seine Relevanz für die Paarbeziehung.

> **Die relativ ähnliche Wahrnehmung der Ehequalität durch beide Partner bildet eine soziale Realität ab und ist nicht nur ein Konstrukt persönlichkeitsabhängiger Sichtweisen.**

Dies bestätigt sich in den Zusammenhängen zwischen den Persönlichkeitsmerkmalen und der Ehequalität. Der SOC korreliert stärker als die anderen Konstrukte mit der Ehezufriedenheit. Dies gilt insbesondere für die Frauen. Die Zusammenhänge sind auch bei den anderen Persönlichkeitsmerkmalen in der Richtung erwartungsgemäß, wengleich nur teilweise signifikant. Konsistent zeigt sich bei beiden Ehepartnern, dass hohe Werte im SOC und dem Selbstkonzept der Fähigkeiten mit größerer Ehezufriedenheit einhergehen. Darüber hinaus hängen bei den Männern die emotionale Labilität und die soziale Externalität signifikant negativ mit der Ehezufriedenheit zusammen, bei den Frauen die Internalität der Attributionen positiv. Die Muster der bivariaten Korrelationen legen nur tendenzielle Unterschiede zwischen den Geschlechtern nahe. Diese werden aber deutlicher, wenn man die Ergebnisse der hierarchischen Regressionen betrachtet, in denen wir jeweils den SOC als letzten Prädiktor eingegeben haben. In allen Analysen zeigt sich, dass der SOC auch bei Kontrolle der Emotionalität, des Selbstkonzepts und der Attributionstendenzen einen signifikanten zusätzlichen Anteil der Varianz in der Ehequalität aufklärt. Dies ist bei den Frauen besonders ausgeprägt. Bei ihnen erweist sich der SOC als das gewichtigste Konstrukt. Im Gesamtmodell klärt er wesentlich mehr zusätzliche Varianz auf als bei den Männern (25% versus 3%), wobei auch insgesamt die Varianzaufklärung durch die Persönlichkeitsmerkmale bei den Frauen ausgeprägter ist.

Diese differenziellen Befunde zum SOC beruhen wahrscheinlich auf zwei zusammenwirkenden Prozessen. Zum einen ist anzunehmen, dass die Erfahrung einer langfristig befriedigenden Partnerschaft zu der im SOC enthaltenen Wahrnehmung von Sinn, Struktur und Bewältigungsressourcen beigetragen hat. Zum andern dürften die Ehefrauen mit hohem SOC mehr zu einer befriedigenden Gestaltung der Paarbeziehung in der Lage gewesen sein. Für eine solche Interpretation spricht auch, dass der SOC der Frau stärker mit der Ehezufriedenheit des Mannes korreliert als umgekehrt der SOC des Mannes mit der Ehezufriedenheit der Frau. Beide Mechanismen legen nahe, dass der SOC der Frau speziell für die Paarbeziehung bedeutsamer ist als der des Mannes, der wahrscheinlich mehr mit dem beruflichen Lebensbereich zu tun hat (vgl. Lösel et al., 1998). Dies ist gerade bei den von uns untersuchten Langzeitehen plausibel, da hier die Frauen oft längere Phasen ihres Lebens ausschließlich der Familie und Kindererziehung gewidmet haben. Da dies die Möglichkeiten beruflicher Karrieren reduziert (vgl. Stauder, 2002), ist eine intensivere Beziehung des SOC zum familiären Lebensbereich plausibel. Allerdings zeigt sich auch bei jungen Ehen in jüngster Zeit, dass die Geburt von Kindern zu einer stärkeren Familienorientierung und bei Berufstätigkeit zur Doppelbelastung der Frau führt (z. B. Graf, 2002).

> **Die Erfahrung einer langfristig befriedigenden Partnerschaft trägt zu der im SOC enthaltenen Wahrnehmung von Sinn, Struktur und Bewältigungsressourcen bei. Ehefrauen mit hohem SOC dürften mehr zu einer befriedigenden Gestaltung der Paarbeziehung in der Lage gewesen sein.**

Wie wichtig differenzielle Entwicklungsprozesse für die Paarbeziehung sind, wird in unseren typologischen Analysen noch deutlicher. Durch solche konfiguralen statt variablenbezogenen Auswertungen können besser Muster der Equifinalität und Multifinalität in Entwicklungen aufgezeigt werden. Ähnlich wie in der qualitativen Studie von Wallerstein und Blakeslee (1995) zeigt sich, dass vergleichbare Ausprägungen der Ehequalität auf unterschiedlichen Konstellationen der Persönlichkeitsmerkmale beruhen. Dies gilt zum einen für die Cluster 1 und 2. In beiden sind sowohl die Frauen als auch die Männer mit der Qualität ihrer Ehe sehr zufrieden. Beim einen Typus handelt es sich um Ehen, in denen beide Partner relativ hohe Werte im SOC, in der emotionalen Stabilität und im Selbstkonzept der Fähigkeiten aufweisen sowie wenig zu sozial-externalen Attributionen neigen. Diese größte Gruppe der Paare bestätigt die Befunde einer protektiven Funktion der Persönlichkeitsmerkmale auf Variablenebene. Die typologische Analyse zeigt nun aber eine kleinere Gruppe von Paaren, die ein weitgehend gegenläufiges Muster von Mann und Frau zeigen und doch mit der Ehe sehr zufrieden sind. Hier haben die Männer überdurchschnittliche Werte im SOC, in der emotionalen Stabilität und im Selbstkonzept der Fähigkeiten sowie unterdurchschnittliche Werte in der sozialen Externalität. Die Frauen weisen dagegen in all diesen Bereichen unterdurchschnittliche Werte auf, lediglich in der positiven Internalität sind sie den Männern ähnlich. Dieses Muster zeigt einen Ehetypus an, in dem der Mann kompetent und seelisch gesund erscheint, während sich die Frau als schwächer sieht. Dass beide Partner mit der Ehe zufrieden sind, legt eine traditionelle Rollenverteilung nahe, die den Erwartungen dieser Frauen an die Ehe anscheinend entspricht.

Würde man auf der Ebene allgemeiner Theorien der Partnerschaft und Beziehungsqualität stehen bleiben, so könnte man die Cluster 1 und 2 sowohl als Bestätigung für die Ähnlichkeits- als auch die Komplementaritätsthese auffassen (vgl. Lösel & Bender, Kap. 2). Die Cluster 3 und 4 zeigen jedoch, wie solche Generalisierungen fehlleiten. Im dritten Typus finden wir Paare, in denen sich Mann und Frau insofern ähnlich sind, als sie jeweils in allen Persönlichkeitsmerkmalen ungünstige Werte aufweisen. Diese Paare sind zugleich relativ unzufrieden mit der Beziehung. Ähnlichkeit im Mangel an personalen Ressourcen zur Beziehungsgestaltung ist also keine förderliche Konstellation. Auch hier sind in der Entwicklung Wechselwirkungsprozesse anzunehmen: Geringe Ausprägungen im SOC, im Selbstkonzept und in der emotionalen Stabilität erschweren einerseits die Bewältigung partnerschaftlicher und anderer familiärer Probleme. Defizite im dyadischen Coping fördern die Unzufriedenheit in der Partnerschaft (Bodenmann, 1995), wodurch sich wiederum negative Rückwirkungen auf die personalen Ressourcen ergeben können.

> **Ähnlichkeit im Mangel an personalen Ressourcen zur Beziehungsgestaltung ist keine förderliche Konstellation.**

Aber auch die Komplementarität zwischen Frau und Mann schlägt sich im vierten Cluster anders in der Ehequalität nieder als im ersten Cluster. Diese kleinste Gruppe von Ehen repräsentiert offensichtlich den Typus des schwachen und emotional labilen Mannes mit einer kompetenten und seelisch gesunden Frau. Anders als beim Cluster 1 ist hier die mittlere Ehezufriedenheit beider Partner relativ niedrig. Diese Paarkonstellation entspricht auch nicht den traditionellen Rollenmustern. Darüber hinaus deutet die fast 1,5 Standardabweichungen über dem Durchschnitt liegende Emotionalität der Männer darauf hin, dass es sich hier nicht nur um untypische Rollenmuster, sondern tendenziell neurotische Männer handelt. Während diese Männer am unzufriedensten mit der Ehe sind, fällt die Bilanz bei den Frauen günstiger aus. Die von ihnen berichtete Ehequalität ist zwar geringer als im ersten Cluster, liegt aber doch näher bei diesem als beim dritten Cluster. Vereinfacht gesagt, scheint für diese Frauen ein psychisch schwacher Mann ein geringeres Problem für die Paarbeziehung zu sein als für jene Frauen, die selbst über geringe Ressourcen verfügen. Solche differenziellen Muster sprechen gegen pauschale Mittelwerte einer Gesamtehequalität wie auch gegen den Vorschlag von Sagy und Antonovsky (1992), den höchsten Wert eines Partners im SOC als Indikator für einen Familienkohärenzsinn heranzuziehen.

> **Der höchste Wert eines Partners im SOC sollte nicht als Indikator für einen Familienkohärenzsinn herangezogen werden.**

Selbstverständlich muss bei diesen Ergebnissen berücksichtigt werden, dass es sich um Paare handelt, deren Ehe unter anderen gesellschaftlichen Rahmenbedingungen und Rollensterotypen begonnen hat als dies heute der Fall ist. Allerdings fällt doch die Frühphase dieser Ehen bereits in die 1970er Jahre, also in eine Zeit der Entwicklung egalitärerer Lebensformen zwischen den Geschlechtern. Da auch heute noch deutliche Diskrepanzen zwischen partnerschaftlichen Rollenidealen und der alltäglichen Lebenswirklichkeit vieler Paare bestehen (vgl. Wieners, 1999), sind unsere Ergebnisse wahrscheinlich doch mehr als eine historische Momentaufnahme. Übereinstimmend mit anderen Studien über Langzeitehen legen sie nahe, dass nicht zu sehr von allgemeinen, quasi-normativen Modellvorstellungen über die Bedingungen einer befriedigenden Beziehung ausgegangen werden darf (vgl. Wallerstein & Blakeslee, 1995). Es gibt verschiedene Wege zu einer gelungenen Partnerschaft. Allerdings zeigt sich auch, dass personale Ressourcen wie ein guter Kohärenzsinn, emotionale Stabilität und ein positives Selbstkonzept der eigenen Kompetenz bei beiden Partnern eine protektive Funktion haben. Falls es an derartigen Voraussetzungen bei einem der Partner mangelt, muss die Beziehung nicht unbedingt unbefriedigend verlaufen. Die erlebte Ehequalität hängt dann von spezifischen Passungen zwischen den Partnern ab. Die von uns untersuchten personalen Ressourcen bilden dabei sicher nur einen kleinen Ausschnitt der komplexen Konstellationen ab.

## Zusammenfassung

In dieser Studie an 105 älteren, lang verheirateten Ehepaaren konnte die protektive Funktion von personalen Ressourcen der Partner (z.B. ein guter Kohärenzsinn, ein positives Selbstkonzept und emotionale Stabilität) auf die Partnerschaft bestätigt werden. Es zeigte sich jedoch, dass es verschiedene Wege zu einer gelungenen Partnerschaft gibt: vergleichbare Ausprägungen der Ehequalität beruhen auf unterschiedlichen Passungen der Persönlichkeitsmerkmale der Partner.

# Literatur

Amelang, M. & Schmidt-Rathjens, C. (2000). Kohärenzsinn als Prädiktor und Suppressor bei der Unterscheidung von Gesundheit und Krankheit. Zeitschrift für Gesundheitspsychologie, 8, 85-93.

Anderson, K. H. (1998). The relationship between family sense of coherence and family quality of life after illness diagnosis: Collective and consensus view. In: McCubbin, H. I., Thompson, E. A., Thompson, A. I. & Fromer J. E.(eds.). Stress, coping, and health in families (pp. 169-187). Thousand Oaks: Sage.

Antonovsky, A. (1979). Health, stress, and coping. San Francisco: Jossey-Bass.

Antonovsky, A. (1987). Unraveling the mystery of health: How people manage stress and stay well. San Francisco: Jossey-Bass.

Antonovsky, A. (1993). The structure and properties of the Sense of Coherence Scale. Social Science and Medicine, 36, 725-733.

Antonovsky, A. (1998). The sense of coherence: An historical and future perspective. In: McCubbin, H. I., Thompson, E. A., Thompson, A. I. & Fromer, J. E. (eds.). Stress, coping, and health in families (pp. 3-20). Thousand Oaks: Sage.

Antonovsky, A. & Sourani, T. (1988). Family sense of coherence and family adaptation. Journal of Marriage and the Family, 50, 79-92.

Backhaus, K., Erichson, B., Plinke, W. & Weiber, R. (1990). Multivariate Analysemethoden (6. Aufl.). Berlin: Springer.

Bodenmann, G. (1995). Bewältigung von Stress in Partnerschaften: Der Einfluss von Belastungen auf die Qualität und Stabilität von Paarbeziehungen. Bern: Huber.

Coe, R. M., Romeis, J. C. & Hall, M. M. (1998). Sense of coherence and survival in the chronically ill elderly: A five-year follow-up. In: McCubbin, H. I., Thompson, E. A., Thompson, A. I. & Fromer, J. E. (eds.). Stress, coping, and health in families (pp. 265-275). Thousand Oaks: Sage.

Duetz, M., Abel, T., Siegenthaler, F. & Niemann, S. (2000). Zur Operationalisierung des Gesundheitsbegriffes in empirischen Studien zum Kohärenzgefühl. In: Wydler, H., Kolip, P. & Abel, T. (Hrsg.). Salutogenese und Kohärenzgefühl (S. 85-98). Weinheim: Juventa.

Fäh, M. (2000). Verbessert Psychotherapie die Moral? Inwiefern können grundlegende gesundheitsrelevante Lebensbewältigungseinstellungen durch psychologische Interventionen erworben bzw. verbessert werden. In: Wydler, H., Kolip, P. & Abel, T. (Hrsg.). Salutogenese und Kohärenzgefühl (S. 149-160). Weinheim: Juventa.

Fahrenberg, J., Hampel, R. & Selg, H. (1994). Das Freiburger Persönlichkeitsinventar FPI. Göttingen: Hogrefe.

Faltermaier, T. (2000). Die Salutogenese als Forschungsprogramm und Praxisperspektive. Anmerkungen zu Stand, Problemen und Entwicklungschancen. In: Wydler, H., Kolip, P. & Abel, T. (Hrsg.). Salutogenese und Kohärenzgefühl (S. 185-196). Weinheim: Juventa.

Flick, L. H. & Homan, S. M. (1998). Sense of coherence as a predictor of family functioning and child problems: Preliminary findings among homeless substance-abusing women with children. In: McCubbin, H. I., Thompson, E. A., Thompson, A. I. & Fromer, J. E. (eds.). Stress, coping, and health in families (pp. 107-124). Thousand Oaks: Sage.

Frenz, A., Carey, W., Jorgensen, M. P. & Randall, S. (1993). Psychometric evaluation of Antonovsky's Sense of Coherence Scale. Psychological Assessment, 5, 145-153.

Gottman, J. M. (1993). A theory of marital dissolution and stability. Journal of Family Psychology, 7, 57-75.

Gottman, J. M. (1994). What predicts divorce? The relationship between marital processes and marital outcomes. Hillsdale, NJ: Lawrence Erlbaum Associates.

Gottman, J. M. (1999). The marriage clinic: A scientifically-based marital therapy. New York: Norton Professional Books.

Gottman, J. M., Coan, J., Carrere, S. & Swanson, C. (1998). Predicting marital happiness and stability from newlywed interactions. Journal of Marriage and the Family, 60, 5-22.

Graf, J. (2002). Wenn Paare Eltern werden: Die Bedeutung der Ehequalität für die kindliche Entwicklung in den ersten Lebensjahren. Weinheim: PVU.

Hahlweg, K. (1996). Fragebogen zur Partnerschaftsdiagnostik (FPD). Göttingen: Hogrefe.

Hank, G., Hahlweg, K. & Klann, N. (1990). Diagnostische Verfahren für Berater. Weinheim: Beltz Test.

Karney, B. R. & Bradbury, T. N. (1995). The longitudinal course of marital quality and stability: A review of theory, method, and research. Psychological Bulletin, 118, 3-34.

Krampen, G. (1991). Fragebogen zu Kompetenz- und Kontrollüberzeugungen (FKK). Göttingen: Hogrefe.

Lewis, R. A. & Spanier, G. B. (1982). Marital quality, marital stability, and social exchange. In Nye, F.I. (ed.). Family relationships: Rewards and costs (pp. 49-65). Beverly Hills, CA: Sage.

Lösel, F. & Bender, D. (1998). Risiko- und Schutzfaktoren in der Entwicklung zufriedener und stabiler Ehen: eine integrative Perspektive. In: Hahlweg, K., Baucom, D. H., Bastine, R. & Markman, H. J. (Hrsg.). Prävention von Trennung und Scheidung – Internationale Ansätze zur Prädiktion und Prävention von Beziehungsstörungen (S. 27-66). Stuttgart: Kohlhammer.

Lösel, F., Bender, D. & Petrowski, K. (1998). Forschungsprojekt Protektive Faktoren der Ehestabilität. Zwischenbericht (10/1998) für das BMFSFJ. Institut für Psychologie, Universität Erlangen-Nürnberg.

Magnusson, D. (1995). Individual development. A holistic, integrated model. In Moen, P., Elder, G.H. & Luscher, K. (eds.). Examining lives in context: Perspectives on the ecology of human development (pp. 19-60). Washington, DC: American Psychological Association.

Markman, H., Stanley, S. & Blumberg, S.L. (1994). Fighting for your marriage. San Francisco: Jossey-Bass.

McCubbin, H. I., Thompson, A. I., Thompson, E. A., Elver, K. M. & McCubbin, M.A. (1998). Ethnicity, schema, and coherence: Appraisal processes for families in crisis. In: McCubbin, H. I., Thompson, E. A., Thompson, A. I. & Fromer, J. E. (eds.). Stress, coping, and health in families (pp. 41-67). Thousand Oaks: Sage.

Moos, R. H. (1984). Context and coping: Toward a unifying conceptual framework. American Journal of Community Psychology, 12, 5-36.

Nave-Herz, R. (1994). Familie heute: Wandel der Familienstrukturen und Folgen für die Erziehung. Darmstadt: Wissenschaftliche Buchgesellschaft.

Post-White, J. (1998). Sense of coherence, health, and immunoglobulin M among older Anglo-American and Japanese-American women: An exploratory study. In: McCubbin, H. I., Thompson, E. A., Thompson, A. I. & Fromer, J. E. (eds.). Stress, coping, and health in families (pp. 293-306). Thousand Oaks: Sage.

Reiss, D. (1981). The family's construction of reality. Cambridge, Mass.: Harvard University Press.

Sack, M. & Lamprecht, F. (1994). Lässt sich der »sense of coherence« durch Psychotherapie beeinflussen? In: Lamprecht, F. & Johnen, R. (Hrsg.). Salutogenese. Ein neues Konzept in der Psychosomatik? Kongressband der 40. Jahrestagung des Deutschen Kollegiums für Psychosom. Medizin (S. 172-179). Frankfurt: VAS Verlag für Akademische Schriften.

Sagy, S. & Antonovsky, A. (1992). The family sense of coherence and the retirement transition. Journal of Marriage and the Family, 54, 983-993.

Schmidt-Rathjens, C., Benz, D., Van Damme, D., Feldt, K. & Amelang, M. (1997). Über zwiespältige Erfahrungen mit Fragebögen zum Kohärenzsinn sensu Antonovsky. Diagnostica, 43, 327-346.

Schneewind, K.A. (1994). Erziehung und Sozialisation in der Familie. In: Schneewind, K.A. (Hrsg.). Psychologie der Erziehung und Sozialisation (Enzyklopädie der Psychologie, Serie 1: Pädagogische Psychologie, Band 1, S. 435-464). Göttingen: Hogrefe.

Schumacher, J., Wilz, G., Gunzelmann, T. & Brähler, E. (2000). Die Sense of Coherence Scale von Antonovsky. Psychotherapie, Psychosomatik, medizinische Psychologie, 50, 472-482.

Smrekar, S. & Egger, J.W. (2000). Kohärenzerleben und subjektive Krankheitstheorien bei Patienten mit koronarer Herzkrankheit. Psychologische Medizin, 11, 2-7.

Stauder, J. (2002). Eheliche Arbeitsteilung und Ehestabilität. Ergon-Verlag.

Strauss, F. & Höfer, R. (2000). Kohärenzgefühl, soziale Ressourcen und Gesundheit. Überlegungen zur Interdependenz von (Widerstands-)Ressourcen. In: Wydler, H., Kolip, P. & Abel, T. (Hrsg.). Salutogenese und Kohärenzgefühl (S. 115-128). Weinheim: Juventa.

Udris, I. & Rimann, M. (2000). Das Kohärenzgefühl: Gesundheitsressource oder Gesundheit selbst? Strukturelle und funktionale Aspekte und ein Validierungsversuch. In: Wydler, H., Kolip, P. & Abel, T. (Hrsg.). Salutogenese und Kohärenzgefühl (S. 129-147). Weinheim: Juventa.

Viek, P. (1997). Stabilität und Veränderung von Extraversion, Neurotizismus und Rigidität im Erwachsenenalter über einen Zeitraum von 28 Jahren: Neue Ergebnisse zur Längsschnittstudie von K. Gottschaldt. Zeitschrift für Entwicklungspsychologie und Pädagogische Psychologie, 29, 350-359.

Vossler, A. (2001). Der Familien-Kohärenzsinn als kollektives Konzept: Das Ganze ist mehr als die Summe seiner Teile. Zeitschrift für Gesundheitspsychologie, 9, 112-122.

Wallerstein, J.S. & Blakeslee, S. (1995). The good marriage. Boston: Houghton Miflin Company.

Wieners, T. (1999). Familientypen und Formen außerfamilialer Kinderbetreuung heute. Opladen: Leske & Budrich.

# Paarkonflikt und Trennung

Jens Kersting und Ina Grau

eine Ursache, seine Zuspitzung, seine Ausbreitung auf die Unbeteiligten, die Form des Kampfes wie der Versöhnung ist durch seinen Verlauf auf der Basis einer organischen, durch tausend innere und äußere Bindungen erwachsenen Einheit völlig eigenartig, mit keinem sonstigen Konflikt vergleichbar« (Simmel, 1908, über den Paarkonflikt).

Bei Partnerschaft und Ehe handelt es sich augenscheinlich um einen elementaren Lebensbereich des Menschen. In zahllosen Umfragen zur Lebenszufriedenheit treten Liebe und Partnerschaft als zentrale Faktoren des Wohlbefindens hervor und stellen somit eine der wichtigsten Quellen für Lebensfreude und psychische Stabilität dar. Dieser Lebensbereich kann jedoch durch eine destruktive Veränderung der Beziehung zu einer der schlimmsten Leidensquellen werden (vgl. Hahlweg et al., 1998b). Allein diese Erfahrung von unzähligen Beziehungspartnern sollte Herausforderung und Ansporn genug sein für die wissenschaftliche Auseinandersetzung mit dem Phänomen des Konflikts in intimen Beziehungen. Wie kommt es zu Konflikten, was ist das Besondere am Paarkonflikt, über welche Themen streiten sich Paare wirklich und welche Mechanismen zur Aufrechterhaltung von Konflikten existieren in Partnerschaften? Das folgende Kapitel beschäftigt sich zunächst mit dem Konfliktbegriff im Allgemeinen, stellt weiterhin ein Modell zum Verständnis des Zusammenhangs zwischen dem manifesten Beziehungskonflikt und seinen möglichen Ursachen und Folgen zur Verfügung und berichtet über ausgewählte Ergebnisse und methodologische Gesichtspunkte aus diesem Teilbereich der Partnerschaftsforschung.

## 15.1 Konflikt: Begriff und Verständnis

Beschäftigt man sich mit dem Begriff Konflikt als einem allgemeinen wissenschaftlichen Konstrukt, so kann ein erster Zugang über die ursprüngliche Wortbedeutung von Nutzen sein: »Konflikt« (lat.: conflictus) bedeutet laut Duden zunächst einmal »Zusammenprall« bzw. »Zusammenstoß«. In soziologischen Lexika und Handbüchern bezeichnet »Konflikt« ganz allgemein alle Auseinandersetzungen, Spannungen, Gegnerschaften, Gegensätzlichkeiten, Streitereien und Kämpfe verschiedener Intensität und Gewaltsamkeit zwischen einzelnen Personen, Personen und Gruppen, zwischen Gruppen, Organisationen, Gesellschaften und Staaten (vgl. Schneider, 1994).

> **Konflikt (lat.: conflictus) = Zusammenprall, Zusammenstoß.**

Bei der Analyse sozialwissenschaftlicher Beiträge der Konfliktpsychologie und -soziologie zur weiteren Beschreibung und Erklärung des Konfliktkonstruktes ergibt sich deshalb ein sehr heterogenes Bild. Es zeigt sich zunächst eine beachtliche Vielfalt von Hypothesen, Theorie- und Untersuchungsansätzen, denen nicht nur eine ganze Bandbreite von untersuchten sozialen Einheiten zugrunde liegt, sondern in denen auch, je nach Intention der Autoren (Psychologen, Soziologen, Anthropologen, Ökonomen, Juristen etc.), ganz unterschiedliche Aspekte des »Konflikts«, wie z. B. der spezielle Inhalt der Auseinandersetzung, die Konfliktursachen, Konfliktlösungen, Konfliktprozesse, Konfliktverhalten oder Konfliktstrukturen thematisiert werden. Im folgenden Abschnitt sollen zunächst der Konfliktbegriff, unterschieden nach intra- und interindividuellen Konflikten, definiert und die Besonderheiten des Paarkonflikts herausgestellt werden, bevor dann auf die spezifischen Konfliktthemen, Ursachen und Folgen des Konflikts eingegangen wird.

### 15.1.1  Der intraindividuelle Konflikt

Intrapsychische Konflikte zwischen verschiedenen Bestrebungen des Individuums haben das Denken des Menschen seit langem beschäftigt.

> Der *intraindividuelle Konflikt* wird als Streit der Motive beschrieben, der mit der Verdrängung der übrigen durch das entscheidende Motiv in der Wahlhandlung endet. Lewin (1940/53) definiert Konflikt als eine Situation, in welcher in einem Individuum einander entgegengesetzte Kräfte von annähernd gleicher Stärke zur gleichen Zeit aktiviert sind.

Seit den feldtheoretischen Arbeiten Lewins und weiterführenden Arbeiten von Miller (1944) ist es allgemein akzeptiert, drei Arten von intrapsychischen Konflikten zu unterscheiden: Ein Appetenzkonflikt (Annäherungskonflikt) liegt bei der Entscheidung zwischen positiven Handlungsalternativen, ein Aversionskonflikt (Vermeidungskonflikt) bei negativen Alternativen vor. Die dritte Konfliktform, der Appetenz-Aversions-Konflikt, ist dadurch gekennzeichnet, dass ein und dasselbe Objekt (bzw. eine Verhaltensweise) positive und negative Aspekte aufweist.

> **Man unterscheidet drei Arten von intrapsychischen Konflikten: Appetenzkonflikt, Aversionskonflikt, Appetenz-Aversions-Konflikt.**

In empirischen Untersuchungen der Lewin-Konflikttaxonomie konnte gezeigt werden, dass sich sowohl in Hinblick auf die gemessene Entscheidungszeit (Latenz) als auch die persönliche Einschätzung seitens der Probanden ein Appetenzkonflikt als weniger stabil bzw. als leichter lösbar erwies als ein Aversionskonflikt. Bei Appetenz-Aversions-Konflikten ist der Entscheidungsprozess deutlich komplizierter, es können, je nach Maßgabe der Konfliktsituationen, die verschiedenartigsten Konfliktlösungen auftreten, so z. B. das Vermeiden der Situation, Zögern, die Wahl einer Ersatzlösung anstelle des ursprünglich angestrebten Objektes oder ein Schwanken zwischen mehreren Ersatzlösungen.

Eine sehr detaillierte und in Laboruntersuchungen weitgehend bestätigte Konflikttheorie, das Konfliktmodell der Folgenantizipationen, stammt von Feger (1978). Auch für Feger sind intraindividuelle Konflikte grundsätzlich Entscheidungssituationen, die jedoch bestimmte Bedingungen »erfüllen« müssen, um vom Individuum auch als konflikthaft erlebt zu werden. Eine Konfliktsituation unterscheidet sich diesem Ansatz zufolge von der Situation der Wahl oder der Einstellungsäußerung dadurch, dass wenigstens eine kurze Zeit nach einer Lösung gesucht werden muss und nicht Gewohnheiten und bereitliegende Einstellungen dazu führen, dass *keine* Unterbrechung des Handlungsflusses erforderlich ist.

> **Konfliktsituationen ergeben sich aus der Unvereinbarkeit von perzipierten Handlungsmöglichkeiten oder aufgrund von Wahlalternativen, die von Individuen als nicht gleichzeitig realisierbar interpretiert werden.**

Auch Coombs (1987) beschreibt den intrapsychischen Konflikt von seiner Struktur her als einen Ziel- bzw. Entscheidungskonflikt. Im Idealfall einer Entscheidungssituation bieten sich nach seiner mathematisch orientierten Präferenztheorie dem Individuum verschiedene Wahlmöglichkeiten, von denen eine dabei eindeutig höchste Priorität bzw. die stärkste Präferenz besitzt. Der »Suchprozess« einer Person nach der optimalen Entscheidung wird nach Coombs in diesem Fall dadurch erleichtert, dass, mathematisch darstellbar, die individuelle Präferenzfunktion, die sich über die verschiedenen Wahlmöglichkeiten eines Individuums ergibt, unimodal ist. In solchen Entscheidungssituationen, in denen ein Individuum sozusagen genau weiß, was es will, existiert dieser Modellvorstellung zufolge kein eigentlicher Konflikt. Anders verhält es sich für den Fall, dass die individuelle Präferenzfunktion sich als mehrgipflig herausstellt. Unter diesen Voraussetzungen kann nach dem Modell von Coombs eine optimale Entscheidung nur in einem »erschöpfenden« Suchprozess erreicht werden, der für das Individuum allerdings mit viel Stress und Anstrengung verbunden und zum Teil auch unmöglich ist. Der konflikthafte Entscheidungsprozess wird laut Coombs nun nicht allein durch die individuelle Prioritätensetzung moderiert, sondern zusätzlich durch die von der Person antizipierten Folgen einer Entscheidung, d. h. die Belohnungen und Kosten. Alltagssituationen, in denen Entscheidungen getroffen werden müssen, weisen allerdings ein hohes Maß an Komplexität auf, sodass eine klare und eindeutige Prioritätensetzung unter Berücksichtigung des Nützlichkeitskriteriums oft unmöglich ist. Für den Fall, dass bestimmte Präferenzen innerhalb einer Person in gleichem Ausmaß ausgeprägt sind, ist von einer maximalen Konfliktbelastung auszugehen.

## 15.1.2   Der interindividuelle Konflikt

Den interindividuellen (sozialen) Konflikt als festen Bestandteil menschlichen Zusammenlebens und seine Lösung als mitmenschliche und gesellschaftliche Aufgabe haben Soziologen und Psychologen seit langem hervorgehoben.

Bezüglich der Frage, was einen interindividuellen Konflikt ausmacht und durch welche Variablen dieser bestimmt wird, gibt es unterschiedliche Akzentuierungen.

> Während einige Autoren *interindividuelle Konflikte* situationsbezogen beschreiben und darauf zurückführen, dass die Konfliktparteien Ressourcen aufteilen müssen (es gilt das Prinzip: je mehr eine Partei bekommt, desto weniger kann die andere bekommen), lassen sich Konflikte ebenso durch die wahrgenommene Divergenz von Interessen oder die Meinung, dass die gegenwärtigen Bestrebungen der Parteien nicht simultan verwirklicht werden können, beschreiben. Im Duden steht an entsprechender Stelle als eine von drei Konfliktdefinitionen: »Durch das Aufeinanderprallen widerstreitender Auffassungen, Interessen o. Ä. entstandene schwierige Situation, die zum Zerwürfnis führen kann«.

Sowohl der Aspekt der wahrgenommenen oder tatsächlichen Interessens- und Bedürfnisunterschiede von Individuen als auch der Situationsaspekt sind zentrale Inhalte einer Definition von Deutsch (1973):

> »Interpersonale Konflikte lassen sich als soziale Situationen definieren, in denen individuelle Handlungsabsichten aufeinander stoßen, die nicht vereinbar sind.«

Auf dieser Definition aufbauend hat Müller (1980) das interpersonale Konfliktgeschehen weiter spezifiziert. Das Auftreten diskrepanter Handlungsabsichten als Ursache des sozialen Konfliktes kann seiner Meinung nach prinzipiell drei Gründe haben: unvereinbare Ziele, spezifische Anforderungen der sozialen Situation trotz u. U. gleicher Ziele (z. B. unterschiedliche Beteiligungsansprüche bei der Nutzung *knapper* Ressourcen) und eine charakteristische Wechselbeziehungen zwischen Personen- und Situationsmerkmalen.

Ausgehend von verschiedenen Optionen, die beiden Individuen in einem Entscheidungsprozess zur Verfügung stehen, ergibt sich innerhalb einer dyadischen Beziehung laut Coombs (1987) eine besondere Dynamik. In einer solchen Konstellation existieren nunmehr zwei, möglicherweise divergierende Nützlichkeitsfunktionen in zwei verschiedenen Köpfen. War bereits die Suche nach einer (bestmöglichen) Lösung einer intraindividuellen Entscheidungssituation unter Berücksichtigung der positiven und negativen Konsequenzen für ein Individuum häufig mit Schwierigkeiten verbunden, so ist ein Entscheidungsprozess bei zwei beteiligten Personen, die Unterschiedliches anstreben und trotzdem zu einer Einigung kommen wollen (müssen), umso komplexer. Laut Coombs Modell haben beide Partner einer interindividuellen Entscheidungssituation einen Status quo, den jeder zu verbessern bestrebt ist und dessen Verschlechterung es zu vermeiden gilt (hedonistisches Prinzip). Innerhalb einer Dyade ist es möglich festzustellen, welche Wahlmöglichkeiten für *beide* Partner den Status quo verbessern, nämlich jene, die zwischen den Gipfeln der Präferenzfunktionen beider Partner liegen.

> **Beide Partner haben einen Status quo, den jeder zu verbessern bestrebt ist und dessen Verschlechterung es zu vermeiden gilt.**

Nun zeichnen sich allerdings gerade Entscheidungssituationen des Alltags häufig durch ein hohes Maß an Komplexität aus, sodass der Lösungsweg oft schwierig ist und Konflikte wahrscheinlich werden. Coombs benennt zwei Aspekte, die einen konflikthaften Entscheidungsprozess moderieren: Je weniger eindeutig die innerhalb einer Person vorliegenden Präferenzen geordnet sind (eine mehrgipflige Präferenzfunktion), desto schwieriger und langwieriger wird der Entscheidungsprozess zwischen zwei Personen voraussichtlich sein. Für den Fall, dass beide Partner eine klare Ordnung ihrer Präferenzen erstellt haben und nur eine Option höchste Priorität besitzt (eine eingipflige Präferenzfunktion), ist ein umso stärkerer Konflikt zu erwarten, je größer der Unterschied der von beiden in Erwägung gezogenen positiv assoziierten Wahlmöglichkeiten ist.

Im Kontext des interindividuellen Konfliktes ist der Paarkonflikt als ein spezifischer sozialer Konflikt zu betrachten. Lewin (1940/1953) thematisierte als einer der ersten die Besonderheit des Ehekonfliktes im Rahmen interpersonaler Konflikte.

### Der Ehe- bzw. Paarkonflikt manifestiert sich nach Lewin auf folgenden Ebenen:

- Auf der Ebene der *Bedürfnissituation* beider Partner zeigt sich, dass eine enorme Vielfältigkeit und widersprüchliche Eigenart der Bedürfnisse, die in der Ehe befriedigt werden sollen, vorhanden ist. Der Ehemann erwartet etwa, dass seine Frau gleichzeitig Geliebte, Kameradin, Hausfrau, Mutter, Miterhalterin der Familie und Vertreterin der Familie im gesellschaftlichen Leben sein soll. Die Frau erwartet, dass ihr Mann Geliebter, Kamerad, Erhalter der Familie, Vater ist und sich um das Haus kümmert. Diese verschiedenen Aufgaben, die der Ehepartner bewältigen soll, erfordern häufig entgegengesetzte Typen von Handlungen und lassen sich daher nicht leicht miteinander vereinbaren.

- Die zweite Ebene, auf der nach Lewin der Ehekonflikt besonders charakteristisch ist, betrifft die Ebene des *Raumes der freien Bewegung*. Ein ausreichender Raum freier Bewegung innerhalb einer Gruppe ist eine Voraussetzung für die Befriedigung der Bedürfnisse jedes Einzelnen. Die Ehegruppe umfasst vergleichsweise wenig Personen und bedeutet im Regelfall die Teilung von Haus, Tisch und Bett, welches zwangsläufig eine entscheidende Verengung des Raumes der freien Bewegung des Einzelnen mit sich bringt. Jede Handlung eines Mitgliedes greift somit zu einem gewissen Grad auf das andere Mitglied über, so dass besondere Anforderungen an beide Partner gestellt werden.
- Eine weitere Besonderheit der ehelichen Beziehung betrifft den erforderlichen Umgang dieser spezifischen Dyade mit der *Mitgliedschaft der Partner in anderen Gruppen*. Dazu gehören z. B. die Herkunftsfamilien, Berufsgruppen, Freunde und Bekannte, Vereine etc. Beide Partner müssen somit über die Bedeutung ihrer Mitgliedschaft in der Ehegruppe im Vergleich zur Mitgliedschaft in anderen Gruppen entscheiden, was Lewin zufolge zu einer Erhöhung des Konfliktpotenzials innerhalb von Ehen und Partnerschaften führt.

Schneider (1994) beschreibt fünf Grundanforderungen, denen sich Ehe und Familie zu stellen haben:

1. ein ausgewogenes Verhältnis von Getrenntheit und Verbundenheit zwischen ihren Mitgliedern,
2. ein adäquater Umgang der Ehen und Familien mit Kongruenzen bzw. Inkongruenzen der bei den Mitgliedern vorhandenen Fremd- und Selbstbilder,
3. die fortlaufende Bestätigung von bestimmten Grundmustern oder Themen innerhalb der Ehe,
4. die Festsetzung der Grenzen von Ehe und Familie (z. B. die Häufigkeit der Außenkontakte der Mitglieder, individuelle vs. gemeinsame Außenkontakte) und
5. die Aufgabe einer spezifischen Definition des Geschlechterverhältnisses (bei Paaren mit Kindern auch des Generationenverhältnisses), wobei Fragen bezüglich des Macht- und Autoritätsverhältnisses beantwortet werden müssen.

Ehe und Partnerschaftskonflikte gewinnen nach Schneider dadurch eine besondere Qualität, dass sich die Paarbeziehung als soziale Einheit einerseits sowohl als hoch konfliktgefährdet, andererseits ebenso als konfliktresistent charakterisieren lässt. Es kann nämlich gerade infolge der inneren Einheit einer Ehe die Toleranz gegenüber inneren Widersprüchen groß genug sein, um ein Auseinanderbrechen zu verhindern, andererseits ist aber die Bedrohung einer Dyade, die auf innerer Einheitlichkeit und Zusammengehörigkeit beruht, gerade durch innere Widersprüche besonders groß.

## 15.2   Ein integratives Modell des Paarkonfliktes

Der folgende Abschnitt widmet sich denjenigen Variablen und Zusammenhängen, die in der Trennungs- bzw. Konfliktforschung in Bezug auf Partnerschaften empirisch untersucht wurden. Wie die Vielzahl von relevanten Variablen in Abbildung 15.1 erkennen lässt, handelt es sich um ein sehr heterogenes Forschungsgebiet. In der Abbildung werden der Konflikt, seine Ursachen und Folgen sowie moderierende Einflüsse auf die dargestellten Zusammenhänge aufgezeigt. Die Darstellung der kausalen Beziehungen zwischen den Variablen erhebt keinen Anspruch auf Vollständigkeit, es sind nur jene Zusammenhänge dargestellt, auf die im Text näher eingegangen wird.

Modellabschnitt 1 (Pfade 1–4)
Konflikte und Streitereien im Alltag können im Sinne des Investitionsmodells von Rusbult (1983) als Beziehungskosten betrachtet werden und haben Einfluss auf die Unzufriedenheit der Partner *(Modellpfad 2)*, welche in manchen Fällen zur Trennung führt *(Pfad 3)*. Alltagspsychologisch könnte man vermuten, dass sich eine stark beeinträchtigte Beziehungszufriedenheit als unmittelbarer Auslöser einer bevorstehenden Trennung erweist. Allerdings gibt es eine bedeutende Anzahl konfliktbelasteter Ehen und Partnerschaften, in denen ein oder beide Partner über einen längeren Zeitraum hochgradig unzufrieden sind, die sich aber dennoch als »stabil« erweisen und bei denen es (noch) nicht zu einer Trennung kommt. Der Zusammenhang zwischen Beziehungs(un)zufriedenheit und Trennung ist demzufolge differenzierter zu betrachten.

> **Es gibt eine bedeutende Anzahl konfliktbelasteter Partnerschaften, in denen ein oder beide Partner über einen längeren Zeitraum hochgradig unzufrieden sind, die sich aber dennoch als »stabil« erweisen.**

Die Unzufriedenheit hat zwar einen Einfluss auf die Wahrscheinlichkeit einer Trennung, dieser Einfluss wird jedoch von weiteren Variablen moderiert, die im Modell als *Trennungsbarrieren* bzw. *Alternativen zur Partnerschaft* bezeichnet werden *(Pfad 4)*. Aufgrundlage des Investitionsmodells von Rusbult (1983) lassen sich Erklärungen darüber ableiten, warum manche Paare trotz großer Unzufriedenheit weiterhin zusammenbleiben. Wenn die Investitionen eines Partners in die Beziehung hoch sind (z. B. gemeinsame Kinder und ein gemeinsames Haus vorhanden sind) und gleichzeitig keine Alternativen zur Beziehung wahrgenommen werden (z. B. aufgrund geringer Sozialkontakte und einer Abneigung gegen das Alleinleben), so wird dieser Partner auch bei hoher

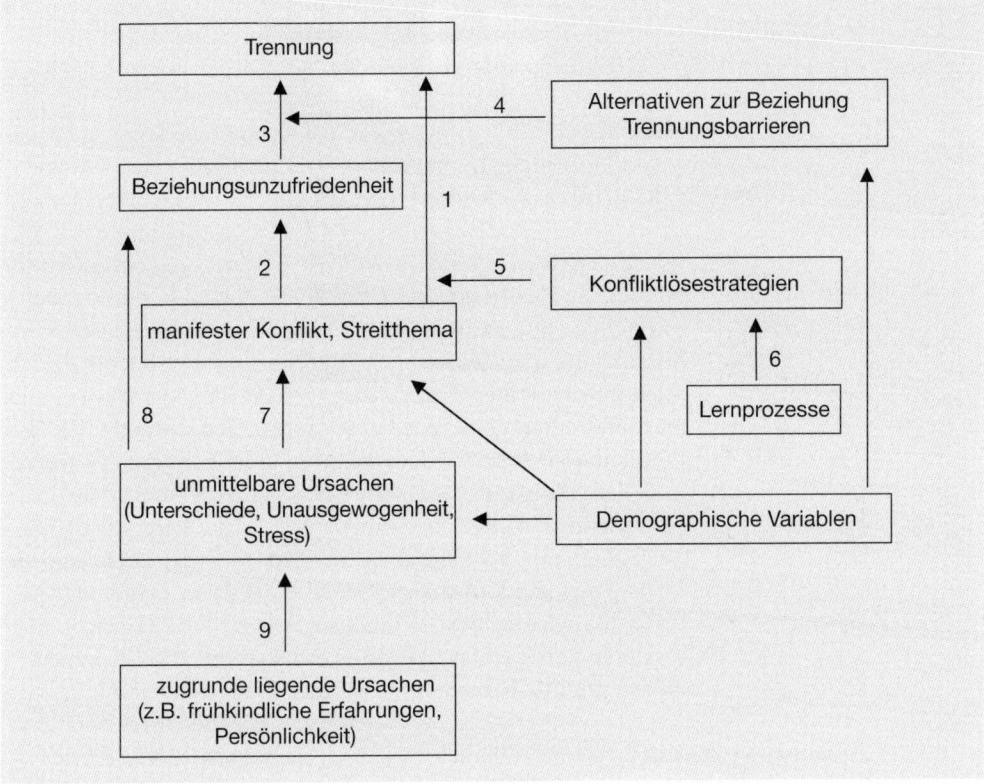

**Abb. 15.1.** Der Paarkonflikt und seine Ursachen, Folgen und Moderatoren

Konfliktbelastung und daraus resultierender Unzufriedenheit mit hoher Wahrscheinlichkeit in der Beziehung verbleiben.

### Modellabschnitt 2 (Pfade 5–6)

Im Rahmen lern- und verhaltenstheoretischer Ansätze liegt das Hauptaugenmerk auf dem Umgang der Beziehungspartner mit bereits bestehenden Konflikten, d. h. nicht das Streitthema, sondern das Verhalten der Streitenden ist hier relevant. Der in Abb.ildung 15.1 postulierte Zusammenhang zwischen Konflikt und Trennung *(Pfad 1)* wird moderiert durch Konfliktlösungsstrategien (Umgang mit Konflikt) und Konfliktlösefertigkeiten *(Pfad 5)*. Da davon auszugehen ist, dass es in jeder Beziehung zu irgendeinem Zeitpunkt zu Konflikten kommt, ist es nach diesem Ansatz der Umgang mit diesen, insbesondere die Art der Kommunikation, die darüber entscheidet, ob ein Konflikt gelöst werden oder zu einer späteren Trennung führen kann.

Nach Analysen von Konfliktlösungsstrategien lassen sich bei Paaren vier Umgangsformen unterscheiden (Rusbult & Zembrodt, 1983):

– *Mitsprache* (voice) bezeichnet ein Problemgespräch und das Aufzeigen von Lösungswegen,

- *Loyalität* (loyality) das Warten auf bessere Ausgangsbedingungen für die Problemlösung und Unterstützung des Partners,
- mit *Verlassen* (exit) beschreiben die Autoren den aktiven Rückzug und
- mit *Vernachlässigung* (neglect) das »Unter-den-Teppich-kehren« von Problemen. Die ersten beiden Umgangsformen können als konstruktiv, die letzten beiden als destruktiv bezeichnet werden.

Wie im Modell ersichtlich, beeinflussen Lernprozesse das Konfliktverhalten in Partnerschaften *(Pfad 6)*. Aus diesem lerntheoretischen Blickwinkel beschreiben Patterson und Reid (1970) destruktives Konfliktverhalten genauer. Der Wunsch einer Person, der Partner möge in bestimmter Hinsicht sein Verhalten ändern, ist wohl allen Partnerschaften gemein. Zentral dabei ist jedoch nicht das Konfliktthema, an dem sich der Streit entzündet, sondern der Wunsch nach Verhaltensänderung. Wird nun von einem Partner das »nicht erwünschte« Verhalten bestraft, kommt es laut Patterson und Reid möglicherweise zu einer kurzfristigen Verhaltensänderung des Gegenübers, die Entwicklung anderer, positiver Handlungsmöglichkeiten wird jedoch dadurch nicht gefördert, da solche nicht verstärkt werden. Das tadelnde Verhalten des einen Partners ist jedoch unmittelbar verstärkt worden, wenn nun tatsächlich »unerwünschtes Verhalten« beendet wird. Strafendes Verhalten ist jedoch nicht konstruktiv, da sich der Partner, der bestraft wird, an den Strafreiz gewöhnt und nach einiger Zeit das unerwünschte Verhalten erneut an den Tag legt. Weiterhin wird er durch Modelllernen und Erwägungen der Reziprozität selbst bestrafend auf Fehlverhalten des Partners reagieren.

> **Strafendes Verhalten ist nicht konstruktiv.**

### Modellabschnitt 3 (Pfade 7–9)
Der *manifeste Konflikt* bzw. das *Streitthema* findet sich im Modell an zentraler Stelle. Emotionale Probleme, wie z. B. unerfüllte Erwartungen, ein Mangel an gegenseitigem Verstehen und das Gefühl fehlender Zuneigung, stellen wesentliche Gründe für Konflikte und spätere Trennungen dar (Rottleuthner-Lutter, 1992). Beobachtbare Streitthemen in Partnerschaften betreffen dabei nach Schneider (1990) häufig den Aspekt des »Auseinanderlebens« der Partner, die Frage nach »angemessener Kommunikation«, das Thema »gemeinsame Zukunftsperspektiven« und den Aspekt »unterschiedliche Meinungen und Einstellungen der Partner«.

Die im Modell aufgeführten *unmittelbaren Ursachen* des Konfliktes (z. B. Unähnlichkeit, Unausgewogenheit, Stress) haben direkten Einfluss auf den *manifesten Konflikt (Pfad 7)* und die Zufriedenheit *(Pfad 8)*. Von Bedeutung können dabei unterschiedliche Bedürfnisse nach Kommunikation oder Zärtlichkeit sein. Der Zusammenhang zwischen Ähnlichkeit und Beziehungserfolg wurde mehrfach empirisch bestätigt (vgl. Bierhoff & Grau, 1999). Ebenso kann Unausgewogenheit bzw. fehlende Gerechtigkeit (Equity) zu Konflikten führen. Nach der Equity-Theorie von Walster et al. (1978) werden Unzufriedenheit, Streitereien und mangelnde Stabilität der Beziehung mit wahrgenommener Ungerechtigkeit in Verbindung gebracht (s. Kap. 11). Außerdem kann Stress zu den unmittelbaren Ursachen von manifesten Konflikten gezählt werden. In der Stressforschung geht man davon aus, dass externe Bedingungen wie Alltagsstress in zahlreichen Fällen der Hauptgrund für Konflikte, eine niedrige Partnerschaftsqualität und Trennung sind (s. Kap. 17).

> **Stress ist eine unmittelbare Ursache von manifesten Konflikten.**

Von den unmittelbaren Konfliktursachen, die sich aus der Interaktion der Partner oder externen Einflüssen ergeben, sind *zugrunde liegende Ursachen* des Konfliktes zu unterscheiden, die die unmittelbaren Auslöser des Konflikts *(Pfad 9)* bzw. den manifesten Konflikt selbst *(nicht eingezeichneter Pfad)* bestimmen. Ein nützlicher Zugang zu dem Phänomen des Paarkonfliktes erfolgt über die Beiträge sog. primär-psychologischer Theorien, die sich, zunächst unabhängig vom Paarkonflikt als »Besonderem«, mit einem aus einer früheren Entwicklung heraus resultierenden, individuellen Konfliktpotenzial von Beziehungspartnern beschäftigt haben. Dabei können die für die Persönlichkeitsentwicklung als wesentlich eingeschätzten früheren Erfahrungen des Menschen (aus Sicht der Psychoanalyse z. B. innerhalb seiner Herkunftsfamilie) den Ausgangspunkt bilden, spätere Partnerschaftsprobleme zu erklären. Aspekte der Übertragung von Erfahrungen innerhalb der Herkunftsfamilie auf Paarbeziehungen finden sich in zahlreichen psychoanalytischen Ansätzen (Reiter, 1983). Auch die Bindungstheorie geht davon aus, dass die in der Kindheit mit der Primärbezugsperson gemachten Bindungserfahrungen in Zusammenhang mit der aktuellen Beziehungssituation stehen (hierzu Abschnitt 15.4.3 und Kap. 5).

Als mitverantwortlich für eine gestörte Paarbeziehung mit resultierenden Konflikten werden innerhalb der differenziellen Psychologie Persönlichkeitsmerkmale angesehen, die bereits vor Beginn einer Beziehung Bestand haben. Karney und Bradbury (1995) stellten beispielsweise fest, dass Neurotizismus einen Risiko- und Belastungsfaktor für Paarbeziehungen darstellt.

Ein Blick auf die weiteren Pfade innerhalb des Modells verdeutlicht die Bedeutsamkeit *demographischer Variablen* in der Partnerschaftsforschung. Soziodemographische Variablen, wie soziale Schicht, Kinder, Heiratsalter, Ehedauer, Religionszugehörigkeit usw., moderieren als Einflussvariablen den Konflikt- und Trennungsprozess an mehreren Stellen. Sie können ebenso Einfluss auf die *unmittelbaren Konfliktursachen* haben (z. B. begünstigt Geldmangel Stress) wie auf den *manifesten Konflikt* (z. B. wird sich ein Paar mit Kindern im Gegensatz zu einem kinderlosen Paar vermehrt mit Problemen der Kindererziehung auseinandersetzen). Demographische Variablen beeinflussen weiterhin *Konfliktlösungsstrategien* (z. B. bildet ein bestimmtes Maß an schulischer Bildung und intellektuellen Fähigkeiten eine Voraussetzung für konstruktive partnerschaftliche Kommunikation). Schließlich können demographische Variablen Einfluss auf die *Trennungsbarrieren* nehmen (z. B. kann sich das Vorhandensein von Kindern stabilisierend auf Partnerschaften auswirken).

## 15.3  Methoden und Ergebnisse

Im folgenden Abschnitt sollen anhand von drei Kerngebieten ausgewählte Ergebnisse und methodologische Aspekte der Partnerschaftsforschung aufgeführt werden. Im Vordergrund stehen zunächst Ergebnisse zu Trennungsursachen. Anschließend sollen Ergebnisse zweier Erklärungsansätze partnerschaftlicher Konflikte genauer beleuchtet werden, die sich in ihren Grundannahmen deutlich voneinander unterscheiden: Wissenschaftler, die sich mit der Untersuchung sog. Konfliktmoderatoren (Problemlösestrategien, Kommunikationsmuster) befassen, gehen davon aus, dass es unerheblich für eine Partnerschaft ist, in welchem Bereich Konflikte auftreten, während der Umgang mit dem Konflikt von entscheidender Bedeutung ist. Aus der Sicht von Wissenschaftlern, die sich primär mit der Erfassung der Ursachen von Paarkonflikten beschäftigen, lässt sich hingegen das spezielle Konfliktthema aus individuellen Merkmalen der Partner vorhersagen.

### 15.3.1  Trennungsforschung

Bezüglich methodologischer Aspekte der Trennungs- und Scheidungsforschung gilt es retrospektive und prospektive Ansätze zu unterscheiden. Innerhalb des retrospektiven Untersuchungsansatzes geht es um die Erfassung von Zusammenhängen des Scheidungsrisikos mit soziodemographischen Variablen (z. B. Heiratsalter, Ehedauer, Kinder, soziale Schicht). Es existieren gleichermaßen Studien (Befragungen) aus der klassischen Demographieforschung, Sekundäranalysen, die sich auf das Datenmaterial amtlicher Statistiken stützen, Untersuchungen, die sich auf Daten sog. Omnibus-Umfragen beziehen, sowie Studien, in denen soziodemographische Einflussgrößen neben individuellen (z. B. Neurotizismus/Extraversion) und interaktionalen Variablen (z. B. Interdependenz, Kommunikation) begleitend per Fragebogen erfasst werden. Ebenso unterscheiden sich die empirischen Beiträge darin, dass sie sich auf verschiedene Untersuchungseinheiten beziehen. Es finden sich sowohl Arbeiten auf Individualdaten- als auch auf Aggregatdaten-Niveau (Rottleuthner-Lutter 1992).

Innerhalb eines zweiten Teilbereichs der retrospektiven Trennungs- und Scheidungsforschung geht es um die mittels Fragebögen oder Interviews erfolgte Erhebung subjektiver Trennungs- und Scheidungsgründe, die von Partnern als ursächlich für eine vollzogene Trennung benannt werden. Dem retrospektiven Ansatz gemein ist der Sachverhalt, dass eine Trennung vollzogen ist und somit der Rückschluss nahe liegt, dass innerhalb der Beziehung eine hohe Konfliktbelastung vorgelegen hat.

Der zweite methodologische Zugang im Kontext der Trennungsforschung erfolgt aus einer prospektiven Perspektive. Per Fragebogen werden Aspekte der Persönlichkeit und der Partnerschaft erhoben und mit der späteren Stabilität oder Trennung in Beziehung gesetzt. Derartige Studien sind weniger zahlreich als retrospektive Studien. Ein Grund dafür ist, dass sich Trennungen in einem überschaubaren Zeitraum sehr selten einstellen.

Die im Folgenden aufgeführten demographischen und sozioökonomischen Variablen stellen in der retrospektiven Scheidungs- und Trennungsforschung zentrale Einflussgrößen dar. Einer der wenigen gesicherten Zusammenhänge besteht zwischen dem Heiratsalter und dem Auftreten von Ehescheidung (Rottleuthner-Lutter, 1992). Unter den Geschiedenen in den westlichen Industrienationen sind Paare, die in jungen Jahren die Ehe eingingen, überproportional vertreten, sodass das Scheidungsrisiko bei niedrigem Heiratsalter (um kulturspezifische Effekte auszuschließen, wird damit ein Alter gekennzeichnet, welches unterhalb des Medians des Heiratsalters einer Gesellschaft liegt) besonders hoch ist. In einigen Studien konnte belegt werden, dass nicht nur Frühehen ein erhöhtes Scheidungsrisiko aufweisen, sondern auch Ehen, die, relativ zum Durchschnittsalter in der jeweiligen Kohorte, in höheren Lebensjahren geschlossen wurden, sodass in der Beziehung zwischen Scheidungsrisiko und dem Heiratsalter insgesamt von einem u-förmigen Zusammenhang auszugehen ist.

> **Es gibt einen gesicherten Zusammenhang zwischen Heiratsalter und dem Auftreten von Ehescheidung.**

Die Wahrscheinlichkeit, dass Ehepartner sich trennen, ändert sich ebenfalls mit der Dauer der Beziehung. Es zeigt sich, dass das Scheidungsrisiko in den ersten Jahren nach der Heirat rasch ansteigt, ein Maximum erreicht und sich dann allmählich wieder abschwächt. Der Höhepunkt der Kurve liegt nach Rottleuthner-Lutter im Bereich der 2- bis 7-jährigen Ehedauer. Bezüglich des Einflusses der Konfessionszugehörigkeit auf die Trennungswahrscheinlichkeit ist laut Rottleuthner-Lutter eine Veränderung über die letzten 40 Jahre eingetreten. Während im Zeitraum von 1960–1980 Protestanten ein größeres Scheidungsrisiko als Katholiken aufwiesen und konfessionelle Mischehen als besonders gefährdet galten, haben sich diese Unterschiede in der Bundesrepublik Deutschland tendenziell ausgeglichen. Der Rückgang konfessioneller Bestimmung des Scheidungsrisikos wird vor allem auf eine generell geringere Kirchenbindung in der heutigen Gesellschaft zurückgeführt.

> **Das Scheidungsrisiko steigt in den ersten Jahren nach der Heirat rasch an, erreicht ein Maximum und nimmt dann allmählich wieder ab.**

Zu den untersuchten klassischen Prädiktoren des Scheidungs-risikos gehört in der Trennungs- und Scheidungsforschung auch das Vorhandensein von Kindern bzw. deren Anzahl. Obwohl diese Größe in vielen Untersuchungen her-angezogen wird, sind die empirischen Befunde kei-neswegs eindeutig. Ein großer Teil der Studien stimmt darin überein, dass die Scheidungswahr-scheinlichkeit mit zunehmender Kinderzahl sinkt, wobei der Zusammenhang aber nicht linear zu sein scheint, son-dern bei Ehen mit mehr als 4 Kindern wieder ansteigt und die Kin-derzahl mit zunehmender Beziehungsdauer an Bedeutung für die Stabilität der Ehe verliert. In mehreren Gesellschaften hat sich ein negativer Zusammenhang zwischen Scheidungsrisiko und dem Vorhandensein von Kindern beobachten lassen, wobei jedoch darauf hingewiesen wird, dass eine mögliche Folgerung, Kinder wirken sich ehestabilisierend aus (u. a. weil man möglicherweise trotz Unzufriedenheit eine Trennung wegen der Kinder seltener in Betracht zieht), voreilig ist.

> **Zu den klassischen Prädiktoren des Scheidungsrisikos gehört das Vorhandensein von Kindern bzw. deren Anzahl.**

Genauso plausibel ist es umgekehrt, das Vorhandensein von Kindern als Ausdruck stabiler Ehen zu deuten (vgl. Schneider, 1994). In anderen Studien zeigte sich, dass der statistische Zusam-menhang zwischen der Kinderzahl und dem Scheidungsrisiko nicht mehr statistisch signifikant ist, nachdem weitere ökonomi-sche und soziodemographische Variablen kontrolliert werden.

Folgt man nach Rottleuthner-Lutter (1992) den Ergebnissen der frühen Scheidungsforschung, so bestand eine inverse Beziehung zwischen dem Scheidungsrisiko und der sozialen Schichtzugehörigkeit. Das Fazit lautete: Personen mit niedrigerem sozialen Status lassen sich eher scheiden. Dieser Zusammenhang hat sich jedoch in den letzten Jahren abgeschwächt, da die Schei-dungsrate bei höherem sozioökonomischen Status im Verhältnis angestiegen ist. Weitere Ergebnisse beziehen sich auf positive Aus-wirkungen eines hohen Bildungsniveaus auf die Beziehungs-qualität und auf negative Auswirkungen auf selbige dann, wenn einer der beiden Partner aus einer Familie stammt, in der es be-reits zu einer Scheidung gekommen ist.

> **Es besteht eine inverse Beziehung zwischen dem Scheidungsrisiko und der sozialen Schichtzugehörigkeit.**

Zu resümieren bleibt, dass die Ergebnisse der soziodemogra-phischen Forschung schwer zu interpretieren sind. Insgesamt ist im Kontext soziodemographischer Untersuchungen zu bemerken, dass sie zwar den Fokus auf Merkmale lenken, mit denen ein erhöhtes Scheidungsrisiko verknüpft ist, zur Erklärung der ver-ursachenden Bedingungen von Ehescheidungen aber nicht aus-reichend sind, da sie weder über Beweggründe, die den Tren-nungsentschluss bestimmen, noch über die Bedingungen, die zur Auflösung einer Partnerschaft führen können, etwas aussagen (vgl. Schneider, 1994). Soziodemographische Variablen dürfen daher wohl weniger als Trennungsgründe, sondern eher als den

Konflikt- und Trennungsprozess moderierende Einflussvariablen bezeichnet werden.

Das Ziel von Primärerhebungen von geschiedenen Paaren innerhalb der Trennungs- und Scheidungsforschung ist die (retrospektive) Erfassung und Analyse der durch die Betroffenen subjektiv wahrgenommenen und wiedergegebenen Trennungs- bzw. Scheidungsursachen. Diese und frühere angloamerikanische Studien haben ihren Stammvater in dem amerikanischen Familiensoziologen und Scheidungsforscher William Goode. In einer umfassenden Untersuchung, die 1948 in Detroit stattfand, waren die fünf am häufigsten genannten Trennungsgründe der Reihenfolge nach die »fehlende materielle und finanzielle Unterstützung« seitens des Mannes, seine »autoritäre Haltung«, »häufiges Ausgehen und Herumtreiben«, »Trunksucht« sowie »unvereinbare Eigenschaften und Charakterzüge« (vgl. Rottleuthner-Lutter, 1992).

In einer umfassenden Analyse zahlreicher wissenschaftlicher Beiträge stellt Rottleuthner-Lutter fest, dass im Vergleich zu den Ergebnissen Goodes in den neueren Befragungen auffallend häufiger allgemeine, eher den psychischen Aspekt betonende Themen mit dem Scheitern einer Ehe in Verbindung gebracht werden. Kategorien wie »Mangel an Kommunikation«, »Mangel an gegenseitigem Verstehen«, »Gefühl fehlender Zuneigung« und »mangelnde Übereinstimmung« werden heutzutage von den Befragten am häufigsten angegeben. So nimmt allein der Bereich »Mangel an Kommunikation« in sechs unabhängigen Untersuchungen den ersten Rangplatz ein. Zu ähnlichen Ergebnissen kommt Schneider (1990) in einem Überblick zum gegenwärtigen Stand der Trennungs- und Scheidungsforschung.

In einem Vergleich der Ergebnisse der Studie von Goode mit jüngeren Arbeiten stellt er fest, dass interpersonelle und intrapsychische Aspekte, wie z. B. Kommunikationsprobleme, unterschiedliche Interessen und emotionale Probleme, zunehmend häufiger als Trennungsgründe angeführt werden, während Ursachen wie Alkoholismus, finanzielle Probleme, Herumtreiberei und exzessiv autoritäres Verhalten an Bedeutung verlieren. In einer eigenen Untersuchung Schneiders standen unter den 5 am häufigsten genannten Gründen an erster Stelle enttäuschte/unerfüllte Erwartungen, gefolgt von Entfremdung und Auseinanderleben, Kommunikationsprobleme und häufige Auseinandersetzungen, fehlende Zukunftsperspektive und schließlich unterschiedlicher Lebensstil bzw. unterschiedliche Einstellungen der Partner. In einer umfangreichen Befragung von Nave-Herz et al. (1990) wurde deutlich, dass niemals ein einziger Grund den Ausschlag für eine Eheauflösung gibt, sondern stets mehrere Faktoren zusammen zu einer Trennung führen. Die Resultate dieser Studie deuten darauf hin, dass je institutionalisierter die Partnerschaftsform ist (Ehe bzw. Ehe mit Kindern), desto mehr

> **Es gibt niemals einen einzigen Grund für eine Eheauflösung, es führen stets mehrere Faktoren zu einer Trennung.**

ausschlaggebende Gründe notwendig sind, damit es zur Trennung kommt.

Als Modell für eine Studie von Parker und Drummond-Reeves (1993) aus dem angloamerikanischen Raum fungierte eine qualitative Erstuntersuchung von Bradford aus den 70er Jahren, in der insgesamt 9 Problembereiche identifiziert werden konnten. In der Rangfolge ihrer Häufigkeiten wurden die Bereiche »Kommunikation«, »sexuelle Probleme«, »Geldprobleme«, »Diskrepanz zwischen Erwartung und Realität«, »Arbeitssituation«, »Unvereinbarkeit«, »außereheliche Affairen«, »Wachstum/Entwicklung« und »Dominanz/Unterordnung« benannt. In der Studie von Parker und Drummond-Reeves ließen sich diese Problembereiche ebenfalls nachweisen (allerdings in etwas veränderten Rangfolge der Häufigkeiten).

Ziel einer Untersuchung von Ponzetti et al. (1992) zu subjektiven Scheidungsgründen war es zu untersuchen, welche Trennungsgründe *beide* Partner einer früheren Ehegemeinschaft angeben, und abzuklären, ob und inwieweit sich diese Ursachenzuschreibungen voneinander unterscheiden. Die Ergebnisse auf individueller Ebene bestätigten zunächst bisherige Befunde, nach denen Frauen signifikant mehr Trennungsgründe angeben als Männer.

> **Männer geben häufiger äußere Umstände und interpersonale Bedingungen als Trennungsgründe an, Frauen sehen die Ursachen eher im interpersonalen Verhalten.**

Die generell am häufigsten benannten Gründe sind im Bereich der dyadischen Kategorie (interpersonale Bedingungen und interpersonales Verhalten) anzusiedeln. Männer geben häufiger als Frauen äußere Umstände und interpersonale *Bedingungen* (z. B. unterschiedliche Normen, Werte und Erwartungen) als Trennungsgründe an, Frauen sehen die Ursachen der Scheidung eher auf der Ebene des interpersonalen *Verhaltens* (z. B. häufiger Streit, Kommunikationsprobleme).

Insgesamt bleibt festzustellen, dass die Befunde der retrospektiven Trennungsforschung eindeutige Hinweise dafür liefern, dass zum gegenwärtigen Zeitpunkt die relevanten Trennungsgründe hauptsächlich im Bereich affektiv-emotionaler Beziehungsthemen zu suchen sind.

Dem *retrospektiven Ansatz* innerhalb der Partnerschaftsforschung gegenübergestellt werden müssen die sog. *prospektiven Untersuchungsansätze*, bei denen es um den Versuch der *Trennungsvorhersage* geht, mit anderen Worten um die Erfassung konfliktträchtiger Variablen, die eine ungünstige Beziehungsprognose erlauben und mit der Auflösung romantischer Beziehungen in Verbindung stehen. Untersucht wurden soziodemographische Variablen, Persönlichkeitsmerkmale, Einstellungen sowie Einstellungsähnlichkeit der Partner. Bezogen auf die angestrebte Trennungsvorhersage zeigte sich insgesamt, dass sich Persönlichkeits- und Einstellungsmerkmale für die Prognosen als wichtiger erwiesen als demographische Variablen (vgl. Bierhoff & Grau, 1999). In einer Langzeitstudie von Kelly und Conley (1987), die eine Analyse der Beziehungsstabilität über fünf Jahrzehnte (!) ermöglichte, konnte mittels Befragungen an einer Stichprobe in den 30er, 50er und 80er Jahren bezüglich der erfassten Persönlichkeitsmerkmale Neurotizismus, Extraversion, Impulskontrolle und Freundlichkeit festgestellt werden, dass sich geschiedene Paare von Noch-Verheirateten durch Merkmale wie Neurotizismus (bei Männern und Frauen), weniger Impulskontrolle (bei Männern) sowie höhere Extraversion (bei Männern) unterschieden. In der Studie zeigte sich weiterhin, dass die Trennung der Paare wahrscheinlicher war, wenn die Partner vor der Ehe viele sexuelle Erfahrungen aufwiesen und wenn es Scheidungen in der Herkunftsfamilie gegeben hatte. Die Ergebnisse dieser Studie sind jedoch mit Vorsicht zu betrachten, da sich die Analyse auf einen Zeitraum bezieht (1930–1980), der mit der heutigen gesellschaftlichen und damit partnerschaftlichen Realität nicht ohne weiteres vergleichbar ist. In einer neueren Studie verwendete Kurdek (1993) einen multifaktoriellen Ansatz, in dem neben demographischen Merkmalen (demographischer Ansatz) ebenso Persönlichkeitsmerkmale (individueller Ansatz), Beziehungsmerkmale (Interdependenzansatz) und die Ähnlichkeit der Partner in den untersuchten Merkmalen berücksichtigt wurden (Unähnlichkeitsansatz). Die Ergebnisse der Studie zeigten insgesamt, dass keiner der genannten Ansätze für sich beanspruchen kann, den anderen im Hinblick auf die Trennungsvorhersage überlegen zu sein, sondern jeder für sich einen substanziellen und etwa gleichrangigen Beitrag zur Erklärung von Trennung liefert.

### 15.3.2  Moderatoren zwischen Konflikt und Trennung

Die Verfahren und Methoden lerntheoretischer Ansätze innerhalb der Partnerschaftsforschung lassen sich grob in zwei wesentliche Bereiche unterteilen, und zwar in Selbstberichtsverfahren und Beobachtungsverfahren.

Im Zentrum lerntheoretischer Ansätze stehen die Kommunikationsfertigkeiten und Problemlösestrategien. Als ein Selbstberichtsverfahren mit guter Reliabilität und Validität für die Erforschung von Konfliktlösestrategien in Partnerschaften ist das Konfliktinventar (KI) von Margolin (1987) zu erwähnen, in dem zwischen den Strategien Problemlösen (konstruktiv), Aggression (destruktiv) und Rückzug (destruktiv) unterschieden wird. Zu den Selbstbeurteilungsverfahren gehört ebenfalls die von Scholz (1987) aus dem Englischen übersetzte Problemlöseskala (PLS). Mit Konfliktinventaren dieser Art soll jenes Problemlöseverhalten erfasst werden, welches ein Paar beim Auftreten eines Konfliktes an den Tag legt.

Zur Untersuchung konstruktiver und destruktiver Kommunikationsmuster in Partnerschaften werden ebenfalls häufig Fragebögen herangezogen. Nennenswert ist u. a. der Communication Patterns Questionnaire (CPQ) von Christensen (1988)

Um bei der Analyse von partnerschaftlicher Interaktion kommunikative Fertigkeiten zu erfassen und gleichzeitig den Verlauf und die Dynamik der Gespräche abbilden zu können, wurde die Verhaltensbeobachtung als weiterer Zugang zur Erfassung von Partnerschaftskonflikten eingesetzt. Teilweise handelt es sich bei den untersuchten Interaktionen um ernste Konfliktsituationen, die experimentell durch vorgegebene Standardstreitthemen erzeugt werden. Gespräche und Interaktionen werden dabei auf Video- oder Audioband aufgezeichnet und später von ausgebildeten Beobachtern mit Hilfe geeigneter Verfahren ausgewertet. Beispiele für solche Verfahren sind das Interactional Dimensions Coding System (IDCS; Julian et al., 1989) und für den deutschsprachigen Raum das von Hahlweg (1986) entwickelte Kategoriensystem für partnerschaftliche Interaktion (KPI), das aufgrund kommunikations- und lerntheoretischer Überlegungen konstruiert wurde. Kategorien bilden darin beispielsweise Selbstöffnung, Kritik, positive Problemlösung, Akzeptanz des Partners etc. (vgl. Hahlweg et al., 1998a).

- KI = Konfliktinventar
- PLS = Problemlöseskala
- CPQ = Communication Patterns Questionnaire
- IDCS = Interactional Dimensions Coding System
- KPI = Kategoriensystem für partnerschaftliche Interaktion
- SICS = Social Support Interaction Coding System

Die beobachteten Interaktionen werden in vielen Auswertungsinventaren häufigkeits- und sequenzanalytisch ausgewertet. Beispielsweise werden per Videoaufzeichnung Konfliktsituationen im Hinblick auf die Wahrnehmung und Erwiderung negativer und positiver Gefühle anhand eines Kategoriensystems analysiert. Im Rahmen längsschnittlicher Untersuchungen zum Verlauf partnerschaftlicher Beziehungen haben Bradbury und Karney (1998) jüngst den methodischen Zugang über eine Problemlösediskussion gewählt, an der sie 60 Paare teilnehmen ließen und die sie mit dem Social Support Interaction Coding System (SICS) zur Erfassung der sozialen Unterstützung bei Konflikten außerhalb der gemeinsamen Partnerschaft (zusätzlich zur Erfassung der Problemlösefertigkeiten) ausgewertet haben.

Angeregt durch die Arbeiten der sog. Palo-Alto-Gruppe (Watzlawick et al., 1969) wurde der Grundstein für *kommunikationstheoretische Ansätze* gelegt, in denen die Kommunikationsstruktur des Paares zur Erklärung partnerschaftlicher Konflikte genauer analysiert wurde und Kommunikationsstörungen für Eheerfolg oder -misserfolg verantwortlich gemacht wurden.

Das Gesprächsverhalten des Paares lässt sich wie folgt differenzieren. Zum einen dient das Gespräch der Vermittlung von individuellen Erlebnisinhalten an den Partner und dessen Reaktion darauf. Auf der anderen Seite dient es der Konfliktlösung, d. h. dem Versuch, bei divergierenden Wünschen, Interessen und Einstellungen gemeinsame Lösungen zu erarbeiten.

Nach Watzlawick et al. (1969) verhalten sich in jeder Situation (Kommunikation) *beide* Partner. Zu jedem Verhalten eines Partners kann ein Verhalten des anderen gefunden werden, das diesem vorausging (und umgekehrt). Die Natur einer Paarbeziehung ist dadurch gekennzeichnet, dass beide Partner diese (endlose) Abfolge von Alltagsverhalten in bestimmter Weise strukturieren (Interpunktion) und diese Struktur kausal interpretieren. Genau in dieser häufig unterschiedlichen Interpretation liegt nach den Erkenntnissen der Autoren ein wesentliches Konfliktpotenzial. Wählt man als Beispiel für ein Verhalten A das Nörgeln einer Ehefrau und für das Verhalten B das Zurückziehen des Ehemannes, so erklärt möglicherweise die Frau das »Nörgeln« durch das »Zurückziehen« des Mannes, der wiederum sein Verhalten durch das »Nörgeln« der Frau verursacht sieht. Das »Aufeinanderbezogensein« partnerschaftlicher Kommunikation (Interaktion) steht im Mittelpunkt zahlreicher Studien, die den kommunikativen Ursachen von Paarkonflikten aus eher lern- und verhaltenstheoretischer Sicht weiter nachgegangen sind.

Bereits aus älteren Arbeiten existieren Hinweise darauf, dass eine konstruktive Kommunikation mit der befriedigenden Gestaltung einer Beziehung verbunden ist (Markman, 1981). Brehm (1992) und Meeks et al. (1998) führen in ihren Übersichtsarbeiten Studien zu spezifischen Teilaspekten des partnerschaftlichen Kommunikationsgeschehens auf, die für die Entste-hung partner-

> **Eine konstruktive Kommunikation ist mit der befriedigenden Gestaltung einer Beziehung verbunden.**

schaftlicher Konflikte bedeutsam sind. Demnach werden die partnerschaftliche Stabilität und Zufriedenheit u. a. durch die wahrgenommene *Selbstöffnung* seitens der Partner, die wahrgenommene *Empathie* und die wahrgenommene sog. *effektive Kommunikation* der Partner mitbestimmt. Empathie kann nach Meeks et al. dabei als »gute« Kommunikation bezeichnet werden und verringert das Konfliktpotenzial, die Selbstöffnung führt zu einer stärkeren emotionalen Verbundenheit, und eine »effektive« Kommunikation bezieht sich auf den Umgang mit Konflikten und kommunikativen Problemlösestrategien. In kommunikationstheoretischen Ansätzen spielt daher der partnerschaftliche Umgang mit Konflikten bzw. das partnerschaftliche Problemlöseverhalten eine zentrale Rolle. Grundannahme dieser Ansätze ist, dass Probleme und Konfliktsituationen in einer Partnerschaft unvermeidlich sind, der Umgang damit jedoch entscheidend für den Beziehungserfolg ist.

> Konflikttaktiken: integrativer Kommunikationsstil, destruktiver Kommunikationsstil, Vermeidungstaktik.

Es konnten drei verschiedene »Konflikttaktiken« bzw. von Personen in Konfliktsituationen eingesetzte Kommunikationsstrategien identifiziert werden (Meeks et al., 1998). Ein integrativer Kommunikationsstil ist demnach durch konstruktive Beiträge gekennzeichnet und basiert auf einem angestrebten Informationsaustausch, Zusammenarbeit und gegenseitigem Verhandeln. Eine destruktive Kommunikationsstrategie ist durch destruktive Beiträge beschreibbar, wobei von den Personen häufig Kritik geübt, Verärgerung gezeigt und eine Form von Sarkasmus erkennbar ist. Eine dritte Form der Kommunikationsstrategie wird als Vermeidungstaktik bezeichnet, bei der Personen den vorhandenen Konflikt leugnen, das Thema wechseln und den Blick mit Vorliebe darauf lenken, *wie* jemand etwas sagt, und nicht, *was* er/sie sagt. In problembelasteten Beziehungen pflegen die Partner signifikant häufig einen eher destruktiven Kommunikationsstil. Eine vermeidende Konfliktstrategie verringert die Wahrscheinlichkeit einer Konfliktlösung und steht im negativen Zusammenhang mit der partnerschaftlichen Zufriedenheit.

Auch Christensen und Walczynski (1998) sehen die Ursachen für Unzufriedenheit und erhöhte Trennungswahrscheinlichkeit in den Kommunikations- bzw. Interaktionsstrategien der Partner bei (in einer Partnerschaft) unvermeidlich auftretenden Konflikten. Die Befunde, dass sich problembelastete Paare von zufriedenen in der Art und Weise ihrer Kommunikation unterscheiden, sind nach Meinung der Autoren inzwischen unbestritten. In belasteten Partnerschaften zeigen sich signifikant häufiger negative Kommunikationsmuster seitens der Partner, die durch häufiges Kritisieren, Widersprechen und »bestrafende« Tendenzen gekennzeichnet sind (Margolin, 1987). Die Resultate einer weiteren Langzeitstudie deuten darauf hin, dass jenes mit unbefriedigender Beziehungsentwicklung zusammenhängende Kommunikationsverhalten sich nicht nur bei der Lösung von Ehekonflikten zeigt. Festgestellte Defizite bei dem Versuch, dem anderen bei der Lösung eines persönlichen (nicht ehelichen) Problems zu helfen, stehen mit Beziehungsstörungen und Konflikten ebenfalls im Zusammenhang (vgl. Bradbury & Karney, 1998).

Auf der Grundlage der insgesamt vorliegenden empirischen Befunde auf dem Gebiet der Kommunikationsforschung wurde in den letzten Jahren vermehrt versucht, therapeutische Interventionen zur Verbesserung der partnerschaftlichen Situation und sog. Präventivmaßnahmen zur Verhinderung von schwerwiegenderen Paarkonflikten zu entwickeln (vgl. dazu Kap. 7).

### 15.3.3 Ursachen von Konflikten

Bezogen auf methodologische Aspekte haben sich psychoanalytische Ansätze seit ihrem Bestehen mit dem Vorwurf der mangelnden bzw. fehlenden wissenschaftlichen Überprüfbarkeit auseinandersetzen müssen, und nicht anders verhält es sich auch mit psychoanalytischen Partnerschaftstheorien und -typologien. Empirische Befunde aus kontrollierten Studien, beispielsweise zur (neurotischen) komplementären Partnerwahl, die als eine wesentliche Konfliktursache gilt, gibt es bisher nicht. Klein (1991) merkt in ihrem Beitrag zur Partnerwahl an, dass psychoanalytische Konzepte oft wenig eindeutig formuliert seien, sich die postulierten Vorgänge nicht einmal exakt beobachten ließen und es bis dato keine geeigneten Messinstrumente gebe, mit denen sie präzise erfasst werden könnten. Deshalb ist die Übersetzung komplexer psychoanalytischer Annahmen zur Partnerschaft in vereinfachte Aussagen notwendig, aus denen sich schließlich testbare Hypothesen ableiten lassen. In jenen Fällen, in denen systematische empirische Untersuchungen durchgeführt wurden, sind die Effektstärken wenig überzeugend. Tiefenpsychologisches Wissen entstammt zudem oft der klinischen Praxis, sodass die Übertragbarkeit auf nichtklinische Stichproben fraglich ist.

Anders verhält es sich mit der Forschung zur Bindungstheorie, die zu den tiefenpsychologischen Ansätzen gezählt werden kann. Da hier nichtklinische Stichproben untersucht sowie standardisierte und nach den Richtlinien der klassischen Testtheorie konstruierte Fragebögen vorliegen (zu weiteren Verfahren s. Kap. 5), konzentriert sich die weitere Darstellung auf Bindungserfahrungen und Bindungsstile als eine Ursache von Paarkonflikten.

Die Bindungstheorie von Bowlby (1976), die die spezifische Bindung eines Kindes an die Mutter in den Vordergrund rückt, beeinflusste in den letzten Jahren zunehmend wissenschaftliche Arbeiten auf dem Gebiet der Partnerschaftsforschung (Collins & Reed, 1990). Ein Ziel Bowlbys war es, aus einer eklektischen Perspektive heraus (neben der Psychoanalyse waren es besonders Ansätze aus der Ethologie und der Kybernetik) zu beschreiben und zu erklären, wie das Kind emotionale Bindungen zu Bezugspersonen eingeht und aufrechterhält, wie sich Störungen der Bindung sozioemotional auswirken und welche weitreichenden Konsequenzen sie für die weitere Persönlichkeitsentwicklung bis in das Erwachsenenalter haben können.

Um die empirische Fundierung der Bindungstheorie hat sich vor allem Mary Ainsworth verdient gemacht (Ainsworth et al., 1978). Ihr war es gelungen, mit Hilfe der »fremden Situation« ein Verfahren zu entwickeln, mit dem es möglich wurde, Bindungsverhalten von Kleinkindern empirisch zu überprüfen. Die Auswertung der Daten aus der »fremden Situation« ließ auf Seiten der Kinder drei Verhaltensstile (Bindungsstile) erkennen, die als *sicher* (ca. 60%), *ängstlich-ambivalent* und *vermeidend* bezeichnet wurden. Charakteristisch für sichere Kinder ist demzufolge ein adäquates Bindungsverhalten, während ängstliche Kinder zu viel, vermeidende Kinder zu wenig Bindungsverhalten aufweisen.

> **Es zeigt sich, dass der Bindungsstil mit der Art des Fürsorgeverhaltens der primären Bezugsperson in Zusammenhang steht.**

Die mit dem Fürsorgeverhalten der Bezugsperson gemachten Erfahrungen führen nach Bowlby (1976) zu mentalen Vorstellungen über sich selbst und andere Personen, die Kinder entwickeln ein positives oder negatives Selbst- und Fremdbild.

Nach den bindungstheoretischen Grundannahmen Bowlbys sollen die in den frühkindlichen Bindungen zu den ersten Bezugspersonen entwickelten Selbst- und Fremdbilder (innere Arbeitsmodelle) über die Zeit relativ stabil sein und somit die Qualität der weiteren Beziehungen zu anderen Menschen wesentlich beeinflussen (Bowlby, 1976). Bezüglich der Frage der Stabilität des Bindungsstils Erwachsener haben Analysen eine zwar über dem Zufall liegende Konsistenz des Bindungsstils gezeigt, gleichwohl ist hervorzuheben, dass der Bindungsstil durch aktuelle Erfahrungen beeinflussbar ist und eine Wechselwirkung zwischen »mitgebrachtem« Bindungsstil und aktuellen Prozessen in der Partnerschaft angenommen werden muss. In Bezug auf die Bindungsstile und Variablen der Beziehungsqualität zeigt sich, dass die Partnerschaft von sicheren Personen positiver dargestellt wird als von unsicheren (Collins & Read, 1990). Sichere Personen haben konstruktivere Möglichkeiten der Konfliktlösung zur Verfügung, weisen eine positive Kommunikation auf und sind zufriedener.

Als explizites Erklärungsmodell für die Entstehung von Paarkonflikten wurde die Bindungstheorie erstmalig von Pistole (1994) herangezogen. Bezüglich des Zusammenhangs zwischen individuellen Bindungsstilen und dem Anspruch an emotionale Nähe in der Partnerschaft stellt Pistole (1994) heraus, dass in Paarbeziehungen der Vermeidende bemüht ist, emotionale Nähe zu verringern bzw. erst gar nicht entstehen zu lassen, während der Ängstlich-Ambivalente bestrebt ist, emotionale Nähe zu vergrößern. Wichtig ist diesbezüglich allerdings eine Differenzierung zwischen sicheren und ängstlich-ambivalenten Partnern, die nach Pistole beide die Nähe zum Partner suchen, jedoch aus unterschiedlichen Motiven. Während der Sichere die Nähe zwecks Herstellung einer guten Beziehung sucht, ist der Ängstlich-Ambivalente bestrebt, sein Gefühl, nicht geliebt zu werden, zu überwinden.

Grundlegend anzunehmen ist laut Pistole, dass unsichere Bindungsstile und damit einhergehendes Bindungsverhalten als ursächlich für die Entstehung von Paarkonflikten gesehen werden können. Folgt man den Ausführungen und Erkenntnissen zahlreicher bindungstheoretischer Arbeiten, so stellen bei Individuen bestimmte Ausprägungen des Bindungsstils aus *intraindividueller* Perspektive bereits selbst und an sich ein Problem dar. Ängstlich gebundene Personen leiden unter mangelndem Vertrauen, während Vermeidende ein geringes Commitment (Bereitschaft, die Beziehung langfristig zu planen) aufweisen (Grau, 1999). Aus einer dyadischen Perspektive

> **Unsichere Bindungsstile und damit einhergehendes Bindungsverhalten sind ursächlich für die Entstehung von Paarkonflikten.**

lässt sich feststellen, dass bestimmte Konstellationen der Bindungsstile überzufällig häufig auftreten: die Paarung zweier sicherer Partner, die im Hinblick auf Paarkonflikte unproblematisch erscheint, sowie die Paarung eines ängstlichen mit einem vermeidenden Partner (Kirkpatrick & Davis, 1994). Wie gezeigt werden konnte, sind beide unsicheren Personengruppen in Bezug auf die gezeigte Wertschätzung von Intimität und Nähe äußerst gegensätzlich: Der Vermeidende wird zu seinem Partner auf Distanz gehen, während der ängstliche Partner eine Vergrößerung der Nähe anstrebt. Der vermeidende Partner erlebt dadurch genau die Vereinnahmung, die er befürchtet hat, und zieht sich zunehmend zurück. Der Ängstliche erlebt das Gegenüber als lieblos und zurückweisend, sodass zu erwarten ist, dass beide ihren individuellen Bindungsstil in der aktuellen Beziehung weiter verstärken und auf ihren Positionen verharren.

Hinzu kommt eine verzerrte subjektive Interpretation des Partnerverhaltens. Ängstlich gebundene Personen interpretieren fehlende Verfügbarkeit und den Wunsch des Partners nach alleinigen Aktivitäten als persönliche Ablehnung. Vermeidend gebundene Personen interpretieren den Wunsch des Partners nach Nähe als Vereinnahmung und Bedrohung ihrer Eigenständigkeit (Autonomie). Besonders brisant ist das gegensätzliche Verhalten in dieser Paarkonstellation nach Pistole deshalb, weil es zu einem sog. Teufelskreis führen kann, in dem beide Partner Gefahr laufen, ihren unsicheren Bindungsstil noch zu verstärken.

Feeney (1999) hat es sich zum Ziel gemacht, die theoretischen Analysen Pistoles, die dem Bindungsstil eine Schlüsselrolle bei der Entstehung partnerschaftlicher Nähe-Distanz-Konflikte zukommen lassen, einer empirischen Überprüfung zu unterziehen. Sie untersuchte den Zusammenhang zwischen dem Ausmaß an Ängstlichkeit und Vermeidung in der Bindung einerseits und Unterschieden in den Nähe-Distanz-Bedürfnissen zwischen den Partnern andererseits. Dies entspricht im zuvor dargestellten integrativen Modell des Partnerschaftskonflikts dem Zusammenhang zwischen zugrunde liegenden und unmittelbaren Konfliktursachen (Abb. 15.1). Mit Hilfe eines qualitativen Messverfahrens, in dem die Partner unstrukturiert über die von ihnen gelebte Partnerschaft berichten sollten, wurden Nennungen identifiziert und kodiert, die auf einen Unterschied in den Bedürfnissen nach Nähe bzw. Autonomie hinweisen. Zusätzlich wurde ein Fragebogen zur Erfassung der beiden Bindungsdimensionen Angst und Vermeidung eingesetzt (die Vermeidungsskala wird als »comfort with closeness« bezeichnet, d. h. der Gegenpol der Vermeidungsdimension wird zur Benennung der Skala herangezogen). Die Ergebnisse zeigen insgesamt Folgendes: Die postulierte Bedeutsamkeit des Nähe-Distanz-Themas in Partnerschaften wurde anhand der Nennungen diesbezüglicher Beziehungsthemen in den Interviews bestätigt, für Frauen scheinen diese Fragen bedeutsamer als für

Männer. Weiterhin äußerten Frauen deutlich häufiger das Bedürfnis nach mehr Nähe als Männer. Bei über der Hälfte der Paare (37 von 72) brachte zumindest ein Partner zum Ausdruck (bei 25 Paaren sogar beide), dass es erhebliche Unterschiede in den Nähe- bzw. Distanzbedürfnissen gibt. Die Hypothesen zu den Bindungsdimensionen wurden bestätigt: Die Personen, deren Nähebedürfnis das des Partners übersteigt, haben erhöhte Ausprägungen in der Bindungsdimension Angst, während die Partner mit dem niedrigeren Nähebedürfnis erhöht vermeidend gebunden sind.

---

### Nähe-Distanz-Konflikt

In einer eigenen Studie (Kersting, 2000) wurde der Zusammenhang zwischen Bindungsdimensionen und Streit über das Themengebiet »Nähe und Distanz« untersucht, das entspricht in der Abb. 15.1 dem Zusammenhang zwischen zugrunde liegenden Konfliktursachen und dem manifesten Konflikt. Sechzig Paaren im Alter zwischen 20 und 54 Jahren wurde der Bindungsfragebogen von Grau (1999) mit den Skalen »Angst« und »Vermeidung« vorgelegt, zusätzlich wurde eine modifizierte Version der Problemliste (PL) von Hahlweg et al. (1990) verwendet. Es wurden die 9 Problembereiche erfasst, die sich als Nähe-Distanz-Konflikte auffassen lassen (z. B. Zuwendung, Eifersucht, Gespräche, Vertrauen, Kontakte mit anderen Personen). Zuerst wurde auf einer 3-stufigen Skala für jeden Problembereich erfragt, wie belastet die Partnerschaft dadurch ist (Skala *Konfliktbelastung*), anschließend wurden verschiedene Positionen aufgelistet, die man im Falle des Streits mit dem Partner vertreten kann (z. B. »Im Streitfall vertrete ich die Position, dass mein Partner sich mehr Zeit für mich nehmen soll.«) und die die Probanden als für sie zutreffend oder nicht zutreffend markieren sollten. Die insgesamt 38 erfragten Streitpositionen wurden nach den Ergebnissen einer Faktorenanalyse in zwei Skalen gruppiert, eine Skala erfasst die Position, mehr Nähe zu wünschen, die andere die Position, mehr Autonomie anzustreben. Die Skala *Streitposition Nähe* umfasst vor allem Items, bei denen die Forderung nach mehr Zuwendung durch den Partner angesprochen wird. Die Skala *Streitposition Autonomie* beinhaltet vor allem die Forderung nach der Gewährung persönlicher Freiheiten. Statistisch wurden die Daten nach dem Partnereffektmodell von Kenny (1996) ausgewertet, das die paarweise Abhängigkeit der Daten berücksichtigt.

Die Partner waren sich recht einig darüber, wie belastet ihre Partnerschaft durch Nähe-Distanz-Konflikte ist ($r = 0{,}50$). Bei der Frage, welche Position sie im Streitfall einnehmen, zeigte sich eine Komplementarität: Je mehr ein Partner Nähe fordert, desto mehr fordert der andere Autonomie.

Beide Bindungsdimensionen hängen mit der Konfliktbelastung beider Partner positiv zusammen: Je stärker die Angst bzw. Vermeidung eines Partners ist, desto mehr berichten sowohl diese Person als auch ihr Partner über eine erhöhte Konfliktbelastung beim Streitthema Nähe und Distanz. Zum Zusammenhang zwischen Bindungsdimensionen und Streitpositionen finden sich folgende Ergebnisse: Je mehr eine Person ängstlich gebunden ist, desto mehr fordert diese Person Nähe und desto mehr fordert ihr Partner Autonomie. Je mehr eine Person vermeidend gebunden ist, desto mehr fordert sie selbst Autonomie und desto mehr fordert ihr Partner Nähe. Die Ergebnisse können dahingehend interpretiert werden, dass erstens eine unsichere Bindung im Hinblick auf die Konfliktbelastung selbst schon problematisch ist (auf individueller Ebene) und dass zweitens zwischen den Partnern gegensätzliche Positionen in den Forderungen nach Nähe bzw. Distanz durch die Bindungsstile beider Partner vorhergesagt werden können (auf Paarebene).

Abschließend soll noch auf Studien hingewiesen werden, die den Zusammenhang zwischen zugrunde liegenden Konfliktursachen, speziell Bindungsstilen, und Konfliktmoderatoren (vgl. Abb. 15.1) zum Inhalt haben. Sicher gebundene Personen verhalten sich bei Konflikten konstruktiver als ängstlich und vermeidend gebundene, die zu destruktivem oder ausweichendem Konfliktverhalten neigen und sich ihrerseits nicht bedeutsam voneinander unterscheiden (Bierhoff & Grau, 1999; Pistole, 1994).

## Zusammenfassung

Die zu Beginn erläuterten Definitionen des Konfliktbegriffs zeigen, dass der Paarkonflikt auf unterschiedlichen Interessen bzw. unterschiedlichen Beteiligungsansprüchen bei gleichem Interesse beider Partner *beruht*. Er *äußert* sich in spezifischem Paarverhalten, das empirisch erfasst und beobachtet werden kann. Die Ansätze, die den Umgang mit dem Konflikt ohne Berücksichtigung des Konfliktthemas in den Vordergrund stellen, und die Ansätze, in denen spezielle manifeste Konflikte durch individuelle Merkmale erklärt werden sollen, wurden in diesem Kapitel in getrennten Abschnitten dargestellt. Beide Perspektiven schließen sich jedoch nicht gegenseitig aus, sondern liefern einander ergänzende Ergebnisse. In diesem Zusammenhang weist Neyer (s. Kap. 6) darauf hin, dass die Partnerschaft aus zwei Persönlichkeiten *plus* einer Beziehung besteht. Die Beschränkung auf eine entweder rein interaktionistisch orientierte Partnerschaftsforschung scheint ebenso wenig Erfolg versprechend wie die einseitige Beschränkung auf individuelle Persönlichkeitsmerkmale. Für die Zukunft scheint der Versuch einer stärkeren

Integration beider Perspektiven viel versprechend zu sein. Dabei sollten Merkmale der Person und Merkmale der Partnerschaft nicht lediglich unverbunden als Prädiktoren von Konflikt und Trennung in empirische Untersuchungen einbezogen, sondern auch theoretisch in Beziehung gesetzt werden.

Die Berücksichtigung bindungstheoretischer Erkenntnisse ist für die Untersuchung von Paarkonflikten hilfreich. Neben den beschriebenen Erkenntnissen, dass es für das Gelingen einer Partnerschaft bedeutsam ist, wie Partner sich streiten, welche Kommunikationsmuster sie erkennen lassen, wie gut sie auftauchende Probleme lösen können etc., sind zugrunde liegende Ursachen von Paarkonflikten identifizierbar, die nicht nur Einfluss auf die Konfliktintensität und die auftretenden Streitthemen, sondern auch auf die Konfliktmoderatoren haben. Bindungsstile und weitere Merkmale der Person können erklären, warum Personen einen bestimmten Umgang mit Konflikten, bestimmte Kommunikationsmuster und bestimmte Konfliktlösefähigkeiten aufweisen.

Es lassen sich hieraus auch weiterführende Implikationen für die Paartherapie ableiten. Bezieht man die Bindungstheorie in die Paarberatung ein, ist es möglich, ein besseres Verständnis von Nähe-Distanz-Problemen zu erlangen, zu denen das Gefühl mangelnder Zuwendung und mangelnden Vertrauens, Defizite in der Selbstöffnung und der Empathie und Probleme mit außerpartnerschaftlichen Beziehungen zählen. Diese Probleme haben sich als häufige Trennungsgründe erwiesen und sind zugleich ein häufiger Anlass für die Konsultation von Beratungsstellen und Paartherapeuten. Zusätzlich zu den verhaltenstherapeutischen Maßnahmen, mit denen die Kommunikationsfertigkeiten der Betroffenen verbessert werden können, bietet sich eine Diagnostik und Modifikation der »inneren Arbeitsmodelle« an, die nicht nur die Art des Konflikts, sondern auch die Bereitschaft und die Fähigkeit zu problemlösender Kommunikation entscheidend mitbestimmen.

## Literatur

Ainsworth, M. D. S., Blehar, M. C., Waters, E., Wall, S. (1978). Patterns of attachment: A psychological study of the strange situation. New York: Erlbaum.

Bierhoff, H. W. & Grau, I. (1999). Romantische Beziehungen: Bindung, Liebe, Partnerschaft. Bern: Hans Huber.

Bowlby, J. (1973/1976). Trennung. Frankfurt a. M.: Fischer.

Bradbury, T.N. & Karney, B.R. (1998). Längsschnittuntersuchungen zum Verlauf partnerschaftlicher Beziehungen. In: Hahlweg, K., Baucom, D., Bastine, R. & Markman, H. (Hrsg.). Prävention von Trennung und Scheidung (S. 67–81). Stuttgart: Kohlhammer.

Brehm, S. (1992). Intimate relationships. New York: McGraw-Hill.

Christensen, A. (1988). Dysfunctional interaction patterns in couples. In: Noller, P. & Ftzpatrick, M. A. (eds.). Perspectives on marital interaction. Clecedon/Philadelphia: Multilingual Matters.

Christensen, A. & Walczynski, P. T. (1998). Conflict and satisfaction in couples. In: Sternberg, R. J. & Hojjat, M. (Hrsg.). Satisfaction in close relationships (249–274), New York: Guilford Press.

Collins, N. & Read, S.J. (1990). Adult attachment, working models and relationship quality in dating couples. Journal of Personality and Social Psychology, 58, 644–663.

Coombs, C. H. (1987). The structure of conflict. American Psychologist, 42, 355–363.

Deutsch, M. (1973). The resolution of conflict. New Haven: Yale University Press.

Duden (1989). Deutsches Universalwörterbuch. Mannheim: Duden-Verlag.

Feeney, J.A. (1999). Issues of closeness and distance in dating relationships: Effects of sex and attachmant style. Journal of Social and Personal Relationships, 16, 571–590.

Feger, H. (1978). Konfliktverhalten und Konflikterleben. Bern: Hans Huber.

Grau, I. (1999). Skalen zur Erfassung von Bindungsrepräsentationen in Paarbeziehungen. Zeitschrift für Differenzielle und Diagnostische Psychologie, 20, 142–152.

Hahlweg, K. (1986). Partnerschaftliche Interaktion. Empirische Untersuchungen zur Analyse und Modifikation von Beziehungsstörungen. München: Roettger.

Hahlweg, K., Baucom, D. H., Bastine, R. & Markman, H. J. (1998). Prävention von Trennung und Scheidung. Internationale Ansätze zur Prädiktion und Prävention von Beziehungsstörungen. Stuttgart: Kohlhammer.

Hahlweg, K., Schindler, L. & Revensdorf, D. (1990). PL – Problemliste. In: Hank, G., Hahlweg, K. & Klann, N. (Hrsg.). Diagnostische Verfahren für Berater – Materialien zur Diagnostik und Therapie in Ehe-, Familien- und Lebensberatung, (93–115). Weinheim: Beltz Test.

Hahlweg, K, Thurmeier, F., Engl, J., Eckert, V. & Markman, H. (1998). Prävention von Beziehungsstörungen in der Bundesrepublik Deutschland. In: Hahlweg, K., Baucom, D. H., Bastine, R. & Markman, H. J. (1998). Prävention von Trennung und Scheidung. Internationale Ansätze zur Prädiktion und Prävention von Beziehungsstörungen. Stuttgart: Kohlhammer.

Julien, D., Markmann, H. J. & Lindahl, K. M. (1989). A comparison of a global and microanalytic coding system: Implications for future trends in studying interactions. Behavioural Assessment, 11, 81–100.

Karney, B. & Bradbury, T. (1995). The longitudinal course of marital quality and stability. Psychological Bulletin, 118, 3–34.

Kelly, L. E. & Conley, J.J. (1987). Personality and compatibility: A prospective analysis of marital stability and marital satisfaction. Journal of Personality and Social Psychology, 52, 27–40.

Kenny, D. A. (1996). Models of non-independence in dyadic research. Journal of Social and Personal Relationships, 13, 279–294.

Kersting. J. (2000). Paarbindung und Paarkonflikt. Unveröffentlichte Diplomarbeit, Universität Bielefeld.

Kirkpatrick, L. A. & Davis, K. E. (1994). Attachment style, gender, and relationship stability: A longitudinal analysis. Journal of Personality and Social Psychology, 66, 502–512.

Klein, R. (1991). Modelle der Partnerwahl. In: Amelang, M., Ahrens, H.-J. & Bierhoff, H. W. (Hrsg.). Partnerwahl und Partnerschaft. Formen und Grundlagen partnerschaftlicher Beziehungen. Göttingen: Hogrefe.

Kurdek, L. A. (1993). Predicting marital dissolution: A 5-year prospektive longitudinal study of newly-wed couples. Journal of Personality and Social Psychology, 64, 221–241.

Lewin, K. (1940/1953). Die Lösung sozialer Konflikte. Bad Nauheim: Christian.

Margolin, G. (1987). Ehekonflikt ist nicht gleich Ehekonflikt. In: Hahlweg, K. & Brengelmann, C. (Hrsg.). Neuere Entwicklung in der Verhaltentherapie bei Kindern, Ehepaaren und Familien. Therapieforschung für die Praxis, 7 (S. 55–80). München: Röttger Verlag.

Markman, H. J. (1981). Predicting marital distress: A 5-year follow-up. Journal of Consulting and Clinical Psychology, 49, 760–762.

Meeks, B. S., Hendrick, S. S. & Hendrick, C. (1998). Communication, love and relationship satisfaction. Journal of Social and Personal Relationships, 15, 755–773.

Miller, N. E. (1944). Experimental studies of conflict. In: Hunt, J. (ed.). Personality and behavioural disorders. New York: Ronald.

Müller, G. F. (1980). Interpersonales Konfliktverhalten: Vergleich und experimentelle Untersuchung zweier Erklärungsmodelle. Zeitschrift für Sozialpsychologie, 11, 168–180.

Nave- Herz, R., Daum-Yaballah, M., Hauser, S. & Matthias, H. (1990). Scheidungsursachen im Wandel. Kurzbericht über das IFG-Forschungsprojekt. Frauenforschung, 8, 27–33.

Patterson, M.L. & Reid, J.B. (1970). Reciprocity and coercion: To facets of social system. In: Neuringer, C. & Michael, J. L. (eds.). Behavior modification in clinical psychology (pp. 133–177). New York: Appleton.

Parker, B. L. & Drummond-Reeves, S. J. (1993). The death of a dyad. Relational autopsie, analysis and aftermath. Journal of Divorce and Remarriage, 21, 95–119.

Pistole, C. (1989). Attachment in adult romantic relationships: Styles of conflict resolution and relationship satisfaction. Journal of Personal and Social Relationships, 6, 505–512.

Pistole, C. (1994). Adult attachment styles: Some thoughts on closeness-distance struggles. Family Process, 33, 147–159.

Ponzetti, Jr., Zvonkovic, A. M., Cate, R. M. & Huston, T. L. (1992). Reasons for divorce: A comparison between former partners. Journal of Divorce and Remarriage, 17, 183–201.

Reiter, L. (1983). Gestörte Paarbeziehungen: Theoretische und empirische Untersuchung zur Ehediagnostik. Göttingen: Verlag für Medizinische Psychologie.

Rottleuthner-Lutter, M. (1992). Gründe von Ehescheidungen in der Bundesrepublik Deutschland. Köln: Bundesanzeiger.

Rusbult, C. E. (1983). A longitudinal test of the investment model: The development of satisfaction and commitment in heterosexual involvements. Journal of Personality and Social Psychologie, 45, 101–117.

Rusbult, C. E. & Zembrodt, I.M. (1983). Responses to dissatisfaction in romantic involvements: A multidimensional scaling analysis. Journal of Experimental Social Psychology, 19, 274–293.

Schneider, N. F. (1990). Woran scheitern Partnerschaften. Zeitschrift für Soziologie, 19, 458–470.

Schneider, W. (1994). Streitende Liebe. Zur Soziologie familialer Konflikte. Opladen: Leske + Budrich.

Scholz, O. B. (1987). Ehe- und Partnerschaftsstörungen. Stuttgart: Kohlhammer.

Simmel, G. (1908). Soziologie (S. 187). Leipzig: Duncker & Humblot.

Thibaut, J. W. & Kelley, H. H. (1959). The social psychology of groups. New York: Wiley.

Walster, E., Walster, G. W. & Berscheid, E. (1978). Equity theory and research. Boston: Allyn & Bacon.

Watzlawick, P., Beavin, J. H. & Jackson, D. D. (1969). Menschliche Kommunikation: Formen, Störungen, Paradoxien. Bern: Huber.

# Schuldzuschreibungen in Partnerschaften

Astrid Schütz und Lasse Hoge

Für wichtige Hinweise danken wir Barbara Reichle und Peter Schönbach. Bei Janine Hertel, Franz Machilek, Ina Sellin und Michela Schröder bedanken wir uns für ihre Mitarbeit.

**W**ürdest du mehr von Betriebswirtschaft verstehen, stünden wir jetzt nicht kurz vor der Pleite!« Mit einem Plakat, auf dem ein Paar mit Sprechblase und diesem aufmerksamkeitsheischenden Vorwurf abgebildet war, warb unlängst eine Bildungseinrichtung für die Teilnahme an Buchführungskursen. Der Alltag in Partnerschaften bringt eine Vielzahl von Belastungen mit sich. Oft stellt sich dann die Frage: Wie konnte es dazu kommen? In solchen Situationen wird unter Umständen dem Partner oder der Partnerin Schuld zugeschrieben.

Konflikte und Meinungsverschiedenheiten als solche sind nicht notwendigerweise problematisch für eine Partnerschaft. Weist man die Schuld an bestimmten Problemen aber dem Partner bzw. der Partnerin zu, so stellt dies eine Belastung für die Beziehung dar. In diesem Kapitel wird der Prozess der Schuldzuschreibung behandelt. Nach einer Klärung der Begriffe Ursache, Verantwortung und Schuld werden Schuldzuschreibungen in den Prozess von Rechenschaftsepisoden eingeordnet. Im Anschluss sollen aktuelle Forschungsergebnisse den Prozess der Schuldzuschreibung in Partnerschaften verdeutlichen. Abschließend wird erörtert, wie es zu wechselseitigen Schuldzuschreibungen kommt und wie sich diese in Beziehungen auswirken können.

## 16.1 Ursache, Verantwortung und Schuld

Im alltäglichen Sprachgebrauch werden die Aussagen »ein Ereignis verursacht haben«, »für ein Ereignis verantwortlich sein« und »an einem Ereignis schuld sein« häufig synonym verwendet. So mag beispielsweise ein Kind auf die Frage der Mutter, wer die wertvolle Porzellanvase zerbrochen habe, eine Verursachung mit den Worten »*Ich* bin nicht schuld!« abstreiten. Ebenso sagen manche Menschen, um die Ursache ihrer Kopfschmerzen zu erklären, dass daran der Wetterumschwung »schuld« sei. In der Literatur finden sich ausführliche Abhandlungen zu diesen Begriffen (z. B. Auhagen, 1999; Shaver, 1985; Weiner, 1995). Wesentliche Elemente, hinsichtlich derer weitgehend Einigkeit besteht, sollen hier kurz zusammengefasst werden.

Wir gehen davon aus, dass Ursache, Verantwortung oder Schuld Konstruktionen einer urteilenden Person sind. In vielen Fällen findet nach einer ersten Beurteilung ein Aushandlungsprozess zwischen einer urteilenden und einer beurteilten Person statt, in deren Verlauf eine gemeinsame oder auch zwei unterschiedliche Realitäten konstruiert werden. Dieser Prozess wird in Abschnitt 2 genauer behandelt.

## 16.1.1    Ursache

Die Vase aus obigem Beispiel kann von dem Kind, oder etwa vom Wind umgestoßen worden sein. Allerdings ist es möglich – und das ist häufig der Fall – dass verschiedene Quellen zur Verursachung eines Ereignisses beitragen. So kann das Kind die Vase an den Rand des Tisches gerückt haben, was dazu führte, dass der Wind sie umblies. Somit ist zwar (streng genommen) der Wind Auslöser des Ereignisses, aber auch das Kind steht in kausalem Zusammenhang mit dem Bruch der Vase. Man könnte also den Windstoß die unmittelbare, das Kind die mittelbare Ursache nennen.

> **Ursache eines Ereignisses kann eine Person bzw. ein Personenkreis sein, oder aber ein Faktor aus der Umgebung.**

Es ist jedoch aus zwei Gründen nicht korrekt, wie in den folgenden Absätzen deutlich wird, die Ursache als »verantwortlich« zu bezeichnen. Zum einen können Objekte keine Verantwortung tragen, zum anderen bedeutet, für ein Geschehen verantwortlich zu sein, mehr als nur dessen Ursache zu sein.

## 16.1.2    Verantwortung

Wahrgenommene Verursachung ist im Regelfall[1] eine Voraussetzung für die Zuschreibung von Verantwortung.

---

**Bedingungen für Verantwortung**

- *Handlungsfreiheit:* Für Ereignisse, die wir nicht hätten verhindern können, werden wir im Allgemeinen nicht verantwortlich gemacht. Ähnliches gilt, wenn wir zu bestimmtem Verhalten gezwungen werden oder im Affekt handeln.
- *Vorhersehbarkeit:* Bestimmte »mildernde« Umstände können Verantwortlichkeit reduzieren: Wenn jemand die Folgen seines Handelns nicht vorhersehen konnte, wird er oder sie für das Verhalten nur eingeschränkt verantwortlich gemacht.
- *Intentionalität:* Hier werden verschiedene Abstufungen zwischen Fahrlässigkeit und Absicht unterschieden. Heider (1958) unterscheidet als Stufen der Verantwortungszuschreibung Assoziation, Verursachung, Vorhersehbarkeit, Absicht und mangelnde Begründbarkeit.

---

Die drei Bedingungen für die Zuschreibung von Verantwortung werden in Abschnitt 16.2 weiter ausgeführt und illustriert.

---

[1] In bestimmten Rollen kann Verantwortung auch ohne direkte Verursachung zugeschrieben werden: Vorgesetzte und Eltern werden z. B. auch für Verhalten verantwortlich gemacht, dass Untergebene oder Kinder verursacht haben.

> *Verantwortungszuschreibungen:* Die Zuschreibung von Verantwortung geht über die reine Ursachenattribution hinaus. Verantwortlich gemacht wird jemand, der ein Ereignis verursacht hat, anders hätte handeln können, die Folgen seines Handelns absehen konnte und diese Folgen in Kauf genommen oder beabsichtigt hat.

### 16.1.3 Schuld

Verantwortung wird meist als Voraussetzung für Schuldzuschreibungen gesehen (Shaver, 1985). Während Verantwortung ein neutraler Begriff ist – man ist auch für positive Ereignisse verantwortlich – sind Schuldzuschreibungen negativ getönt. Das Ausmaß der Schuldzuschreibung richtet sich erstens nach dem entstandenen Schaden. Wird das Opfer bei einem Überfall z. B. ermordet, führt dies zu massiverer Schuldzuschreibung, als wenn es nur verletzt wird. Zweitens hängt die Schuldzuschreibung von der etwaigen Rechtfertigung des Verhaltens ab. Wenn jemand gute Gründe für sein Verhalten hat, kann er als verantwortlich für ein negatives Ereignis gelten ohne dafür Schuld zugeschrieben zu bekommen (Shaver, 1985). Dies gilt etwa für Eltern, die ihre Kinder für unangemessenes Verhalten disziplinieren. Die Zuschreibung von Schuld bedeutet insofern, dass jemand (zumindest in den Augen der urteilenden Instanz) nicht entschuldbares Fehlverhalten gezeigt hat und für dieses in irgendeiner Form bestraft werden sollte.

> *Schuldzuschreibungen:* Voraussetzung für eine Schuldzuschreibung ist die Zuschreibung von Verantwortlichkeit. Weitere Faktoren sind das Ausmaß des entstandenen Schadens und mögliche rechtfertigende Umstände.

### 16.2 Der Prozess der Schuldzuschreibung

Im Verlauf zwischenmenschlicher Konflikte treten Schuldzuschreibungen meist im Prozess eines Konfliktes um Verfehlungen und Rechtfertigungen etc. auf. Schönbach (1990) schlägt ein Modell für derartige Rechenschaftsepisoden vor (s. Definition), betont aber, dass das in seinem Modell vorgeschlagene prototypische Schema von Verfehlung, Vorwurf, Rechenschaft und Bewertung nicht notwendigerweise streng durchlaufen werden muss, im Allgemeinen aber mindestens implizit mitgedacht wird. So ist es möglich, dass ein Akteur sich nach einer Verfehlung um Rechtfertigung bemüht, ohne dass ein Vorwurf gefallen ist. In diesem Fall wird der Vorwurf sozusagen kognitiv antizipiert. Auch ist denkbar, dass die geschädigte Person den Vorfall bewertet ohne rechtferti-

*Phasen von Rechenschaftsepisoden* (nach Schönbach, 1990):
1. Verfehlung (Verursachung eines aversiven Ereignisses)
2. Vorwurfsphase (dem Gegenüber wird Schuld vorgeworfen)
3. Rechenschaftsphase (die beschuldigte Person verteidigt sich)
4. Bewertungsphase (es wird ein abschließendes Urteil gefällt)

gende Argumente in Erwägung zu ziehen, weil sie z. B. der Meinung ist, dass die Verfehlung prinzipiell nicht zu rechtfertigen ist.

Diese Phasen stellen den beobachtbaren Teil des Prozesses der Schuldzuweisungen dar. Die kognitive Beurteilung einer Verfehlung (vgl. Weiner, 1995; Shaver, 1985) als Voraussetzung eines Vorwurfes wird im Modell von Schönbach (1990) nicht als eigene Phase behandelt. Dieser Aspekt der Beurteilung von Verursachung, Verantwortlichkeit und Schuld soll jedoch im vorliegenden Kapitel als wichtiges Element im Prozess der Schuldzuschreibung explizit einbezogen werden. Wir orientieren uns daher an Schönbachs Modell, nennen Phase zwei aber »Beurteilung und Vorwurf«. Der Prozess der Schuldzuschreibung wird anhand dieser vier Phasen erläutert und an einem Beispiel illustriert.

### 16.2.1 Die Verfehlung

Bei der Verfehlung handelt es sich um ein Ereignis, welches von der urteilenden Person als aversiv wahrgenommen wird, den impliziten oder expliziten Verhaltensnormen dieser Person widerspricht, und in ihren Augen von einer anderen Person (der agierenden Person) verursacht bzw. mit verursacht wurde – das Spektrum reicht dabei von einer verletzenden Bemerkung bis zu gravierenden Übergriffen, Straftaten usw. Es muss sich allerdings nicht notwendigerweise um ein aktives Fehlverhalten handeln. Als Verfehlung wahrgenommen werden kann auch, wenn eine Person in einer bestimmten Situation eine Handlung unterlassen hat, welche gemäß der Norm des Kritikers angebracht oder sogar Pflicht gewesen wäre. Unterbricht ein Mann seine Frau regelmäßig, während diese ihm etwas erzählt, so kann dies für die Frau ebenso eine Verfehlung darstellen, wie wenn er ihr erst gar nicht zuhört. Darüber hinaus muss sich der Konflikt nicht um eine einzelne Verhaltensweise drehen. Auslöser eines Konflikts kann auch ein Zustand sein, der als unangenehm bzw. unerwünscht angesehen wird. So mag ein Mann es als unangenehm empfinden, dass seine Frau wenig zu Hause ist, weil sie viel Zeit mit ihren verschiedenen Hobbys und Freizeitaktivitäten verbringt. Maßgeblich ist dabei jedoch der Zustand, dass Sie nicht zu Hause ist und nicht die Tatsache, dass sie bestimmten Freizeitaktivitäten nachgeht.

Wie bereits erwähnt, verletzen Verfehlungen bestimmte implizite oder explizite normative Erwartungen der urteilenden Person – z. B. Vorstellungen hinsichtlich der Pflichten und Ansprüche der Interaktionspartner. Derartige Erwartungen sind im Laufe der Entwicklung erlernt worden und haben sich als Skripte und Normen stabilisiert. Sie beeinflussen die Erwartungen einer Person an ihre Umwelt und an sich selbst und bestimmen, was jemand in einer bestimmten Situation als »Anrecht« oder Pflicht wahrnimmt (Desmarais & Lerner, 1994). In Partnerschaften haben die Beteiligten z. B. bestimmte Vorstellungen darüber, welche Rolle ihnen im Haushalt, in der Kindererziehung usw. zufällt und was die Aufgaben und Pflichten des Partners oder der Partnerin sind. Zu Konflikten kommt es häufig dann, wenn Interaktionspartner unterschiedliche Erwartungen haben. So könnte die Partnerin z. B. der Meinung sein, dass sie auf bestimmte Formen der Unterstützung seinerseits ein Anrecht hat, er sieht dies aber nicht als Teil seiner Rolle.

> **Verfehlungen verletzen bestimmte implizite oder explizite normative Erwartungen der urteilenden Person.**

### 16.2.2   Beurteilung und Vorwurf

Steht (zumindest subjektiv) für die urteilende Person fest, dass ein bestimmtes aversives Ereignis von einer agierenden Person verursacht wurde, müssen einige weitere Faktoren geklärt werden, um festzustellen, ob und in welchem Maß die agierende Person verantwortlich gemacht werden kann. So kann jemand nur für einen Schaden verantwortlich gemacht werden, den er hätte vermeiden können und den er mindestens billigend in Kauf genommen hat. Im Einzelnen werden in der Literatur folgende drei Faktoren unterschieden (Fincham & Jaspars, 1980; Lloyd-Bostock, 1983):
a) Handlungsfreiheit (bzw. Kontrolle),
b) Vorhersehbarkeit (bzw. Absehbarkeit negativer Folgen) und
c) Intentionalität (bzw. Schadensabsicht).

In Bezug auf Intentionalität kann ein Kontinuum zwischen Fahrlässigkeit, Inkaufnahme negativer Folgen und böswilliger Absicht angenommen werden (vgl. Shaver, 1985).
Die eben genannten Faktoren sind für die Zuschreibung von Verantwortlichkeit relevant. Zusätzliche Faktoren bedingen die Zuschreibung von Schuld: Ausmaß des Schadens und rechtfertigende Umstände. Die einzelnen Faktoren, die auch in der Gesetzgebung und Rechtsprechung verschiedener Kulturen berücksichtigt werden, sollen in den folgenden Absätzen näher dargestellt werden.

### Handlungsfreiheit
Oft wird auch von »Kontrollierbarkeit« gesprochen. Damit eine Person für ein Ereignis verantwortlich gemacht werden kann, muss sie aus freien Stücken gehandelt haben und fähig gewesen

sein, anders zu handeln. Das ist nicht der Fall, wenn eine Person etwa zum Ausführen einer Handlung gezwungen wird oder durch mangelnde Kontrolle über ihren Körper, beispielsweise aufgrund (von Nebenwirkungen) eines Medikaments, eingeschränkt war.

In der deutschen Rechtsprechung werden Einschränkungen der Schuldfähigkeit berücksichtigt (§ 20 und § 21 des StGB). Hier ist geregelt, dass Personen, deren Steuerungsfähigkeit zum Tatzeitpunkt eingeschränkt war, für ihr Verhalten nur eingeschränkt zur Rechenschaft gezogen werden können.

> **Bei der Handlungsfreiheit geht es darum, inwiefern eine Person die Möglichkeit verschiedener Handlungsalternativen hatte und so den Verlauf eines bestimmten Ereignisses beeinflussen konnte.**

Das Konzept der Handlungsfreiheit soll an folgendem Beispiel verdeutlicht werden:

**FALLBEISPIEL**

In Abwesenheit seiner Frau repariert ein Mann eine Deckenleuchte im Wohnzimmer und es kommt zu einem Unfall. Als die Frau nach Hause kommt, stellt sie fest, dass die Stehlampe im Wohnzimmer – ein Hochzeitsgeschenk ihrer Eltern – kaputt ist. Daraufhin stellt sie ihren Mann zur Rede. Dieser erklärt, dass ihm beim Reparieren des Deckenleuchters auf der Leiter plötzlich schwindlig geworden sei und er das Gleichgewicht verloren habe. Glücklicherweise habe er noch die Stehlampe ergreifen können um seinen Sturz abzufangen – die Lampe sei dabei allerdings zu Bruch gegangen.

Nach den Schilderungen des Mannes war sein Sturz durch Faktoren jenseits seiner Kontrolle bedingt – vorausgesetzt der Mann hatte nicht vorab z. B. durch übermäßigen Alkoholkonsum zum Auftreten des Schwindelgefühls beigetragen. Das Ergreifen der Stehlampe war die einzige Möglichkeit, einen möglicherweise gefährlichen Sturz zu verhindern. Somit war der Mann kaum in der Lage, den Verlauf des Ereignisses zu beeinflussen. Deshalb mag seine Frau zwar traurig über die beschädigte Lampe sein, wird ihn wahrscheinlich aber nicht für den Schaden verantwortlich machen.

## Vorhersehbarkeit

War eine Person in der Lage, anders zu handeln, stellt sich die Frage, ob oder inwieweit sie sich der negativen Konsequenzen bewusst war. Shaver (1985) unterscheidet hier zwei Aspekte:
a) Wissen um die Konsequenzen und
b) Bewusstsein über die moralische Bedeutung des Verhaltens.

Dieser Problematik wird in der Rechtsprechung bei Minderjährigen (§ 3 JGG) Rechnung getragen.

Die Tatsache, dass eine Person unwissend gehandelt hat, ist allerdings keine Garantie dafür, dass ihr keine Verantwortung

> **Entscheidend ist, ob die Folgen des Verhaltens vorhersehbar waren.**

zugeschrieben wird. Entscheidend ist, ob die urteilende Person der Meinung ist, dass die Folgen des Verhaltens nicht absehbar waren. Nehmen wir an, der Mann aus dem oben genannten Beispiel hätte an Stelle einer Leiter einen Hocker genommen, und hätte zusätzlich einige Bücher darauf gestapelt, um so die Decke erreichen zu können. Beim Reparaturversuch wäre er dann vielleicht nicht wegen Schwindelgefühlen gefallen, sondern weil der Bücherstapel instabil war. Vielleicht hat er selbst einen möglichen Sturz nicht bedacht. Wenn seine Frau jedoch der Meinung ist, dass jeder halbwegs vernünftige Mensch die Gefahr hätte erkennen müssen, so wird sie ihm eine gewisse Verantwortung für sein Verhalten zuschreiben. Die ihm zugewiesene Verantwortung wird jedoch viel größer sein, wenn er sich der möglichen Konsequenzen seines Handelns bewusst war. Das führt zum nächsten Faktor: Intentionalität.

### Intentionalität

Die Bedeutung von Intention in Bezug auf Verantwortlichkeit lässt sich erneut anhand der Rechtsprechung aufzeigen. Straftaten mit

> **Straftaten mit gleichem Ausgang werden häufig im Hinblick auf Intentionalität differenziert.**

gleichem Ausgang werden häufig im Hinblick auf Intentionalität differenziert – so wird etwa zwischen Körperverletzung mit Todesfolge (§ 226 StGB), Totschlag (§ 212 StGB) und Mord (§ 211 StGB) unterschieden. Diese Unterschiede schlagen sich entscheidend im Hinblick auf Verantwortlichkeitszuschreibung und in der Folge auf das Strafmaß nieder.

Die Bedeutung von Intentionalität soll ebenfalls anhand des obigen Beispiels demonstriert werden: Wie schon erwähnt, könnte die Frau der Ansicht sein, dass sich der Mann – wie jeder andere vernünftige Mensch – hätte bewusst sein müssen, dass es zum Sturz kommen könnte. Je offensichtlicher diese mögliche Folge ihrer Meinung nach ist, desto mehr wird sie ihrem Mann Verantwortung zuschreiben. Die Rechtsprechung unterscheidet in ähnlicher Weise zwischen »fahrlässig« und »grob fahrlässig«. Da ihr Mann sich jedoch über die Folgen nicht im Klaren war, kann sie ihm auch nicht vorwerfen, dass er die Konsequenzen in rücksichtsloser Weise in Kauf genommen habe. Anders sieht die Sachlage jedoch aus, wenn der Mann in der Annahme, dass er fallen könnte, die Stehlampe neben den Hocker stellte, um sich an ihr abfangen zu können – in dem Bewusstsein, dass sie dabei zu Bruch gehen könnte. Er mag zwar nicht in der Absicht gehandelt haben, die Stehlampe zu beschädigen, aber die Tatsache, dass er dabei bewusst eine Beschädigung der Lampe in Kauf nahm, wird dazu führen, dass ihm mehr Verantwortung zugeschrieben wird. Die zugewiesene Verantwortung ist in diesem Fall allerdings noch immer geringer als im Falle einer absichtlichen Beschädigung der Lampe.

## Ausmaß des Schadens und rechtfertigende Umstände

Das Ausmaß des entstandenen Schadens und rechtfertigende Argumente hingegen haben keinen Einfluss auf die Wahrnehmung der Verantwortlichkeit. Diese Elemente beeinflussen, ob die Verfehlung tatsächlich als solche angesehen wird oder stattdessen als ein Verhalten, welches der Situation angemessen und moralisch richtig war. Rechtfertigungen bestimmen also, ob einer verantwortlichen Person Schuld zugewiesen wird und somit, ob sich für sie aus der Verfehlung Konsequenzen ergeben.

> **Kausalität, Handlungsfreiheit, Absehbarkeit der Konsequenzen und Intention bestimmen den Grad der Verantwortlichkeit.**

Die Tatsache allein, dass eine Person absichtlich und in vollem Bewusstsein der Konsequenzen ein aversives Ereignis verursacht hat, muss nicht notwendigerweise bedeuten, dass ihr Schuld zugewiesen wird. Es gibt Situationen, in denen ein Verhalten, welches unter anderen Bedingungen geahndet würde, gerechtfertigt ist. Dies soll am Beispiel einer Körperverletzung illustriert werden. Fügt man einer anderen Person vorsätzlich körperlichen Schaden zu, so wird dies in der Regel vom Staat geahndet und bestraft (§ 223 bis § 226 StGB). Stellt sich jedoch heraus, dass die geschädigte Person z. B. gewaltsam in das Haus eines Akteurs eingedrungen war und diesen bedroht hatte, der Akteur also in Notwehr gehandelt hatte, so gilt das Verhalten des Akteurs als gerechtfertigt. Er ist dann zwar für die Verletzungen des Einbrechers verantwortlich; falls die Verletzung aber nicht größer ist als zur Abwendung der Gefahr nötig war, wird ihm niemand einen Vorwurf machen bzw. ihm Schuld zuweisen.

Ob die Frau aus obigem Beispiel ihrem Mann Schuld zuweist, hängt in ähnlicher Weise von den näheren Handlungsumständen ab. Wissen sowohl der Mann als auch die Frau, dass der befreundete Nachbar eine Leiter hatte (und zum fraglichen Zeitpunkt zu Hause war), der Mann jedoch zu bequem war, hinüberzugehen und sich diese zu borgen, so wird die Frau ihrem Mann die Schuld für das Beschädigen der Lampe zuschreiben. Bestimmte Umstände können eine Schuldzuweisung verhindern: Stellt sich heraus, dass der Nachbar nicht zu Hause war, der defekte Leuchter aber einen Kurzschluss im Haus ausgelöst hatte, und der Mann diesen so schnell wie möglich reparieren wollte, so dürfte dieser Umstand in den Augen der Frau das Verhalten ihres Mannes rechtfertigen.

Wenngleich die dem Schuldvorwurf vorausgehende Feststellung von Verantwortlichkeit und Schuld in den Beispielen als Diskurs dargestellt wurde, verläuft dieser Prozess häufig internal. Verfehlungen kommen im zwischenmenschlichen Bereich oft in Situationen vor, in denen beide Partner anwesend sind und (somit) bis zu einem gewissen Grad Zugang zu den gleichen Informationen haben. Somit können Schlussfolgerungen bezüglich der Handlungsfreiheit, dem Absehen der Konsequenzen und möglichen rechtfertigenden Umständen gezogen und auf die

Absicht des Partners geschlossen werden. Oft kommt man zu einem (vorläufigen) Schuldurteil, ohne mit dem Partner ein Wort zu wechseln.

Ist die urteilende Person zum Schluss gekommen, dass der agierenden Person Schuld an einem Ereignis zuzuschreiben ist, kommt es im Allgemeinen zum Schuldvorwurf (wenn keine Sanktionen für einen derartigen Vorwurf befürchtet werden, was z. B. in der Interaktion mit Vorgesetzten der Fall sein kann). Der Vorwurf kann verschiedene Formen annehmen, von einer ironischen Bemerkung bis zu wütenden Anschuldigungen. Hauptanliegen ist typischerweise, dem Interaktionspartner klar zu machen, dass er sich in einer nicht akzeptablen Weise verhalten und Schaden verursacht hat.

### 16.2.3   Rechenschaft

Die beschuldigte Person reagiert auf derartige Vorwürfe meist, indem sie ihre Sicht der Dinge darstellt und dabei versucht, die Schuld durch defensive Reaktionen von sich zu weisen oder zu minimieren. Verschiedene Autoren unterscheiden Reaktionsweisen, die zur Verteidigung bedrohter Reputationen geeignet sind.

So differenzieren Sykes und Matza (1957) Neutralisierungstechniken bei Delinquenten, die auf eine Rechtfertigung des eigenen Verhaltens zielen: z. B. Verneinung des Unrechts, Ablehnung des Opfers oder Verdammung der Verdammenden. Austin (1961) unterscheidet zwischen Ausrede und Rechtfertigung. Während Rechtfertigungen die Verfehlung als angemessene Verhaltensweise darstellen, ist das Ziel von Ausreden, die Verantwortung für das Ereignis abzuweisen. Semin und Manstead (1983) differenzieren einzelne Kategorien der Rechtfertigung und Entschuldigung wie Verweis auf höhere Werte (»Das habe ich doch nur für die Familie getan«), Leugnen der Absehbarkeit der Konsequenzen (»Das konnte ich doch gar nicht wissen«) und Verweis auf mildernde Umstände (»Er hat mich zur Weißglut getrieben«). Schönbach (1990) nennt vier mögliche Reaktionen auf einen Schuldvorwurf: Konzessionen, Entschuldigungen, Rechtfertigungen und Verweigerungen.

Schütz (2000a) unterscheidet Reaktionen nach Ausmaß des Zugeständnisses in Bezug auf das Ereignis (Hat es stattgefunden? Ist es negativ zu werten?) sowie die Verbindung von Akteur und Ereignis und rechtfertigende oder entschuldigende Faktoren:

1. Leugnen: Die agierende Person behauptet, dass das fragliche Ereignis nicht stattgefunden hat.
2. Umdeuten: Sie beschreibt das Ereignis als nicht gravierend (»So schlimm war's nicht«).
3. Verursachung bestreiten: Sie streitet ab, das Ereignis verursacht zu haben (»Ich war's nicht«).

4. Rechtfertigen: Sie übernimmt die Verantwortung für das Ereignis, stellt das eigene Verhalten im Kontext der Situation aber als angemessen oder berechtigt dar.
5. Verantwortlichkeit reduzieren: Sie gesteht ein, ein negatives Ereignis verursacht zu haben, nennt aber verantwortlichkeits- bzw. schuldreduzierende Faktoren wie fehlende Intentionalität, eingeschränkte Handlungsfreiheit oder Nichtabsehbarkeit der Konsequenzen.
6. Eingeständnis: Sie akzeptiert Schuld an dem Ereignis.

### 16.2.4    Abschließende Bewertung

Die abschließende Bewertung kann als Resultat eines Aushandlungsprozesses im Wechselspiel von Schuldvorwurf und rechtfertigenden Argumenten des Beschuldigten gesehen werden. In Abwägung der Argumente wird die Sichtweise der Beteiligten mehr oder weniger explizit verhandelt. Möglicherweise gelangen die Parteien zu einem gemeinsamen abschließenden Urteil. In vielen Fällen werden allerdings unterschiedliche Sichtweisen bestehen bleiben, die z. B. bedingt sind durch selbstwertdienliche Verzerrungen, wie sie im nächsten Abschnitt dargestellt sind. Einigt man sich letztendlich nicht auf eine gemeinsame Sicht der Dinge, bleibt der Konflikt häufig bestehen. Zu Eskalationen kann es dabei kommen, wenn auf massive Vorwürfe sehr defensiv reagiert wird. In seiner Theorie der Eskalation in Rechenschaftsepisoden identifiziert Schönbach (1998) Maskulinität sowie das Erleben von Selbstwert- bzw. Kontrollverlusten (bei Akteur und Opponent) als Faktoren, die eine derartige Aufschaukelung begünstigen. Positive Selbsteinschätzungen und hohe Kompetenzansprüche scheinen besonders verletzlich zu machen gegen Angriffe auf das eigene Kontrollvermögen.

> **Einigt man sich nicht auf eine gemeinsame Sicht der Dinge, bleibt der Konflikt häufig bestehen.**

### 16.3    Empirische Studien zu Schuldzuweisungen in Partnerschaften

Im Folgenden werden erstens Untersuchungen referiert, welche die Bedeutung theoretisch angenommener Faktoren der Schuldzuschreibung untersuchen. Zweitens werden Ergebnisse zu Divergenzen verschiedener beteiligter Personen bei Prozessen der Schuldzuschreibung berichtet.

### 16.3.1    Faktoren, welche die Schuldzuweisung beeinflussen

Schmitt et al. (1991) ließen Versuchsteilnehmer einschätzen, wie sehr sie sich über ein fiktives (von einer anderen Person verursachtes) aversives Ereignis ärgern würden. Ärgerreaktionen

> **Die Ärgerreaktion nahm mit Zunahme der Faktoren Kontrollierbarkeit, Absehbarkeit der Konsequenzen und Intentionalität zu.**

wurden hierbei als Indikatoren für Schuldzuschreibungen gesehen. Kontrollierbarkeit, Absehbarkeit der Konsequenzen und Intentionalität wurden variiert. Die Ärgerreaktion nahm mit Zunahme dieser Faktoren, die als Bedingungen der Verantwortlichkeitszuschreibung gelten, ebenfalls zu. Schuldzuschreibungen ergeben sich nach den theoretischen Überlegungen zwar erst aus Verantwortlichkeitsurteil, Schadensausmaß und Grad der Rechtfertigung, weil das Ausmaß des Schadens aber nicht variiert wurde, konnte dieser Faktor nicht berücksichtigt werden. Da keine rechtfertigenden Gründe genannt wurden, gingen die Versuchsteilnehmer wahrscheinlich davon aus, dass keine derartigen schuldmindernden Faktoren vorliegen.

Reichle (1994) befragte junge Paare zu den Einschränkungen, die sich aus der Geburt ihres ersten Kindes ergaben. Sie stellte fest, dass Verantwortlichkeitszuschreibungen an den Partner bzw. die Partnerin (die mit Schuldvorwürfen gleichgesetzt werden) in Zusammenhang standen mit subjektiv wahrgenommenem Verursachungsbeitrag und Handlungsfreiheit. Je mehr jemand den folgenden Aussagen zustimmte: »Zu diesem Verlust hat mein Partner/meine Partnerin beigetragen«, »Mein Partner/meine Partnerin hätte anders handeln können«, desto höher war die Verantwortungszuschreibung. Das Absehen von negativen Folgen erwies sich entgegen der Erwartung als negativer Prädiktor: Je weniger die Partner die negativen Konsequenzen vorhergesehen hatten, desto mehr Verantwortlichkeit wurde ihnen zugewiesen. Wie Reichle jedoch vermutet, ist dieser überraschende Befund möglicherweise durch den Untersuchungsgegenstand bedingt. Da es sich bei der Geburt um ein vorhersehbares Ereignis handelt, waren die Betroffenen möglicherweise der Meinung, dass ihr Partner bzw. ihre Partnerin bestimmte Folgen hätte vorsehen müssen und somit besonders enttäuscht, dass dies nicht der Fall war.

### 16.3.2 Unterschiede in der Beurteilung konflikthafter Ereignisse

Wechselseitige Schuldzuweisungen in Partnerschaftskonflikten wurden bei Ehepaaren beobachtet, die getrennt über Konflikte berichteten (Schütz, 1999). 25 Paare aus einer größeren Stichprobe junger Ehepaare schilderten im Interview eine Konfliktsituation. Die Interviews, die jeweils mit Ehemännern und Ehefrauen getrennt geführt worden waren, wurden im Hinblick darauf analysiert, inwieweit die Beteiligten das Ereignis unterschiedlich darstellten. Es wurden Episoden ausgewertet, in denen eine Person etwas Bestimmtes tat oder sagte (oder aber unterließ, etwas Bestimmtes zu sagen oder zu tun) und der Partner oder die Partnerin eben dies kritisierte. Verglichen wurden die Schilderungen der jeweils agierenden Person mit denen der jeweils kritisierenden Person.

Es zeigte sich, dass die jeweilige Episode von den beiden Betroffenen sehr unterschiedlich geschildert wurde, etwa in Bezug auf die Ursache der entstandenen Probleme, das Ausmaß des Schadens, die Intention des Partners, oder mögliche Rechtfertigungen für das jeweilige Verhalten. Während beispielsweise die kritisierende Person der Meinung war, dass sich die agierende Person falsch verhalten und so den Konflikt ausgelöst hatte, sah jene die Situation genau umgekehrt. Sie vertrat die Ansicht, dass alles in Ordnung war, bis ihr Partner bzw. ihre Partnerin überzogene oder unberechtigte Kritik formulierte. So gaben sich beide Partner jeweils gegenseitig die Schuld an der Entstehung der Probleme. Zum Beispiel klagte ein Ehemann darüber, dass seine Frau zu wenig Zeit für ihn habe. Wenn er abends zu Hause sei, telefoniere sie ausgiebig mit Verwandten oder sei den Großteil des Abends verschwunden, um die Kinder ins Bett zu bringen. Sie ihrerseits stellte die Situation ganz anders dar und beschrieb ihre Enttäuschung darüber, dass er wegen zahlreicher Hobbys abends häufig außer Haus sei. Als Konsequenz auf ihr häufiges Alleinsein am Abend habe sie ihr Leben dann entsprechend angepasst, was er aber nicht respektiere. Sie empfand es als egoistisch, dass er von ihr verlangte, ihm an den wenigen Abenden, an denen er zu Hause sei, Gesellschaft zu leisten, dass er ihr aber nicht half, die Kinder ins Bett zu bringen.

Während die kritisierenden Personen das Verhalten des Partners oder der Partnerin typischerweise als falsch, rücksichtslos oder unfair beschrieben, stellten jene die Beschwerden hingegen als übertrieben oder als rücksichtslos in Bezug auf ihre Bedürfnisse und das Ausmaß des entstandenen Schadens als relativ gering dar. Des Weiteren berichteten beide häufig von ähnlich negativem oder konfliktauslösendem Verhalten, welches der jeweils andere zu einem früheren Zeitpunkt an den Tag gelegt hatte. Dies entspricht den Befunden von Baumeister et al. (1990), die zeigten, dass in Bezug auf Ärgerepisoden »Täter« ihr Verhalten als Reaktion auf eine Reihe von Provokationen seitens des »Opfers« beschrieben.

> In Bezug auf Ärgerepisoden beschrieben »Täter« ihr Verhalten als Reaktion auf eine Reihe von Provokationen seitens des »Opfers«.

Was die Intentionen des Verhaltens betrifft, so schrieben sich die kritisierenden Personen positive Absichten zu, betonten etwa, an das Wohl der Kinder zu denken. Darüber hinaus beschrieben sie ihr Verhalten als durch die jeweiligen Umstände oder frühere Ereignisse gerechtfertigt und entschuldigten ihre emotionalen Ausbrüche durch die Tatsache, dass sie unter Stress standen. Die agierenden Personen schrieben sich ebenso positive oder legitime Intentionen zu, etwa das Streben nach Selbstverwirklichung oder Überlegungen zum Wohl der Kinder. Von beiden Seiten wurden häufig Rechtfertigungen und Entschuldigungen vorrangig für das eigene Verhalten gefunden, während das Verhalten des Partners bzw. der Partnerin kritisiert oder als irrational dargestellt wurde.

Mikula et al. (1995) beschäftigten sich ebenfalls mit Differenzen in der Beurteilung schwieriger zwischenmenschlicher Ereignisse durch die jeweils Beteiligten. In mehreren Studien wurden Ehepaare, unverheiratete Paare sowie befreundete Schülerinnen mündlich oder schriftlich zu Ungerechtigkeitserlebnissen befragt. Die Ereignisse wurden von beiden Seiten im Hinblick auf Ungerechtigkeit, relativen Kausalbeitrag des Akteurs, Absicht, Kontrolle etc. eingestuft. Es wurde verglichen, inwiefern Akteure und Rezipienten ein bestimmtes Ereignis unterschiedlich beurteilten. Die Ergebnisse verweisen auf deutliche Divergenzen: Rezipienten beurteilten die Vorkommnisse im Vergleich zu Akteuren als ungerechter und unverdienter. Sie sprechen den Akteuren einen größeren kausalen Beitrag, mehr Kontrolle und Absicht, gleichzeitig aber weniger rechtfertigende Gründe zu. Berücksichtigt man die Qualität der Beziehung, die im Selbsturteil erhoben wurde, so zeigt sich, dass die Unzufriedenheit mit der Beziehung in Zusammenhang damit steht, inwieweit anklagender Ton auf der einen Seite und Schuldabwehr auf der anderen dominieren. Rezipienten berichteten die Ereignisse als umso ungerechter und in stärkerem Maße vom Täter beabsichtigt, je unzufriedener sie mit ihrer Beziehung waren. Akteure aus unzufriedenen Beziehungen waren in stärkerem Maße der Meinung, dass das Opfer das negative Ereignis verdient hatte.

### 16.4 Wie kommt es zu Divergenzen und Verzerrungen im Prozess der Schuldzuschreibung?

Worauf ist es zurückzuführen, dass ein konflikthaftes Ereignis von den Beteiligten so verschieden beurteilt wird? Verschiedene Erklärungsansätze sollen nacheinander erörtert werden.

#### 16.4.1 Unterschiede zwischen Handelndem und Beobachter

In der Attributionsforschung wurde gezeigt, dass Handelnde ihr Verhalten anders interpretieren als Beobachter (Jones & Nisbett, 1972). Beobachter tendieren dazu, Persönlichkeitseigenschaften heranzuziehen, um das Verhalten einer anderen Person zu erklären, während die handelnde Person selbst in viel stärkerem Maße situative Faktoren zur Erklärung ihres Verhaltens heranzieht. Dieser Unterschied wird vor allem mit kognitiven und wahrnehmungspsychologischen Faktoren erklärt. Genannt wird zum einen die Tatsache, dass die handelnde Person sowohl mehr Information über die Hintergründe ihres Verhaltens hat, als auch darüber, wie sie sich in der Vergangenheit in ähnlichen Situationen verhalten hat.

Zum anderen wird argumentiert, dass die Wahrnehmung von Handelnden und Beobachtenden auf unterschiedliche Dinge gerichtet ist, d. h. der Beobachter konzentriert sich auf den Handelnden und vernachlässigt die Situation, die Sicht des Handelnden ist jedoch auf die Situation gerichtet, wodurch diese für ihn salienter ist. Somit würden auf der Basis des Actor-Observer-Effekts die Unterschiede in den Berichten damit erklärt, dass agierende und kritisierende Personen die Verfehlung aus einer anderen Perspektive sehen und sie somit unterschiedlich beurteilen. Tatsächlich sahen sowohl in der Untersuchung von Schütz (1999) als auch in der von Mikula et al. (1995)

> **Actor-Observer-Effekt: Agierende und kritisierende Personen sehen die Verfehlung aus einer anderen Perspektive und beurteilen sie unterschiedlich.**

die agierenden Personen (die Akteure) das Problem mehr als die kritisierenden (die Rezipienten bzw. Beobachter) durch die Situation bedingt. Dies spricht für den Actor-Observer-Effekt. Allerdings sind die Ergebnisse damit nicht insgesamt erklärbar. In der Untersuchung von Schütz (1999) wiesen beide Parteien insgesamt selten auf Persönlichkeitsmerkmale hin, und die Darstellung war eher durch Unterschiede im Hinblick auf »gerechtfertigt vs. ungerechtfertigt« als »internal vs. external« gekennzeichnet. Weiter kann der Actor-Observer-Effekt zwar Perspektivenunterschiede erklären, nicht jedoch die Tatsache, dass die Ausprägung der Unterschiede mit Beziehungsqualität ab- bzw. zunimmt. Motivationale Faktoren scheinen insofern zusätzliche Bedeutung zu haben.

### 16.4.2  Motivationale Verzerrungen

Über kognitive Faktoren hinaus wurde in der Attributionsforschung auf motivationale Verzerrungen hingewiesen. Eigenes Verhalten wird demnach im Allgemeinen selbstwertdienlich interpretiert. Erfolge werden auf eigene Fähigkeiten zurückgeführt, Misserfolge aber mit den Umständen erklärt (Miller & Ross, 1975). Besonders stark ist diese Tendenz bei Menschen mit hohem Selbstwertgefühl ausgeprägt (für einen Überblick vgl. Blaine & Crocker, 1993).

> **Die meisten Menschen wollen sich positiv wahrnehmen und ihr Selbstwertgefühl schützen.**

Motive des Selbstwertschutzes beeinflussen in starkem Maße die Art und Weise, wie interpersonelle Ereignisse erinnert und berichtet werden. Die Effekte gehen über Attributionseffekte hinaus und betreffen auch, welche Details einer Episode berichtet oder ausgelassen werden (Baumeister et al., 1990). Um eine positive Sichtweise der eigenen Person vor sich und anderen aufrechtzuerhalten, dürften beide Parteien motiviert sein, die Schuld am Ereignis von sich zu weisen, indem sie einen eigenen Verursachungsbeitrag leugnen, Verantwortlichkeit reduzieren oder rechtfertigende Argumente präsentieren. Des Weiteren möchte die kritisierende Person nicht den Eindruck erwecken, sie habe eine solche Behandlung durch ihren Partner oder ihre Partnerin verdient – was dazu führt, dass die Ungerechtigkeit der Verfehlung betont wird. Die agierende Person hingegen möchte es vermeiden, als Person wahrgenommen zu werden, die absichtlich und ohne Grund Schaden zufügt.

> **Der Wunsch nach Kontrolle über den Partner kann maßgeblichen Einfluss auf die Art der Darstellung haben.**

Neben selbstwertdienlichen Verzerrungen kann der Wunsch nach Kontrolle über den Partner maßgeblichen Einfluss auf die Art der Darstellung haben (Baumeister & Newman, 1994). Da der geschädigten Person direkte negative Konsequenzen entstanden sind, ist sie motiviert, derartige Ereignisse in Zukunft zu vermeiden. Außerdem möchte sie für die durch die Verfehlung entstandenen Konsequenzen entschädigt werden. Ein Weg, dies zu erreichen, ist die Induktion von Schuldgefühlen beim Partner bzw. der Partnerin (vgl. Baumeister et al., 1994). Schuldgefühle können beim Gegenüber dadurch ausgelöst werden, dass man darauf hinweist, wie sehr man unter dem Verhalten des Gegenüber leidet. Inwiefern Schuldgefühle in Partnerschaften funktional oder aber problematisch sein können, wird in Abschnitt 16.5 behandelt.

### 16.4.3   Verzerrungen und Beziehungsqualität

Manchmal wird das Partnerverhalten sogar positiver interpretiert als das eigene (Fincham et al., 1987). In unzufriedenen Beziehungen wird das Verhalten des Partners dagegen weniger wohlwollend gedeutet, und es kommt zu selbstwertdienlichen Verzerrungen zu Lasten des Partners bzw. der Partnerin (vgl. auch Kap. 13). Personen in glücklichen Beziehungen erklären negative Verhaltensweisen des Partners oder der Partnerin häufig mit den Umständen einer Situation und unterstellen weniger Absicht und böswillige Intention. Bei niedriger Beziehungsqualität hingegen zeigt sich das Gegenteil. Unzufriedene Partner führen negatives Partnerverhalten vorwiegend auf stabile Persönlichkeitsmerkmale zurück, schreiben dem Partner bzw. der Partnerin Absicht und selbstsüchtige Motivation sowie mehr Schuld zu.

> **Positive Sichtweisen der eigenen Person werden in zufriedenen Beziehungen ausgedehnt auf die Wahrnehmung des Partners bzw. der Partnerin.**

Wie Murray et al., (2000) zeigen, ist die Einschätzung des eigenen Partners bzw. der Partnerin bei harmonischen Paaren sogar im Vergleich zu der Einschätzung durch Freunde positiv getönt, bei belasteten Paaren ist sie aber negativ getönt – man sieht den Partner bzw. die Partnerin negativer als Freunde dies tun.

Wie kommt es dazu, dass bei ein und demselben Paar im Verlauf der Beziehungsgeschichte zunächst wohlwollende Interpretationen vorherrschen, später aber das Verhalten des Gegenüber negativ gedeutet wird? Gottman (1994) geht davon aus, dass die Interpretation sozusagen umkippt, wenn die Bilanz aus positiven und negativen Erlebnissen in der Partnerschaft unter eine bestimmte Schwelle sinkt. Negative Wahrnehmungen des Partners sind dann nicht mehr nur auf ein aktuelles Ereignis bezogen, sondern führen zu einer Reinterpretation der gesamten Beziehungsgeschichte, die aufgrund des

> **Die Interpretation von Beziehungen kann dann kippen, wenn die Bilanz aus positiven und negativen Erlebnissen in der Partnerschaft unter eine bestimmte Schwelle sinkt.**

aktuellen enttäuschenden Vorfalls insgesamt in neuem Licht gesehen wird. Diesen Mechanismus beschreiben Holmes und Murray (1993) in Bezug auf Partneridealisierungen. In funktionierenden Partnerschaften ist die Neigung, den Partner in gutem Licht zu sehen, nicht auf einzelne Verhaltensweisen begrenzt, sondern führt dazu, dass selbst problematische Wesenszüge positiv gedeutet werden. Zeigt sich etwa nach einiger Zeit, dass ein bestimmtes Fehlverhalten des Partners, z. B. Unpünktlichkeit, keine Ausnahme sondern die Regel ist, so interpretieren Personen diese eigentlich negative Eigenschaft ihres Partners prompt so um, dass sie nicht mehr negativ sondern positiv bewertet werden kann: Man ärgert sich also nicht über die Nachlässigkeit des Partners, sondern freut sich über seine entspannte Lebensphilosophie. Allerdings ist dieser Vorgang reversibel: Man versucht bis zu einem gewissen Grad, Verfehlungen des Partners in positivem Licht zu sehen, kommt es aber im Laufe einer Beziehung zu Verfehlungen, welche die Beziehungsqualität beeinträchtigen oder zu schwerwiegend sind, um positiv uminterpretiert werden zu können, dann findet eine grundsätzliche Umorientierung statt. Die leidtragende Person deutet auch vergangene, ähnliche Verfehlungen, die zuvor auf wohlwollende Weise interpretiert worden waren, neu (»man konnte sich noch nie auf ihn verlassen«), sodass sich insgesamt ein konsistentes Muster ergibt. Eine empirische Analyse des Zusammenhangs zwischen Attributionsstil und Partnerschaft liefern Karney und Bradbury (2000; s. Kap. 16.5).

## 16.5 Wie wirken sich Schuldzuschreibungen und Schuldgefühle in Beziehungen aus?

In diesem Abschnitt wird erläutert, inwieweit Schuldzuschreibungen und resultierende Schuldgefühle eine Beziehung beeinträchtigen (können), aber auch positive Funktionen erfüllen können. Schuldzuschreibungen können beim Gegenüber zu Schuldgefühlen führen. Wie Baumeister et al. (1994) argumentieren, sind diese Emotionen im Kontext von Beziehungen aber durchaus nicht nur negativ zu sehen. Vielmehr erfüllen Schuldgefühle wichtige interpersonelle Funktionen und dienen auch dazu, Beziehungen zu stabilisieren.

---

**Interpersonelle Funktionen von Schuldgefühlen**

1. Schuldgefühle regulieren das Verhalten in Beziehungen. Durch die Antizipation von Schuldgefühlen vermeiden die Beteiligten Verhaltensweisen, die das Gegenüber verletzen oder enttäuschen.
2. Schuldgefühle führen zur Umverteilung emotionaler Belastung. Der »Täter« fühlt sich schlechter, das »Opfer« besser. Die Schuldgefühle des Täters zeigen dem Opfer an, dass dem Täter an der Beziehung zum Opfer und an dessen Person gelegen ist.

> 3. Das Einflößen von Schuldgefühlen ist ein Mittel der Einflussnahme, das besonders für Personen ohne formale Machtmittel bedeutsam ist. Durch Schuldgefühle oder deren Antizipation kann das Gegenüber dazu gebracht werden, unliebsames Verhalten zu vermeiden und erwünschtes zu zeigen.

Schuldgefühle zeigen an, dass eine wichtige zwischenmenschliche Beziehung gefährdet ist. Man empfindet Schuldgefühle, wenn man zwischenmenschliche Bande bedroht oder Verpflichtungen verletzt hat. Dabei ist die Einschätzung des Gegenübers von Bedeutung: Schuldgefühle treten besonders gegenüber Personen auf, mit denen enge Beziehungen bestehen. Je höher die Achtung vor dem Opfer, desto höher sind üblicherweise die Schuldgefühle (Baumeister et al., 1995).

Schuldgefühle führen meist zu Bemühungen, den angerichteten Schaden wieder gut zu machen. Personen, die sich für eine Verfehlung schuldig fühlten, gaben häufiger als andere an, aus ihrem Verhalten gelernt und es daraufhin geändert zu haben (Baumeister et al., 1995). Es zeigte sich außerdem, dass Akteure, die ihre Schuld eingestanden, sich nach ihrer Verfehlung auch in anderen Bereichen hilfreich und unterstützend verhielten (Cunningham et al., 1980). Somit kann durch die Induktion von Schuldgefühlen das Verhalten des Partners effektiv beeinflusst werden.

Dem Partner oder der Partnerin Schuldgefühle zu induzieren erfolgt nicht unbedingt aus egoistischen oder böswilligen Motiven, sondern dient in vielen Fällen dazu, die Beziehung langfristig zu schützen. Normübertretungen und Verhaltensweisen, die der Beziehung schaden, sollen damit unterbunden werden. So hat eine Frau, die ihrem Mann Vorwürfe macht, weil er bis spät abends am Arbeitsplatz ist und kaum Gelegenheit hat, mit seinen zwei kleinen Söhnen zu spielen, möglicherweise das Anliegen, das Familienleben zu intensivieren und die Beziehung zwischen Vater und Söhnen zu stärken.

> **Das Induzieren von Schuldgefühlen dient in vielen Fällen dazu, die Beziehung langfristig zu schützen.**

Eine Grenze der Einflussnahme durch Schuldgefühle ist allerdings dann erreicht, wenn das Gegenüber kein starkes Interesse an der Beziehung und an der verletzten Person hat: Ein Ehepartner, der sich emotional bereits gelöst hat, wird sich – wenn die Partnerin versucht, ihm Schuldgefühle einzureden – eher weiter lösen als versuchen, die Beziehung zu stabilisieren. Wenn grundlegende Normen nicht geteilt werden, dürfte dies eine weitere Grenze darstellen. Ist man sich also einig, wie man sich idealerweise verhalten sollte, dürften Schuldvorwürfe im Allgemeinen zu Bemühungen um Wiedergutmachung führen. Werden die vom Beschuldigenden zugrundegelegten Normen aber vom Beschuldigten nicht akzeptiert, dürfte stattdessen Ärger über die als absurd empfundenen Vorwürfe resultieren.

Risiken beim Einsatz von Schuldgefühlen als Technik interpersoneller Einflussnahme bestehen darin, dass sie gegenteilige Wirkung zeigen können. Werden häufig, in extremer Weise oder ungerechtfertigt Schuldgefühle eingeflößt, fühlt sich das Gegenüber möglicherweise manipuliert (Baumeister et al., 1995). Wird man extrem stark in Schuldgefühle verstrickt, von denen man sich nicht durch wieder gutmachendes Verhalten befreien kann, erscheint die Abwertung der Person, die diese negativen Gefühle auslöst und die Distanzierung von ihr oft als nahe liegende Reaktion.

Negative Folgen von Schuldzuschreibungen sind in der Literatur reichlich dokumentiert. Reichle (1998) fasst die Ergebnisse ihrer Untersuchungen zur Verantwortungszuschreibung in Partnerschaften wie folgt zusammen: Paare, in denen der Partner bzw. die Partnerin als verantwortlich für negative Ereignisse gesehen wurde, waren nach 4 1/2 Jahren häufiger als andere getrennt oder geschieden. Interessant ist hierbei, dass die erlebten Schwierigkeiten und das Ausmaß erlebter Einschränkung (in Zusammenhang mit der Geburt des ersten Kindes) als solche sich nicht negativ auswirkten.

> **Man könnte sagen: Schwierige Situationen und Belastungen als Paar zu erleben verschlechtert die Beziehung nicht, problematisch wird es aber, wenn der Partner oder die Partnerin als verantwortlich für diese Schwierigkeiten gesehen wird.**

Es ist hierbei wohlgemerkt nicht möglich zu differenzieren, ob die Verantwortungszuschreibung »zu Recht« oder »zu Unrecht« erfolgte – wenn dies überhaupt zu beurteilen ist. Vermutlich sind beide Aspekte relevant: Der Partner oder die Partnerin ist möglicherweise in gewissem Umfang für ein negatives Ereignisse verantwortlich; darüber hinaus wird sein oder ihr Verhalten vom Gegenüber aber auch ungünstig interpretiert.

Selbst wenn Schuldvorwürfe nicht ausgesprochen werden, können sie sich negativ auswirken: In diesem Zusammenhang stellten Bodenmann und Cina (2000) in einer Längsschnittstudie über fünf Jahre fest, dass Paare, bei denen intrapsychische Selbst- und Fremdvorwürfe beobachtet wurden, deutlich unzufriedener mit ihrer Beziehung waren als andere. Weitere nicht erfolgreiche Bewältigungsstrategien waren Flucht und Passivität. Als günstig erwies sich hingegen Gefühlsberuhigung (Palliation) und Informationssuche.

Problematisch ist auch, dass bei Versuchen der Einflussnahme durch Schuldzuschreibung ein so genannter Zwangsprozess einsetzen kann (Patterson & Reid, 1970): Eine Frau wünscht sich z. B. bestimmtes Verhalten ihres Mannes, das dieser aber nicht freiwillig zeigt. Sie betont, wie sie unter der Situation leidet, damit er sich schuldig fühlt. Er lenkt ein. Dadurch lernt sie, dass dieses Mittel der Einflussnahme erfolgreich ist und wird zu dessen häufigerem Einsatz tendieren. Er gewöhnt sich aber auf Dauer an diese aversiven Verhaltensweisen ihrerseits, so dass nur noch massiverer Druck ihrerseits Wirkung zeigt. So kommt es zur Eskalation.

Die Tendenz, dem Gegenüber Schuld zuzuschreiben, dürfte außer von der Qualität der Partnerschaft auch von Persönlichkeitsvariablen geprägt sein. Bestimmte Personen mit narzisstisch getönter hoher Selbstwertschätzung tendieren dazu, sich selbst hoch positiv einzuschätzen, andere aber stark zu kritisieren und für Probleme verantwortlich zu machen (Schütz, 2000b). Dieser Stil ist für die betroffenen Partnerinnen und Partner besonders belastend.

Auf die Gefahr aversiver Versuche der Einflussnahme verweist auch Gottmans Kaskadenmodell, in dem Beklagen und Kritisieren als erste negative Elemente bzw. als erster der »vier apokalyptischen Reiter« aufgeführt sind, die eine Verschlechterung einer Beziehung einleiten (Gottman, 1994). Zu beachten ist hierbei, dass positive und negative Erlebnisse in einer Partnerschaft nicht das gleiche Gewicht zu haben scheinen. Baumeister et al. (2002) formulieren plakativ: »Bad is stronger than good«. In ihrem Überblicksartikel fassen die Autoren die Daten verschiedener empirischer Studien zusammen.

Baumeister et al. (2002) weisen darauf hin, dass positive und negative Verhaltensweisen in Partnerschaften unabhängig voneinander sind, dass also die Zunahme positiver Verhaltensweisen nicht notwendigerweise mit der Abnahme negativer gekoppelt ist und dass negative Verhaltensweisen ein besserer Indikator für die Qualität einer Beziehung sind als positive. Im Sinne des Aufrechterhaltens einer positiven Beziehung scheint es also wichtiger zu sein, negative Verhaltensweisen zu vermeiden als positive zu zeigen – oder: ein Blumenstrauß macht eine beleidigende Bemerkung noch lange nicht gut. Gottman (1994) ist der Meinung, dass in einer funktionierenden Beziehung ein Verhältnis von 5:1 zwischen positiven und negativen Verhaltensweisen bestehen muss.

> **Im Sinne des Aufrechterhaltens einer positiven Beziehung scheint es also wichtiger zu sein, negative Verhaltensweisen zu vermeiden als positive zu zeigen.**

Neben der Häufigkeit von Schuldzuschreibungen dürfte auch die Art und Weise der Formulierung von Bedeutung sein. In Kommunikationstrainings wird seit langem empfohlen, globale negative Urteile zu vermeiden und Kritik spezifisch und verhaltensorientiert zu formulieren (vgl. Kap. 7). Tangney (1995) unterscheidet in ähnlicher Weise zwischen Scham- und Schuldgefühlen: Der Bewertungsfokus liegt bei Scham auf der Person insgesamt, bei Schuld auf einer spezifischen Verhaltensweise. Während Schuldgefühle das Bedürfnis mit sich bringen, um Entschuldigung zu bitten oder den Schaden wieder gutzumachen, sind Schamgefühle eher mit dem Wunsch verbunden, zurückzuschlagen, sich zu verstecken oder zu fliehen. Auch auf dieser Basis kann (also) argumentiert werden, dass spezifische Vorhaltungen des Partners oder der Partnerin eher zu Reparationsversuchen führen, globale Anschuldigungen hingegen eher zu Gegenwehr oder Distanzierung.

Verschiedentlich wurde diskutiert, ob Schuldzuschreibungen eine Begleiterscheinung oder eine Ursache unglücklicher Beziehungen sind. Meist wird davon ausgegangen, dass die Tendenz, das Gegenüber für negative Ereignisse verantwortlich zu machen, Ausdruck eines stabilen Attributionsstils und Ursache für die Verschlechterung von Partnerschaften ist. Karney und Bradbury (2000) untersuchten diese Frage auf der Basis der Daten neu vermählter Paare, die über einen Zeitraum von vier Jahren begleitet wurden. Die Ergebnisse zeigen im Gegensatz zu früheren Annahmen, dass Attributionsstile keine stabilen Eigenschaften der Person sind, sondern in Zusammenhang mit der Ehezufriedenheit variieren und wohl eher die bisherigen Erfahrungen innerhalb der Beziehung als kognitive Stile reflektieren. Ein starker wechselseitiger Zusammenhang zwischen Attributionsstil und Zufriedenheit lässt sich im Verlauf der Entwicklung innerhalb einer Partnerschaft zeigen.

> **Attributionsstile sind keine stabilen Eigenschaften, sondern variieren im Zusammenhang mit der Ehezufriedenheit.**

Vergleicht man die Entwicklungen verschiedener Paare, dann zeigt sich darüber hinaus, dass der anfängliche Attributionsstil spätere Zufriedenheit besser vorhersagt als umgekehrt: Paare, die zu Beginn der Ehe dem Partner bzw. der Partnerin die Schuld an Problemen zuschrieben, zeigten einen besonders steilen Abfall der Paarzufriedenheit. Ursprüngliche Zufriedenheit sagte dagegen Veränderungen im Attributionsstil nicht vorher. Wahrscheinlich werden in solchen Fällen durch ungünstige anfängliche Ursachenzuschreibungen problematische Verhaltensweisen initiiert, die sich dann verselbständigen und auch bei ursprünglich zufriedenen Paaren Negativspiralen in Gang setzen (Bradbury & Fincham, 1992). Diese Ergebnisse legen nahe, dass Trainingsprogrammen im frühen Stadium einer Partnerschaft hohe Bedeutung zukommt (vgl. z. B. Bodenmann, 1997; Reichle, 1999).

## Zusammenfassung

Schuldzuschreibungen stellen einen komplexen Vorgang dar, der bei Normübertretungen einsetzt. In glücklichen Partnerschaften beobachtet man im Allgemeinen eine wohlwollende Wahrnehmung des Partners oder der Partnerin und eine günstige Interpretation seines oder ihres Verhaltens. In harmonischen Situationen reflektiert eine positive Beurteilung des Partners bzw. der Partnerin auch positiv auf die eigene Person. Konflikte werden dagegen oft als Situationen wahrgenommen, in denen nur einer Recht haben kann. In derartigen Konflikten führt das Bemühen, eigene Schuld abzuwehren selbst in funktionierenden Partnerschaften zu Schuldzuschreibungen an das Gegenüber. Gemeinsame Erlebnisse werden in diesem Kontext äußerst unterschiedlich interpretiert.

Die Unterschiedlichkeit der Wahrnehmung und die Tendenz zur Rechtfertigung des eigenen Verhaltens wird mit zunehmender Unzufriedenheit in einer Partnerschaft allerdings besonders stark. Glückliche und unglückliche Paare gehen mit negativen Ereignissen sehr unterschiedlich um. In Bezug auf Schuldzuschreibungen ergibt sich dabei wahrscheinlich ein Teufelskreis: Schuldzuschreibungen verschlechtern die Partnerschaftsqualität und in wenig harmonischen Partnerschaften kommt es zu einer Häufung wechselseitiger Schuldzuschreibungen

Innerhalb einer Beziehung sind Schuldgefühle durchaus nicht nur negativ zu sehen, da sie auch als Warnhinweise funktionieren, wenn bestimmte Verhaltensweisen eine Beziehung gefährden. Ihr Auftreten ist auch ein Zeichen, dass man das Wohlergehen des Partners bzw. der Partnerin ernst nimmt. Da Schuldgefühle meist zu Bemühungen um Wiedergutmachung führen, kann der Partner oder die Partnerin auch zu bestimmtem Verhalten bewegt werden, indem man ihm oder ihr Schuldgefühle einflößt. Massive Schuldzuschreibungen sind aber oft Teil einer Abwärtsspirale aus Vorwurf und Rückzug, die auf die Auflösung einer Beziehung hinauslaufen kann.

## Literatur

Auhagen, A. E. (1999). Die Realität der Verantwortung. Göttingen: Hogerefe.

Austin, J. L. (1961). A plea for excuses. In Urmson, J.D., Warnock, G. (Hrsg). Philosophical papers. (S. 123–152). Oxford: Clarendon Press.

Baumeister, R. F., Bratslavsky, E., Finkenhauer, C. & Vohs, K. D. (2002). Bad is stronger than good. Review of General Psychology (in press).

Baumeister, R. F. & Newman, L. S. (1994). How storys make sense of personal experiences: Motives that shape autobiographical narratives. Personality and Social Psychology Bulletin, 20, 676–690.

Baumeister, R. F., Stillwell, A. M. & Wotman, S. R. (1990). Victim and perpetrator accounts of interpersonal conflict. Autobiographical narratives about anger. Journal of Personality and Social Psychology, 59, 994–1005.

Baumeister, R. F., Stillwell, A. M. & Heatherton, T. F. (1994). Guilt: An interpersonal approach. Psychological Bulletin, 115, 243–267.

Baumeister, R. F., Stillwell, A. M. & Heatherton, T. F. (1995). Personal narratives about guilt. Role in action control and interpersonal relationships. Basic and Applied Social Psychology, 17, 173–198.

Blaine, B. & Crocker, J. (1993). Self-esteem and self-serving biases in reaction to positive and negative events. An integrative review. In: Baumeister, R. F. (Hrsg.). Self-esteem, The puzzle of low self-regard. (S. 55–85) New York: Plenum.

Bodenmann, G. (1997). Stress und Partnerschaft. Gemeinsam den Alltag bewältigen. Bern: Huber.

Bodenmann, G. & Cina, A. (2000). Stress und Coping als Prädiktoren für Scheidung. Eine prospektive Fünf-Jahre-Längsschnittstudie. Zeitschrift für Familienforschung, 12(2), 5–20.

Bradbury, T. N. & Fincham, F. D. (1992). Attributions and behavior in marital inter-action. Journal of Personality and Social Psychology, 63, 613–628.

Cunningham, M. R., Steinberg, J. & Grev, R. (1980). Wanting to and having to help. Separate motivations for positive mood and guilt-induced helping. Journal of Personality and Social Psychology, 38, 181–192.

Desmarais, S. & Lerner, M. J. (1994). Entitlements in close relationships, A justice-motive analysis. In: Lerner, M. J. & Mikula, G. (Hrsg.). Entitlement and the affectional bond. Justice in close relationships (S. 43–63). New York: Plenum.

Fincham, F. D., Beach, S. R. & Baucom, D. H. (1987). Attribution processes in distressed and non-distressed couples, IV. Self-partner attribution differences. Journal of Personality and Social Psychology, 52(4), 739–748.

Fincham, F. D. & Jaspars, J. M. (1980). Attribution of responsibility. From man the scientist to man as lawyer. In: Berkowitz, L. (Hrsg.). Advances in Experimental Social Psychology, 13, 81–138.

Gottman, J. M. (1994). What predicts divorce? The relationship between marital processes and marital outcomes. Hillsdale, NJ: Erlbaum.

Heider, F. (1958). The psychology of interpersonal relations. New York: Wiley.

Holmes, J. G.& Murray, S. L. (1993). Seeing virtues in faults. Negativity and the transformation of interpersonal narratives in close relationships. Journal of Personality and Social Psychology, 65, 707–722.

Jones, E. E. & Nisbett, R. E. (1972). The actor and the observer. Divergent perceptions of the causes of behavior. Morristown, NJ: General Learning Press.

Karney, B. R. & Bradbury, T. N. (2000). Attributions in marriage. State or trait? A growth curve analysis. Journal of Personality and Social Psychology, 78, 295–309.

Lloyd-Bostock, S. (1983). Attributions of cause and responsibility as social pheno-mena. In: Jaspars, J. M., Fincham, F. D. & Hewstone, M. (Hrsg.). Attribution theory and research. Conceptual, developmental and social dimensions. (S. 261–289). London: Academic Press.

Mikula, G., Athenstaedt, U., Heimgartner, A. & Heschgl, S. (1995). Perspektivendi-vergenzen bei der Beurteilung von Ungerechtigkeit in interpersonalen Bezie-hungen. In: Zentrum für Gerechtigkeitsforschung an der Universität Potsdam (Hrsg.). Bericht 2. AVZ der Universität Potsdam, Potsdam.

Miller, D. T. & Ross, M. (1975). Self-serving biases in the attribution of causality. Fact or fiction? Psychological Bulletin, 82(2), 213–225.

Murray, S. L., Holmes, J. G., Dolderman, D. & Griffin, D. W. (2000). What the moti-vated mind sees, Comparing friends' perspectives to married partners' views of each other. Journal of Experimental Social Psychology, 36, 600–620.

Patterson, G. R. & Reid, J. B. (1970). Reciprocity and coercion. Two facets of social systems. In: Neuringer, C. & Michael, J. L. (Hrsg.). Behavior modification in clinical psychology. (S. 13–177). New York: Appleton.

Reichle, B. (1994). Die Zuschreibung von Verantwortlichkeit für negative Ereignisse in Partnerschaften. Ein Modell und erste empirische Befunde. Zeitschrift für Sozialpsychologie, 25(3), 227–237.

Reichle, B. (1998). Verantwortlichkeitszuschreibungen und Ungerechtigkeitserfah-rungen in partnerschaftlichen Bewältigungsprozessen. In: Reichle, B. & Schmitt, M. (Hrsg.). Verantwortung, Gerechtigkeit und Moral. (S. 47–59).

Reichle, B. (1999). Wir werden Familie. Ein Kurs zur Vorbereitung auf die erste Elternschaft. Weinheim: Juventa.

Schmitt, M., Hoser, K. & Schwenkmezger, P. (1991). Schadensverantwortlichkeit und Ärger. Zeitschrift für experimentelle und angewandte Psychologie, 4, 634–647.

Schönbach, P. (1990). Account episodes. The management or escalation of conflict. Cambridge: Cambridge University Press.

Schönbach, P. (1998). Fehden und Rechenschaftsepisoden. In: Bierhoff, H. W. & Wagner, U. (Hrsg.). Aggression und Gewalt. Phänomene, Ursachen und Interventionen. (S. 63–87). Stuttgart: Kohlhammer.

Schütz, A. (1999). It was your fault! Self-serving biases in autobiographical accounts of conflicts in married couples. Journal of Social and Personal Relationships, 16, 193–208.

Schütz, A. (2000a). Politischer Skandal und Varianten defensiver Selbstdarstellung. In: Zentrum für Europa und Nordamerikastudien (Hrsg.). Politische Korruption. Jahrbuch für Nordamerikastudien, Folge 3. (S. 199–223) Opladen: Leske & Budrich.

Schütz, A. (2000b). Psychologie des Selbstwertgefühls. Von Selbstakzeptanz bis Selbstarroganz. Stuttgart: Kohlhammer.

Semin, G. R. & Manstead, A. S. R. (1983). The accountability of conduct. A social psychological analysis. New York: Academic Press.

Shaver, K. G. (1985). The attribution of blame. Causality, responsibility, and blameworthiness. New York: Springer-Verlag.

Sykes, G. M. & Matza, D. (1957). Techniques of neutralization. A theory of delinquency. American Sociological Review, 22, 664–670.

Tangney, J. P. (1995). Shame and Guilt in Interpersonal Relationships. In: Tangney, J. P. & Fischer, K. W. (Hrsg.). Self-conscious emotions. The psychology of shame, guilt, and pride. (S. 114–142). New York: Guilford.

Weiner, B. (1995). Judgements of responsibility. A foundation for a theory of social conduct. New York: Guilford.

# Die Bedeutung von Stress für die Partnerschaft

Guy Bodenmann

**W**arum scheiden Paare, deren Partnerschaftsqualität und Liebe einmal groß war? Auf diese Frage gibt es verschiedene Antworten. So auch eine, welche gestützt auf neuere Forschungsarbeiten, zeigt, dass Stress und dessen Bewältigung für das Verständnis des Zerfalls von Paarbeziehungen eine wichtige Erklärung geben. Wie Paare mit Alltagsbelastungen umgehen, scheint entscheidend für die Qualität, den Verlauf und die Stabilität von Partnerschaften. Je besser jeder Partner einzeln bzw. beide Partner zusammen (dyadisches Coping) Stress bewältigen, desto günstiger ist die Prognose für die Paarbeziehung.

## 17.1 Erweiterung des Stress- und Copingkonzepts

Während Stress bisher vorwiegend im individuellen Kontext definiert wurde und gemäß dem heute führenden transaktionalen Stressansatz von Lazarus (z. B. Lazarus & Folkman, 1984) als ein Wechselspiel zwischen Anforderungen an eine Person und ihren perzipierten Ressourcen, mit diesen umzugehen verstanden wird (wobei die Tatsache, dass auch individuelles Coping soziale Wirkungen und Folgen hat durchaus anerkannt wurde, vgl. Hobfoll et al., 1994), hat seit den 1990er Jahren eine Ausweitung des Konzepts auf soziale Gruppen stattgefunden (siehe zum Überblick Bodenmann, 2000a). So sind heute neben individuellem Stress auch Begriffe wie *dyadischer, familiärer* oder *sozialer Stress* eingebürgert und konzeptualisiert worden. Diese Konzeptionen brechen das von etlichen Autoren festgestellte »soziale Defizit« der Stress- und Copingforschung auf (vgl. Bodenmann, 2000a; Filipp & Aymanns, 1987; Weber, 1997), welches sich lange Zeit in einer Dominanz von individuumzentrierten Ansätzen in der Theoriebildung und Forschung niederschlug.

> Stress und Coping wurden lange Zeit einseitig individuumzentriert thematisiert, eine soziale Erweiterung des Stress- und Copingkonzepts erfolgte erst in den letzten Jahren.

Obwohl der transaktionale Ansatz von Lazarus und Folkman (1984) von einer Wechselbeziehung zwischen Person und Umwelt ausgeht, wurden soziale Austausch- und reziproke Beeinflussungsprozesse vernachlässigt. Im Folgenden wird einerseits auf die sozial erweiterten Definitionen von Stress, zum anderen auf soziale Copingformen eingegangen, wobei Stress und Coping in Partnerschaften besondere Beachtung erfahren.

## 17.2 Soziale Definitionen von Stress

Einerseits können *soziale Aspekte* im Zusammenhang mit dem individuellen Stresserleben (z. B. soziale Folgen von individuellem

Coping; die Tatsache, dass Stress häufig in sozialen Interaktionen ausgelöst wird oder der Umstand, dass das subjektive Stresserleben eines Individuums in vielen Fällen in einem sozialen Kontext stattfindet und von anderen Personen wahrgenommen wird) beschrieben werden, andererseits existiert neben individuellem Stress genuin sozialer Stress.

> *Sozialer Stress* kann dahingehend definiert werden, dass mehrere Personen vom gleichen Stressereignis betroffen sind und dieses in gemeinsamen und koordinierten Copingbemühungen zu bewältigen versuchen.

Solche *kollektiven Stressoren* können kritische Lebensereignisse wie Naturkatastrophen (Erdbeben, Überschwemmungen, Erdstürze und Lawinen), traumatische Gruppenerfahrungen (Flugzeugentführung, Eingeschlossensein in Höhlen, Bergwerken etc.), größere Gemeinschaften betreffende aversive ökonomische Bedingungen (Massenentlassungen bei einer Firmenschließung, Geldentwertung infolge einer Inflation, hohe Arbeitslosenquote etc.) oder Anforderungen an eine Gruppe (z. B. schwierig zu lösende Arbeitsaufgabe für ein Team) sein. Dabei wird angenommen, dass die betroffenen Individuen bei der Bewältigung des Stressereignisses in ihren *sozialen Kontext* eingebettet sind und diese Interdependenz und gemeinsame Betroffenheit mit damit einhergehenden gemeinsamen Zielen (neben individuellen Copinganstrengungen) maßgeblich einen sozialen Lösungsprozess stimulieren. Lyons et al. (1998) gehen von dieser Art interpersonellem Stress aus und entwickelten auf dessen Grundlage das Konzept des *communalen Copings* (»coping as a communal process«; vgl. auch Jerusalem et al., 1995).

### 17.2.1 Stress in Partnerschaften

Eine Spezialform von sozialem Stress bildet Stress in Partnerschaften oder Familien, da hier neben einer hohen gemeinsamen Betroffenheit auch eine hohe Intimität und Nähe zwischen den sozialen Interaktionspartnern (in diesem Fall den Familienmitgliedern oder Partnern) vorhanden ist.

Unter dyadischem Stress versteht Bodenmann (2000a) Stress bei Personen in einer Partnerschaft als ein direkt oder indirekt beide Partner betreffendes Ereignis, das zu einer Desäquilibrierung des Paares führt, sofern jeder Partner für sich genommen bzw. die Synergien beider Partner und ihre externen individuellen und dyadischen Ressourcen nicht dazu ausreichen, die internen oder externen Anforderungen an jeden Einzelnen bzw. das Paar angemessen zu bewältigen.

**Auch paarexterner Stress betrifft in Partnerschaften meist beide Partner und stellt damit in der Regel eine dyadische Aufgabe zur Bewältigung dar.**

Die Ursache für die Belastung kann innerhalb oder außerhalb der Dyade (paarinterner versus paarexterner Stress) liegen und beide Partner gleichzeitig, zeitlich versetzt oder sequenziell betreffen. So kann der Stress des einen zum Stress des anderen werden, wenn der erste Partner nicht in der Lage ist, die Belastung selber angemessen zu bewältigen. Zudem kann die Stressbewältigung des einen Stress beim anderen bewirken, wenn Strategien eingesetzt werden, welche einen Interessenskonflikt beinhalten oder auf Kosten des anderen gehen.

Damit unterscheidet Bodenmann (2000a)

a) *individuellen Stress* bei nur einem Partner (z. B. wenn der eine Partner im Büro von einem Vorgesetzten kritisiert wird, während der andere einen ruhigen Tag erlebt),

b) *individuellen Stress bei beiden Partnern* unabhängig voneinander (z. B. wenn beide Partner unabhängig voneinander und mitunter an verschiedenen geographischen Orten Stress erleben),

c) *individuellen Stress, der beide Partner am selben Ort*, aber in unterschiedlichem Maße betrifft (z. B. beide Partner sind zu einem Abendessen eingeladen und unterhalten sich mit den Gastgebern, als sich der eine Partner durch seine Bemerkungen politisch unangenehm exponiert und Ablehnung erfährt) und

d) genuin *dyadischen Stress*, d. h. Stress, der beide Partner gleichermaßen betrifft und identisch ist (z. B. Geburt eines Kindes, eine Autopanne auf der Ferienreise).

Obgleich einige Autoren davon ausgehen, dass Stress immer ein subjektives, persönliches Erleben ist und daher die Konzeption von dyadischem oder familiärem Stress ablehnen (vgl. z. B. Wolf, 1987), sprechen unsere eigenen Untersuchungen (z. B. anhand von systematischer Verhaltensbeobachtung bei Paaren) bzw. die Beobachtungen und Erkenntnisse von Reiss (1981) dafür, dass *dyadische* oder *familiäre Situationseinschätzungen*, welche die Grundlage für die Entstehung dieses Typs von Stress bilden, ebenso zu beobachten sind, wie *gemeinsame Zieldefinitionen* und entsprechende dyadische oder soziale Copingaktivitäten. Sind in der Familie neben dem Paar weitere Familienmitglieder (insbesondere Kinder) vom Belastungsereignis betroffen kann von *familiärem Stress* gesprochen werden. *Familiären Stress* definiert Perrez (1997) als umschriebene Stressoren, welche nicht allein von einem Familienmitglied, sondern von mehreren bzw. allen zusammen im gleichen Zeitraum erlebt werden. Dabei handelt es sich um die relative Überschneidungsmenge von individuell erlebtem Stress innerhalb einer Familie, wenn im Hinblick auf einen gleichen Stressor innerhalb der Familie mehr als eine Person, im Grenzfall sämtliche Familienmitglieder, in den Bewältigungsprozess einbezogen sind. Bodenmann-Kehl (1999) charakterisierte in ihrem Konzept der *Familienkompetenz* familiären Stress und familiäres Coping als gesamtfamiliäre Phänomene, die auf gemeinsam

Einschätzungen beruhen und die Synergien mehrerer oder aller Familienmitglieder ins Spiel bringen (vgl. auch Laux & Schütz, 1995).

Gemäß dem *Stress-Coping-Kaskadenmodell* von Bodenmann (2000a) wäre entsprechend davon auszugehen, dass bei anhaltenden oder länger dauernden, gravierenden und in hohem Maße beanspruchenden Belastungen zuerst individueller Stress, anschließend, d. h. bei einer nicht erfolgreichen Bewältigung dyadischer Stress, dann familiärer Stress (bei einer erfolgenden Wahrnehmung und Einschätzung der Belastungssituation durch die Kinder, falls welche vorhanden sind) vorliegt und schließlich eine Perzeption der Belastung des familiären Systems durch dem Paar oder der Familie nahe stehende Personen (Freunde, Verwandte etc.) erfolgt, wodurch sozialer Stress entstehen könnte.

> **Interessant ist dabei nicht nur die Untersuchung von Stress auf den verschiedenen Ebenen, sondern ebenso die Frage nach dem Prozess der Kontaminierung bzw. des Einbezugs verschiedener Systeme in Abhängigkeit des Zeitpunkts und des Belastungsgrades.**

Die soziale Einbettung von Stress und Coping hat durch die sozial-konstruktivistische Perspektive von Weber (1997) eine zusätzliche Erweiterung durch den Einbezug des soziokulturellen Rahmens (Stress und Coping als Reaktionen in Kongruenz oder Diskrepanz zu sozial definierten Regeln) erfahren.

### 17.3 Soziale Formen des Copings

Analog zu einer sozialen Definition von Stress, wie sie in Bezug auf verschiedene soziale Systeme dargestellt wurde, können verschiedene Formen von sozialem Coping unterschieden werden (Abb. 17.1), die

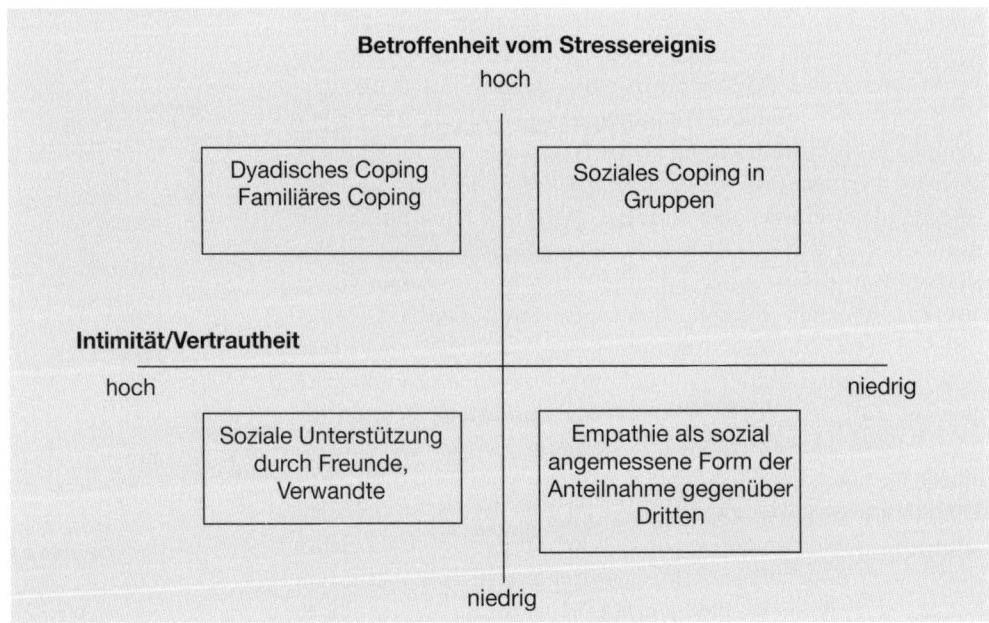

**Abb. 17.1.** Stress im sozialen Kontext und daraus resultierende Formen des Copings

sich in Abhängigkeit der Dimensionen *Nähe/Intimität/Vertrautheit* versus *Betroffenheit* vom Stressereignis klassifizieren lassen. So kann von sozialem Coping dann gesprochen werden, wenn eine Gruppe von mehreren Personen (die emotional eine nur lose oder keine Beziehung aufweist wie beispielsweise eine Arbeitsgruppe) zusammen die Bewältigung eines sie gemeinsam betreffenden Stressors anstrebt, wobei die Copingbemühungen der einzelnen Protagonisten koordiniert verlaufen. Liegt keine eigene Betroffenheit vom Stressereignis vor und ist die vom Stress betroffene Person unbekannt (z. B. wenn eine Person Zeuge eines üblen Sturzes einer unbekannten Person wird) kann eine (minimale) Form des sozialen Copings darin bestehen, dass mit Empathie reagiert und beispielsweise erste Hilfe geleistet wird. Liegt eine mehr oder weniger direkte oder starke eigene (Mit-)Betroffenheit vom Stressereignis vor und sind die Personen emotional miteinander verbunden (Partner, Familienmitglieder), sprechen wir von dyadischem oder familiärem Coping.

Im Folgenden gehen wir aus Platzgründen nur auf dyadisches Coping ein, welches in einer Taxonomie dahingehend weiter differenziert werden kann, ob es

a) individuell oder dyadisch (d. h. im Zusammenspiel der beiden Partner) erfolgt und

b) wessen Homöostase primär wiederhergestellt werden soll, diejenige des Partners oder des Paares (Abb. 17.2).

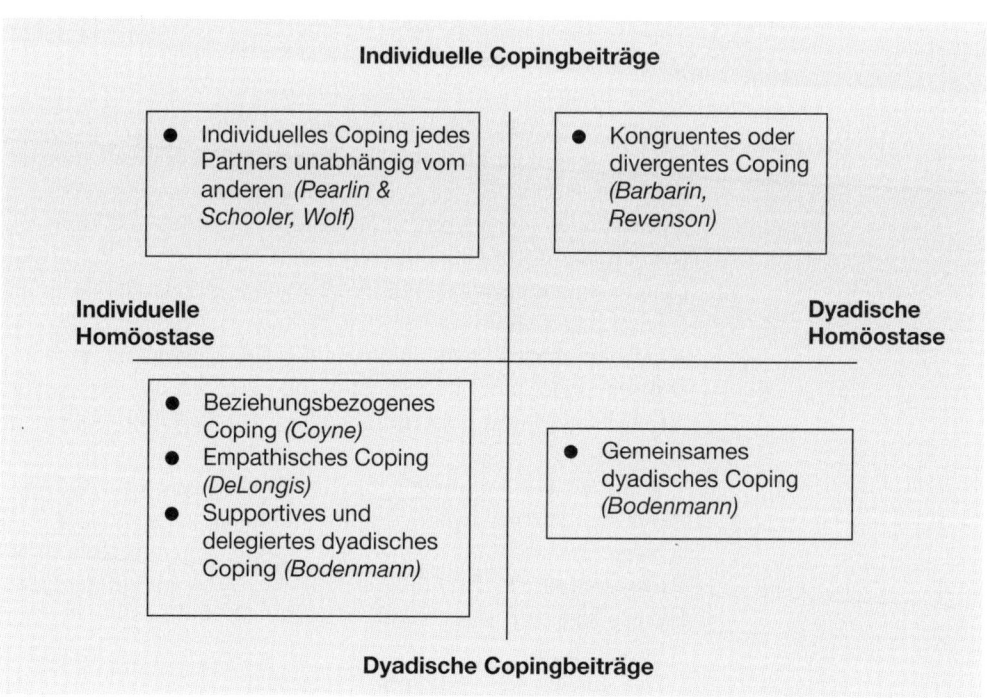

**Abb. 17.2.** Verschiedene dyadische Copingformen in der Partnerschaft

Partnerschaftliches oder dyadisches Coping wurde bisher entweder (a) als individuelles Coping im Rahmen der Partnerschaft (die oberen Quadranten innerhalb der Taxonomie von Abb. 17.2) oder (b) als dyadisches Coping im eigentlichen Sinne definiert. Während *individuelle Copingkonzeptionen* (z. B. Pearlin & Schooler, 1978; Wolf, 1987) davon ausgehen, dass jeder Partner unabhängig vom anderen Stress bewältigt, da Stress gemäß dieser Sicht ein subjektives, idiosynkratisches Geschehen ist und dies unabhängig davon, ob er im Rahmen der Partnerschaft bewältigt wird, gehen andere Autoren davon aus, dass zwar individuell bewältigt wird, jedoch die beiden je individuell stattfindenden Copingbemühungen beider Partner miteinander in Beziehung stehen und entweder *kongruent* (d. h. beide Partner bewältigen die Situation in ähnlicher Weise) oder *diskrepant* (d. h. beide Partner wählen unterschiedliche Copingstrategien) sind (vgl. Barbarin, 1983; Barbarin et al., 1985; Pakenham, 1998; Revenson, 1994). Während eine relativ hohe Übereinstimmung bezüglich emotionsbezogener Copingstrategien funktional zu sein scheint, sprechen die Forschungsbefunde dafür, dass bei problembezogenem Stress eher unterschiedliche Copingbemühungen der beiden Partner angemessen sind.

### 17.3.1  Dyadisches oder partnerschaftliches Coping

Als dyadische Copingkonzeptionen können die Ansätze des *beziehungsbezogenen Copings* von Coyne und Smith (1991, 1994), des *empathischen Copings* von DeLongis und O'Brien (1990) bzw. O'Brien und DeLongis (1997) sowie des *dyadischen Copings* von Bodenmann (2000a) bezeichnet werden.

Mit dem Konzept des *beziehungsbezogenen Copings* thematisieren Coyne und Smith (1991) zwei Formen der sozialen Unterstützung bei Paaren, die mit »aktivem Engagement« (den Partner in Diskussionen involvieren, seine Gefühle erkunden und konstruktive Problemlösungen initiieren) und »protektiver Pufferung« (den Partner emotional entlasten, Sorgen negieren oder herunterspielen, Ärger unterdrücken, dem Partner nachgeben usw.) umschrieben werden. Beim *empathischen Coping* von DeLongis und O'Brien (1990) steht das empathische Eingehen auf den Partner als wirksames und notwendiges Mittel zur Beziehungspflege im Zentrum.

Während der Ansatz von Coyne vor allem die Unterstützung durch den Partner in Situationen besonderer Belastungen (z. B. schwere Erkrankung) thematisiert (soziale Unterstützung in der Partnerschaft), liegt der Schwerpunkt bei DeLongis auf der Beziehungspflege und dem Erhalt bzw. der Förderung der Partnerschaftsqualität.

Der Ansatz von Bodenmann basiert zum einen auf einer stresstheoretischen Sichtweise (transaktionales Stresskonzept von

Lazarus), zum anderen auf prozessualen und systemischen Überlegungen und geht über die Konzeptualisierung von sozialer
Unterstützung hinaus. Dyadisches Coping wird als ein Prozess
angesehen, in dessen Rahmen Stresssignale des
einen Partners, die Wahrnehmung dieser Signale
durch den anderen Partner und dessen Antwort-
reaktionen berücksichtigt werden. Je nach Situation bzw. Problemkonstellation und in Abhängigkeit
der jeweiligen aktuellen bzw. situationsübergrei-
fenden, stabilen Copingdispositionen und -ressour-
cen beider Partner sowie der aktuellen oder globalen Motivation (z. B. Partnerschaftszufriedenheit,
Bedeutung der Partnerschaft etc.), Erwartungen
und Einstellungen an die Partnerschaft etc. können Formen des
*gemeinsamen, supportiven* oder an den Partner *delegierten* dyadischen Copings eingesetzt werden. Dieses kann emotions- und/
oder problembezogen erfolgen und positiven oder negativen
Charakter haben. Negatives supportives dyadisches Coping liegt
dann vor, wenn entweder die Unterstützung des Partners hostil
(kränkend, abwertend, respektlos), ambivalent (zaghaft, mit
unguten Gefühlen, mit Bedauern) oder floskelhaft (oberflächlich,
unengagiert, fadenscheinig) erfolgt (Bodenmann, 2000a).

> **Dyadisches Coping wird meist flankierend zu individuellen Bewältigungsbemühungen eingesetzt oder wird dann in Anspruch genommen, wenn die eigenen Copingressourcen zur Bewältigung nicht ausreichen (s. Stress-Coping-Kaskadenmodell).**

Es hat neben einem stressreduzierenden Effekt vor allem positive Auswirkungen auf die Partnerschaftsqualität und -stabilität,
indem das Wir-Gefühl des Paares gestärkt wird, das Vertrauen in
den Partner zunimmt und die Intimität und emotionale Verbundenheit steigen.

Was haben nun Stress und dyadisches Coping mit der Partnerschaftsqualität und -stabilität zu tun?

## 17.4 Wie kommt es zu Trennung und Scheidung und welche Rolle spielt Stress dabei?

Der Zerfall einer Paarbeziehung kann unterschiedliche Gründe
haben und es wäre vereinfachend und unzulässig davon auszugehen, dass ein Erklärungsansatz ausreichen würde, um das
komplexe Geschehen prognostisch zu erfassen, zumal nicht nur
Gründe, sondern ebenso *scheidungserleichternde* (z. B. neue
attraktive Partnerschaft, hohes Selbstwertgefühl, ökonomische
Unabhängigkeit), *scheidungserschwerende* (z. B. moralische oder
religiöse Bedenken, Verantwortung und emotionale Beziehung zu
den Kindern) und *auslösende* Bedingungen (z. B. Außenbezie-
hung, kritisches Lebensereignis) eine Rolle spielen und neben
individuellen und Paarvariablen externe Faktoren (wie die Wirt-
schaftslage, der religiöse und soziokulturelle Kontext etc.) von
Bedeutung sind. Dennoch können einige wichtige Typen von
Scheidungspaaren beschrieben werden (s. auch Kap. 2), welche
häufige Gründe für eine Scheidung widerspiegeln.

---

**Typologie von Scheidungspaaren**

- Scheidung aufgrund von Verstärkererosion und Habituation
- Scheidung aufgrund von besseren Alternativen
- Scheidung aufgrund einer neurotischen Partnerwahl
- Scheidung aufgrund von psychischer Labilität
- Scheidung aufgrund von Kompetenzdefiziten

---

Während *verstärkungstheoretische Ansätze* (z. B. Weiss, 1978) davon ausgehen, dass Habituationsprozesse und Sättigungserscheinungen die Partnerschaftsqualität erodieren und Langeweile eine Beziehung durch die Erosion des reziproken Verstärkungspotenzials (in verschiedenen Bereichen wie der emotionalen, sozialen und sexuellen Beziehung) zerstören kann, nehmen *Austauschtheoretiker* an (z. B. Levinger, 1976; Lewis & Spanier, 1979), dass eine niedrige Partnerschaftsqualität (d. h. ein geringer Nutzen bezüglich der Beziehung) im Zusammenspiel mit geringen oder nicht vorliegenden Barrieren (z. B. juristisch oder finanziell nicht aufwendige Verfahren, kein sozialer Druck von Verwandten, geringe moralische Schwellen) und attraktiven Alternativen (neuer Partner, Single-Dasein als gewünschte Lebensform) zur Scheidung führt. Andere nehmen an, dass eine neurotische Partnerwahl (Kollusion) den Beziehungszerfall bewirke (z. B. Willi, 1975). Die breiteste empirische Fundierung haben jedoch die Positionen erfahren, wonach *Neurotizismus* (psychische Labilität)

> **Kompetenzdefizite sind die besten Prädiktoren für eine niedrige Partnerschaftsqualität, einen ungünstigen Partnerschaftsverlauf und ein erhöhtes Scheidungsrisiko.**

und *Kompetenzdefizite* (z. B. bezüglich Kommunikationsfertigkeiten) für einen negativen Partnerschaftsverlauf und Scheidung verantwortlich seien. So zeigen mehrere prospektive Längsschnittstudien, dass die labile Persönlichkeitsstruktur (z. B. hohe Labilitätswerte im EPI) eines oder beider Partner mit einem höheren Scheidungsrisiko einher geht (z. B. Bentler & Newcomb, 1978; Kurdek, 1993). Karney und Bradbury (1997) verweisen allerdings darauf, dass Neurotizismus lediglich mit der Partnerschaftszufriedenheit zu Beginn der Ehe, Kompetenzen (bezüglich der dyadischen Kommunikation) jedoch mit dem längerfristigen Verlauf der Partnerschaft zusammenhängen.

Entsprechend gelten heute Kompetenzen der Partner als Hauptprädiktoren für das Gelingen einer Partnerschaft. Für einen ungünstigen Partnerschaftsverlauf und ein erhöhtes Scheidungsrisiko haben sich insbesondere Defizite bezüglich der partnerschaftlichen Kommunikation, der dyadischen Problemlösung und des individuellen und dyadischen Copings als prädiktiv erwiesen (s. zum Überblick Bodenmann, 2001; Karney & Bradbury, 1995).

Unsere eigenen Arbeiten, welche die Aussagen bezüglich der Bedeutung von Kompetenzen stützen, haben gezeigt, dass in diesem Zusammenhang Stress im Alltag eine weitaus bedeutendere Rolle spielt, als bisher angenommen wurde (Bodenmann, 2000a).

So kann davon ausgegangen werden, dass sich nur ein Teil der unzufriedenen oder scheidungsgefährdeten Paare a priori durch Kompetenzdefizite auszeichnet (z. B. aufgrund inadäquater Modelle in ihrer Sozialisation), während vielmehr ein Großteil dieser Paare durchaus Kompetenzen aufweisen würde, diese jedoch unter Stress zusammenbrechen.

> **Es zeigt sich, dass Kompetenzdefizite meist nicht von Anfang an vorliegen, sondern dass sie unter Stress zusammenbrechen. Stress steht damit in der Kausalkette zur Erklärung von Partnerschaftskrisen und Scheidung häufig an erster Stelle.**

So ist häufig nicht das grundsätzliche Fehlen von Kompetenzen das Problem, sondern die Tatsache, dass unter Stress diese Kompetenzen nicht aufrechterhalten werden können.

In unserer Stress-Scheidungstheorie (Bodenmann, 2000a, 2002) gehen wir von zwei Hauptannahmen aus:

1. dass in vielen Fällen nicht partnerschaftsinterne Bedingungen (neurotische Partnerwahl, mangelnde Passung) die Hauptursachen für eine niedrige Partnerschaftsqualität und Scheidung sind (sondern externe Bedingungen wie Alltagsstress) und
2. dass Stress über vier Wirkmechanismen die Partnerschaftsqualität unterminiert und das Scheidungsrisiko erhöht:
   a) über eine Einschränkung der gemeinsam verbrachten Zeit,
   b) über eine Verschlechterung der Kommunikation des Paares,
   c) über negative Auswirkungen stressbedingter gesundheitlicher Beeinträchtigungen sowie
   d) über eine Freilegung problematischer Persönlichkeitsmerkmale unter Stress.

### 17.4.1 Stress schädigt das Wir-Gefühl des Paares

Ein Haupteffekt von Stress liegt darin, dass die für den Partner und die Partnerschaft verfügbare Zeit eingeschränkt ist (Überstunden im Geschäft, Sitzungen am Abend, Bearbeiten von Dossiers und wichtigen Akten am Wochenende etc.), wodurch die gemeinsam verbrachte Zeit, als eine wichtige Grundlage

> **Stress schränkt die für den Partner und die Partnerschaft verfügbare Zeit ein.**

für das Funktionieren der Beziehung, fehlt oder erheblich reduziert ist. Paare, die stressbedingt wenig Zeit miteinander verbringen, haben kaum Möglichkeiten des affektiven, zärtlichen Austauschs, der tieferen, emotionalen Kommunikation (emotionale Selbstöffnung) und einer befriedigenden sexuellen Begegnung, wodurch gemeinsame Erfahrungen, die für das »Wir-Gefühl« des Paares bedeutsam sind, reduziert sind und die Vertrautheit und Intimität des Paares längerfristig Schaden nehmen. Hektik und wenig Zeit bewirken zudem eine mehr sachbezogene und damit oberflächlichere Kommunikation, die sich an Alltagsdetails orientiert und den emotionalen Austausch des Paares einschränkt.

Diese Individualisierung und Selbstbezogenheit, der Mangel an Offenheit füreinander und paradoxerweise das Fehlen der Möglichkeit zur dyadischen Stressbewältigung (obgleich ein hohes Belastungsniveau vorliegt und entsprechend diese Ressource in Anspruch genommen werden sollte) führen zu einer Unterhöhlung der Beziehungsqualität, einem zunehmend ungünstigeren Partnerschaftsverlauf und einem höheren Scheidungsrisiko.

### 17.4.2   Stress zerstört die partnerschaftliche Kommunikation

Wie Bodenmann et al. (1996) zeigen konnten, nimmt die Kommunikationsqualität unter Stress um 40% ab, wodurch die partnerschaftliche Kommunikation einen markanten Einbruch erfährt. Während die Paare unter Normalbedingungen häufig neutrale Bemerkungen machen oder positives Verhalten (Zustimmung, Lob, Komplimente, Anerkennung, Bewunderung etc.) zeigen, nimmt dieses Verhalten unter Stress signifikant ab und weicht einem stärkeren negativen Kommunikationsstil, wobei bei Partnern mit ineffektivem individuellem Coping insbesondere die *paraverbale Negativität* (z. B. sarkastischer Tonfall, negativer Bedeutungsgehalt) signifikant zunimmt. Diese Form der Negativität ist besonders destruktiv, da zum einen schwierig darauf zu reagieren ist (die Negativität ist häufig nicht konkret fassbar, da verbal keine negativen Inhalte kommuniziert werden) und zum anderen der Gehalt der Negativität deutlich höher ist (vgl. scheidungsrelevante Kommunikationsfehler wie verächtliche und provokative Kommunikation nach Gottman, 1994).

> **Stress führt damit zum einen zu einer Zunahme an Negativität im Interaktionsverhalten, zum anderen zu einem stärkeren *Egozentrismus* und damit einhergehend einer erhöhten Tendenz zu *Rückzug* und sozialer Zurückweisung des Partners.**

Rückzug in der Kommunikation bildet einen zweiten wichtigen Risikofaktor für eine unzufriedene Partnerschaft und ein erhöhtes Scheidungsrisiko (Christensen & Shenk, 1991; Gottman, 1994; Weiss & Heyman, 1997). Der Partner fühlt sich zurückgestoßen, unverstanden und versetzt.

Unter Stress fällt es den Partnern zudem schwer, die Ansichten und Meinungen des anderen zu akzeptieren und zu verstehen, auf den anderen einzugehen oder empathische Reaktionen zu zeigen. Die Interaktion verläuft dadurch oberflächlicher und zeitlich kürzer. Verfestigt sich diese Art der Kommunikation, wachsen das gegenseitige Unbehagen und das Unverständnis gegenüber Meinungen, Wünschen und Zielen des Partners und die Bereitschaft, sich auf den anderen emotional einzulassen und ihn zu verstehen, sinkt allmählich. Durch diese emotionale Distanzierung entgeht einem allmählich die Entwicklung des anderen, die Kluft zwischen den beiden Partnern nimmt zu und führt zu einer zunehmenden Entfremdung und einem Erkalten der Zuneigung und Liebe, wodurch die Partnerschaft zerfällt.

### 17.4.3 Stress schädigt die Gesundheit und belastet dadurch die Partnerschaft

Weiter kann sich chronischer oder längerfristiger Stress über eine Verschlechterung des psychischen oder physischen Gesundheitszustandes eines oder beider Partner negativ auf die Partnerschaftsqualität und -stabilität auswirken. So können stressbedingte Erkrankungen eines Partners (Herz-Kreislauf-Erkrankungen, Magengeschwür, Herzinfarkt, Krebs usw.) erhebliche Einschränkungen im Leben (z. B. Reduktion von gemeinsamen sportlichen, sozialen, kulturellen oder sexuellen Aktivitäten) für das Paar mit sich bringen, einen erhöhten Pflegeaufwand und eine stärkere Rücksichtnahme bedeuten und so das Gleichgewicht zwischen den Partnern zerstören. Stressbedingte Gesundheitsbeeinträchtigungen können längerfristig die Partnerschaft stören, wobei somatische Beschwerden insgesamt weniger relevant für eine negative Paardynamik zu sein scheinen als psychische Krankheiten (z. B. Depressionen, Angststörungen; vgl. zum Überblick Burman & Margolin, 1992).

### 17.4.4 Stress legt problematische Persönlichkeitsaspekte frei

Ein weiterer Einfluss von Stress auf die Partnerschaftsentwicklung liegt darin, dass es unter Stress schwerer fällt, problematische Persönlichkeitseigenschaften zu verbergen. Stress demaskiert und führt daher häufig dazu, dass unangenehme Seiten, die man gerne vor dem Partner verstecken möchte, zu Tage treten und sich offenbaren. So können Persönlichkeitsmerkmale wie Rigidität, Intoleranz, Ängstlichkeit, Dominanz usw. häufig unter Belastungen nicht mehr vertuscht und Schwächen sichtbar werden, welche den Partner stören und mit denen er nicht gerechnet hat. Besonders bei Partnern, welche sich etwas *vorgespielt* haben und ein anderes Bild von sich zu vermitteln versuchten, kann Stress zu *Enttäuschungen* führen und mit *Ernüchterung* und *Frustration* einher gehen. Obgleich Stress damit gleichzeitig die Chance bietet, sich besser und intimer kennen zu lernen, ist dies nur dann ein Gewinn für das Paar, wenn es diese Realität anerkennen und schätzen kann. In diesem Prozess spielen tägliche Widrigkeiten und Freizeitstress (s. 17.6.4) eine zentrale Rolle. Tägliche Widrigkeiten deshalb, weil sie (objektiv zwar meist unscheinbare) äußere Auslöser für Stresszustände (z. B. Ärger, Angst, Traurigkeit, Gefühl der Einsamkeit, Hoffnungslosigkeit) sind, welche direkt mit zentralen Konstrukten und Schemata (bezüglich der eigenen Person und Umwelt) der Person zusammenhängen (vgl. auch Gruen et al., 1988). Diese scheinbar unbedeutenden Alltagsereignisse (Verspätungen, Stau, Kritik von Vorgesetzten etc.) lösen in der Person Gedankengänge aus, die relevante Schemata (z. B. Kontrollüberzeugungen, Selbstwertgefühl, Perfektionismus, Bindungsqualität) aktivieren und die betroffene Person emotional erheblich destabilisieren können.

Der Umstand, dass Stress in der Freizeit für die Paarbeziehung destruktiv ist, erklärt sich durch die mangelnde Gelegenheit zur Regeneration. Wird die Freizeit ebenfalls mit Terminen für Freizeitaktivitäten überfrachtet, herrschen auch hier Hektik und Zeitdruck und gelingt es der Person nicht, die Freizeitaktivitäten gelassen und erholsam zu gestalten, bedeutet dies erneuten Stress und eine Einbuße bezüglich des Erholungswerts. Dadurch kann der Stress im Beruf und in der Familie nicht kompensiert werden und das insgesamt hohe Belastungsprofil erfährt keine Reduktion. Problematische Persönlichkeitszüge werden dadurch schneller freigelegt.

> **Stress erweist sich als ein gravierender Feind der Partnerschaft, dem lange Zeit zu wenig Beachtung geschenkt wurde. Seine destruktive Wirkung wird vom Paar häufig erst dann erkannt, wenn der Zerfallsprozess bereits weit fortgeschritten ist.**

## 17.5 Diagnostische Erfassung von Stress und Coping bei Paaren

Zur Erfassung von Stress und Coping bei Paaren werden in der Partnerschaftsforschung *Selbstberichtdaten* (wie Fragebogen, ereignisnahe Verhaltensprotokollierung, Interviews), *Verhaltensbeobachtung* (Fremdbeurteilungsdaten) und *physiologische Messungen* (objektive Körperparameter) eingesetzt.

### 17.5.1 Fragebogen

Der Zugang mittels Fragebogen beruht meist auf der Erfassung von vier subjektiven Einschätzungen:
a) der eigenen Wahrnehmung und Quantifizierung des Stresserlebens und Copings,
b) der Wahrnehmung und Quantifizierung des Stresserlebens und Copings durch den Partner,
c) der Wahrnehmung und Quantifizierung des Stresserlebens und Copings des Partners sowie
d) der Wahrnehmung und Quantifizierung des eigenen Stresserlebens und Copings durch den Partner.

Daraus resultieren Angaben über die jeweils eigenen bzw. die beim Partner vermuteten Stresszustände und Bewältigungsvorgänge mittels Schätzskalen.

Die Erfassung von Stress erfolgt meist subjektiv in Bezug auf verschiedene Bereiche (z. B. Beruf, Kindererziehung, Herkunftsfamilie) oder Situationen (z. B. Konfliktgespräche) sowie hinsichtlich einer qualitativen Einfärbung der Stressemotionen (z. B. Ärger, Angst, Traurigkeit; vgl. Bodenmann, 2000a).

Beim Coping werden (a) individuelles Coping beider Partner, (b) die Kongruenz oder Diskrepanz der von beiden Partnern eingesetzten Copingstrategien und (c) dyadisches Coping diagnostisch evaluiert.

Innerhalb des Fragebogenzugangs bilden *S-R-Fragebogen*, bei welchen eine hypothetische Belastungssituation vorgegeben und einerseits das dadurch ausgelöste Stresserleben sowie andererseits der Umgang mit der Belastungssituation erhoben werden, einen Spezialfall (vgl. z. B. Fragebogen zur Belastungsverarbeitung in der Partnerschaft, FBP; Wolf, 1987).

## 17.5.2 Ereignisnahe Protokollierung

Während mittels Fragebogen in der Regel situationsübergreifende und zeitlich breiter definierte Einschätzungen (z. B. Stress in verschiedenen Bereichen innerhalb des vergangenen Tages, der letzten Woche oder Monate) erfasst werden, erlaubt die *ereignisnahe Protokollierung* die unmittelbare Erfassung von Stresszuständen ohne retrospektive Verfälschung oder eine problematische Generalisierungstendenz. Die Ereignisprotokolle werden laut Instruktion unmittelbar nach dem Auftreten des Stressereignisses ausgefüllt (oder die Daten werden in einen Taschencomputer eingegeben (vgl. Perrez et al., 1998) und erlauben derart eine wenig von Gedächtniseffekten beeinflusste Erfassung der Intensität und Qualität des Stresserlebens und des erfolgten Copings.

> **Die ereignisnahe Protokollierung ermöglicht eine wenig von Gedächtniseffekten beeinflusste Erfassung des Stresserlebens.**

Neben dem *Family Self Monitoring System (FASEM)* von Perrez und Mitarbeitern (Perrez et al., 1998) liegt zur Erfassung von Stress, individuellem und dyadischem Coping ein ereignisnaher Fragebogen *(FDCT-F)* von Bodenmann vor (Beschreibungen dieser diagnostischen Zugänge siehe Bodenmann, 2000a).

## 17.5.3 Interviews

Bei den *Interviews* zur Erfassung von Stress und Coping bei Paaren wird auf das Coping-Interview bei Paaren und Familien von Laux und Schütz (1995), das Stress-Coping-Interview für Paare (SCIP) von Bodenmann (2000a), sowie das Stress-Coping-Interview von Pearlin und Schooler (1978) hingewiesen. Die genannten Interviewverfahren sind theoriegeleitet und erfolgen in einer halbstrukturierten Weise.

## 17.5.4 Verhaltensbeobachtung

Im Rahmen der *systematischen Verhaltensbeobachtung* zur Erfassung von Stress und Coping bei Paaren liegt bisher einzig ein von Bodenmann entwickeltes Auswertungssystem vor (SEDC; siehe für eine detailliertere Beschreibung Bodenmann, 2000a), welches eine mikroanalytische, realzeitliche Erfassung von Stress

**Tabelle 17.1.** Kategorien des Systems zur Erfassung des dyadischen Copings (SEDC)

Kategorien der Stressäußerung
– Problembezogene Stressäußerung
– Neutrale Beschreibung von Stress, der emotional bedeutsam scheint
– Latente verbale emotionsbezogene Stressäußerung
– Verbal implizite emotionsbezogene Stressäußerung
– Verbal explizite emotionsbezogene Stressäußerung

Kategorien des supportiven dyadischen Copings
– Problembezogene Kategorien
  – Problembezogenes supportives dyadisches Coping
  – Delegiertes dyadisches Coping
– Emotionsbezogene Kategorien
  – Aufmerksames, interessiertes Zuhören
  – Verbales emotionsbezogenes supportives dyadisches Coping
  – Nonverbales emotionsbezogenes supportives dyadisches Coping

Kategorien des gemeinsamen dyadischen Copings
– Problembezogenes gemeinsames dyadisches Coping
– Emotionsbezogenes gemeinsames dyadisches Coping

Kategorien des negativen dyadischen Copings
– Verbales hostiles supportives dyadisches Coping
– Nonverbales hostiles supportives dyadisches Coping
– Ambivalentes supportives dyadisches Coping
– Floskelhaftes supportives dyadisches Coping

und insbesondere dyadischem Coping bei Paaren erlaubt. Das System erfasst Stressäußerungskategorien bei beiden Partnern sowie deren dyadisches Coping (Tabelle 17.1).

Um Stress und Coping bei Paaren im Labor diagnostisch zugänglich zu machen, wurde das *EISI-Experiment* (Experimentell *Induzierter Stress in dyadischen Interaktionen*; vgl. Bodenmann & Perrez, 1996) entwickelt, welches in einem standardisierten Setting zwei vergleichbare Interaktionssequenzen stimuliert, die sich lediglich hinsichtlich des Stressniveaus der beiden Partner unterscheiden. Damit erlaubt das Experiment sowohl die Analyse des subjektiven Stresserlebens und des damit einhergehenden individuellen und dyadischen Copings mehrfach während des Experiments ebenso wie die systematische Verhaltensbeobachtung der Veränderungen der Interaktionsqualtität unter Stress (s. für eine detaillierte Beschreibung Bodenmann, 2000a).

### 17.5.5   Physiologische und endokrinologische Parameter

Als *objektive Stressindikatoren* bei Paaren werden in der Regel physiologische und endokrinologische Parameter verwendet. Als physiologische Indikatoren fungieren Puls, Pulstransitionszeit,

Blutdruck, Hautleitfähigkeit, während endokrinologische Maße sich auf Stresshormone (Adrenalin, Noradrenalin, Kortisol, Acetylcholin, Wachstumshormone und Prolaktin) konzentrieren. Die Maße werden in Form von Speichelproben (z. B. beim Kortisol) oder mittels Urinproben erhoben.

## 17.6 Empirische Befunde zur Bedeutung von Stress für die Partnerschaft

### 17.6.1 Korrelative Zusammenhänge zwischen Stress und Partnerschaftsqualität

In mehreren Untersuchungen konnte ein negativer Zusammenhang zwischen Stress und der Partnerschaftsqualität und -zufriedenheit in mittlerer Korrelationsstärke nachgewiesen werden (zum Überblick Bodenmann, 2000a). Während kritische Lebensereignisse kaum mit einer niedrigeren Partnerschaftsqualität assoziiert sind (sofern kritische Lebensereignisse wie schwer wiegende Partnerschaftskonflikte und Scheidung herausgenommen werden), erweist sich insbesondere Alltagsstress als negativ mit der Beziehungszufriedenheit und -qualität korreliert. Bodenmann (2000a) hat in pfadanalytischen Berechnungen nachweisen können, dass sich Stress direkt und indirekt (im Sinne der unter 17.4 beschriebenen Prozesse) negativ auf die Partnerschaft auswirkt.

> **Es ist davon auszugehen, dass Stress kausal die Partnerschaftsqualität, deren Verlauf und das Scheidungsrisiko beeinflusst, obgleich auch die Tatsache, dass eine niedrige Partnerschaftsqualität zu einem höheren Stressniveau führt, in keiner Weise negiert wird und auch wechselseitige Spill-over-Effekte auftreten können.**

Das Wissen, dass Stress häufig eine ernst zu nehmende Ursache von Partnerschaftskonflikten ist, ist von großer Bedeutung für die Prävention und Therapie von Beziehungsstörungen.

### 17.6.2 Prospektive Bedeutung von Stress für den Partnerschaftsverlauf und das Scheidungsrisiko

In der bisher einzigen prospektiven Längsschnittstudie, welche den Einfluss von Stress auf die Partnerschaftszufriedenheit und -stabilität untersuchte (Bodenmann & Cina, 2000), wurden Daten von 63 Paaren über die Dauer von fünf Jahren erhoben. Bei den Analysen über drei Gruppen (stabil-zufriedene Paare, stabil-unzufriedene Paare und getrennt/geschiedene Paare) lagen Unterschiede im *Gesamtstressausmaß*, beim *partnerschaftsbezogenen Stress* und bezüglich *Freizeitstress* vor, bei welchen stabil-unzufriedene und getrennt/geschiedene Paare die höchsten Werte aufwiesen. Mittels diesen Stressvariablen sowie individuellen und dyadischen Copingvariablen gelang eine richtige Vorhersage der Gruppenzugehörigkeit über fünf Jahre in 62% der Fälle. Wurden nur zwei Gruppen vorherzusagen versucht (stabil versus getrennt/geschieden) erfolgte eine richtige Vorhersage in 73% der

Fälle (Bodenmann & Cina, 2000). Andererseits zeigte diese Studie, dass Stress nur dann zum Zerfall der Partnerschaft führt, wenn die (individuellen und insbesondere die dyadischen) Copingressourcen beider Partner bzw. des Paares defizitär sind. Bei Paaren mit angemessenen Copingkompetenzen führte selbst ein hohes Niveau an Alltagsstress nicht zu einer erheblichen Verschlechterung der Beziehungsqualität im Verlauf der fünf Jahre.

### 17.6.3   Retrospektive Bedeutung von Stress für den Partnerschaftsverlauf und das Scheidungsrisiko aus der Sicht von Geschiedenen

In einer jüngst von uns durchgeführten Untersuchung zu subjektiven Gründen für Scheidung (Bodenmann et al., 2002) an über 200 Geschiedenen wurden diese danach befragt, welche Rolle Stress für den Zerfall der Partnerschaft aus ihrer Sicht gespielt habe. 49% der Geschiedenen gaben an, dass Stress ein wesentlicher Grund für die Scheidung gewesen sei, wobei keine Geschlechtsunterschiede vorlagen. Innerhalb der einzelnen Stressbereiche wurden von Frauen wie Männern am häufigsten *Freizeitstress* und Stress aufgrund von *Alltagswidrigkeiten* als bedeutende mitverursachende Bedingungen für die Scheidung genannt (Tabelle 17.2).

> **49% der Geschiedenen gaben an, dass Stress ein wesentlicher Grund für die Scheidung gewesen sei.**

Damit reflektiert auch die subjektive Erfassung von Scheidungsgründen einen kongruenten Befund zur prospektiven Längsschnittstudie von Bodenmann und Cina (2000) und zeigt, dass auch von den Betroffenen selber *Freizeitstress* und *tägliche Widrigkeiten* am stärksten mit Scheidung in Zusammenhang

**Tabelle 17.2.** Prozentuale Häufigkeiten der Nennung von Stress als subjektiven Scheidungsgrund

|  | Gesamt | Frauen | Männer |
|---|---|---|---|
| Stress in der Freizeit | 49% | 50% | 48% |
| Alltagswidrigkeiten | 44% | 43% | 44% |
| Beruflicher Stress | 34% | 36% | 32% |
| Stress im Zusammenhang mit der Herkunftsfamilie | 36% | 48% | 24% |
| Stress im Zusammenhang mit den Kindern | 34% | 30% | 38% |
| Stress bezüglich des Befindens | 22% | 26% | 18% |
| Stress in sozialen Beziehungen | 13% | 11% | 14% |

gebracht werden. Interessant ist jedoch, dass auch Stress im Zusammenhang mit der Herkunftsfamilie von großer persönlicher Relevanz für den Zerfall der Partnerschaft zu sein scheint (was sich in den prospektiven Daten so nicht zeigte). Der einzige signifikante Geschlechtsunterschied innerhalb der vorgegebenen Stressbereiche lag bezüglich Stress im Zusammenhang mit der Herkunftsfamilie vor, bei welchem Frauen signifikant höhere Werte angaben. Interessant ist zudem die Tatsache, dass 38% der geschiedenen Frauen und 33% der Männer einen *schleichenden, lange Zeit unbemerkten Zerfall* ihrer Paarbeziehung angaben und als einen der wichtigsten Scheidungsgründe die *unterschiedliche Entwicklung* der beiden Partner nannten (Bodenmann et al., 2002). Beide Befunde können in Richtung unserer Stress-Scheidungstheorie interpetiert werden, wonach Stress die Partnerschaft lange Zeit unbemerkt unterhöhlt und die korrosiven Effekte von Stress auf die Paarbeziehung durch die Partner häufig erst sehr spät erkannt werden und zweitens Stress zu weniger gemeinsamer Zeit und emotionalem Austausch führt und dadurch die Entwicklung beider Partner auseinander geht und wechselseitig nicht mehr zur Kenntnis genommen wird, bis die Unterschiedlichkeit als störend erlebt wird und das Paar sich innerlich entfremdet hat.

### 17.6.4 Welche Stressbereiche sind für die Partnerschaft besonders destruktiv?

In unseren Untersuchungen (Bodenmann, 2000a; Bodenmann & Cina, 2000) hat sich gezeigt, dass die meisten Paare über ein hohes Ausmaß an Stress im Alltag berichten und Stress im Beruf, mit den Kindern, bezüglich Finanzen und hinsichtlich gesundheitlichen Aspekten zu den häufigsten Stressbereichen gehören, die unabhängig von der Partnerschaftsqualität und dem Beziehungsstatus von der Mehrheit der Paare erfahren werden. Unterschiede zwischen stabil-zufriedenen, stabil-unzufriedenen und geschiedenen Paaren lagen einzig in den Bereichen *tägliche Widrigkeiten* und *Stress in der Freizeit* vor (Bodenmann & Cina, 2000). Es kann daher angenommen werden, dass Risikopaare zusätzlichen Stress nicht genügend kompetent abfedern können und bei diesen Paaren das ohnehin bereits mit Stress angefüllte Fass zum Überlaufen kommt.

### 17.7 Die Bedeutung des individuellen und dyadischen Copings

Eine Reihe von Studien zeigt, dass die Art und Weise, wie jeder Partner einzeln (d. h. individuell) mit Stress umgeht, signifikant mit der Qualität, dem Verlauf und der Stabilität der Partnerschaft korreliert. Je besser beide Partner Stress bewältigen, umso günstiger ist die Entwicklung der Paarbeziehung und desto geringer das

> **Die Tatsache, dass die individuelle Stressbewältigung beider Partner für den Verlauf und die Qualität einer Paarbeziehung von Bedeutung ist, ist auch deshalb interessant, weil sie nahe legt, dass neben partnerschaftlichen Kompetenzen (wie Kommunikation, gemeinsame Problemlösung, partnerschaftlicher Umgang mit Stress) auch individuelle Fertigkeiten gefördert werden sollten.**

Scheidungsrisiko (s. zum Überblick Bodenmann, 1999a). Als günstig werden diejenigen Strategien im Umgang mit Stress bezeichnet, die mit einer hohen Partnerschaftsqualität und einem geringen Risiko für psychische oder körperliche Beschwerden sowie einer hohen Lebenszufriedenheit einher gehen, d. h. psychisch, physisch und sozial verträglich sind (z. B. interne Beruhigung durch guten Zuspruch, Umbewertung, Informationssuche, positive Selbstgespräche), während negative Selbstgespräche, Alkohol- und Nikotinkonsum, Leugnen und Ignorieren von Problemen, Selbst- und Fremdvorwürfe sowie die Vermeidung von Problemen und Passivität als weitgehend dysfunktional gelten.

Je besser es jedem einzelnen Partner gelingt, einen Großteil seines Stresses zu bewältigen, desto weniger wird die Partnerschaft durch den individuellen Stress des einzelnen tangiert und belastet.

### 17.7.1   Das Zusammenspiel der Bewältigungskompetenzen zwischen den beiden Partnern ist relevant

Relevant ist jedoch nicht nur, wie jeder einzelne Partner mit Stress umgeht, sondern auch, wie die individuellen Kompetenzen der beiden Partner zusammenspielen. Dies ist mitunter dann wichtig, wenn beide Partner in einer ähnlichen Stresssituation sind. Dabei kann ein aktiver oder passiver Bewältigungsmodus (der eine sucht nach Problemlösungen, der andere vermeidet das Problem) gewählt werden oder der Stress kann mehr problem- oder emotionsbezogen angegangen werden. Je nach Passung dieser Bewältigungsversuche zwischen den Partnern liegt eine harmonische und koordinierte Bewältigung oder eine chaotische, wenig oder gar nicht aufeinander abgestimmte und entsprechend ziellose Auseinandersetzung mit den gestellten Anforderungen vor.

Forschungsarbeiten zeigen, dass eine Übereinstimmung in den gewählten Bewältigungsstrategien insgesamt eher günstig ist und mit einem besseren individuellen Befinden und einer höheren Partnerschaftszufriedenheit einhergeht (Barbarin, 1983; Pakenham, 1998; Revenson, 1994). Diese Übereinstimmung kann dabei im Sinne einer Anwendung von ähnlichen Strategien (z. B.

> **Übereinstimmung in den gewählten Bewältigungsstrategien erhöht die Partnerschaftszufriedenheit.**

beide Partner setzen sich aktiv mit dem Problem auseinander) oder einer komplementären (sich ergänzenden) Bewältigung sein, wonach beide Partner sich wechselseitig in die Hände spielen. Während beim *emotionsbezogenen* Bewältigen eine hohe Übereinstimmung zwischen den Partnern günstig ist (z. B. indem beide Partner das Ereignis ähnlich interpretieren und sich beide durch guten Zuspruch zu beruhigen versuchen), erweist sich beim *problembezogenen Umgang mit Stress* eine unterschiedliche Herangehensweise als angemessener (z. B. während der eine Partner noch ruminiert, beginnt der andere bereits mit der aktiven Problemlösung, Barbarin et al., 1985).

## 17.7.2 Dyadisches Coping als Hauptprädiktor für Partnerschaftsqualität und Scheidung

Innerhalb der verschiedenen Formen der Stressbewältigung in Partnerschaften hat sich das dyadische Coping als relevantester Prädiktor für die Qualität, den Verlauf und die Stabilität der Paarbeziehung erwiesen (vgl. Bodenmann, 1999a, 2000a). Je besser beide Partner gemeinsam mit Belastungen umgehen (gemeinsames dyadisches Coping), sich bei der Bewältigung von Belastungen unterstützen (supportives dyadisches Coping) und sich in Situationen der Überforderung Aufgaben und Tätigkeiten abtreten können (delegiertes dyadisches Coping), desto besser ist die Prognose einer Partnerschaft. Wie Bodenmann (2002) aufzeigte, hat dyadisches Coping allerdings nicht nur eine stressreduzierende Wirkung (indem die individuellen Copingbemühungen wirksam flankiert werden), sondern führt auch zum Aufbau eines stärkeren »Wir-Gefühls« des Paares, dem

> **Dyadisches Coping hat nicht nur eine stressreduzierende Wirkung, sondern führt auch zum Aufbau eines stärkeren »Wir-Gefühls«.**

Wachsen des Vertrauens und der Intimität zwischen den Partnern und einer Etablierung der Gewissheit, dass auf den Partner Verlass ist. Vor allem dieser partnerschaftsbezogene Aspekt von dyadischem Coping ist vermutlich für die positiven Auswirkungen dieser Art der Bewältigung auf eine höhere Partnerschaftsqualität und -stabilität verantwortlich und weist den Nutzen einer dyadischen Bewältigung von Stress aus.

### Zusammenfassung

Die Erkenntnis, dass Partnerschaftsstörungen und Scheidung häufig aufgrund von äußeren Einflüssen (Alltagsbelastung) zustande kommen und nicht primär mit einer neurotischen Partnerwahl erklärt zu werden brauchen, ist auch therapeutisch und insbesondere für die präventive Arbeit mit Paaren relevant (s. Kap. 7). In diesem Zusammenhang ist bedeutsam, dass die Stressforschung bei Paaren aufgezeigt hat, dass in der Kausalkette, welche zum Zerfall der Partnerschaft führt, Stress häufig ganz vorne steht und entsprechend andere bekannte Scheidungsvorhersagefaktoren (wie z. B. die dyadische Kommunikation) in vielen Fällen bereits eine Folge von inadäquat bewältigtem Stress sind. Ein einseitiges Ansetzen bei Kommunikationsfertigkeiten ist daher in vielen Fällen nicht ausreichend und sollte durch eine Förderung von Copingressourcen ergänzt werden. Gelingt es, individuelle und dyadische

Copingkompetenzen eines Paares zu stärken, kann damit in vielen Fällen die Negativdynamik vorzeitig aufgefangen oder verhindert werden. Durch die Stärkung dieser Ressourcen können Einbrüche in der Kommunikationsqualität ebenso beseitigt werden, wie eine stressbedingte Entfremdung der beiden Partner durch den Mangel an Zeit füreinander und den Einbezug in die Entwicklung des anderen.

> Neben Kommunikationskompetenzen sollten entsprechend auch individuelle und dyadische Copingfertigkeiten gefördert werden, um das Kompetenzprofil des Paares noch breiter auszurichten und bei zentralen Ursachen für Beziehungsprobleme anzusetzen.

Diesen Überlegungen trägt das Freiburger Stresspräventionstraining für Paare (FSPT; Bodenmann, 1999b, 2000b) Rechnung. Das Training, welches auf der Grundlage der Stress- und Partnerschaftsforschung und einem kognitiv-verhaltenstherapeutischen Hintergrund entwickelt wurde, zielt neben einer Verbesserung der partnerschaftlichen Kommunikation und Problemlösung (wie dies im EPL von Hahlweg et al., 1993, ebenfalls getan wird; s. auch Kap. 7) im Besonderen auf eine Stärkung der Copingressourcen des Paares ab. Obgleich diese Schwerpunktsetzung bei den meisten Paaren indiziert ist, darf sie als besonders wichtig bei Paaren mit einem hohen Stresspotenzial (Managerpaare, Paare mit diversen Mehrfachbelastungen usw.) angesehen werden. Es ist unserer Meinung nach wichtig, dass die noxische Bedeutung von Stress für Paarbeziehungen sowohl von den Paaren selber rechtzeitig wie auch von Professionellen (Eheberatern, Paartherapeuten) erkannt und vermehrt in die Behandlungskonzepte einbezogen wird.

## Literatur

Barbarin, O. A. (1983). Coping with ecological transitions by black families: A psychosocial model. Journal of Community Psychology, 11, 308–322.

Barbarin, O. A., Hughes, D. & Chesler, M. A. (1985). Stress, coping, and marital functioning among partners of children with cancer. Journal of Marriage and the Family, 47, 473–480.

Bentler, P. M. & Newcomb, M. D. (1978). Longitudinal study of marital success and failure. Journal of Consulting and Clinical Psychology, 46, 1053–1070.

Bodenmann, G. (1999a). Stress, kritische Lebensereignisse und Partnerschaft. In P. Kaiser (Hrsg.), Partnerschaft und Paartherapie (S. 219–238). Göttingen: Hogrefe.

Bodenmann, G. (1999b). Prävention und Gesundheitsförderung in der Partnerschaft: Das Freiburger Stresspräventionstraining. In B. Röhrle & G. Sommer (Hrsg.). Prävention und Gesundheitsförderung (S. 345–368). Tübingen: DGVT.

Bodenmann, G. (2000a). Stress und Coping bei Paaren. Göttingen: Hogrefe.

Bodenmann, G. (2000b). Kompetenzen für die Partnerschaft. Das Freiburger Stresspräventionstraining. Weinheim: Juventa.

Bodenmann, G. (2001). Risikofaktoren für Scheidung: Ein Überblick. Psychologische Rundschau, 52, 85–95.

Bodenmann, G. (2002). Beziehungskrisen: Erkennen, verstehen und bewältigen. Bern: Huber.

Bodenmann, G. & Cina, A. (2000). Stress und Coping als Prädiktoren für Scheidung: Eine prospektive Fünf-Jahres-Längsschnittstudie. Zeitschrift für Familienforschung, 12, 5–20.

Bodenmann, G. & Perrez, M. (1996). Stress- und Ärgerinduktion bei Paaren: Ein experimenteller Ansatz. Zeitschrift für Differenzielle und Diagnostische Psychologie, 16, 237–250.

Bodenmann, G., Perrez, M. & Gottman, J. M. (1996). Die Bedeutung des intrapsychischen Copings für die dyadische Interaktion. Zeitschrift für Klinische Psychologie, 25, 1–13.

Bodenmann, G., Bradbury, T. N. & Madarasz, S. (2002). Scheidungsursachen und –verlauf aus der Sicht der Geschiedenen. Zeitschrift für Familienforschung (im Druck).

Bodenmann-Kehl, C. (1997). An integrative model of family competence. European Review of Applied Psychology, 47 (2), 143–147.

Burman, B. & Margolin, G. (1992). Analysis of the association between marital relationships and health problems: An interactional perspective. Psychological Bulletin, 112, 39–63.

Christensen, A. & Shenk, J. L. (1991). Communication, conflict, and psychological distance in nondistressed, clinic, and divorcing couples. Journal of Consulting and Clinical Psychology, 59, 458–463.

Coyne, J.C. & Smith, D.A.F. (1991). Couples coing with a myocardial infarction: A contextual perspective on wives' distress. Journal of Personality and Social Psychology, 61, 404-412.

Coyne, J.C. & Smith, D.A.F. (1994). Couples coing with a myocardial infarction: Contextual perspective on patient self-efficacy. Journal of Personality and Social Psychology, 8, 1-13.

DeLongis, A. & O'Brien, T. (1990). An interpersonal framework for stress and coping: An application to the families of alzheimer's patients. In: Stephens, M. A. P., Crowther, J. H., Hobfoll, S. E. & Tennenbaum, D. L. (eds.). Stress and coping in later-life families (pp. 221–240). New York: Hemisphere Publishing Corporation.

Filipp, S.H. & Aymanns, P. (1987). Die Bedeutung sozialer und personaler Ressourcen in der Auseinandersetzung mit kritischen Lebensereignissen. Zeitschrift für Psychologie, 16, 1–14.

Gottman, J. M. (1994). What predicts divorce ? Hillsdale, NJ: Erlbaum.

Gruen, R. J., Folkman, S. & Lazarus, R. S. (1988). Centrality and individual differences in the meaning of daily hassles. Journal of Personality, 56, 743–762.

Hahlweg, K., Thurmaier, F., Engl, J., Eckert, V. & Markman, H.J. (1993). Prävention von Beziehungsstörungen. System Familie, 6, 89-100.

Hobfoll, S. E., Dunahoo, C. A., Ben-Porath, Y. & Monnier, J. (1994). Gender and coping: The dual axis model of coping. American Journal of Community Psychology, 22, 49–82.

Jerusalem, M., Kaniasty, K., Lehman, D., Ritter, C. & Turnbull, G. (1995). Individual and community stress: Integration of approaches at different levels. In: Hobfoll, S. E. & deVries, M. W. (eds.). Extreme stress and communities: Impact and interventions (pp. 105–129). Dordrecht: The Netherlands: Kluwer.

Karney, B. R. & Bradbury, T. N. (1995). The longitudinal course of marital quality and stability: A review of theory, method, and research. Psychological Bulletin, 118, 3–34.

Karney, B. R. & Bradbury, T. N. (1997). Neuroticism, marital interaction, and the trajectory of marital satisfaction. Journal of Personality and Social Psychology, 72, 1075–1092.

Kurdek. L. A. (1993). Predicting marital dissolution: A 5-year prospective longitudinal study of newlywed couples. Journal of Personality and Social Psychology, 64, 221–242.

Lazarus, R. S. & Folkman, S. (1984). Stress, appraisal, and coping. New York: Springer.

Laux, L. & Schütz, A. (1995). Stressbewältigung und Wohlbefinden in der Familie. Studie im Auftrag des Bundesministeriums für Familie und Senioren. Bamberg: Fakultät für Pädagogik, Philosophie und Psychologie der Universität.

Levinger, G. (1976). A social psychological perspective on marital dissolution. Journal of Social Issues, 32, 21–47.

Lewis, R. A. & Spanier, G. B. (1979). Theorizing about the quality and stability of marriage. In: Burr, W. R., Hill, R. F., Neye, J. & Reis, J. L. (eds.). Contemporary theories about the family (pp. 268–294). New York: Free Press.

Lyons, R. F., Mickelson, K. D., Sullivan, M. J. L. & Coyne, J. C. (1998). Coping as a communal process. Journal of Social and Personal Relationships, 15, 579–605.

O'Brien, T. & DeLongis, A. (1997). Coping with chronic stress: An interpersonal perspective. In: Gottlieb, B. (ed.). Coping with chronic stress (pp. 162–190). New York: Plenum Press.

Pakenham, K. I. (1998). Couple coping and adjustment to multiple sclerosis in care receiver-carer dyads. Family Relations, 47, 269–277.

Pearlin, L. I. & Schooler, C. (1978). The structure of coping. Journal of Health and Social Behavior, 19, 2–21.

Perrez, M. (1997). Familienstress und Gesundheit. Familienleitbilder und Familienrealitäten. Opladen: Leske & Budrich.

Perrez, M., Berger, R., & Wilhelm, P. (1998). Die Erfassung von Belastungserleben und Belastungsverarbeitung in der Familie: Self-Monitoring als neuer Ansatz. Psychologie in Erziehung und Unterricht, 45, 19–35.

Reiss, D. (1981). The family's construction of reality. Cambridge: Harvard University Press.

Revenson, T. A. (1994). Social support and marital coping with chronic illness. Annals of Behavioural Medicine, 16, 122–130.

Weber, H. (1997). The concept of coping: Still broadening its cope. European Journal of Applied Psychology, 47, 103–105.

Weiss, R. L. & Heyman, R. E. (1997). A clinical overview of couples interactions. In: Halford, W. K. & Markman, H. J. (eds.). Clinical handbook of marriage and couples interventions (pp. 13–41). New York: Wiley & Sons.

Weiss, R.L. (1978). The conceptualization of marriage from behavioral perspective. In T.J. Paolino, B.S. McGrady (Eds.), Marriage and marital therapy. New York: Brunner & Mazel.

Willi, J. (1975). Die Zweierbeziehung. Hamburg: Rowohlt.

Wolf, W. (1987). Alltagsbelastungen und Partnerschaft. Bern: Huber; Fribourg: Universitätsverlag.

# 18

# Auswirkungen von Scheidung

Wolfgang Beelmann und Ulrich Schmidt-Denter

I m Jahre 2000 endete in Deutschland für etwas mehr als 194.000 Paare die Ehe vor dem Familiengericht. Wie die Scheidungsstatistik deutlich macht, handelt es sich bereits seit Jahren nicht mehr um eine seltene Ausnahmeerscheinung (1999: 191.000 Paare, 1998: 192.000 Paare). Im Hinblick auf die Scheidungswahrscheinlichkeit in Deutschland kann als grober Schätzwert angenommen werden, dass sich jedes dritte Jawort vor dem Scheidungsrichter anscheinend als Fehler bzw. Missverständnis herausstellt. Die persönlich erlebten Auswirkungen einer Scheidung, die sich hinter diesen nüchternen vom Statistischen Bundesamt jährlich herausgegebenen Zahlen verbergen, lassen sich vielleicht exemplarisch anhand der folgenden Aussage eines Betroffenen verdeutlichen: „Wenn so Musik kam, Lieder aus der gemeinsamen Zeit oder so was, dann kam bei mir auch die emotionale Welle hoch, da musst' ich manchmal weinen… Hab' dann nicht verstanden, wieso das eigentlich kaputt ging, ne, weil es dann doch irgendwo, also zumindest… halt auch ganz schön war" (aus FOCUS 39/1995, S. 248).

## 18.1    Ehescheidung als kritisches Lebensereignis

Die eheliche Trennung bzw. Scheidung kann aus psychologischer Sicht als kritisches Lebensereignis (Filipp, 1982, 1995) konzipiert werden. Der mit dem Begriff »kritisches Lebensereignis« umschriebene Phänomenbereich hat bis heute keine hinreichende konzeptuelle Präzisierung erfahren. Innerhalb der Psychologie sind eine Reihe teilweise recht heterogene Ansätze vorzufinden, die sich zur Erforschung kritischer Lebensereignisse heranziehen lassen. Die größte Bedeutung kommt dabei sicherlich den klinisch-psychologischen und den entwicklungspsychologischen Forschungsansätzen zu (vgl. Filipp, 1995).

Die *klinisch-psychologische* bzw. *epidemiologische* Perspektive innerhalb der Lebensereignisforschung hat sich stark an der psychologischen Stressforschung orientiert (vgl. Beelmann, 1994). Es herrschte zunächst die Auffassung vor, dass kritische Lebensereignisse – konzipiert als Stressoren – von außen auf die Person einwirken und als Auslöser eines psychologischen Adaptationssyndroms anzusehen sind. Nachfolgend wurde eine eher situationsbezogene Sichtweise von Stress innerhalb der klinisch-psychologischen Lebensereignisforschung akzentuiert. Demnach wird Stress über einschneidende lebensverändernde Ereignisse definiert und im Zusammenhang mit dem Ausbruch von physischen und psychischen Krankheiten untersucht. Diese Forschungsperspektive geht von Beobachtungen aus, wonach bei unterschiedlichen klinischen Populationen vor Ausbruch einer Erkrankung jeweils eine Kumulation von Lebensereignissen vorausgegangen war. Die Grundannahme dabei ist, dass die Konfrontation mit kritischen Lebensereignisssen innerhalb einer bestimmten Zeitspanne in Abhängigkeit von deren Intensität und Häufung pathogene Effekte besitzt und als krankheitsauslösend bzw. -verursachend anzusehen ist.

Die *entwicklungspsychologische* Perspektive innerhalb der Lebensereignisforschung nutzt das Konzept der kritischen Lebensereignisse eher als organisierendes Erklärungsprinzip für intraindividuellen Wandel über die gesamte Lebensspanne hinweg.

Kritische Lebensereignisse werden hier als Markierungspunkte für Übergangsprozesse im Lebenslauf betrachtet. Die Konfrontation mit einem kritischen Lebensereignis – wie etwa mit einer ehelichen Trennung – kann zwar die bisherige Lebenssituation der betroffenen Person nachhaltig verändern und eine Herausforderung bedeuten, sich mit der Situation auseinander zu setzen, ihr wird aber nicht schon von vornherein eine potenziell pathogene Wirkung für die Person zugeschrieben. Kritische Lebensereignisse werden vielmehr als notwendige Voraussetzung für entwicklungsmäßigen Wandel angesehen (Filipp, 1995). Sie sind bivalent, d. h. sie können Auslöser sowohl von krisenhaft erlebten Veränderungen als auch von Chancen für die individuelle Weiterentwicklung darstellen. Der Effekt kritischer Lebensereignisse ist dabei vom Ergebnis der individuellen Auseinandersetzung mit ihnen abhängig. In den aktiven Auseinandersetzungsprozessen der Person, d. h. in den Anstrengungen, die das Individuum auf die Bewältigung der äußeren Herausforderungen, auf die innere emotionale Restabilisierung und auf die Neuorganisation der Persönlichkeit richtet, liegt die entwicklungsfördernde Wirkung der kritischen Lebensereignisse (Schmidt-Denter, 1996).

> **Kritische Lebensereignisse werden als notwendige Voraussetzung für entwicklungsmäßigen Wandel angesehen.**

In der *entwicklungspsychologisch* orientierten Lebensereignisforschung wurde der Versuch einer Systematisierung von Lebensereignissen unternommen. Dabei findet insbesondere eine Differenzierung nach normativen und nichtnormativen Ereignissen statt.

> Lebensereignisse werden dann als normativ bezeichnet, wenn sie innerhalb einer Population mit großer Wahrscheinlichkeit auftreten und mehr oder weniger altersnormiert sind (z. B. Schuleintritt, Heirat, Pensionierung). Davon zu unterscheiden sind Ereignisse, die relativ unabhängig von historischen und altersmäßigen Zeitpunkten eintreten und mit denen nur relativ wenige Menschen konfrontiert werden.

Eine plötzliche Erkrankung, ein unerwarteter Todesfall und eben auch eine Trennung/Scheidung vom Ehepartner sind Beispiele für diese Ereignisgruppe.

An dieser Differenzierung ist jedoch vielfach Kritik geübt worden, da sich die Unterscheidung zwischen normativen und nicht-normativen Lebensereignissen als nicht besonders trennscharf erweist. So ist beispielsweise das Ereignis einer Trennung vom Ehepartner in unserer heutigen Gesellschaft keine derartige Ausnahmeerscheinung mehr wie in früheren Zeiten. Die eheliche Trennung bzw. Scheidung kann vor allem jedoch deswegen als nicht-normatives Leensereignis bezeichnet werden, da sie von den betroffenen Frauen, Männern und Kindern als deutliche Diskontinuität im Lebensverlauf erlebt wird und in aller Regel mit erheblichen Belastungen einhergeht.

Die unterschiedlichen Perspektiven innerhalb der Lebensereignisforschung werden in dem theoretischen Ansatz von Filipp (1982, 1995) aufeinander bezogen. Gleichzeitig versucht die Autorin, das Konzept der kritischen Lebensereignisse definitorisch zu präzisieren. Nach der von ihr vorgeschlagenen umfassenden und offenen Konzeptualisierung sollen kritische Lebensereignisse aufgefasst werden als

> »... solche im Leben einer Person eintretenden Ereignisse, die eine mehr oder minder abrupte Veränderung in der Lebenssituation der Person mit sich bringen...« (Filipp, 1982, S. 772).

Weiterhin sieht Filipp (1982, 1995) kritische Lebensereignisse gekennzeichnet durch die »raumzeitliche punktuelle Verdichtung eines Geschehensablaufs«, der sich sowohl innerhalb der Person selbst (z. B. bei einer Erkrankung) als auch in ihrer dinglich-sozialen Umwelt (z. B. bei der ehelichen Trennung) vollziehen kann. Dabei haben Lebensereignisse in aller Regel ihre eigene Entstehungsgeschichte und werden nicht notwendigerweise als abrupt und zäsurhaft erlebt. Weiterhin sind kritische Lebensereignisse als Eingriffe in das zu einem gegebenen Zeitpunkt aufgebaute Passungsgefüge zwischen einem Individuum und seiner Umwelt anzusehen und stellen somit Stadien eines relativen Ungleichgewichtes dar. Das so aus dem Gleichgewicht gebrachte Beziehungssystem zwischen Individuum und Umwelt macht eine Neuorganisation des Person-Umwelt-Systems erforderlich, damit dem Individuum ein adaptives Funktionieren in seinem jeweiligen Lebenskontext möglich ist. Dieser Prozess der Restrukturierung der Person-Umwelt-Bezüge ist für Filipp (1982) mit dem in der Forschungsliteratur benutzten Konzept »Bewältigung/Coping« gleichzusetzen, wobei als Folge dieser Auseinandersetzungs- und Bewältigungsprozesse person- und umweltseitige Veränderungen zu erwarten sind. Ein weiteres konstitutives Beschreibungsmerkmal von kritischen Lebensereignissen ist nach Filipp (1982, 1995) die Annahme, dass das Ungleichgewicht in der Person-Umwelt-Beziehung für die betroffene Person erlebbar ist und eine affektive Bedeutsamkeit besitzt, gleichgültig ob es sich um negative oder positive Ereignisse bzw. Affekte handelt. Dieser letztgenannte Aspekt der konzeptuellen Bestimmung von kritischen Lebensereignissen hebt nachdrücklich die Berücksichtigung der subjektinternen Ereigniswahrnehmung hervor.

Die eheliche Trennung/Scheidung lässt sich nach den Bestimmungskriterien dieser weit gefassten Konzeptualisierung als ein nichtnormatives kritisches Lebensereignis auffassen. Bei Berücksichtigung der zeitlich-dynamischen Komponente markiert das Erleben des Ereignisses eine tief greifende Veränderung in der Lebenssituation der betroffenen Frauen und Männer. Dieses

> **Die eheliche Trennung ist ein nichtnormatives kritisches Lebensereignis.**

Ereignis hat seine eigene Entstehungsgeschichte, da dem Entschluss zur ehelichen Trennung in der Regel Prozesse der Auseinandersetzung sowie zumindest bei einem der Partner mehr oder minder langwierige Entscheidungs- und Planungsprozesse vorausgegangen sind. Die Lebensphase nach der räumlichen Trennung beinhaltet weiterhin ein hohes Maß an Lebensveränderung, d. h. es besteht ein relatives Ungleichgewicht in der Person-Umwelt-Beziehung. Dieses Maß geht von seiner Bedeutsamkeit her über alltägliche Erfahrungen hinaus. Die Veränderungen betreffen am tiefgreifensten sicherlich den familiären Lebensbereich der sich trennenden Partner. Darüber hinaus beeinflusst die eheliche Trennung aber in der Regel auch den Bereich der weiteren Verwandtschafts- und Freundschaftsbeziehungen, den Berufs- und Freizeitbereich, den ökonomischen Bereich sowie auch den Bereich der physischen und psychischen Gesundheit (vgl. Abschnitt 18.3). Es ist daher nahe liegend, dass dem Erleben einer Trennung vom Ehepartner auch eine hohe affektive Bedeutsamkeit zugeschrieben werden kann.

## 18.2    Ehescheidung als Übergangs-/Transitionsprozess

Die Scheidungsforschung war lange Zeit von theoretischen Ansätzen dominiert, die als Defizit- bzw. Desorganisationsmodelle bezeichnet werden können (vgl. Fthenakis, 1995). Diesen Ansätzen liegt die Sichtweise zugrunde, nach der eine Scheidung die Auflösung des familiären Systems und somit den Endpunkt der familiären Entwicklung darstellt. Die Ehescheidung wird dabei als eine von der gesellschaftlichen Norm abweichende, wenn nicht gar pathogene Entwicklung der Familie betrachtet, was eine Stigmatisierung der Betroffenen impliziert. Die Forschungsarbeiten, die sich diesen Modellen zuordnen lassen, konzentrieren sich im Wesentlichen auf die negativen Auswirkungen des Scheidungsgeschehens und weisen schwerwiegende methodische Mängel auf, wie etwa eine mangelnde Repräsentativität der untersuchten Stichproben (überwiegend klinische Gruppen) sowie eine unzureichende Berücksichtigung familialer Prozessvariablen und anderer moderierender Faktoren im Forschungsdesign.

Seit Mitte der 1980er Jahre fanden zunehmend system- und prozessorientierte Modelle von ehelicher Trennung und Scheidung Beachtung. Fthenakis (1995) fasst diese Forschungsansätze, bei der stress-, krisen- und bewältigungstheoretische Konzepte eine Rolle spielen, unter dem so genannten Reorganisationsmodell zusammen. Diesem Modell zufolge wird die Ehescheidung nicht länger als einmaliges traumatisches Ereignis betrachtet, welches die Familie beendet, sondern als ein dynamischer lang anhaltender Prozess begriffen, der lange vor der juristische Scheidung beginnt und weit darüber hinaus andauert. Im Verlauf dieses Prozesses organisieren sich die Beziehungen der Mitglieder des Systems Familie neu, und es entsteht ein verändertes familiäres Gleichgewicht. Dieser Prozess kann durch verschiedene Phasen charakterisiert werden, die für alle betroffenen Personen mit unterschiedlichen Anforderungen und Belastungen verbunden sind.

> **Reorganisationsmodell: Die Ehescheidung wird nicht länger als einmaliges traumatisches Ereignis betrachtet, sondern als dynamischer lang anhaltender Prozess.**

In den letzten Jahren ist eine Forschungsperspektive in den Vordergrund gerückt, der zufolge Ehescheidung als ein Übergang in einer Reihe von Übergängen im Familienentwicklungsprozess angesehen wird (vgl. Fthenakis, 1995). Diesen Übergangs- bzw. Transitionsmodellen liegt ähnlich wie anderen theoretischen Ansätze, die im Zusammenhang mit der menschlichen Entwicklung Prozesse der aktiven Auseinandersetzung mit Anforderungen und Problemen, die sich an Übergängen, Einschnitten oder Markierungspunkten im Lebenslauf ergeben können, die Annahme zugrunde, dass durch situative, biologische oder psychische Veränderungen ein bedeutsamer Wechsel der Entwicklungsdynamik und/oder der Entwicklungsrichtung auf der Ebene des manifesten Verhaltens zu verzeichnen ist. Dabei greifen aufgrund des erhöhten Ausprägungsgrades dieser Veränderungen die bisherigen routinemäßigen Strategien der Person zur Auseinandersetzung mit den Anforderungen der neuen Lebenssituation nicht mehr. Das Charakteristische solcher Übergangs- bzw. Transitionsphasen sind die akzelerierten und verdichteten Lernprozesse nach einem spezifischen Ereignis, die eine Anpassung an die neuen Herausforderungen gewährleisten und die die betreffende Person zu neuen Erfahrungen, Denk- und Verhaltensweisen stimulieren. Ein besonderes Interesse des Transitionsansatzes gilt der Frage nach der angemessenen Bewältigung der Ehescheidung durch die Mitglieder des Familiensystems und der Bedeutung möglicher Risiko- und Schutzfaktoren im Transitionsprozess.

Im Rahmen der verschiedenen Übergangs- und Transitionskonzepte liefert insbesondere der Family-Transition-Ansatz von Cowan (1991) einen beachtenswerten Impuls für eine Neukonzeptualisierung von Ehescheidung (vgl. Fthenakis, 1995). Dieses Modell beinhaltet ein Konzept von Übergängen im Familienentwicklungsprozess, in welchem neben äußeren Umweltveränderungen insbesondere die intrapsychischen Veränderungsprozesse sowie soziale Reorganisationsprozesse Berücksichtigung finden. Diesem Konzept zufolge stellen Übergänge sowohl auf der individuellen Ebene als auch auf der sozialen Ebene (familiale Ebene, Ebene des Mesosystems und weitere Systemebenen) Veränderungsphasen nach bestimmten Ereignissen – wie etwa einer Ehescheidung – dar. Die Anpassung an die sich verändernde Umwelt geht für die Betroffenen mit Dissonanzerleben und emotionaler Verunsicherung einher. Die übergangspezifischen Anforderungen sind oft unklar und unstrukturiert und erfordern seitens der betroffenen Personen eine Vielzahl von Bewältigungsstrategien auf verschiedenen Ebenen, wobei die Veränderungsrichtung (Entwicklungschance vs. Gefährdung der Anpassung) zu Beginn noch nicht festlegt. Von einem erfolgten Übergang ist nach Cowan erst dann zu sprechen, wenn die betreffende Person intrapsychische Veränderungen wie die Reorganisation des Selbst und der Weltsicht, die Kontrolle der übergangsbedingten emotionalen Beunruhigung sowie interpsychische Veränderungen wie die Reorganisation der Rollen und der sozialen Beziehungen, die Restrukturierung personaler Kompetenzen und die Regulation interpersonaler Affekte erreicht hat (Cowan, 1991; Fthenakis, 1995)

Auf interindividuell recht unterschiedlich verlaufende Anpassungsprozesse im Kontext von Übergängen weisen auch theoretische Annahmen und empirische Befunde einer anderen Forschergruppe hin (vgl. Caspi & Moffitt, 1993). Ein ganz zentraler Aspekt dieses Ansatzes, durch den sich dieser deutlich von anderen Übergangskonzepten abhebt, ist die Hypothese der Akzentuierung. Dieser These zufolge werden in Phasen sozialen Wandels keine völlig neuen Verhaltensweisen und Persönlichkeitsveränderungen ausgelöst, sondern die bedeutsame Veränderung der Lebenssituation verstärkt vielmehr bereits bestehende persönlichkeitsspezifische Tendenzen und akzentuiert die Unterschiede zwischen den Personen. Eine solche Akzentuierung von bereits vor dem Übergang vorhandenen Verhaltensweisen und Eigenschaften der Person ist den Autoren zufolge insbesondere dann zu erwarten, wenn das Individuum sich mit einer neuartigen, unklaren und mehrdeutigen Situation konfrontiert sieht, ein starker Anpassungsdruck (»press to behave«) besteht, dabei aber unklar bleibt, wie eine Anpassung an die neuen Umstände zu erreichen ist. Durch die genannten Merkmale lässt sich typischerweise auch eine Ehescheidung kennzeichnen.

> **Family-Transition-Ansatz: Konzept von Übergängen im Familienentwicklungsprozess, in welchem neben äußeren Umweltveränderungen insbesondere die intrapsychischen Veränderungsprozesse sowie soziale Reorganisationsprozesse Berücksichtigung finden.**

> **Hypothese der Akzentuierung: In Phasen sozialen Wandels werden keine völlig neuen Verhaltensweisen und Persönlichkeitsveränderungen ausgelöst, sondern bereits bestehende persönlichkeitsspezifische Tendenzen werden verstärkt und die Unterschiede zwischen Personen akzentuiert.**

Der Prozess der Akzentuierung wird von Caspi und Moffit (1993) dabei wie folgt erklärt: Ein eingetretenes kritisches Ereignis bringt das Beziehungssystem zwischen Individuum und Umwelt aus dem Gleichgewicht, was für die betroffenen Personen mit dem Erleben von Kontrollverlust verbunden ist. Das Individuum unternimmt infolgedessen Versuche, einen Gleichgewichtszustand wiederherzustellen, wobei jede Person die für sie charakteristischen Schemata aktiviert, d. h. verstärkt auf die ihr vertrauten Verhaltensweisen und Bewältigungsstrategien zurückgreift. Im Gegensatz zur mühevollen und zeitaufwendigen Entwicklung neuer Reaktionsweisen stehen die bisherigen Strategien schnell zur Verfügung, geben einerseits der jeweiligen Person Handlungssicherheit und sind darüber hinaus auch den sozialen Interaktionspartnern vertrauter und daher berechenbarer, was diese Tendenz weiter verstärkt. Demgegenüber werden Veränderungsprozesse bei den betroffenen Personen in Perioden des Wandels nur dann ausgelöst bzw. gefördert, wenn ein starker Anpassungsdruck gegeben ist, dabei bisherige Reaktionsweisen völlig wirkungslos bleiben und klare Informationen über adaptives Handeln bereitstehen. Im Zusammenhang mit der Adaptation des Individuums an veränderte Umweltbedingungen, die durch ein kritisches Übergangsereignis ausgelöst wurden, schreiben Caspi und Moffitt (1993) demnach Assimilationsprozessen einen größeren Einfluss zu als Prozessen der Akkomodation.

## 18.3 Scheidungsbedingte Veränderungen und Belastungen in zentralen Lebensbereichen

### 18.3.1 Das Spektrum potenzieller Belastungen

Infolge einer ehelichen Trennung treten Veränderungen in vielen Lebensbereichen auf, die von den betroffenen Frauen, Männern und Kindern erhebliche Anpassungsleistungen erfordern. Durch die Kumulation eintretender Veränderungen und neuer Anforderungen in der Nachtrennungsphase ergeben sich vielfältige Probleme und Belastungen, wie etwa im Verhältnis zum früheren Partner, in der Beziehung zu den Kindern und zu anderen Personen des sozialen Netzwerks sowie auf der alltagspraktischen, beruflichen, finanziellen und gesundheitlichen Ebene, mit denen sich die Betroffenen auseinanderzusetzen haben. Die angesprochenen Belastungen werden nicht zwangsläufig von allen sich trennenden Personen gleichermaßen erlebt, sondern es ist vielmehr von interindividuell unterschiedlichen Belastungskonstellationen auszugehen. In der Scheidungsforschung sind jedoch trotz der interindividuell möglichen Variationen und Besonderheiten relevante Belastungsbereiche identifiziert worden, mit denen sich die Mehrzahl der von einer ehelichen Trennung betroffenen Frauen und Männer konfrontiert sieht. Eine gute Literaturübersicht über die potenziellen Probleme und Belastungen in der Zeit nach einer ehelichen Trennung findet sich bei Beelmann (1994), Fthenakis et al. (1982), Klein-Allermann und Schaller (1992) sowie Textor (1991). Bei der Erforschung von Scheidungskonsequenzen sollte – wie in den vorherigen theoretischen Kapiteln bereits dargelegt – eine differenzielle Wirksamkeit einer ehelichen Trennung/Scheidung in dem Sinne angenommen werden, dass ein solches Ereignis zwar Auslöser für Belastungen und Fehlanpassungen sein kann, aber auch eine Chance für einen individuellen Neuanfang darstellt (vgl. Veevers, 1991).

> **Eine Trennung kann auch eine Chance für einen individuellen Neuanfang darstellen.**

## 18.3.2 Beziehung und Kontakte zum Ex-Ehepartner

Die familiären Beziehungen bestehen auch nach der ehelichen Trennung und nach dem Zeitpunkt der juristischen Scheidung in dem Sinne fort, dass in direkter und/oder indirekter Form Kontakte stattfinden, dass die alte Familie weiterhin kognitiv präsent ist und dass emotionale Bande weiterhin existieren. Allerdings kommt es zu erhebliche Veränderungen in den familiären Beziehungen. Dabei zeigen sich die tiefgreifensten Veränderungen in der Ehepartnerbeziehung, deren Scheitern den Auslöser für die Scheidung darstellt (Schmidt-Denter & Beelmann, 1995). Im Zusammenhang mit den Kontakten zum früheren Ehepartner kommt es häufig zu heftigen, von negativen Emotionen begleiteten Auseinandersetzungen, in deren Verlauf das Verhalten der Beteiligten leicht außer Kontrolle gerät, und jede zu klärende Frage schnell zu einem Machtkampf führen kann. Vielfach begegnen die betroffenen Frauen und Männer ihrem früheren Partner mit tiefem Misstrauen, weisen ihm die Schuld am Scheitern der Ehe zu und machen ihn für die in diesem Zusammenhang erlebten Belastungen verantwortlich (vgl. Textor, 1991). Das in der Forschungsliteratur vielfach beschriebene »*separation distress syndrom*« (Parkes, 1972) ist gekennzeichnet durch fortgesetzte Gedanken und Erinnerungen an den verlorenen Partner, durch den starken Zwang, Kontakte zu anderen aufzunehmen, durch eine gesteigerte Sensibilität im Hinblick auf alles, was auf eine Rückkehr des Partners hinweisen könnte sowie durch Schuldgefühle, Ruhelosigkeit und Ängste.

Die Bewältigung der vergangenen und gegenwärtigen Beziehung zum Ex-Ehepartner steht in der Zeit nach der Trennung und Scheidung bei den Betroffenen im Zentrum des Erlebens. So machte die Studie von Hetherington et al. (1982) deutlich, dass ein erheblicher Anteil der Kontakte der geschiedenen Paare eine Quelle von Konflikten über Geldangelegenheiten, Besuchsregelungen, Kindererziehung und intime Kontakte zu anderen Personen darstellt. Neben diesen Auseinandersetzungen kann bei einigen Frauen und Männern jedoch auch eine fortbestehende emotionale

Bindung zum früheren Ehepartner in der ersten Zeit nach der Scheidung konstatiert werden, wobei einige Scheidungspaare auch weiterhin sexuelle Kontakte miteinander unterhalten. Schließlich ist der Ex-Ehepartner für viele Geschiedene während dieser Zeit nach wie vor der wichtigste Ansprechpartner in schwierigen Situationen. Den Bereich des Paarsystems betreffend heben einige Studien hervor, dass sowohl eine anhaltend konfliktträchtige Beziehung zum früheren Ehepartner aber mehr noch der Versuch der Aufrechterhaltung einer intensiven bzw. intimen Beziehung zu diesem mit psychischen Problemen im Zusammenhang steht (vgl. Klein-Allermann & Schaller, 1992). Im letztgenannten Fall scheint bei mindestens einem der Partner der emotionale Trennungsprozess noch nicht abgeschlossen zu sein.

### 18.3.3   Beziehungen der Ex-Ehepartner zu den Kindern

In der Zeit nach einer ehelichen Trennung und Scheidung ist auch das Mutter-Kind- und das Vater-Kind-Subsystem erheblichen Veränderungen unterworfen, was für alle Beteiligten in der Regel mit spürbaren Belastungen verbunden ist. Betrachtet man die am weitaus häufigsten anzutreffende Lebenssituation nach einer Trennung/Scheidung – die Kinder leben bei der Mutter, während der Vater nicht mehr mit der alten Kernfamilie zusammenwohnt –, so lassen sich folgende Charakteristika der beiden Eltern-Kind-Dyaden beschreiben.

Die Mütter tragen nach der vollzogenen Trennung vom Ehepartner in den meisten Fällen mehr oder weniger die Hauptverantwortung für die Kinder, was von vielen Frauen als belastend erlebt wird. Berichtet werden Gefühle der Überforderung, insbesondere in Verbindung mit einer gleichzeitigen Berufstätigkeit. In der Forschungsliteratur konnte gezeigt werden, dass die Vielzahl der Probleme und Belastungen, denen die Mütter insbesondere in der ersten Zeit nach der Trennung ausgesetzt sind, die Erziehungskompetenz überfordern. So etwa beschreiben Hetherington et al. (1982) den folgenden Teufelskreis: Die aufgrund der erheblichen Belastungen verminderten erzieherischen Fähigkeiten der Mutter fördern aggressives Verhalten bei den Kindern, wobei die Mutter wiederum das Hauptziel dieser Aggressionen darstellt. Sie wiederum reagiert darauf mit vermehrten Zweifeln an ihren Fähigkeiten, mit Hilflosigkeit, Depression, Zorn, und es besteht die Gefahr einer weiteren Verminderung ihrer erzieherischen Kompetenzen.

Die Befunde dieser Langzeitstudie liefern einen deutlichen Beleg dafür, dass sich gerade die Mutter-Kind-Beziehung in der ersten Zeit nach der Scheidung als instabil und zum Teil als erheblich gestört erweist. Beim Vergleich von geschiedenen und vollständigen Familien wurde für erstgenannte Gruppe eine verschlechterte Kommunikation innerhalb der Mutter-Kind-Dyade festgestellt. So etwa treten an die Stelle von Erklärungen

> **In der ersten Zeit nach der Scheidung erweist sich gerade die Mutter-Kind-Beziehung als instabil und zum Teil erheblich gestört.**

und Begründungen häufiger Anordnungen und Befehle. Weiterhin zeigen die Mütter in der Zeit nach der Ehescheidung eine bemerkenswerte Inkonsistenz im Gebrauch von Disziplinierungsmaßnahmen und haben größere Schwierigkeiten ihre Kinder zu kontrollieren als verheiratete Mütter. Insbesondere die Mutter-Sohn-Beziehungen nach einer Trennung/Scheidung werden als besonders schwierig und konfliktbelastet beschrieben (Hetherington et al., 1982; Schmidt-Denter & Beelmann, 1995). So zeigt sich etwa, dass Söhne im Vergleich zu Töchtern vermehrt von negativen Sanktionen seitens der Mütter betroffen sind, und sich der Affektaustausch in den Mutter-Sohn-Dyaden insgesamt als negativer darstellt.

Als ein weiteres Phänomen von Scheidungsfamilien ist in verschiedenen Untersuchungen eine spezifische Beziehungsstruktur zwischen Müttern und ihren heranwachsenden Kindern beschrieben worden (vgl. Hetherington, 1989; Kreppner, 2000). Diese Struktur erweist sich in geschiedenen Familien im Vergleich zu vollständigen Familien als weniger hierarchisch. Die geschiedenen Mütter pflegen ihren Kindern gegenüber eine eher egalitäre Beziehung, und die Heranwachsenden werden stärker dazu angehalten, schneller selbständig und erwachsen zu werden. Dabei birgt der Umstand, dass das Kind von der Mutter mehr als Partner denn als Angehöriger der Kindergeneration gesehen und entsprechend behandelt wird, die Gefahr einer Überforderung für den Heranwachsenden (Kreppner, 2000).

> **Geschiedene Mütter pflegen ihren Kindern gegenüber eine eher egalitäre Beziehung.**

Im Hinblick auf die Beziehungen und Kontakte zwischen den nicht mehr mit der Kernfamilie zusammenlebenden Vätern und ihren Kindern vollziehen sich in Folge einer ehelichen Trennung nachhaltige Veränderungen (vgl. Schmidt-Denter & Beelmann, 1995). Die Väter erleben häufig bereits den Umstand, zu ihrem Kind nur noch in einem zeitlich eingeschränkten Ausmaß Kontakt zu haben, als sehr belastend. Insbesondere diejenigen Väter, die vor der Trennung viel Zeit mit ihren Kindern verbrachten, erleben in der Nachtrennungsphase starke Verlust- und Einsamkeitsgefühle. Die Väter können mit diesen Gefühlen oftmals nur in der Weise umgehen, dass sie sich zurückziehen und weniger Besuchskontakte realisieren. Auf der anderen Seite entwickeln viele Väter ihrem Kind gegenüber Schuldgefühle und sind der Auffassung, als Vater versagt zu haben. Sie versuchen dann, diese Empfindungen durch die Aufnahme häufiger Kontakte zu ihrem Kind zu lindern (vgl. Hetherington et al., 1982). Zudem hegen Väter in der Zeit nach der ehelichen Trennung oftmals auch die Befürchtung, bald von ihrem Kind vergessen zu werden bzw. verspüren die Angst, die Beziehung zu ihrem Kind könne aufgrund des eingeschränkten Kontaktes insgesamt gefährdet sein. In der Forschungsliteratur findet sich eine Reihe von Hinweisen darauf,

> **Väter erleben den Umstand, ihr Kind nur noch in einem zeitlich begrenzten Rahmen zu sehen, als sehr belastend.**

dass es für die nicht mehr mit der alten Kernfamilie zusammen-lebenden Väter schwierig ist, die Beziehung zu ihren Kindern ak-tiv und positiv zu gestalten, sogar von einer »Ohnmacht der Väter« ist dabei die Rede (vgl. Blesken, 1998).

Eine Rollenunsicherheit der Väter in der Beziehung zu ihrem Kind aufgrund eines Mangels an Erfahrung bei der Kinderbetreu-ung und -versorgung lässt sich in der Nachtrennungsphase eben-falls vielfach beobachten. Einige Väter sind aufgrund mangelnder haushaltsbezogener Fähigkeiten nicht hinreichend in der Lage, den Kindern bei ihren Besuchen ein Zuhause zu bieten, oder die väterliche Wohnung ist nicht kindgemäß eingerichtet. Unter sol-chen Rahmenbedingungen werden die Begegnungen mit den Kin-dern schnell als belastend empfunden. Dies vor allem dann, wenn die Väter merken, dass ihre Kinder bei den Besuchen gelangweilt und unzufrieden sind. In vielen Fällen setzt dann ein Ausweichen auf Restaurants, Spiel-/Sportplätze, Kinos bzw. Zoos ein, wobei überhöhte Freizeit- und Unter-haltungsaktivitäten auf Dauer gleichfalls als eine Belastung erlebt werden. Als Konsequenz derar-tiger Erfahrungen können sich die Vater-Kind-Kontakte sukzessive verringern, ein Umstand, der bei den Vätern gleichzeitig zu Gefühlen führt, ein schlechter Vater zu sein (vgl. Fthenakis et al., 1982).

> **Überhöhte Freizeit- und Unterhal-tungsaktivitäten sind auf Dauer belastend.**

Das Erziehungsverhalten der Vätern weist Untersuchungsbe-funden zufolge nach einer ehelichen Trennung phasenspezifische Besonderheiten auf (vgl. Hetherington et al., 1982). So verhalten sich Väter kurz nach der Scheidung ihren Kindern gegenüber ex-trem permissiv und nachgiebig, in der Absicht, die Kontakte zum Kind so konfliktfrei wie möglich zu gestalten. In dieser frühen Phase scheinen die Väter eine Bestrafung der Kinder häufig zu vermeiden, aus der Angst heraus dann von ihrem Kind abgelehnt zu werden und damit diese Beziehung gänzlich zu verlieren. Spä-ter im zeitlichen Verlauf nach der Scheidung wird dann jedoch das väterliche Erziehungsverhalten restriktiver, und der Gebrauch negativer Sanktionen nimmt zu.

### 18.3.4 Freundschaftsbeziehungen und Freizeitbereich

Die infolge der ehelichen Trennung stattfindende Neuorganisation der familiären Beziehungen geht in der Regel auch mit Verände-rungen im weiteren sozialen Umfeld einher. Der stattfindende Wandel in den Beziehungen und Kontakten zu Personen außer-halb der ehemaligen Kernfamilie kann für die betroffenen Män-ner und Frauen einen Lebensbereich darstellen, der mit erlebten Belastungen verbunden ist. Das Ausmaß und die Art der Belas-tungen werden durch eine Vielzahl von Bedingungen mitbe-stimmt, wie etwa einem Wohnortwechsel, eingeschränkten Frei-zeitmöglichkeiten für Alleinerziehende bzw. durch einem Verlust der Nähe zum Verwandtschaftssystem des Ex-Partners und der von ihm initiierten sozialen Kontakte.

So berichten insbesondere die geschiedenen Mütter, die nach der räumlichen Trennung der Partner weiterhin mit ihren Kinder zusammenleben, von vielen Kontakten zu verheirateten Freunden und von einer gesteigerten Hilfsbereitschaft von deren Seite in Bezug auf die erste Zeit nach der Scheidung. Mit der Zeit nehmen diese Formen des Umgang allerdings deutlich ab. Vielmehr zeigt sich, dass in einer späteren Phase nach einer Ehescheidung betroffene Mütter bedeutsam weniger Kontakte zu anderen Erwachsenen haben als verheiratete Mütter. Dementsprechend haben viele geschiedene Mütter das Gefühle in der Welt ihrer Kinder eingeschlossen zu sein. Insbesondere bei geschiedenen Müttern, die keiner Berufstätigkeit nachgehen, leiden im Vergleich zu berufstätigen Müttern vermehrt unter Gefühlen der Einsamkeit und Isolation, da der Bereich beruflicher Kontakte entfällt (Hetherington et al., 1982).

> **Mütter ohne Berufstätigkeit leiden besonders unter Einsamkeit und Isolation.**

Die Väter, die nach der räumlichen Trennung der Partner nicht mehr mit ihrer alten Kernfamilie zusammenleben, leiden in der frühen Nachtrennungsphase häufig unter Gefühlen des Ausgeschlossenseins und der Einsamkeit. Viele der Männer versuchen dies durch vermehrte soziale Aktivitäten auszugleichen. Während dieser Zeit nehmen die Kontakte zum alten Freundeskreis ab, während zufällige Bekanntschaften in Bars und auf Partys sowie sexuelle Kontakte zu verschiedenen Frauen einen größeren Stellenwert einnehmen (Hetherington et al., 1982).

Die Aufnahme neuer sexueller Beziehungen nach der Trennung vom Ehepartner hat sowohl für die geschiedenen Männer als auch für die geschiedenen Frauen einen positiven Einfluss auf die emotionale Lage und auf das Selbstwertgefühl der Betroffenen. Über einen kurzzeitigen Effekt hinaus bleibt dieser positive Einfluss jedoch nur dann wirksam, wenn sich aus diesen Kontakten eine tiefere gefühlsmäßige Beziehung entwickelt. Die anfangs willkommene sexuelle Freiheit verliert häufig schnell ihren Reiz, vielmehr kann das Fehlen einer tieferen emotionalen Bezogenheit im Zusammenhang mit den sexuellen Kontakten auf Dauer zu Gefühlen der Sinnlosigkeit, der Einsamkeit und der inneren Leere sowie zu depressiven Verstimmungen und geringer Selbstachtung führen (vgl. Hetherington et al., 1982).

> **Die Qualität einer neuen intimen Beziehung und nicht die Quantität sexueller Kontakte in der Zeit nach der ehelichen Trennung erweist sich demzufolge als ein bedeutsamer Faktor bei der Bewältigung der Nachscheidungsphase.**

### 18.3.5  Belastungen im Bereich praktischer Alltagsaufgaben

Weitere Probleme und Belastungen können sich infolge einer ehelichen Trennung den betroffenen Frauen und Männer im Bereich von praktischen Aufgaben des Alltags stellen. Zu denken ist dabei an Schwierigkeiten bei der Führung des Haushalts, an Probleme im Zusammenhang mit der Organisation des Tagesablaufs und der beruflichen Verpflichtungen sowie der Vereinbarung von Familie, Haushalt und Beruf. Spezifische Belastungen ergeben sich in diesen Bereichen aufgrund von Veränderungen der äußeren Lebenssituation infolge der Trennung, durch die sich die Betroffenen vermehrten und zum Teil auch neuen Handlungsanforderungen ausgesetzt sehen.

Die nach der ehelichen Trennung weiterhin mit den Kindern zusammenlebenden Mütter müssen die bisher mit dem Partner geteilten bzw. mit ihm abgestimmten Aufgaben im Zusammenhang mit der physischen und psychischen Versorgung der Kinder, der Haushaltsführung, der finanziellen Sicherung und der Berufstätigkeit nunmehr in der Regel alleine planen und gestalten. Insbesondere in der ersten Zeit nach der Trennung sind die betroffenen Mütter von den anfallenden Arbeiten, die vormals von zwei Erwachsenen getragen wurden, geradezu überwältigt. Häufig zeigt sich in dieser Periode ein erhebliches Ausmaß an familiärer Desorganisation, welches sich in Form von unregelmäßigen Mahlzeiten und Zubettgehzeiten der Kinder sowie in Problemen selbst bei Routineaufgaben im Haushalt widerspiegelt. Die Koordination von Haushalt, Kindererziehung und Beruf erleben viele der betroffenen Frauen als die schwierigste Aufgabe nach der Trennung, insbesondere dann, wenn sie zu diesem Zeitpunkt eine Erwerbstätigkeit neu aufnehmen. Den Müttern bleibt in dieser Phase kaum der Freiraum für eigene Interessen und Möglichkeiten zur Entspannung. Eine Normalisierung des Lebensrhythmus scheint erst etwa zwei Jahre nach der Scheidung einzusetzen (Hetherington et al., 1982).

> **Eine Normalisierung des Lebensrhythmus scheint erst ca. zwei Jahre nach der Scheidung einzusetzen.**

Die räumliche Trennung der Partner geht in aller Regel mit einem Wohnungs- und evtl. auch einem Wohnortwechsel einher. Diese Veränderungen können einen weiteren Bereich potenzieller Belastungen für die betroffenen Frauen und Männer darstellen und zu erheblichen Anpassungsproblemen führen (vgl. Beelmann, 1994). Dabei bleibt in den meisten Fällen ein Teil der Familie – überwiegend sind dies die Mütter mit den Kindern – in der vormals gemeinsamen Wohnung. Ihnen stellt sich die Aufgabe, den frei gewordenen vorher gemeinsam genutzten Raum umzustrukturieren. Die dabei oftmals erlebte räumliche Veränderung bzw. auch Leere lässt in recht anschaulicher Weise das faktische Ende der Ehebeziehung sichtbar werden.

Der Ehepartner, der die gemeinsame Wohnung verlässt – in den meisten Fällen der Vater -, steht ganz allgemein vor dem Problem, sich mit der neuen Wohnsituation zurechtfinden zu müssen. In vielen Fällen werden aufgrund der finanziellen Mehrbelastung infolge der Trennung mit dem Umzug räumliche Einschränkungen erforderlich, was mit einer deutlichen Verschlechterung der Wohnbedingungen verbunden ist. Über die Gestaltung der neuen Wohnumgebung und der Orientierung in einem neuen sozialen Umfeld hinaus, wird von den Väter insbesondere der Verlust ihres Zuhauses, der eng mit der Trennung von den Kindern verbunden ist, als belastend erlebt.

> **Als ein weiterer Problembereich bei den Väter, vor allem bei Männern aus Ehen mit einer traditionellen Rollenaufteilung, erweist sich die Organisation des eigenen Haushalts nach der Trennung.**

Vielfach fällt es den allein lebenden Männern schwer, selbst einfachste Aufgaben im Haushalt auszuführen, und sie beschreiben einen Lebensstil, der durch unregelmäßige Schlaf- und Essgewohnheiten sowie durch ein Gefühl des Entwurzeltseins gekennzeichnet ist (vgl. Hetherington et al., 1982).

### 18.3.6 Belastungen auf der juristischen und finanziellen Ebene

Die eheliche Trennung und Scheidung fordert von den Ex-Partnern auch, Lösungen für wirtschaftliche, versorgungsrechtliche und sorge- bzw. umgangsrechtliche Fragen zu finden. So führt die Ehescheidung auch zu einer Neu- und Umverteilung der finanziellen Mittel. Insbesondere bei Familien, die vor der Trennung über ein geringes oder gerade ausreichendes Einkommen verfügten, beklagen im Scheidungsprozess akute finanzielle Probleme. Im Vergleich zu verheirateten Männern und Frauen stellt sich die wirtschaftliche Situation für Geschiedene häufig als wesentlich angespannter dar, da einerseits mit der Führung zweier Haushalte erhebliche Mehrkosten verbunden sind und andererseits vielfach steuerliche Vergünstigungen entfallen. Daraus resultierend sinkt bei vielen Frauen und Männern im Zuge der Trennung/Scheidung der Lebensstandard, sodass entweder Einschränkungen vorgenommen werden müssen oder aber das Einkommen durch Mehrarbeit zu steigern ist (vgl. Beelmann, 1994).

> **Bei vielen Frauen und Männern sinkt im Zuge der Trennung/Scheidung der Lebensstandard.**

Die finanziellen Belastungen und der ökonomische Abstieg und die damit verbundenen Veränderungen im Lebensstil nach einer ehelichen Trennung/Scheidung werden in der Forschungsliteratur von einigen Autoren als ein wichtiger, wenn nicht sogar als der entscheidende Faktor für die Gesamtproblematik im Scheidungsgeschehen betrachtet (Napp-Peters, 1995). Dies trifft insbesondere auf die Alleinstehenden zu, die nach der räumlichen Trennung vom Partner weiterhin mit den Kindern zusammenleben (gleich ob Frau oder Mann). So zeigt sich, dass etwa ein Viertel dieser Personengruppe nach einer ehelichen Trennung von der Sozialhilfe lebt, und dies – wie eine Langzeitstudie verdeutlicht – sogar über einen recht langen Zeitraum (vgl. Napp-Peters, 1995). Aus diesem Grund sehen sich vor allem viele geschiedenen Mütter gezwungen, eine Erwerbstätigkeit aufzunehmen. Als besonders problematisch erweist

> **Etwa ein Viertel der Personengruppe lebt nach einer ehelichen Trennung von der Sozialhilfe, und dies – wie eine Langzeitstudie verdeutlicht – sogar über einen recht langen Zeitraum.**

sich die berufliche und damit auch die finanzielle Situation nach einer ehelichen Trennung für ältere Frauen mit niedriger beruflicher Qualifikation, die während ihrer Ehe nicht berufstätig waren. Frauen dieser Personengruppe fällt es schwer aufgrund fehlender Berufserfahrung und oftmals unzureichender Ausbildung, eine hinlänglich entlohnte Beschäftigung zu finden, sodass sie oftmals nach der Trennung einen rapiden sozioökonomischen Abstieg erleben. Auch getrennt lebende Mütter, die jüngere Kinder zu versorgen haben, sehen sich mit besonderen Schwierigkeiten konfrontiert, wenn es darum geht, eine mit der Kinderbetreuung zu vereinbarende Erwerbstätigkeit zu finden, die zugleich ein ausreichendes Einkommen sichert (vgl. Textor, 1991).

Wichtige finanzielle Angelegenheiten sind im Zuge einer ehelichen Trennung/Scheidung von den betroffenen Frauen und Männern gemeinsam zu regeln. So sind Lösungen zu finden hinsichtlich der Verteilung von Vermögen und Besitz sowie der Frage der Unterhaltszahlungen. Die Regelung dieser Angelegenheiten kann für die Beteiligten zu einer erheblichen Belastung werden, insbesondere dann, wenn fortgesetzte Paarkonflikte in indirekter Weise auf der finanziellen Ebene ausagiert werden (vgl. Wallerstein & Blakeslee, 1989). Gerade die zu leistenden Unterhaltszahlungen bieten in diesem Zusammenhang ein bevorzugtes Spielfeld, da diese Zahlungen auch nach Trennung und Scheidung fortgesetzt geleistet bzw. empfangen werden, selbst in solchen Fällen, in denen die Ex-Partner sonst jeglichen Kontakt vermeiden.

Im Verlauf des Scheidungsprozesses kommen die sich trennenden Ehepartner mit den Organen der Jurisprudenz (Rechtsanwälte, Richter, ggf. Gutachter) in Kontakt. Dies gilt sowohl für den Fall einer mehr oder weniger einvernehmlichen Scheidung, vermehrt jedoch für solche Fälle, in denen die Ex-Partnern nicht in der Lage sind, sich auf Regelungen hinsichtlich der finanziellen Angelegenheiten und/oder des Sorge- und Umgangsrechts zu einigen. Eine Vielzahl der betroffenen Frauen und Männer fühlt sich bei der Auseinandersetzung mit den juristischen Fragen im Zusammenhang mit der Scheidung überfordert. Sie nehmen diese Angelegenheiten als ein bedeutsames Problem wahr, bei dessen Lösung sie sich von ihren Rechtsanwälten oftmals nicht hinreichend unterstützt fühlen (vgl. Beelmann, 1994).

### 18.3.7   Beeinträchtigungen des physischen und psychischen Wohlbefindens

Das physische und psychische Wohlbefinden von Frauen und Männern, die eine Trennung vom Ehepartner erlebt haben, ist Gegenstand zahlreicher epidemiologisch und klinisch orientierter Studien (zur Übersicht vgl. Beelmann, 1994; Klein-Allermann & Schaller, 1992). Die Forschungsbefunde belegen in ihrer Gesamtheit eine erhöhte Vulnerabilität von scheidungsbetroffenen Personen. Es wird bei Geschiedenen im Vergleich zu Verheirateten allgemein ein höheres Maß an somatischen und psychischen Problemen konstatiert (vgl. Markman & Hahlweg, 1993). Geschiedene Frauen und Männer tragen ein höheres Risiko im Hinblick auf die Entwicklung einer körperlichen Krankheit, und sie sind unter psychiatrischen Patienten überrepräsentiert. In diesem Zusammenhang wird für Männer als häufigste Diagnose »Alkoholismus« und für Frauen »Depression« gestellt. Geschiedene leiden häufiger als Verheiratete unter psychosomatischen Beschwerden und lebensbedrohlichen Erkrankungen. So werden etwa vermehrte Auftretenshäufigkeiten von Lungenkrebs, Tuberkulose, Zirrhosen, Diabetes mellitus und Herz-Kreislauf-Erkrankungen berichtet. Es besteht die Auffassung, dass diese Krankheiten über einen riskanteren Lebensstil und Beeinträchtigungen des Immunsystems vermittelt werden.

> Es wird bei Geschiedenen im Vergleich zu Verheirateten allgemein ein höheres Maß an somatischen und psychischen Problemen konstatiert.

Die erwähnten schwerwiegenden physischen und psychischen Erkrankungen finden sich allerdings nur bei einer Minderheit der geschiedenen Frauen und Männer. Häufiger sind bei dieser Personengruppe jedoch Symptome wie Schlafstörungen, Erschöpfung, Apathie, depressive Verstimmungen, Angstzustände, Nervosität, Reizbarkeit, Kopfschmerzen sowie Drogen- und Medikamentenmissbrauch und eine erhöhter Alkohol- und Nikotinkonsum feststellbar. Diese Probleme zeigen sich verstärkt in der ersten Zeit nach der ehelichen Trennung, sie nehmen dann im zeitlichen Verlauf jedoch wieder deutlich ab (vgl. Beelmann, 1994). Im Hinblick auf die emotionale Befindlichkeit Geschiedener wird berichtet, dass die betroffenen Frauen und Männer sich im ersten Jahr nach der Scheidung ängstlich, deprimiert, zornig, zurückgewiesen und inkompetent fühlen. Dabei sind Schwankungen zwischen Stimmungshochs mit Gefühlen der Befreiung und Stimmungstiefs zu beobachten. Die Väter berichten in dieser Phase über Empfindungen von Heimatlosigkeit, der Entwurzelung und der Strukturlosigkeit, während betroffene Frauen eher über Attraktivitäts- und Statusverlust klagen. Langzeituntersuchungen zufolge setzt sich erst gegen Ende des zweiten Jahres nach der Scheidung eine ausgeglichene Stimmungslage durch (Hetherington et al., 1982).

## 18.4 Anpassungsverläufe nach einer ehelichen Trennung

In der wissenschaftlichen Literatur zur Scheidungsforschung ist vielfach herausgestellt worden, dass es angemessener erscheint, die Ehescheidung nicht lediglich als ein singuläres stressreiches Ereignis, sondern als ein dynamisches Prozessgeschehen aufzufassen, bei welchem einzelne Phasen des Prozesses von Art und Ausmaß der erlebten Belastungen her differieren. Es gibt bislang nur wenige umfassende Längsschnittstudien, die den

> Ehescheidung ist kein singuläres stressreiches Ereignis, sondern ein dynamisches Prozessgeschehen.

Prozesscharakter des Scheidungsgeschehens und die Anpassungs- und Bewältigungsprozesse der Betroffenen nach einer ehelichen Trennung/Scheidung hinreichend berücksichtigen. Als die einflussreichsten längsschnittlich angelegten Studien sind hier zunächst die Arbeiten der Forschergruppe um Hetherington (vgl. etwa Hetherington, 1989; Hetherington et al., 1982) und die Studien der Gruppe um Wallerstein (vgl. Wallerstein & Kelly, 1980; Wallerstein & Blakeslee, 1989) sowie für den deutschen Sprachraum die Kölner Längsschnittstudie (vgl. Schmidt-Denter & Beelmann, 1995, 1997; Beelmann, 1994) zu nennen. Da verschiedene Einzelbefunde dieser Untersuchungen bereits im Zusammenhang mit dem Belastungserleben in verschiedenen Lebensbereichen in Abschnitt 18.3 dargestellt wurden, beziehen sich die nachfolgenden Ausführungen auf empirische Befunde und theoretische Annahmen im Hinblick auf den Prozesscharakter des Anpassungsgeschehens bei einer ehelichen Trennung bzw. Scheidung.

Hetherington et al. (1982) differenzierten auf der Grundlage ihrer Forschungsergebnisse im Hinblick auf den Prozessverlauf nach der Ehescheidung eine Des- und eine Reorganisationsphase. Die Zeit unmittelbar nach der Scheidung stellt den Ausführungen der Autoren zufolge eine Phase des Ungleichgewichts und der Desorganisation des familiären Systems dar. Diese Periode ist qualitativ vor allem durch eine Eskalation der Konflikte zwischen den Ex-Partnern sowie durch konfliktreiche und belastete Eltern-Kind-Beziehungen gekennzeichnet. Im Verlauf des zweiten Jahres nach der Ehescheidung folgt dann eine Phase der Stabilisierung und Reorganisation des Familiensystems. Während dieser Zeit nehmen die Konflikte zwischen den früheren Ehepartnern ab, die Mutter-Kind-Beziehung normalisiert sich, und die Kontakte zwischen dem Vater und seinen Kindern spielen sich ein.

Aufgrund ihrer Forschungsarbeiten, in denen auch die Zeit zwischen räumlicher Trennung der Ehepartner und juristischer Scheidung berücksichtigt wird, gelangen Wallerstein und Blakeslee (1989) zu einer groben Dreiteilung des Phasenablaufs nach einer ehelichen Trennung. Die erste, die »akute Phase«, reicht in ihrer zeitlichen Erstreckung von mehreren Monaten bis zu ein bis zwei Jahren nach der räumlichen Trennung. In dieser Phase können bei den sich trennenden Frauen und Männern vermehrte Wutausbrüche, sexuelle Affären und depressive Verstimmungen sowie zum Teil auch auf den Expartner gerichtete Gewalttätigkeiten beobachtet werden. In einer sich daran anschließenden Übergangsphase sind die Betroffenen mit sich neu entwickelnden bzw. sich verändernden Beziehungen und Rollenanforderungen konfrontiert. Ein vermehrtes Ausprobieren und wechselnde Stimmungen kennzeichnen diese Zeit. Nach erfolgreicher Bewältigung dieser Periode zeichnet sich ein Übergang in die Phase der Stabilisierung ab, in der sich die Beziehungen gefestigt haben und die Nach-Scheidungsfamilie ein neues funktionstüchtiges System darstellt.

## Veränderung der familiären Beziehungen nach einer ehelichen Trennung

Im Rahmen der Kölner Längsschnittstudie (Schmidt-Denter & Beelmann, 1995, 1997) wurde die Veränderung der familiären Beziehungen nach einer ehelichen Trennung untersucht. Konzept und Problemstellungen der Studie beziehen sich auf den familienpsychologischen Systemansatz, den Perspektivenvergleich zwischen den betroffenen Familienmitgliedern, den Prozesscharakter des sozialen Übergangs und den differenziellen Ansatz. Ausgehend von einem Drei-Phasen-Modell des Trennungs-/Scheidungsgeschehens wurde eine Untersuchung mit drei Messzeitpunkten durchgeführt. Die erste Erhebung fand unmittelbar nach der räumlichen Trennung der Partner statt (im Durchschnitt lag diese 10 Monate zurück), die zweite und dritte folgten im Abstand von jeweils 15 Monaten. Die Stichprobe bestand aus 60 Trennungsfamilien, aus denen sich jeweils beide Eltern sowie ein Zielkind im Alter zwischen 4 und 10 Jahren an der Untersuchung beteiligten.

Die Ergebnisse zeigen, dass die Familie als soziales System infolge des nichtnormativen kritischen Lebensereignisses der ehelichen Trennung/Scheidung nicht aufhört zu existieren, sondern sich umstrukturiert. Die familiären Beziehungen bestehen in dem Sinne fort, dass Kontakte stattfinden, dass die alte Kernfamilie weiterhin kognitiv präsent ist und dass emotionale Bindungen überdauern. Gleichzeitig jedoch kommt es zu erheblichen Veränderungen in den Beziehungen, von denen die einzelnen familiären Subsysteme allerdings unterschiedlich betroffen sind. Der tiefgreifenste Wandel zeigt sich in der Ehepartnerbeziehung, deren Scheitern den Auslöser für die Scheidung darstellt. So äußern Mütter und Väter aus den Trennungsfamilien hinsichtlich der Beziehung zum Ex-Partner/zur Ex-Partnerin deutlich weniger Zärtlichkeit, ein höheres Maß an Konfliktneigung und resignativer Unzufriedenheit als Eltern aus vollständigen Familien. Die Trennungspaare sehen sich zahlreichen Problemen und Belastungen ausgesetzt. Belastungen, die beide Partner erleben, betreffen vor allem die psychischen Folgen der Trennung. Es gibt aber auch unterschiedliche Gewichtungen in der Problemstruktur, die durch die unterschiedliche Lebenssituation bedingt sind. So kämpfen die Väter, die in der Regel die Familie verlassen, mit dem Alleinsein, mit Identitäts- und Rollenproblemen sowie mit finanziellen Problemen. Die Mütter sind stärker mit organisatorischen Problemen des Haushalts und des Alltags sowie mit Erziehungsproblemen belastet. Auch der vorherrschende Gefühlszustand der Ehepartner unmittelbar nach der Trennung unterscheidet sich. Zwar empfinden Frauen und Männer angesichts der vielen antizipierten Probleme oft Verzweiflung, jedoch fühlen sich Frauen häufiger auch »frei und kraftvoll« sowie »wütend und aggressiv«, während Männer häufiger Schuldgefühle wegen des Kindes haben und sich ohne Familie sehr hilflos fühlen. Vielleicht sind diese Unterschiede im Zusammenhang damit zu sehen, dass der Trennungswunsch zu zwei Dritteln allein von den Frauen ausgeht.

Die familiären Systemänderungen werden auch durch den Wandel des erlebten Familienklimas nachgewiesen, wobei gleichzeitig eine Differenzierung der Perspektiven festzustellen ist. Bei den betroffenen Frauen und Männern ergeben sich in nahezu allen Dimensionen bedeutsame Abweichungen von vollständigen Familien, was deutlich die von ihnen erlebte Auflösung des bisherigen familiären Beziehungsgefüges widerspiegelt. Bei der Analyse des zeitlichen Verlaufs ergeben sich bedeutsame geschlechtsspezifische Unterschiede. Das von den Müttern erlebte Familienklima bleibt im Wesentlichen während des Untersuchungszeitraums durch die genannten Besonderheiten gekennzeichnet. Es wird lediglich ein Trend zur aktiveren Freizeitgestaltung und zur stärkeren kulturellen Orientierung sichtbar. Die Väter dagegen erleben über die Zeit zunehmend mehr familiären Zusammenhalt, mehr Offenheit, eine stärkere kulturelle Orientierung, eine aktivere Freizeitgestaltung sowie eine abnehmende innerfamiliäre Konfliktneigung. Die Differenzen erklären sich aus den unterschiedlichen familiären Bezugsgruppen, insbesondere aus dem höheren Stellenwert einer neuen Partnerschaft für die Väter. Im Vergleich dazu, dass eine außereheliche Beziehung nur selten als expliziter Trennungsgrund genannt wird, haben sich nach der Trennung bereits zahlreiche neue Partnerschaften gebildet. Diese sind bei den Männern (mit ca. 80%) sehr viel häufiger als bei den Frauen, von denen zu Beginn der Trennungszeit nur 30% und später erst 45% einen neuen Partner haben. Neue Partnerschaften sind bei den Männern nicht nur häufiger, sie haben auch einen anderen Stellenwert. Fast alle Partnerinnen werden als Familienmitglied angesehen, während die Frauen in Bezug auf ihre Partner hier zurückhaltender sind. Die neue partnerschaftliche Bindung bedingt bei den Vätern die starken positiven Veränderungen nach dem ausgeprägten Tiefpunkt, der infolge der räumlichen Trennung von der alten Familie zunächst zu beobachten war. Die Mütter bleiben demgegenüber stärker innerfamiliär eingebunden. Das bedeutet einerseits kontinuierliche Bindung an die Kinder und damit Stabilität, es werden dadurch bedingt aber auch mehr Verpflichtungen und persönliche Einschränkungen erlebt.

## 18.5 Unterschiedliche Gestaltung nachehelicher Paarbeziehung in ihrer Bedeutung für die kindliche Entwicklung

Die Scheidungsliteratur weist übereinstimmend nach, dass die Qualität der Beziehung zwischen den getrennt lebenden Eltern zu den bedeutsamsten Prädiktoren für die Entwicklung des Kindes in der Zeit nach einer ehelichen Trennung/Scheidung zählt (Amato & Keith, 1991). Einen anschaulichen Beleg für diese Auffassung liefern auch Befunde aus der Kölner Längsschnittstudie (Schmidt-Denter et al., 1997). Auf der Grundlage eines differenziell-typologischen Ansatzes konnten drei Gruppen von trennungsbetroffenen Eltern hinsichtlich des Erlebens ihrer Beziehung zum früheren Ehepartner unterschieden werden:

> **Die Qualität der Beziehung zwischen getrennt lebenden Eltern zählt zu den bedeutsamen Prädiktoren für die Entwicklung des Kindes in der Zeit nach der ehelichen Trennung.**

1. Paare, bei denen die Beziehung zum früheren Ehepartner übereinstimmend als vergleichsweise weniger negativ eingeschätzt wird (+/+). Die Frauen und Männer, die diesem ersten Paartyp angehören (32% der Paare), erleben zwar einen extrem geringen wechselseitigen Austausch von Zärtlichkeit, doch ist das Ausmaß der offen ausgetragenen Konflikte, der resignativen Unzufriedenheit sowie der Nachgiebigkeit gegenüber dem (Ex-) Ehepartner vergleichsweise geringer als bei den anderen Trennungspaaren.

2. Paare, bei denen die Einschätzungen der Beziehung zum früheren Partner nicht übereinstimmen, d. h. einer der Partner weist eine weniger negative und der andere eine stark negative Beziehungswahrnehmung auf (+/–). Bei den Betroffenen dieses zweiten Beziehungstyps (32% der Paare) wird sowohl von den Frauen als auch von den Männern extrem wenig Zärtlichkeit dem (Ex-) Partner gegenüber empfunden. Hinsichtlich der Skalen Konflikt und resignative Unzufriedenheit liegen die Werte dieser Subgruppe zwischen denen der beiden anderen Beziehungstypen.

3. Paare, bei denen die Beziehung zum Ex-Partner in Übereinstimmung als stark negativ eingeschätzt wird (–/–). Die Frauen und Männer dieses dritten Paartyps (36% der Paare) sind ebenfalls durch auffällig geringe Werte bei der Dimension Zärtlichkeit gekennzeichnet. Darüber hinaus weisen sie hinsichtlich der Dimensionen Konflikt und resignative Unzufriedenheit extrem hohe Ausprägungen auf. Bei der Dimension Unterdrückung zeigt sich bei den Müttern eine mittlerer Ausprägung, während die Werte der Väter über dem Durchschnitt der Gesamtstichprobe liegen.

Diese drei Typen nachehelicher Paarbeziehung können zudem durch weitere spezifische Merkmale charakterisiert werden: Beim ersten Beziehungstyp (übereinstimmend weniger negative Beziehungseinschätzung) weisen die Frauen und Männer die vergleichsweise geringste psycho-physische Belastung (Angespanntheit/Nervosität, Müdigkeit/Abgespanntheit) auf. Weiterhin wird die Beziehung des jeweils anderen Elternteils zum Kind als sehr viel positiver eingeschätzt als bei den anderen Paaren. Die Väter dieses Paartyps sind mit den getroffenen sorge- u. umgangsrechtlichen Regelungen zufriedener als die Väter der anderen Subgruppen. Auch hat sich bei den Kindern, deren Eltern diesem Beziehungstyp angehören, mit der Zeit zum Vater eine positivere Beziehung entwickelt als bei den Kindern der anderen Trennungsfamilien. Der zweite Beziehungstyp (unterschiedliche Beziehungseinschätzung) kann dadurch charakterisiert werden, dass die Väter eine verstärkte psycho-physische Belastung aufweisen. Hinsichtlich der Einschätzung der Beziehung des jeweils anderen Elternteils zum Kind liegen die Werte bei diesem Paartyp ebenso im mittleren Bereich wie im Hinblick auf die Zufriedenheit mit den getroffenen sorge- u. umgangsrechtlichen Regelungen. Beim dritten Beziehungstyp (übereinstimmend stark negative Beziehungseinschätzung) ist bei den Müttern und Vätern die vergleichsweise stärkste psycho-physische Belastung (Angespanntheit/Nervosität, Müdigkeit/Abgespanntheit) zu konstatieren. Zudem wird die Beziehung des jeweils anderen Elternteils zum Kind als vergleichsweise sehr negativ eingeschätzt. Sowohl die Mütter als auch die Väter dieses Paartyps sind mit den getroffenen sorge- u. umgangsrechtlichen Regelungen unzufriedener als die anderen Scheidungseltern.

Weiterhin können der Untersuchung deutliche Hinweise für die Annahme eines indirekten Effekts des Konfliktniveaus der nachehelichen Paarbeziehung auf die Anpassung der Kinder an die Situation nach einer ehelichen Trennung entnommen werden. Betrachtet man die drei unterschiedlichen Beziehungstypen im Hinblick auf ihre Bedeutung für den Verlauf der kindlichen Anpassung an die Situation nach einer ehelichen Trennung, so lassen sich bedeutsame Gruppenunterschiede feststellen. In Abbildung 18.1 ist der Grad der kindlichen Anpassung für die drei Subgruppen wiedergegeben.

Zum einen wird deutlich, dass sich eine weniger problem- und konfliktbelastete Beziehung der früheren Ehepartner (Beziehungstyp 1) förderlich auf die kindliche Anpassung an die Situation nach der ehelichen Trennung auswirkt. So liegen die Durchschnittswerte der mittels Marburger Verhaltensliste (MVL; Ehlers et al., 1978) registrierten Verhaltensprobleme bei denjenigen Kindern, deren Eltern diesem Paartyp angehören, deutlich unter den Werten der anderen beiden Subgruppen und bewegen sich in einem unauffälligen Bereich. Demgegenüber erweist sich die Konfrontation des Kindes mit fortgesetzten nachehelichen Paarkonflikten, wie sie sich bei den Frauen und Männern der Beziehungstypen 2 und 3 realisieren, als ein zentraler Risikofaktor für die

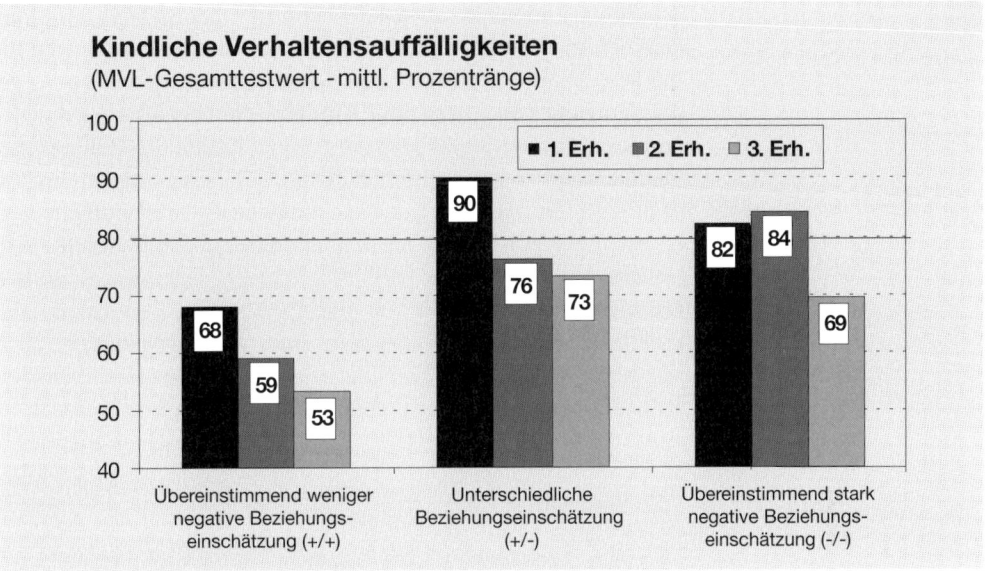

**Kindliche Verhaltensauffälligkeiten**
(MVL-Gesamttestwert - mittl. Prozentränge)

**Abb. 17.2.** Unterschiedliche Typen nachehelicher Paarbeziehung in ihrer Bedeutung für die kindliche Anpassung

kindliche Entwicklung nach der ehelichen Trennung. Auch wenn sich bei den Kindern, deren Eltern diesen beiden Subgruppen angehören, im zeitlichen Verlauf eine allmähliche Reduzierung der Verhaltensauffälligkeiten abzeichnet, liegen die durchschnittlichen Werte deutlich über denen der ersten Gruppe und befinden sich durchaus in einem kritischen Bereich (größer Prozentrang 80). Auffallend ist ferner, dass bereits die negative Wahrnehmung der Paarbeziehung von Seiten nur eines der Elternteile (Beziehungstyp 2) das Risiko für kindliche Verhaltensprobleme deutlich erhöht.

Betrachtet man diese Befunde zusammenfassend, so unterstreichen sie die Bedeutung einer konsensuellen Klärung der Ex-Ehepartnerbeziehung für die Bewältigung der Probleme von Scheidungsfamilien (vgl. Schmidt-Denter et al., 1997). Das Gelingen bzw. Misslingen von Anpassungsleistungen wird entscheidend durch die Gestaltung der nachehelichen Paarbeziehung beeinflusst. Dabei bilden insbesondere die Verringerung des Konfliktniveaus und die Vermeidung reziproker Unzufriedenheit einen protektiven Faktor für die Bewältigung der Trennungs-/Scheidungssituation durch die Eltern selbst, was sich eindrucksvoll auch in ihrer psychophysischen Befindlichkeit widerspiegelt. Darüber hinaus erweist sich die elterliche Konsensbildung als hoch bedeutsam für die Neugestaltung der Eltern-Kind-Beziehung und für die Vermeidung kindlicher Verhaltensstörungen.

Diese Erkenntnisse markieren wichtige Ansatzpunkte einer wissenschaftlich fundierten Prävention und Intervention im Kontext des Trennungs-/Scheidungsgeschehens. So wurden etwa in neuerer Zeit Ansätze zur Mediation (Vermittlung) bei Trennung und

Scheidung entwickelt, die das Ziel verfolgen, die gemeinsame Verantwortung der Eltern zu fördern und konsensuelle Lösungen für die anstehenden Aufgaben (die Regelung der elterlichen Sorge, den Umgang von Eltern und Kindern, die Neuorganisation der Bereiche Wohnen und Finanzen etc.) zu finden. Im Rahmen des Mediationsprozesses werden dabei mit Hilfe eines unparteiischen und neutralen Mediators einvernehmliche und verbindliche Vereinbarungen erarbeitet. Das Mediationsverfahren bietet den sich trennenden Ehepartner die Möglichkeit, eigenverantwortlich Lösungen zu finden, die auf die spezifischen Bedürfnisse der jeweiligen Familie zugeschnitten sind, was insbesondere auch Kooperationsformen in der Elternrolle unterstützt (im Einzelnen siehe etwa Duss-von-Werdt et al., 1995; Montada & Kals, 2001).

## Zusammenfassung

Die eheliche Trennung/Scheidung kann theoretisch als nichtnormatives kritisches Lebensereignis konzipiert werden, als ein Ereignis, dessen Eintritt den Beginn eines sozialen Übergangsprozesses markiert. Das soziale System Familie hört im Verlauf dieses Prozesses nicht auf zu existieren, sondern erfährt eine grundlegende Umstrukturierung. Zwar verändern sich die Beziehungen und Kontakte, jedoch bleiben sie in spezifischer Weise weiter bestehen. Die einzelnen familiären Subsysteme sind von diesen Veränderungen unterschiedlich betroffen. Im Zentrum des Wandels stehen die tief greifenden Veränderungen in der Beziehung der (Ex-)Ehepartner, deren Scheitern den Auslöser für die Scheidung darstellt. Infolge einer ehelichen Trennung treten Veränderungen in zahlreichen zentralen Lebensbereichen auf, die von den betroffenen Frauen, Männern und Kindern erhebliche Anpassungsleistungen erfordern. Aufgrund einer Kumulation der eintretenden Veränderungen und neuen Anforderungen in der Nachtrennungsphase ergeben sich vielfältige Probleme und Belastungen. Diese werden bedingt durch den Einfluss zahlreicher Faktoren nicht zwangsläufig von allen sich trennenden Personen gleichermaßen erlebt, sondern es ist vielmehr von interindividuell unterschiedlichen Belastungskonstellationen auszugehen. Trotz der individuellen Besonderheiten lassen sich jedoch bedeutsame Bereiche identifizieren, wie etwa das Verhältnis zum früheren Partner, die Beziehung zu den Kindern und zu anderen Personen des sozialen Netzwerks sowie alltagspraktische, berufliche, finanzielle und gesundheitliche Anforderungen, mit denen sich die Mehrzahl der von einer ehelichen Trennung betroffenen Frauen und Männer mehr oder weniger stark auseinanderzusetzen haben. Die in der Scheidungsforschung vorliegenden Längsschnittstudien, die den Anpassungs- und Bewältigungsprozessen nach einer Trennung Rechnung tragen, lassen erkennen, dass sich die Bedeutung einzelner Belastungsbereiche mit zunehmenden Abstand vom Trennungszeitpunkt verändert. Weiterhin können differenziell-typologisch ausgerichtete Forschungsansätze unterschiedliche Subgruppen nachehelicher Paarbeziehung aufzeigen. Diese Beziehungstypen unterscheiden sich zudem im Hinblick auf das psychische und physische Wohlbefinden der (Ex-)Partner, die Qualität der Eltern-Kind-Beziehung und die Form der kindlichen Anpassung an die Situation nach einer ehelichen Trennung.

## Literatur

Amato, P. R. & Keith, B. (1991). Parental divorce and the well-being of children: A meta-analysis. Psychological Bulletin, 110 (1), 26–46.

Beelmann, W. (1994). Stressbelastung und Bewältigungsreaktionen bei der Auseinandersetzung mit einer Trennung vom Ehepartner – Eine empirische Langzeitstudie. Regensburg: Roderer.

Blesken, K. W. (1998). Der unerwünschte Vater, zur Psychodynamik der Beziehungsgestaltung nach Trennung und Scheidung. Praxis der Kinderpsychologie und Kinderpsychiatrie, 47, 344–354.

Caspi, A. & Moffitt, T. E. (1993). When do individual differences matter? A paradoxical theory of personality coherence. Psychological Inquiry. 4, 247–271.

Cowan, P. A. (1991). Individual and family life transitions, A proposal for a new definition. In: Cowan, P. A. & Hetherington, E. M. (eds). Family transitions. (pp. 3–30). Hillsdale: Erlbaum.

Duss-von-Werdt, J., Mähler, G. & Mähler, H.-G. (Hrsg.). (1995). Mediation, Die andere Scheidung. Stuttgart: Klett Cotta.

Ehlers, B., Ehlers, T. & Makus, H. (1978). Die Marburger Verhaltensliste (MVL). Ein Elternfragebogen zur Abklärung des Problemverhaltens und zur Kontrolle des Therapieverlaufs bei sechs- bis zwölfjährigen Kindern. Göttingen: Hogrefe.

Filipp, S.-H. (1982). Kritische Lebensereignisse als Brennpunkte einer Angewandten Entwicklungspsychologie des mittleren und höheren Erwachsenenalters. In: Oerter, R. & Montada, L. (Hrsg.). Entwicklungspsychologie. (S. 769–788). München: Urban & Schwarzenberg.

Filipp, S.-H. (1995). Ein allgemeines Modell für die Analyse kritischer Lebensereignisse. In: Filipp, S.-H. (Hrsg.). Kritische Lebensereignisse (3. Aufl), (S. 3–52). Weinheim: Psychologie Verlags Union.

Fthenakis, W. E. (1995). Ehescheidung als Übergangsphase im Familienentwicklungsprozess. In: Perrez, M., Lambert, J.-L., Ermert, C. & Plancherel, B. (Hrsg.). Familie im Wandel. (S. 63–95). Bern: Hans Huber.

Fthenakis, W.E., Niesel, R. & Kunze, H.-R. (1982). Ehescheidung. Konsequenzen für Eltern und Kinder. München: Urban & Schwarzenberg.

Hetherington, E. M. (1989). Coping with family transitions, Winners, losers, and survivors. Child Development, 60, 1–14.

Hetherington, E. M., Cox, M. & Cox, R. (1982). Effects of divorce on parents and children. In: Lamb, M. E. (ed.). Nontraditional families, Parenting and child development. (pp 233–288). New York: Erlbaum.

Klein-Allermann, E. & Schaller, S. (1992). Scheidung – Ende oder Veränderung familialer Beziehungen. In: Hofer, M., Klein-Allermann, E. & Noack, P. (Hrsg.). Familienbeziehungen. Eltern und Kinder in der Entwicklung – Ein Lehrbuch. (S. 266–288). Göttingen: Hogrefe.

Kreppner, K. (2000). Entwicklung von Eltern-Kind-Beziehungen: Normative Aspekte im Rahmen der Familienentwicklung. In: Schneewind, K. A. (Hrsg.). Familienpsychologie im Aufwind. Brückenschläge zwischen Forschung und Praxis. (S. 174–195). Göttingen: Hogrefe.

Markman, H. J. & Hahlweg, K. (1993). The prediction and prevention of marital distress, An international perspective. Clinical Psychology Review, 13, 29–43.

Montada, L. & Kals, E. (2001). Mediation. Lehrbuch für Psychologen und Juristen. Weinheim: Beltz PVU.

Napp-Peters, A. (1995). Familien nach der Scheidung. München: Kunstmann.

Parkes, C. M. (1972). Bereavement. New York: International University Press.

Schmidt-Denter, U. (1996). Soziale Entwicklung. Ein Lehrbuch über soziale Beziehungen im Laufe des menschlichen Lebens (3. Aufl). Weinheim: Psychologie Verlags Union.

Schmidt-Denter, U. & Beelmann, W. (1995). Familiäre Beziehungen nach Trennung und Scheidung: Veränderungsprozesse bei Müttern, Vätern und Kindern. Forschungsbericht (Bd. 1: Textteil, Bd. 2: Abbildungen und Tabellen). Köln: Psychologisches Institut der Universität zu Köln.

Schmidt-Denter, U. & Beelmann, W. (1997). Kindliche Symptombelastungen in der Zeit nach einer ehelichen Trennung – eine differenzielle und längsschnittliche Betrachtung. Zeitschrift für Entwicklungspsychologie und Pädagogische Psychologie, 29, 26–42.

Schmidt-Denter, U., Beelmann, W. & Hauschild, S. (1997). Formen der Ehepartnerbeziehung und familiäre Anpassungsleistungen nach der Trennung. Psychologie in Erziehung und Unterricht, 44, 289–306.

Textor, M. R. (1991). Scheidungszyklus und Scheidungsberatung. Ein Handbuch. Göttingen: Vandenhoeck & Ruprecht.

Veevers, J. E. (1991). Traumas versus strens, A paradigm of positive versus negative divorce outcomes. Journal of Divorce and Remarriage, 15, 99–127.

Wallerstein, J. S. & Blakeslee, S. (1989). Gewinner und Verlierer. Frauen, Männer, Kinder nach der Scheidung. München: Droemer Knaur.

Wallerstein, J. S. & Kelly, J. B. (1980). Surviving the breakup. How children and parents cope with divorce. New York: Basic Books.

# Ausblick

# Neuere Entwicklungen in der Partnerschaftsforschung: Wechselwirkungen zwischen Telekommunikation und Paarbeziehung

Nicola Döring

**D**ie Beziehungsforschung misst der verbalen und non-verbalen Kommunikation zwischen den Beziehungspartnern traditionell große Bedeutung bei. Sie konzentriert sich dabei jedoch bislang recht einseitig auf die *Face-to-Face-Kommunikation* und vernachlässigt *Telekommunikation*, obwohl diese weder quantitativ noch qualitativ randständig ist und in der heutigen Informations- und Mediengesellschaft an Bedeutung gewinnt: Nach Post und Festnetztelefonie sind es vor allem die unterschiedlichen Formen der *Online- und Mobil-Kommunikation*, die der Pflege bestehender sozialer Bindungen und dem Aufbau neuer sozialer Beziehungen dienen. Zudem läuft die Forschung zu Paarbeziehungen zuweilen Gefahr, den Gegenstandsbereich unreflektiert einzugrenzen und somit normativ zu besetzen, etwa indem sie die *heterosexuelle monogame Lebensgemeinschaft* in den Mittelpunkt stellt und *andere intime Bindungsformen* systematisch übergeht, seien es etwa bewusst befristete romantische Beziehungen, Nebenbeziehungen, Fernbeziehungen oder auch Liebesbeziehungen mit einem für die Beteiligten selbst unklaren sozialen Status. Gerade solche Formen der Paarbindung gewinnen in den durch Mediatisierung, Individualisierung, Mobilität und Wertewandel geprägten postindustriellen bzw. postmodernen Gesellschaften an Bedeutung.

Wechselwirkungen zwischen mediatisierter zwischenmenschlicher Kommunikation und der Gestaltung von Paarbeziehungen sind äußerst vielfältig und komplex. Wie sich herkömmliche Paarbeziehungen verändern, wenn Telekommunikation verstärkt integriert wird (1), wie durch medialen Kontakt neue Beziehungen entstehen (2) und wie Menschen heute ihre Beziehungserfahrungen mediengestützt reflektieren und diskutieren (3) – damit beschäftigt sich der vorliegende Beitrag. Er fasst die bislang vorliegenden empirischen Befunde zu diesen drei Themenbereichen zusammen, zieht eine Reihe authentischer Fallbeispiele zur Illustration heran und zeigt im vierten Abschnitt Perspektiven für die zukünftige Forschung auf.

## 19.1    Veränderung herkömmlicher Paarbeziehungen durch Telekommunikation

Binnen- und Außenkommunikation eines Paares sind betroffen, wenn sich durch Online- oder Mobil-Medien neue Optionen der Kontaktaufnahme ergeben. Dokumentierten Negativerfahrungen

(z. B. Angst vor mediatisierten Seitensprüngen des Partners) stehen hierbei gemeinsame Positiverfahrungen von Paaren gegenüber (z. B. häufigere Kontakte in Phasen räumlicher Trennung). Schließlich ist zu beachten, dass nicht nur das soziale Gefüge etablierter Partnerschaften sich verändern kann, wenn neue Medien der Telekommuikation ins Spiel kommen. Gerade auch das wechselseitige Kennerlernen am Beginn einer Partnerschaft verändert sich, wenn die persönlichen Begegnungen mit dem potenziellen Partner durch mediale Kontakte flankiert werden können.

### 19.1.1   Kennenlernen im persönlichen Umfeld

FALLBEISPIEL

Drei Tage vor Silvester 2000 lernt die 16-jährige Gymnasiastin Britta auf einer Fete mehrere nette Leute kennen. Per Handy-Kurzmitteilung SMS (Short Message Service) schickt sie ihnen dann am 31. Dezember kurz vor Mitternacht gute Wünsche für das neue Jahr. Einer der Angeschriebenen, Sven, antwortet noch in der selben Nacht, ebenfalls per Kurzmitteilung. Beide schicken in den folgenden Tagen schriftliche Kurzmitteilungen hin und her, bis zu 30 Botschaften am Tag. Um Überblick über den Flirtverlauf zu behalten, schreibt Britta die mit Sven ausgetauschten SMS in ein Heft ab, denn ihr Handy hat nur begrenzte Speicherkapazität. Sven teilt Britta schließlich am 3. Januar 2001 mit:

- 19.44 Uhr: Ich mag dich. Ich würde gern mit dir zusammen kommen. Aber..
- 19.47 Uhr: Dazu gehören nunmal zwei die daran nichts auszusetzen haben.
- 19.54 Uhr: Sag mir deine Meinung dazu. Mir ist es sehr ernst. Britta, die Sven »eigentlich nicht so toll« findet, bekundet kein Interesse und beruft sich auf ihren festen Freund. Sven zieht folgendes Fazit:
- 20.00 Uhr: Ist das deine ehrliche Meinung? Also ganz schlechte Karten für mich?!?
- 20.07 Uhr: ok. Das muss ich wohl so hinnehmen. Ich hoffe du hast damit kein Problem, dass du weißt wie ich denke.
- 20.15 Uhr: Ich denke, dass du auch nichts von mir willst, wenn du keinen Freund hättest. Ich denke dass du mich nur damit darüber hinweg bringen willst.
- 20.18 Uhr: Ich habe diese Meinung weil ich vor nicht allzu langer Zeit ganz schön verarscht wurde.

Hätte es die Möglichkeit zum schriftlichen Austausch per Handy-Kurzmitteilung nicht gegeben, hätte Sven seine Gedanken und Gefühle nie in dieser Form offenbart, davon ist Britta überzeugt. Ihr

SMS-Protokoll übergab sie uns im Frühjahr 2001 im Rahmen einer explorativen Befragung von 10 Ilmenauer Jugendlichen zu ihren Handy-Flirt-Erfahrungen.

Tatsächlich zeigt sich in der schriftlichen Kommunikation in vielen Situationen ein *Enthemmungseffekt* gegenüber dem persönlichen Gespräch, der sich in Form gesteigerter Selbstoffenbarung und Zuwendung, aber auch verstärkter Aggressivität und Normverletzung äußern kann. Der *Cues-Filtered Out Approach* der computervermittelten Kommunikation (Culnan & Markus, 1987; vgl. auch Döring, 1999, S. 214 ff.) postuliert solche positiven sowie negativen Enthemmungseffekte, wenn räumlich getrennte Personen *schriftlich* telekommunizieren und dabei mangels audiovisueller Kontrolle soziale Hintergrundinformationen herausgefiltert sind. Kennenlernprozesse, die gemäß der *Social Penetration Theory* (Altman & Taylor, 1973) durch *Selbstoffenbarung* mit wachsendem Intimitätsgrad geprägt sind, können durch mediale Enthemmung beschleunigt werden (z. B. Anschneiden heikler Themen, ehrliche Gefühlsäußerungen, unbefangene sexuelle Anspielungen). Dies betrifft nicht nur das Kennenlernen von Unbekannten, denen man erstmals medial (z. B. in einem Chat-Room im Internet) begegnet (vgl. Abschnitt 19.2.1), sondern auch die Annäherung an Personen, die man aus dem realen Umfeld zwar persönlich kennt, jedoch nur flüchtig oder nur in bestimmten (z. B. formalen) Rollenkonstellationen. Eine gesteigerte Selbstoffenbarung führt freilich nicht automatisch schneller zum gewünschten Beziehungsziel, sondern kann – wie im obigen Beispiel – auch rasch klar stellen, dass die wechselseitigen Beziehungsinteressen der Beteiligten sich nicht vereinbaren lassen.

> **Schriftliche Telekommunikation begünstigt gegenüber dem persönlichen Gespräch eine Enthemmung im Sinne beschleunigter Selbstoffenbarung und gesteigerter emotionaler Zuwendung, die beziehungsstiftend wirken kann.**

Paarbindung ist für Männer wie Frauen in modernen bzw. postmodernen Gesellschaften kaum noch eine materielle oder soziale Überlebensnotwendigkeit, sondern zunehmend eine vor allem psychologisch motivierte und prinzipiell revidierbare Entscheidung mit hoher Glückserwartung. Nicht Versorgung, Sicherung des Lebens, soziale Normen oder sonstige äußere Zwänge bestimmen heute das Eingehen und Aufrechterhalten von Partnerschaften und Ehen, sondern die *beziehungsinternen Erfahrungen* (Liebe, Verständnis, Vertrauen, sexuelle Erfüllung usw.), weshalb Giddens (1991, S. 89 ff.) von »reinen Beziehungen« (*pure relationships*) spricht. Doch diese emotionalen Erfahrungen sind notorisch instabil und störanfällig. Hinzu kommt, dass die im Zuge *biographischer Individualisierung* ausdifferenzierten und zunehmend *mobilen Lebensweisen* der Partner in Einklang zu bringen sind (vgl. Beck & Beck-Gernsheim, 1990). Nicht zuletzt bietet in heterosexuellen Partnerschaften der Umgang mit *Geschlechtsrollen* – im Spannungsfeld von tradierter Stereotypisierung bzw. Hierarchisierung einerseits und einem gleichberechtigten Partnerschaftsverständnis andererseits – nach wie vor beträchtlichen Zündstoff (vgl. Burkart, 2001): Endet das Glückserleben in der Paarbeziehung, so steht auch die Beziehung zur Disposition. Sich lieber zu trennen, als eine nicht funktionierende Paarbeziehung fortzusetzen ist heute eine verbreitete Meinung, auch (oder gerade) wenn Kinder involviert sind.

> **Endet das Glückserleben in der Paarbeziehung, so steht auch die Beziehung zur Disposition.**

Die (post)moderne Paarbeziehung ist also in erster Linie eine Liebesbeziehung, die trotz romantischer Liebesideale doch immer häufiger als zeitlich befristet akzeptiert wird (vgl. Herrmann, 2001, S. 143 ff.). In einer qualitativen Befragungsstudie mit 31 Studierenden zeigte sich etwa, dass die jungen deutschen und französischen Erwachsenen »Partnerschaft« insofern von »Freundschaft« abgrenzten, als ihrer Erfahrung nach eine Partnerschaft kürzer andauert und konfliktbehafteter ist (Faehrmann, 1996). Der Partner wird hier also von vorne herein als *Lebensabschnittsgefährte* verstanden. Obwohl die erwachsene Bevölkerung in Deutschland zu rund 80% in festen Partnerschaften und Ehen lebt und *Singles eine Minderheit* darstellen (vgl. Hradil, 1995, S. 7f.), wird Menschen heute doch in viel stärkerem Maße die Möglichkeit gegeben bzw. die Initiative abverlangt, im Laufe des Lebens immer wieder neue Partner für intime Beziehungen kennen zu lernen.

> **Die postmoderne Paarbeziehung ist eine Liebesbeziehung, die trotz romantischer Liebesideale immer häufiger als zeitlich befristet akzeptiert wird.**

Insbesondere Handy-Kurzmitteilungen, E-Mails und Anrufbeantworter-Nachrichten bieten sich an, einer Person aus dem persönlichen Bekanntenkreis Interesse zu signalisieren, Einladungen auszusprechen oder zu flirten. Ein Vortasten auf medialem Wege ist dabei oftmals eine gute Alternative zu Avancen, die von Angesicht zu Angesicht erfolgen. Denn mediale Annäherungen lassen beiden Beteiligten die Chance, die Situation abzufedern und peinliche oder kränkende Konfrontationen zu vermeiden. Obwohl empirische Daten bislang fehlen, zeichnet sich anekdotisch ab, dass beim persönlichen Kennenlernen der Austausch von Festnetz-Telefonnummern zunehmend durch den Austausch von Handy-Telefonnummern und E-Mail-Adressen ersetzt wird und es infolge dann zu *häufigeren Nachkontakten* kommt. Es kostet weniger Überwindung, einer Partybekanntschaft eine schriftliche Kurzmitteilung oder E-Mail zu schicken als anzurufen. Umgekehrt hat der oder die Angesprochene bei asynchroner Kommunikation die Chance, die eigene Reaktion zu überdenken und steht nicht so stark unter Zugzwang. Hier zeigt sich, dass *Synchronizität* und *Multimedialität* in der Telekommunikation (z. B. Videokonferenz) nicht unbedingt immer sozial vorteilhafter sind, da gerade die mediale Reduktion auf den Textkanal soziale Hemmschwellen abbaut und dadurch die interpersonale Annäherung erleichtert.

Wie Telekontakte selbstdarstellerisch gestaltet werden und den Kennenlernprozess steuern, ist bislang kaum systematisch untersucht worden: Unter welchen Bedingungen haben durch den Mediengebrauch etwa Personen mit bestimmten Persönlichkeitsdispositionen (z. B. Schüchternheit) Vorteile? Inwiefern können Geschlechtsrollenstereotype beim medial begleiteten Kennenlernen verstärkt oder abgeschwächt werden? Sarch (1993) stellte bei Leitfadeninterviews mit 25 weiblichen Singles in den USA fest, dass diese es durchgängig begrüßten, wenn ihr jeweiliger Dating-Partner einen Anrufbeantworter besaß. Die Frauen sahen sich nämlich in der Kennenlernphase mit widerstreitenden kommunikativen Anforderungen konfrontiert: Sie wollten einerseits den Kontakt verstärken, andererseits aber auch nicht den Eindruck erwecken, sie seien weiblich-anklammernd oder unweiblich-fordernd. In dieser selbstdarstellerisch prekären Situation nutzten sie gern den Anrufbeantworter, um vorbereitete (z. B. betont beiläufig formulierte) Botschaften zu hinterlassen. In Situationen, in denen es den Befragten unerwünscht schien, (schon wieder) Kontakt aufzunehmen, überbrückten sie Kommunikationspausen und bewältigten Sehnsuchtsgefühle, indem sie (ohne eine Nachricht aufzusprechen) die Bandansage ablaufen ließen, um »seine Stimme« zu hören. Mit zunehmender *Mediatisierung des kommunikativen Handelns im Alltags* (Krotz, 2001) werden mediale Repräsentationen nicht nur von Persönlichkeiten des öffentlichen Lebens, sondern auch von Privatleuten erzeugt (Anrufbeantworteransage; persönliche Homepage usw.) und nicht zuletzt im intimen Beziehungskontext genutzt (vgl. Abschnitt 19.3).

### 19.1.2   Binnenkommunikation

**FALLBEISPIEL**

Tamaras Ehemann Jerry ist oft auf Geschäftsreisen unterwegs. Früher saßen sie an den getrennt verbrachten Abenden jeweils allein vor dem Fernseher. Heute ist das anders. Mit seinem Laptop loggt Jerry sich vom Hotelzimmer aus im Internet ein und trifft sich mit seiner Frau auf einer Online-Game-Site. Am liebsten spielen die beiden Bridge. Bei ihren gemeinsamen Online-Kartenspiel-Sitzungen haben sie schon viele neue Bekanntschaften gemacht. Dass sie sich während des Spiels zu zweit hinter den Kulissen im privaten Chat unterhalten, miteinander flirten und komplizenhaft ein wenig über ihre Spielpartner lästern – all das macht für sie einen besonderen Reiz des Online-Kartenspiels aus. Tamara und Jerry gehören zu den Paaren, die den Cyberspace nutzen, um ihre Beziehung zu stärken (Wallace, 1999, S. 152).

Online- und Mobil-Kommunikation erlauben es Paaren, sich zeit- und ortsunabhängig flexibler zu kontaktieren, was angesichts

**Abb. 19.1.** „Do you Jason, take Karyn to have and to hold, to E-mail and fax, to page and beep, until death do you part?"

wachsender Freizeit- und Berufsmobilität sowie damit einhergehender mobiler Lebensformen (vgl. Schneider et al., 2001) für die Beziehungsgestaltung zentrale Bedeutung hat. Anekdotisch sind im Bereich der Handy-Kommunikation insbesondere bei Fernbeziehungen Phänomene von *Rückversicherung und Ritualisierung* zu beobachten, etwa in dem Sinne, dass die Beziehungspartner sich per E-Mail oder Handy-Kurzmitteilung Guten-Morgen- oder Gute-Nacht-Grüße und im Tagesverlauf Lebenszeichen und Liebesgrüße »nur so zwischendurch« senden (Höflich & Rössler, 2001). Mobile Endgeräte erlauben es zudem, sich in Wartezeiten (z. B. Stau) zu Wort zu melden oder *Verabredungen und Hilfeleistungen* (z. B. Einkäufe) im Alltag spontan zu koordinieren (Döring, 2002b; Abb. 19.1).

Diesen Vorteilen steht auf emotionaler Seite die Gefahr der *Abhängigkeit* gegenüber, die sich etwa in ständigem Warten auf Nachrichten und einem gewissen *Antwortzwang* niederschlägt, der als belastend erlebt wird. Dem Vorteil der Koordination von Alltagsabläufen steht der Nachteil der *Kontrollierbarkeit* gegenüber. Im Sommer 2001 führten wir im Rahmen eines Forschungsseminars eine explorative Online-Umfrage unter Handy nutzenden Personen in Partnerschaften durch, die ergab, dass 27% von 1.000 Befragten Handy-Kurzmitteilungen zur Kontrolle des Partners zu nutzten, etwa indem sie Aufenthaltsorte, Begleitpersonen, Aktivitäten usw. erfragten. Dabei wurde umso mehr kontrolliert („Wo bist du denn schon wieder?", „Habe versucht dich anzurufen, warum gehst du nicht dran?"), je stärker Unzufriedenheit und Eifersucht ausgeprägt waren (siehe www.nicola-doering.de/teaching.htm). In diesem Zusammenhang brisant ist die Möglichkeit, den Kommunikationspartner durch sein mobiles Endgerät automatisch über die lokale Funk-

> **Mobilkommunikation und die damit einhergehende zeit- und ortsflexible Erreichbarkeit kann sich für Paare ambivalent auswirken und zwar auf instrumenteller Ebene (z. B. Koordination versus Kontrolle) ebenso wie auf expressiver Ebene (emotionale Nähe versus emotionale Abhängigkeit).**

zelle orten zu lassen, in die er gerade eingebucht ist. Eltern mögen es beruhigend finden, auf diese Weise den Aufenthaltsort ihrer Kinder mit einer Genauigkeit von ca. 200 Metern im Umkreis bestimmen zu können, wogegen die *wechselseitige Ortung der Partner* heikler sein mag. Aber auch andere neue Funktionen digitaler Telefonie (z. B. Rufnummernerkennung, Rufumleitung usw.) lassen sich als *Kontrolltechniken* missbrauchen.

Gemäß dem *Modell der technisch vermittelten interpersonalen Medienwahl* (Höflich, 1996, S. 102; vgl. Döring, 1999, S. 224 ff.) müssen sich Kommunizierende generell über ihren gemeinsamen Mediengebrauch verständigen. Im Kontext von Paarbeziehungen ist diese Verständigung besonders brisant, da Mediengebrauch sowohl Indikator als auch Determinante der Beziehungsqualität und der *Machtverhältnisse* zwischen den Beteiligten sein kann.

Neben der Frage, inwieweit ein häufigerer zeit- und ortsflexibler medialer Kontakt zu Nähe oder Abhängigkeit, zu Koordination oder Kontrolle führt, lässt sich auf qualitativer Ebene fragen, ob es im medialen Kontakt zur Thematisierung anderer Inhalte kommt (z. B. verstärkte Selbstoffenbarung, häufigere Liebeserklärungen, aggressivere Beschimpfungen) bzw. ob bei vergrößertem Medienensemble die Medienwahl gezielter auf bestimmte *Kommunikationsinhalte* abgestimmt wird. O'Sullivan (2000) konnte experimentell zeigen, dass in Partnerschaften eine selbstdarstellerisch motivierte taktische Medienwahl in der Weise getroffen wird, dass

| **Negative Botschaften werden lieber medial übermittelt.** | *negative Botschaften lieber medial übermittelt* werden, um Gesichtsverluste und Konfrontationen zu vermeiden. Ob negative Botschaften auch lieber medial *empfangen* werden, ist eine andere Frage. |

> „Ich habe dich gern, aber ich habe es mir noch mal überlegt. Es geht nicht, ich wünsche dir alles Gute!"

Mit diesen von der Bild-Zeitung am 11. Oktober 2001 kolportierten 20 Worten soll Nadja Abdel Farrag ihre Liebesbeziehung mit Ralf Siegel beendet haben – per Handy-Kurzmitteilung. Obwohl Beziehungsratgeber teilweise schon explizit davor warnen, das *Beziehungsende per E-Mail oder SMS zu deklarieren* und es allgemein wohl zum schlechten Stil gezählt wird, berichteten 13% der 497 von MORI und Lycos (2000) befragten, repräsentativ ausgewählten 14- bis 24-jährigen Briten, dass sie schon mindestens einmal per SMS Schluss gemacht hatten.

Wenn im Zusammenhang mit Enttäuschung oder Trennung *Rachegefühle* aufkommen, kann die vom Filter-Modell (s. Abschnitt 19.1.1) postulierte enthemmende Wirkung der (anonymisierbaren) Telekommunikation auch negativ zu Buche schlagen, etwa beim so genannten *Telefon-Terror*, zu dem nun noch beleidigende, bedrohende bzw. obszöne Mitteilungen auf neuen Kommunikationskanälen hinzu kommen (z. B. *SMS-Terror, Cyber-Stalking*). Gescheiterte Paarbeziehungen scheinen eine Hauptmotivation für gezielte mediale Belästigung zu sein, von der besonders Frauen betroffen sind (vgl. Maxwell, 2001). In Abhängigkeit von der eigenen Medienkompetenz sowie der technischen Ausstattung und dem sozialen Nutzungskontext lassen sich mediale Übergriffe mehr oder minder erfolgreich verhindern oder bekämpfen.

### 19.1.3  Außenkommunikation

**FALLBEISPIEL**

Am 23. Dezember 2000 ertappt Grace Johnson ihren 65-jährigen Ehemann beim Cybersex. Es stellt sich nach 29 Ehejahren heraus, dass er seit Monaten heimlich in Chat-Rooms im Internet mit Dutzenden von Frauen flirtet und regelmäßig in seinem Arbeitszimmer Online- und Telefonsex betreibt. Grace ist tief verletzt angesichts dieser heimlichen außerehelichen Aktivitäten, denen ihr Mann im gemeinsamen Haus nachgeht. Sie denkt über Scheidung nach. Die Johnsons gehören zu jenen Paaren, die anlässlich von Cyber-Untreue in eine Krise geraten (s. Maheu, 2001, für eine Sammlung von Erfahrungsberichten und Kommentaren zu virtuellen Seitensprüngen und Nebenbeziehungen).

Online- und Mobil-Kommunikation erlauben es Partnern, die einen Haushalt teilen, Außenkommunikation weitgehend ohne wechselseitige Kontrolle zu realisieren. Diese *Erweiterung der Privatsphäre* mag je nach Beziehungskontext als Entlastung (Zugewinn an Autonomie) oder auch als Belastung (Steigerung von Eifersucht und Untreuerisiko) erlebt werden. Fremdgehende Eheleute stehen im Handy-Zeitalter jedenfalls nicht mehr vor dem Problem, ihren Geliebten gegenüber die häusliche Telefonnummer verheimlichen zu müssen. Sie können einfach ihre persönliche Handy-Nummer angeben. Ebenso lässt sich der Austausch von E-Mails diskreter handhaben als der Austausch von Briefen. Telekommunikationsmedien können eine Außenkommunikation, die auf virtuelle und ggf. auch reale Seitensprünge oder Nebenbeziehungen hinausläuft, begünstigen.

Man spricht von *virtuellen, Online-, Cyber-, Netz- oder Internet-Beziehungen* als einer Teilgruppe von sozialen Beziehungen, bei denen Erstkontakt und wichtige folgende Kontakte mediatisiert stattfinden (typischerweise per E-Mail, Instant Messaging, Chat, Handy-Kurzmitteilung, Telefonat) und die Beteiligten sich nicht – oder allenfalls sehr selten – Face-to-Face treffen.

„Telebeziehung" hat sich als einheitlicher Oberbegriff für soziale Beziehungen, die maßgeblich auf Telekommunikationskontakten basieren, leider nicht etabliert. Stattdessen nimmt man auch im Fachdiskurs auf die schillernden Konzepte der *Virtualität* oder des *Cyberspace* Bezug. Cyber-Beziehungen können transiente Paarbildungen darstellen, die maßgeblich auf dem Reiz der mediatisierten Intimität und/oder Leidenschaft basieren. Es kann sich aber auch um Paarbildungen mit großer Verbindlichkeit handeln, bei denen etwa der Übergang zu einer so genannten realen (d. h. maßgeblich auf Face-to-Face-Kontakten basierenden) Beziehung angestrebt wird (vgl. Abschnitt 19.2.2). Von der *Cyber-Beziehung*, die sich über mehrere Zeitpunkte erstreckt, sodass jeder einzelne Kontakt sowohl von den vorausgegangenen Kontakten als auch von der Erwartung zukünftiger Kontakte beeinflusst wird, ist der *Cyber-Kontakt* als einzelnes mediatisiertes Gesprächs-, Flirt- oder Sex-Erlebnis abzugrenzen. Beim sexuellen Cyber-Kontakt (*Cybersex*) kommunizieren die Beteiligten mit der Intention, sich gegenseitig zu erregen und durch begleitende Masturbation dabei auch zum Höhepunkt zu kommen.

Mit *Cyber-Untreue* sind Cyber-Kontakte oder Cyber-Beziehungen außerhalb einer bestehenden Partnerschaft gemeint, die zum Problem werden, wenn die Paarbeziehung offiziell unter einem Exklusivitätsanspruch geführt wird. Aus Sicht der Betrogenen wiegt dabei in der Regel besonders schwer, dass Cyber-Kontakte und Cyber-Beziehungen – durch mediale Enthemmung begünstigt – eine emotionale und sexuelle Intensität entfalten können, die den partnerschaftlichen Erfahrungshorizont bei weitem übertrifft. Misstrauische oder eifersüchtige Menschen, die Passwörter ausspähen und im Computer oder Handy ihres Partners auf Spurensuche gehen, werden durch die teilweise recht umfangreiche wortwörtliche Dokumentation des mediatisierten Beziehungsgeschehens (vgl. Abschnitt 19.3.1) zu Zeugen von Verhaltensweisen, Gedanken und Gefühlen, die sie an ihrem Partner bislang nicht kannten. In der klinischen Psychologie wurden bereits *Therapieansätze für Paare zur Bewältigung von Cyber-Untreue* entwickelt (Young et al., 2000). Teilweise wird Cyber-Untreue auch als Symptom einer spezifischen Form von *Online-Sucht* betrachtet und in ihren Auswirkungen auf Ehe und Familie untersucht (vgl. Schneider, 2000).

Romantische, erotische oder sexuelle Außenkontakte sind jedoch nicht nur unter dem Vorzeichen individueller oder partnerschaftlicher Störung bzw. Pathologie zu betrachten. Manche Paare erlauben einander nach bestimmten Spielregeln virtuelle Seitensprünge, etwa um offene Wünsche oder anderweitig nicht behebbare Defizite in der Partnerschaft zu *kompensieren* (vgl. Abschnitt 19.2.3). Hierbei wird etwa der rein mediale Kontakt als weniger ernst und bedrohlich konstruiert als das reale Fremdgehen (Turkle, 1995, S. 224). Zudem besteht auch die Option, dass Paare die Kontaktmöglichkeiten des Netzes gemeinsam nutzen, um ihren

Bekanntenkreis zu erweitern oder gemeinsame Freundschaften zu pflegen und somit ihre *soziale Integration* zu verbessern.

Schließlich sind bei den Außenkontakten auch die *beruflichen (oder anderweitig formalen) Kontakte* in Rechnung zu stellen. Die virtuelle Aus- und Weiterbildung oder der Teleheimarbeitsplatz sollen Partnerschaft und Familie durch Verringerung von Mobilitätszwang und Förderung des häuslichen Zusammenseins begünstigen. Doch zum einen sind diese Modelle in der Praxis wenig verbreitet (stattdessen steigen Mobilitätsanforderungen), zum anderen kann eine mediale Aufhebung der Grenzen zwischen Arbeitszeit und Freizeit, zwischen Arbeitsraum und Wohnraum belastend wirken, etwa wenn die vom Paar gemeinsam verbrachte Zeit durch ständige geschäftliche E-Mails oder Mobilanrufe gestört wird. Wiederum ist angesichts der Ambivalenz der möglichen Medienwirkungen das Paar gefordert, innerhalb der von außen (z. B. durch den Arbeitgeber) gesetzten Rahmenbedingungen beziehungsverträgliche Strategien im Medienumgang zu entwickeln.

## 19.2 Entstehung neuer Paarbeziehungen durch Telekommunikation

Mehr oder minder subtile kommunikative Veränderungen in bestehenden Partnerschaften im Zuge der Nutzung von Telekommunikationsmedien sind ubiquitär. Aber sie sind sehr viel weniger spektakulär als intime Beziehungen, die erst bei der Online- oder Mobil-Kommunikation entstehen. Nach welchen Prinzipien erfolgt die Partnerwahl, wenn man einander nicht Face-to-Face, sondern Interface-to-Interface gegenübertritt? Wie entwickeln sich intime Beziehungen, wenn die ersten Kontakte rein medialer Natur sind? Und welche besonderen Funktionen erfüllen solche Online-, Cyber-, Internet- oder Handy-Beziehungen im Unterschied zu herkömmlichen Formen der Paarbeziehung?

### 19.2.1 Partnerwahl im medialen Kontext

**FALLBEISPIEL**

An seinem ersten Tag in einem Chat-Room lernt Michael ein Mädchen mit dem Nickname „Passion" kennen. Beide verstehen sich gut. Sie chatten in der Folgezeit häufiger miteinander, tauschen E-Mails aus und stellen viele Gemeinsamkeiten fest. Michael entwickelt starke Gefühle für seine Chat-Bekanntschaft. Was ihn am meisten beeindruckt ist die Tatsache, dass „Passion" verständnisvoll auf ihn eingeht, dass er sich bei Problemen immer an sie wenden kann und dass sie ihre Zuwendung nicht von Äußerlichkeiten abhängig macht. Offensichtlich ist sie von seiner Persönlichkeit angezogen und nicht von seinem Körper. Denn sie

> weiß überhaupt noch nicht, wie er aussieht und ein persönliches Treffen ist erst in einigen Wochen geplant. In seinem im Netz veröffentlichten Erfahrungsbericht stellt Michael klar, dass er Partnerwahlen auf der Basis des Aussehens, wie sie viele Mädchen seiner Auffassung nach treffen, ablehnt und einer Attraktion, die offensichtlich auf inneren Werten beruht, viel mehr Bedeutung beimisst. Schwärmerisch bezeichnet er „Passion" sogar bereits als große Liebe seines Lebens (Döring, 2000b, S. 55).

In der Postmoderne ist die „serielle Monogamie" zur Norm geworden, das heisst Menschen suchen mehrfach im Leben einen neuen (möglichst) exklusiven Liebespartner. Darüber hinaus sind im Zuge der Individualisierung Paarbeziehungen ausdifferenzierter, d. h. neben der ehelichen bzw. eheähnlichen Lebensgemeinschaft existieren angesichts gesteigerter Mobilität und gelockerter sozialer Kontrollen diverse Neben-, Fern-, Übergangs- oder Amalgam-Beziehungen (z. B. Freundschaft mit offener Sexualität). Partnerwahl ist somit für mehr Menschen häufiger ein akutes Thema. Wie in Abschnitt 19.1.1. dargestellt können Medien dabei helfen, Kontakte zu Personen aus dem persönlichen Bekanntenkreis zu vertiefen. Mediale Umgebungen bringen darüber hinaus aber auch *bislang Unbekannte in kommunikative Reichweite*, sei es durch Angebote zur gezielten Partnersuche oder Gelegenheiten zum beiläufigen Kennenlernen.

> **Serielle Monogamie ist zur Norm geworden, d. h. Menschen suchen mehrfach im Leben einen neuen exklusiven Liebespartner.**

Bei der *gezielten Partnersuche* helfen zunächst einmal die *klassischen Massenmedien*: Videokontaktanzeigen und Kennenlernspiele im Fernsehen, Single-Sendungen im Radio und Kontaktanzeigenrubriken in Zeitungen und Zeitschriften, die mit Single-Parties, Single-Reisen oder sonstigen Events verknüpft werden können. In ihren *Online-Ablegern* bauen Medienunternehmen Kontaktbörsen in der Regel besonders stark aus, da Publikumsbeteiligung und Interaktivität die Attraktivität von Netzangeboten steigern (z. B. www.amica.de; www.sueddeutsche.de). Online-Kontaktanzeigen haben gegenüber den herkömmlichen Print-, Audio- und Videoformaten den Vorteil, dass über längere Zeiträume hinweg größere Anzeigenmengen in Datenbanken gesammelt und mit Suchfunktionen versehen angeboten werden können (z. B. www.friendfinder.de). *Online-Kontaktbörsen* sind teilweise werbefinanziert und kostenlos, teilweise aber auch gebührenpflichtig. Abgesehen von der Menge und Reichweite des Angebotes (z. B. Zugriff auf ausländische Kontaktbörsen) bieten Online- oder Mobil-Kontaktanzeigen (die den Mediengebrauch des entsprechenden Inserenten voraussetzen) einen schnellen und anonymisierbaren Rückkanal per E-Mail, Handy-Kurzmitteilung, Anrufbeantworternachricht oder Telefonat. Typisch für die gezielte

Partnersuche per Kontaktanzeige ist die Vorauswahl gemäß einem mehr oder minder standardisierten Katalog von Attributen (z. B. Geschlecht, Alter, Größe, Gewicht, Wohnort, Hobbys usw.). Durch Kurzbiographien, Selbstinterviews, Fotos oder Links zur persönlichen Homepage versuchen manche Online-Kontaktbörsen zusätzliche Hintergrundinformationen über die Inserierenden zu liefern.

Das *beiläufige Kennenlernen* in medialen Kontexten verläuft nach ganz anderen Prinzipien. Hier ist zunächst nach thematisch fokussierten medialen Angeboten (z. B. berufliche Mailingliste; hobbybezogene Newsgroup; spezielles Online-Rollenspiel) und allgemein geselligen Online-Umgebungen (z. B. Online-Chat-Rooms zum Plaudern und Flirten) zu unterscheiden. Generell steigt die Wahrscheinlichkeit, im Netz ohne gezielte Suche einen Partner zu finden, wenn die eigene Mediennutzung nicht nur rein sachlich-instrumentell erfolgt (z. B. Informationsrecherchen im WWW), sondern auch sozial-expressiv ausgerichtet ist und die – in der Regel recht zeitintensive – aktive Teilnahme an der computervermittelten Kommunikation mit anderen Menschen beinhaltet. Manchmal wirkt auch der pure Zufall, wie etwa beim Kennenlernen durch fehladressierte elektronische Botschaften.

> **Der Kontaktradius wird durch mediale Kommunikation maßgeblich erweitert, zudem begünstigt ein anonymsierbarer enthemmter Austausch ein intimes Kennenlernen.**

Der erste Eindruck, den man von einer anderen Person im Netz gewinnt, ist *von der körperlichen Erscheinung abgekoppelt* und basiert in der Regel auf schriftlichen Textbeiträgen, selten auf Bild- oder Tonmaterial. Die Art und Weise, wie eine Person an einer schriftlichen Gruppenkonversation teilnimmt, wie freundlich, witzig, offen, einfühlsam oder kompetent sie auf Anfragen reagiert, wie sie sich selbst beschreibt – all dies sind wichtige Attraktivitätsfaktoren (vgl. Döring, 2000b). Dass visuelle und akustische Kontrollen im Zuge eines beiläufigen ersten Kennenlernens im Netz entfallen, wird dabei nicht nur von schüchternen Netznutzern als Erleichterung empfunden, sondern generell als großer Vorteil erlebt. Das berüchtigte „Taxieren" entfällt, dafür lässt man sich zunächst einmal sehr aufmerksam auf das verbale Kommunikationsverhalten ein. Mit

> **Es wird als großer Vorteil erlebt, dass visuelle und akustische Kontrollen im Netz entfallen. Nicht die Attraktivität zählt sondern die kommunikative Übereinstimmung.**

differenziertem Ausdruck, originellem Stil und guter Rechtschreibung kann man hier Eindruck machen – *schriftsprachliche Kompetenz* wird also zu einer wichtigen Attraktivitätsressource. Anders als im mündlichen Gespräch, bei dem starker Handlungsdruck besteht, kann man sich bei der asynchronen medialen Kommunikation unbeobachtet Zeit lassen, um Botschaften in Ruhe zu formulieren. Unsicherheit lässt sich überspielen. Zudem ist es unter den Bedingungen der Anonymisierbarkeit bzw. Pseudonymisierbarkeit sowie der körperlichen Distanz risikoloser möglich, persönliche Informationen preiszugeben oder offensiv zu flirten.

Dem vergrößerten Pool an Kontaktgelegenheiten steht oft eine vergrößerte Bereitschaft, Kontakte zunächst einmal unverbindlich anzuknüpfen, gegenüber.

Attraktivitätswahrnehmungen beim Erstkontakt im Netz sind weniger vom äußeren Erscheinungsbild und dafür stärker von kommunikativer Übereinstimmung geprägt. Beteiligte sprechen deswegen oft von *Seelenverwandtschaft*. Zudem sind durch mediale Kennenlernkontexte Paarkonstellationen mit großer *räumlicher und sozialer Distanz* wahrscheinlicher, sei es weil Online-Foren teilweise heterogenere Teilnehmerkreise haben als Offline-Treffpunkte (z. B. hinsichtlich Wohnort oder Nationalität), sei es weil bestimmte Attribute im Netz nicht offensichtlich sind (z. B. körperliche Handicaps, Alter, Hautfarbe, Dialekt). »Tatsächlich ist die Wahrscheinlichkeit, dass Menschen aus dem Ruhrgebiet Partner finden, die ebenfalls aus dem Ruhrgebiet kommen, sehr hoch. Umgekehrt ist es sehr unwahrscheinlich, dass eine New Yorkerin sich in einen Essener verliebt.«, konstatieren Bierhoff und Grau (1999, S. 10) für das romantische Kennenlernen außerhalb des Netzes. Wenn der Essener Englisch spricht und an internationalen Chats, Diskussionsforen oder Online-Spielen teilnimmt, sieht die Sache dagegen anders aus: Charakteristisch für Cyber-Liebespaare, die sich nicht gemäß Merkmalspassung aus einer Online-Kontaktbörse auswählen, sondern beiläufig in einem Online-Diskussionsforum, Online-Chat oder Online-Spiel kennen lernen, sind zum Teil beträchtliche geographische Distanzen von mehreren Hundert bis mehreren Tausend Kilometern, sei es innerhalb eines Landes oder sogar auf internationaler Ebene (vgl. Cruickshank, 2001; Döring, 2000b).

> **Bei der Wahl eines neuen Kommunikationspartners im Netz spielen körperliche Attraktivität sowie räumliche und soziale Nähe als Kontaktfilter eine geringere Rolle. Schriftsprachliche Kompetenz, kommunikative Übereinstimmung und der imaginative Reiz des Unbekannten treten insbesondere beim beiläufigen Kennenlernen in unterschiedlichen Online-Gruppen in den Vordergrund.**

Der emotionalisierte Telekontakt birgt öfter als der Face-to-Face-Kontakt den *imaginativen Reiz des Unbekannten und Fremden* und den als *Romeo-und-Julia-Effekt* zu charakterisierenden romantischen Reiz, als Paar gemeinsam äußeren Widerständen zu trotzen. Eine Cyber-Romanze kann somit den idealen Rahmen bieten für außeralltägliche Leidenschaft. Sie ist dabei aber auch mit einem höheren Risiko der Täuschung und Enttäuschung verbunden. Schließlich lässt sich sogar das biologische Geschlecht problemlos bei der Wahl des im Netz verwendeten Spitznamens manipulieren. Empirisch zeigt sich, dass der viel beschworene Geschlechtertausch nur sehr selten praktiziert wird (Cooper et al., 1999). Ebenso ist die Konstruktion beliebig wechselnder *fiktiver Identitäten* in der Netzkommunikation unüblich, da sie abgesehen von einem gewissen experimentellen Reiz bei relativ großem kognitiven Aufwand wenig Gratifikationen bietet. Verbreitet sind dagegen in der Online-Selbstdarstellung *attraktivitätssteigernde*

*Korrekturen* bei einzelnen Merkmalen etwa hinsichtlich Körpergröße, Körpergewicht, Alter, Familienstand, Kinderzahl, Einkommen oder Beruf. So berichtete Andrea im Diskussionsforum der Online-Ausgabe der Brigitte (www.brigitte.de; „Kennen lernen" Forum, 20.01.2001):

> „Bei mir hat mal jemand behauptet er wäre Pilot auf einem Flugzeugträger und liegt mit dem Kahn irgendwo auf See und wartet auf seinen Einsatz. In Wirklichkeit hatte er ein Fahrradlädchen irgendwo in Ostdeutschland!"

Netzaktive wenden offensichtlich unterschiedliche *Selbstdarstellungs- und Selektionsstrategien* an: Einige legen großen Wert auf strikt wahrheitsgetreue, vollständige und belegbare Angaben. Sie wollen Realitätsbezug herstellen und streben eine alltagstaugliche Beziehung an, die außerhalb des Netzes weitergeführt wird. Andere dagegen lassen bewusst Informationslücken, verzichten etwa auf den Austausch von Fotos, Adressen oder Berufsbezeichnungen. Sie setzen auf *romantisierende und erotisierende Imagination*, der sie durch die eine oder andere fiktionale Überhöhung nachhelfen. Schließlich erlauben Netzkontakte aufgrund der geringen Kosten und Risiken einen *spielerischen Umgang mit Partnerwahlen.* In manchen Online-Rollenspielen werden regelmäßig mit entsprechendem öffentlichen Zeremoniell virtuelle Ehen geschlossen, die teilweise über Jahre hinweg bestehen und online auch vollzogen werden, jedoch außerhalb des Netzes keinen Partnerschaftsanspruch implizieren. In manchen Chat-Rooms ist es gängig, bereits nach wenigen Minuten sehr persönliche Themen zu besprechen oder Cybersex zu haben, wobei die Beteiligten hierbei jedoch nicht selten einen *Rahmen der Unverbindlichkeit* unterstellen, der weitere Ansprüche ausschließt (vgl. Höflich & Gebhardt, 2001; Schofield Clark, 1998). Würde die oben zitierte Andrea bewusst in diesem spielerisch-unverbindlichen Rahmen agieren, hätte sie keinen Grund, dem Fahrradhändler seine „Lüge" vorzuwerfen, sondern könnte eher seine Fantasie würdigen, mit der er ja offensichtlich ihren Geschmack getroffen hatte.

Zusammenfassend ist festzustellen, dass das Kennenlernen in Telekommunikationsumgebungen nicht nur die Zahl der in kommunikativer Reichweite befindlichen Personen dramatisch vergrößert, sondern auch mehr Gestaltungsspielräume bei der Rahmung der Kontakte und Beziehungen zulässt. Umso wichtiger ist es für die Beteiligten, sich jeweils auch darüber zu verständigen, unter welchem Vorzeichen das Kennenlernen steht.

## 19.2.2   Beziehungsentwicklung

Verena ist Musikfan und aktives Mitglied im Chat ihrer Lieblingsband. Zahlreiche Kontakte zu anderen Musikbegeisterten knüpft die Amerikanerin hier und verbringt viele gesellige Abende im Netz. Sie ist Single und nicht unbedingt auf der Suche nach einer Partnerschaft. Aber dann verliebt sie sich Hals über Kopf in ein neues Forumsmitglied, den charmanten Australier Tom. Auf den Chat-Flirt folgen romantische E-Mails, Briefe und Päckchen. Zukunftspläne werden geschmiedet. Da Tom nicht viel Geld hat, kauft Verena nach einigen Monaten ein Flugticket und reist nach Australien. Dort erlebt sie eine böse Überraschung: Tom ist mindestens 10 Jahre älter und etliche Kilogramm schwerer als auf den Fotos, die er ihr geschickt hatte. Sein Verhalten ist alles andere als freundlich, noch dazu hat er vor Ort bereits ein Verhältnis mit einer anderen Frau. Verena fühlt sich getäuscht und möchte am liebsten den Namen dieses Cyber-Casanovas im Netz veröffentlichen, um andere mögliche Opfer zu warnen (für ähnliche Erfahrungsberichte s. www.saferdating.com).

Die Beziehungsvertiefung nach dem ersten medialen Kennenlernen lässt sich als eine charakteristische Abfolge von Medienwechseln beschreiben: Auf den Erstkontakt im öffentlichen Netzforum folgen private Netzkontakte, Telefonate, der Austausch von Fotos und schließlich persönliche Treffen. Obwohl sich ein typisches Ablaufmuster herauskristallisieren lässt, sind enorme Differenzen hinsichtlich der Zeitspannen zu verzeichnen, die zwischen den Medienwechseln liegen (vgl. Baker, 1998; Döring, 2000b): Manche Paare kommen binnen vier Stunden vom Erstkontakt im öffentlichen Chat-Room über den Privat-Chat bis zum Telefonat, andere greifen erst nach vielen Monaten des Mailens und Chattens zum ersten Mal nervös zum Hörer. Ähnlich verhält es sich mit dem Face-to-Face-Treffen: Manche kaufen nach zwei Wochen schon Flugtickets, um den Atlantik oder Pazifik zu überqueren, andere kennen ihre Cyber-Liebe schon monatelang und haben ein Treffen noch gar nicht ins Auge gefasst, wobei zum Teil natürlich auch äußere Hindernisse eine Rolle spielen (z. B. Kosten, berufliche Verpflichtungen, Verbot durch Eltern oder Ehepartner). Grundsätzlich überprüfen die Beziehungspartner bei jedem Medienwechsel erneut, ob die Attraktion weiterhin besteht oder nicht viel-

**Personen, die sich im Netz kennen gelernt haben, können eine Online-Paarbeziehung etablieren, indem sie auf medialem Wege Intimität, Leidenschaft und Verbindlichkeit ausdrücken. Langfristig werden viele Online-Beziehungen über eine Abfolge von Medienwechseln hinweg in »reale Beziehungen« mit Face-to-Face-Kontakten (z. B. Fernbeziehung, Lebensgemeinschaft) transformiert, sofern sie nicht an den neuen Informationen und Interaktionserfordernissen des jeweiligen Medienübergangs scheitern.**

mehr ernüchternde oder störende Merkmale ins Spiel kommen. Attraktivitätssteigernde Beschönigungen, die den Erstkontakt im Netz begünstigt haben, können zum Risikofaktor werden, wenn ein persönliches Zusammentreffen bevorsteht:

**FALLBEISPIEL**

> Die 21-jährige Amy, Studentin an einer Universität der Ostküste der USA, lernt den Tübinger Informatikstudenten Michael 1992 in einem Online-Rollenspiel kennen. Wie bei vielen Online-Rollenspielen üblich, konzentriert man sich nicht allein darauf, im Spiel gut abzuschneiden, sondern tauscht sich auch persönlich aus. Internationale Kontakte sind hierbei besonders reizvoll und die beiden verstehen sich prächtig. Online ist Amy ganz in ihrem Element. Denn beim textbasierten Netzaustausch kann sie sich Michael unbefangen nähern, während sie sich in Face-to-Face-Situationen wegen ihrer Körperfülle häufig verunsichern lässt. Als beide sich nach einigen Monaten Online-Liebe das erste Mal am Frankfurter Flughafen leibhaftig gegenüber treten, müssen sie ihre Vorstellungen vom Aussehen der jeweils anderen Person korrigieren. Doch das Gefühl starker Verbundenheit und Vertrautheit, dass sich in den vielen Online-Stunden entwickelt hat, hilft über die erste Irritation hinweg. Zwei Jahre lang führen beide eine Fernbeziehung bevor sie 1995 in Tübingen zusammenziehen. Der Computer, ohne den ihre Partnerschaft nicht zustande gekommen wäre, ist für sie zum Maskottchen geworden (Bahl, 1997, S. 51, 100, 134).

Intimität (intimacy), Leidenschaft (passion) und Verbindlichkeit (commitment) sind gemäß Sternberg (1986) drei wesentliche Bestimmungsstücke von Liebesbeziehungen, wobei jedoch die Gewichtung dieser Faktoren von den individuellen Bindungs- und Liebesstilen der Beteiligten sowie deren wechselseitiger Passung abhängt (vgl. Bierhoff & Grau, 1999). Theoretisch spricht nichts dagegen, dass eine Liebesbeziehung vornehmlich oder ausschließlich auf Netzkontakten basiert, da sich durch den zeitversetzten oder zeitgleichen Austausch von digitalen Text-, Ton- und/oder Bildbotschaften prinzipiell Intimität (z. B. Unterstützung bei persönlichen Problemen), Leidenschaft (z. B. geteilte Erregung beim gemeinsamen Ausformulieren sexueller Phantasien) und Verbindlichkeit (z. B. regelmäßige Kontaktaufnahme) vermitteln lassen. Erfahrungsberichte und Befragungsstudien zeigen, dass Personen, die nach einem Kennenlernen im Netz ihre Beziehung weiterentwickeln, tatsächlich diverse Möglichkeiten ausschöpfen, um Cyber-Leidenschaft, Cyber-Intimität und Cyber-Verbindlichkeit zu etablieren und damit im eigenen Verständnis eine *romantische Netzbeziehungen, Cyber-Liebesbeziehungen, On-*

**Abb. 19.2.** »Dad, I met someone in a chat room and it's serious. Did you know a webmaster has the authority to marry people in cyberspace?«

*line-Romanze* oder *Cyber-Affäre* entwickeln, sei es als Haupt- oder Nebenbeziehung (vgl. Abschnitt 19.1.3; Abb. 19.2).

Diejenigen, die alle Stufen der Medienwechsel durchlaufen und sich nach einem erfolgreichen Face-to-Face-Treffen dann häufiger sehen, definieren ihre Beziehung von einer *Cyber-Beziehung* oftmals in eine *Fernbeziehung (Long-Distance-Relationship)* um (Cruickshank, 2001). Trotz der Optionen zur unverbindlichen oder spielerischen Partnerwahl, zeigen Online-Paare immer wieder auch sehr großes Commitment. Manche halten jahrelang engen medialen Kontakt, ohne sich zu sehen, andere entschließen sich nach kurzer Zeit zum Zusammenziehen und Heiraten. Eine generelle Bindungsunwilligkeit ist Cyber-Liebenden nicht vorzuwerfen, vielmehr wäre noch empirisch zu klären, ob und unter welchen Bedingungen langfristige Trennungsrisiken nach der Paarbildung im Netz erhöht oder verringert sind. Interessante Vergleichsgruppen wären hier etwa Paare, die sich per Online- oder Offline-Kontaktanzeige, per realer oder virtueller Freizeitgemeinschaft kennen gelernt haben.

> **Eine generelle Bindungsunwilligkeit ist Cyber-Liebenden nicht vorzuwerfen.**

### 19.2.3 Beziehungsfunktionen

Da Netznutzung bislang nur für eine Minderheit in der Gesamtbevölkerung zum Alltag gehört und innerhalb der Netzpopulation wiederum nur eine Minderheit einen sozial-expressiven Nutzungsstil pflegt, bei dem intime Bindungen entstehen, werden Cyber-Liebesbeziehungen in der breiten Öffentlichkeit meist als erklärungsbedürftige Ausnahmeerscheinungen wahrgenommen: Man fragt sich, *warum* einige Menschen sich überhaupt auf *so etwas* einlassen, anstatt ganz *normale* Beziehungen zu pflegen. Sowohl die im vorigen Abschnitt erwähnte Amy, die ihren Partner in einem Online-Rollenspiel kennen gelernt hatte und dann mit ihm zusammen gezogen war (Bahl, 1997, S. 51, 100, 134) als auch die von Cruickshank (2001) per Leitfaden-Interview befragten 8 heterosexuellen Online-Liebespaare berichteten von überwiegend verständnislosen und enttäuschten Reaktionen ihrer Familien und von skeptischen Reaktionen ihrer Freunde. Die Befragten hatten den Eindruck, ihre Online-Beziehungen würden nicht ernst genommen, sondern als Spielerei abgetan oder gar als suspekt und gefährlich eingeschätzt. Um dieser *Stigmatisierung* zu entgehen, verzichteten sie teilweise auf die Thematisierung ihrer Online-Beziehungen im unmittelbaren Umfeld.

Um die Verbreitung des Phänomens Online-Liebe in globalem Maßstab abzuschätzen ist folgende Rechnung möglich: Im Juli 2001 existierten 125.888.197 feste Internet-Rechner (Internet Domain Survey: www.isc.org/ds). Diese Hosts versorgen oftmals mehrere Personen, die sich temporär ins Internet einwählen. Im Durchschnitt geht man von 3,5 bis 5 Nutzern pro Internet-Host aus (Batinic et al., 1997, S. 201), sodass sich bei einem Faktor von 4 die Population der Internet-Nutzer auf ca. 500 Mio. Menschen für Mitte 2001 hochrechnen lässt. Von diesen wiederum sind etwa 20% regelmäßig mindestens einmal pro Woche in Chats, Diskussionsforen oder Online-Spielen aktiv (Van Eimeren et al., 2001, S. 387) und somit prädestiniert dafür, netzbasiert neue Bekanntschaften anzuknüpfen. Legt man nun zugrunde, dass 5% dieser sozial-expressiven Netznutzer/innen ihren Online-Kontakten gegenüber zuweilen auch romantische Gefühle entwickeln und sie zu intimen Beziehungen vertiefen (wollen), so ist von 5 Mio. Menschen weltweit mit Cyber-Beziehungserfahrungen auszugehen.

Dieser – tendenziell eher konservativen – Schätzung für 2001 sind empirische Einzelergebnisse an die Seite zu stellen: 14% von 601 Bürgerinnen und Bürgern der USA mit Netzzugang berichteten 1995 in einer telefonischen Repräsentativ-Umfrage, sie hätten im Netz Menschen kennen gelernt, die sie als »Freunde« bezeichnen, wobei leider nicht nach romantischen und nichtromantischen Bindungen differenziert wurde (Katz & Aspden, 1997). Befragt man gezielt Personen, die in Newsgroups aktiv sind, so steigt der Anteil derjenigen, die enge Netzbeziehungen pflegen, auf 61% (53% Freundschaften, 8% romantische Beziehungen; Parks & Floyd, 1996). Konzentriert man sich auf Personen, die an Online-Rollenspielen wie MUDs (Multi User Domains) teilnehmen, so steigt der Anteil derjenigen, die enge Netzbeziehungen pflegen, sogar auf 91% (Schildmann et al., 1995) bzw. 93% (67% Freundschaften, 26% romantische Beziehungen; Parks & Roberts, 1997).

Es ist auf der Basis der Liebestheorie von Robert Sternberg (1986) davon auszugehen, dass intime Beziehungen, die maßgeblich oder ausschließlich auf medialen Kontakten basieren, universale Bindungsbedürfnisse erfüllen können. Zudem lässt sich spekulieren, dass intime Netzbeziehungen aufgrund ihrer qualitativen Besonderheiten *spezifische Funktionen* häufiger oder effektiver erfüllen als herkömmliche Paarbeziehungen dies tun. Die in der Sach- und Fachliteratur sowie in Erfahrungsberichten thematisierten Funktionen von Cyber-Romanzen lassen sich grob den Bereichen Eskapismus, Kompensation und Exploration zuordnen: Im Zusammenhang mit *Eskapismus* wird hervorgehoben, dass die Cyber-Beziehung als alltagsferne imaginativ aufgeladene Sozialbeziehung von realen Problemen ablenkt und die Flucht in eine (ggf. mit dem Partner geteilte) Fantasiewelt erlaubt, die phasenweise günstig (Moratorium), auf lange Sicht aber auch schädlich sein kann (z. B. so genannte Online-Sucht). *Kompensatorisch* wirken Netzbeziehungen bei Singles und Gebundenen, wenn sie Gratifikationen bieten, die die reale Lebenssituation verbessern, ohne dabei schädlich zu wirken. Cyber-Seitensprünge, die Ehepartner sich dezidiert zugestehen, zählen hierzu.

Computervermittelte Kontakte ermöglichen es den Beteiligten, ungewohnt schnell emotionale Nähe herzustellen und gleichzeitig in Reserve zu bleiben. Durch diesen Umstand eignen sich Cyber-Romanzen und Cybersex besonders gut, Sehnsüchte zu *explorieren*, die im realen Leben als zu unsicher, riskant oder beängstigend erscheinen, um in die Tat umgesetzt zu werden. Dabei mag es vielfach gar nicht um besonders spektakuläre Wünsche gehen, sondern eher um die spektakuläre Tatsache, tatsächlich selbst aktiv involviert zu sein und sich beispielsweise als Mann erstmals auf schwule Kontakte einzulassen oder als Frau mehrere Liebhaber zu nehmen.

Die im Netz gesammelten Erfahrungen sind real genug, um als Erweiterung des eigenen Handlungsspielraums erlebt zu werden, und sie sind virtuell genug, um nicht im selben Maße soziale Verurteilung, Scham- und Schuldgefühle auf den Plan zu rufen wie entsprechende Episoden außerhalb des Netzes dies oft tun. Es ist auch nicht einfach als Täuschung oder Unehrlichkeit abzutun, wenn Menschen im Netz anders erscheinen als außerhalb: Denn es gibt Selbstaspekte, die im Alltag außerhalb des Netzes unterrepräsentiert sind, weil die Gelegenheiten fehlen, sie darzustellen, oder weil sie durch das äußere Erscheinungsbild quasi überdeckt werden (z. B. wenn Menschen mit körperlichen Handicaps oder im höheren Alter als asexuell wahrgenommen werden). Die ungewohnten Erfahrungen im Netz mögen teilweise auf den Netzkontext beschränkt bleiben, teilweise auch Verhaltensänderungen außerhalb des Netzes begünstigen, die im Idealfall – etwa aus feministischer Perspektive – als »befreiend« beschrieben werden (vgl. Döring, 2000a).

Eine empirische Klassifikation von Paarbeziehungen, die durch mediatisierte Kommunikation entstanden sind, fehlt bislang. Deutlich ist jedoch, dass medienbasierte Beziehungen, die nach den Wünschen der Beteiligten zu realen Fernbeziehungen bzw. Lebensgemeinschaften werden (sollen), von Netzbeziehungen abzugrenzen sind, die für die Beteiligten gerade dadurch einen Mehrwert haben, dass sie vom Offline-Alltag abgekoppelt sind und sich jenseits gemeinsamer Aktivitäten und Alltagsgestaltung in einem rein kommunikativen Raum entfalten.

## 19.3    Diskurse über Paarbeziehungen durch Telekommunikation

Gemäß dem *Rhetorikansatz* (vgl. Duck & Pond, 1989) konstituieren sich interpersonale Beziehungen wesentlich dadurch, dass die Beteiligten Geschichten über ihre Liebe erzählen und damit ihrer Verbindung Sinn und Bedeutung verleihen. Diskurse über Partnerschaft sind aus dieser Perspektive notwendiger Bestandteil einer Paarbeziehung. Mediatisierte Kommunikation verändert die Bedingungen für das Erzählen eigener und das Kennenlernen fremder Liebesgeschichten nachhaltig. Denn wir verzeichnen im Zuge der Mediennutzung eine in diesem Umfang und in dieser Form historisch neue private und öffentliche Dokumentation des intimen Beziehungsgeschehens samt einer breiten Organisation von Peer-Beratung.

### 19.3.1    Private Dokumentation

Durch asynchrone Telekommunikation innerhalb von Partnerschaften entstehen objektive Verhaltensdaten (E-Mails, Chat-Protokolle, Handy-Kurzmitteilungen) über intime soziale Ereignisse, die undokumentiert bleiben und allenfalls aus der Erinnerung wiedergegeben werden können, wenn die Beteiligten auf nichtmedialem Wege miteinander in Verbindung treten. Eigene explorative Befragungen mit jugendlichen Handy-Nutzern haben etwa gezeigt, dass manche von ihnen die mit dem Schwarm oder dem festen Freund ausgetauschten SMS-Botschaften in ein Heft abschreiben, zumal bei diesen Minibotschaften teilweise ein Trend zur bewussten Ästhetisierung (z. B. durch Metaphern und Reime) zu verzeichnen ist („Der Mond am Himmel scheint nur für dich, er sagt zu dir: Vergiss mich nicht. H.D.G.G.D.L."; vgl. Döring, 2002b). E-Mail-Korrespondenz wird oftmals über Jahre hinweg aufgehoben und lässt sich aufgrund des digitalen Formats z. B. nach Stichworten durchsuchen. „Wir telefonieren täglich mehrmals miteinander" – solche Beschreibungen des partnerschaftlichen medialen Kommunikationsverhaltens werden von Beteiligten und Außenstehenden oft als Indikatoren für Beziehungsqualität gewertet. So charakterisiert eine Netznutzerin ihre Online-Liebesbeziehung folgendermaßen (vgl. Döring, 2000b, S. 44):

> **Die Manifestation intimer Kommunikation in archivierbarer und exakt quantifizierbarer digitaler Form schafft neue Indikatoren für paarbezogenes Engagement.**

> »It has been 2 months now that we've been together and so far I have received a total of 140 E-Mail messages and he has approx. 160 from me.«

**Abb. 19.3.** »I'm using special effects to improve my wedding videos. Watch me make my ex-husband disappear!«

Schließlich animiert ein mediatisierter Austausch nicht selten auch zu *neuen multimedialen Formen der intimen Medienproduktion*, die den Textbotschaften beigefügt oder separat ausgetauscht werden (z. B. digitale Zeichnungen und Fotografien, Audio- und Videoaufzeichnungen oder -zusammenschnitte usw.). Mit dieser Medienproduktion manifestieren und interpretieren die Beziehungspartner ihr – in postmodernen Zeiten besonders definitionsbedürftiges – Verhältnis zueinander, sei es indem sie sich selbst explizit thematisieren (z. B. digitales Familienfotoalbum; Abb. 19.3) oder auf geteilte Interessen anspielen (z. B. für den Partner zusammengestellte Sammlung von digitalen Musikstücken).

Der Rückgriff auf archivierte Botschaften oder intime Medienprodukte mag etwa bei Streit als Beweismaterial dienen, bei Einsamkeit Trost spenden oder beim gemeinsamen nostalgischen Rückblick die Identität als Paar bekräftigen. Im Falle von Trennungen sind archivierte E-Mail-, Chat- und SMS-Botschaften für die Verlassenen oft wertvolle Relikte, die manchmal sogar im Selbstverlag publiziert werden (z. B. „Handy Romance" von Jeanne Wagner: www.jeanne-wagner.de).

Wie und mit welchen Konsequenzen für die Paarbeziehungen intime Medienproduktion (mit alten und/oder neuen Medien) im Alltag bewerkstelligt und gehandhabt wird, ist bislang soziologisch und sozialpsychologisch kaum untersucht worden. Es finden sich aber literatur- und sprachwissenschaftliche Arbeiten über Briefwechsel prominenter Liebespaare, über Briefkommunikation in Kriegszeiten oder über die Gattung des Liebesbriefs, dem sich etwa die Sprachwissenschaftlerin Eva Lia Wyss (2002) in ihrer aktuell laufenden Habilitation an der Universität Zürich zuwendet.

### 19.3.2   Öffentliche Dokumentation

Kommunikationswissenschaftlich besonders interessant ist die Bereitschaft einer wachsenden Zahl von Paaren, ihre Partnerschaft vor einer größeren Öffentlichkeit medial zu präsentieren und dabei *klassische Massenmedien*, aber eben auch neue Medien wie das Internet zu nutzen. Dass Paare sich etwa in der *Fernsehsendung* „Traumhochzeit" symbolisch vor der Fernsehöffentlichkeit das Ja-Wort geben, interpretiert Reichertz (1998) als Versuch, durch Dokumentation, Zeugenschaft und Ritualisierung die Stabilität der Beziehung zu beschwören. Die erfolgreichen »Gruß-&-Kuss«-Kolumnen in *Zeitungen und Stadtmagazinen* erlauben es Paaren, ihre Liebe und Verbundenheit nicht nur einander, sondern gleichzeitig auch vor einem – mehr oder minder gerührten oder amüsierten – Lesepublikum öffentlich zu bekunden (Reichertz, 1991, S. 253). Als persönliche Musikgrüße per *Radio* versendete Liebeserklärungen besitzen ebenfalls einen deutlichen Bekundungs- bzw. Inszenierungscharakter.

Im *Internet* werden diese Ansätze der Veröffentlichung privater Beziehungen von den dort mittlerweile präsenten *Medienunternehmen* aufgegriffen: Webradios bieten Musikwunschsendungen, Online-Ableger von Print-Zeitschriften enthalten Gruß-Rubriken (z. B. www.bravo.de: Das »Ich-liebe-dich!«-Board; Das »Sag-Danke!«-Board; Das »Verzeih-mir!«-Board). Daneben werden die Nutzerinnen und Nutzer mit Hilfe ihrer *persönlichen Homepages* aber auch selbst publizistisch aktiv (Döring, 2001b): So hat sich unter anderem eine eigene Kultur der Hochzeits-, Paar-, Baby- und Familien-Homepages etabliert. Paare nutzen hier die Gelegenheit, ihren gemeinsamen Weg zu schildern, ihre Identitäten als Person und Paar zu unterstreichen und auch mit Gleichgesinnten in Kontakt zu treten – seien es Paare, die ebenfalls ein behindertes Kind haben, oder Paare, die sich auch für Partnertausch interessieren. Per E-Mail-Link auf der Homepage ist ein direkter Rückkanal gegeben, wobei man auch hier im ersten Schritt anonym bleiben kann.

Die selbstorganisierte Veröffentlichung des Privaten im Netz, wie sie etwa auch in *Online-Tagebüchern* betrieben wird (Döring, 2001a), kann freilich innerhalb der Paarbeziehung auch kontrovers sein, z. B. wenn die Partner/innen der Tagebuchschreibenden ihre Privatheitsansprüche verletzt sehen.

> **Heute bieten die klassischen Massenmedien (Zeitungen/Zeitschriften, Radio, Fernsehen) zunehmend spezielle Formate für die Veröffentlichung bzw. Inszenierung von privaten Beziehungserfahrungen. Zudem finden sich in den neuen Online-Medien zahlreiche Plattformen für die öffentliche Dokumentation und Diskussion von Paarbeziehungen.**

---

**FALLBEISPIEL**

Rachel Rein ist eine seit 1996 sehr aktive Online-Diaristin mit nennenswerter Fan-Gemeinde. In ihrem Tagebucheintrag vom 8. Februar 2002 beantwortet sie die Leseranfrage, wie denn ihr Lebenspartner Matthew dazu steht, dass sie die gemeinsame Beziehung in Wort und Bild öffentlich beschreibt – inklusive etwa ihrer Begeisterung für sein Äußeres oder ihrer Frustration über seine Stimmungsschwankungen und seltenen Sex (www.reinyday.com):

„First off, Matthew doesn't read this, so whatever he feels about it might be based on a skewed idea of what I write here. Second, my perception of his feelings, as I am about to report, might be totally incorrect. All that aside, he has said he doesn't mind what I write. He trusts me not to reveal anything inappropriate (though I'm not quite sure what that would be). I don't think he considers my diary as giving him a „public life" because it doesn't infringe on his life. I would take pictures of him whether or not they were going online (in fact, one of my first student films starred him sleeping). Occasionally we'll be out with a friend who will bring up something I've written about and that will startle me as much as Matthew.

So the short answer is that he trusts me not to embarrass him, too much. As for the mood swings, he'd be the first to tell you that he is moody (he believes that taking Vitamin B levels is moods, and as evidence, the worst grouchy days are ones when he has forgotten to take his Vitamin B). As for sex, I know he'd rather I didn't write about it, but again, he trusts me not to say too much. Matthew highly values his privacy. He would never want to be famous. He doesn't like attention."

Nicht nur findet in Rachel Reins Online-Tagebuch eine *öffentliche Reflexion* über ihre Beziehung statt, indem diese in den täglichen Tagebucheinträgen immer wieder angesprochen und in Fotos dokumentiert wird. Im Diskurs mit der Leserschaft kommt es sogar zur *öffentlichen Metareflexion* über die beziehungsbezogene Dokumentationstätigkeit, wobei die Tagebuchschreiberin Unterschiede zwischen ihrem Öffentlichkeitsbbedürfnis und dem Privatheitsanspruch ihres Partners unterstreicht und gleichzeitig die gemeinsame Vertrauensbasis betont.

### 19.3.3 Peer-Beratung

Die Dokumentation intimer Kommunikation begünstigt nicht zuletzt den themenzentrierten Diskurs mit Dritten über die Beziehung. Mediale Botschaften von und an den Partner können in heiklen Fällen gemeinsam mit Freunden interpretiert und verfasst werden. Schließlich bieten die zahlreichen Netz-Foren, die dem Erfahrungsaustausch über Liebe, Erotik, Sexualität und Partnerschaft gewidmet sind, kulturell neue Möglichkeiten der Peer-Beratung (vgl. Döring, 2000c): Die Anonymisierbarkeit begünstigt Selbstoffenbarung. Das potenziell sehr große, heterogene Publikum kann eine Fülle von Rückmeldungen geben, die eine wertvolle Ergänzung darstellen zu den Meinungen der wenigen engen Vertrauten, die man im realen Umfeld konsultieren kann.

Entsprechende Online-Foren existieren teils *selbstorganisiert* (z. B. als Newsboards auf persönlichen Homepages, als Mailinglisten oder als Usenet Newsgroups wie <de.talk.romance>), teils werden sie auch *von Medienunternehmen angeboten und betreut*. So organisieren etwa die Online-Ableger etablierter Print-Zeitschriften neben redaktionellem Teil und Werbung häufig einen Community-Bereich mit Diskussionsforen, die u. a. Partnerschaftsfragen adressieren. Auf der Website der Frauenzeitschrift Brigitte (www.brigitte.de) finden sich beispielsweise gut frequentierte Foren zu partnerschaftlicher Treue, Sexualität, Trennung oder der Liebe zum „gebrauchten Mann" mit Ex-Frau und Kindern. Die Beiträge sind teilweise von ergreifender Offenheit und es wird auch deutlich, dass einige der Diskutierenden über das Peer-Beratungs-Forum privat Freundschaft geschlossen haben und sich auch jenseits der Plattform der Foren kontaktieren.

Eine sozialpädagogisch supervidierte Peer-Beratung für Jugendliche zu Fragen der gegen- oder gleichgeschlechtlichen Partnerschaft bietet die von der Katholischen Stiftungsfachhochschule München organisierte Online-Plattform Kids-Hotline (www.kidshotline.de). Anhand der automatisch erstellten öffentlichen Nutzungsprofile der Diskutierenden, die u. a. die Anzahl der selbst publizierten Beiträge enthält, ist erkennbar, dass einige Jugendliche die Chance ergreifen, auf der Plattform regelmäßig Beziehungsfragen öffentlich zu diskutieren. So hat „Timo17" aus Hinterdingen zwischen August 2001 und Januar 2002 rund 300 Beiträge hinterlegt. Ein Netzspezifikum ist hier nicht nur die Tatsache, dass Jugendlichen (auch in ländlichen Regionen) rund um die Uhr ein von Experten betreutes kostenloses Beratungsangebot zur Verfügung steht, sondern auch der Umstand, dass heikle emotionale Themen wie Beziehungskonflikte, ungewollte Schwangerschaften, Zweifel an eigenen Liebesgefühlen oder Trennungsbewältigung von Mädchen und Jungen im Pubertätsalter offen und unterstützend gemeinsam besprochen werden. Die Jugendlichen, seien sie gerade Single oder in einer Partnerschaft, haben hier die Möglichkeit, Erfahrungen, Einschätzungen und Erwartungen im Hinblick auf Paarbeziehungen mit unterschiedlichen Peers zu vergleichen, und zwar auch dann, wenn sie nur still mitlesen und sich selbst nicht äußern. Ebenso bieten sich hier – wie in allen öffentlichen Netzforen – enorme Chancen für die empirische Sozialforschung: Die veröffentlichten Textbeiträge können inhalts- oder konversationsanalytisch ausgewertet werden. Alternativ oder ergänzend lassen sich die per E-Mail erreichbaren Diskutanten für Befragungsstudien anwerben (s. Abschnitt 19.4.2).

## 19.4     Perspektiven für die zukünftige Forschung

Der vorliegende Beitrag plädiert dafür, in der Partnerschaftsforschung zukünftig stärker die Mediatisierung unseres Alltags und unserer sozialen Beziehungen in den Blick zu nehmen. Wie in den ersten drei Abschnitten dieses Kapitels gezeigt, hat Telekommunikation teilweise einen sehr starken Einfluss auf die Gestaltung bestehender Partnerschaften. Zudem ermöglicht sie neue medienbasierte Kontakte und Beziehungen. Nicht zuletzt beeinflusst mediatisierte Kommunikation auch nachhaltig, wie wir über Partnerschaften denken und den paarbezogenen Erfahrungsaustausch mit anderen Menschen organisieren. Um weitere Forschungsaktivitäten auf diesem Gebiet anzuregen, werden nun unterschiedliche theoretische und methodische Ansätze noch einmal gebündelt angesprochen und wichtige offene Forschungsfragen herausgearbeitet.

### 19.4.1     Interdisziplinarität

Besonderheiten und Veränderungen von Paarbeziehungen im Zusammenhang mit der Nutzung von Telekommunikationsmedien lassen sich aus unterschiedlichen disziplinären Blickwinkeln theoretisch betrachten. Dabei sind neben der Sozialpsychologie insbesondere Soziologie und Kommunikationswissenschaft besonders einschlägig, wenn es darum geht, anschlussfähige theoretische Konzepte zu finden, wie sie in diesem Beitrag exemplarisch herangezogen wurden:

> **Paarbeziehungen und Telekommunikation aus unterschiedlichen Blickwinkeln**
>
> - Die *Soziologie* untersucht die gesellschaftlichen Rahmenbedingungen, unter denen Partnerschaften und mediale Kommunikation realisiert werden (z. B. Wertewandel in Richtung auf Individualisierung; postmoderne Konzeption von Paarbeziehungen; Mobilitätsanforderungen des Ausbildungs- und Arbeitsmarktes).
> - Die *Sozialpsychologie* konzentriert sich auf das Verhalten und Erleben der Individuen in der Partnerschaft, das eben auch mit Mediennutzung in Zusammenhang steht (z. B. Faktoren der interpersonalen Attraktion; Selbstdarstellung in Kennenlernprozessen; Entwicklung von Leidenschaft, Intimität und Verbindlichkeit im Verlauf der Beziehung; Beziehungszufriedenheit).
> - Die *Kommunikationswissenschaft* schließlich befasst sich mit den formalen und inhaltlichen Eigenschaften mediatisierter Kommunikationsprozesse. Diese sind nicht determi-

nistisch durch die Technik festgelegt, sondern hängen von den Entscheidungen der Nutzer und vom Kommunikationskontext ab, wobei Partnersuche oder Partnerschaft eben spezifische Kontexte darstellen (z. B. Kriterien der Medienwahl für bestimmte Kommunikationsaufgaben; Orts- und Zeitbezüge bei der Nutzung unterschiedlicher Medien; Dokumentierbarkeit und Verwaltung medial ausgetauschter Botschaften).

## 19.4.2    Online- und Offline-Methoden

Bei der empirischen Untersuchung paarinterner bzw. paarbezogener Kommunikation lassen sich diverse Untersuchungsdesigns (Querschnitt- versus Längsschnittstudie; qualitative versus quantitative Studie; reaktive versus nonreaktive Studie; experimentelle versus quasi- oder nichtexperimentelle Studie usw.) realisieren, wobei die Datenerhebung sowohl offline (z. B. mündliches Interview; Paper-Pencil-Fragebogen) als auch online (also im medialen Kontext) erfolgen kann. In der Praxis ist es für die Untersuchung der Wechselwirkungen zwischen Mediennutzung und Paarbeziehungen empfehlenswert, Offline- und Online-Methoden zu kombinieren. Dabei haben Online-Methoden (s. www.online-forschung.de) in der Regel den Vorteil größerer Ökonomie. Dies betrifft etwa die Automatisierbarkeit der Untersuchungsdurchführung (z. B. Randomisierung im Online-Experiment), die Anwerbung von Untersuchungsteilnehmern (z. B. weltweite Befragung via Online-Fragebogen) sowie den nonreaktiven Zugriff auf objektive Verhaltensdaten (z. B. Abrufstatistiken einer Online-Kontaktbörse). Eine Reihe von Online-Methoden sind bereits in der Forschung zu Online-Paarbeziehungen eingesetzt worden (vgl. zusammenfassend Döring, 2002a): die Online-Inhaltsanalyse (z. B. Döring, 2000b), die Online-Beobachtung (z. B. Debatin, 1998), das Online-Interview (z. B. Biggs, 2000; Shaw, 1997) und der Online-Fragebogen (z. B. Baker, 1998; Cooper et al., 1999; Maheu, 2001; Parks & Roberts, 1997).

## 19.4.3    Offene Forschungsfragen

Systematische Empirie über *Telekommunikation innerhalb bestehender (oder sich im realen Leben gerade anbahnender) Paarbeziehungen* fehlt. Für Paare mit unterschiedlichen Lebensformen (z. B. Lebensgemeinschaft mit gemeinsamer Wohnung; Paarbeziehung mit getrennten Wohnungen in räumlicher Nähe; Fernbeziehung usw.) wäre zu untersuchen, welchen Stellenwert mediatisierte Kommunikation im Beziehungsgeschehen einnimmt. Der Mediengebrauch kann hierbei einerseits als Indikator von Beziehungsqualität (z. B. häufige mediale Liebesbotschaften als Ausdruck emotionaler Nähe; vgl. Kap. 10), andererseits aber auch als deren Determinante konzeptualisiert werden (z. B. enthemmte mediale Botschaften als Eskalationsmotoren im Verlauf von Konflikten; vgl. Kap. 15). Bestimmte Bindungsstile (z. B. ängstlich-ambivalent; vgl. Kap. 5) und Persönlichkeitsdispositionen (z. B. Neurotizismus; vgl. Kap. 6) könnten unter den Bedingungen ubiquitärer medialer Erreichbarkeit zu einer Verschärfung von Kommunikationsproblemen in Partnerschaften führen, da für alle verfügbaren Kommunikationskanäle und Kommunikationsgelegenheiten die Frage der einvernehmlichen und verträglichen Abstimmung immer wieder auftritt. Wenn die Medientechnik Kommunikationsgelegenheiten zeitlich und örtlich entgrenzt, obliegt es verstärkt den Nutzern, das richtige Maß zu finden.

Dies gilt umso mehr für *Cyber-Beziehungen*, bei denen mediale Kontakte nicht flankierenden Charakter haben wie in herkömmlichen Beziehungen, sondern alleiniger Dreh- und Angelpunkt sind. Ein normativer Bias, der die heterosexuelle monogame Lebensgemeinschaft als Realisationsform von Liebe verabsolutiert, lässt die Internet-Liebesbeziehung leicht von vorne herein als eine Art *Defizit-Liebe* erscheinen (vgl. Lea & Spears, 1995). Doch letztlich ist es nicht sehr fruchtbar, die „Internet-Liebe" aufgrund ihres hohen Mediatisierungsgrades gegen die so genannte „reale Liebe" auszuspielen. *Mediatisierung* durchzieht heute unseren Alltag und somit auch alle sozialen Beziehungen, egal auf welche Weise sie entstanden sind. Und ebenso wie sich die computervermittelte Kommunikation theoretisch und empirisch nicht einfach als Defizitform der Face-to-Face-Kommunikation verstehen lässt, sondern eigene Qualitäten besitzt (Döring, 1999, Kap. 6), sollte auch die computervermittelte Liebesbeziehung in ihren Potenzialen ausgeleuchtet werden. Sie steht schließlich weniger in Konkurrenz als vielmehr in Ergänzung oder in – teilweise durchaus spannungsvoller – Wechselwirkung zu andern Formen von Intimbeziehungen.

Nach welchen Kriterien Personen sich als Beziehungspartner wählen und wie sie ihre zeitversetzten Kommunikationsakte sowie ihre zeitgleichen medialen Interaktionen gestalten, um Intimität, Leidenschaft und/oder Verbindlichkeit zu realisieren, ist bislang nur ansatzweise erforscht. Durch ihren hohen Sexualisierungsgrad bei gleichzeitiger Abkopplung von tatsächlicher Reproduktion sowie von äußerlichen Attraktivitätsmerkmalen stellt Cyber-Liebe eine interessante Herausforderung für soziobiologische Erklärungsmodelle dar: Nicht einmal anekdotisch ist bekannt, dass Cyber-Liebespaare es auf virtuellen Nachwuchs anlegten – die Cyber-Liebe erzeugt keine Cyber-Kinder. Der diskursive Charakter der Cyber-Liebe, die sich scheinbar im bloßen schönen Reden entfalten kann, bietet eine reiche Datenbasis für sozialkonstruktivistische Ansätze. Legt man zugrunde, dass Frauen tendenziell eine etwas größere Affinität zum verbalen Austausch haben als Männer, so lassen sich Cybersex und Cyber-Liebe womöglich als „weiblich" geprägte Formen der Leidenschaft und Intimität charakterisieren. Doch dies ist Spekulation, denn eine differenzierte empirische Analyse mediatisierter Kontakte und Beziehungen unter Gender-Perspektive steht aus. Bislang trifft man überwiegend auf polarisierte Aussagen über Frauenfeindlichkeit oder Frauenfreundlichkeit des Netzes (vgl. Döring, 2000a).

Ein *normierungs- und machtkritischer Blick auf Partnerschaft und Partnerschaftsforschung* ist in der Literatur selten anzutreffen. Wenn die Vorteile einer nichtangesichtigen Partnerwahl und einer anonymisierbaren, sozialen Kontrollen entzogenen, intimen Kommunikation behandelt werden, klingen im Cybersex- und Cyber-Liebesdiskurs gesellschaftliche Probleme der Diskriminierung auf der Basis von Alter (Ageism), körperlicher Funktionsfähigkeit (Ableism) oder sexueller Orientierung (Heterosexism) an. Inwieweit mediatisierte Kommunikation hier emanzipatorisches Potenzial hat, etwa indem sie den Beteiligten mehr Freiheitsgrade beim Stereotyp- und Stigma-Management bietet, wäre genauer zu untersuchen. Ob die starken Bildungs- und Schichteffekte, die im Sinne von Homogamie bei der herkömmlichen Partnerwahl zu beobachten sind, in gleicher Weise bei der Online-Partnerwahl zum Tragen kommen, ist unbekannt.

Es fehlen Längsschnittuntersuchungen sowie medienbiographische Studien, die Entwicklungsverläufe von Cyber-Beziehungen nachzeichnen, inklusive ihrer Integration in das soziale Netzwerk und sonstige Alltagsleben. Dass Cyber-Liebesbeziehungen Lern- und – v. a. bei Jugendlichen – auch Sozialisationserfahrungen vermitteln, die auf reale Beziehungen übertragen werden, wird bislang nur anekdotisch diskutiert: Man kann beispielsweise befürchten, dass durch ebenso intensive wie unverbindliche erotische und romantische Netzkontakte das Vergleichsniveau für Alternativen notorisch steigt und somit die Bindungskraft von Partnerschaften sinkt. Man kann aber auch hoffen, dass der intimisierte und psychologisierte Austausch von Cyber-Liebenden, deren gemeinsame Aktivität sich auf permanentes verbales Kommunizieren beschränkt, Selbsterkenntnis und Einfühlungsvermögen steigert sowie Kreativität und Fantasie befördert.

Mediatisierte Beziehungen stellen keinen homogenen Beziehungstyp dar. Und sie ersetzen reale Beziehungen auch nicht, sondern ergänzen sie durch ausdifferenzierte, mehr oder minder verbindlich oder spielerisch interpretierte Beziehungsmodelle. Mit der Ausdifferenzierung von Beziehungserfahrungen wächst der Reflexions-, Diskussions- und Beratungsbedarf. Er wird teilweise in öffentlichen Netzforen befriedigt. Welche Vorstellungen und Normen über Paarbeziehungen Laien hier entwerfen, ist empirisch unbekannt. Doch möglicherweise entstehen durch netzbasierte öffentliche Laien-Diskurse zukünftig wichtige Instanzen, die mit Psychotherapeuten, Wissenschaftlern und Journalisten in Konkurrenz treten, wenn es darum geht zu definieren, was eine gute Partnerschaft oder echte Liebe ausmacht.

**Zusammenfassung**

Am Beginn des 21. Jahrhunderts gehört mediatisierte zwischenmenschliche Kommunkiation für breite Bevölkerungskreise zum Alltag: Nach Post- und Festnetztelefonie sind es vor allem die unterschiedlichen Formen der Online- und Mobil-Kommunikation, die der Pflege bestehender sozialer Beziehungen und dem Aufbau neuer sozialer Bindungen dienen. Das betrifft Bekanntschaften im privaten und beruflichen Bereich, aber auch intime Beziehungen: Der „Handy-Flirt", der „Cybersex" und die „Online-Liebe" sind anekdotisch bekannt und werden in den letzten Jahren empirisch untersucht. Während die einen vor einer Gefährdung von Partnerschaft und Ehe durch „Cyber-Untreue" warnen, sehen die anderen Telekommunikationsmedien als Chance für einen intensiveren Austausch innerhalb von Paarbeziehungen und für eine effektivere Partnersuche. Die Partnerschaftsforschung ist gefordert, die Nutzung und Wirkung neuer (und alter) Kommunikationsmedien stärker zu thematisieren, denn nennenswerte Anteile der partnerschaftlichen sowie der partnerschaftsrelevanten Kommunikation finden heute und zukünftig technisch mediatisiert und nicht nur Face-to-Face statt.

## Literatur

Altman, I. & Taylor, D. (1973). Social penetration: The development of interpersonal relationships. New York: Holt, Rinehart and Winston.

Bahl, A. (1997). Zwischen On- und Offline. Identität und Selbstdarstellung im Internet. München: KoPäd.

Baker, A. (1998). Cyberspace couples finding romance online then meeting for the first time in real life. CMC Magazine, July 1998. http://www.december.com/cmc/mag/1998/jul/baker.html

Batinic, B., Bosjnak, M. & Bereiter, A. (1997). Der „Internetler" – Empirische Ergebnisse zum Nutzungsverhalten. In: Gräf, L. & Krajewski, M. (Hrsg.). Soziologie des Internet. Handeln im elektronischen Web-Werk (S. 196-215). Frankfurt am Main: Campus.

Beck, U. & Beck-Gernsheim, E. (1990). Das ganz normale Chaos der Liebe. Frankfurt am Main: Suhrkamp.

Bierhoff, H. & Grau, I. (1999). Romantische Beziehungen: Bindung, Liebe, Partnerschaft. Bern: Huber.

Biggs, St. (2000). „Charlotte's Web:" How one Woman weaves positive relationships on the Net. CyberPsychology & Behavior, 3 (4), 655-663.

Burkart, G. (2001). Die Bedeutung von Partnerschaft und Liebe für die moderne Paarbeziehung. In: Rill, B. & Rummel, C. (Hrsg.). Elternverantwortung und Generationenethik in einer freiheitlichen Gesellschaft (S. 27-34). München: Hans Seidel Stiftung. http://www.hss.de/upload/master/26/argu30.PDF

Cooper, A., Scherer, C., Boies, S. & Gordon, B. (1999). Sexuality on the Internet: From Sexual Exploration to Pathological Expression. Professional Psychology: Research and Practice, 30 (2), 154-164. http://www.apa.org/journals/pro/pro 302154.html

Cruickshank, L. (2001). „We met on the Net": Romantic Internet Relationships and how they evolve. School of Social Work and Social Policy, Faculty of Humanities and Social Sciences, University of South Australia. http://host01.ndr.com.au/users/elove/

Culnan, M. J. & Markus, M. L. (1987). Information technologies. In: Jablin, F. M., Putnam, L., Roberts, K. H. & Porter, L. W. (eds.). Handbook of Organizational Communication: An Interdisciplinary Perspective (pp. 420-443). Newbury Park, CA: Sage.

Debatin, B. (1998). Analyse einer öffentlichen Gruppenkonversation im Chat-Room Referenzformen, kommunikationspraktische Regularitäten und soziale Strukturen in einem kontextarmen Medium. In: Prommer, E. & Vowe, G. (Hrsg.). Computervermittelte Kommunikation. Öffentlichkeit im Wandel (S. 13-38). Konstanz: UVK Medien. [auch als Online Dokument] URL http://www.uni-leipzig.de/~debatin/German/Chat.htm

Döring, N. (1999). Sozialpsychologie des Internet. Die Bedeutung des Internet für Kommunikationsprozesse, Identitäten, soziale Beziehungen und Gruppen. Göttingen: Hogrefe.

Döring, N. (2000a). Cybersex aus feministischen Perspektiven: Viktimisierung, Liberalisierung und Empowerment. Zeitschrift für Frauenforschung & Geschlechterstudien, 18. Jhg., Heft 1+2/2000, 22-48.

Döring, N. (2000b). Romantische Beziehungen im Netz. In: Thimm, C. (Hrsg.). Soziales im Netz. Sprache, Beziehungen und Kommunikationskulturen im Netz (S. 39-70). Opladen: Westdeutscher Verlag.

Döring, N. (2000c). Selbsthilfe, Beratung und Therapie im Internet. In: Batinic, B. (Hrsg.). Internet für Psychologen (2., überarbeitete und erweiterte Auflage). (Kap. 18, S. 509-548). Göttingen: Hogrefe. [auch als Online Dokument] URL http://www.nicola-doering.de/publications.htm

Döring, N. (2001a). Öffentliches Geheimnis. Online-Tagebücher – ein paradoxer Trend im Internet. c't Magazin für Computer Technik. 2/2001, 15.1-28.1.2001, S. 88-93. [auch als Online Dokument] URL http://www.nicola-doering.de/publications.htm

Döring, N. (2001b). Persönliche Homepages im WWW. Ein kritischer Überblick über den Forschungsstand. Medien & Kommunikationswissenschaft, 49 (3), 325-349.

Döring, N. (2001c). Selbstdarstellung mit dem Computer. In: Boehnke, K. & Döring, N. (Hrsg.). Neue Medien im Alltag: Die Vielfalt individueller Nutzungsweisen (Kap. 10). Lengerich: Pabst Science Publishers.

Döring, N. (2002a). Studying Online Love and Cyber Romance. In: Batinic, B. Reips, U.-D. & Michael, B.(eds.). Online Social Sciences. Seattle, Toronto, Switzerland, Germany: Hogrefe & Huber Publishers.

Döring, N. (2002b). „1x Brot, Wurst, 5Sack Äpfel I.L.D." — Kommunikative Funktionen von Kurzmitteilungen (SMS). Zeitschrift für Medienpsychologie ZMP, (im Druck).

Duck, St. & Pond, K. (1989). Friends, Romans, countrymen, lend me your retrospections: Rhetoric and reality in personal relationships. In: Hendrick (ed.). Close relationships (pp. 17-38). Newbury Park, CA: Sage.

Faehrmann, J.-P. (1996). Freundschaft und Partnerschaft. Zur Definition und Abgrenzung zweier sozialpsychologischer Begriffe im kritischen Lichte. Magisterarbeit an der FernUniversität Hagen. http://psychologie.fernuni-hagen.de/pdf/Faehrmann.pdf

Giddens, A. (1991). Modernity and Self-Identity. Self and Society in the Late Modern Age. Cambridge: Polity Press.

Herrmann, H. (2001). Liebesbeziehungen – Lebensentwürfe. Eine Soziologie der Partnerschaft. Münster: Telos.

Höflich, J. (1996). Technisch vermittelte interpersonale Kommunikation. Grundlagen, Organisatorische Medienverwendung, Konstitution „Elektronischer Gemeinschaften". Opladen: Westdeutscher Verlag.

Höflich, J. & Gebhardt, J. (2001). Der Computer als Kontakt- und Beziehungsmedium. Theoretische Verortung und explorative Erkundungen am Beispiel des Online-Chats. Medien & Kommunikationswissenschaft, 49 (1), 24-43.

Höflich, J. & Rössler, P. (2001). Mobile schriftliche Kommunikation – oder: E-Mail für das Handy. Die Bedeutung elektronischer Kurznachrichten (Short Message Service) am Beispiel jugendlicher Handynutzer. Medien & Kommunikationswissenschaft 49 (1), 437-461.

Hradil, St. (1995). Die „Single-Gesellschaft". München: Beck.

Katz, J. & Aspden, P. (1997). A nation of strangers? Friendship patterns and community involvement of Internet users. Communications of the ACM, 40 (12), 81-86. [auch als Online-Dokument] URL http://www.iaginteractive.com/emfa/friendship.htm

Krotz, F. (2001). Die Mediatisierung kommunikativen Handelns. Wie sich Alltag und soziale Beziehungen, Kultur und Gesellschaft durch die Medien wandeln. Wiesbaden: Westdeutscher Verlag.

Lea, M. & Spears, R. (1995). Love at First Byte? Building Personal Relationships Over Computer Networks. In: Wood, J. T. & Duck, St. (eds.). Understudied Relationships: Off the Beaten Track (pp. 197-233). Thousand Oaks, CA: Sage.

Maheu, M. M. (2001). Cyber-affairs Survey. Selfhelp Magazine. URL http://www.shpm.com/articles/cyber_romance/

Maxwell, A. (2001). Cyberstalking. Masters Thesis in Community Psychology. Department of Psychology at Auckland University, New Zealand. URL http://www.netsafe.org.nz/ie/downloads/cyberstalking.pdf

MORI & Lycos UK (2000). I just text to say I love you. Pressemitteilung vom 5. September 2000. URL http://www.mori.com/polls/2000/lycos.shtml

O'Sullivan, P. B. (2000). What you don't know won't hurt ME: Impression management functions of communication channels in relationships. Human Communication Research, 26, 403-431.

Parks, M. & Floyd, K. (1996). Making Friends in Cyberspace. Journal of Computer-Mediated Communication, 1 (4), March 1996 [Online-Dokument] URL http://www.ascusc.org/jcmc/vol1/issue4/parks.html

Parks, M. & Roberts, L. (1997). „Making MOOsic": The development of personal relationships on-line and a comparison to their off-line counterparts. (Paper presented at the Annual Conference of the Western Speech Communication Association. Monterey, California. http://depts.washington.edu/spcom/parks/moosic.htm

Reichertz, J. (1991). Kontaktanzeigen in Stadtmaganzinen oder die Suche nach dem anderen, den man nicht treffen will. In: Müller-Doohm, S. & Neumann-Braun, K. (Hrsg.). Öffentlichkeit Kultur Massenkommunikation (S. 251-265). Oldenburg: BIS Bibliotheks- und Informationssystem der Universität Oldenburg. http://www.bis.uni-oldenburg.de/bisverlag/mueoef91/kapiv-3.pdf

Reichertz, J. (1998). Stabilität durch Dokumentation, Zeugenschaft und Ritualisierung. Vom Nutzen der Sendung „Traumhochzeeit". In: Hahn, K. & Burkart, G. (Hrsg.). Liebe am Ende des 20. Jahrhunderts. Studien zur Soziologie sozialer Beziehungen (S. 175-198). Opladen: Leske + Budrich.

Sarch, A. (1993). Making the Connection: Single Women's Use of the Telephone in Dating Relationships with Men. Journal of Communication, 43 (2), 128-144.

Schildmann, I., Wirausky, H. & Zielke, A. (1995). Spiel- und Sozialverhalten im MorgenGrauen. Hausarbeit für das Seminar „Technik und Gesellschaft" an der Universität Bielefeld. http://www.mud.de/Forschung/verhalten.html

Schneider, J. (2000). Effects of Cybersex Addiction on the Family: Results of a Survey. Sexual Addiction & Compulsivity, 7 (1-2), 31-58.

Schneider, N. F., Hartmann, K. & Limmer, R. (2001). Berufsmobilität und Lebensform. Sind berufliche Mobilitätserfordernisse in Zeiten der Globalisierung noch mit Familie vereinbar? Schriftenreihe des Bundesministeriums für Familie, Senioren, Frauen und Jugend. http://www.bmfsfj.de/Anlage9237/Mobilitaetsstudie_Zusammenfassung_der_Hauptresultate.doc

Schofield Clark, L. (1998). Dating on the Net: Teens and the Rise of „Pure" Relationships. In: Jones, St. (ed.). Cybersociety 2.0. Revisiting Computer-Mediated Communication and Community (pp. 159-183). Thousand Oaks, CA: Sage.

Shaw, D. (1997). Gay Men and Computer Communication: A Discourse of Sex and Identity in Cyberspace. In: Jones, S. G. (Hrsg.). Virtual Culture. Identity and Communication in Cybersociety (S. 133-145). London: Sage.

Sternberg, R. (1986). A triangular theory of love. Psychological Review, 93, 119-135.

Turkle, S. (1995). Life on the Screen: Identity in the Age of the Internet. New York: Simon and Schuster.

Van Eimeren, B., Gerhard, H. & Frees, B. (2001). ARD/ZDF-Online-Studie 2001: Internetnutzung stark zweckgebunden. Media Perspektiven, 8/2001, 382-397.

Wallace, P. (1999). The Psychology of the Internet. Cambridge: Cambridge University Press.

Wyss, E. L. (2002). Der Liebesbrief im 20. Jahrhundert (Habilitationsprojekt). http://www.unizh.ch/~elwyss/

Young, K., Griffin-Shelley, E., Cooper, A., O'Mara, J. & Buchanan, J. (2000). Online Indidelity: A New Dimension in Couple Relationships with Implications for Evaluation and Treatment. Sexual Addiction & Compulsivity, 7 (1-2), 59-74.

# Sachwortverzeichnis

Interdependenztheorie 290f, 299
Interessen 53, 56, 125, 186, 227, 231, 263, 385, 433, 485
Internalisierung 156
Intervention 7, 19f, 61, 199ff, 222, 228, 249, 251f, 527
Intimität 4, 103f, 106, 151, 264, 266, 292 ,298f, 303ff, 334, 364, 366f, 451, 484ff
Intimsphäre 127
Investition 1, 8, 47ff, 70, 231f, 260, 264ff, 436
Investitionsmodell 52, 231, 436
Investment (s. Investition)
Irrationalität 370
Isolation 88, 238, 517

**K**
Karrierefrau 98
Kausalität 379, 465
Kinder 4f, 9, 36, 46ff, 83, 87, 98ff, 112, 120ff, 138ff, 154ff, 170, 193ff, 207, 226f, 246f, 261, 263, 271ff, 298, 411, 440ff, 512ff, 540
– betreuung 336, 520
Kinderlosigkeit 53
klassische Konditionierung 118, 298
Koalition 130
Kodiersystem 30f, 303
– Kategoriensystem 30f, 207, 223, 446
– Zeichensystem 30
Kognitionen 68, 344, 351, 365, 378, 394
– kognitive Mechanismen 35, 53, 293f
– kognitive Schemata (s. kognitive Mechanismen)
Kohärenz 65, 148ff, 408ff
  sense of coherence (SOC) (s. Kohärenz)
Kommunikation 28, 57ff, 126, 128, 131, 145, 197, 203, 236ff, 265ff, 290ff, 360, 437ff, 491ff, 502, 514, 534ff
– defizit 39, 203, 490
– fehler 205, 209, 492
– kompetenz 203, 502
– modell 293
– muster 32, 57ff, 201, 207f, 407f, 440, 443, 448
– stil 129, 447f, 492
– Meta 28
Komplementarität 7, 55ff, 174, 423, 452
Konfession 126, 441
Konflikt 6, 9, 15, 59, 62, 89, 107, 125, 130, 170, 192ff, 207, 227ff, 265f, 273f, 355, 430ff, 458, 460ff, 522
– gespräch 28, 30ff, 207
– lösung 121, 205, 432, 447ff
– lösungsstrategien 437, 440, 445
– management 160
– regulation 147, 160, 234
– situation 15, 57, 60, 232, 243, 407, 432, 446ff, 468
– ursachen 431, 439, 449, 451ff

Konsistenz 24, 350f, 381f, 387, 450
– theorie 312, 350, 352
Kontakt 9, 54, 112f, 126, 141, 155f, 227, 288, 291, 298f, 334f, 513ff, 535f
Kontaktanzeige 106
Kontinuität 118, 158f, 228, 268
Kooperation 46, 64, 90, 528
körperliche Beschwerden 125, 196, 198, 493, 500, 521
Kosten 3, 8, 51ff, 70, 198f, 230, 232, 258, 271, 290f, 317, 547
Kovariationsprinzip 380
Krankheiten 66, 114, 116, 129ff, 197, 227, 409, 507, 521
Krise 63f, 243, 321, 491, 507, 541
– bewältigung 170, 510
Kritik 58f, 196f, 237, 448, 461, 469, 476
Kultur 5f, 46f, 49f, 116f, 126, 168, 192, 222, 259, 462
– kulturelle Ebene 258f
– kulturelle Perspektive 1, 6, 259
– kulturelle Unterschiede 4, 250
– kultureller Wandel 5
– kulturübergreifend (s. transkulturell)
– transkulturell 47, 49f

**L**
Lebensbedingungen 123
Lebensform 5, 80ff, 222, 424
Lebensgestaltung 122, 143, 250
lerntheoretische Ansätze 55, 251, 290, 297f, 380, 438, 445f
Lerntheorie 57f, 233
Liebe 4, 8, 23, 49, 93f, 128, 148, 159, 192, 258ff, 319, 334, 337, 351, 367ff, 430, 492, 555
Liebesstile 70, 93, 107, 260ff, 368
Loyalität 89, 118, 125ff, 364, 438

**M**
Machtverhältnis 49, 540
Matching 320
mentale Repräsentation 132, 138, 143ff
Messverfahren 7, 14ff, 387, 451
– implizite Verfahren 16ff, 34, 38
– Interview 7, 18, 35, 143ff, 411, 468, 495, 550
– Interviewverfahren 17f, 35f, 393, 495
– Fragebogenverfahren 17ff, 38
– reaktionszeitgestützte Techniken (s. reaktionszeitgestützte Verfahren)
– reaktionszeitgestützte Verfahren 7, 18, 34ff
Michelangelo-Phänomen 353f
Modelllernen 58, 438
Modellvorstellungen 118, 120f, 128f, 132ff, 424
moralisch 83, 126, 383, 463, 465, 489f
Multimedialität 537

Druck (Computer to Plate): Saladruck Berlin
Verarbeitung: Stürtz AG, Würzburg